ख़ुदा सही सलामत है

उपन्यास

ख़ुदा सही सलामत है

रवीन्द्र कालिया

राजकमल प्रकाशन

ISBN : 978-81-267-1022-5

मूल्य : ₹ 795

पहला संस्करण : 1984
तीसरा संस्करण : 2019

प्रकाशक : राजकमल प्रकाशन प्रा. लि.
1-बी, नेताजी सुभाष मार्ग, दरियागंज
नई दिल्ली-110 002

शाखाएँ : अशोक राजपथ, साइंस कॉलेज के सामने, पटना-800 006
पहली मंजिल, दरबारी बिल्डिंग, महात्मा गांधी मार्ग, इलाहाबाद-211 001
36 ए, शेक्सपियर सरणी, कोलकाता-700 017

वेबसाइट : www.rajkamalprakashan.com
ई-मेल : info@rajkamalprakashan.com

मुद्रक : बी.के. ऑफसेट
नवीन शाहदरा, दिल्ली-110 032

KHUDA SAHI SALAMAT HAI
Novel by Ravindra Kalia

अग्रज कथाकार
अमृतलाल नागर,
अमरकान्त
तथा
डॉ. इन्द्रनाथ मदान
के लिए

भाग एक

मन्दिर में है चाँद चमकता, मस्जिद में है मुरली की तान।
मक्का हो चाहे वृन्दावन, होते आपस में कुर्बान॥

तवायफ़-सभा काशी की अध्यक्षा

हुसनाबाई का भाषण

प्रिय बहनो !

आपने आज मुझे इस सभा में सभापति का स्थान देकर जो मेरी इज़्ज़त बढ़ाई है, उसके लिए मैं आपका तहेदिल से शुक्रिया अदा करती हूँ और उम्मीद करती हूँ कि इस काम को अंजाम देने में आप लोग हमेशा इसी तरह की इम्दाद देती रहेंगी।

संस्कृत ज़बान में हम लोगों को 'गणिका' और फ़ारसी में 'तवायफ़' तथा 'परी' नाम से पुकारा गया है। पुराने ज़माने में हम लोगों को सर्वत्र उत्तम स्थान मिलता आया है। इन्द्र की सभा में, राजाओं के स्वयंवर में, यज्ञ में, बड़े से बड़े बादशाहों के दरबार में, रईस और गरीबों में, मन्दिर तथा मस्जिदों में—सर्वत्र हम लोगों की इज़्ज़त होती आई है। मैंने पंडितों से यह भी सुना है कि शास्त्र में लिखा है कि राजा और गणिका के दर्शन से फल होता है। हरेक शुभ कार्य में हम लोगों का भाग निकाला जाता था। और कहीं-कहीं रजवाड़ों में यह रिवाज़ अब तक जारी है। गायन और नृत्य हमारा ख़ास पेशा है। जन्नत की हूर और पुराणों की 'अप्सरा' हमीं हैं। शकुन्तला भी एक अप्सरा ही से पैदा हुई थी, जिसके पुत्र राजा भरत का नाम आज भी तवारीखों में सोने के हरूफ़ों में लिखा है। हमारी जाति और गुणों का वर्णन बहुत सी पुस्तकों में मौजूद है। उसे देखा जाए अथवा लिखाकर प्रकाशित किया जाए तो आप बहन और भाइयों को अच्छी तरह मालूम हो जाए कि हम लोग किस दर्जे पर थीं और हमारा महत्त्व क्या था। बड़े लोगों से यह भी सुनने में आया है कि बड़े रईसों के लड़के—विशेषकर जौहरियों के—हमारे घरों पर पढ़ने के लिए आते थे और होशियार होने के बाद वे लौट जाते थे। एक समय की बात है कि एक महाजन का लड़का एक गणिका के यहाँ पढ़ता था। एक दिन एक मनुष्य उस गणिका के यहाँ गया, और उसने उस लड़के से 'शराब' लाने के लिए कहा। उस समय रात का एक बजा था। शराब कहीं मिल नहीं सकती थी। लड़के ने विचार किया कि बाईजी तो शराब पीती नहीं, इस बेवकूफ़ को इसकी जरूरत है। यह सोचकर लड़का गया और गधे का पेशाब बोतल में भर लाया और मतवाले के सामने रख दिया। सुबह यह बात जब बाईजी को मालूम हुई तब उन्होंने शागिर्द की पीठ ठोंकी और उसे घर जाने की आज्ञा दी। यह कहानी हमारे गौरव तथा बड़ाई को आज भी ज़ाहिर कर रही है। इससे यह मालूम होता है कि बाई लोग शराब नहीं पीती थीं।

इन बातों के अलावा हम लोगों में विद्या का प्रचार भी इतना था कि दरबारों में राजा या बादशाहों

की आज्ञा होते ही नए-नए पदों की रचना कर गाना पड़ता था और जिस गायक के उत्तम पद होते थे, उसे उत्तम इनाम मिलता था।...हमारा ख़ास रोज़गार गाना-बजाना और नाचना है, परन्तु इसका बहुत कुछ लोप हो गया है। लड़कियों को गाने और नाचने में पूर्ण पंडित नहीं बनाया जाता। उन्हें संगीत विद्या की उच्च शिक्षा नहीं दी जाती। इधर-उधर से दस-बीस गाने सीखकर पेट भरने की पड़ जाती है। इससे हमारी सर्वगुणमयी संगीत-विद्या के ह्रास के साथ हमारा भी पतन हो चला। यह हम लोगों के लिए बड़े ही लज्जा की बात है। इसके अतिरिक्त अश्लील गानों तथा कई एक कारणों से देश में तवायफ़ों का नाच-मुजरा बन्द कराने की कोशिश बहुत से लोग कर रहे हैं। और यह बिल्कुल सच है कि कई एक मुकामों पर जहाँ आज से चार साल पेश्तर तवायफ़ों का नाच होता था, वहाँ अब नहीं होता। इसके बहुत से सबूत हैं।

इस वक्त देशवासियों का झुकाव राष्ट्रीय गीत की ओर है। इसलिए हम लोगों को भी राष्ट्रीय गानों को याद कर मुजरों तथा महफ़िलों में गाना चाहिए। इससे हमारी प्रशंसा होगी, रोज़गार बढ़ेगा। हम लोगों को जो बहुत से लोग हिक़ारत की निगाह से देखने लग गए हैं, सो भी कम हो जाएगा और लोग इज़्ज़त की निगाह से देखेंगे, क्योंकि जिधर की हवा बहे उसी तरफ़ सबका जाना फ़र्ज है और संसार का भी यही नियम है। इसी में हमारी तरक्की होगी। राजनीतिक गानों की बहुत सी पुस्तकें बन गई हैं, उन्हें मँगाकर गाने याद कीजिए। जिसे पुस्तक न मिले, विद्याधरी बहन के यहाँ से मँगा ले।

अब मैं आप लोगों का खयाल शराब की ओर दिलाती हूँ। हम लोगों में शराबखोरी इतनी बढ़ गई है कि इसने अर्थ और धर्म—दोनों का नाश कर दिया है। मैं दावे के साथ कह सकती हूँ कि शराब पीना हिन्दू और मुसलमान दोनों ही कौमों के मज़हब के खिलाफ़ है। हमने कहीं लिखा देखा है कि यदि मुसलमानों के ज़िस्म के किसी हिस्से पर शराब का कतरा गिर पड़े तो उसे उस हिस्से को काटकर फेंक देना चाहिए—यदि वह सच्चा इस्लाम धर्म माननेवाला है। ऐसा ही हिन्दुओं के यहाँ भी है। परन्तु बड़े शर्म की बात है कि हम लोग खुदगर्ज़ी के जाल में फँसकर अपने धर्म पर चोट पहुँचा रही हैं। अतः हिन्दू हो अथवा मुसलमान, उसे शराब को हराम समझकर उसका पीना शीघ्र ही बन्द कर देना चाहिए।

हमारी जीविका याचना है और हम लोगों को याचक भी कहते हैं। हमारी आमदनी तब बढ़ेगी, जब हमारा मुल्क धनी होगा और छोटे-बड़े सब सुखी होंगे। जब सब काम से पैसा बचेगा तब लोग हमारा गाना-बजाना सुनेंगे। हिन्दुस्तान धनी हो इसके लिए हमें ईश्वर से सदैव प्रार्थना करनी चाहिए, परन्तु हम यह देखते हैं कि हमारा मुल्क बहुत गरीब हो गया है। यहाँ का धन अनेक रूपों में विलायत पहुँच गया। चीनी के खिलौने, शीशे-काठकवाड़ तथा ग्रामोफ़ोन बाजे वगैरह में लाखों रुपए हमसे दूसरे मुल्कवाले लूट ले गए। इन चीज़ों में सबसे बड़ा हिस्सा कपड़े का है। करीब 69 करोड़ रुपया हर साल हमारे मुल्क से दूसरे देशों में कपड़े के व्यापारी ले जाते हैं। एक रुपए की तीन और चार सेर की रुई हिन्दुस्तान से खरीदकर उसी का कपड़ा बना सोलह और बीस रुपए सेर में हिन्दुस्तान के ही हाथ बेचा जाता है। मियाँ की जूती मियाँ के सिर—वाली कहावत चरितार्थ हो जाती है। आबरवाँ, मखमल, अद्धी और तंजेब ने हमारे मुल्क को बरबाद कर दिया। लाखों बच्चे तथा करोड़ों गौ-बैल भूख से मरने लगे। हज़ारों पशु गोरे सैनिकों के लिए कटने लगे, जिससे घी-दूध महँगा हो गया, जो कि बच्चों की मृत्यु का एक प्रधान कारण है। हमारी बहुत सी बहनें गरीबी से कष्ट उठा रही हैं। उनके साथ हम लोगों को हमदर्दी करना चाहिए। उन्हें चरखे कातने तथा कपड़े बुनने की शिक्षा देनी चाहिए जिससे उनकी गरीबी कटे और देश की भलाई हो। महात्मा गांधीजी की आज्ञा से अब भारत ने स्वाधीनता और स्वराज्य की घोषणा कर दी है। भारत को आजाद करने के लिए विलायती माल का व्यवहार बन्द करना जरूरी है। मैं आज से विलायती माल न खरीदने की प्रतिज्ञा करती हूँ और उम्मीद करती हूँ कि आप लोग भी

आज से ही विलायती माल लेना बन्द कर देंगी और अपने बच्चों से कह देंगी कि मरने पर हमारे पाक जनाज़े में नापाक विलायती कपड़ा मत लगाना। मेरी बहनें मुझसे यह सवाल कर सकती हैं कि यदि विलायती कपड़ा सस्ता होगा और देशी महँगा तो हम उसे कैसे खरीदेंगी। इसके जवाब में हमारी प्रार्थना यह है कि विलायती से देशी अधिक दिन तक चलता है। इससे हमारे मुल्क का फ़ायदा होगा। गरीबों को पेट भरने का एक रोज़गार मिल जाएगा, हिन्दुस्तान बहुत जल्द आज़ाद हो जाएगा, इसलिए साल में चार कपड़े की जगह तीन ही काम में लाइए—पर देशी लाइए।

अब मैं आप लोगों का ध्यान उन स्त्रियों की ओर दिलाती हूँ, जिन्होंने अपने मुल्क और मज़हब की भलाई के लिए अपना प्राण तक दे दिया है। पन्द्रहवीं शताब्दी में जिस समय अंग्रेज शासक फ्रांस में बेतरह ज़ुल्म कर रहे थे, उस समय फ्रांस की सोलह वर्ष की बालिका 'जॉन आफ़ आर्क' ने फ्रांस को आज़ाद करने के लिए कौमी झंडा उठाया था, जिसके लिए उसे यहाँ तक तकलीफ़ सहनी पड़ी थी कि उसके सुकुमार हाथों और पैरों में हथकड़ी डाल दी गई और बड़े ही बेरहमी के साथ रस्सियों में बाँधकर फ्रांस के अंग्रेज़ शासकों द्वारा जीते जी जला दी गई। परन्तु वह अपने सिद्धान्तों से ज़रा भी विचलित न हुई।

इसी तरह चित्तौड़ की रक्षा के लिए कितनी ही वीर बालाओं ने लड़ाई के मैदान में अपने प्राणों की आहुति दे दी। तेरह हज़ार स्त्रियों ने एक ही समय अपने ही हाथों से चिता लगाकर अपने को भस्म कर दिया, परन्तु अपने मुल्क को जीते जी गुलाम न होने दिया। संसार में स्त्रियों और पुरुषों का अधिकार बराबर है। भारत पर पुरुषों से ज़्यादा हक स्त्रियों का है। यदि पुरुष आज़ादी के लिए लड़ रहे हैं तो हम भी उनके साथ प्राण देने को तैयार हैं। यदि वे जेल जा रहे हैं तो हम भी उनकी पूजा करने के लिए पहले से बैठी हैं। क्या आप भारत को गुलामी से मुक्त करना चाहती हैं ? यदि चाहती हैं तो क्या उसके लिए आप सोने के गहनों के जगह लोहे की ज़ंज़ीरें पहनने के लिए तैयार हैं ? क्या अन्य बाजों के सहारे न गाकर ज़ंजीरों की झनझनाहट के साथ राष्ट्रीय गीत गाने के लिए तैयार हैं ? क्या आप मख़मलों की सेज के बदले कम्बलों पर सोने के लिए तैयार हैं ? यदि हाँ, तो मैं दावे के साथ कह सकती हूँ कि वह दिन करीब है, जिस दिन हम लोग भारत को आज़ाद देखेंगी।

अन्त में मैं विद्याधरी बहन को हार्दिक धन्यवाद देती हूँ, जिन्होंने मुझे इस कार्य को करने में अग्रसर किया तथा एक बार आप लोगों को भी इस मान को देने के लिए धन्यवाद देती हूँ।

●●

वह एक सँकरी-सी गली थी। बेलन के आकार की। बीच में अचानक गुब्बारे की तरह फूल गई थी। नदी के बीचोबीच उग आए टापू की तरह। दूसरे आम चुनाव से पहले गली के मुहाने पर नगर महापालिका की ओर से एक छोटा-सा नल लगा दिया गया था। शुरू-शुरू में लोगों को नल का पानी बहुत फीका लगा। लोग-बाग नल के पानी से कपड़े वग़ैरह तो धो लेते मगर पीने से परहेज़ करते। पीने के लिए कुएँ से ही पानी निकालते। जाने क्या हुआ कि कुछ ही वर्षों में कुआँ बेचारा इतना तिरस्कृत हो गया कि उसकी सतह पर काई जमने लगी और नल पर पनघट का माहौल दूनी शान-शौकत से पैदा हो गया। सुबह हो या शाम, कमर पर एक तरफ़ बच्चा और दूसरी तरफ़ गगरा लिये औरतों का जमघट लगा रहता। बुर्का ओढ़े स्त्रियाँ हों या लुंगी-बनियान पहने पुरुष—सब अपनी बारी की हड़बड़ी में बेचैन नज़र आते। कभी-कभार मारपीट भी हो जाती। पानी लेने की जल्दबाज़ी में बहुत से लोग थाने-अस्पताल पहुँच चुके थे। क्या दूसरे आम चुनाव के पूर्व कुआँ ज़रूरत-भर का पानी मुहय्या करता रहा होगा—यह एक शोध और आश्चर्य का विषय था।

गली के बीचोबीच एक बड़ा-सा अहाता था और अहाते के बीचोबीच नीम का एक पुराना पेड़। लगता है पेड़ के नीचे कभी एक कुआँ रहा होगा, जिसे भरकर उसके ऊपर एक चौतरा-सा बना दिया गया था। चौतरे का अपना सामाजिक महत्त्व था। ईद के मौके पर ईद-मिलन और होली के अवसर पर होली-मिलन के रंगारंग कार्यक्रम इसी चौतरे पर आयोजित किए जाते। दोनों ही त्योहारों पर रात-रात भर कव्वाली होती। दोनों तरफ़ के आयोजकों की कोशिश रहती कि कार्यक्रम की अध्यक्षता के लिए जिलाधीश अथवा पुलिस अधीक्षक तैयार हो जाएँ। इससे छुटभैये नेताओं को ज़िला प्रशासन से सम्पर्क साधने का अवसर मिल जाता था।

मगर चौतरे का एक और इतिहास भी था। गली के बूड़े-बूढ़ों का दृढ़ विश्वास था कि इस नीम और कुएँ पर भूतों का डेरा है। भूतों के डर से लोग-बाग रात दस बजे के बाद से अपना रास्ता बदल लेते थे। मुहल्ले की कुँआरी कन्याओं को कुएँ से पानी भरने की मुमानियत थी। रात-बिरात नीम के नीचे से अकेले गुज़रना तो दूर, भाई लोगों ने यहाँ तक प्रचारित कर रखा था कि जहाँ-जहाँ तक नीम का साया पड़ता है, कोई औरत सुखी नहीं रह सकती। भूतों को लेकर जितनी भी कहानियाँ सुनी जाती थीं, उनसे लगता था कि इन भूतों की दिलचस्पी केवल स्त्रियों और बच्चों में थी। कुएँ के इतिहास से एक से एक कारुणिक त्रासदियाँ वाबस्ता थीं। शीरीं ने इसी कुएँ में कूदकर आत्महत्या की थी। शीरीं ने फरहाद के लम्बे इन्तज़ार से आजिज़ आकर अपनी जान की बाज़ी लगा दी थी और सरला को दहेज का यही अन्धा कुआँ निगल गया था। अमावस की रात को लोग सूरज डूबते ही अपने-अपने घरों में बन्द हो जाते, क्योंकि उन्होंने सुन रखा था कि अमावस की रात को कभी तो शैतान के अट्टहास की तरह आवाज़ें उठती हैं और कभी किसी औरत के सिसकने की। किस्से यहीं ख़त्म नहीं होते। पार्वती

ने शादी के दूसरे रोज़ अपने को इसी कुएँ के हवाले कर दिया था।

पार्वती को आप नहीं जानते। पार्वती शिवलाल चक्कीवाले की दूसरी पत्नी थी। नीम के नीचे खाट बिछाए यह जो शख्स करवटें बदलता दिखाई देता है, शिवलाल उसी का नाम है। शिवलाल की समझ में आज तक नहीं आया कि पार्वती क्यों उसे इतनी बड़ी दुनिया में यकायक अकेला छोड़ गई। इधर एक दिन उसे सपने में दिखाई दिया कि शीरीं और सरला मिलकर पार्वती को भी कुएँ की तरफ़ घसीट रही हैं और पार्वती है कि चिल्ला रही है। शिवलाल पार्वती को बचाने की कोशिश करता है, मगर उसकी टाँगों में कुव्वत नहीं। जब वह बहुत कोशिश के बाद भी नहीं उठ पाया तो वहीं खटिया पर औंधा गिर पड़ा। कुएँ में गिरने से पहले पार्वती उसकी तरफ़ बहुत आशा और अपेक्षा से देखती है, मगर शिवलाल चाहकर भी कुछ नहीं कर पाता। एक तरफ़ पार्वती को कुएँ में धकेल दिया जाता है और दूसरी तरफ़ शिवलाल खटिया के पाए से अपना माथा फोड़ लेता है।

शिवलाल ने सपना देखा तो दहशत में आ गया। वह खटिया पर बैठ गया। नीम के पत्तों से छनकर आती हुई चाँदनी उसकी खटिया पर बिखर रही थी। चारों तरफ़ सन्नाटा था। वह कुछ भी तय न कर पाया। पार्वती की याद उसके सीने पर एक वज़नी सिल की तरह सुबह तक पड़ी रही। सुबह से उसे लगता रहा, जाते-जाते भूत यह कह गए हैं—नीम के नीचे से चक्की उठा लो शिवलाल ! शिवलाल ने भी तय कर लिया था कि वह चक्की उठाकर कहीं दूर चला जाएगा, मगर इस बीच कुछ ऐसी घटनाएँ हुईं कि वह वहीं पड़ा रह गया। एक दिन नगर महापालिका ने अचानक कुँआँ भरना शुरू कर दिया और शिवलाल की माँ शिवलाल का, एक जगह रिश्ता भी पक्का कर आई।

इस बीच देश ने बहुत तरक्की की। मगर इस गली का ही दुर्भाग्य कहा जाएगा कि देश में हो रहे विकास कार्यों का बहुत हल्का प्रभाव इस गली के वासियों के जीवन पर पड़ रहा था। गली के औसत आदमी के घर में आज भी न पानी का नल था, न बिजली का कनेक्शन। शाम होते ही घरों में जगह-जगह जुगनुओं की तरह ढिबरियाँ टिमटिमाने लगतीं। अगर भूले-भटके गली में दो-एक जगह सड़क के किनारे बल्ब लगा भी दिये जाते तो बच्चे लोग तब तक अपनी निशानेबाज़ी की आज़माइश करते रहते, जब तक बल्ब टूट न जाते। दरअसल गली के लोग सदियों से अँधेरे में रह रहे थे और अब अँधेरे में रहने के आदी हो चुके थे। अब उजाला उनकी आँखों में गड़ता था। यही वजह थी कि अगर बच्चों से बल्ब फोड़ने में कोताही हो जाती तो कोई रोशनी का दुश्मन चुपके से बल्ब फोड़ देता। रोशनी में जीना उन्हें ऐसा लगता था जैसे निर्वसन जीना। रोशनी से बचने के लिए लोग टाट के पर्दे गिरा देते।

टाट इस गली का राष्ट्रीय परिधान था। दरअसल टाट चिलमन भी था और चादर भी। टाट पाजामा भी था और लहँगा भी। टाट बिस्तर था और कम्बल भी। अक्सर लोग टाट पर सोते थे और टाट ओढ़ते थे। टाट के साइज़-बेसाइज़ के परदे छोटी-छोटी कोठरियों के बाहर जैसे सदियों से लटक रहे थे। टाट के उन पर्दों पर टाट की ही थिगलियाँ लगी रहती थीं।

साँझ घिरते-घिरते गली में आमदोरफ्त बढ़ जाती। मस्जिद से अज़ान की आवाज़ सुनाई दी नहीं कि लोग जल्दी-जल्दी बावजू होकर मग़रिब की नमाज़ में मशगूल हो जाते। बड़ी-बूढ़ी औरतें दालान में एक तरफ़ चटाई बिछाकर नमाज़ पढ़ने लगतीं।

दीया-बत्ती का समय होते ही छोटे-छोटे बच्चे पुश्तैनी बोतलें थामे मिट्टी के तेल की कतार में जुड़ जाते। किसी बोतल की गर्दन टूटी होती या नीचे से पेंदे की एक परत। इन्हीं बच्चों को सुबह आँखें मलते हुए टेढ़े-मेढ़े गिलास अथवा कुल्हड़ लिये दूध लाते देखा जा सकता था। प्रति परिवार पाव-लीटर

दूध और आधा लीटर किरासिन चौबीस घंटों के लिए पर्याप्त होता।

अधिकांश घरों में पाखाने की भी कोई व्यवस्था न थी। सुबह मुँह-अँधेरे पूरी गली सार्वजनिक शौचालय का रूप ले लेती। खुदा न खास्ता किसी को दस्त लग जाते तो अज़ीज़न बी का ज़ीने के नीचे बना पाख़ाना काम में लाया जाता। पाखाने की चाबी नफ़ीस के पास रहती थी और चाबी लेने के लिए नफ़ीस की बहुत चिरौरी करनी पड़ती थी। नफ़ीस खुश हो जाता तो न केवल चाबी बल्कि सनलाइट का छोटा-सा टुकड़ा भी दे देता। मगर लोगों ने इन तमाम अभावों के बीच जीने का एक ढर्रा ईजाद कर लिया था। चुनाव के दिनों जब गली को झंडियों और फूल-पत्तियों से सजाया जाता तो लगता जैसे कोई बूढ़ी वेश्या लिपस्टिक पोते इतरा रही है।

शहर की खुशहाल बस्तियों में शाम के समय जो जंगल की वीरानी और श्मशान का सन्नाटा छाया रहता है, वह इस गली में दूर-दूर तक नहीं मिल सकता था। इस लिहाज़ से यह गली एक भरे-पूरे परिवार के आबाद आँगन की तरह महकती थी। दीवाली हो या ईद, मुहर्रम हो या होली यह गली रतजगे पर उतर आती। दीवाली के दिनों पूरी गली मिठाई के डिब्बों का कारखाना बन जाती। रमजान के महीने में रात-भर चहल-पहल रहती और अलसुबह जब बाँगी 'सहरी का वक्त हो गया है, खुदा के बन्दो जागो' की बाँग देता तो बर्तनों की खनक के साथ एक नए दिन की शुरुआत हो जाती। होली पर रंग बेचनेवाले इसी गली से रंगों के पहाड़ ठेलों पर लादे हुए निकलते। रात-रात भर पिचकारियाँ बनतीं। मुहर्रम के दिनों नीमतले पेट्रोमैक्स की रोशनी में छुरियाँ तेज़ होतीं—किर्र किर्रर किर्र...

टाट गली का राष्ट्रीय परिधान था तो बीड़ी उद्योग राष्ट्रीय रोज़गार। स्त्रियाँ, बच्चे और बेकार नवयुवक रात-भर राष्ट्र के लिए पत्तों में तम्बाकू लपेटते। सुबह सड़े-गले पत्तों को जलाकर उनके ताप से चाय बनाते।

शिवलाल की चक्की गली के मुहाने पर ही थी, इसलिए वह एक तरह से गली का 'गेटकीपर' था। उसे मालूम रहता था कि इस समय नफ़ीस इमामबाड़े के पास खड़ा पान चबा रहा है या गुल को लेने विश्वविद्यालय गया है। हजरी बी चमेली के पास बैठी है या पंडिताइन की जुएँ बीन रही है। कोई अजनबी अगर किसी का अता-पता पूछता तो शिवलाल न केवल अता-पता बता देता बल्कि संक्षेप में उस व्यक्ति का इतिहास भी।

शिवलाल के बहुत कम दोस्त थे। एक पंडित शिवनारायण दुबे था और दूसरे एक मौलाना थे। मौलाना शफ़ी। पुराने रईस। मगर अब हालात बिगड़ चुके थे। इधर रद्दी की खरीदो-फरोख्त का कारोबार करते थे। अपनी पुरानी रईसी के किस्से वह खुद इस अन्दाज़ से सुनाते थे कि शिवलाल को बहुत मज़ा आता। जब मौलाना बताते कि उन्होंने बम्बई में ग्रांट रोडवाला मकान सिर्फ़ सात हज़ार रुपए में बेच दिया और अब उसका दाम डेढ़ लाख है तो शिवलाल के सारे बदन में खुजली छिड़ जाती। वह बेचैन होने लगता। जब मौलाना बताते कि सात हज़ार रुपया भी उसने सात दिन में तबाह कर दिया तो शिवलाल और बेचैन हो जाता।

'अमाँ यार ज़िन्दगी भी एक ड्रामा है। एक वक्त था मौलाना शफ़ी का नाम सुनते ही दोस्तों की भीड़ लग जाया करती थी और एक ज़माना यह है कि मौलाना शफ़ी दिन-भर रद्दी बटोरता घूमता है और खर्च लायक दस-बीस रुपए कमाने में अच्छी-खासी मशक्कत हो जाती है। शिवलाल, तुम्हें क्या बताएँ एक ज़माना था कि कागज़ की कतरन ढाई रुपए किलो थी। गेहूँ और कतरन दोनों का एक दाम था। आज वही कतरन कोई अस्सी पैसे में नहीं पूछ रहा। जितना पैसा एक क्विंटल माल खरीदने

पर बचता था, आज तीन क्विंटल में भी नहीं बचता।'

मौलाना शफ़ी नमाज़ के वक्त का हमेशा खयाल रखते थे। बात बीच में ही छोड़कर चल देते। पाँचों वक्त की नमाज़ से उनकी रूह को चैन मिलता था। उन्हें याद है जब तक उन्होंने नमाज़ की तरफ़ ध्यान नहीं दिया था उन्हें अजीब-सी दहशत दबोचे रहती। उन्हें लगता कोई उनका पीछा कर रहा है। वे अपनी साइकल पर हाँफते हुए आते और शिवलाल के पास ही साइकल खड़ी करके उससे पानी पिलाने के लिए कहते। पानी पीने के बाद वे बुदबुदाते, 'शिवलाल भाई, कैसा ज़माना आ गया है। कल एक प्रेस से रद्दी उठाई। घर जाकर छँटाई में लगा तो क्या देखता हूँ, दसियों सेर सीसा मिस्त्री ने रद्दी में मिला रखा है। रद्दी का भाव दो सौ रुपए और सीसे का दो हज़ार रुपए। मैंने उसी वक्त कपड़े पहने और जाकर सीसा लौटा आया। हराम की कमाई मेरे ज़मीर ने कुबूल ही नहीं की। वरना, क्या सीसा बेचकर मैं एक अच्छी-खासी रकम खड़ी नहीं कर सकता था ? तुम आज भी किसी से मेरे बारे में दरियाफ़्त कर लो, सब लोग तफ़सील से मेरे बारे में बताएँगे ! सब लोग हैरत में हैं कि एक नेक-दिल खुदातरस इंसान के पीछे वे लोग क्यों पड़ गए हैं ? आप ही की तरह सब पूछते हैं कि कौन हैं वे जो तुम्हारे पीछे पड़े हैं ? हम क्या बतावें ? कोई सामने आवे तो बतावें। बस छिप-छिपकर इशारे करते हैं और जीना मुहाल किए हैं। किसी ने किसी का कान भरा हो तो वही जाने। मेरा ज़िन्दगी का तो फ़लसफ़ा है कि इंसान बनके जीओ और दूसरों को जीने दो। चन्दरोज़ा जिन्दगी को यों ही बर्बाद न होने दो। मुनि, दरवेश और फकीर की कीमत कोई ही समझ सकता है। ज़ाहिल इंसान यह सब नहीं जानता। मैं इसे उनकी जहालत ही कहूँगा जो बेसबब अपना वक्त बर्बाद कर रहे हैं। मुझ जैसे मुफलिस से उन्हें क्या हासिल होगा ? कोई उनको सामने लाकर खड़ा कर दे तो हम बता दें कि हर इंसान का एक मैयार होता है। ग़लती भी न बताओ, उसके पीछे पड़े रहो, यह कहाँ का दस्तूर है ? दिन-भर इन्हीं ख़यालात में डूबा रहता हूँ कि उनका मक़सद क्या है ?'

शिवलाल की आत्मा हमेशा सन्तप्त रहती थी। अपने आसपास किसी ग़ैरतवाले आदमी को देखकर उसे बहुत तसल्ली होती। उसे सारी दुनिया एक शोषक के रूप में नज़र आती थी। उसे लगता पूरे समाज की आँख उसकी छोटी-सी जमा-पूँजी पर है, चाहे उसकी अम्मा की नज़र हो या भाई की। मौलाना शफ़ी ही उसे एक ऐसा व्यक्ति लगता था जो इस षड्यन्त्र में शामिल नहीं था। मगर मौलाना की बातों से उसे बहुत उलझन होती, डर भी लगता। कोई उसके पीछे न लग जाए। क्या भरोसा इस दुनिया का ! कौन कब किसके पीछे पड़ जाए, कौन जानता है। वह बहुत देर तक इस समस्या पर विचार करता रहता। जब उसका मन न मानता तो वह हुक्के का एक लम्बा कश खींचता और पूछ बैठता, 'मगर वे क्यों आपके पीछे पड़े हैं ?'

'अपना मतलब हल करना चाहते हैं। यही मक़सद हो सकता है कि तरक्की न करने पावे। बच्चों की शादी न करे।'

'इसके पीछे कोई वजह तो ज़रूर होगी ?'

'मैं दिन-भर सोचता रहता हूँ। मेरी समझ में खुद कुछ नहीं आता। क़ुरानशरीफ़ की कसम, मैं कुछ नहीं जानता। घर से निकलता हूँ तो उनकी आवाज़ें सुनाई देती हैं। दस आदमी-बारह आदमी का हौवा लाकर खड़ा कर देते हैं। हमारा दिल कहता है कि हमको देखकर बकना शुरू कर देते हैं कि इसके दिमाग़ को खराब करो। गलती भी न बताओ, इसके पीछे पड़े रहो। यह तो ग़लत है, सरासर ग़लत है। वे नहीं जानते कि बुलन्द ख़याल के लोग ही अच्छी ज़िन्दगी बसर कर सकते हैं। बुरी चीज को रोकने के लिए ही अच्छे लोग पैदा होते हैं। खुदा खूब वाकिफ है किस पर क्या गुज़रती है।'

शिवलाल परेशान होने लगता। यह सीधा-सादा धर्मभीरु इंसान क्यों इतनी तकलीफ़ पा रहा है।

कौन लोग हैं जो इसके पीछे पड़े हैं ? इस लिहाज़ से उसे शिवनरैन के साथ वक्त गुज़ारना अधिक अच्छा लगता था। शिवनरैन पंडित की नगर महापालिका में एक दुकड़िया नौकरी थी मगर वह जीवन के प्रति हमेशा आशावान रहता था। छोटी-मोटी परेशानी उसे व्यापती नहीं थी। होली-दिवाली पर वह मुहल्ले में पानी का छिड़काव भी करा देता। वह अपने को अत्यन्त सफल आदमी मानता। किसी अफ़सर की बीवी अगर ज़रा भी दयालु स्वभाव की होती, तो साहब के वर्षों पहले उतारे कपड़े उसे उपहारस्वरूप मिल जाते। पंडित की आत्मा को परम सन्तोष मिलता। शिवलाल को वह बड़े गर्व से बताता, 'यह कमीज़ जो इस समय पहने हूँ, प्रसाशकजी की है, खुस हो गए मेरे काम से और बोले, पंडितजी, भेंट तो नया कपड़ा करना चाहते थे, मगर अब यही तुच्छ भेंट स्वीकार कर लीजिए।'

मौलाना शफ़ी से बातचीत करके शिवलाल को बहुत घबराहट होती थी। मौलाना के जाने के बाद वह शिवनरैन की प्रतीक्षा में जुट जाता। कन्धे पर हथौड़ा और रैंच आदि का बोझा उठाए ज्यों ही शिवनरैन गली में प्रवेश करता, शिवलाल ज़ोर-ज़ोर से हाथ हिलाने लगता, 'आइए पंडितजी ! धन्य भाग हैं हमारे।'

पंडित उसकी खटिया पर अपना सामान पटकता कि शिवलाल वहीं बैठे-बैठे होटलवाले को आवाज़ देकर दो उँगलियाँ दिखा देता यानी कि दो चाय।

'कहिए पंडितजी, और क्या समाचार हैं ?'

'सब आपकी किरपा है शिवलालजी। लगता है नए प्रसाशक जल्दी ही मुझे पलमामेंट करने जा रहे हैं। आज अपने पाश बुलवाए रहे, बोले, देखो पंडितजी दफ्तर का अनुसाशन कितना बिगड़ गया है। जिस बाबू को बुलाता हूँ, सीट पर नहीं मिलता। आप ही कुछ निदान कीजिए। मैंने कहा, आप रहमदिल अफ़सर हैं, सब शिर पर शवार हो गए हैं। ज़रा अपने श्टाफ़ को खींचकर रखिए। इनकी हड्डियों में आलश घुश गया है। हरामखोरी की लत यों ही नहीं छूटती प्रसाशकजी, उसके लिए लात से काम लेना पड़ेगा। ये लातों के भूत हैं।'

पंडित ने अपनी कत्थई बत्तीसी की प्रदर्शनी लगा दी और बोला, 'और बताइए शिवलालजी, श्वाश्थ्य तो ठीक है न ?'

शिवलाल का मन अत्यन्त अशान्त था। बोला, 'आप श्रेष्ठ कुल के ब्राह्मण हैं। सुन्दरकांड की कुछ पंक्तियाँ सुना दीजिए। आत्मा को बड़ी सान्ती मिलती है।' पंडित वहीं पसर गया। विश्वास हो गया कि आज के भोजन का प्रबन्ध हो जाएगा। वह नल पर जाकर हाथ-मुँह धो आया और अँगोछे से मुँह पोंछते हुए शिवलाल की खटिया पर पालथी मारकर बैठ गया और अपने थैले से मानस का गुटका संस्करण निकालकर गाने लगा :

जामवन्त के वचन सुहाए। सुनि हनुमन्त हृदय अति भाए।
तब लगि मोहि परिखेहु तुम्ह भाई। सहि दुख कन्दमूल फल खाई ॥
जेहिं गिरि चरन देइ हनुमंता। चलेउ सो गा पाताल तुरन्ता।
जिमि अमोघ रघुपति कर बाना। एही भाँति चलेउ हनुमाना ॥
जात पवनसुत देवन्ह देखा। जानैं कहुँ बल बुद्धि बिसेषा।
सुरसा नाम अहिन्हि कै माता। पठइन्हि आई करी तेहिं बाता ॥

शिवलाल भाव-विमुग्ध हो गया। उसकी आँखें मुँद गईं और वह सचमुच सांसारिक मोह-माया से ऊपर उठने लगा।

वास्तव में शिवलाल स्वभाव से ही आरामतलब आदमी था। त्योहार के दिनों उसे बड़ी उलझन

होती। फुलझड़ियों और पटाखों के रंगारंग कार्यक्रमों के बीच उसकी आँख न लगती। वह खटिया पर करवट बदलते हुए रात गुजार देता। न किसी से शिकायत किए बनता और न ही आँख लगती। ऐसे में सुबह-सुबह लोगों का थोड़ा-थोड़ा गेहूँ पीसना उसे खल जाता।

'कैसा वक्त आ गया है कि लोग दो-दो किलो गेहूँ पिसाने चले आते हैं।' वह अक्सर बड़बड़ाता, 'दो किलो गेहूँ की क्या तो पिसाई लूँ और क्या जलन !'

जब तीन-चार लोगों का गेहूँ जमा हो जाता तो वह खटिया पर बैठे-बैठे ही आवाज़ देता—'गुलाबदेई, जरा तू ही मोटर चला दे। इतने से गेहूँ से तो बिजली का खर्च भी नहीं निकलेगा, इसके बाद अब कल देखा जाएगा। लगता है कि यह अंग्रेज़ों की औलाद जाते समय इस मुल्क से गेहूँ भी ले गई।'

गुलाबदेई शिवलाल की तीसरी पत्नी थी। पहली पत्नी प्रथम प्रसव में ही चल बसी, दूसरी की तो वह शक्ल भी ठीक से नहीं देख पाया था कि वह चल बसी। मगर भाग्य से शिवलाल को यह चक्की बहुत सस्ते में मिल गई थी और चक्की का मालिक होते ही उसे शादी बनाने में कभी ज्यादा तरद्दुद नहीं करना पड़ा। चक्की का पहला मालिक ताहिर खुदातर्स इंसान था। नीम के भूत की कहानियाँ सुन-सुनकर वह इतना डर गया कि उसकी पीठ में दर्द रहने लगा। वह इस कदर खौफ़ज़दः हो गया कि उसने न केवल अनाप-शनाप दाम में चक्की बेच दी बल्कि मन लगाकर पाँचों वक्त की नमाज़ भी पढ़ने लगा। उसने एक दर्जन रिक्शा खरीद लिये और उनके भाड़े से बेफ़िक्र जिन्दगी बिताने लगा। शिवलाल दूसरे कैंडे का आदमी था। भूत-प्रेत पर उसे विश्वास न था। मगर जब उसकी पत्नी कुएँ में छलाँग लगाकर चल बसी तो वह भी सशंकित हो गया। उसने आत्मविश्वास से काम लिया और साल-भर के भीतर ही गुलाबदेई को ब्याह लाया। गुलाबदेई भी शिवलाल को रास नहीं आ रही थी। वह सलोनी-सी गुड़िया थी। बात-बात पर मुस्कुरा देती, हिरन की तरह कुलाँचे भरती—शिवलाल भौंचक्का-सा उसकी तरफ देखता रह जाता। उसे लगता था वह उसे छू देगा तो मैली हो जाएगी। एक दिन तो वह दातौन तोड़ने पेड़ पर चढ़ गई। काम करने में भी शिवलाल से उन्नीस न पड़ती थी। मुस्कुराते हुए ही बीसियों किलो गेहूँ पीस देती और चेहरे पर शिकन तक न लाती। परिश्रम ज्यादा पड़ता तो पीठ पर से ब्लाउज़ भीग जाता जिससे शरीर और भी मांसल नज़र आता। गुलाबदेई के आते ही शिवलाल का धन्धा भी कुलाँचे भरते हुए बढ़ने लगा। हर वक्त ग्राहकों की भीड़ लगी रहती। पास में अब्दुल की चक्की थी, जहाँ हर वक्त सन्नाटा खिंचा रहता।

शिवलाल की चक्की छोटी-सी कोठरी में थी। वहीं वह रहता था, सोता था, खाता था। चक्की में ही गुलाबदेई के पाँव भारी हो गए। शिवलाल भागा-भागा अपने छोटे भाई के यहाँ से माँ को बुला लाया। अब माँ आटा पीसती और शिवलाल बाहर सड़क पर खटिया डाले हुक्का गुड़गुड़ाता रहता। जब तक गुलाबदेई चालीसवाँ नहाती, शिवलाल ने माँ को दुत्कार कर निकाल दिया। ज़िन्दगी फिर उसी ढर्रे पर चलने लगी। गुलाबदेई ने चक्की सँभाल ली और शिवलाल ने बच्चा।

रात बिना किसी पूर्वाग्रह के, पूरे जोबन के साथ गली में उतरती थी। चाँदनी रात में नीम के पेड़ से छनकर आती चाँदनी में गली की टूटी-फूटी सड़कें भी सुहानी लगतीं। जब चारों तरफ़ सन्नाटा हो जाता तो शिवलाल कोठरी से एक खटिया निकालकर बाहर डाल देता। फिर वह बड़ी सावधानी से चक्की पर अलीगढ़ी ताला लगाकर चाबी अपने जनेऊ में बाँध लेता। जब तीन-चार बार ताले को खींचकर उसे इत्मीनान हो जाता कि ताला ठीक तरह से बन्द हो गया है तो वह खटिया पर लेट जाता।

गुलाबदेई बग़ल में बिस्तर लगा लेती और बच्चे को अपने साथ चिपकाकर सो जाती। इसी तरह गली के मुहाने पर रुई धुननेवाली अपने पोते-पोतियों को समेटकर सो जाती। बूढ़ा रुईवाला डॉक्टर मुस्तफ़ा की दुकान के चौतरे पर टाट बिछाकर सो जाता। उससे ज़रा ही दूर पर शिवलाल की चक्की थी। फ़र्क सिर्फ़ इतना था कि रुईवाले के बहू-बेटे अन्दर एक ही कोठरी में सोते और हर साल कोठरी नवजात शिशु की 'उआँ उआँ' से आबाद दर आबाद होती रहती। सारा मुहल्ला आश्चर्य-चकित था कि कैसे रुईवाले ने एक ही कोठरी में दो जवान बेटियों और तीन लड़कों और उनकी बहुओं को बसा रखा था। रुईवाली गली की नुक्कड़ पर एक तख्त डालकर मुर्गी की तरह बहुत से पोते-पोतियों को पूरी सुरक्षा प्रदान करती।

गुलाबदेई दिन-भर की बामशक्कत कैद से इतनी निढाल हो जाती कि लेटते ही सो जाती। मगर शिवलाल को देर तक नींद न आती। वह घंटों यों ही करवटें बदलता रहता। उसे लगता अभी कोई बदमाश आएगा और उसकी पत्नी को कन्धे पर उठाकर भाग जाएगा। जब उसे कुछ देर तक नींद न आती तो वह बहकने लगता—'साली को कोठरी काटती है। वहाँ महारानीजी का दम घुटता है। खुली हवा का इतना ही शौक था तो मेरे पल्ले क्यों पड़ गई ?'

'पड़े-पड़े क्या बड़बड़ाते रहते हो, सो क्यों नहीं जाते ?' गुलाबदेई आज़िज आकर कहती और करवट बदल लेती।

शिवलाल के लिए लेटना मुहाल हो जाता। वह उठकर टहलने लगता या लेटे-लेटे बीड़ी सुलगा लेता। गुलाबदेई के पास सोने की एक अँगूठी थी और चाँदी का एक जोड़ा पाजेब। शिवलाल की घबराहट बढ़ती तो वह बक्सा खोलकर देख आता कि चीज़ें अपनी जगह पर हैं या नहीं। इन्हीं चिन्ताओं में उसकी रात कट जाती। शायद यही वजह थी कि दिन-भर वह नींद में झूलता रहता और आटा पीसने का सारा काम गुलाबदेई को करना पड़ता।

कभी-कभी पंडित रात के ग्यारह-साढ़े ग्यारह बजे शिवलाल के पास आ बैठता ! पंडित के चेहरे से ही लगता था कि वह एक शरीफ़ आदमी है। पंडित रात को लौटता तो अपने साथ बहुत सी कहानियाँ लेता आता।

'सिवलाल बाबू अभी मैं फुव्वारा बन्द करके लौट रहा था कि क्या देखता हूँ एक लड़की पान की दुकान की बग़ल में खड़ी थी। दो आदमी मोटर शाइकिल पर आए और उसे बीच में बैठाकर देखते-देखते गायब हो गए।' इसके बाद पंडित शिवनारायण रामायण का कोई प्रसंग उठा लेता और सहसा चौपाइयाँ गाना शुरू कर देता। शिवलाल खटिया से उठकर बैठ जाता और बड़े भक्ति-भाव से पंडित के प्रवचन सुनता।

'पंडितजी आपकी वाणी सुन लेता हूँ तो बड़े चैन की नींद आती है। दिन-भर की हाय-हाय से आप मुझे मुक्ति दिला देते हैं। कल भी लौटते समय ज़रूर आइएगा।'

पंडित के अहम को बड़ा सन्तोष मिलता। वह अपनी व्यस्तता बताते हुए कहता, 'क्या करूँ सिवलालजी, इधर लाइफ़ बहुत बिज़ी हो गई है। डी.एम. साहब तो किसी दूसरे पुरोहित पर भरोसा ही नहीं करते। कल उनके सुपुत्र का उपनयन संस्कार है, पूजा के लिए मुझे ही बुलवा भेजा है। एस.पी. साहब का नल है कि हर दूसरे दिन लीक करने लगता है और उधर अपने दरोगाजी पीछे पड़े हैं कि इस बार सतनारायणजी की कथा मैं ही सुनाऊँ। मैं इस सहर में अकेला पड़ा हूँ। बच्चे देहात में हैं। कई बार सोचता हूँ कि यहीं ले आऊँ। दान-दक्षिणा से ही पल जाएँगे।'

'ऐसी भूल कभी न करियो,' शिवलाल पंडित को राय देता, 'ढोल गँवार शूद्र पशु नारी, ये सब ताड़न के अधिकारी।'

'यह तो ठीक कहते हो भइया, मगर जब गृहस्थ जीवन अपना ही लिया तो जिम्मेदारी से कब तक दूर रह सकता हूँ।'

'यह औरत ज़ात आदमी का पूरा सुख-चैन छीन लेती है।' शिवलाल बड़ी नफ़रत से अपनी पत्नी की ओर देखता। अगर कहीं गुलाबदेई का पल्लू उसके वक्ष पर से हट गया होता तो वह बात बीच में छोड़कर उसके बालों को मुट्ठी में लेकर झँझोड़ते हुए बेकाबू हो जाता, 'हरामज़ादी यह नुमाइस किसके लिए लगा रखी है ?'

गुलाबदेई पल्लू सँभालकर करवट बदल लेती।

यह आश्चर्यजनक ही था कि इतनी घुटन और वर्जनाओं के बीच गुलाबदेई पर निरन्तर निखार आता जा रहा था। ताज़ा नारियल की तरह वह दिखती। चेहरा आग की तरह दप-दप करता। देखते ही देखते उसके गाल सुर्ख हो गए थे, सारा बदन गदरा गया था मगर शिवलाल उसी अनुपात में बूढ़ा होता जा रहा था। एक-दो दाँत भी गिर गए थे और गाल पिचके जा रहे थे। वह प्रायः भूतों के अस्तित्व पर सोचता रहता और कहता, 'मैं दावे से कह सकता हूँ कि इस नीम के पेड़ पर आज भी शीरीं का भूत रहता है। आधी रात को मैंने उसे नीम पर दबे पाँव चलते सुना है !''

'अरे वह बिल्ली थी।' गुलाबदेई कहती।

'तू यहाँ क्या कर रही है, चल अन्दर।' वह डाँटकर उसे भगा देता।

हालत यह हो गई थी कि गुलाबदेई के सर से पल्लू सरका नहीं कि वह गाली बकने लगता। बात-बात पर ग्राहकों से भी उलझ जाता। एक दिन उसने तैश में आकर खाँ साहब का कनस्तर सड़क पर फेंक दिया। खाँ साहब ने सिर्फ़ इतनी शिकायत की थी कि पिछली बार गेहूँ ज़रा मोटा पिसा था। खाँ साहब ताज्जुब से उसकी ओर देखने लगे कि क्या यह वही शिवलाल है जो गली में से गुज़रनेवाले हर उस आदमी को आदाब करता था जिससे उसकी आँखें चार होती थीं। अब वह किसी की तरफ़ पलटकर भी नहीं देखता था। मुहल्ले के लौंडे दातौन के लिए अगर नीम पर चढ़ जाते तो शिवलाल व्यग्र हो उठता। उसे लगता लौंडे ज़रूर गुलाबदेई से आँख लड़ा रहे हैं। वह खटिया पर लेटे-लेटे बच्चों पर यों चिल्लाता रहता जैसे खेतों से कौवे भगा रहा हो। नीम का पेड़ चक्की के ऊपर हहराता रहता मगर उसके अन्दर कोई हलचल नहीं होती थी। तालाब के पानी की तरह उसकी ज़िन्दगी एक जगह ठहरकर रह गई थी। मुहम्मद शफ़ी उसे दिखाई देता तो वह पूछता, 'क्यों मौलवी साहब, भूत-प्रेत के बारे में आपकी क्या राय है ?' अपने हिन्दू ग्राहकों से उसे हमेशा यही शिकायत रहती थी कि वे उसकी चक्की पर न जाकर अब्दुल की चक्की से आटा पिसाते हैं ! मुसलमान ग्राहकों को देखते ही वह 'सलामो अलैकुम' कहता और फिर धीरे से फुसफुसाता, 'मुआफ़ कीजिए भाईजान, यह हिन्दू कौम बड़ी काइयाँ कौम है। आप भी तो आटा पिसाने आते हैं, मगर खुदा कसम, तौल को लेकर कभी चख-चख नहीं होती। मगर यह हमारी कौम बड़ी नामुराद है। दो-दो बार तौल करवाएँगे, ऊपर से हुज्जत करेंगे मगर टेंट से पैसा निकालते हुए बहुत तकलीफ़ होगी। मेरी चले तो मैं उनका आटा पीसने से साफ़ इनकार कर दूँ। मगर यह पापी पेट...' वह दोनों हाथों से अपना पिचका हुआ पेट थपथपाता, 'मगर यह पापी पेट जो कुछ करवा ले कम है।'

मुहल्ले के तमाम लोग उसकी इस आदत से परिचित थे। इसमें साम्प्रदायिकता की गन्ध नहीं आती थी, उसकी मासूम व्यवसाय-बुद्धि का ही परिचय मिलता था। फ़ारूकी साहब ने तो एक दिन इस बात पर उसे इतनी डाँट पिला दी कि शिवलाल की घिग्घी बँध गई। वह बार-बार यही कहता रहा—'हुज़ूर,

मेरी बात का मतलब यह नहीं था।'

'वास्तव में शिवलाल की किसी चीज़ में दिलचस्पी नहीं रह गई थी। वह दिन-भर यही प्रार्थना करता कि किसी तरह उसकी इज्जत बची रहे। गुलाबदेई का यौवन और सौन्दर्य उसके लिए एक बवाल बन गया था। वह दिन-भर गुलाबदेई को लेकर तरह-तरह की आशंकाओं की कल्पना करता रहता।

आखिर एक दिन उसकी आशंका ने साकार रूप ले ही लिया। चाँदनी रात थी। नीम की सर-सर और खुली हवा में लेटते ही शिवलाल की आँख लग गई। उसने यह भी नहीं देखा कि गुलाबदेई कितनी लापरवाही से सो रही थी। वक्ष पर से पल्लू हट गया था और एक टाँग उघड़ गई थी। रात को सिनेमा देखकर लौट रहे कुछ लौंडे सहसा ठिठक गए। किसी मनचले ने गुलाबदेई का वक्ष भोंपू की तरह दबा दिया। गुलाबदेई चौंककर उठ बैठी और जब तक चिल्लाती लोग आगे बढ़ गए। दो-तीन लौंडे थे उन्होंने पीछे मुड़कर देखना भी गवारा नहीं किया, चुपचाप इत्मीनान से चलते रहे। शिवलाल अभी कच्ची नींद में ही था। खट-पट सुनकर उठ बैठा। गुलाबदेई ऊँची आवाज़ में चिल्ला रही थी। शिवलाल ने पहले तो उत्तेजना में सोचा कि पास पड़ा बड़ा-सा पत्थर उठाकर लौंडों के सिर पर दे मारे। मगर पत्थर छूते ही उसके हौसले पस्त हो गए। आत्मविश्वास धोखा दे गया। आत्मविश्वास से धोखा खाकर उसने चिल्लाने की कोशिश की। वह इसमें भी असफल रहा। उसे लगा कि जैसे उसकी जुबान तालू से चिपक गई है। शीघ्र ही उसने शुद्ध हिन्दुस्तानी तरीके से सब्र का एक लम्बा घूँट पी लिया—जो होना था हो गया। अब चिल्लाने से कुछ प्राप्त नहीं होगा, केवल बदनामी हाथ लगेगी। वही शिवलाल जो कुछ क्षण पूर्व अपने को ठगा, पिटा और लुटा-सा महसूस कर रहा था, पत्नी का चेहरा देखते ही शेर हो गया। उसने आव देखा न ताव पीछे मुड़कर बीवी के मुँह पर उल्टे हाथ से ऐसा ज़ोरदार झापड़ रसीद किया कि वह गिरते-गिरते बची। अपना प्रयास सफल होते देख वह दोनों हाथों से बारी-बारी जहाँ जगह मिलती पिटाई करने लगा, 'बोल ! बोल हरामज़ादी ! कौन था वह तेरा आशिक जिससे मुँह काला करवा रही थी। बोल !'

गुलाबदेई रोने लगी, 'बदमासों पर बस नहीं चला तो मुझे ही बदनाम करने लगे। तुम कैसे शख्स हो ! हिम्मत हो तो जाकर उनसे निपट लो।'

शिवलाल तर्क की मनःस्थिति में नहीं था। उसने हाँफते हुए चक्की का दरवाज़ा खोला और गुलाबदेई को निहायत फ़िल्मी अन्दाज़ में अन्दर धकेल दिया, 'अब तू इसी कोठरी में बन्द रहेगी। ज़्यादा फूँ फाँ की तो यहीं दफ़ना दूँगा।'

शोर सुनकर बच्चा भी जग गया था। शिवलाल ने उसे भी उठाकर गेंद की तरह कोठरी में फेंक दिया। पड़ोसियों ने खिड़कियों से झाँककर देखा, वे आश्वस्त हो गए कि मियाँ-बीवी का आपसी झगड़ा है। कोई सड़क पर नहीं आया।

इस घटना के बाद गुलाबदेई हमेशा के लिए काल-कोठरी में बन्द हो गई।

शिवलाल चौकीदार की तरह दिन-भर दरवाजे पर तैनात रहता। गर्मी की दुपहरिया में नीम के नीचे सुस्ता रहा कोई खोमचेवाला अगर यकायक जगकर चिल्ला पड़ता, 'लइया दालपट्टी-ताजा मूँगफली' तो शिवलाल भड़क जाता, 'आराम करने देगा कि नहीं, सर पर काहे को चिल्ला रहा है ?'

'यह सड़क और नीम तुम्हारे बाप की नहीं है।'

'नीम तो नहीं मगर चक्की तुम्हारे बाप की है।' शिवलाल लड़ने पर उतारू हो जाता। उसका खयाल था कि उसकी चक्की की वजह से ही इस नीम का नाम चकैया नीम है, जबकि बड़े-बूढ़ों का कहना था कि चक्की तो क्या, शिवलाल भी पैदा नहीं हुआ था, जब से इस नीम का नाम चकैया नीम के नाम से पुकारा जाता है। वास्तव में नीम चकई के आकार की थी, इसलिए चकैया नीम के नाम से

जानी जाने लगी। कुछ लोगों ने यह भी उड़ा रखा था कि मुहल्ले की एक खूबसूरत लड़की सईदा की आत्मा चकई के रूप में इस नीम पर बसती है।

गुलाबदेई को घर के सामान में पुराना ट्रांजिस्टर हाथ लग गया। वह फुर्सत में ट्रांजिस्टर सुनती। शिवलाल से यह भी बर्दाश्त नहीं हुआ। वह चाहता था गुलाबदेई अन्दर कोठरी में पड़ी रोती रहे। गाना-बजाना तो तवायफ़ों का शौक है, वह मन ही मन कहता, कुलीन घरों की औरतें कहीं फिल्मी गाने सुनती हैं। दोपहर को एक लइयावाला नीम के साए में बड़ी देर से खड़ा था। अन्दर कोठरी से फिल्मी गाने की धुन उठ रही थी। लइयावाला हर गाने पर झूम रहा था और पाँव से थाप दे रहा था। शिवलाल कुछ देर उसे ताकता रहा, फिर अन्दर जाकर गुलाबदेई के पास बाँह चढ़ाकर खड़ा हो गया। गुलाबदेई पंखे से हवा कर रही थी और विविध भारती से फिल्मी संगीत सुनने में मग्न थी।

'यह किसको रिझा रही हो ?'

'तुम्हें।' गुलाबदेई मुस्कुराई।

शिवलाल ने पास पड़ा बाँस उठा लिया और लगा गुलाबदेई को पीटने।

'बता किसको रिझा रही थी ?' शिवलाल पूछता और पीटता जा रहा था।

गुलाबदेई बचाव के लिए इधर-उधर भागती रही। कोठरी का दरवाजा शिवलाल ने अन्दर से बन्द कर लिया था। गुलाबदेई के शरीर पर जगह-जगह नील पड़ गए। आखिर उसने शिवलाल के हाथ का बाँस दूसरी तरफ से मजबूती से थाम लिया। शिवलाल ने बाँस छुड़ाने की बहुत कोशिश की मगर कामयाब न हुआ। गुलाबदेई ने बाँस उसके हाथ से छीनकर चक्की के उस पार फेंक दिया। उसका शरीर पसीने से तर-बतर हो गया था और साँस फूल गई थी। शिवलाल की आँखों से चिनगारियाँ फूट रही थीं। मौका पाकर उसने एक लात जमा दी। बोला, 'लगता है तुम्हारे दिन भी पूरे हो गए हैं और नीम का भूत तुम्हारे ऊपर सवार हो चुका है।'

'इस मुग़ालते में मत रहना कि मैं भी कुएँ में कूदकर मर जाऊँगी,' गुलाबदेई क्रोध और अपमान से जलती हुई बोली, 'तुम्हारे ज़ुल्म ही भूत हैं। मैं अब जिन्दा भूत बनकर तुम्हारे सीने पर मूँग दलूँगी। मैं अच्छी तरह जान गई हूँ कि भूत-पिरेत और कुछ नहीं, तुम मर्दन के दिमाग़ का ही फ़ितूर है।'

●●

सुबह का समय था। शिवलाल नीम से दातौन तोड़कर गली के मुहाने पर लगे नल के पास बैठा दातौन कर रहा था। सुबह-सुबह नल पर खूब भीड़ रहती थी। वह अक्सर पानी का एक लोटा भरकर पास ही बैठ जाता और घंटों दातौन करते हुए मलाईवाली या रुईवाली से बातें क़रता। मलाईवाली अस्सी से भी ऊपर थी। शाम को एक थाली में सेर-भर मलाई रखकर अपनी कोठरी के बाहर बैठ जाती। शिवलाल को मलाई से बहुत इश्क था। वह शाम को खाना खाने के बाद सड़क तक आता और सौ ग्राम मलाई के ऊपर सौ ग्राम चीनी मिलाकर मलाईवाली अम्मा के पास बैठकर ही मलाई खाता।

अम्मा सुबह पूजा-पाठ करने के बाद शाम के लिए अपना थाल देर तक चमकाती। शिवलाल अम्मा के चौतरे पर जा बैठा और दातौन चबाने लगा। तभी पुलिस का एक दीवान उसके पास आकर खड़ा हो गया, 'यहाँ शिवलाल वल्द छोटेलाल कहीं रहता है ?'

'शिवलाल वल्द छोटेलाल या शिवलाल वल्द श्यामलाल ?'

दीवान ने फाइल देखते हुए कहा, 'शिवलाल वल्द छोटेलाल।'

शिवलाल के चेहरे पर हवाइयाँ उड़ने लगीं। उसके हाथ काँपने लगे। उसने जल्दी से कुल्ला किया और बोला, 'जरूर कोई ग़लती भई है हुजूर। शिवलाल तो मेरा ही नाम है।'

'वल्द छोटेलाल ?'

'जी।'

'आपके नाम वारंट है।' दीवानजी ने कहा, 'आपको मेरे साथ थाने चलना होगा।'

शिवलाल ने सोचा, यह हरामज़ादी गुलाबदेई की ही कोई काली करतूत सामने आनेवाली है।

'मगर हुज़ूर, मैं तो एक शरीफ़ इंसान हूँ। आप मुहल्ले में किसी से भी दरियाफ़्त कर देखिए, मुझसे किसी को कोई शिकायत न होगी।'

'आप पर चोरी का माल खरीदने का इल्ज़ाम है।'

'चोरी का माल ?' शिवलाल भौंचक्का रह गया, 'हुजूर, मेरे पास कोई माल ही नहीं सिवाय एक छोटी-सी चक्की के, जिसकी रसीद मेरे पास महफ़ूज़ है।'

'फिजूल की बात करके मेरा और अपना वक्त ज़ाया मत करो। चलो जल्दी से तैयार हो जाओ।'

पुलिस को देखकर शिवलाल की कोठरी के सामने भीड़ इकट्ठा होने लगी। गुलाबदेई भी दौड़ती हुई आई—'का भवा ?'

'शिवलाल पर चोरी का इल्ज़ाम है।' भीड़ में से किसी ने बताया।

'सुनो दीवानजी !' गुलाबदेई ने आगे बढ़कर ललकारा, 'इनको आपने हाथ लगाया तो अभी मुहल्ले में फ़साद हो जाएगा।'

'यह मुँहज़ोर औरत कौन है ?' दीवानजी ने पूछा।

'मेरी घरवाली है हुजूर।'

'लगता है, इसे भी चोरी करके ही लाए हो।' दीवानजी ने कहा।

भीड़ में कुछ लोग मुस्कुराए। मगर गुलाबदेई भड़क गई, 'आपको सरम नहीं आती दीवानजी, जो औरत पर उँगली उठाते हो।'

इस बार गुलाबदेई की बात का भीड़ पर जादुई असर हुआ। पीछे से कोई लौंडा भीड़ में झुकते हुए चिल्लाया, 'मारो साले को।'

'इसने औरत की बेइज़्ज़ती की है।'

'मारो मारो...।' भीड़ में से कई लोग चिल्लाए।

दीवानजी ने भीड़ को अपने खिलाफ़ होते देख गुलाबदेई से विनम्रतापूर्वक कहा, 'बहनजी शिवलाल को मेरे साथ जाना होगा।'

'इसने गुलाबदेई की बेइज़्ज़ती की है मुहल्लेवालो। यह पूरे मुहल्ले की इज़्ज़त का सवाल है।' एक बुढ़िया अपनी झीनी धोती सँभालती हुई खड़ी हो गई।

तभी पीछे से एक पत्थर गिरा और दीवानजी के कान को छूता हुआ दीवार पर जा लगा।

सब लोग जान गए कि नफ़ीस के अलावा कोई यह जुर्रत नहीं कर सकता।

दीवान ने फ़िलहाल वहाँ से खिसक जाना ही मुनासिब समझा। मगर वह व्यूह में घिरा हुआ था। भीड़ धीरे-धीरे मोटी होती जा रही थी।

'यह वही है जो एक दिन गुलाबदेई को नोचकर भागा था।' भीड़ में से किसी ने कहा।

'मारो साले को। घुसने न दो मुहल्ले में।'

इतने में मुहल्ले के युवा नेता सिद्दीकी साहब मजमे में आगे बढ़ आए, 'देखिए दीवान साहब। आप किसी औरत की बेइज़्ज़ती नहीं कर सकते। मैं अभी डी.एस.पी. साहब को फ़ोन मिलाता हूँ। आप जब से इस थाने में आए हैं, मुहल्लेवालों का जीना हराम कर रखा है। कौन नहीं जानता कि आप चोरों, डकैतों, जुआरियों से सरेआम पैसा लेते हैं। मैं देखता हूँ आप कैसे शिवलाल को हाथ लगाते हैं।'

'सिद्दीकी साहब !'

'ज़िन्दाबाद !'

'दीवान की गुंडई !'

'नहीं चलेगी ! नहीं चलेगी !' बच्चा लोग चिल्लाए।

सिद्दीकी साहब हुजूम का नेतृत्व करते हुए कोतवाली की तरफ चल दिए।

सिद्दीकी साहब किसी बात से दीवानजी से चिढ़े हुए थे। वे भीड़ के आगे अपने दप-दप करते धोबी-धुले कुर्ते-पाजामे में तेज़ कदमों से चल रहे थे।

पास से गुजरती हुई एक मोटरसाइकिल को रोककर दीवानजी उस पर मक्खी की-सी तत्परता से सवार हो गए।

शिवलाल बेहद डर गया था। उसका दिल बेतरह धड़क रहा था और वह बार-बार अपने खुश्क होते जा रहे होंठों को अपनी खुश्क जुबान से तर करने का प्रयत्न कर रहा था। मालूम हुआ, मौलाना शफ़ी के माध्यम से उसने चक्की के लिए जो पट्टा खरीदा था, वह चोरी का था।

'ऐसा क्यों घबरा रहे हो। किसी का खून तो नहीं कर दिया,' गुलाबदेई बोली, 'पैसा देकर पट्टा खरीदा था, मुफ्त में तो नहीं लिया था।'

'चुप रह हरामज़ादी,' शिवलाल बोला, 'अब तेरे मन की मुराद पूरी हुई। अब जेहल में चक्की पीसूँगा तो तुझे सान्ती मिलेगी।'

गुलाबदेई को अब तक विश्वास ही नहीं आ रहा था कि चोरी का पट्टा खरीदने पर शिवलाल को जेल हो सकती है।

शिवलाल के पास एक लोहे की टूटी कुर्सी थी। वह चक्की के अन्दर एक कोने में दुबककर बैठ गया। वह अपमान की आग में सुलग रहा था। चारों तरफ़ उसकी बदनामी हो जाएगी। हर कोई उसके नाम पर थू-थू करेगा और गुलाबदेई को रंगरेलियाँ मनाने का सुनहरा मौका मिल जाएगा। इस वक्त मौलाना शफ़ी उसे दिख जाता तो वह उसकी दाढ़ी नोच लेता। उसी ने एक दूसरे कबाड़िए से परिचय करवाया था। जाने किस गुंडे मुस्टंडे से परिचय करवा दिया।

अचानक शिवलाल ने मोटर पर से पट्टा उतारा और कुएँ में फेंक दिया। उसके पास एक पुराना पट्टा पड़ा था। वह उसे जोड़ने लगा कि तभी ख़याल आया कि यह भी कबाड़ से ही खरीदा था। उसने भागकर वह पट्टा भी कुएँ की नज़र कर दिया। शिवलाल की समझ में कुछ भी नहीं आ रहा था कि वह अपने प्राण कैसे बचाए। सौ का एक नोट उसने बहुत दिनों से बचाकर रखा था। उसने एक लौंडे को घूमते हुए देखा तो बोला—ऐ रफ़ीक, जा, जरा भागकर चार इंची का बारह फुट पट्टा और पैंतालीस नम्बर का काँटा लेते आओ। रसीद भी बनवा लाना।'

तभी सिद्दीकी मियाँ भीड़ के आगे-आगे मुस्कुराते हुए आते दिखाई दिए।

'मैंने साले का ट्रांस्फ़र करा दिया,' सिद्दीकी साहब ने कहा, 'मगर तुमने चोरी का पट्टा खरीदा ही क्यों ?'

'क्या बताऊँ सिद्दीकी साब, मति ही मारी गई थी। उस बूढ़े शफ़ी ने मुझे ग़लत आदमी से मिला दिया।'

'बहरहाल घबराओ नहीं,' सिद्दीकी साहब ने पास खड़ी गुलाबदेई की तरफ़ देखते हुए कहा, 'जो दारोगाजी तफ़तीश कर रहे हैं, वह मेरे दोस्त हैं। मगर मुझे लगता है, साला कबाड़िया खुद तो खिला-पिलाकर बरी हो जाएगा, तुम्हारे जैसे चार गरीब मारे जाएँगे।'

दरअसल सिद्दीकी साहब बहुत व्यस्त किस्म के नेता थे। राजनीति में उन्होंने यह सोचकर कदम रखा था कि एक दिन वे प्रदेश के मुख्यमन्त्री बनेंगे। मगर मुख्यमन्त्री तो क्या, वे कॉर्पोरेटर भी न हो पाए। राजनीति के चक्कर में सर के आधे बाल सफेद हो गए और वे कुँआरे रह गए। दो मकान गिरवी पड़े हैं और ऊपर से उनके बारे में मशहूर है कि बिना पैसा लिये छोटा-सा काम भी नहीं करवाते। यह भी नहीं कि इस बात में सच्चाई न हो। बहुत से लोग यह कहते सुनाई पड़ते हैं कि सिद्दीकी साहब ने मकान के एलाटमेंट के लिए पाँच सौ रुपए लिये थे, ट्रांसफर के लिए एक हज़ार, नौकरी दिलाने के लिए दो हज़ार। सिद्दीकी साहब के निकटतम दोस्तों का विश्वास था कि उन्हें कोई ऐब नहीं है—किसी को उनकी साँस से कभी शराब की बू नहीं आई, किसी ने उन्हें कभी कोठे पर नहीं देखा। ताश तो दूर, वे लूडो तक खेलना नहीं जानते थे। तब फिर वह पैसा जाता कहाँ था ? उनकी चप्पलें, उनका कुर्ता-पाजामा इस बात की दुहाई देते थे कि वे एक ईमानदार शख़्स हैं।

यह भी समझ में नहीं आता था कि सिद्दीकी साहब इतने बुरे नेता हैं तो लोग उन्हें हर वक्त घेरे क्यों रहते हैं। किसी का ट्रांसफर रुकवाना है तो किसी का करवाना है, किसी का मकान खाली करवाना है तो किसी को 'पज़ेशन' दिलवाना है। किसी को 'स्पिरिट' का लाइसेंस चाहिए तो किसी को सिनेमा हॉल का। एक जान हज़ार बवाल। सिद्दीकी साहब को देखकर यही शीर्षक दिमाग में कौंधता था।

सिद्दीकी साहब विधायक थे न सांसद, फिर काम कैसे करवा लेते थे, यह लोगों के लिए एक कौतुक का विषय था। कई बार तो ऐसा भी हुआ था कि सांसद, विधायक आदि ने क्षमा माँग ली थी और सिद्दीकी साहब काम करवा लाए।

सिद्दीकी साहब की उम्र भी ज्यादा नहीं थी। उनके पैर दौड़ते-दौड़ते इतने बुढ़ा गए थे कि पैर देखकर उनकी उम्र पचास से ऊपर ही बताई जा सकती थी। उनके बाल इतनी तेज़ी से पक गए थे कि बाल देखकर भी यही नतीजा निकलता था। मगर उनकी सूरत, उनके सर्टिफिकेट उन्हें तीस का बताते थे। अगर भविष्य में उनकी शादी होगी तो उसका आधार यही दो चीज़ें रहेंगी।

दरअसल सिद्दीकी साहब के नेतागिरी के कुछ मौलिक सिद्धान्त थे। नगर में प्रधानमन्त्री, मुख्यमन्त्री, केन्द्रीय मन्त्री, प्रदेश का मन्त्री, कोई भी आए, उसकी अगवानी करने के लिए जो लोग हवाई अड्डा या रेलवे स्टेशन पर दिखाई देते, उनमें सिद्दीकी साहब ज़रूर होते। सिद्दीकी साहब अपने किसी 'ग्राहक' से जीप मँगवा लेंगे और फूलों के हार लेकर हवाई अड्डे ज़रूर पहुँचेंगे। वर्षों के अनवरत क्रम और श्रम के कारण कुछ छुटभैये मन्त्रियों से उनकी पहचान भी हो गई। रेलवे स्टेशन से वे सर्किट हाउस तक जाते और वहाँ से तब तक न टलते जब तक मन्त्रीजी हाथ जोड़कर आभार न व्यक्त कर देते। मन्त्रियों के साथ उनके सचिव और उस महकमे के स्थानीय अफ़सर भी होते। मन्त्रीजी से हाथ मिलाते समय वे बड़े फ़ख़्र के साथ उन अफ़सरों की तरफ़ देखते जैसे कह रहे हों कि देख रहे हो तुम्हारे विभाग का मन्त्री मुझसे हाथ मिला रहा है। अच्छी तरह से देख लो, कहीं ऐसा न हो कि मैं

तुम्हारे दफ़्तर में आऊँ और तुम मुझे पहचानने से इनकार कर दो। अगर उन्हें लगता कि सम्बन्धित अफ़सर इनकी तरफ़ ज्यादा ध्यान नहीं दे रहा है तो वे मन्त्रीजी का हाथ तब तक न छोड़ते जब तक अफ़सर की निगाह न पड़ जाती। अफसर उन्हें भूल न जाए, यह सोचकर वे अगले ही रोज़ उसके दफ्तर में प्रकट हो जाते, 'आप से मन्त्रीजी बहुत ख़फ़ा चल रहे हैं।' सिद्‌दीकी साहब कहते, 'मगर मैंने आज तक आपकी कोई शिकायत नहीं सुनी। फौरन कह दिया, लगता है विधायकजी नाराज़ हैं। ज़रूर कोई गैरकानूनी काम करवाना चाहते होंगे। आपको मैं जानता हूँ, कैसे कह देता कि गुप्ताजी भ्रष्ट अफसर हैं।'

अफसर सिद्‌दीकी साहब की तरफ ग़ौर से देखता। सूरत से लगता था कि उनका वृहस्पति केन्द्र में है। वह फौरन घंटी बजाकर चाय मँगवाता। सिद्‌दीकी साहब चाय के पहले घूँट के साथ लखनऊ पहुँच जाते। गुप्ताजी के विभाग के सचिव से उनकी पुरानी दोस्ती निकल आती। फिर क्या था, गुप्ताजी और सिद्‌दीकी साहब में दोस्ती स्थापित हो जाती।

शहर में नया कोतवाल आता तो सिद्‌दीकी साहब कोई न कोई बहाना खोजकर कोतवाली के आगे छोटा-मोटा प्रदर्शन ज़रूर करवा देते। इससे शहर कोतवाल से उनका अनायास परिचय हो जाता। सौ-पचास आदमी जुटाना सिद्‌दीकी साहब के लिए बड़ा काम न होता। यह भी अक्सर देखा गया है कि प्रदर्शन के दो-चार रोज़ बाद या ईद के मुबारक मौके पर शहर कोतवाल उनके यहाँ भोजन करता हुआ नज़र आता। भोजन में गोश्त, मुर्ग़मुसल्लम के अलावा सिवैयाँ वगैरह भी होतीं ! इसके बाद सिद्‌दीकी साहब अक्सर कोतवाली में नज़र आते। किसी की ज़मानत करवाते, किसी को हवालात से छुड़ाते या किराएदार और मकान मालिक के झगड़े निपटाते।

शिवलाल के मामले में वे इसीलिए यकायक सक्रिय हो गए थे कि शहर में नया कोतवाल आया था। लोगों की भीड़ को देखकर कोतवाल साहब बाहर आए तो सिद्‌दीकी साहब को पहचानने में ज़रा देर न लगी कि ये वही शिवमूर्ति दुबे थे जो चार-पाँच साल पहले किसी मामले में निलम्बित हो गए थे और सिद्‌दीकी साहब की ख्याति सुनकर उनके पास सिफारिश के लिए आए थे। सिद्‌दीकी साहब उनके लिए कई बार लखनऊ गए थे और अन्ततः डी.आई.जी. रेंज तक सिफारिश पहुँचाने में सफल भी हो गए थे। इसके बाद उनकी दुबेजी से भेंट न हुई। आज यकायक उन्हें सामने पाकर उनकी खुशी का ठिकाना न रहा। अपने थाने के दरोगा से वह ऊब चुके थे और आजकल इसी कोशिश में थे कि किसी तरह उसका तबादला कराया जाए।

दुबेजी दोनों हाथ फैलाए सिद्‌दीकी साहब की तरफ लपके। सिद्‌दीकी साहब भी उसी मुद्रा में आ गए। फिर क्या था, जुलूस भौंचक्का रह गया। सिद्‌दीकी साहब ने भीड़ के सामने दुबेजी की तारीफ में बड़ा ओजपूर्ण भाषण दिया कि अब दुबेजी के आ जाने से शहर की कानून व्यवस्था सुधर जाएगी। दुबेजी जिस थाने में भी गए, गुंडों का सफाया ही किया। दुबेजी शहर में गुंडों, जुआरियों और असामाजिक तत्त्वों के लिए यमराज बनकर आए हैं। सिद्‌दीकी साहब ने जेब से दस-दस के दो नोट निकालकर फज़ल अली को दे दिए कि सब लोगों को चाय-नाश्ता करवाओ।

भीड़ ने सिद्‌दीकी साहब के लिए दो-चार नारे बुलन्द किए और फज़ल अली के पीछे-पीछे गली में लौट गई।

सिद्‌दीकी साहब ने अन्दर घुसते ही थानेदार की शिकायत की और कहा कि वह औरतों से बदसलूकी करता है। आज आप यहाँ न होते तो दंगा हो जाता।

'मैं देख लूँगा, आप परेशान न हों,' दुबेजी की आँखों में चमक आ गई, 'आप किस औरत की बात कर रहे हैं ?'

'अरे निहायत शरीफ औरत है,' सिद्दीकी साहब बोले, 'मुहल्ले की ही है। आप फ़ोन करके एस. ओ. को फौरन हिदायत कर दें कि उक्त दारोगा को हमारी बीट से हटा ले।'

सिद्दीकी साहब ने बड़ा आसान काम बताया था, कोतवाल साहब ने फौरन एस.ओ. को फ़ोन मिलवाया और हिदायत कर दी। सिद्दीकी साहब बेहद खुश हो गए।

'सच पूछिए भाई साहब, मैं प्रोफेशनल नेता नहीं हूँ। मगर कोई गरीबों को परेशान करे, यह मुझसे बर्दाश्त नहीं होता। बताइए एक शरीफ आदमी चक्की पीसकर किसी तरह से इस महँगाई में अपना गुज़ारा कर रहा है और यह दारोगा लगा उसी को सताने। अगर उसने किसी कबाड़ी से पट्टा खरीद ही लिया तो इसमें कौन आफ़त आ गई।'

'सिद्दीकी साहब, हम लोग तो कानून से बँधे रहते हैं। पट्टा ज़रूर चोरी का होगा और चोरों के खिलाफ हमें तो कार्यवाही करनी ही पड़ेगी। कार्यवाही न करेंगे तो आप ही कल जुलूस लेकर चले आएँगे। कहिए मैं ग़लत कह रहा हूँ ?'

'आप बिल्कुल दुरुस्त फर्मा रहे हैं। मगर दारोगा को यह तो देख लेना चाहिए कि तफतीश करते समय शरीफ लोगों को परेशान न करें।'

'अब क्या बताएँ, शरीफ लोग ही जल्दी पैसा निकालते हैं।' दुबेजी ज़ोर से हँसे, 'मैं इन अफसरों की रग-रग पहचानता हूँ। बहरहाल मैं थाने को बोल दूँगा। उसे कोई परेशानी हो तो मुझसे मिल ले। आपका हवाला काफी होगा।'

सिद्दीकी साहब उठ दिए, 'सुनते हैं रस्तोगी साहब डी.आई.जी. रेंज होकर आ रहे हैं ? वो आ जाएँ तो फिर आपको कोई तकलीफ न होगी।'

'फिलहाल तो मुझे कोई तकलीफ नहीं है।'

'अल्लाह करे कभी न हो,' सिद्दीकी साहब ने हाथ उठा दिए, 'खुदा हाफ़िज़।'

गली में सिद्दीकी साहब का रुतबा बढ़ गया था। उनके कार्यकर्ता चाय-अंडा खाकर बढ़ा-चढ़ाकर सिद्दीकी साहब का गुणगान कर रहे थे। शिवलाल सिद्दीकी साहब से इतना मुतआसिर था कि छाँट-छाँटकर हिन्दुओं को गालियाँ दे रहा था।

'कोई साला मदद को नहीं आया,' वह खाट पर बैठा चिल्ला रहा था, 'साले पुलिस देखकर घरों में दुबक गए।'

'तुम भी मुसलमान हो जाओ,' पंडित को शिवलाल की बात बहुत नागवार गुजरी, बोला, 'जाओ सुन्नत करवा लो और मौलवी को बुलाकर अपना धर्म बदल लो। तुम हिन्दू होने के लायक ही नहीं हो। तुम्हारी मति मारी गई है। मैं तुम्हारे इरादे समझता हूँ तुम एक और शादी रचाना चाहते हो।'

'न बाबा, न। शादी से मैं बाज़ आया। एक हरामजादी ही काफी है।'

सिद्दीकी साहब को आते देख शिवलाल खड़ा हो गया और उनके पैरों पर गिर पड़ा, 'आपने बड़ी मदद की है हुजूर। मैं जिन्दगी-भर इस अहसान को न भूल पाऊँगा।'

'उठो, उठो, यह सब क्या कर रहे हो। मर्द बनो। इस तरह की परेशानियाँ तो लगी ही रहती हैं। मैंने दारोगा का तबादला करवा दिया है। कोतवाल साहब से भी बोल दिया है। कोई परेशान न करेगा। कोई परेशानी हो तो जाकर कोतवाल साहब से मिल लेना।'

'अब आप चाय पीकर ही जाएँगे,' शिवलाल ने वहीं से आवाज़ लगाई, 'सुनती हो, दो कप बढ़िया चाय बनाकर लाओ।'

सिद्दीकी साहब को देखकर वहाँ भीड़ जमा होने लगी।

'चाय का सिलसिला छोड़ो,' सिद्दीकी साहब ने कहा, 'मुझे अभी दोपहर की गाड़ी से लखनऊ जाना

है। चाय फिर कभी।'

'अब आप ही हमार रक्सा कर सकत हैं,' गुलाबदेई ने पल्लू से सर ढाँपते हुए कहा, 'यह तो जेहल जाने से पहले ही प्रान तियाग देगा।'

'थाने से कोई आए तो मुझे बुलवा लीजिएगा।''

'अच्छा सरकार।'

सिद्दीकी साहब वहाँ से चल दिए। जाते-जाते फिर ताकीद कर दी कि अगर कोई परेशानी हो तो जाकर दुबेजी से मिल लेना और मेरा हवाला दे देना !

'जी सरकार।' शिवलाल हाथ जोड़े पीछे-पीछे भागा।

सिद्दीकी साहब को लखनऊ पहुँचने की जल्दी थी। उनके एक मुलाकाती रफ़ीक साहब जल निगम में ऊँचे पद पर आ गए थे। इसी भरोसे उन्होंने एक अभियन्ता से एक हज़ार रुपए ले लिये थे कि उसका तबादला करवा देंगे। काम हो जाने पर एक हज़ार और मिलने की आशा थी। रफ़ीक साहब एक ईमानदार अफसर थे मगर उनकी बेगम हर वक्त उनकी नाक में दम किए रहतीं कि घर में लकड़ी का पार्टीशन तक नहीं। इतना बड़ा आँगन है कि पर्दा करना मुश्किल हो जाता है। पिछले दिनों सिद्दीकी साहब किसी शादी में सहारनपुर गए तो दूल्हे के भाई से छह सौ रुपए उधार माँगकर एक बहुत महीन नक्काशी का पार्टीशन ले आए थे। वे जल्द से जल्द पार्टीशन बेग़म साहिबा की नज़र कर देना चाहते थे ताकि रफ़ीक साहब की मुलाकात दोस्ती में बदल जाए।

तीसरे दिन एक सिपाही आया और शिवलाल को अपने साथ थाने लिवा ले गया। गुलाबदेई सिद्दीकी साहब के घर की तरफ भागी। सिद्दीकी साहब शहर में नहीं थे। वह चक्की पर लौट आई और बाहर खटिया पर बैठकर रोने लगी। गुलाबदेई को रोते देख उसका छह माह का बच्चा भी उसके साथ-साथ रोने लगा। रोते-रोते गुलाबदेई को अचानक याद आया कि सिद्दीकी साहब कह गए थे कि शहर में न हों तो वह कोतवाल साहब से मिल ले। उसने बच्चे को गोद में उठाया और कोतवाली की तरफ चल दी।

चलते-चलते उसे लगा कि उसे कोतवाल साहब से मिलने इस तरह नहीं जाना चाहिए। वह मलाईवाली अम्मा को बच्चा थमाकर लौट आई और कोठरी बन्द करके खूब एड़ियाँ साफ कीं। उसके पास एक किरमिची रंग की साड़ी थी, जो उसने अब तक यह सोचकर न पहनी थी कि उसके साथ का ब्लाउज स्लीवलेस था। आज शिवलाल नहीं था; उस ब्लाउज को आज़माने का भी अच्छा मौका था। मगर उस ब्लाउज ने एक नई समस्या खड़ी कर दी। उसे पहनने के लिए वह शिवलाल का रेजर खोजने लगी। किसी तरह उसने अपने को ब्लाउज लायक बनाया। तैयार होकर उसने आईने में अपना रूप देखा तो चकित रह गई। वही गुलाबदेई जो कुछ देर पहले दालान में बैठी बिसूर रही थी, नहा-धोकर और नए कपड़े पहनकर अपने पर मुग्ध हो गई।

कोतवाली घर से ज्यादा दूर नहीं थी। उसने बच्चे को ले जाना उचित न समझा और आँख बचाकर सामने की एक सँकरी गली में घुस गई। वह नहीं चाहती थी कि गली के लोग उसे इस नए रूप में देखें। वह अपनी नंगी बाँहें साड़ी में लपेटकर तीर की तरह इमामबाड़े में घुस गई। इमामबाड़े का दूसरा दरवाज़ा कोतवाली की तरफ़ खुलता था।

गली से निकलकर वह कुछ आश्वस्त हुई। बैंक के पास एक सिपाही खड़ा था। उसने बड़े अदब से पूछा कि कोतवाल साहब कहाँ मिलेंगे ?

'इस बखत तो बँगले पर मिलना चाहिए।' उसने कहा।

'बँगला कहाँ है ?'

'किसी भी रिक्शावाले से दरियाफ़्त कर लो।' उसने कहा, 'दो दरवाज़ा बाहर।'

गुलाबदेई ने दो दरवाज़ा बाहर का रिक्शा किया और बैठ गई। दो दरवाज़ा बाहर पहुँचकर उसने रिक्शेवाले से कहा, 'कोतवाल साहब के बँगले पर ले चलो।'

रिक्शेवाले ने बँगले के सामने रिक्शा रोक दिया।

'पूछ के आओ साहब हैं ?'

कोतवाल साहब के बँगले के बाहर पुलिस का टैंट पड़ा था। दो-चार दारोगा लोग घूम रहे थे। एक मोटरसाइकल खड़ी थी। एक आदमी टेलीफ़ोन पर बतिया रहा था। बँगले के अन्दर एक बड़ी-सी कार खड़ी थी, जिसे दो सिपाही मन लगाकर पोंछ रहे थे।

'साहब हैं।' रिक्शावाले ने लौटकर कहा।

'अन्दर कहलवा दो। सिद्दीकी साहब के यहाँ से कोई मिलने आया है।'

रिक्शावाले ने जाकर सिपाही से कहा। सिपाही को मालूम नहीं था कि सिद्दीकी साहब कौन है, जबकि गुलाबदेई सोच रही थी कि सिद्दीकी साहब का नाम सुनते ही कोतवाल साहब उसकी अगवानी करने खुद चले आएँगे।

'अन्दर मीटिंग चल रही है।'

रिक्शावाला जल्दी में था, उसने चिरौरी की, 'अन्दर खबर तो करवा दीजिए।'

रिक्शावाले के चेहरे पर इतनी विनम्रता थी कि सिपाही बेमन से उठा और फाटक खोलकर अन्दर चला गया।

'साहब से कह दिया है।' उसने लौटकर कहा।

देर तक कोई पत्ता न हिला। गुलाबदेई रिक्शा में बैठे-बैठे बुरी तरह ऊब गई। वह जल्द से जल्द काम निपटाकर अपने पुराने लिबास में आ जाना चाहती थी। दूसरे, इस तरह रिक्शे में बैठे रहना उसे बहुत अटपटा लग रहा था। हर आने-जानेवाला बहुत उत्सुकता से उसकी तरफ़ देख रहा था। शिवलाल को पता चले तो वह प्राण ही ले ले। रिक्शावाला अलग बड़बड़ा रहा था। गुलाबदेई के पास दस-बारह रुपए थे जो उसने औरतों की तरह वक्ष में खोंस रखे थे। वह सोच रही थी कि रिक्शावाला हटे तो उसे एक रुपए चाय-पानी के लिए दे दे। मगर रिक्शावाला था कि वहीं सड़क पर बैठ गया और टकटकी लगाकर उसे ही देखने लगा। बीच-बीच में वह बेचैन हो जाता और उठकर टहलने लगता।

'जाने कब बुलाएँगे। बुलवाएँगे भी कि नहीं।' उसने कहा, 'आप दूसरा रिक्शा कर लीजिए।'

गुलाबदेई ने आखिर रुपए निकालने का फैसला कर ही लिया। उसने खजाने में ही गिनकर रुपए का एक नोट निकालकर उसे दे दिया, 'जा चाय पी आ।'

रिक्शावाला अब तक उसके प्रेम में पड़ चुका था। गुलाबदेई की गोल गुदाज़ और मुलायम बाँहों पर फिदा हो गया, बोला, 'अब चाय न पीबै।'

'क्यों का भवा ?'

'बस अब चाय न पीबै। खाना न खाब। भूखा ही रहब।'

'लो लो पैसे ले लो।'

'न, हम पैसा भी न लेब।'

देखते-देखते रिक्शावाले की नज़र बदल गई थी। जाने उसकी निगाहों में क्या भाव आ गया कि गुलाबदेई डर गई। कहीं ये भगाकर तो नहीं ले जाएगा ? टेंट में बैठे सिपाही लोग भी सक्रिय हो रहे

थे। गुलाबदेई बच्चे को दूध पिलाकर नहीं आई थी। वह भी परेशान हो रहा होगा और खूब रो रहा होगा। अभी साहब थे, मुलाकात हो सकती थी। फिर जाने कहाँ निकल जाएँ।

तभी कुछ दारोगा लोग अन्दर से निकले और मोटरसाइकल पर हवा हो गए। उनके जाते ही अन्दर से बुलौआ आ गया।

गुलाबदेई सिपाही के पीछे-पीछे चल दी।

एक बहुत बड़ा कमरा था। गुलाबदेई ने तो इतना बड़ा कमरा ही पहली बार देखा था। चारों तरफ पर्दे लटक रहे थे। सोफ़े पर एक लड़का-सा बैठा था।

'साहब कहाँ हैं ?'

लड़का मुस्कुराया, 'कौन साहब ?'

'कोतवाल साहब !'

वह मुस्कुराया, 'आजकल तो शहर कोतवाल मैं ही हूँ।'

'मुझे सिद्दीकी साहब ने भेजा है।'

'आओ।' कोतवाल साहब ने कहा और अपने पास सोफ़े को थपथपाते हुए बोले, 'आओ।'

गुलाबदेई की नज़र में अब सिद्दीकी साहब का रुतबा बढ़ा। कोतवाल साहब कितनी आत्मीयता से बुला रहे हैं।

वह धीरे-धीरे वहीं जाकर खड़ी हो गई, जहाँ बैठने के लिए उन्होंने इशारा किया। कोतवाल साहब ने सिर से पैर तक उसे देखा।

'तुम्हारी बाँहें बहुत खूबसूरत हैं।' उन्होंने गुलाबदेई की बाँह पर हाथ फेरा और अपने पास बैठा लिया, बोले, 'क्या परेशानी है ?'

'जी मेरे मर्द को...।'

कोतवाल साहब ने गुलाबदेई की बाँह थाम ली और अपने सीने की तरफ़ उसे खींच लिया, 'तुम बहुत खूबसूरत हो। चोरी के पट्टे वाला केस है। घबराओ नहीं।'

कोतवाल साहब दिन में ही पिए थे। उन्होंने गुलाबदेई के गाल पर काट खाया। गुलाबदेई दहशत में उठकर भागने लगी कि कोतवाल साहब की मजबूत गिरफ्त ने ऐसा झटका दिया कि वह उनकी गोद में आ गिरी।

'मैं अभी फ़ोन कर देता हूँ।' कोतवाल साहब ने बैठे-बैठे ही नम्बर मिलाना चाहा। दूसरा हाथ गुलाबदेई के बदन की तमाम गोलाइयाँ नापने लगा।

'क्या नाम है तुम्हारे मर्द का ?' कोतवाल साहब ने पूछा।

गुलाबदेई हतप्रभ।

'क्या नाम है ? सिद्दीकी साहब मज़े में हैं ? तुम्हारी बहुत तारीफ़ कर रहे थे,' कोतवाल साहब ने कहा, 'मुझे अभी मीटिंग में जाना है। गाड़ी आ गई है। कल आना इसी वक्त।'

कोतवाल साहब टेलीफ़ोन की घंटी देर से अनसुनी कर रहे थे, आखिर उन्होंने रिसीवर उठाया और बोले, 'सर, बस चल रहा हूँ।'

गुलाबदेई को वहीं छोड़ वे वर्दी पहनने लगे। उसकी उपस्थिति में ही उन्होंने पाजामा उतार दिया और अलमारी से पतलून खोजने लगे।

गुलामदेई शर्म से गड़ी जा रही थी। उसे लग रहा था कि अब वह किसी को शक्ल दिखाने लायक नहीं रह गई। यहाँ तक कि उसे कमरे से बाहर निकलने में भी झेंप लग रही थी। बाहर खड़ा रिक्शावाला क्या सोच रहा होगा।

कोतवाल साहब वर्दी में लैस हो गए। वह वहीं जड़ खड़ी थी। कोतवाल साहब ने आखिर गले में पिस्तौल लटका ली और बोले, 'रुकने का इरादा हो तो दूसरे कमरे में जाकर आराम कर लो। मैं घंटे-भर में लौट आऊँगा।'

वह ब्रश से अपने जूते चमकाते हुए बोले, 'तुम्हारा मर्द आज छूट जाएगा, मगर तुम कल जरूर आना। आने का इरादा न हो तो उसे पड़ा रहने दूँ। बोलो ?'

गुलाबदेई उसी प्रकार सर झुकाए खड़ी रही। कोतवाल साहब बाहर निकल गए। उनके पीछे धीरे-धीरे दरवाजा बन्द होने लगा। गुलाबदेई ने अपना हुलिया ठीक किया और दरवाजे की तरफ़ बढ़ गई। उसने देखा साहब को जाते देखकर तमाम पुलिस सिपाही सावधान की मुद्रा में खड़े हो गए थे। कार के बँगले से निकलते ही सब लोग ढीले हो गए।

गुलाबदेई सर झुकाए उनके पास से गुजर गई। वह शर्म से कुछ इस प्रकार गड़ी जा रही थी जैसे निर्वस्त्र हो। उसकी आँखें सुर्ख हो गई थीं और आँखों में घने बादल छा गए थे। बाहर आकर उसने पाया, रिक्शावाला जा चुका था।

पास ही एक दूसरा रिक्शा खड़ा था। गुलाबदेई रिक्शे में बैठ गई और बोली, 'इकबालगंज।'

रिक्शावाला मजे में भुट्टा खा रहा था। उसने जल्दी से दो-चार जगह जबड़ा चलाया और अँगोछे से मुँह पोंछकर तैयार हो गया।

दूसरे दिन शिवलाल की ज़मानत का सवाल उठा। गुलाबदेई का कहीं कोई परिचय नहीं था। शिवलाल की माँ सुबह-सुबह चली आई थी। गुलाबदेई ने जब जमानत का इन्तजाम करने की बात की तो वह भड़क उठी :

'तू कुलच्छिनी कहाँ से चली आई मेरे घर में। मेरे लड़के को ऐसा चूस लिया कि बेचारे का हाड़ ही बचा है। अब तेरे ही कुकर्मों से वह जेहल में चला गया।' शिवलाल की माँ सहसा छाती पीटने लगी।

'तू पैदा होते ही क्यों न मर गई। खुद तो टिमाटर की तरह ललिया रही है, वह बेचारा जेहल में चक्की पीस रहा है। जाने तुम कैसी चुड़ैल हो कि तुमसे शादी होते ही उसके दाँत गिरने लगे, बाल उसके सफेद हो गए। कलमुँही तुमने उसके खून में न जाने क्या जहर घोल दिया है।'

'अम्मा मौलवी साहब बता रहे थे, कोई ऐसा आदमी तैयार करो जो एक हजार की ज़मानत ले ले।'

'तुझे मौत क्यों न आई। पहली बहू से वह कितना खुश रहता था।'

दरअसल शिवलाल की माँ को बहू को कोसने का सुनहरा अवसर अनायास मिल गया था। वह उसका भरपेट इस्तेमाल कर लेना चाहती थी।

'अम्मा यह सब बाद में हो जाई। पहले ज़मानत का परबन्ध कर लो,' गुलाबदेई बोली, 'बाद में चाहे मुझे जो सज़ा दिलवाई देव।'

गुलाबदेई ने बुढ़िया की बातों में समय नष्ट करना उचित न समझा। वह गली-मुहल्लेवालों से परामर्श कर लेना चाहती थी।

वह दिन-भर दौड़-धूप करती रही। गुलाबदेई के हाथ निराशा ही लगी। सिर्फ एक हजार रुपए की जमानत का भी वह इन्तजाम न कर पा रही थी। हर आदमी अपनी असमर्थता प्रकट कर चुका था। मुहल्ले में जितने भी सम्मानित लोग रहते थे, सबने कोई न कोई बहाना बना दिया था। फारूकी साहब ने कहा कि वे सरकारी नौकर हैं ज़मानत नहीं ले सकते। रुईवाले ने कहा, वे लोग आज तक कचहरी

नहीं गए। मलाईवाली ने कहा, वह टैक्स नहीं देती। सरकार उसे भी धर लेगी। एक प्रेसवाला था, बोला, मेरा तो सब कुछ कर्ज़ का है। कर्ज़ देने के पहले बैंक ने लिखवा लिया था कि वह किसी की जमानत नहीं लेगा। गुलाबदेई को अपनी असली हैसियत का आभास हो गया। उसे लगा, समाज में उसकी कोई स्थिति नहीं। शिवलाल के प्रति उसका मन बहुत आर्द्र हो आया।

आखिर गुलाबदेई को मास्टरजी का ख़याल आया। मास्टर लक्ष्मीशंकर श्रीवास्तव जब चक्की पर आते थे, हमेशा आदर्शों की बातें करते थे। शिवलाल भी उनका बहुत आदर करता था। शिवलाल बताया करता था, 'मैंने मास्टरजी को अपनी आँखों से बूढ़े होते देखा है। डी.एम. साहब की गाड़ी इनके यहाँ खड़ी रहती थी। ट्यूशन करते थे उनके यहाँ, मगर शर्त रख दी थी कि आपकी गाड़ी ले जाएगी और छोड़ जाएगी। सन्तान भी ईश्वर ने बहुत समझदार दी। बड़ा लड़का एक फैक्टरी में मैनेजर है और छोटे का अपना कारोबार है।'

गुलाबदेई ने सोचा, क्यों न मास्टर साहब के सामने अपनी बिथा कहे। अन्तिम ठौर मानकर मास्टर साहब के यहाँ गई। मास्टर साहब चौतरे पर बैठे किताब पढ़ रहे थे। गुलाबदेई को देखकर अपनी भवें नाक के केन्द्र में लाते हुए बोले, 'क्यों बहू, कैसे आई हो ?'

'एक तकलीफ़ देने आई हूँ। आशा है, आप निराश न करेंगे।'

मास्टरजी कुर्सी से उठ गए। बोले, 'अन्दर आकर अपनी तकलीफ़ बताओ।'

गुलाबदेई अन्दर की तरफ चल दी। मास्टरजी अपनी छड़ी उठाए उसके पीछे-पीछे। मास्टरजी ने गुलाबदेई की पीठ थपथपाते हुए कहा, 'यहीं दालान में बैठते हैं। बैठक का तो ताला भी मुझसे न खुलेगा।'

गुलाबदेई एक कुर्सी के पास नीचे ही जमीन पर बैठ गई। मास्टरजी को यह अच्छा न लगा, ज़िद करने लगे कि उसे मोढ़े पर ही बैठना चाहिए। उन्होंने गुलाबदेई को बाँह से पकड़ा और उसे उठाने लगे, 'हमारे यहाँ कोई भेद-भाव नहीं। सुहागिनें यों ज़मीन पर नहीं बैठतीं।'

गुलाबदेई को लगा, जैसे लकड़ी के निर्जीव हाथ उसे छू रहे हैं। उसकी बाँह पर झुरझुरी-सी हुई जैसे कोई तिलचट्टा रेंग गया हो। मास्टरजी के अनुरोध को तुरन्त समाप्त करने के इरादे से वह मोढ़े पर बैठ गई। घबराहट में उसका पल्लू नीचे गिर गया। वास्तव में मास्टरजी की निगाहों से ही उसे मालूम हुआ कि पल्लू जगह पर नहीं है।

'देखो बेटे, हमेशा सँभलकर बैठना चाहिए। अब ऐसा जमाना नहीं रहा कि आप अपने बदन के प्रति लापरवाह रहें,' पकड़े जाने पर मास्टरजी ने खिसियाते हुए कहा, 'मैं तो अपनी बहू को सख़्त हिदायत दे चुका हूँ कि वह बिना बाँहों का ब्लाउज न पहने। हमेशा सिर पर पल्लू रखे।'

गुलाबदेई ने तुरन्त सर पर पल्लू ओढ़ लिया।

'अब बताओ क्या बात है !' मास्टरजी ने छड़ी टाँगों के बीच कर ली और उसकी मूँठ पर मुँह टिका कर बोले, 'शिवलाल के बारे में मालूम हुआ था। मैंने कभी नहीं सोचा था, वह चोरी-चमारी भी करता होगा। जो आदमी चोरी करेगा या चोरी का सामान खरीदेगा, उसे फिर उसके परिणाम भी भुगतने पड़ेंगे। मैं अक्सर देखा करता था कि कोल्हू के बैल की तरह काम पर तो वह तुम्हें लगाए रखता था और खुद खटिया पर पड़ा रहता। सच पूछो तो मैंने उसे हमेशा खटिया पर ही देखा है। हो सकता है उसे कोई रोग हो। वैसे यह महज़ आलस भी हो सकता है। आलस से बड़ा रोग इस संसार में नहीं। इस आलस ने हमारे पूरे समाज़ को खोखला कर दिया है। वरना, सोचो हमारा प्रदेश कितना बड़ा है। विश्व के अनेक देश जनसंख्या, आकार व प्राकृतिक संसाधनों में हमारे प्रदेश से छोटे हैं। हमारे प्रदेश की जो आर्थिक दुर्दशा है, तुम देख ही रहे हो।...'

मास्टरजी बोले जा रहे थे और गुलाबदेई ठगी-सी उन्हें सुनती जा रही थी, वह मास्टरजी से प्रार्थना करना चाहती थी पर उपयुक्त सम्बोधन उसे नहीं मिल रहा था। आखिर वह बोली, 'बाबूजी, बच्चे गलती करते हैं और बड़े उन्हें मुआफ़ करते हैं और अब उनकी रक्षा आप ही करेंगे।'

'कौन किसकी रक्षा कर सकता है !' मास्टरजी ने अपने दोनों हाथ आसमान की तरफ उठाते हुए कहा, 'कोई किसी की रक्षा नहीं कर सकता। सब पूर्व जन्मों का लेखा है।'

गुलाबदेई को आशा नहीं थी कि इस तरह ईश्वर पर बात डालकर मास्टरजी जिम्मेदारी से मुक्त हो जाएँगे। वह अनुनयपूर्वक बोली, 'बाबूजी, मौलवीजी बता रहे थे, कोई ज़मानत ले ले तो वे छूट जाएँगे।'

'मेरी मानो तो उसे और कुछ रोज जेल की हवा खाने दो,' मास्टरजी ने कहा, 'तुम्हारा भी कितना अपमान करता था। चार-छह दिन अन्दर रह लेगा, होश ठिकाने आ जाएँगे। मैंने उसे खुद देखा है तुम्हें डंडे से पीटते हुए। ऐसे राक्षस के लिए वही जगह माकूल है।'

गुलाबदेई रुआँसी हो गई, बोली, 'बाबूजी, है तो अपना ही मर्द। औरत की तो हर तरफ दुर्दशा है। वह घर में नहीं हैं तो पूरा घर काटने को दौड़ता है। अपनी ही साँस से डर लगता है।'

'तू नादान औरत है। बदतमीज़ी की सज़ा तुम तो उसे दे नहीं सकती और जब सरकार दे रही है तो तुम उसमें बाधा पहुँचाना चाहती हो ?'

गुलाबदेई ने देखा कि यहाँ दाल न गलेगी। वह निराश-हताश हो उठी तो मास्टर लक्ष्मीशंकर श्रीवास्तव भी उठ खड़े हुए। उठते ही वे गिरते-गिरते बचे। गुलाबदेई का कन्धा थामकर किसी तरह गिरने से बचे।

'यह बुढ़ापा भी नरक है,' वह गुलाबदेई के कन्धे पर अपना वज़न डालते हुए बोले, 'दस मिनट भी नहीं बैठा कि टाँग सो गई।'

मास्टरजी लँगड़ाते-लँगड़ाते गुलाबदेई के साथ चलने लगे। दरवाजे तक पहुँचते-पहुँचते उनकी टाँग ठीक हो गई। गुलाबदेई की कमर के पास थपथपाते हुए बोले, 'तुम घबराओ नहीं। ज़रूरत पड़ी तो मैं खुद जाकर शिवलाल को छुड़ा लाऊँगा।'

गुलाबदेई ने पीछे मुड़कर भी न देखा। मास्टरजी को बिना नमस्कार किए वह चक्की की तरफ चल दी। उसकी इच्छा हो रही थी, पलटकर उनके मुँह पर थूक दे।

मास्टरजी के घर से निकलकर गुलाबदेई को हजरी बी का ध्यान आया। हजरी बी को उसने हमेशा दूसरों के लिए ही दौड़ते देखा था। अगर कभी गुलाबदेई ने मज़ाक में भी कह दिया कि उसका सर भारी है तो वह घंटों सर दाबती। इधर कई दिनों से हजरी बी दिखाई नहीं दी थी। गुलाबदेई हजरी की कोठरी की तरफ चल दी।

सड़क हमेशा की तरह कूड़े का ढेर बनी हुई थी। आज नालियों की सफ़ाई हुई थी। रही-सही सफाई काले कचरे के ढेरों ने पूरी कर दी थी। उसी कचरे के ऊपर से रिक्शे आ-जा रहे थे। बीच में थोड़ी-सी खुली जगह थी। गुलाबदेई दोनों हाथों से अपनी धोती बचाती चल रही थी। आगे एक कुत्ता मरा पड़ा था और रिक्शे वगैरह उसके ऊपर आराम से आ-जा रहे थे।

हजरी बी कोठरी में नहीं थी। कोठरी में अँधेरा था। एक तरफ़ खटिया पर कपड़े-लत्ते पड़े थे और एक तरफ अल्युमिनियम के कुछ टेढ़े-मेढ़े बर्तन। गुलाबदेई ने दो-तीन बार हजरी बी, हजरी बी पुकारा मगर अन्दर से कोई आवाज़ न आई।

हज़री की कोठरी से जरा हटकर नल पर बहुत से लोग नहा रहे थे। गुलाबदेई ने हजरी के बारे में दरियाफ्त किया तो एक आदमी लोटे से अपने बदन पर पानी डालते हुए बोला, 'किसी मस्जिद के

आगे बैठी भीख माँग रही होगी।'

गुलाबदेई की समझ में कुछ न आया। प्रायः लोग उसके बारे में अनाप-शनाप बोला करते थे। इस समय गुलाबदेई को हजरी के बारे में यह सुनना अच्छा न लगा। तभी उसे पंडित दिख गया। वह कच्छा पहने कहीं से लौट रहा था, हाथ में दो मूलियाँ थीं।

'पंडितजी, कहीं हजरी बी को देखा है ?'

'हजरी तो दिन-भर अस्पताल में रहती है।'

'अस्पताल में ?'

'हाँ, वह वाकर था न सारंगी बजानेवाला। आजकल उसी की सेवा में लगी है। कहते हैं उसके बचने की उम्मीद नहीं।'

गुलाबदेई बहुत निराश हो गई। चलने लगी तो पंडित ने कहा—'प्रशासकजी से मुलाकात हो नहीं पा रही। मैंने शिवलाल के बारे में सुना था, आज कल में उनसे जिक्र करूँगा। मुझे पहले पता होता कि कोई गड़बड़ है तो थाने में कहलवा देता। मगर आप लोग मुझे अपना मानें तब तो, बहरहाल आज मैं शिवलाल से मिलकर आऊँगा।'

गुलाबदेई पर पंडित की बातों का कोई असर न हुआ। उसे पंडित हमेशा ही गप्पी और बड़बोले स्वभाव का लगा है। वह चुपचाप वहाँ से चल दी। घर की तरफ़ जाने में उसके प्राण निकल रहे थे। बिना शिवलाल के कोठरी उसे काटने को दौड़ती और फिर मियादी बुखार-सी वह बुढ़िया जो कल तक खुद ही शिवलाल को गाली देती फिरती थी, आज शिवलाल की तमाम मुसीबतों को गुलाबदेई के मत्थे मढ़ रही थी।

सामने हकीमजी का चौतरा दिखाई पड़ रहा था। बूढ़ा वाकर सर्दी-गर्मी इसी चौतरे पर सोता था। इस वक्त चौतरे पर एक कुत्ता दोनों पंजे आगे फैलाए लेटा हुआ था। हकीम जी के कमरे में कुछ खाली शीशियाँ पड़ी थीं और हमेशा की तरह, अँधेरे में उनकी बूढ़ी बेवा मोढ़े पर चुपचाप बैठी थी। गुलाबदेई की इच्छा हुई कि वह अम्मा से वाकर के बारे में पूछताछ कर ले मगर उसकी हिम्मत न हुई। वह कौन होती है दूसरे की खोज-खबर लेनेवाली जबकि उसका अपना मर्द अन्दर है। दूसरे, बूढ़ों से वह एक ख़ास किस्म का खौफ खाने लगी थी।

चक्की पर सन्नाटा था। उसकी सास छोटे बच्चे को लेकर कहीं निकल गई थी। दो-तीन कनस्तर रखे थे, शायद इसी वजह से शिवलाल की माँ खिसक गई थी कि कहीं पिसाई न करनी पड़े। गुलाबदेई का मन बहुत बेचैन था। उसी बेचैनी में वह आटा पीसने में जुट गई। उसने बटन दबाया और बहुत ही तेज़ रफ्तार में पट्टा चलने लगा। उसने तीनों कनस्तरों का अलग-अलग वज़न किया और पिसाई में लग गई। उसने तय किया, आटा पीसने के बाद वह हजरी से मिलने अस्पताल आएगी।

●●

हजरी इस हाते की सबसे पुरानी बाशिन्दा थी। हजरी उन दिनों की यादगार है, जब गली में साँझ घिरते ही पायल बजने लगती, हारमोनियम और सारंगी रात-रात भर जवान रहते। बूढ़े सारंगीवादक वाकर के अलावा बाकी तमाम साज़िन्दे धीरे-धीरे या तो खुदा को प्यारे हो गए थे या रेडियो में भरती। वाकर भी इसीलिए बचा रह गया था कि बीस बरस पहले आकाशवाणी में सारंगीवादक के रूप में भरती हो

गया था। पिछले बरस यके-बाद-दीगरे उसके साथ दो दुर्घटनाएँ हो गईं, जिनसे वह पूरी तरह टूट गया। दूसरे शब्दों में कहा जा सकता है, शहनाज़ की बेरुखी और 'रिटायरमेंट' एक साथ कुफ़्र की तरह उसके ऊपर टूटे थे। शहनाज़ को खोकर रिटायरमेंट पाकर वह बेहद अकेला हो गया। अकेलेपन से आक्रान्त होकर वह रात-रात-भर पागलों की तरह सारंगी बजाता। मुहल्लेवाले समझते वाकर मौत को बुला रहा। वाकर को इस दीवानगी के आलम में देखकर हजरी बी जाड़े की बेहद बर्फीली रात में भी अपने सूती लिबास में ठिठुरती हुई गली में आकर चिल्लाने लगती, 'वाकर सो जाओ। सारी दुनिया सो गई है। तुम्हारी सारंगी सुनकर न तो अब ज़रीना लौट सकती है और न नौकरी ! तुम्हारी सारंगी की तान सुनकर मेरे जिगर में कुछ डूबने लगता है। वाकर बन्द करो अब अपना यह कारोबार। मेरी बूढ़ी हड्डियाँ लरज़ने लगती हैं। अल्लाह ने मुझे अक्ल दी होती तो मैं भी शहनाज़ बेगम की तरह कोयले की दलाली करने लगती और तुम्हें कभी यों लाचार न देखती।'

वाकर की बीवी ज़रीना अपने जमाने की मशहूर तवायफ़ थी। विभाजन से बहुत पहले वह खुदा को प्यारी हो चुकी थी। बाद का वक्त उसने शहनाज के दर पर ही बिताया था।

वाकर की दाढ़ी बढ़ी हुई थी। उसकी लम्बी कलात्मक अँगुलियाँ सूखकर लौकी की बेल की तरह हो गई थीं। आँखों में कीचड़ भरी थी। कपड़ों से बदबू आ रही थी और यही वाकर जो एक भिखारी की तरह हकीमजी के चौतरे पर निढाल पड़ा रहता, जाने शाम घिरते ही कैसे इतना बेकाबू हो जाता कि पागलों की तरह सारंगी में गर्क हो जाता। कुछ राहगीर सारंगी सुनने को खड़े हो जाते और जाते-जाते एकाध सिक्का फेंक जाते। वाकर वे सिक्के मुहल्ले के बच्चों में बाँट देता। बच्चे इतने होशियार हो गए थे कि सुबह उठते ही सिक्के बटोर लेते, जैसे दीवाली के दूसरे रोज बच्चे दीवारों पर से मोम बटोरा करते हैं।

हकीमजी के बच्चों में सारंगी के प्रति बेहद लगाव था, यह दूसरी बात है कि वे आजकल केवल मृतसंजीवनी सुरा के नाम पर ठर्रा बनाते थे। खुद पीते और पूरे मुहल्ले को पिलाते थे। लड़कों में हकीमजी का कोई गुण नहीं आया, सिवाय इसके कि वे अपने बाप की तरह खुदातर्स और भावुक थे। वाकर एक ऐसा कलाकार था कि उसे आज भी दूर-दूर से बुलौए आते थे। बड़ी से बड़ी गानेवालियाँ इस फ़िराक़ में रहती थीं कि वाकर मियाँ उनके साजिन्दों के साथ हो लें। इसमें कोई शुबहा नहीं वाकर मियाँ जिस किसी तवायफ के साथ हो जाता उसका धन्धा कुलाँचें भरने लगता। अपनी जवानी में वाकर का कोई सानी न था। लड़ाई के दिनों में जब अंग्रेजों ने शहर में छावनी डाली थी तो वह एक से एक रसिया फिरंगी को पकड़ के ले आता था। सारंगी पर लोकधुनें सुनकर कई गोरे इस कदर खुश हो जाते कि मुँहमाँगी बख़्शीश देते।

बहुत पहले अज़ीज़न की ख्वाहिश थी कि वाकर उसके साजिन्दों में शामिल हो जाए। वाकर को अज़ीज़न के महत्त्व का अहसास था, मगर वह ज़िद्दी आदमी था। उसकी जिद थी कि वह अपने साथ अपना तबलची भी लाएगा और अज़ीज़न अपने पुराने तबलची नियाज़ हसन को किसी भी सूरत में छोड़ने को तैयार न थीं।

आखिर अज़ीज़न ही उसके काम आई। जब एक-एक कर सब ख़ैरख्वाह लोग कन्नी काट गए और अज़ीज़न को इत्तिला हुई कि वाकर मौत के कगार पर खड़ा है तो वह तुरन्त हकीमजी के चौतरे पर जा पहुँची।

'खैरियत तो है वाकर भाई ?' अज़ीज़न ने वाकर की गर्म पेशानी पर अपनी हथेली टिकाते हुए पूछा था।

'इनायत है, अज़ीज़न बी।' उसने उठने की कोशिश करते हुए कहा, मगर उठ न पाया। इसी क्रम

में उसे खाँसी का दौरा पड़ा। फिर वह कुछ बोल नहीं पाया। अपनी दुबली बीमार और कृश उँगलियों से उसके प्रति आभार प्रकट करता रहा।

'मैं तुम्हें अस्पताल में दाखिल करवाने की कोशिश करूँगी।' अज़ीज़न ने कहा और सचमुच अस्पताल की ओर चल दी।

अस्पताल में अज़ीज़न बी के एक परिचित डॉक्टर थे, डॉक्टर उस्मानी। डॉक्टर उस्मानी के पिता अज़ीज़न के अच्छे दोस्त थे। उसने अस्पताल जाकर उनके बारे में पूछा तो मालूम हुआ कि वे छुट्टी पर हैं। अज़ीज़न ने वहीं अस्पताल से टेलीफोन पर उनसे बात की। डॉक्टर उस्मानी ने वाकर के दाखिले का इन्तजाम करा दिया।

अगले रोज़ जब एम्बुलेंस गली में दाखिल हुई तो हकीमजी के चौतरे पर भीड़ लग गई। बच्चों, बूढ़ों, बूढ़ियों की भीड़। सब लोग अज़ीज़न की तरफ कृतज्ञता से देख रहे थे। पोर्टर जब वाकर को स्ट्रेचर में डालते समय उसकी तरफ घिन से देखने लगे तो अज़ीज़न ने दोनों को पाँच-पाँच के नोट थमा दिए।

कुछ ही देर में एम्बुलेंस वाकर को लेकर चली गई। हकीमजी का बड़का लड़का जो अक्सर मृतसंजीवनी पीकर धुत्त पड़ा रहता था और खुद अस्पताल में दाखिल होने लायक था, एम्बुलेंस के सामने लेट गया कि वह साथ में जाएगा।

एम्बुलेंस वाकर को लेकर रवाना हुई तो हजरी गश खाकर वहीं चौतरे पर गिर गई। लोगों ने ठंडे पानी की कुछ बूँदें उसके मुँह में डालीं तो वह शेरनी की तरह चौकस हो गई और शहनाज़ बेगम की दुकान के सामने जाकर उसने जमकर सियापा किया।

शहनाज़ बेगम से हजरी को शुरू से ही रश्क रहा है। शहनाज़ बेगम ने, मुहल्ले में बार-बार पुलिस को छापे मारते देख घोषणा कर दी कि हिन्दुस्तान आज़ाद हो गया है, अब यह सब नहीं चलेगा। लोग फिल्लम देखेंगे और हमारा गाना सुनने जो आएगा, पुलिस मार-मार के भरता बना देगी। कोयले खरीदने के लिए उसे दूर जाना पड़ता था, उसने सोचा, क्यों न कोयले का धन्धा ही शुरू किया जाए। दिन-भर में दो-तीन रुपए ज़रूर मिल जाएँगे। उसे भी आराम हो जाएगा और मुहल्लेवालों को भी। उसके पास एक मकान था और कुछ नहीं था। मकान का वह क्या करती, उसने नीचे की कोठरी में अपनी नन्ही-सी दुकान बैठा ली। कोयले की दुकान ही उसने क्यों खोली, वह खुद नहीं जानती।

'जिन्दगी-भर काला धन्धा ही तो किया है,' वह कहती, 'यह इसी मुल्क में हो सकता था कि संगीत और कलाएँ भी काला धन्धा बनकर रह गई हैं।'

लोगों का खयाल था कि जब शहनाज़ बेगम ने वाकर की अंटी से पूरा पैसा निकाल लिया तो लतिया दिया। जबकि सचाई यह थी कि शहनाज़ बेगम ने शुरू से ही अपनी सीमित आय में से वाकर की मदद की थी। डॉक्टर अस्करी को दिखाया था, इंजेक्शन भी लगवाए थे। मगर वह दिन ब दिन मजबूर होती चली गई। उसका अपना बुढ़ापा उसके सामने मुँह बाए खड़ा था। इससे ज्यादा वह कर ही क्या सकती थी। वाकर ने भी कभी अपने मुँह से शहनाज़ की बुराई न की। जवानी में वह उस पर फ़िदा था मगर तब शहनाज़ उसकी पहुँच के बाहर थी। शहनाज़ उसे तब मिली, जब दोनों बूढ़े हो गए थे। अब उसकी जिन्दगी एक खुश्क पत्ते की तरह थी, जिधर से हवा का झोंका आता वह उधर हो लेता। और कहीं जगह नसीब न होती तो इमामबाड़े में ही लेटा रहता। हजरी बी से उसकी यह हालत बर्दाश्त न होती। वह शहनाज़ बेगम की दुकान के पास खड़ी होकर खूब गरियाती, 'खसम किया था तो जिन्दगी-भर साथ निभाना था। तुममें इतनी भी मुरव्वत नहीं कि जाकर इमामबाड़े में उसे देख आओ। वह एक लावारिस लाश की तरह वहाँ पड़ा है।'

शहनाज़ बेगम ने दसियों साल पहले तय कर लिया था कि वह हजरी की बात का जवाब न देगी।

वह चुप रहती या उठकर कहीं दूसरी जगह चली जाती। जाते-जाते एक वाक्य बोल जाती कि 'तुम्हारे चलते ही रंडी का जात बदनाम्म हुई है।' शहनाज़ बेगम तो इतना कहकर गायब हो जाती और कहीं एकान्त में बैठकर सरौते से सुपारी काटती, मगर हजरी को पूरे हफ्ते के लिए मसाला मिल जाता।

बीच में हजरी बी नवाब साहब के यहाँ बर्तन मलने और कपड़े धोने का काम करने लगी थी। चूँकि हजरी ने ज़िन्दगी में कभी बर्तन नहीं माँजे थे और न कपड़े धोए थे, लिहाज़ा शाम को जब नवाब साहब खाना खाने बैठते तो झुँझलाने लगते, 'जब से यह हरामज़ादी घर में आने लगी है, न खाने का मजा रह गया है और न पहनने का। मैंने तो यह सोचकर हामी भर दी थी कि एक बेसहारा औरत को सहारा मिल जाएगा। मगर जिसने ज़िन्दगी-भर होटल का खाना खाया हो और हराम का पहना हो, उसे क्या शऊर बर्तन मलने का ? मैंने तो कभी ऐसे गिलास में पानी नहीं पिया, जिस पर उँगलियों के दाग़ हों।'

हजरी पूरे मुहल्ले में गाती फिरती कि वह आजकल नवाब साहब के यहाँ काम कर रही है। जबकि वास्तविक स्थिति यह थी कि नवाब साहब का पूरा कुनबा हजरी से पीछा छुड़ाने की फिराक़ में था। दूसरे नवाब साहब की बेगम को हजरी का यों हाथ नचा-नचाकर मर्दों के बीच ज़रूरत से ज़्यादा बतियाना पसन्द न था। कई बार तो वह इतना नाराज़ हो जातीं कि हजरी से मँजे हुए बर्तन दोबारा मँजवातीं। हजरी भी गुस्से में पटकते हुए बर्तन मलती। बेगम उस घड़ी को कोसने लगती जब वह हजरी को पकड़कर लाई थी। दरअसल हजरी की एक बेवकूफ़ी से वह इतना अधिक प्रभावित हो गई थी कि उसे फिर जाने न दिया। रब्बन बी ने पूरा काम समझाने के बाद हजरी से कहा था कि 'इस पूरे काम के पच्चीस रुपए मिलेंगे।'

'पच्चीस नहीं चलेंगे,' हजरी ने बड़े ठुमके से जवाब दिया, 'कान खोल के सुन लो रब्बन बी। हम बीस रुपए से एक पैसा कम न लेंगे।'

रब्बन बी हँसते-हँसते लोटपोट हो गईं।

नवाब साहब चूँकि ऊँचा सुनते थे इसलिए ऊँचा बोलते भी थे। उनकी आवाज़ सुनते ही हजरी बी अपने दोनों कानों पर हथेलियाँ रख लेती। उस समय उसकी हथेलियों पर गीली राख ही क्यों न लगी हो। बाद में कई दिनों तक उसके बालों में वह सूखी हुई राख लगी रहती। हजरी की यह हरकत रब्बन को बेहद नागवार गुजरती।

नवाब साहब के पास देहात में सैकड़ों बीघा जमीन थी। रब्बन बी नवाब साहब से ज्यादा उनकी हैसियत पर फ़िदा थी। नवाब साहब की एक औरत देहात में भी थी। फ़सल के दिनों में वे देहात में ही रहते। फसल कटते ही वे लौट आते और रब्बन बी के साथ रहते। रब्बन बी का उन्होंने तब साथ दिया था, जब वह बिल्कुल बेसहारा औरत थी। चारों तरफ़ गिरफ्तारियाँ हो रही थीं। मगर पुलिस की क्या मजाल रब्बन बी के ज़ीने की तरफ ताक भी लेती। उन दिनों बहुत सी औरतें किसी न किसी बहाने हिन्दुस्तान छोड़कर पाकिस्तान के लिए रवाना हो गई थीं। रब्बन बी भी कूच करने को थी कि नवाब साहब टहलते हुए चले आए। उस दिन कुछ ऐसा हुआ कि वह हमेशा के लिए नवाब साहब से बँध गई।

रब्बन की बहुत सी साथिनें हिन्दुस्तान छोड़कर पाकिस्तान जा चुकी थीं। रब्बन भी जाना चाहती थी, मगर उसे अपने मकान से बहुत मोह था। मकान में पहिए लगे होते तो वह ज़रूर मकान ठेलते हुए पाकिस्तान चली जाती। नवाब साहब ने उसे ऐसे वक्त पर सहारा दिया था कि वह दिलोजान से उनकी हो गई। रब्बन ने अपना मकान नवाब साहब के नाम लिख दिया और नवाब साहब से निकाह कर लिया।

एक ज़माना था कि नवाब साहब शहर में उसके सबसे बड़े प्रशंसक थे मगर आज उमर ढलने के

साथ वह उसके गुलाम हो गए थे। नवाब साहब को रब्बन के नैकट्य से कुछ इतनी तस्कीन मिली कि वे ग्यारह माह तक देहात नहीं गए। कारिन्दों के माध्यम से ही वह काम चलाते रहे। बच्चों की खबर नहीं ली, फ़सल की परवाह नहीं की। सुबह उठते ही कलफ लगा कुर्ता-पाजामा पहन लेते और बाहर चौतरे पर धूप में कुर्सी डालकर बैठ जाते। सुबह-शाम हर भिखारी को कुछ न कुछ बख्शीश देते। पूरे मुहल्ले पर उनका रुआब गालिब होने लगा। दूसरी गानेवालियाँ रब्बन की किस्मत से रश्क करने लगीं, जब देखतीं कि नवाब साहब रब्बन बी के लिए जलेबी या कीमे के परांठे लिये चले आ रहे हैं। नवाब साहब रब्बन के सामने अखबार बिछाकर दोना रख देते और खुद दाँत कुरेदते हुए किसी दूसरे काम में जुट जाते।

नवाब साहब दिन-भर 'सियासत' नाम का अखबार पढ़ते। बाद में उसी अखबार से मक्खियाँ उड़ाते। जब खाना खाकर लौटते तो अखबार से मुँह ढाँपकर सुस्ताने लगते। बीच-बीच में वे उठकर नमाज़ पढ़ा करते। अगर बीच में उन्हें कहीं जाना होता तो अखबार का स्केल-सा बनाकर हाथ में ज़रूर रखते। नवाब साहब बहुत कम बोलते थे। निकाह के बाद भी रब्बन बी से उन्होंने मूक किस्म का प्रेम ही किया था।

उस दिन नवाब साहब देहात से थके हुए लौटे थे। उनके सर की टोपी एक ओर सरक गई थी। शेरवानी का एक सिरा पाजामे में खुँसा देखकर अनुमान लगाया जा सकता है कि अभी-अभी पेशाब करके चले आ रहे हैं। उन्हें अक्सर अपने ही घर के चौतरे के पास पेशाब करना प्रिय था।

दरअसल नवाब साहब की बहुत सी ज़मीन सरकार द्वारा अधिगृहीत की जा रही थी। ठीक उनकी ज़मीन की बगल में सरकार एक कारखाना बैठा रही थी और नवाब साहब के पास भी इस आशय का पत्र आ चुका था। इसी परेशानी के आलम में, एक रोज वह हजरी बी पर इतनी ज़ोर से बिगड़े कि पूरे मुहल्ले में खबर फैल गई कि नवाब साहब हजरी बी पर बिगड़ रहे हैं। शहनाज़ बेग़म अपनी दुकान खुदा के भरोसे छोड़कर गली तक चली आई और मकान की चारदीवारी के पास खड़ी होकर सिर खुजाने लगी।

नवाब साहब हस्बे मामूल ऊँची आवाज़ में बोल रहे थे। हज़री बी न जाने कहाँ से नमूदार हो गई। वह कुछ देर बड़े व्यंग्य से कमर पर हाथ टिकाए नवाब साहब की बातें सुनती रही और फिर सहसा उसने कदम आगे बढ़ाकर वापस ले लिया, जैसे पाँव में घुंघरू बँधे हों। हाथ नचाते हुए बोली, 'कान में से यह सफ़ेद-सी चीज़ निकालकर सुन लो नवाब साहब, मैंने हाथ बेचा है, जात नहीं बेचा। हमारे बाप-दादा के बारे में कुछ कहिएगा तो हमसे बुरा कोई न होगा। आपने चुपचाप रब्बन बी का मकान हड़प लिया, हमारे मुँह से आवाज़ तक न निकली। मगर इस नाचीज़ हजरी ने आप जैसे बीसियों नवाब अपनी टाँगों के नीचे रखे हैं। आपको शायद मालूम नहीं कि अगर कहीं कमिश्नर साहब को भनक मिल गई कि एक नाचीज़ नवाब उनकी हजरी बी के साथ बदसुलूकी कर रहा है तो वे अभी अपनी लारी में बैठकर चले आवेंगे और आपके जिस्म के पाँचों सूराख गर्म-गर्म लाख से बन्द करवाके उन पर महारानी विक्टोरिया की ठंडी मोहर चस्पाँ कर देंगे। हाँ, यह समझ रखियो। आपने आज एक निहायत ग़लीज़ हरकत की है। एक बेसहारा औरत को बेवजह ज़लील किया है।' अचानक ही हजरी बी की आँखों में सावन-भादों उमड़ आए, 'बेसहारा लोगों का खुदा भी साथ नहीं देता।'

हजरी बी रोने लगी। रोते-रोते दाँत जुड़ गए। नीचे गली में तमाशबीनों की भीड़ जमा होने लगी। आखिर आजिज़ आकर नवाब साहब माफ़ी माँगने लगे। शहनाज़ बेगम को नवाब साहब की कायरता पर बहुत

क्रोध आया और वह अपनी दुकान पर लौट गई। रब्बन बी ने हालात की नज़ाकत को समझा और जनानखाने से निकल आई और हजरी को अपने साथ लिवा ले गई। नवाब साहब बहुत देर तक ज़नानखाने के बाहर खड़े खाँसते रहे और जब रब्बन बी निकलकर न आईं तो तैश में देहात चले गए। देहात में अखबार ज़रा देर से पहुँचता था और खाने को बढ़िया चाट नहीं मिलती थी, बाकी सब कुछ वैसा ही था। वे हवेली के बाहर खाट डलवा लेते और फिर सूरज उनकी आँखों के सामने ही ग़रूब होता। पेड़ों के सायों तक वह पहचानने लगे थे।

जब तक नवाब साहब देहात से नहीं लौटे हजरी बी को एक ठौर मिल गया। वह वहीं रब्बन बी के साथ रहने लगी। बीच-बीच में रब्बन बी से रूठकर कोठरी में भी चली जाती, मगर रब्बन को अकेलापन काटता था। वह अफसार को भेजकर हजरी को वापस बुला लेतीं और हजरी बी के बालों में थोड़ा कड़वा तेल छुड़वा देतीं। वैसे हजरी ने भी रब्बन बी की एक ऐसी कमज़ोरी पकड़ ली थी कि वह हजरी से नाराज़ हो ही नहीं सकती थी। रब्बन बी की दिली इच्छा थी कि उसे 'बेगम साहिबा' सम्बोधित किया जाए। हजरी को रब्बन की इस कमज़ोरी का पता चला तो उसे रब्बन बी को अपने वश में करते देर न लगी। वह कहती—'देखो बेगम साहिबा, आज भी आपके चेहरे पर कितना नूर है। ख़ुदा की आपके ऊपर इतनी मेहरबानी है कि आपके सिर का एक भी बाल सफेद नहीं हुआ। अज़ीज़न अपने को बहुत हूर समझती है मगर कनपटी के सारे बाल सफेद हो चुके हैं।'

जब तक नवाब साहब लौट न आए, हजरी बहुत कम अपनी कोठरी की तरफ़ गई। इस बीच उसे वाकर की बीमारी की खबर मिली तो वह सब कुछ भूल-भाल कर उसी की तीमारदारी में जुट गई।

●●

'वाकर मियाँ...वाकर मियाँ।' वार्ड का मुख्य दरवाज़ा पार करते ही हजरी बी ने वाकर को पुकारना शुरू कर दिया।

वाकर मियाँ जिस करवट पड़े थे, वैसे ही पड़े रहे। उनके चेहरे पर एक अजीब-सा दिव्य भाव था। वह बिल्कुल शान्त पड़े थे। दीन-दुनिया से एकदम बेखबर।

'वाकर मियाँ देखो हजरी तुम्हें देखने आई है।' हजरी ने उसके कान के पास झुकते हुए कहा।

वाकर मियाँ ने हजरी की पुकार की तरफ़ कोई ध्यान नहीं दिया। उसी तरह आँखें मूँदे पड़े रहे।

हजरी की आवाज़ से पासवाले बेड का एक बूढ़ा रोगी जग गया। उसकी आँखों में कीच भरी थी और खिचड़ी दाढ़ी के भीतर उसकी बड़ी तेज़ आँखें जगमगा रही थीं।

'यह तो दो दिन से ऐसे ही पड़ा है माई।'

'ऐसे ही पड़ा है ?' हजरी ने उससे पूछा, 'डॉक्टर ने क्या बताया ?'

वह आदमी हँसा। बोला, 'डॉक्टर ने कहा, कितना अच्छा होता सब मरीज़ इसी तरह पड़े रहते।'

फिर वह वहशी तरीके से हँसने लगा।

हजरी ने वाकर की यह हालत देखी तो रोना शुरू कर दिया। रोते-रोते वह छाती पीटने लगी। शोर सुनकर अचानक एक नर्स दौड़ी हुई आई।

'तुम लोगों ने इसे ज़हर का टीका लगा दिया है, मुझे सब मालूम पड़ गया है। तुम लोगों ने अभी-अभी मेरे सामने ज़हर का टीका लगाया है। तुम लोग मरीज़ों से छुट्टी पाना चाहते हो। तुम लोगों

को दोज़ख़ में भी जगह न मिलेगी। तुम लोगों ने मोहम्मद साहब के साथ भी यही किया था।' हजरी बी ने आव देखा न ताव, स्टूल पर आलथी-पालथी मारकर बैठ गई और लगी मरसिया पढ़ने :

अरे लोगो, मेरे बाबा को बुला दे कोई
अरे लोगो, मेरे भैया अली अकबर हैं कहाँ ?

बाईस नम्बर के बिस्तर पर एक घड़ीसाज ज़मीर हसन सुबह से बेहोश पड़ा था। कटरा से आते हुए घंटाघर के पास उसका रिक्शा उलट गया था। उसके आसपास बहुत से रिश्तेदार खड़े थे। अचानक वह बूढ़ा घड़ीसाज 'हुसेन-हुसेन' कहता हुआ उठ बैठा। उसके रिश्तेदारों पर हजरी बी की वाणी का इतना असर हुआ कि उन्होंने उसे घेर लिया और बूढ़े घड़ीसाज़ के बेड के पास ले गए। हजरी बी ने नौहा शुरू कर दिया :

सुगरा मदीना लुट गया
चिल्लाई ज़ैनब पीट सर
सुगरा मदीना लुट गया।

घड़ीसाज़ के रिश्तेदारों ने धीरे से मातम शुरू कर दिया। अस्पताल में मातम होता देख एक नर्स और डॉक्टर भागते हुए आए।

'इन्हीं लोगों ने मुहम्मद साहब की जान ली थी। यही लोग अब वाकर मियाँ को मारना चाहते हैं। मैं कमिश्नर साहब को इसकी इत्तिला दूँगी।'

एक जूनियर डॉक्टर हजरी का अस्पताल में बढ़ता हुआ प्रभाव देखकर बोला, 'वाकर मियाँ को बचाना है तो मेडिकल कॉलेज में भरती करवा दो। मैं चिट्ठी लिख दूँगा। वह कुछ खा रहा है, न पी रहा है।'

'वाकर मियाँ यहीं दम तोड़ेंगे, इसी अस्पताल में शहीद होंगे। वह तुम लोगों के पास इलाज के लिए आया था। तुम लोगों ने उसकी जान ले ली।'

'हमारा एक्सरे प्लांट बेकार पड़ा है। मैं क्या कर सकता हूँ।'

'तुम दोज़ख़ में जाने की तैयारी करो।' हजरी बी बोली और लगी रोने :

ज़ालिमो असग़र के ओठों का तबस्सुम देख लो
तुम नहीं हो आश्ना कौरआन की तफ़सीर से
ऐ मुसलमानो अली अकबर को पहचानो ज़रा
जंग करते हो रसूल अल्लाह की तस्वीर से

घड़ीसाज़ को लिटा दिया गया था। हजरी की आवाज़ से वह फिर उठ बैठा। रिश्तेदारों के बीच हजरी यकायक किसी फ़कीर की तरह मकबूल हो गई। एक आदमी ने चुपके से उसके हाथ में एक बड़ा-सा सन्तरों का लिफाफा थमा दिया।

'मेरे लिए ये सन्तरे बेकार हैं। अगर आप लोग सही मुसलमान हैं तो आज कट-मरिए हस्पताल की बदइन्तज़ामी के खिलाफ़।' हजरी ने कहा।

नर्सों और डॉक्टरों में एक नई स्फूर्ति आ गई। पूरा स्टॉफ़ वाकर मियाँ को घेरे था। देखते-देखते वाकर मियाँ को ग्लूकोज़ लगा दिया गया। एक नर्स हजरी को बुला ले गई। उसे समझा दिया कि वह उसका हाथ थामे रहे। थोड़ी-थोड़ी देर में वाकर हाथ झटकने की कोशिश करता। हजरी कसकर हाथ

थाम लेती।

यके-बाद-दीगरे वाकर को ग्लूकोज़ की दो बोतलें चढ़ीं। हजरी रात-भर उसका हाथ थामे पड़ी रही। आधी रात को एक बार वाकर की आँख खुली। उसने अपने सामने हजरी को बैठे पाया और उसके चेहरे पर सन्तोष की एक लकीर उभरी और दाढ़ी के बीचोबीच कहीं गायब हो गई। हजरी रात-भर जगती रही थी।

सुबह हजरी ने अज़ीज़न को वार्ड में घुसते देखा तो उसकी जान में जान आई। अज़ीज़न ने सफेद साड़ी पहन रखी थी और वह धीरे-धीरे कदम बढ़ाती हुई वाकर के बिस्तर के पास आई। वाकर के पास हजरी को देखकर अज़ीज़न को कुछ तसल्ली हुई मगर उसने हजरी से कोई बात न की। दोनों के बीच में एक दूरी अब भी बनी हुई थी। यह एक खानदानी दूरी थी। डेरेदार तवायफ़ और पेशेवालियों के बीच की दूरी। हजरी और अज़ीज़न ने अपनी जवानी एक ही गली में गुज़ारी थी; मगर हजरी की कभी हिम्मत न हुई थी कि वह अज़ीज़न का ज़ीना चढ़ सके। एक बार जब सरकार ने दफ़ा आठ की पाबन्दी पर बहुत जोर दिया तो हजरी डरते-डरते अज़ीज़न के यहाँ पहुँची थी। अज़ीज़न का ठाठ देखकर वह स्तम्भित रह गई। बैठक में कीमती फानूस लटक रहे थे। फर्श पर बहुत बढ़िया कालीन बिछा था। दीवारों पर सुनहरे फ्रेम के बड़े-बड़े आईने लटक रहे थे। बीच में फूलों की चंगेर थी। चाँदी का पानदान था, पीकदान और इत्रदान थे। हजरी को हीनता की भावना ने ऐसा घेर लिया कि वह सीढ़ियाँ उतर आई। मुहल्ले में एक आतंक-सा बिछ गया था। लगभग तमाम दलाल पुलिस की हिरासत में थे। छज्जे पर बैठकर कोई भी तवायफ़ इशारेबाज़ी करती पकड़ी जाती तो तुरन्त थाने की हवा खानी पड़ती। तमाम तवायफ़ों ने अपने छज्जों पर हैसियत के मुताबिक चिकें या टाट लटका लिये थे।

'बी जान सलामो अलैकुम।' हजरी ने स्टूल से उठते हुए कहा। और नर्स की तरफ़ घूम गई।

'मरीज़ की मिज़ाजपुर्सी के लिए आपने यह किसको छोड़ रखा है ?' नर्स और हाउस सर्जन एक साथ बोले।

'एक मुसीबतजदः औरत है। दिल की बहुत नेक है। अपने आप चली आई है।'

'उफ !' नर्स ने कहा, 'कल रात-भर मातम करती रही। डॉक्टरों और नर्सों को ऐसी-ऐसी गालियाँ दीं कि देखते-देखते पूरा वार्ड कर्बला बन गया।'

'वह जज़्बाती औरत है। उससे बर्दाश्त न हुआ होगा,' अज़ीज़न ने पूछा, 'मरीज़ की तबियत कैसी है ?'

'मुझे लगता है कि इसे मेडिकल कॉलेज में ले जाना पड़ेगा। वह न कुछ खा रहा है और न कुछ बोलता है। हमारा एक्सरे प्लांट भी खराब पड़ा है।'

'गली में तो यह रात-भर चिल्लाता था।'

'आप बुरा न मानें, इसका वक्त नज़दीक आ गया है। आप इसे फ़ौरन मेडिकल कॉलेज ले जाएँ। मैं डॉक्टर से पर्चा लिखवा लाती हूँ।'

अज़ीज़न चुपचाप खड़ी रही। उसकी आँखों के सामने उस बाँके वाकर का चेहरा घूम गया जो महफिल की जान हुआ करता था। वह तुर्की टोपी पहने हुए किस मस्ती के आलम में सारंगी बजाता था। इस वक्त वह एक लाश की तरह बेजान पड़ा था।

'वहाँ भी गरीब आदमी की क्या देख-भाल होगी !' अज़ीज़न बी ने जैसे अपने आपसे कहा, 'एक बार मैं खुद डॉक्टर साहब से मिल लूँ।'

डॉक्टर से मिलकर अज़ीज़न और निराश हो गई। उसने बताया कि उसकी आँतें सड़ चुकी हैं। पेट में अल्सर है। उसे सिर्फ कुछ रोज़ जिन्दा रखा जा सकता है।

अज़ीज़न कुछ देर वाकर के बिस्तरे के पास खड़ी उसे देखती रही। जैसे वर्तमान, भूत और भविष्य से एक साथ अचानक सामना हो गया हो।

वाकर अपनी ज़िन्दगी के अन्तिम दिनों तक सारंगी का दीवाना रहा था। उम्र के साथ बहुत से सारंगिए रियाज़ छोड़ देते थे या कम कर देते थे, मगर वाकर को यह मंजूर न था। उसकी उँगलियों में दर्द बैठ गया था। मगर उसने रियाज़ न छोड़ा, डॉक्टरों के कहने पर भी न छोड़ा और जब दर्द नाकाबिले बर्दाश्त हो जाता तो वह उसे भूलने के लिए अफीम का सहारा लेने लगा। इसी ज़िद का नतीजा अब सामने था। कहाँ गए वे उस्ताद लोग जो वाकर से संगत करने के लिए चिरौरी किया करते थे।

'डागदार ने क्या बताया बी जान ?' अचानक हजरी ने अज़ीज़न का ध्यान भंग किया।

'सब लोग तुम्हारी शिकायत कर रहे थे।'

हजरी ने गर्दन घुमाकर नर्स की तरफ देखा और बोली, 'बी जान, ये लोग डागदार नहीं भेड़िए हैं। वाकर मियाँ को कोई देखने तक न आया। सब मरीज़ों का बुखार लिया जाता है, नाड़ी देखी जाती है, मगर वाकर मियाँ के पास जब कोई न आया तो मैं आपे से बाहर हो गई ! मैंने जब लानत मुलामत भेजी तब कहीं इन लोगों ने ग्लूकोज चढ़ाया। उसके बाद वाकर मियाँ ने आँखें भी खोलीं। मुझे पहचाना और देर तक मुझे घूरते रहे। उसके बाद जो उनकी आँखें बन्द हुईं, अब तक बन्द हैं।'

'हजरी बी, अब डॉक्टर भी कुछ न कर पाएँगे। हमें इसे पहले ही अस्पताल में भरती कराना चाहिए था।'

कारीडोर से कोई लाश गुजर रही थी। लाश के पीछे-पीछे एक औरत चिल्लाती हुई जा रही थी। उसकी गोद में एक निढाल-सा बच्चा था। अज़ीज़न ने देखा तो उसका दिल बैठने लगा।

'बी जान वाकर का इलाज होगा तो वह ज़रूर बच जाएगा,' हजरी ने कहा, 'ये लोग शैतान हैं। गरीब पर एक भी दवा खर्च नहीं करना चाहते।'

'अच्छा, मैं मेडिकल कॉलेज भेजने का इन्तज़ाम करती हूँ।' अज़ीज़न ने कहा और डॉक्टर के कमरे में घुस गई। उसने डॉक्टर से पर्चा लिया, एम्बुलेंस का इन्तज़ाम किया और बाहर दरवाज़े पर खड़ी होकर वाकर के लिए स्ट्रेचर का इन्तज़ार करने लगी।

●●

गली का सबसे ऊँचा और भव्य मकान अज़ीज़न बाई का था। अज़ीज़न कंचन जाति की वेश्या थी। शायद यही कारण था कि बड़े-बड़े राजे-महराजे, सेठ, रईस और नवाबी खानदान के लोग अज़ीज़न के यहाँ ही बुलौवा भेजते थे। हुज़ूर वायसराय तक उसका मुजरा देख चुके थे। कहते हैं जोधपुर दरबार में उसका वही दर्जा था जो मुगल राज्य में नूरजहाँ का था। वह कश्मीर, ग्वालियर, सूरत, कपूरथला, जींद, खैरपुर, बहराइच, भरतपुर आदि अनेक दरबारों में जा चुकी थी। अज़ीज़न ने ठुमरी की एक नई शैली ईजाद की थी और उसके कुछ सोज़ इतने प्रसिद्ध थे कि मुहर्रम और चेहल्लुम पर दूर-दूर से

संगीत-प्रेमी उसके सोज़ सुनने के लिए आते थे।

अज़ीज़न ने इतने अदब-कायदे सीख रखे थे कि उसके यहाँ आकर कोई दूसरी जगह जाने का नाम भी न लेता था। उसकी आवाज़ में एक ऐसा आकर्षण और एक ऐसा सोज़ था कि उसका गाना सुनकर उजड्ड से उजड्ड लोग संगीत-प्रेमी हो जाते। गाते समय अज़ीज़न बीच-बीच में अपनी बड़ी-बड़ी बिल्लौरी आँखें पलकों में कैद कर लेती, ज्यों ही पलकें खुलतीं, कमरे में जैसे बिजलियाँ कौंध जातीं। लोग वाह-वाह कह उठते। नोटों की बारिश हो जाती। अज़ीज़न ने एक बार भरतपुर के राजकुमार की ओर टकटकी लगाकर कुछ इस अन्दाज़ से देखा था कि राजकुमार ने अपनी जेब से सोने का एक जड़ाऊ पाज़ेब निकालकर उसके पाँव में बाँध दिया। उस पाज़ेब में छोटे-छोटे कई हीरे-जवाहरात जड़े थे।

शुरू-शुरू में अज़ीज़न केवल उस्तादों के कलाम ही गाती थी। ग़ालिब, ज़ौक, दाग़, सौदा, मोमिन, मीर के अनेक कलाम अज़ीज़न की आवाज में उतरकर बहुआयामी प्रभाव उत्पन्न कर चुके थे। मगर बाद में यकायक वह एकदम नए शायर प्रेम जौनपुरी की ग़ज़लें गाने लगी। प्रेम जौनपुरी अपनी ग़ज़ल सुनता तो कहता, 'नहीं, नहीं, यह मेरा कलाम नहीं, यह ग़ालिब का कलाम है।'

अज़ीज़न दिन-भर रियाज़ करती और प्रेम जौनपुरी अज़ीज़न से कुछ ऐसा बँध गया कि उसी के यहाँ शराब में धुत पड़ा रहता। होश में आते ही वह और चढ़ा लेता। मगर प्रेम जौनपुरी ने कभी बदतमीज़ी नहीं की थी। वह अज़ीज़न के यहाँ गुनगुनाता हुआ आता और आँसू बहाते हुए लौट जाता। ज़ीने के पास पिंजरे में एक तोता लटका रहता। प्रेम जौनपुरी को देखते ही 'मरहबा-मरहबा' कहता।

अज़ीज़न के व्यक्तिगत जीवन के बारे में कोई ज्यादा नहीं जानता। वह प्रायः परदे में रहना पसन्द करती थी। मुहल्ले में अज़ीज़न के अलावा शेष रमजने, सायत, हुर्किनी और मालमारे जाति की वेश्याएँ थीं। लोगबाग बड़ी-से-बड़ी रकमें और नेमतें उसके पाँव में रखते मगर अज़ीज़न बेरुखी से ठुकरा देती। आज तक कोई नहीं जानता कि अज़ीज़न ने किस खुशनसीब को समर्पण किया है। एक बार तो यहाँ तक सुनने में आया कि देवगढ़ के राजकुमार को इसने चप्पलों से पिटवाया था। बाद में नफ़ीस से कहकर उसे सीढ़ियों से लुढ़कवा दिया था।

अज़ीज़न प्रायः मुँह में इलायची या लौंग रखती थी। इससे उसका पसीना तक महकने लगा था। अज़ीज़न के बारे में तरह-तरह की किंवदन्तियाँ प्रचलित हो गई थीं। लोग-बाग किसी राजकुमार अथवा किसी सेठ साहब से उसका सम्बन्ध जोड़ा करते थे। कइयों का ख़याल था कि प्रेम जौनपुरी ही उसका वास्तविक प्रेमी है, मगर यदि प्रेम जौनपुरी उसका असली आशिक होता तो उसके दर पर यतीमों की तरह न पड़ा रहता। इस विषय पर अनुसन्धान करनेवाले नफ़ीस का नाम भी इस सूची में जोड़ चुके थे, मगर नफ़ीस अज़ीज़न से कई बार इतनी बुरी तरह डाँट खा चुका था कि इस विचार के समर्थकों के चेहरों पर हवाइयाँ उड़ने लगतीं। नफ़ीस बिल्ली की तरह प्रायः यही ज़ीना उतरता-चढ़ता दिखाई देता। नफ़ीस अक्सर कुर्ते-पाजामे में नज़र आता और खाली समय में मूँछों पर ताव देता रहता। कहते हैं एक बार एक महाराजा उसे अपने अंगरक्षक के तौर पर मध्य प्रदेश ले जाना चाहता था—एक हज़ार रुपए महीने पर, मगर वह नहीं गया। वह अपनी वर्तमान स्थिति से ही सन्तुष्ट था। एक फ़कीर की तरह। कोई भी बड़ा आदमी देर तक उसकी अनुमति के बगैर नहीं रुक सकता था। अगर कोई हुक्म-उदूली करता तो नफ़ीस उसे पीटने पर आमादा हो जाता। बातचीत या बहस करना उसे आता नहीं था। खुदा ने यह नेमत उससे छीन ली थी। अगर कोई ज्यादा बोलने लगता तो नफीस के बाजू फड़कने लगते। एक बार शहर का सबसे बड़ा आलू का व्यापारी तो पिट ही जाता अगर अज़ीज़न बीच में न पड़ती। नफ़ीस को अज़ीज़न की यह दखलन्दाजी पसन्द न थी। ऐसे में वह चुपचाप सीढ़ियाँ उतर जाता था और अतीक के यहाँ जाकर बेंच पर बैठ जाता और बैठे-बैठे चाय के दस-पाँच प्याले पी जाता। चाय

से ही उसका गुस्सा शान्त होता था।

नफ़ीस मुहल्ले का सबसे ताकतवर बाशिन्दा था। मुहल्ले के तमाम दादा लोग उससे कतराते थे। कई एक को वह गेंद की तरह उठाकर पटक चुका था। नफ़ीस चलता तो धरती हिलती थी। उसके चेहरे पर एक जल्लाद की क्रूरता थी; एक पुलिसिये का आत्मविश्वास व एक डाकू का रुआब था। मगर जुबान से मजबूर था। बोलने का प्रयत्न ही न करता। हर चीज की तरफ वह घूरकर देखता। एक मालज़ादे को एक दिन पुल के पास खड़ी मालगाड़ी में रख आया, जिसने बहुत बेहयाई से अज़ीज़न के नाम पर एक तलीफा चस्पाँ कर दिया था—कि एक बार अज़ीज़न अपनी गोद में लड़की को लेकर किसी काम के लिए कोतवाल साहब के यहाँ हाज़िर हुई। बातों के दौरान कोतवाल साहब ने मज़ाक में पूछा, 'बी जान, यह लड़की किसकी है ?'

अज़ीज़न ने जवाब दिया, 'हुज़ूर फ़कीर की झोली में किसको मालूम हो सकता है कि यह लड़की किसकी है ?'

अभी ठहाका शुरू भी नहीं हुआ था कि नफ़ीस ने सुनानेवाले को कन्धे पर डाल लिया और क्रॉसिंग की ओर दौड़ गया।

अज़ीज़न के बारे में लोग ईर्ष्यावश बहुत से लतीफे प्रचलित करते रहते थे। नफ़ीस को देखकर उन्हें साँप सूँघ जाता। पैंतरा बदलते हुए पूछते—'कहो नफीस मियाँ मज़े में तो हो ?'

अज़ीज़न की एक बिटिया थी—गुलबदन। गुलबदन ने कई रिकॉर्ड कायम किए थे। वह इस मुहल्ले की पहली स्नातक लड़की थी। गुलबदन शहर की पहली लड़की थी जो दिल्ली से अपने विश्वविद्यालय के लिए ट्राफी जीतकर लाई थी। अज़ीज़न ने गुलबदन को बहुत हिफ़ाज़त से रखा था। गुल को स्कूल या कॉलेज से लौटने में दस मिनट की भी देर हो जाती तो अज़ीज़न परेशान हो उठती। गुलबदन का एक अलग कमरा था, जो हमेशा अन्दर से बन्द रहता। गुलबदन के पास एक रेडियोग्राम था, वह उसमें डूबी रहती गुलबदन के पास एक लायब्रेरी थी, वह रात देर तक पढ़ती। सारा जग जानता था, गुलबदन नरक में रहते हुए भी कमल के फूल की तरह निष्कलुष थी, निष्कलंक थी। गुलबदन ने एक परी का चेहरा, लम्बे घने और रेशमी बाल पाए थे। कभी वह बाल सुखाने बाल्कनी पर खड़ी हो जाती तो नीचे गली में हलचल मच जाती। गुलबदन अक्सर बुर्के में रहती थी। मुहल्लेवालों ने भी गुलबदन को बहुत कम देखा था, उसकी आवाज़ ज़रूर सुनाई देती, क्योंकि वह घंटों रियाज़ करती थी।

एक बार विश्वविद्यालय की एक सांस्कृतिक सन्ध्या में उसने एक इतनी माकूल ग़ज़ल सुनाई कि पूरे विश्वविद्यालय में जैसे बम फूट गया। वह घर लौटी तो उसके पीछे साइकिलों पर लड़कों का भारी जुलूस था। गुलबदन ने अपने रिक्शे का पर्दा गिरा लिया और रास्ते के पहले थाने पर उतर गई। बाद में पुलिस की गाड़ी उसे घर तक छोड़ गई। इस घटना के बाद गुलबदन कई दिनों तक विश्वविद्यालय नहीं गई। अज़ीज़न ने सुना तो वह भी बहुत डर गई। उसने मन ही मन तय कर लिया कि वह अगले बरस गुलबदन को दिल्ली विश्वविद्यालय में दाखिला दिला देगी। इस प्रकार गुलबदन इस छोटे शहर की तंगदिली से दूर रहेगी। मगर जल्द ही अज़ीज़न को एक तरकीब सूझी। नफ़ीस एक अंगरक्षक की तरह गुलबदन के साथ विश्वविद्यालय जाने लगा। नफ़ीस के बारे में विश्वविद्यालय में तरह-तरह की कहानियाँ उड़ने लगीं। किसी ने कहा—नफ़ीस अब तक चौदह हत्याएँ कर चुका है। किसी ने उड़ा दिया नफ़ीस गुलबदन का बचपन का आशिक है। इन तमाम अफ़वाहों से बेन्याज़ नफ़ीस गुलबदन के रिक्शे के पीछे-पीछे साइकल पर चुपचाप चलता। पहले ही दिन उसने एक लड़के को हवा में तीन बार उछाल दिया, जिसने गुलबदन को देखकर उसके रिक्शे के पीछे साइकल चलाते हुए गाना शुरू किया था : इक चीज़ माँगता हूँ।

नफ़ीस ने बाद में उस लड़के के गाल बच्चों की तरह थपथपा दिए—जैसे कह रहा हो, 'जाओ बेटा, अपना रास्ता नापो।' इस घटना का पूरे माहौल पर कुछ ऐसा जादुई असर हुआ कि पूरे विश्वविद्यालय पर नफ़ीस का दबदबा तारी हो गया।

गुलबदन मुहल्ले की एकमात्र लड़की थी जो रिक्शा में बैठकर विश्वविद्यालय जाती थी। विश्वविद्यालय की बात तो दरकिनार किसी स्कूल तक इस गली से कभी कोई रिक्शा नहीं गया था। गुलबदन ने एक चुनौती-भरी पहल की थी। इस लिहाज़ से वह मुहल्ले की शान थी। मुहल्लेवालियाँ दिन-भर गुल का हवाला देकर अपनी लड़कियों को डाँटतीं।

सब कुछ ठीक-ठाक चल रहा था कि अचानक हालात ने कुछ ऐसी करवट ली कि यकायक अज़ीज़न ने प्रेम जौनपुरी के घर पर आने की मुमानअत कर दी।

'देखो नफ़ीस अब प्रेम जौनपुरी इस घर का ज़ीना नहीं चढ़ेगा। वह मुझे दिखाई दिया तो तुम्हारी टाँगें तोड़ दूँगी।' अज़ीज़न ने एक कागज़ का पुर्जा नफ़ीस की तरफ़ बढ़ा दिया, 'यह पुर्ज़ा मुझे बिटिया के कमरे में मिला है।' अज़ीज़न ने पढ़कर सुनाया। ग़ज़ल के कुछ शेर थे :

रुलाना जिसको होता है उसे पहले हँसाते हैं,
कली खिलती है जब शबनम के कतरे उस पे आते हैं।
सरे महफ़िल मेरी बेताबियों पर मुस्कुराते हैं,
वो मुझको आज़माते हैं कि खुद को आज़माते हैं।

इसके बाद प्रेम जौनपुरी अज़ीज़न से मिलने के लिए नाक रगड़कर रह गया, नफ़ीस फौलादी दरवाज़े की तरह अटल रहा। प्रेम जौनपुरी नफ़ीस से पिटनेवाले बहुत से लोगों को जानता था—उसकी और हिम्मत न हुई। वह दिन-भर फटे-हाल फ़कीरों के भेस में अज़ीज़न के मकान के नीचे मँडराता रहता, मगर ज़ीने की ओर रुख करने का साहस न बटोर पाता। अक्सर वह 'हौली' से रात देर से लौटता और मुँह-अँधेरे अज़ीज़न के ही चौतरे पर कै करते हुए नज़र आता।

'अम्मीजान किसी दिन चिलमन उठाकर उसकी सूरत तो देख लो, बेचारा, बेमौत मरा जा रहा है।' गुल अम्मा से कहती।

अज़ीज़न जवाब न देती। अल्लाह को ही मालूम होगा, वह इस कद्र प्रेम जौनपुरी से क्यों ख़फ़ा हो गई थी।

इसे संयोग ही कहा जाएगा कि गुलबदन को विश्वविद्यालय के उत्सव में जिस ग़ज़ल से इतनी प्रशंसा हासिल हुई थी, वह प्रेम जौनपुरी की ही थी। विश्वविद्यालय के कुछ लौंडों ने दिन-रात एक करके आखिर प्रेम जौनपुरी को 'हौली' में खोज ही निकाला। प्रेम जौनपुरी की आँखों में गुनूदगी थी, लाल डोरे थे और उसकी जुबान थरथरा रही थी। वह छात्रों में यकायक इतना लोकप्रिय होने का ख्वाब भी नहीं देख सकता था। वह अपनी थरथराती आवाज़ में बोला :

ज़र्रे ज़र्रे में नज़र आता है रुसवा कोई
यह भी छिपना है कोई, यह भी परदा है कोई

प्रेम का शेर सुनते ही हौली में एक हंगामा-सा हो गया। इरशाद-इरशाद की आवाज़ों के बीच लड़कों ने प्रेम जौनपुरी को कन्धों पर उठा लिया। कन्धों पर उठानेवालों में प्रदेश के एक उपमन्त्री का बेटा भी था। 'हौली' पर तैनात कई पुलिसवाले कपिल को पहचानते थे। पुलिसवालों की नज़र में भी अचानक प्रेम जौनपुरी का दर्जा बढ़ गया। उस दिन से प्रेम जौनपुरी की दुनिया ही बदल गई। अपनी शायरी के

प्रति उसके मन में आदर जग गया। लड़कों के कन्धे पर लदे हुए वह अपनी लरज़ती हुई आवाज़ में लगातार एक ही शेर गुनगुना रहा था :

ज़र्रे ज़र्रे में नज़र आता है रुसवा कोई
यह भी छिपना है कोई, यह भी परदा है कोई

इसके बाद प्रेम जौनपुरी के दिन ऐसे बहुरे कि उसकी ज़िन्दगी का आधा वक्त विश्वविद्यालय के छात्रावासों में बीतने लगा और शेष आधा शहर की किसी न किसी 'बार' में। पूरे विश्वविद्यालय ने उसे अपना नायक स्वीकार कर लिया था।

●●

पूरा दिन बीत गया, मगर गुलाबदेई शिवलाल की ज़मानत का इन्तज़ाम न कर पाई। जिन-जिन लोगों से उसने मदद के लिए कहा था, वे उसके सामने पड़ने से कतराने लगे। वह दिन-भर भूखी-प्यासी बाहर खटिया पर बैठी रही। शाम को शिवलाल का खाना लेकर गई। शिवलाल ने उसे देखते ही पूछा, 'अम्मा हैं न घर पर ?'

'हाँ हैं,' गुलाबदेई ने कहा, 'ज़मानत के लिए उसे कोशिश करनी चाहिए। मैं कहाँ-कहाँ जाऊँ। जिससे भी कहती हूँ, बहाना कर देता है।'

'नेताजी को सौ-पचास दिखाओ। वही इन्तजाम करेंगे।' शिवलाल ने कहा।

'नेताजी लखनऊ गए हुए हैं।' गुलाबदेई ने शिवलाल का मन रखने के लिए बहाना कर दिया। गुलाबदेई कोतवाल साहबवाला किस्सा बयान कर देती तो शिवलाल जेल में ही उसकी हत्या कर देता। नेताजी का नाम सुनते ही गुलाबदेई को उबकाई आने लगी। कितने गिरे हुए आदमी हैं। ज़िन्दगी में मौका मिला तो वह नेताजी को ऐसा सबक सिखाएगी कि उम्र-भर गुलाबदेई को याद रखेंगे।

शिवलाल की दाढ़ी बढ़ गई थी, आँखें अन्दर धँस गई थीं। गुलाबदेई कुछ देर बहुत प्यार से शिवलाल की तरफ निहारती रही। शिवलाल को गुलाबदेई का ऐसा प्यार से देखना बहुत खल गया। साली न जाने किस-किसको इन नज़रों से रिझाती होगी।

'पूरे तिरिया चरित्तर जानती है,' उसने सोचा, 'ऐसी आँखों से किसी और को देख लेगी तो बेचारा बेमौत मारा जाएगा। लगता है, मेरे लौटने से पहले जरूर कोई न कोई गुल खिला देगी।'

शिवलाल से और अधिक बर्दाश्त न हुआ तो बोला, 'अम्मा के साथ ही आया करो और रात को भीतर से कुंडी लगा के सोना।'

'अच्छा-अच्छा,' गुलाबदेई ने पलटकर हाथ हिलाया, 'तुम अपनी फिकिर करो।'

गुलाबदेई लौट रही थी कि उसे अचानक रोज़े के पास हजरी दिखाई दी। शायद जुमेरात थी। हजरी हर जुमेरात को पीर के यहाँ माथा नवाती थी और पास बैठे हुए फ़कीरों में और कुछ नहीं तो मीठे चने ही बाँटती थी। गुलाबदेई ने वहीं रोज़े के पास से पाव-भर बताशे खरीदे और पीर के सामने माथा टेक दिया। फिर उसने हजरी को लिफ़ाफ़ा सौंप दिया कि वह फ़कीरों में बताशे बाँट दे।

गुलाबदेई को अपने पास पाकर हजरी एकदम भौंचक्का रह गई।

'तुम्हारी झोली ज़रूर भरेंगे पीर बाबा। इस मजार से कभी कोई मायूस नहीं लौटता। तुम्हारे मन

की मुराद जरूर पूरी होगी, बिटिया,' हजरी ने कहा, 'आज महीने-भर बाद मेरे वाकर ने मुझसे बात की, बोला, मेरी सारंगी मेरे बिस्तर के पास रख दो। मैं उसे देखूँगा।'

'वाकर के बारे में मैंने सुना था। खुद आती उसे देखने मगर इस बीच खुद बहुत परेशान रही। चक्कीवाले को पुलिस ने जेहल में डाल दिया है।'

'क्या कहती हो बहू ? किसी से लड़ाई-झगड़ा हो गया था क्या ?'

'न। वह आता था न जूड़ी ताप-सा कबाड़ी। मौलाना शफ़ी। किसी कबाड़िए से चोरी का पट्टा खरीदवा दिया। कबाड़िया तो फ़रार है, चक्कीवाला जेहल में।' गुलाबदेई ने कहा और आँसू पोंछने लगी, 'नेताजी ज़मानत का इन्तज़ाम करने को कह गए थे मगर कोई तैयार न हुआ।'

हजरी कुछ देर तक गुलाबदेई के साथ चुपचाप चलती रही, फिर बोली, 'मैं करूँगी इन्तज़ाम। अभी चलती हूँ अज़ीज़न बी के यहाँ ! देखती हूँ कैसे तैयार नहीं होतीं।'

वाकर की बीमारी के दौरान अज़ीज़न और हजरी की संवादहीनता टूट गई थी। इससे पहले अज़ीज़न ने हजरी ऐसी औरतों को कभी अपने साए के करीब में न फटकने दिया था और न ही कभी बात करना जरूरी समझा था।

'खानदानी तवायफ़ है। बहुत से दूसरे खानदानी लोगों से बेहतर। दिल उसका सोने का है,' हजरी सिर से पैर तक अज़ीज़न से सराबोर हो गई, बोली, 'बूढ़ा वाकर हकीमजी के चौतरे पर ही दम तोड़ देता। मुहल्लेवालों का दिल पत्थर का है, नहीं पसीजा। यह अज़ीज़न बी ही थीं जो उसे अस्पताल में भरती करवा आईं। आज भी, बिटिया, वह रोज़ बिला नाग़ा उसे देखने जाती हैं। दस-पाँच रुपए भी खर्च करती हैं।'

हजरी गुलाबदेई को लेकर सीधे अज़ीज़न के यहाँ पहुँची और निहायत बेतकल्लुफ़ी से अज़ीज़न का ज़ीना चढ़ गई। ज्योंही नफ़ीस से नज़र मिली, वह सहसा ठिठक गई। नफ़ीस उस समय टीन की कुर्सी पर बैठा चाय सुड़क रहा था। उसने हजरी की तरफ देखा और चाय का घूँट लेने लगा। हजरी ने साहस करके नफ़ीस का चेहरा अपनी बाँहों में ले लिया, 'अल्लाह उम्र दराज़ करे।' फिर वह नफ़ीस के बालों में उँगलियाँ फेरते हुए उसकी पेशानी पर से अपना हाथ उसके गहरे घोंसलानुमा बालों में ले गई।

नफ़ीस ने हजरी की तरफ बड़े खुलूस से देखा, जैसे कोई पालतू जानवर प्यार पाने पर उसे देखता है।

'अज़ीज़न बी कहाँ हैं, मेरे बेटे ?'

नफ़ीस ने इशारे से बताया कि कुरआन शरीफ़ का मुतालेआ कर रही हैं।

'गुल बिटिया तो ठीक है।'

नफ़ीस ने हाथ से साइकल-सा चलाते हुए बताया कि गुल साइकल पर कहीं गई है।

'तुम्हारा बड़ा सहारा है बेटा। कोई बदतमीज़ी करके तो देखे, मैं अपने नफ़ीस बेटे से बोटी-बोटी नुचवा दूँगी।'

अन्दर से अज़ीज़न की आवाज़ आई—नफ़ीस।

नफ़ीस अन्दर चला गया। लौटकर वह हजरी को अपने साथ लिवा ले गया। अज़ीज़न के सामने कुरानशरीफ़ खुला पड़ा था। वह सफ़ पर बैठी थी और अगरबत्तियों के धुएँ से कमरा महक रहा था। हजरी ने बहुत दिनों बाद एक ऐसा कमरा देखा था, जहाँ दरी बिछी थी और टाट के पर्दे नहीं थे। अज़ीज़न के प्रति हजरी के मन में आदर का समन्दर उमड़ने लगा—हजरी बी सिमटकर दरवाज़े के पास ही बैठ गई और अपने आने की वजह बताई। अज़ीज़न ने बिला किसी हीलागरी के ज़मानत लेना कबूल

कर लिया। इतनी आसानी से अपनी मंशा पूरी होते देख हजरी के जिस्म में जैसे पर लग गए। वह अचानक उठी और कमरे में नाचने लगी।

हजरी को इस तरह फूहड़ तरीके से नाचते देख हँसी के मारे अज़ीज़न के पेट में बल पड़ गए। हजरी थी कि बदस्तूर नाचे जा रही थी। वह कत्थक का एक बाज़ारू और भ्रष्ट संस्करण था।

'हजरी बी बस करो, थक जाओगी।' अज़ीज़न ने कहा।

'मैं आज बहुत खुश हूँ, मेरे पैरों में पाज़ेब पहना दो,' वह बोली, 'मेरी बड़ी बहन ने मेरी लाज रख ली।'

गुल बाहर से लौटी तो उसने कमरे में यह विचित्र दृश्य देखा।

'कितने मासूम हैं ये लोग !' वह सोच रही थी, 'दूसरों की मदद करने में यह कितना दिली सुकून हासिल कर रही हैं।' गुल ने अपने नन्हे पर्स से पाँच का एक नोट निकालकर हजरी की नज़र किया और अपने कमरे में चली गई।

हजरी बी ने नीचे उतरकर पूरे मुहल्ले में घोषणा कर दी कि 'मुहल्लेवाले यही चाहते थे कि वाकर दम तोड़ दे और शिवलाल जेहल में सड़ता रहे। मगर मैं सदके जाऊँ अपनी अज़ीज़न आपा के।' हजरी बी की साँस फूल रही थी। उसकी पेशानी पर पसीने की बूँदें झिलमिला रही थीं। उसने गुलाबदेई से कहा, 'मैंने कहा था न कि मेरी अज़ीज़न आपा के दिल में सिदुकदिली का समुन्दर लहराता है। खुदा ने उन्हें यों ही इतनी नेमतें अता नहीं कीं।'

गुलाबदेई ने लक्षित किया, अज़ीज़न बी हज़री के लिए सहसा अज़ीज़न आपा हो गई थीं।

शिवलाल जमानत के बाद लौटा तो बेहद गुस्से में था। वह एक गुस्सैल भैंसे या बददिमाग़ शौहर की तरह गुर्रा रहा था। गुलाबदेई ने सोचा, वह ज़रूर शफ़ी मियाँ से खफ़ा होगा। उसे लगा, कहीं गुस्से में वह शफ़ी मियाँ का कत्ल ही न कर दे। बढ़ी हुई दाढ़ी के साथ वह बहुत खूँखार लग रहा था। उसकी आँखें क्रोध से लाल हो रही थीं। नथुने फड़क रहे थे। साँस फूल गई थी।

गुलाबदेई बड़े उत्साह से गली में उसकी तरफ दौड़ी थी। शिवलाल ने उसे बालों से पकड़ लिया और सरे बाज़ार एक सनसनाता हुआ चाँटा जड़ दिया। शिवलाल ने दो-तीन बार गुलाबदेई को बालों से पकड़े-पकड़े हिलाया-डुलाया और फिर ऐसा झटका दिया कि वह लुढ़कती हुई सड़क पर जा गिरी। उसकी समझ में कुछ भी न आ रहा था। मलाईवाली अम्मा ने देखा तो लाठी टेकते हुए उसकी तरफ़ भागी। दूसरे लोग भी शिवलाल के इस अप्रत्याशित व्यवहार से स्तम्भित रह गए। शिवलाल की ज़मानत के लिए गुलाबदेई ने इतनी दौड़-भाग की थी और अब शिवलाल का यह व्यवहार सब लोगों को असमंजस और सकते में छोड़ गया।

'शिवलाल तुम्हारा दिमाग़ तो ठीक है ?' मलाईवाली अम्मा ने शिवलाल से हाँफते हुए पूछा, 'जानते हो तुम्हारे लिए बेचारी ने क्या-क्या नहीं किया ?'

'जाओ मैया अपना काम करो।' शिवलाल ने अपने दोनों हाथ जोड़ दिए।

'तुम्हें शर्म नहीं आई बहू के ऊपर हाथ उठाते।' मलाईवाली अम्मा उत्तेजित हो गई। लाठी के ऊपर रखा अम्मा का हाथ थर-थर काँप रहा था।

'मैया इसे तुम बहू कहती हो ?' शिवलाल गुस्से में काँप रहा था, 'यह तवायफ़ों से भी गई-गुज़री है। तवायफ़ें कोठे पर बैठती हैं, यह लौं की मौड़ी घर में चकला चला रही है।'

'च च च...यह क्या कह रहे हो बेटा।' अम्मा चक्की के सामने सीढ़ी के तौर रखे एक बड़े पत्थर

पर बैठ गई, 'तुम कुत्ते की मौत मरोगे। तुम एक देवी को गाली बक रहे हो।'

'यह देवी नहीं कुतिया है,' शिवलाल बोला, 'चाँ की मूत को एक तवायफ़ ही मिली मेरी ज़मानत के लिए !'

'यह तो हजरी का कमाल था,' अम्मा बोली, 'बहू ने सब हिन्दुअन के सामने नाक रगड़ी, कोई आगे न आया। अज़ीज़न बी भी हजरी के कारण मान गईं, बहू तो उसे जानती तक नहीं।'

'ये सब झूठी बातें हैं। मैं इस लाँ की मौड़ी की रग-रग पहचानता हूँ। मेरी नींद लगते ही यह तवायफ़ों से मेल-जोल बढ़ाती है।'

गुलाबदेई पल्लू से आँसू पोंछते हुए चक्की के अन्दर चली गई और खटिया पर लेटकर फफक-फफककर रोने लगी।

'मैया तुम्हीं बताओ, एक शरीफ़ आदमी की ज़मानत एक तवायफ़ क्यों लेगी ?'

'क्यों तवायफ़ इंसान नहीं होती क्या ? मुझे तो लगता है तवायफ़ें बहुत से शरीफ़ लोगों से बेहतर होती हैं। वाकर रात-रात भर हकीमजी के चबूतरे पर पड़ा हुआ चिल्लाता था, तुमने उसके लिए एक टिकिया का भी इन्तज़ाम न किया। अज़ीज़न ही उसे अस्पताल ले गई और तुम्हें भी जेहल से वही छुड़ा कर लाई।'

'वह छिनाल वाकर की कमाई खाती थी और अब इस हरामज़ादी की कमाई खाना चाहती है,' शिवलाल बोला, 'मैं इसकी इतनी धुनाई कर दूँगा कि यह अज़ीज़न का ज़ीना चढ़ने लायक न रहेगी।'

'तुम्हारा दिमाग़ फिर गया है,' बुढ़िया बोली, 'बुढ़ापे में शादी रचाने से यही होता है।'

'हाँ-हाँ, मेरा दिमाग़ फिर गया है,' शिवलाल ने दोबारा दोनों हाथ जोड़ दिए, 'मुझे मेरे हाल पर ही छोड़ दो मैया। अब मुझे कोई मुग़ालता नहीं रहा, सब चीजें आईनों की तरह साफ़ हो गई हैं।'

'तुम्हारे सिर पर तुम्हारा काल चढ़कर बोल रहा है,' बुढ़िया बड़ी कठिनाई से लाठी का सहारा लेकर खड़ी हुई, 'मौत से पहिले चींटियों के पर निकल आते हैं। तुम बेमतलब एक देवी को सता रहे हो। तुम्हारा क्या होगा तुम्हीं जानो। हरि इच्छा यही थी।'

मलाईवाली अम्मा बड़बड़ाते और लाठी टेकते हुए घर की तरफ़ चल दी।

शिवलाल खटिया पर पसर गया। उसे हवालात जाने से इतनी ग्लानि नहीं हुई थी जितनी यह सोचकर हो रही थी कि एक तवायफ़ ने उसकी ज़मानत ली।

उसे पूरा विश्वास हो गया था कि गुलाबदेई चोरी-छिपे तवायफ़ों से मेलजोल बढ़ाकर न जाने अब तक क्या-क्या गुल खिला चुकी है। शिवलाल तभी सशंकित हो गया था जब वह गुलाबदेई को हर वक्त ट्रांजिस्टर पर गन्दे फ़िल्मी गाने सुनते देखता। उसका दृढ़ विश्वास था कि संगीत वगैरह तवायफ़ों के ही शौक हैं। बोला, 'लगता है तुम्हारे दिन पूरे हो गए हैं और नीम का भूत तुम्हारे ऊपर सवार हो चुका है।'

'दिन तुम्हारे पूरे हो चुके हैं,' गुलाबदेई क्रोध और अपमान से जलती हुई बोली, 'मेरे ऊपर झूठे आरोप लगाते तुम्हें शर्म नहीं आती। मैं अब जिन्दा भूत बनकर तुम्हारे सीने पर मूँग दलूँगी। मैंने तुम्हारी कई लात खाई हैं अब अगर तुमने मुझे रोकने की कोशिश की तो एक ऐसी लात जमाऊँगी कि तुम सीधा सुरग सिधार जाओगे।'

शिवलाल को स्थिति के इतना विकट हो जाने की उम्मीद नहीं थी। वह चकित-सा खटिया पर बैठ गया और बड़े व्यंग्य, घृणा व प्रायश्चित में गुलाबदेई को अपने सामने से गुज़रते देखता रहा। निर्विकार भाव से गुलाबदेई ने बच्चे को गोद में उठा लिया और बाहर निकल गई थी।

'तुम्हारी टाँग तोड़कर कुएँ में डाल दूँगा।' लेटे-लेटे ही शिवलाल बोला।

गुलाबदेई ने उसकी बात पर ध्यान न दिया। पलटकर भी न देखा।

गुलाबदेई के ओझल होते ही एक फिल्मी दृश्य की तरह शिवलाल को पंडित शिवनारायण गली के मुहाने पर दिखाई दिया। शिवनारायण गली में आने की बजाय वहीं खड़ा किसी से बतियाने लगा। थोड़ी देर बाद जब वह चक्की के सामने से गुज़रा तो शिवलाल ने पूछा, 'कहिए पंडितजी कुशल मंगल तो है ?'

'सब भगवान की किरपा है,' पंडित बोला, 'अभी भाभी से मालूम हुआ कि आप लौट आए हैं।'

'हाँ भई !' शिवलाल बोला, 'पहले हम लोग तवायफ़ों की ज़मानत लिया करते थे अब कलियुग में तवायफ़ें, हमारी ज़मानत लेने लगी हैं।'

पंडित हँसा; अपने कत्थई दाँत निकालकर देर तक हँसता रहा। बोला, 'पहले तवायफ़ें एक गली में सीमित थीं, अब दफ़ा आठ के बाद देखना गली-गली में छा जाएँगी।'

'बड़ी पते की बात की आपने पंडितजी,' शिवलाल बोला, 'अब आप ही बताइए एक शरीफ़ आदमी की ज़मानत कोई तवायफ़ क्योंकर लेगी ? जाहिर है उस तवायफ़ की नज़र उस शख्स की बीवी पर होगी। क्यों मैं गलत कह रहा हूँ ?'

'पहेलियाँ न बुझाओ। ठीक-ठीक कहो क्या कहना चाहते हो ?' पंडित कुछ नहीं समझ पा रहा था।

'उस हरामज़ादी को मेरी ज़मानत के लिए कोई शरीफ़ आदमी न मिला। आपसे ही कहती तो क्या आप मना करते ? मगर उसके तो पर निकल रहे हैं। फ़ौरन तवायफ़ों का ज़ीना चढ़ गई।'

शिवलाल जानता था, पंडित की हैसियत ज़मानत लेने की नहीं, मगर उसे प्रसन्न करने के लिए इतना ही काफ़ी था।

'किसने ली आपकी ज़मानत ?'

'अज़ीज़न बाई ने। लगता है साली चुनाव लड़ने की तैयारियाँ कर रही है। सुनते हैं अभी पिछले रोज़ उसने वाकर मियाँ को अस्पताल में दाखिल करवाया, होली-मिलन के लिए सौ रुपए चन्दे में दिए जो आज की महँगाई में धन्ना सेठ नहीं दे सकता और अब हमारी ज़मानत।'

'हाँ, अब तवायफ़ें भी चुनाव लड़ेंगी। शासन करेंगी। मगर भैया, यह अज़ीज़न बाई तो किसी तरह से तवायफ़ नहीं। मैंने खुद अपनी आँखों से बड़े-बड़े लोगों को उसका ज़ीना चढ़ते देखा है। सुनते हैं एक बार वह शहर के डी.एम. से बिगड़ गई और पलक झपकते ही उसका तबादला हो गया। अज़ीज़न को आप तवायफ़ का दर्जा देते हैं तो ज्यादती करते हैं। रेडियोवाले लोग नाक रगड़कर रह गए मगर अज़ीज़न बी रेडियो के लिए गाने को राज़ी न हुई। बोली, जिसको मेरा गाना सुनना हो, मेरे दर पर आकर सुन ले या हैसियत हो तो बुला ले।'

शिवलाल जिस दिशा में सोच रहा था, वह अज़ीज़न के पक्ष में न थी, बोला, 'ये सब बातें छोड़ो। हम न राजा-महाराजा हैं, न डी.एम. ! हम तो सिर्फ़ यह जानना चाहते हैं कि एक शरीफ़ औरत का तवायफ़ों के पीछे भागने का क्या काम ? साली सोचती होगी कि उधर तो बहुत पैसा है, बहुत आराम है। बड़े-बड़े लोग फ़र्शी सलाम अर्ज़ करते हैं, ज़रूर इस पेशे में कोई दम होगा। मेरी बात आप समझ रहे हैं पंडितजी, कि नहीं।'

'यह तो है। यह तो है। यही वजह है शिवलालजी, मैं आज तक पंडिताइन को सहर नहीं लाया। सहर की हवा लगते ही कई लुगाइयों के पर निकल आते हैं।'

'अब आए पंडितजी आप सही बात पर,' शिवलाल पालथी मारते हुए धीरे से बोला, 'इस साली के पर ही निकल रहे हैं। मगर मैंने निकलने से पहले ही काट दिए। एक लात जमाई कि साली बच्चे

को गोद में उठाकर भागती नज़र आई।'

'कौन ?'

'गुलाबदेई।'

'कहाँ भाग गई ? वह तो अभी नुक्कड़ पर मिली थी। उसी ने तो बताया कि आप लौट आए हैं।'

'हूँ,' शिवलाल बोला, 'इसी को तिरिया चरित्तर कहते हैं। डाँग पर लात खाकर गई और खुशखबरी बाँटने लगी ! और कुछ नहीं बताया ?'

'न।'

'मैंने निकाल दिया। रोज़ का क्लेस ख़त्म हुआ। औरत के नखरों पर आदमी जाए तो तबाह हो जाए। औरत माया है, आपका क्या विचार है पंडितजी ?'

'मैं तो सोचता हूँ, औरत ज़ात को हमेशा जूते की नोक पर रखना चाहिए,' पंडितजी ने कहा, 'सास्त्रों में भी यही लिखा है कि स्त्री नरक है, सब पापों का मूल है, विष है। मल है। माया है। खल है। मूत्र है।'

पंडित की बातों से शिवलाल थोड़ा उत्साहित हुआ, बोला, 'इस लौं की मौड़ी के लच्छन मुझे शुरू से ही ठीक नहीं लग रहे थे। आप खुद ही सोचिए पंडितजी, अच्छे घरों की बहू-बेटियाँ तवायफ़ों से ताल्लुकात बढ़ाएँगी तो हमारे समाज का क्या होगा। मैं तो चक्की के चलते इस नरक में पड़ा हूँ वरना किसी ऐसी बस्ती में रहता, जहाँ का वातावरण सुद्ध होता।'

'शिवलालजी, मैं तो अपको बरसों से देख रहा हूँ। आप हमेशा इस मुहल्ले में ऐसे रहे हैं, जैसे कीचड़ में कमल रहता है। आपने किसी औरत की तरफ़ कभी आँख उठाकर भी नहीं देखा। जब-जब औरत मरी, चुपचाप दूसरी शादी कर ली, मगर समाज में गन्दगी नहीं फैलाई।'

'ठीक कहते हो पंडितजी, कमल की तरह रहना भी बहुत बड़ी तपस्या है। मैं ही जानता हूँ कि इन तवायफ़ों ने मुझे रिझाने के लिए क्या-क्या नहीं किया। एक तवायफ़ तो मकान का लालच देकर मुझसे निकाह् करने को तैयार थी।'

'तौबा-तौबा !' पंडित अपनी चोटी छूकर बोला, 'बड़े-बड़े रिसि-मुनी तक इन कमज़ात औरतों के चक्कर से न बच पाए। आपकी जगह कोई लालची आदमी होता तो उनके चक्कर में आकर अपना परलोक भी बिगाड़ बैठता। आप यकीन रखिए जब गुलाबदेई भूखों मरेगी तो आपकी सरन में ही आएगी।'

'न न, अब मेरे घर में उसके लिए कोई जगह नहीं। भगवान राम ने एक धोबी के कहने से सीताजी को निकाल दिया था। मैं किस हैसियत का हूँ। सारी दुनिया मुझ पर थू-थू करेगी, अगर उस छिनाल को मैंने जगह दे दी। आप ही सोचिए पंडितजी, उसे यहाँ किस चीज़ की कमी थी ? घर की चक्की चलती थी, खाने-पीने को इफ़रात था, पहनने के लिए एक से एक कपड़े थे। लेकिन अगर औरत को बुरी लत पड़ जाए तो उसे फिर भगवान भी सही रास्ते पर नहीं ला सकता। उसे तो घर छोड़ने का बहाना चाहिए था। मगर मैं अपने घर को एक आश्रम की तरह पवित्र मानता हूँ। मेरे जीते जी यहाँ चकला नहीं चल सकता, सिर्फ चक्की चल सकती है।'

पंडित हो-हो कर हँसा। उसने गुलाबदेई में कभी कोई ऐसा लक्षण नहीं देखा था। वह हमेशा सर पर पल्लू डाले कोल्हू के बैल की तरह आटा पीसती रहती। पंडित ने कहा, 'शिवलालजी, हमें कभी ऐसा नहीं लगा कि गुलाबदेई में कोई खोट है। मैंने तो उसे जब भी देखा, सर पर पल्लू लिये ही।'

'आप ठहरे भोले बाँभन, आपने त्रिया चरित्तर नहीं देखा। यह सब नाटक होता है। पड़ाइन ऐसी

हरकत करती तो आप क्या करते ?'

'मैं ? मैं तो उसकी टाँगें ही तोड़ देता। उसका खून पी लेता, गला घोंट देता और यहीं चक्की के नीचे दफ़ना देता। आपने तो पड़ाइन को देखा नहीं। मजाल है आँख उठाकर मेरी तरफ़ देख भी ले। देखेगी तो आँखें निकाल लूँगा। औरत की क्या मज़ाल कि मर्द से आँख मिला ले। इसीलिए देहात में डाल रखा है, माता-पिता की सेवा करती है। सब भगवान की किरपा है।'

शिवलाल ने देखा कि बात खत्म हो रही है तो उसने तुरत चाय के लिए आदेश दौड़ाया। वह अभी अकेला नहीं रहना चाहता था। अन्दर ही अन्दर उसे बहुत घबराहट हो रही थी कि गुलाबदेई बच्चे को लेकर कहाँ चली गई। कहीं गंगाजी में न कूद मरे। गोद में छोटा बच्चा है। बता रही थी बच्चे को भी दो दिन से बुखार था।

पंडित भी इस प्रसंग से ऊब चुका था। उसने जल्दी से चाय पी और चलता बना। शिवलाल अन्दर कोठरी में जाकर गुलाबदेई का सामान समेटने लगा। अभी पिछले महीने उसने गुलाबदेई को चाँदी के पाज़ेब बनवाकर दिए थे, वे जस के तस सन्दूक में पड़े थे। उसने राहत की साँस ली।

●●

पंडित नगर महापालिका का एक अस्थायी कर्मचारी था। नाम पूछे जाने पर वह अपना नाम इस प्रकार बताता था : सिवनरैन दुबे, वल्द प्रकासनरैन दुबे, गाँव जमुनीपुर, तहसील फूलपुर, जिला इलाहाबाद।'

पंडित शिवनारायण वर्षों से नगर महापालिका में अस्थायी कर्मचारी था और इन वर्षों में एक अस्थायी कर्मचारी के तमाम गुण और अवगुण उसमें आ गए थे, जैसे वक्त-बेवक्त खुशामद करना, अधिक बोलना, सुस्ती, आलस, चुगलखोरी वगैरह-वगैरह।

बाईस-तेईस साल पूर्व शिवनारायण दुबे के पिता एक बार कुम्भ के अवसर पर इस नगर में आए थे और जब किसी भी होटल या सराय में जगह न मिली तो उन्होंने एक रुपए माहवार पर एक कोठरी किराए पर ले ली थी। कुम्भ पर उन्होंने जमकर कल्पवास और स्नान किया था। स्नान और कल्पवास से अपनी आत्मा को इतना शुद्ध और क्लेशरहित पाया कि उन्होंने तय कर लिया कि वह एक कोठरी लेकर ज़रूर डाल देंगे। गाँव से कभी मन उखड़ा तो यहाँ आकर दो-एक माह बिताया करेंगे। सस्ती का ज़माना था और फिर ईश्वर की कृपा से ज़मीन भी अच्छी-खासी थी। वे जब कभी तहसील जाते, एक रुपए माहवार के हिसाब से नगरसेठ को मनीऑर्डर करवा देते। इस प्रकार वह कोठरी बीसियों वर्षों से पंडित प्रकाशनारायण दुबे के नाम चली आ रही थी। पहले इस कोठरी के किवाड़ भी थे, मगर कुछ बरस पहले होली के उत्साह में लड़कों ने किवाड़ हिलाए तो दीमक की मार से सूखे पत्तों की तरह झरकर अलग हो गए। ज़माना अच्छा था कि किसी ने कोठरी पर अधिकार नहीं जमा लिया। कोठरी तो तब बसी जब पंडित प्रकाशनारायण के बेटे शिवनारायण की मसें भीगनी शुरू हुईं। पंडित शिवनारायण दुबे कुछ इस रफ्तार से जवान हुए कि पंडितजी उदास रहने लगे। उन्हें विश्वास हो गया था कि यह लड़का उनकी पुश्तों से चली आ रही इज़्ज़त खाक़ में मिला देगा। जब हर दूसरे-तीसरे दिन लड़के की शिकायतें आने लगीं, तो पंडितजी ने बहुत जल्दी में पड़ोस के एक गाँव में शिवनारायण की शादी तय कर दी। शिवनारायण दुबे सगाई, शादी और गौना की मंज़िलें इतनी फुर्ती से लाँघकर एक सुन्दर-सी गुड़िया का बाप बन गया कि कोई कल्पना नहीं कर सकता था, यही शिब्बू एक दिन शहर जाकर नगर महापालिका

का अस्थायी कर्मचारी हो जाएगा। हुआ यों कि एक दिन जब शिवनारायण दुबे के पिता लड़की के बाबा बने और तभी से उसकी शादी की चिन्ता में घुले जा रहे थे, अचानक उन्होंने शिवनारायण दुबे को अपनी खटिया के सिरहाने खीसे निपोरते हुए पाया।

'का बात है सिब्बू ?'

'आप बताए रहे कि सहिर में एक कोठरी लिये रहेन।'

'तो ?'

'मैं सहिर जाऊँगा,' शिवनारायण ने अपने समस्त दाँतों की प्रदर्शनी लगा दी और बोला, 'अब सहिर जाए बिना ई गरीबी न मिटी। अब तू हमका कोठरी का पता द्या और टिकिस कटवाइ द्या।'

प्रकाश नारायण बेटे के कायाकल्प से अत्यन्त प्रभावित हुए। उनका खयाल था कि जो थोड़ी बहुत ज़मीन बची है, यह उनके मरते ही बेच खाएगा। वह मन ही मन मुस्कुराए। दुलहिन के आने से कुछ तो होता ही। बिटिया हो गई, तो क्या हुआ, अपना सिब्बू तो रास्ते पर आ गया।

'सहिर जाइ कै का करिबो ?'

'इ हम सहिर जाइ कै दैखब। हमसे ई गरीबी सही नाई जात बा ! चाहे अब हम का मजूरी करई का परे, हम लछमी की बताइ देब कि हम केकर बेटवा हई।'

प्रकाशनारायण दुबे अपने बेटे की बातचीत व बातचीत के तेवर से स्तम्भित रह गए। उन्हें विश्वास हो गया कि उनका बेटा अब सही रास्ते पर आ गया है। वह अन्दर गए और लौटकर अपने बेटे के हाथ में दो चीज़ें थमा दीं—कोठरी की चाबी और एक-एक रुपए के पच्चीस नोट। दोनों चीज़ें इतनी आसानी से पाकर शिवनारायण ने सोचा, 'बुढ़ऊ ने पचीस रुपए पहले ही दे दिए होते तो सहिर जाने की समस्या ही पैदा न होती।' पंडिताइन ने महज़ दो चीज़ें माँगी थीं—अँगिया और पेटीकोट। पंडित दोनों चीज़ों का जुगाड़ नहीं कर पा रहा था और पंडिताइन उसकी नाक में दम किए थी।

'तब दीहा जब एकर जरूरत न रहे !' एक दिन पंडिताइन तैश में आ गई थी, 'रोज-रोज चला आवत ह्या ! कबहु इहो सोच्या है कि पंडिताइन कै कछू सपना है ? एक ठो अँगिया और पेटीकोट के लिए कहे रहे और तू ओहू के जुगाड़ नाय कै पाया। और रामपिअरिया के पास दुइ-दुइ ठो हो गवा ?'

पंडिताइन की बात सुनकर पंडित शिवनारायण दुबे का पुरुषत्व कुछ इस तरह से जगा कि वह तुरन्त अपने पिता के पास जा पहुँचा। उसने तभी तय कर लिया कि अब वह पंडिताइन को दिखा देगा कि वह कौन है और क्या कर सकता है। पिता पर विजय प्राप्त करके वह सीधा पंडिताइन के पास पहुँचा जो उस समय बच्ची को गोद में लिये दूध पिला रही थी, और बोला, 'पंडिताइन, अब हम रामपिआरी के घरवाले की नाईं सहिर जात हई। अब तू जउन कहबू ओका हम लइन के आऊब। मुला तू बाबू कइ खयाल राखिउ कि उनका बुढ़ौती में कउनो तकलीफ़ न होइ पावै।'

पंडित को शहर की हवा लगी तो शहर का ही होकर रह गया। होली-दिवाली वह गाँव आता और अपने पिता को आश्वासन दे आता कि वह जब अगली बार आएगा तो ज़मीन का एक टुकड़ा खरीदकर पुरखों की आत्मा को शान्ति पहुँचाएगा।

वास्तव में शहर जाते ही उसे सेठ भैरूलाल के यहाँ ग्राहकों को पानी-वानी पिलाने, मालगोदाम से माल छुड़ाने जैसा छोटा-सा काम मिल गया था। भैरूलाल की कपड़े की दुकान थी। पंडित वक्त का फ़ायदा उठाकर जल्दी ही चालू हो गया। कभी मालगोदाम के बाबुओं को खुश करने के बहाने कभी चा-पानी के बहाने भैरूलाल से रुपया-अठन्नी ज़रूर ऐंठ लेता और इस बात पर कभी ग़ौर न करता कि सेठ उसे सुबह से शाम तक दौड़ाता है। एक दिन पंडित ने महसूस किया कि सेठ उसका शोषण कर रहा है, तो उसने सेठ के पाँच रुपए गुम कर दिए, जो उसने चुंगी के लिए दिए थे। अपनी बात

को असरदार बनाने के लिए पंडित ने कोठरी में जाकर सदियों पुराने ब्लेड से अपने कुरते की जेब काट डाली। जेब उसी तरह कटी थी, जैसे पंडित की दाढ़ी कटती थी—यानी कहीं सफ़ाचट और कहीं पूरी फसल। उन पाँच रुपयों में से पंडित ने केवल बीस पैसे का बिस्कुट खरीदा और बाकी पैसे सन्दूक में सँभालकर रख दिए। पुराना ब्लेड वह सेठ भैरूलाल के यहाँ से उठा लाया था। वह ब्लेड उसके बहुत काम आया था। उसी से उसने इस बीच शेव बनाई थी—मुँह पर कपड़ा धोनेवाला साबुन पोतकर और बिना रेजर के। अब वह ब्लेड इतना कुन्दा हो गया था कि पंडित उससे अगर काग़ज़ काटना चाहे तो न कटे।

पंडित की कोठरी की बगल में नगर महापालिका के एक क्लर्क चतुर्वेदीजी रहते थे। एक दिन उन्होंने शिवनारायण को सूचना दी कि नगर महापालिका में कुछ जगहें खाली हैं। पंडित ने सुना तो चतुर्वेदीजी से पूरी जानकारी ले ली कि नौकरी दिलाने में कौन उसकी मदद कर सकता है। सौ रुपल्ली की वह अस्थायी नौकरी पाने में पंडित ने दिन-रात एक कर दिया। उन दिनों नगर महापालिका के मेयर भी कान्यकुब्ज ब्राह्मण थे। पंडित ने किसी तरह उनके घर में घुस-पैठकर ली और दिन-रात पानी भरने लगा। पंडित की बेगारी से मेयरजी की पत्नी इतनी प्रसन्न हो गईं कि अगले ही सप्ताह उसे अस्थायी नौकरी मिल गई। वह कान्यकुब्ज ब्राह्मण अगर एक वर्ष भी मेयर के पद पर बने रहते तो पंडित अस्थायी से स्थायी हो जाता। मगर पंडित का भाग्य खराब था कि वाजपेयीजी अगले चुनाव में कुछ इस तरह हारे कि उनकी ज़मानत की राशि भी ज़ब्त हो गई। वाजपेयीजी क्या हारे पंडित के सारे सपने चकनाचूर हो गए। वाजपेयीजी से मिलकर पंडित लौटता तो इस तरह के सपने देखने लगता—पंडित के दो बच्चे हैं...एक लड़की, एक लड़का। घर में कोई आता है तो वे टा-टा, टा-टा, बाई-बाई करते हैं...पंडिताइन उसकी बगल में बैठकर सिनेमा देख रही है, वह सो रहा है और पंडिताइन उसके पाँव, उसकी टाँगें दबाए चली जा रही है। पंडित को इन सपनों से इतना मोह हो गया कि ऐसे सपनों के बीच ही सोना पसन्द करता। ये सपने उसके लिए लोरी बन गए थे।

अगले मेयर जब पंडित की ख़िदमत से ज़रा-भी प्रभावित न हुए और पंडित को बिना स्थायी करवाए दिल के पहले धक्के से स्वर्ग सिधार गए तो पंडित को अपना भविष्य अन्धकारमय लगने लगा। वह महसूस करने लगा उसने पिता की ज़मीन पर ही मन लगाकर काम किया होता तो आज कोई परेशानी न होती। उसे निराशा का दौरा पड़ता तो पंडिताइन को गाली बकने लगता, 'साली ! हरामज़ादी ! अँगिया और पेटीकोट के खातिर हमका देस से निकारि देहेसि !'

पंडित को जब अपना जीवन बेमतलब और निरर्थक लगने लगा तो एक दिन वह चौक गया और चुपचाप गीताप्रेस का छपा गोस्वामी तुलसीदास का रामचरितमानस का गुटका खरीद लाया और अपना जीवन दूसरी तरह से बिताने की कोशिश करने लगा।

'रामचन्द्रजी को उसके पिता ने वनवास दिया था और मुझे इस चुड़ैल ने,' पंडित अक्सर सोचता, 'रामचन्द्रजी के साथ लक्ष्मणजी थे, सीताजी थीं और पंडित सिवनारायण दुबे निपट अकेला है।'

नगर महापालिका ने पंडित शिवनारायण दुबे के जिम्मे महज़ दो काम लगाए थे—एक नगर महापालिका के अफ़सरों के घर के बिगड़े हुए नल दुरुस्त करना, यानी जो नल लगातार बहते रहें, उनके वाशर वगैरह बदल देना। दूसरे, कहीं से पाइप लीक कर रहा हो तो उस पर सफ़ेदा या सीमेंट पोत देना।

पंडित शिवनारायण दुबे चूँकि प्लम्बर नहीं था इसलिए वाशर बदलने में ही उसे घंटों लग जाते। वाशर बदलने का काम पंडित शिवनारायण दुबे कुछ इतनी तल्लीनता से करता कि सर्कस में कोई जोकर भी क्या करता होगा। देखते-देखते उसके कपड़े भीग जाते, साँस फूल जाती, कहीं न कहीं से खून बहने लगता। अफ़सर की बीवी अगर ज़रा भी दयालु स्वभाव की होतीं तो साहब के वर्षों पहले उतारे कपड़े

उसे उपहारस्वरूप मिल जाते। पंडित की आत्मा को परम सन्तोष मिलता। वह भूल जाता कि उसके पैरों पर हथौड़ा गिरा था, चाबी रैंच में अँगुली आ गई थी।

अपने सहकर्मियों को वह बड़े गर्व से बताता, यह कमीज़ जो इस समय मैं पहने हूँ, प्रशासकजी की है, खुश हो गए मेरे काम से और बोले, 'पंडितजी, भेंट तो नया कपड़ा करना चाहते थे, मगर फिलहाल यही तुच्छ भेंट स्वीकार कर लीजिए।'

सच तो यह है कि पंडित प्लंबिंग का क ख ग तक नहीं जानता था परन्तु वह कुछ इतनी लगन और मूर्खता से अपना काम करता था कि जाड़े में भी पसीने से तर-ब-तर हो जाता। कई बार अटकलपच्चू में ही उसे सफलता मिल जाती।

बाद में जब सिविल लाइंस में फौवारा बन गया तो पंडित को एक और काम सौंप दिया गया—फौवारे का संचालन करना। पंडित को जब इसकी खबर मिली तो वह बहुत प्रसन्न हुआ। यह समाचार सुनते ही वह हिरन की तरह कुलांचे भरने लगा। पंडित को इस तरह कूद-फाँद करते देख उसके साथियों ने सोचा कि पंडित खुशी के मारे पागल हो गया है। पंडित के एक साथी ने उसे थाम लिया और बोला, 'पंडितजी, इस काम से पगार उतनी ही मिलेगी। यह बन्दर की तरह कूद-फाँद काहे मचा रहे हो ?'

'सरकार बहादुर तुम्हारी तरह चूतिया नहीं !' पंडित भड़क गया, 'निगम साहब बता रहे थे किसी जिम्मेदार आदमी को ही यह काम देना चाहते हैं। फौवारे की लागत सुनोगे तो ग़श खाके यहीं गिर जाओगे बेटा।' पंडित ने बिजली मिस्त्री से क्षण-भर में ही फौवारा चलाना और बन्द करना सीख लिया। हरा बटन दबाते ही बत्तियाँ जलने लगतीं और पानी की फुहारें एक टोप-सा बना लेतीं। पानी में टिमटिमाती नन्हीं बत्तियाँ देखकर पंडित मुग्ध हुए बिना न रहता। फौवारा देखकर उसमें एक नया सौन्दर्य-बोध जन्म लेने लगा। पंडित को अपना यह काम इतना अच्छा लगा कि सुबह होते ही वह अपनी ड्यूटी का इन्तज़ार करने लगता, उसकी ड्यूटी सूरज डूबने के बाद शुरू होती थी। वह चार-पाँच बजे तक नियन्त्रण-कक्ष के आसपास मँडराता नज़र आता और सूरज ढलने का इन्तज़ार करता। फौवारे के पास दो-चार मोची अपनी दुकान लगाते थे। उन पर पंडित कुछ ही दिनों में इतना हावी हो गया कि एक मोची ने उसे एक नई चप्पल भेंट कर दी। चप्पल प्राप्त करके पंडित का आत्मविश्वास और बढ़ गया। इसका बुरा असर हुआ। वह गुंडई पर उतर आया और एक दिन उसने घोषणा कर दी कि यहाँ वही आदमी दुकान लगा पाएगा जो उसको पाँच रुपए प्रतिमाह देगा। अपने प्रभाव की झूठी कहानियों से पंडित ने उन लोगों को इतना भयभीत कर दिया कि वे उसके रौब में आ गए।

पंडित ने कहा, 'बट्ट साहब का नाम सुना है ? परसों उनका नल बिगड़ गया, तो साहब ने मुझे ही ठीक करने के लिए भेजा। बट्ट साहब ने मुझे देखते ही कहा, 'पंडितजी यह सिविल लाइंस में मोचियों की भीड़ काहे को जमाए हो, एक-एक का सामान फिंकवा दूँगा और अन्दर कर दूँगा !' मैंने कहा, 'साहब वे गरीब लोग हैं। आपको दुआ देंगे, आप ऐसा कहर मत ढाइए !' ' पंडित ने अपने कान में अधजली बीड़ी खोंस रखी थी, जेब से माचिस निकालकर बीड़ी सुलगाने लगा, 'जब तक सिवनरैन दुबे वल्द प्रकासनरैन दुबे, गाँव जमुनीपुर, तहसील फूलपुर आप लोगों के साथ है, आपका बाल भी बाँका नहीं हो सकता ! बट्ट साहब जिदिया गए तो डी.एम. साहब हैं। कभी न कभी उनका नल भी ज़रूर बिगड़ेगा।'

नियन्त्रण-कक्ष के पास फलों का ताज़ा रस निकालनेवाला एक ठेला लगाता था। पंडित की बातें उसके कानों में पड़ीं तो वह भी प्रभावित हुए बिना न रह पाया। किसी दिन उसकी बिक्री जमकर हो जाती और मोची लोग दुकान बढ़ाकर जा चुके होते तो वह पंडित को सड़े सन्तरों का रस पिलाकर आश्वस्त

हो जाता। मोचियों के सामने पंडित को पटाने में उसकी हेठी होती थी। पंडित रस का गिलास थामकर अपनी कोठरी के बाहर स्टूल पर बैठ जाता और बड़े ठाठ से एक-एक घूँट पीते हुए लगभग आधा घंटे में गिलास खत्म करता।

सिविल लाइंस में जब सन्नाटा होने लगता तो पंडित हाथ धोकर अन्दर से गुटका रामायण निकाल लाता और सुन्दरकांड का पाठ आरम्भ कर देता। आसपास के कुछ लोग, जिनमें दो-एक रईस किस्म के पानवाले भी होते, घर जाते हुए दस-पाँच मिनट के लिए पंडित का प्रवचन सुनने रुक जाते।

●●

गुलाबदेई एक बेसहारा, अनाथ और बदनसीब औरत थी। उसके पिता साबुन की एक फैक्टरी में मज़दूर थे। वह अभी पेट में ही थी कि उसके बाबू सड़क पार करते हुए ट्रक के नीचे कुचल गए। माँ प्रसव में चल बसी। वह अभी एक दिन की थी कि उसके एक दूर के मामा उसे देहात ले गए। उनके कोई सन्तान नहीं थी। घर में गुलाबदेई के चरण पड़ते ही चमत्कार हुआ। शादी के बारह वर्ष बाद मामी के गर्भ में बाल-गोपाल आ विराजा। उसके बाद मामीजी नियमपूर्वक हर वर्ष बच्चा जनने लगीं। देहात में गुलाबदेई को प्यार करनेवाला कोई नहीं रहा। बच्चों का गूं-मूत उठाते ही उसका बचपन बीत गया। वह बड़ी हुई तो मामा को उसके ब्याह की चिन्ता सताने लगी। वह अपने काम से कहीं बाहर जाते तो देहात में प्रचारित कर जाते कि गुलाबदेई के लिए लड़का देखने जा रहे हैं। यह सिलसिला अधिक दिन न चला। आखिर उसके मामा ने शिवलाल से एक हज़ार रुपए खुशी-खुशी लेकर उसकी शादी रचा दी ! गुलाबदेई देहात के उन्मुक्त वातावरण में चिड़िया की तरह पली थी, मगर शिवलाल ने उसे बदबूदार अँधेरी गली की कोठरी के पिंजड़े में डाल दिया। शुरू में तो उसकी इच्छा होती थी कि वह चक्की की चारदीवारी तोड़कर भाग निकले, मगर भागकर भी वह कहाँ जाती ? मामा शादी के नाम पर उसे फिर किसी के हाथ बेच देते।

शिवलाल से पिटकर वह बहुत तैश में घर से निकली थी और अब सड़क पर आकर उसे लग रहा था, पूरे जहान में वह अकेली है। एक बार तो उसके जी में आया कि वह अज़ीज़न बी की शरण में चली जाए। वह दयालु स्त्री है, ज़रूर उसकी मदद कर देगी। इधर-उधर से भटककर वह नीम के नीचे आ बैठी और रोती रही। शिवलाल चक्की पर ताला ठोंक कहीं जा चुका था। गली में चिराग जलने लगे तो वह बहुत डर गई। रात में वह कहाँ जाएगी ? गोद में नन्हा बच्चा था। उसकी नाक बह रही थी और वह लगातार रो रहा था। गुलाबदेई ने कई बार कोशिश की मगर उसने दूध को मुँह भी न लगाया। सिद्दीकी साहब उधर से गुज़रे तो गुलाबदेई को देखकर ठिठक गए।

'गुलाबदेई, खैरियत तो है ?'

एक छोटी बच्ची ने बताया कि शिवलाल ने उसे मार-पीटकर घर से निकाल दिया है।

'बहुत बदतमीज़ आदमी है,' नेताजी के मुँह से बेसाख्ता निकला, 'औरत पर हाथ उठाता है।'

गुलाबदेई नेताजी की आवाज़ सुनकर क्रोध से लाल-पीली हो गई, 'आप उससे भी बड़े बदतमीज हैं,' गुलाबदेई ने कहा, 'वह तो औरतों पर हाथ उठाता है, आप औरतों का धन्धा करते हैं। उनकी मजबूरी का फायदा उठाते हैं। आप तो एकदम गिरे हुए इंसान हैं।'

नेताजी हतप्रभ रह गए।

'लगता है तुम पागल हो गई हो।'

'पागल भी हो जाऊँगी। आपने तो कोई कसर न छोड़ी थी।'

'मैंने क्या किया ?'

'आ हा, जैसे जन्तै नहीं,' गुलाबदेई बोली, 'जाओ-जाओ, अपना रास्ता नापो। मेरा मुँह मत खुलवाओ। मगर एक बात सुनते जाओ कि एक बेसहारा औरत का जी दुखाकर तुमने अच्छा नहीं किया। खुदा तुम्हें कभी मुआफ़ न करेगा।'

'तुम्हें ज़रूर कोई ग़लतफहमी हो गई है,' नेताजी ने बगलें झाँकते हुए कहा, 'किसी ने तुम्हें मेरे खिलाफ़ भड़का दिया है।'

'बहुत भोले बनते हो। यही है तुम्हारी नेतागिरी तो मैं सौ लानतें भेजती हूँ।'

आसपास भीड़ जुटने लगी। गली में आज तक नेताजी के सामने कोई इतनी कड़ी जुबान में न बोला था। नेताजी के चेहरे पर हवाइयाँ उड़ने लगीं, 'क्या ज़माना आ गया है, जिसका भला करो, वही खाने को दौड़ता है।'

'नेताजी आप भला नहीं, सौदा करते हैं।' गुलाबदेई ने तुनककर कहा।

'बदजुबान औरत ! अपनी जुबान सँभालकर बोल।' नेताजी को क्रोध आ गया। एक औरत सरे बाज़ार उनके चरित्र-हनन पर उतर आई थी।

'जाओ-जाओ अपना रास्ता नापो,' गुलाबदेई ने निहायत लापरवाही से कहा, 'जाओ जाओ, मेरा मुँह न खुलवाओ।'

नेताजी ने वहाँ से हट जाना ही मुनासिब समझा। न जाने यह औरत उन पर झूठ-मूठ का क्या आरोप लगा दे।

'लगता है इसका दिमाग फिर गया है।' नेताजी ने कहा और घर की तरफ़ चल दिए। नेताजी के तमाम मित्र भी असमंजस में पड़ गए थे कि ऐसी कौन-सी बात हो गई, जो एक औरत इतना बढ़-चढ़कर बोल रही थी।

भीड़ छँटते ही गुलाबदेई फिर बेसहारा हो गई। मगर उसकी सन्तप्त आत्मा को कुछ राहत मिल गई थी। अचानक उसे हजरी बी का ध्यान आया। वह चुपचाप बच्चे को गोद में उठाकर हजरी बी की कोठरी की तरफ़ चल दी। उसके पास बहुत सँभालकर रखे चालीस-पचास रुपए थे और तन के कपड़े। कुल मिलाकर इतनी-सी पूँजी थी।

संयोग से हजरी घर पर ही थी। उसे देखकर गुलाबदेई की जान में जान आई।

'सलाम अलैकुम हजरी बी।' गुलाबदेई ने खुश होते हुए कहा।

'का हो बिटिया,' हजरी ने कहा, 'बच्चे को लिये कहाँ जा रही हो ?'

'जहाँ भगवानजी सरन दिला दें।'

'क्यों का भवा ?'

'चक्कीवाले ने जीना दूभर कर रखा है।' गुलाबदेई की आँखें नम हो गईं और अपना ब्लाउज़ उतारकर उसे पीठ और वक्ष पर पड़ी साँटें दिखाती हुई बोली, 'यही नहीं, दिन-भर माँ-बहन की गाली बकता है। मैं उसके साथ नहीं रहूँगी। गंगाजी में कूदकर जान दे दूँगी।'

चलते समय वह अपने को बहुत बहादुर पा रही थी मगर हजरी बी से बात करते ही उसके धैर्य का बाँध टूट गया। वह फफककर रोने लगी।

'इस तरह रो-रोकर बेहाल न हो बिटिया,' हजरी बोली, 'मैं अभी शिवलाल की खबर लेती हूँ।'

'इससे क्या होगा हजरी बी। वह तो तुम्हें देखते ही भड़क जाएगा। उसके सर पर भूत सवार है।

कह रहा है, तवायफ़ों से मेल-जोल बढ़ाकर मैं पेशा करती हूँ। अज़ीज़न बी को भी गाली बक रहा था।'

'ऐसे अहसान फरामोश आदमी की तो सूरत भी न देखनी चाहिए,' हजरी बोली, 'तुम्हारे लिए कोठरिया का इन्तजाम तो कर दूँगी। मगर तुम्हारा पेट कौन भरेगा ?'

'मेरे पास चालीस-पचास रुपए हैं। सोचती हूँ चाट का खोमचा लगाऊँगी।'

हजरी को बात जँच गई। वह गुलाबदेई को लेकर तुरत चमेली के घर की तरफ़ चल दी। चमेली के पास बड़ा मकान था, मगर खंडहर के रूप में।

हजरी गुलाबदेई का हाथ थामे उसे अँधेरे में ही चमेली के यहाँ ले गई। गुलाबदेई को ताज्जुब हो रहा था कि अँधेरे में वह कैसे रास्ता पहचान रही है। चमेली के यहाँ पहुँचकर उसने पाया कि वह अज़ीज़न के मकान की बगल में ही खड़ी है।

अज़ीज़न का मकान दोमंजिला था, मगर अज़ीज़न के मकान की बगल में यह एक और मकान था। इसे मकान कहना तो गलत होगा, मलबा कहना अधिक ठीक होगा, मलबे को बीच-बीच में से हटाकर सीढ़ियाँ बनाई गई थीं। अन्दर से भी वह मकान खंडहर लग रहा था, मिट्टी-ईंटों के ढेर के अन्दर से एक पगडंडी-सी बन गई थी। यही पगडंडी चमेली की कोठरी तक ले जाती थी। भीतर कोठरी में दिन में भी अँधेरा रहता था। इस समय एक ढिबरी टिमटिमा रही थी।

चमेली की दो सन्तानें थीं। लड़के का नाम साहिल था और लड़की का हसीना। चमेली अपने ज़माने में अच्छी गानेवालियों में रही थी। उसका यही मकान जो खंडहर है, कभी खूब जगमगाता था और दिन-भर संगीत, सारंगी-तबले का रियाज़ चलता था। उसके घर के आसपास चौतरे पर एक पेट्रोमैक्स हर समय रखा रहता था। आसपास फूल-मालाएँ बिकती थीं। दीवानों की भीड़ लगी रहती थी। उन्हीं दीवानों में से एक दीवाने से उसने निकाह कर लिया था। आबिद से। आबिद की सिलाई की दुकान थी। शहर में उससे योग्य पतलून काटने का उस्ताद नहीं था। आबिद चमेली की आवाज़ पर फ़िदा था। वह अक्सर दुकान के बाद चमेली के यहाँ चला आता। बाद में रात देर तक वहीं पड़ा रहता। निकाह के बाद वह चमेली के यहाँ ही रहने लगा। साहिल कोई चार बरस का था और हसीना गोद में, कि एक दिन आबिद सहसा गायब हो गया। आबिद ने कुछ रोज़ पहले इच्छा प्रकट की थी कि चमेली मकान उसके नाम कर दे ताकि वह उसे गिरवी रखकर सिविल लाइंस में एक बढ़िया दुकान ले ले। चमेली को यह प्रस्ताव बहुत नागवार गुज़रा था। मर्द ज़ात पर भरोसा करना उसे सिखाया ही नहीं गया था। चमेली ने साफ़ मना कर दिया और नतीजा यह निकला कि बाद में आबिद का शहर में कोई नाम-निशान भी नहीं मिला।

कई लोगों का दृढ़ विश्वास था कि आबिद ने लखनऊ में एक और औरत रख ली है और वहाँ अपने तीन बच्चों के साथ सुख-चैन से ज़िन्दगी बसर कर रहा है। कुछ लोगों ने तो यहाँ तक भी बताया कि हज़रतगंज के पिछवाड़े उसकी कपड़े सीने की दुकान है और वह दिन-भर कान में पेंसिल टिकाए अपने काम में मशगूल रहता है। मगर साहिल की अम्मा खुदा से डरनेवाली औरत थी। वह दिन-रात बीड़ी बनाती और जब बीड़ी गोल करते-करते उसकी उँगलियाँ थक जातीं तो अपने प्यारे साहिल को अपने साथ चिपकाकर सो जाती। उसने कभी लखनऊ जाकर अपने खाविन्द से मिलने की कोशिश नहीं की। वह पाँचों वक्त की नमाज़ पढ़ते हुए अपनी ज़िन्दगी की गाड़ी किसी तरह ठेल रही थी।

साहिल की छोटी-छोटी बातों से उसे बेहद सुकून मिलता। उसके कपड़े छोटे हो जाते तो वह खुशी से पागल हो जाती। वह अपने सामने जैसे एक बढ़ते हुए पौधे को देख रही थी। उसकी दिली तमन्ना

थी कि साहिल किसी तरह पढ़-लिखकर अच्छी नौकरी कर ले और उस मालज़ादे आबिद को बता दे कि वह उसके टुकड़ों की मुहताज नहीं थी। बगल में यादगार हुसेनी स्कूल था। चमेली ने साहिल का नाम लिखवा दिया और कापी, पेंसिल व किताबें खरीद दीं। मगर साहिल का पढ़ाई में मन नहीं लगा। वह अभी आठ बरस का ही था कि चमेली ने उसे बीड़ी पीते देख लिया। स्कूल में एक दिन उसने ऐसी हरकत कर दी कि उसे न केवल स्कूल से निकाल दिया गया बल्कि हेडमास्टर साहब ने चमेली की भी बहुत खबर ली, 'ऐसे आवारा लड़कों के लिए इस स्कूल में कोई जगह नहीं है।'

'मास्टर साहब इसे खूब पीटिए, पूरी सज़ा दीजिए, मगर इसका नाम न काटिए।' मगर मास्टर साहब नहीं माने। चमेली घर लौटकर घंटों रोती रही। माँ और बेटा, दोनों भूखे पेट सो गए। माँ ने बीड़ी नहीं बनाई, इसका मतलब था, अगले रोज़ भी रोज़ा रहेगा।

साहिल को भूखा रहने की आदत नहीं थी। वह अगले ही रोज़ गायब हो गया। उसने स्टेशन तक का रास्ता पैदल ही तय किया और बिला टिकट लखनऊ जानेवाली गाड़ी में बैठ गया। उसने तय किया कि वह लखनऊ जाकर अपने अब्बा के कारोबार में हाथ बँटाएगा और अपने भाई-बहनों के साथ एक नई ज़िन्दगी की शुरुआत करेगा। उसने हज़रतगंज की तमाम दुकानें छान डालीं, मगर उसे अपने अब्बा का कहीं पता न चला। अम्मा और हसीना बिना दीया जलाए कोठरी में सुबक रही थीं। चूल्हे को देखकर लगता था जैसे कई दिनों से नहीं सुलगाया गया।

हजरी से गुलाबदेई की कहानी सुनकर चमेली बहुत द्रवित हो गई। डोरी से दोनों कानों पर बँधा उसका चश्मा नीचे सरकने लगा, जैसे चमेली का मुँह सिकुड़ गया हो। उसने अपनी बीड़ी की टोकरी गोद से उठाकर पायताने रख दी और बोली, 'यह मर्दों की कौम बहुत खुदग़र्ज़ कौम है। औरत को तो इंसान का दर्जा भी नहीं देना चाहती। इस बेचारी के साथ तो बहुत जुल्म हुआ है। पहले एक बूढ़े से बाँध दी गई और अब उस बूढ़े ने भी दुत्कार दिया। परवरदिगार को यही मंजूर होगा।'

चमेली ने हसीना को बुलाया कि इस मुसीबतज़दः औरत के लिए किसी कोठरी में इन्तज़ाम कर दे। घर में एक ही ढिबरी थी। उसी को थामे हसीना के पीछे-पीछे हजरी और गुलाबदेई मलबे के ऊपर-नीचे चलती रहीं। चार-पाँच कोठरियाँ थीं। तीन के दरवाजे तो बाहर से सही सलामत थे, मगर छतें ढह चुकी थीं। एक कोठरी की छत सही थी मगर दरवाज़ा तीनों के ज़ोर लगाने पर भी न खुला। जाने उसके पीछे क्या धरा था। वह टस से मस न हुआ।

यह सब देखकर गुलाबदेई बहुत घबरा गई। ऐसे माहौल में वह रह भी कैसे पाएगी। गोद में फूल-सा बच्चा है। अन्दर जाने कैसे-कैसे साँप-नेवले रहते होंगे।

अन्तिम कोठरी का दरवाज़ा ज़रा-सा धकेलने पर खुल गया। अन्दर उतनी बुरी हालत न थी। दोपहर में साहिल यहीं अपने दोस्तों के साथ ताश वगैरह खेलता था। बीच में एक टाट बिछा था और ताश के पत्ते पड़े थे।

'कल सुबह आकर इसकी सफ़ाई में जुट जाना,' हजरी बी ने कहा, 'आज रात किसी तरह मेरे पास काट लो। हम फ़कीरों के पास ओढ़ने-बिछाने के लिए तो कुछ नहीं, मगर छोटी-सी कोठरी ज़रूर है।'

'चक्कीवाले को मालूम होगा कि मैं तवायफ़ की सरन में हूँ तो वह और भड़केगा।'

'भड़कने दो उस सूअर को,' हजरी ने कहा, 'ऐसे नामुराद शख्स के बारे में सोचो भी मत। देखना वह खुद आएगा एक दिन और नाक रगड़ेगा। अल्लाहमियाँ उसे रास्ते पर लाएँगे ज़रूर। ज़रा उसका

घमंड तो टूटने दो।'

रात-भर गुलाबदेई हजरी की बातें सुनती रही। हजरी लगातार बोले जा रही थी और बीच-बीच में रुककर मातम करने लगती। सुबह उठते ही हजरी उसे दोबारा उसी कोठरी में ले गई।

गुलाबदेई को यह कोठरी चक्की से भी ज्यादा घुटन-भरी लगी। मगर वह बच्चे को चमेली के पास खटिया पर लिटाकर तुरन्त सफ़ाई में जुट गई। उसने शाम तक में सब जाले साफ़ कर दिए। डंडा लेकर चमगादड़ भगा दिए। हजरी ने गोबर-मिट्टी का इन्तज़ाम भी कर दिया और गुलाबदेई ने लीप-पोतकर कोठरी गुज़र लायक बना ली।

हजरी ने देखा तो चकित रह गई। वह भी गुलाबदेई का हाथ बँटाने लगी।

'बहू सुनते हैं शिवलाल बाबू तुम्हारी तलाश में रात-भर भटकता रहा। बलुआघाट तक जाकर देख आया।'

गुलाबदेई के चेहरे पर गर्द की एक हल्की पर्त चढ़ गई थी। बालों का रंग भी मटमैला हो गया था। वह एक टाट बिछाकर बैठ गई और बोली, 'वो इतना ज़ालिम है कि दूसरी कोई औरत होती तो सीधी बलुआघाट ही जाती। मगर मैं यों जिन्दगी खतम न करूँगी। उसी के सीने पर बैठकर मूँग दलूँगी।' गुलाबदेई ने चक्की चलाने का अभिनय करते हुए कहा, 'तुमने ठीक कहा था, उसमें दम ही कितना है। वह जल्दी ही रास्ते पर आ जाएगा।'

सिद्दीकी साहब ने सुना कि गुलाबदेई चमेली के यहाँ है तो वे सुबह उठते ही चमेली के घर पहुँच गए। वे रात-भर सो नहीं पाए थे, मगर इतना ज़रूर महसूस कर रहे थे कि गुलाबदेई का इतना रोष बेवजह नहीं होगा। हो सकता है, शिवलाल ने अथवा उनके किसी दुश्मन ने उसे भड़काया हो। गुलाबदेई ने सरेआम जिस तरह उनके चरित्र पर आक्रमण कर दिया था, वे रात-भर तिलमिलाते रहे थे।

सुबह उठते ही उन्होंने गुलाबदेई का पता लगवाया और हसीना को बुलवा भेजा। हसीना से यह जानकर वे आश्वस्त हो गए कि गुलाबदेई ने उनको गाली देना तो दूर, उनका जिक्र तक नहीं किया।

हसीना ने बड़े चाव से गुलाबदेई को सूचना दी कि नेताजी मिलने आए हैं। चमेली नेताजी के लिए चाय चढ़ा रही थी कि हसीना ने आकर दुहरा दिया, 'गुलाबदेई कह रही है, हम कौनो नेता-वेता को नहिं जानित।'

सिद्दीकी साहब का चेहरा सुर्ख हो गया। उन्होंने हसीना को आदेश दिया, 'उसे यहीं बुलवा लाओ। हम अम्मा के सामने ही बात करब।'

'क्या हुआ बेटवा ?' चमेली ने पूछा।

'अम्मा आप तो मुझे दसियों बरस से जानती हैं। मुहल्लेवालों के लिए मैंने क्या-क्या नहीं किया। इसी औरत के आदमी को पुलिस थाने ले जा रही थी, मैंने कोतवाल साहब से बोलकर दारोगा का ही तबादला करवा दिया। यह औरत कल मुझे बिला वजह गरियाने लगी। मैं रात-भर सो नहीं पाया। मैं यही जानने आया हूँ कि मेरा कसूर क्या था जो इस औरत ने मुझे इतना ज़लील किया।'

गुलाबदेई कचहरी में हाजिर हो गई। अम्मा ने उसे देखते ही कहा, 'बहू, नेताजी क्या कह रहे हैं ?'

'क्या कह रहे हैं ?' गुलाबदेई ने बच्चे को कमर के दाहिने भाग से उठाकर बाएँ पर टिका लिया।

'कि तुमने इनको बहुत ज़लील किया।'

सिद्दीकी साहब को एक अच्छा वकील मिल गया था। वह चाहते भी यही थे कि वकील ही जिरह कर ले, वह क्या बोलेंगे। गुलाबदेई ने हसीना को बच्चा थमा दिया और अम्मा की बगल में पहुँच गई,

'अम्मा यह नेता नहीं, दलाल है, भड़ुआ है।'

सिद्दीकी साहब ने सुना तो उनकी आँखों में अंगारे सुलगने लगे, 'गुस्ताख़ औरत ! ज़ुबान सँभालकर बोल।'

सब लोग गुलाबदेई के विस्फोट से हतप्रभ रह गए। बच्चा रोने लगा तो हसीना उसे झुलाने लगी ताकि कोई वार्तालाप छूट न जाए।

'तुम नेता ही नहीं, सीनाज़ोर भी हो। अम्मा को बता दूँ कि तुमने मुझे कोतवाल साहब के यहाँ क्यों भेजा था ?'

'बता दो।' सिद्दीकी साहब ने इत्मीनान से एक लम्बा कश खींचा।

गुलाबदेई चमेली के पैरों पर गिर पड़ी, 'अम्मा अगर मैं झूठ बोलूँ तो खुदा मुझे दोज़ख में डाल दे। इसी शख़्स के कहने पर मैं कोतवाल साहब के यहाँ गई थी और उन्होंने मुझे भींच लिया और...' गुलाबदेई भरी बैठी थी, एकदम फूट पड़ी। अम्मा के पैरों से लिपट गई, 'मेरी ऐसी बेइज़्ज़ती कभी न हुई थी। मैं तो इन्हीं के कहने से गई थी।'

अम्मा ने बहुत घृणा से सिद्दीकी साहब की तरफ़ देखा। सिद्दीकी साहब के माथे की नसें फड़कने लगीं। वे यह कहते हुए तुरत वहाँ से हट गए कि 'मैं अभी जाता हूँ और उस दरिन्दे को भंगी बना के छोड़ूँगा।'

नेताजी इतने तैश में थे कि जाते-जाते दहलीज़ से टकराकर गिर पड़े। उनका होंठ कट गया। खून बहने लगा, मगर वह होंठों पर रूमाल रखे तेज़ी से गली के बाहर निकल गए।

नफ़ीस अज़ीज़न बी की सीढ़ियों पर इत्मीनान से बैठा बीड़ी फूँक रहा था कि उसने नेताजी को इतनी उत्तेजना में गली से निकलते हुए देखा। वह गली के मुहाने तक उनके साथ-साथ इस अन्दाज़ में चलता रहा कि है कोई माई का लाल जो हमारे नेताजी की तरफ़ आँख उठाकर भी देख ले, मगर नेताजी इस कदर परेशान थे कि उनकी निगाहें नफ़ीस के दोस्ती के हाथ को भी नज़रअन्दाज़ कर गईं। नफ़ीस लौट आया और उसने ज़ीने पर बैठकर नई बीड़ी सुलगा ली।

गुल अभी तक ज़ीना नहीं उतरी थी और नफ़ीस बेचैन हो रहा था। उसने तय किया कि गुल ने और देर की तो वह उसके लाख कहने पर भी उसके साथ विश्वविद्यालय नहीं जाएगा। वह भी नेताजी की तरह ही बेन्याज़ी का रुख अख्तियार कर लेगा। मगर तभी ज़ीने पर ठक-ठक होने लगी। वह इन कदमों की आहट पहचानता था। ज़ीने से हट गया। नीचे अब्दुल का रिक्शा तैयार खड़ा था।

नफ़ीस ने जेब से रूमाल निकाला और अपनी साइकल की गद्दी पर बेरहमी से फटकने लगा।

●●

गुलबदन का एक अध्यापक था। शर्मा। जितेन्द्र मोहन शर्मा। शर्मा गुल से बहुत प्रभावित था। पहले दिन से ही शर्मा ने गुल के बारे में बहुत सी अफ़वाहें सुनी थीं। कोई कहता, गुल तवायफ़ की लड़की है। कभी सुनने में आया, गुल किसी स्टेट की राजकुमारी है। एक दिन शर्मा के मुँहलगे छात्रों ने उसे प्रेम जौनपुरी के कुछ शेर सुनाए और बाद में इशारा किया कि ये तमाम शेर प्रेम जौनपुरी ने गुल को सम्बोधित किए हैं तो जितेन्द्र मोहन ने उन्हीं लड़कों के माध्यम से प्रेम जौनपुरी को अपने यहाँ दावत का निमन्त्रण भिजवा दिया।

शर्मा ने कभी शराब नहीं पी थी मगर उस रोज़ प्रेम जौनपुरी की शायरी से मुतआसिर होकर उसने कुछ कड़ुए घूँट भर लिये। जिस वक्त प्रो. जितेन्द्र मोहन शर्मा बाथरूम में जाकर कै कर रहा था, प्रेम जौनपुरी ने प्रोफ़ेसर के सोफ़े पर पैर फैला दिए और एक आदर्श प्रेमी की तरह बदहवासी में अपनी ग़ज़ल के शेर गुनगुनाने लगा :

तेरी ज़िद ऐ दोस्त अगर छिपने में, तरसाने में है,
तो मेरी ज़िद तुझको अपने सामने लाने में है।

अगले रोज़ प्रेम जौनपुरी पर, जो शर्मा के यहाँ अंडे का नाश्ता डकार रहा था, जैसे पूरा होस्टल उमड़ पड़ा। प्रेम जौनपुरी दरवाज़े तक गया और थरथराते हुए स्वर में बोला, दोस्तो, कल रात ही मुअज़्ज़ज़ प्रोफ़ेसर साहब के यहाँ एक शेर कहा है, आप लोग समाअ फरमाइए :

तेरी ज़िद ऐ दोस्त अगर छिपने में तरसाने में है

प्रेम जौनपुरी अगली पंक्ति कहता, इससे पहले ही लड़कों ने उसे कन्धों पर उठा लिया और छात्रावास की तरफ़ चल दिए :

तेरी ज़िद ऐ दोस्त अगर छिपने में तरसाने में है

अगला वाक्य उन लोगों ने छात्रावास में जाकर ही सुना :

तो मेरी ज़िद तुझको अपने सामने लाने में है

अगली पंक्ति के फौरन बाद प्रेम जौनपुरी के लिए दारू की बोतल चली आई। दरअसल गुलबदन जिस तरह रिक्शा पर पर्दा गिरा के विश्वविद्यालय आने लगी थी, उससे लड़कों में गहरी निराशा फैल गई थी। केवल गुल की कक्षा के लड़के ही उसकी सूरत देख सकते थे। वह पुस्तकालय तक भी जाती तो बुर्का ओढ़कर।

इस बीच प्रेम जौनपुरी ने कई ग़ज़लें कहीं। उसकी ग़ज़लें विश्वविद्यालय में इतनी लोकप्रिय हुईं कि बहुत से लड़कों ने प्रेम जौनपुरी को अपना उस्ताद मान लिया। उसके शागिर्दों की लम्बी फेहरिस्त में प्रदेश के एक उपमन्त्री के बेटे के साथ-साथ शहर के बीड़ी-किंग का बेटा अनवर भी शामिल हो गया। दोनों पट्ट शिष्यों ने प्रेम जौनपुरी की शैली में दाढ़ी बढ़ा ली और हर वक्त उसके दाएँ-बाएँ रहने लगे। प्रेम जौनपुरी जो 'हौली' में बैठा एक-एक पैग के लिए तरसा करता था, शहर के एक से एक बढ़िया बार और क्लब की शोभा बढ़ाने लगा। प्रेम जौनपुरी का आर्थिक संघर्ष अब समाप्त हो चुका था मगर अपनी शायरी की लाज रखने के नाते वह खद्दर के कुर्ते-पाजामे और बाटा की हवाई चप्पल में ही नज़र आता। प्रेम जौनपुरी के शिष्यों ने उसकी ख्याति रेडियो स्टेशन तक भी पहुँचा दी और रेडियो पर उसे गाहे-बगाहे बुलाया जाने लगा। लड़के लोग, प्रेम जौनपुरी को रेडियो स्टेशन जीप पर छोड़ आते और जिस दिन रेडियो पर प्रेम जौनपुरी का प्रसारण होता, रेडियो स्टेशन के बाहर उसके दीवानों की भीड़ जुटने लगती। प्रसारण के बाद प्रेम जौनुपरी की प्रशंसा में इतने पत्र आते कि केन्द्र निदेशक बौखला जाता।

एक दिन गुलबदन ने रेडियो खोला तो उसे पहचानी-सी आवाज सुनाई दी :

अगर तू इत्तिफ़ाकन मिल भी जाए
तेरी फ़ुरकत के सदमे कम न होंगे

गुलबदन ने अपनी प्रैक्टिकल की कापी पर जल्दी से ग़ज़ल उतार ली और अगले रोज जब बख्तियार मियाँ तबला लेकर बैठे तो गुलबदन ने धीरे से इसी ग़ज़ल पर रियाज़ कराने की इच्छा प्रकट की। बख्तियार मियाँ मतला देखकर समझ गए कि ग़ज़ल होशियारपुरी या जौनपुरी की है। उन्होंने गुलबदन की अम्मा से मश्वरा करना चाहा, मगर गुल ने कुछ ऐसा इसरार किया कि बख्तियार मियाँ भी ग़ज़ल में डूब गए। रात देर तक गुलबदन इस एक शेर का रियाज़ करती रही। उस्ताद ने 'इत्तिफ़ाकन' शब्द की कुछ ऐसी मौलिक अदायगी की कि गुलबदन ग़ज़ल गाते हुए आत्म-विभोर हो गई। हफ्तों के रियाज़ के बाद गुलबदन ने ग़ज़ल तैयार की। एक दिन जब गुल को लगा कि ग़ज़ल पर उसका पूरा अधिकार हो गया है, उसने अम्मी जान को ग़ज़ल सुनाई। अम्मी ज़ान ने बेइख्तियार बिटिया को चूम लिया। मगर जब उन्हें मालूम हुआ कि ग़ज़ल जौनपुरी की है तो उनकी भौंहें तन गईं, 'यह उसी शोहदे की ग़ज़ल है। क्या वह तुझसे चोरी-छिपे मिलता है ?'

'मुझसे कोई शोहदा चोरी-छिपे नहीं मिलता,' गुल बोली, 'अम्मा मुझसे ऐसी भाषा में न बोला करो, दूसरे, यह ग़ज़ल जौनपुरी की नहीं है।'

गुलबदन ने अम्मा की बात पर गौर नहीं किया और ग़ज़ल गाती रही। गुल ने यह ग़ज़ल रेडियो से टेप की थी। अम्मा का मूड ठीक हुआ तो बोली, 'देखो बिटिया इस शेरो-शायरी ने ही तुम्हारी अम्मा को तबाह किया था। मैं चाहती हूँ, तहेदिल से चाहती हूँ मेरी बिटिया इस नरक से किसी तरह कन्नी काट ले ! एक ज़माना था संगीत और शायरी इस नरक की तरफ ले जाते थे। शायरी के ऊँचे मकसद समाज के बड़े वर्ग ने अपने लिए सुरक्षित रख छोड़े थे। मुझे तुम्हारी आवाज़ से व तुम्हारी सूरत से अब डर लगने लगा है। क्या समाज तुम्हें इस नरक से निकलने देगा ?'

'अम्मा मैं आई.ए.एस. में बैठूँगी।'

अज़ीज़न के देश की तीन राजधानियों में चार मकान थे। अच्छा-खासा बैंक-बैलेंस था और अनेक बैंकों में अनेक लॉकर थे, मगर अज़ीज़न की रूह को सुकून हासिल नहीं था। ज़िन्दगी ने उसे खूब सुविधाएँ और नेमतें दी थीं, मगर अज़ीज़न ज़िन्दगी से इतनी दहशतजदः रहती, ज़ेहन में हर वक्त किसी दुर्घटना का ही अन्देशा बना रहता है। उसे जब याद आता कि गुल का बाप अज़ीज़न के नाम दो मकान करके बाप की पूरी जिम्मेदारियों से बरी हो गया था तो वह क्रोध से काँपने लगती। गुल कई बार लाड़ में आकर अपने अब्बा के बारे में जानना चाहती थी, मगर अज़ीज़न सर से पैर तक सिहर जाती। अब्बा का जिक्र आने पर जब से गुल ने अम्मा को दूसरे कमरे में जाकर औंधे मुँह लेटकर रोते पाया, उसने फिर कभी यह पूछने की हिमाक़त न की। अज़ीज़न ने अब तक केवल एक ही जवाब दिया था—'तुम जानोगी तो बहुत दुःख पाओगी। मरने से पहले बताऊँगी, ज़रूर !'

गुल उदास हो जाती और अपने कमरे में लौट आती—'या खुदा, यह कैसी ज़िन्दगी अता की है !'

दिल्ली में अगला 'यूथ फेस्टिवल' हो रहा था। गुलबदन पारसाल विश्वविद्यालय के लिए ट्रॉफी जीतकर लाई थी, इस बार फिर उसका नाम पेश किया जा रहा था। अज़ीज़न को यह सुझाव पसन्द न आया। उसे लगता, समाज लगातार उसकी बिटिया के लिए गड्ढे खोद रहा है। उसने कहा—'गुल, तुम दिल्ली नहीं जाओगी।'

गुलबदन जौनपुरी की ग़ज़ल नगर से दूर, देश की राजधानी में जाकर गाना चाहती थी। गुलबदन को अपनी आवाज़ और जौनपुरी की भाषा पर, उसकी संवेदना की तीव्रता पर पूरा भरोसा था। उसने अम्मा से कहा, 'अम्मा, तुम अपनी बिटिया पर भरोसा रखो।'

'तुम एक शर्त पर जा सकती हो। मैं तुम्हारे साथ चलूँगी।'

गुलबदन को माँ का यह सुझाव बेहद फूहड़ लगा मगर वह एकदम इसे बर्खास्त भी न कर सकी। उसने कहा कि वह विश्वविद्यालय से पूछकर बताएगी। उसके साथ दूसरी लड़कियाँ भी जा रही थीं—धवन थी, रीना थी, ज़ीनत थी, लवली थी, मगर किसी की माँ ने ऐसा प्रस्ताव न रखा था। उसने कई बार प्रो. शर्मा से इस विषय पर चर्चा करना चाहा, मगर हर बार बात उसकी जुबान पर ठिठककर रह जाती। आखिर एक दिन उसने प्रो. शर्मा को अपने यहाँ चाय पर आमन्त्रित किया और अम्मा से बोली, 'अब तुम ही प्रोफ़ेसर साहब से बात कर लेना।'

प्रोफ़ेसर महज़ उत्सुकतावश ही गुल के यहाँ चला आया था। इधर-उधर ताकते-झाँकते। बड़े संकोच में। किसी तरह सर झुकाए हुए वह अज़ीज़न बाई का ज़ीना चढ़ गया। नफ़ीस उन्हें पहचानता था, उन्हें देखकर मुस्कुराया और अज़ीज़न की बैठक में बैठा आया। बाद में वह दरवाजे के पास सीढ़ियों पर बैठकर अज़ीज़न की बातें सुनने लगा।

अज़ीज़न कमरे में आई तो प्रो. शर्मा दीवारों पर टँगी अज़ीज़न की तस्वीरें देखने में मशगूल था। किसी तस्वीर में अज़ीज़न गा रही थी तो किसी में नाच रही थी। श्रोताओं और दर्शकों में बड़े-बड़े लोग थे। उसकी यूनिवर्सिटी के एक भूतपूर्व उपकुलपति भी दिखाई दे गए। कुछ लोग अपनी पोशाक से राजा-महाराजा लग रहे थे। प्रोफ़ेसर का दिमाग घूमने लगा। इस माहौल में गुल कैसे पैदा हुई और कैसे विश्वविद्यालय तक पहुँची ? यह औरत ज़रूर कोई गैर-मामूली औरत है।

प्रोफ़ेसर शर्मा भावुक आदमी था। भावुक होने से क्या होता है। उसने अपनी भावुकता के बावजूद अब तक चार फ़र्स्ट डिवीज़ंस प्राप्त किए थे। शर्मा ने अब तक केवल मूक प्रेम ही किए थे, जैसे गैया करती है, मगर उसे वाणी नहीं दी थी। वह इसी मूक काँगड़ा शैली में अब तक अनेक छात्राओं से प्रेम कर चुका था। शर्मा की नज़रों के सामने ही उसकी तीन प्रेमिकाओं की शादी हो चुकी थी, मगर प्रोफ़ेसर शर्मा ने उफ़ तक न की। उसके बाद उसने अपनी एक प्रेमिका को पति की बाँहों में बाँहें डाले क्लब में भी देखा, दूसरी को अपने फूले हुए पेट में देखा—मगर प्रोफ़ेसर ने संकोच में हमेशा रास्ता काट लिया और अपनी भूतपूर्व छात्राओं के प्रति जड़ होता गया। आजकल उसका नया 'क्रेज़' गुल ही थी। गुल को लेकर वह बिस्तर पर चाहे कितनी करवटें बदलता मगर कक्षा में बजाय गुल के प्रति विनम्र होने के, उसे किसी न किसी बहाने डाँट देता। आज वह बहुत साहस बटोरकर उसकी अम्मा से मिलने आया था। उसे लग रहा था, वह उसकी अम्मा से बात करेगा तो शहर में दंगा हो जाएगा, जबकि गुल को लेकर उसके अन्दर पिछले कई रोज़ से दंगे चल रहे थे, फ़साद हो रहे थे, कत्लेआम मचा था। शर्मा को लगता उसने गुल की तरफ़ कदम बढ़ाया तो परिसर में महाभारत छिड़ जाएगा। लड़के तो उसे गोली से उड़ा देंगे।

वह अभी सामान्य भी नहीं हो पाया था कि गुलबदन की अम्मा—खंडहर बता रहे हैं इमारत हसीन थी—को सार्थक करती हुई कमरे में दाख़िल हुई। प्रोफ़ेसर की टाँगें काँपने लगीं। उसकी समझ में न आ रहा था, वह क्या कहे। अज़ीज़न का, प्रोफ़ेसर जैसे कई लोगों से, ज़िन्दगी में पाला पड़ चुका था। वह उससे अधिक अनुभवी और अधिक व्यवहार-कुशल थी, बोली, 'आप इस नाचीज़ के यहाँ तशरीफ ला सके, यह मेरे लिए फ़ख्र की बात है।'

शर्मा ने कोई जवाब नहीं दिया। पसीने से तर हथेलियों को अपनी पतलून पर रगड़कर रह गया।

'बिटिया दिल्ली जाने का ज़िक्र कर रही है। मैंने सोचा आपसे मश्वरा कर लूँ।'

'आप भरोसा रखिए। मैं हूँ। मैं, मैं साथ जा रहा हूँ।' शर्मा किसी तरह हकलाते हुए बोला।

अज़ीज़न मुस्कुरा दी। उसके चेहरे पर एक नई रोशनी आ गई। उसने प्रोफ़ेसर को एक ही नज़र में परख लिया।

'मैं गुल को शबनम की तरह पवित्र रखना चाहती हूँ। मैं आपको भी तो ज्यादा नहीं जानती।' अज़ीज़न ने मन की बात एक ही वाक्य में कह दी।

प्रोफ़ेसर और अधिक घबरा गया। प्रोफ़ेसर ने अपने अन्दर की पूरी ताकत को संजोते हुए कहा, 'आप यकीन रखिए ! गुल जैसी होनहार छात्रा मेरे इतने वर्षों के अध्यापन में नहीं आई ! वह समझदार है। वह, वह, वह...।' प्रोफ़ेसर पुनः हकलाने लगा।

अज़ीज़न ने नफ़ीस से कहलवाया कि गुल से कहो, प्रोफ़ेसर साब आए हैं, फ़ौरन चाय लेकर आए।

प्रोफ़ेसर सिकुड़कर बैठ गया। उसने मन ही मन तय कर लिया, वह गुल को, इस नरक से, इस घिनौनी दुनिया से एक बाज़ की तरह झपटकर उठा लेगा। उसे बहुत दूर एक नए संसार में ले जाएगा। वह रीडर होकर चंडीगढ़ कभी भी जा सकता है। उसके गाइड, जो पुराने आर्य समाजी थे और उसे बहुत मानते थे, वहीं अध्यक्ष थे। उसकी इच्छा हो रही थी अज़ीज़न से एक अन्तर्देशीय माँगकर अभी पत्र लिख दे कि वह आ रहा है। वह आना चाहता है। वह आकर रहेगा। उसने अपने भीतर उमंगों की पतंग बढ़ा ली।

गुल आई तो प्रोफ़ेसर उसी तरह टाँगें जोड़े सिर झुकाकर बैठा था। आहट सुनी तो सर उठाकर देखा, तुरन्त गुल से अपनी नज़रें हटा लीं, जैसे उससे अनायास कोई गुनाह हो गया हो। वह अज़ीज़न की तरफ़ देखने लगा, कहीं उसकी चोरी पकड़ तो नहीं ली गई।

गुल के बाल खुले थे, शायद आज ही शैम्पू किए थे। शर्मा को लगा, अब वह बाकी ज़िन्दगी इन्हीं ग़ेसुओं के अँधेरे में बिताने के लिए जीवित है। उसने गुल की आँखों में जैसे एक चाँद को बहुत नज़दीक से देख लिया। शर्मा के शरीर के अन्दर बहुत गहरे तक उजाला हो गया। गुल ने जिस अदा से आदाब किया, वह अदा और संस्कृति, प्रोफ़ेसर को लगा, अब पूरी दुनिया में सिर्फ़ गुल में शेष रह गई है। उसने गुल के पाँव आज ही देखे थे। छोटे-छोटे साँचे में ढले हुए से पाँव। प्रोफ़ेसर के अन्दर एक तूफान बरपा हो गया। अज़ीज़न होशियार औरत थी। शर्मा को ताड़ गई, 'आप साथ जा रहे हैं, वरना मैं नहीं चाहती थी कि बिटिया दिल्ली जाए।'

'आप नहीं चाहतीं तो मैं भी न जाऊँगा।' प्रोफ़ेसर के मुँह से बेसाख्ता निकल गया। दरअसल प्रोफ़ेसर ने मन ही मन पूरे परिवार से अपना रिश्ता जोड़ लिया था।

'आपको संकोच नहीं हुआ इस तरफ आने में ?' अचानक अज़ीज़न ने पूछा।

'इस तरफ़ तो मैं अक्सर आता रहता हूँ। प्रोफ़ेसर ने कहा और फिर अज़ीज़न के चेहरे की तरफ देखकर उसे लगा कि वह कोई ग़लत बात कह गया है, बोला, 'दरअसल चौक तक तो हर आदमी आता है।'

गुल ने चाय बनाई। उसने एक बहुत ही खूबसूरत प्याले में प्रोफ़ेसर की ओर चाय बढ़ाई। प्रोफ़ेसर ने गुल के नाखून देखे तो बेचैन हो गया। गुल ने 'बेज़' रंग के नेलपालिश से नाखून रँगे थे। नाखून जैसे तुलसी के पौधे की तरह पानी देकर बढ़ाए गए थे। शर्मा प्रकृति पर मुग्ध होने लगा कि प्रकृति इतने सुन्दर नाखूनों का सृजन कर सकती है। प्रोफ़ेसर ने चाय की तश्तरी पकड़ते-पकड़ते थोड़ी चाय अपनी कमीज और पतलून पर गिरा ली। वह रूमाल निकालकर चाय साफ़ करना चाहता था मगर अपना बुसा हुआ रूमाल निकालने में उसे संकोच हुआ। इतने में गुल एक नन्हा-सा नैपकिन ले आई। अम्मा ने प्रोफ़ेसर की पतलून का दाग मिटाना चाहा, मगर प्रोफ़ेसर ने नैपकिन ले लिया और धीरे-धीरे सहलाता रहा। उसे

लग रहा था, यहाँ हर चीज महक रही है। गुल के बाल, तौलिया, चाय और पूरी कायनात।

'आपने बहुत इनायत फरमाई कि हमारे यहाँ तशरीफ़ लाए,' अज़ीज़न बोली, 'आपसे मैं बेहद मुतआसिर हुई। आपकी निगरानी में गुल दिल्ली जाएगी।'

गुल का चेहरा कमल की तरह खिल गया। प्रोफ़ेसर लगातार कुछ का कुछ कहे जा रहा था, बोला, 'मैं अपने से ज़्यादा गुल का ख़याल करूँगा। आप गुल की बिल्कुल चिन्ता न करें।'

ज़ीने पर नफ़ीस के खाँसने की आवाज़ आई। अज़ीज़न ने तुरन्त नफ़ीस को पानदान उठा लाने के लिए कहा।

'आप किसी रोज़ खाने पर तशरीफ़ लाइए। गुल बहुत अच्छा खाना पकाती है। मैं भी तो देखूँ उसने क्या सीखा है।'

'ज़रूर आऊँगा।'

'गुल दिल्ली से लौट आए, तब।'

प्रोफ़ेसर कुछ देर बैठा शून्य में देखता रहा। साँझ घिर आई थी। सामने खिड़की से थोड़ा-सा आसमान दिख रहा था। थोड़ी-थोड़ी देर बाद तोतों का एक झुंड आसमान में दिखाई देता, प्रोफ़ेसर तोते गिनता—आठ। हर बार आठ ही तोतों का झुंड उसे दिखाई देता।

अज़ीज़न ने कहा, 'आज आसमान साफ़ है।'

'हाँ, साफ़ है। ये तोते कहाँ जा रहे हैं ?'

तभी तोतों की एक डार फिर उतने से आसमान पर उभर आई। अज़ीज़न ने कहा, 'मेरी नज़र ही कमजोर हो गई है। ज़रूर तोते होंगे। पुराने दिनों की हल्की-सी याद है।'

'अम्मा सचमुच तोते ही हैं।' गुल बोली।

'हर शाम लौटते हैं। रास्ता नहीं भूलते। अगर कोई परिन्दा भटक जाता है, तो सचमुच रहम आता है। एक बार भटकी हुई एक चिड़िया हमारे आँगन में उतर आई। कमबख्त बिल्ली ने उसे दबोच लिया। मैंने उसके बाद बिल्ली को अपने यहाँ घुसने नहीं दिया। नफ़ीस को खास हिदायत है कि वह बिल्ली इस घर में दिखाई नहीं देगी।'

प्रोफ़ेसर ने बहुत कौतुक से अज़ीज़न की तरफ़ देखा, कितने मानवीय, कितने सभ्य हैं ये लोग। अज़ीज़न बहुत प्यार से शर्मा के लिए पान लगा रही थी। उसने शर्मा को पान का बीड़ा पेश करते हुए निहायत सादगी से कहा, 'वैसे प्रोफ़ेसर साहब हर आदमी की ज़िन्दगी में ऐसे लम्हे आते हैं, जब वह सिर्फ़ आसमान की तरफ़ टकटकी लगाकर देखा करता है।'

'और तोते गिनता रहता है।' प्रोफ़ेसर ने बीच में एक ठहाका लगाया और पान मुँह में रख लिया।

शर्मा ने विदा चाही तो अज़ीज़न ने उसके सिर पर बहुत ही स्नेह से हाथ फेरा। प्रोफ़ेसर को लगा, जैसे उसकी माँ उसकी पेशानी पर हाथ फेर रही हो। उसकी इच्छा हो रही थी कि वह अज़ीज़न के कदमों पर गिर पड़े और उससे इसी क्षण गुल की भिक्षा माँग ले।

गुल कमरे में ही आदाब की मुद्रा में हाथ माथे तक ले गई और बोली—'खुदा हाफ़िज़।'

प्रोफ़ेसर ने नीचे उतरकर पनामा का एक सिगरेट खरीदा और सुलगाया। फिर वह अपने घर की तरफ़ चल दिया। पैदल। उसके कानों में एक ही शब्द गूँज रहा था—खुदा हाफ़िज़।

प्रोफ़ेसर जितेन्द्र मोहन शर्मा ने प्रथम श्रेणी में एम.एस-सी. किया था। पढ़ने में वह अपने बड़े भाई से भी होशियार था, जबकि उसका बड़ा भाई किसी तरह अमरीका निकल गया था, स्कॉलरशिप पर। वह

भी निकल जाता, मगर उसके बूढ़े माता-पिता ने आँखों में आँसू भर लिये, जब उसके जाने का अवसर आया। उसके भाई ने अमरीका में एक गोरी से शादी कर ली और अपनी हिन्दुस्तानी बीवी की तरफ़ पलटकर भी न देखा। शर्मा की हिन्दुस्तानी भाभी एक स्कूल में अध्यापिका हो गई, गोद में एक साल का छोटा बच्चा था। बाद में भाई कभी लौटकर नहीं आया। बड़े दिन या नव वर्ष पर उसका ग्रीटिंग कार्ड ज़रूर आ जाता था।

प्रोफ़ेसर शर्मा ने विश्वविद्यालय में नौकरी कर ली थी और इधर आए दिन उसके रिश्ते की बात चलती थी। उसके विभागाध्यक्ष अपनी गोद ली एक मोटी लड़की के संग उसे कई बार चाय पिला चुके थे। उसके पिता आए दिन कोई न कोई रिश्ता सुझाते। शर्मा ने दो चीज़ें बहुत पहले अपने भाई की शादी की असफलता को मद्‌देनज़र रखते हुए तय कर ली थीं—एक, वह दहेज नहीं लेगा और दो, वह अपनी पसन्द की लड़की से शादी करेगा। बहुत पहले तो वह विधवा विवाह करके समाज में एक आदर्श स्थापित करना चाहता था। उसने इस सिलसिले में अपनी भाभी के बारे में भी सोचा था, मगर उसकी भाभी विधवा नहीं थी, दूसरे, वह अपने परिवार में एक विचित्र तरह का माहौल भी पैदा नहीं करना चाहता था।

अब शर्मा के पास विश्वविद्यालय की स्थायी नौकरी थी, सम्मान था और इधर उसकी चेतना में एक लड़की अन्दर तक धँसती जा रही थी। वह जानता था, वह अपने इस विचार के बारे में अगर दीवार से भी कह देगा तो पूरे शहर में हंगामा खड़ा हो जाएगा, विश्वविद्यालय में यह खबर एक बम की तरह फूटेगी। फिलहाल वह प्रसन्न था कि गुल की अम्मी ने गुल को उसके संरक्षण में दिल्ली भेजना स्वीकार कर लिया था। वह घर पहुँचकर बाहर घास पर कुर्सी डालकर बैठ गया। उसकी इच्छा हो रही थी कि वह आज किसी क्लब में जाकर जश्न मनाए, मगर एक अज्ञात-सा भय बार-बार उसे अन्दर तक झकझोर जाता। क्या उसमें इतनी ताक़त है कि वह गुल को इस ग़लीज़ माहौल से उठा सके ? क्या उसका परिवार इसकी इजाज़त देगा ? उसके बूढ़े माता-पिता का क्या होगा, जो एक बेटे से पहले ही कट चुके थे। क्या उसके भीतर इतनी ताकत है कि वह समाज से भिड़ सके ? अगर साम्प्रदायिक दंगे हो गए ? अगर उसके पीछे गुंडे लग गए ? प्रोफ़ेसर इस तरह के प्रश्नों से घायल होता चला गया। अचानक वह उठा और भीतर कमरे में जाकर उसने रेडियो खोल दिया। शोर से उसे घबराहट होने लगी तो वह रेडियो को चिल्लाते छोड़ बाज़ार की तरफ़ निकल गया। उसके पास कोई नहीं था, जिससे वह अपने दिल का राज़ कह सके। नगर में उसका ऐसा एक भी मित्र नहीं था। अब दोस्त का दर्जा अगर कोई प्राप्त कर सकता है तो गुल ही।

शर्मा रात-भर बिस्तर पर करवटें बदलता रहा। उसकी इच्छा हो रही थी वह दोबारा गुल के यहाँ लौट जाए। कितना अच्छा होता उसके यहाँ अपना पर्स गिरा आता और उसे लेने के बहाने एकाध घंटे के लिए उसके यहाँ और बैठ आता। फिर सहसा उसने सुबह का इन्तज़ार शुरू कर दिया। कल गुल का 'पीरियड' नहीं था, मगर उसने तय कर लिया, वह उसे बुलवाकर दिल्ली-यात्रा के बारे में बात करेगा।

समय काटने के लिए शर्मा अभी से दिल्ली की गाड़ी में बैठ गया। गुल उसके सामने बैठी है। वह नज़रें चुराकर गुल की तरफ देख रहा है। गुल एक पुस्तक पढ़ रही है। वह उससे पूछता है—'गुल क्या पढ़ रही हो ?'

'दीवाने ग़ालिब !'

धत्त तेरे की ! ग़ालिब के बारे में तो उसकी जानकारी बहुत सीमित है। इसका मतलब है कि उसे अब ग़ालिब भी पढ़ना होगा।

'गुल तुम्हें ग़ालिब का कौन-सा शे'र सबसे अधिक पसन्द है ?'

गुल, उसकी तरफ नज़रें उठाकर देखती है। कहती है :

यदि मूल विलयन Na OH विलयन के साथ कोई अवक्षेप न आए तो Na^+, K^+ या (NH_4^+) की उपस्थिति का संकेत हैं।

गुल ठहाका लगाती है। प्रोफ़ेसर उसके दाँतों की तरफ़ देखता रह जाता है। दाँत किस फार्मूले से बने हैं ?

गुल कहती है : आशिकी सब्र तलब !

यही सब सोचते हुए प्रोफ़ेसर की आँखें मुँद गईं।

शनिवार को प्रोफ़ेसर शर्मा ने दल के सदस्यों को सम्बोधित किया। सामान के बारे में 'एक साइक्लोस्टाइल्ड' काग़ज़ दिया। सबको रेल का कन्सेशन मिल गया, इसकी सूचना दी। वह अभी असमंजस में ही था कि गुल से कैसे बात की जाए कि अचानक गुल उसके नज़दीक आ गई। उसकी तरफ देखकर मुस्कुरा दी। गुल ने लाल रंग का शॉल ले रखा था और उसका चेहरा ऐसा लग रहा था, जैसे शॉल की बगिया में गुलाब का फूल खिल आया है।

'अम्मी जान आपकी बहुत तारीफ़ कर रही थीं।'

'सो नाइस ऑफ हर,' शर्मा ने कहा, 'मुझे खुद उस दिन बहुत अच्छा लगा।'

'अम्मा ने खाने की दावत दी है, अगर आपको परहेज़ न हो।'

'परहेज़ ?' शर्मा हँसा, 'अम्मी को मालूम नहीं, उनके बारे में मेरी कितनी अच्छी राय है और तुम्हारे बारे में भी।'

कुछ लड़के बड़े कौतुक से शर्मा की ओर देख रहे थे। शर्मा ने लड़कों को देखा तो धीरे से बोला, 'मुझे तुमसे बहुत सी बातें करनी हैं, सैकड़ों। खुदा जाने कब वक्त मिलेगा ?'

'गाड़ी में।' गुल ने मचलकर कहा।

'एक दिन वक्त निकालकर कुतुब चलेंगे।' शर्मा ने कहा।

गुल आश्चर्य से शर्मा की ओर देखने लगी।

एक लड़का जो नाटक का हीरो था, न जाने कब पास आकर खड़ा हो गया, बोला, 'शर्मा साहब हम भी कुतुब चलेंगे !'

'तुम्हीं नहीं, सब लोग चलेंगे।' शर्मा ने बड़ी चतुराई से लड़के की जिज्ञासा शान्त कर दी।

गुल लौटी तो बेहद खुश थी। प्रो. शर्मा उसे इतना मानते हैं। दरअसल लड़कियों के बीच प्रोफ़ेसर जितेन्द्र मोहन अत्यन्त लोकप्रिय था। उसकी लोकप्रियता का एक राज़ यह भी था कि वही एकमात्र अविवाहित अध्यापक था। यही कारण था कि किसी लड़की को उसके दाँत पसन्द थे और किसी को बाल।

'मुझे वह पूरा पसन्द है।' रिक्शा में गुल धीरे से मुस्कुराई। उसने तय किया घर पहुँचते ही किताबें फेंक देगी और पूरे बदन पर यादों का लिहाफ ओढ़कर सो जाएगी।

गुल ने घर पहुँचकर अभी कपड़े बदले ही थे, कि मुहल्ले का एक बच्चा उसके हाथ में एक लिफाफा थमा गया। लिफाफा इत्र से महक रहा था। गुल ने बड़े उतावलेपन से लिफाफा खोला। गुल उर्दू पढ़ना जानती थी। नीचे कपिल का नाम पढ़कर चौंक गई। खत मुख्तसर-सा था। लिखा था :

जानेमन !

आपको ताज्जुब ज़रूर होगा, खत पाकर, मगर आपकी फुरकत मेरे लिए अब नाकाबिले बर्दाश्त है। आपकी दीवानगी में मैंने दाढ़ी बढ़ा ली है और दिन-भर शेरो-शायरी की दुनिया में गर्क रहता हूँ। मेरे उस्ताद जनाब प्रेम जौनपुरी साहब हैं। जाने क्यों आपकी अम्मी जान ने उनके दाखिले पर पाबन्दी

लगा दी है। उनके साथ-साथ हम लोग भी आपका नियाज़ हासिल कर सकते थे। हम लोग तो फ़कीर हैं। मेरे पिता, जो प्रदेश के उपमन्त्री हैं, मुझसे मेरी निराशा की वजह पूछते हैं तो मैं उनकी बात हँसकर टाल देता हूँ। वे हमारी शादी में हस्तक्षेप नहीं करेंगे। मुझे लगता है समाज के सामने एक नया आदर्श रखते हुए उन्हें खुशी ही होगी और आपकी गली के तमाम वोट उन्हें मिल जाएँगे। मैंने अपने जज़्बात का इज़हार प्रेम जौनपुरी साहब से भी किया था। उन्होंने मुझे इतना इन्कलाबी कदम उठाने पर मुबारकबाद दी है। और शायद ज़ल्द ही मौका मिलने पर आपकी अम्मीजान से इसका ज़िक्र करेंगे। मेरे पिता ने इस शादी की इज़ाज़त न दी तो मैं खुलेआम अगले चुनाव में उनका विरोध करूँगा। चुनाव सर पर आ गया है, घर पर अनशन कर दूँगा। आमरण अनशन। मेरे ज़ज़्बातों को मद्‌देनज़र रखते हुए आप इस गरीब शायर की पुकार ज़रूर सुनेंगी और कल यूनिवर्सिटी में लाइब्रेरी के पीछे नफ़ीस की गैरहाज़िरी में मुझसे मिलकर मुझे एक नई ज़िन्दगी अता फरमाएँगी। मैं रात-भर कल सुबह के इन्तज़ार में अपने को शेरो-शायरी की पाकीज़ दुनिया में गर्क रखूँगा। आज दोपहर एक ग़ज़ल की थी। उसके कुछ शेर समाअत फरमाइए :

ज़माने-भर में दुनिया बेवफा मशहूर है लेकिन
तेरे मिलने पे यह भी बावफा मालूम होती है।

खाक़सार,
कपिल

गुल ने काग़ज़ लिया और अम्मी के पास गई। उसने ख़त अम्मी को थमा दिया और उनके पास ही बैठ गई। अम्मा का नमाज़ का वक्त हो रहा था। नमाज़ से पहले अम्मा कोई व्यवधान नहीं चाहतीं। अम्मा ने महकता हुआ लिफाफा देखा तो पूछा—'क्या है ?'

'तुम खुद ही पढ़ लो।'

अम्मा खत पढ़ने लगी। उसके चेहरे पर एक तनाव उभरने लगा।

'तुम इस लड़के को जानती हो ?' अम्मा ने बहुत गहरी नज़र से गुल की तरफ देखा।

'ग़ायबाना तौर पर ही जानती हूँ। उपमन्त्री के बेटे को यूनिवर्सिटी में पढ़नेवाला हर शख्स पहचानता है।'

अम्मा नमाज़ पढ़ने चली गई। गुल की कुछ समझ में न आया, अम्मा की क्या प्रतिक्रिया हुई। वह अपने कमरे में आकर लेट गई। दरअसल गुल को खत पढ़कर बहुत कोफ्त हुई थी। वह अम्मा के स्वभाव से भी परिचित थी। कोई ताज्जुब न होगा यदि अम्मा अभी डंडा लेकर उपमन्त्री के घर चल दे।

गुल की समझ में कुछ भी न आ रहा था। वह कल़ लाइब्रेरी के पीछे उस मजनूँ से मिलने को हरगिज़ तैयार न थी। बल्कि अगर उसने गुस्ताखी की तो नफ़ीस से कहकर उसे पिटवा देगी। उसने अम्मा से ऐसे बहुत से मजनुओं के किस्से सुन रखे थे। बड़े-बड़े राजे-महराजे, जो अम्मा के कदमों पर लोटते थे, जी-हुजूरी करते थे, सिर्फ़ बातों के सौदागर निकले। अम्मा को नफरत है ऐसे लोगों से। गुल को अम्मा से भी ज्यादा नफरत है ऐसे मजनुओं से। अम्मा ने जिन्दगी में कितनी ज़िल्लतें उठाई हैं, मगर इस सारे माहौल से अम्मा ने गुल को कितना पाक रखा है ? है कोई इस गली की दूसरी औरत, जिसने अब तक अपनी लड़की की इतनी देखरेख की हो ?

अगले रोज़ जब गुल यूनिवर्सिटी जाने के लिए दरवाज़े की तरफ बढ़ी तो अम्मा ने रोक दिया—'आज तुम स्कूल नहीं जाओगी।'

गुल ने हैरानी से अम्मा की ओर देखा। अचानक उसे कल की चिट्‌ठी की बात याद आ गई। लगता

है, अम्मा ने चिट्ठी को गम्भीरता से लिया है।

'अम्मा आज तो बहुत ज़रूरी प्रैक्टिकल है।'

'हुआ करे,' अम्मा बोली, 'जाओ, कमरे में जाकर पढ़ो।'

सिद्दीकी साहब चमेली के घर से बहुत तैश में निकले थे। उन्होंने तय किया था कि वह सीधे वरिष्ठ पुलिस अधीक्षक के बँगले पर जाएँगे। अगर उन्होंने कोई कार्यवाही न की तो डी.आई.जी. रेंज से मिलेंगे। वह जब तक कोतवाल को अपनी हैसियत का अहसास न करा देंगे, चैन न लेंगे। गली से बाहर निकलते ही उनकी कदमों की रफ्तार कुछ मन्द पड़ गई। वह एक दुकान पर पान खाने के लिए रुके। इसी बीच उन्हें याद आया कि उन्होंने जल निगम के अधिशासी अभियन्ता स्वरूप नारायण निगम से वादा कर रखा था कि वे उनके दामाद को सप्ताह के भीतर बन्दूक का लाइसेंस दिलवा देंगे। इधर बन्दूकें भी कंट्रोल के दाम से न मिल रही थीं, निगम साहब से बन्दूक दिलवाने का भी वादा ले लिया था। फातमी साहब का किराएदार रोज़ शराब के नशे में खूब गालियाँ बक रहा था, उनसे भी सिद्दीकी साहब वादा कर आए थे कि जल्दी ही उसका इन्तज़ाम करेंगे। तीसरा काम तो सबसे जरूरी था। इस्माइल खाँ के दामाद ने लड़की को मारकर भगा दिया था और दहेज का सामान भी नहीं लौटा रहा था।

कोतवाल साहब के लिए सिद्दीकी साहब के पास और भी छोटे-मोटे कई काम थे। ये काम न हुए तो उनकी बहुत फजीहत होगी। सिद्दीकी साहब ने नाली में पान की पीक थूकते हुए नेतागिरी को गाली दी।

'इससे बुरा कोई धन्धा नहीं,' सिद्दीकी साहब ने मन ही मन कहा, 'लोगों का नरक ढोइए, और हर बखत अपनी ज़मीर के खिलाफ काम कीजिए।'

कुछ दूर जाकर वह एक रिक्शा में बैठ गए, 'चलो कोतवाली।' ज्यों-ज्यों रिक्शा कोतवाली की तरफ बढ़ रहा था, सिद्दीकी साहब के विचारों में क्रान्तिकारी परिवर्तन हो रहा था। वह सोचने लगे, भलाई इसी में है कि किसी तरह अपना काम निकाल लो। तैश दिखाने से तो कोई काम निकलेगा नहीं, उलटे रास्ते में काँटे बिछ जाएँगे।

तभी एक मोटर साइकल रिक्शा के आगे आकर रुक गया। सिद्दीकी साहब उछलकर कूद पड़े, 'कहो रविशंकर तुम कहाँ ?'

'आप ही के यहाँ से आ रहा हूँ।' रविशंकर मोटर साइकल सड़क के किनारे ले गए।

'कहाँ हो आजकल ?'

'कैंटोनमेंट में था साहब। कल रात कोतवाल साहब ने सस्पैंड कर दिया। आपके तो दोस्त हैं, आपके पास यही गुज़ारिश करने आया था कि उनसे सिफारिश कर दें।'

'किस बात पर सस्पैंड कर दिया ?'

'दो आरोप लगाए हैं। दोनों बेबुनियाद हैं। एक में कहा गया है कि मैंने कंट्रोल रूम को अपनी ठीक लोकेशन नहीं दी थी, दूसरे में कहा गया था कि मैं जी.टी. रोड पर नाजायज़ रूप से ट्रकें रुकवा रहा था। आप तो साहब जानते हैं कितनी महँगाई का ज़माना है, बच्चों की फ़ीस देना पहले ही मुहाल था, अब आधी तनख्वाह से तो साहब खटिया खड़ी हो जाएगी।'

सिद्दीकी साहब बहुत उलझन में पड़ गए। हर आदमी अपने को ठीक बताता था। बाकी सारी दुनिया ग़लत।

'कोतवाल साहब का दिमाग फिर गया है, जो उन्होंने तुम्हें बेबुनियाद सस्पैंड कर दिया ?'

'नहीं साहब, डी.एस.पी. साहब ने उन पर ज़ोर डाला था।'

'वो ज़ोर क्यों डालेंगे। आपसे उनकी कोई रंजिश है ?'

'नहीं साहब उनसे कोई रंजिश नहीं। दरअसल उनका ड्राइवर बहुत बदमाश है। वही उन्हें भड़काता है।'

'वह ड्राइवर के भड़काने में क्यों आ जाएँगे ? माथुर साहब हैं न डी.एस.पी., मैं उन्हें खूब अच्छी तरह से जानता हूँ।'

'नहीं, साहब आप अच्छी तरह से नहीं जानते। आप जानते होते तो ऐसा न कहते। वे ड्राइवर से बेहद दबकर रहते हैं। वे कह रहे हैं, मुझे उन्होंने लोकेशन पर नहीं पाया। मैं अगर उनके लोकेशन बताने लगूँ तो उनका तलाक हो जाए। मगर साहब, आप इस पचड़े में क्योंकर पड़ेंगे ! फकत कोतवाल साहब से कहकर मेरा काम करवा दीजिए।'

'कोतवाल साहब कैसे आदमी हैं ?'

'आदमी तो ठीक हैं साहब, मगर लोकेशन उनका भी गड़बड़ है।'

'तुम इसीलिए सस्पैंड हुए हो,' सिद्दीकी साहब ने उसे सलाह दी, 'देखो सबको, मग़र मुँह कभी मत खोलो।'

'आप ठीक कह रहे हैं साहब,' रविशंकर ने कहा, 'यह तो आप जैसे खुदातर्स इंसान मिल जाते हैं तो जुबान खुद ब खुद खुलने लगती है, वरना कोई आदमी इतना बेवकूफ नहीं होता कि अपने पेट पर खुद लात मारे।'

'वो ड्राइवर की क्या बात बता रहे थे ?'

'साहब उसने एक लुगाई छोड़ रखी है और आजकल उससे हिसाब-किताब बैठा रहा है। संयोग से हम भी उसे जानते हैं। बस इसी को लेकर तैश दिखा रहा है।'

'इसका मतलब हुआ कि तुम्हारा लोकेशन भी ठीक नहीं है,' सिद्दीकी साहब ने कहा, 'मौका मिला तो मैं कोतवाल साहब से बात करूँगा।'

'नहीं साहब आपको आज ही बात करना है। मुझे मालूम हुआ है आपको वे बहुत मानते हैं।'

सिद्दीकी साहब मुस्कुराए, वे रविशंकर का काम कराना चाहते थे, मगर उन्हें अपने ज़मीर को एक बार फिर गिरवी रखना होगा। रविशंकर न होता तो एक बार विरोधी पार्टी के लोगों ने उन्हें तीन सौ दो में अन्दर करवा ही दिया था। यह रविशंकर ही था जो उस वक्त काम आया। नेताजी ने कहा कि वे पहली फुर्सत में उसका काम करवाएँगे। रविशंकर ने मोटरसाइकल को किक लगाई और नेताजी को बैठाकर कोतवाली की तरफ चल दिया।

कोतवाली के पास ही कोतवाल साहब की कार दिखाई दी। शायद कोतवाली ही जा रहे थे। कोतवाल साहब ने सिद्दीकी साहब को देखकर कार के अन्दर से ही हाथ हिलाया। रविशंकर बहुत खुश हुआ कि कोतवाल साहब नेताजी का इतना सम्मान करते हैं मगर सिद्दीकी साहब एक सस्पैंड-शुदा इंस्पेक्टर के मोटरसाइकल पर पकड़े जाने से निहायत शर्मिन्दा हो गए।

रविशंकर ने अत्यन्त विश्वासपूर्वक कोतवाली के सामने मोटरसाइकल रोका। सिद्दीकी साहब पशोपेश में पड़ गए थे। रविशंकर को डाँटने के लिए कुछ कहते कि कोतवाल साहब के हवलदार ने आकर उनसे कहा, 'साहब बुला रहे हैं।'

सिद्दीकी साहब पर्दा उठाकर अन्दर घुसे तो कोतवाल साहब कागज के ढेर पर चिड़िया बैठाने जा रहे थे। पास में उनका क्लर्क खड़ा था।

'आइए-आइए, नेताजी।' कोतवाल साहब जिस कागज पर चिड़िया बैठा देते उनका क्लर्क फुर्ती से वह कागज उठा लेता।

कोतवाल साहब ने घुटने से घंटी बजा दी और सिपाही को आदेश दिया कि बाबू को बुला लाए।

दस्तखत के लिए काग़ज़ों का ऊँचा अम्बार था। वे मशीन की तरह दस्तखत करते और क्लर्क काग़ज़ उठा लेता। नेताजी अत्यन्त कौतुक से यह नाटक देख रहे थे कि बड़े बाबू आकर उनकी कुर्सी के पीछे खड़े हो गए।

कोतवाल साहब ने बग़ैर बड़े बाबू की तरफ देखे आदेश दिया, 'रविशंकर की बहाली का आदेश तैयार करो।'

'मगर साहब उसकी प्रतिलिपियाँ कई जगह जा चुकी हैं !'

'ठीक है आज बहाली के आदेश भेज दो।' कोतवाल साहब ने कहा।

बड़े बाबू चले गए तो कोतवाल साहब ने बड़ी शरारत से नेताजी की तरफ देखा, 'और कोई सेवा ?'

'आपका भी जवाब नहीं साहब !' सिद्दीकी साहब ने गद्गद होते हुए कहा, 'आपकी जितनी तारीफ की जाए कम है !'

'खत का मजमून भाँप लिया लिफाफा देखकर !'

'क्या आप मुझे लिफाफा समझते हैं ?'

कोतवाल साहब ने शेष काग़ज़ क्लर्क को लौटा दिए, 'बँगले पर ले आना।'

उसने दो-एक जरूरी काग़ज़ों पर दस्तखत करा लिये और फाइल बगल में दबा ली। वह सैल्यूट करके निकला भी न था कि कोतवाल साहब ने कहा, 'वाह भाई, कितना बढ़िया माल भेजा था आपने।'

'मैंने ?' सिद्दीकी साहब ने पूछा !

'नाम तो आप ही का ले रहा था,' कोतवाल साहब ने कहा, 'मगर मैंने खुद ही खेल खराब कर लिया। कुछ जल्दबाज़ी हो गई।'

सिद्दीकी साहब के चेहरे पर हवाइयाँ उड़ने लगीं। उन्होंने इस विषय पर आगे बात करना उचित न समझा, बोले, 'वो निगम साहब के लाइसेंस का क्या हुआ ?'

'बन चुका है।'

'फातमी साहब बेचारे बहुत परेशान हैं।'

कोतवाल साहब ने घुटने से घंटी दबा दी और एस.ओ. पाँच को फ़ोन मिलाने को कहा।

'अरे वो इस्माइल खाँ का भी काम नहीं हुआ। बेचारा बेहद परेशान है। कोई तगड़ा इंस्पेक्टर लगाइए।'

'मलिक को लगाऊँ ?'

'हाँ-हाँ, वो ठीक रहेंगे।'

'मलिक को भी मिलाओ,' कोतवाल साहब ने कांस्टेबल से कहा और पुराने विषय पर लौट आए, 'आपकी पसन्द की दाद देनी पड़ेगी। जाने यह चक्कीवाला कहाँ से उठा लाया।'

'आप मेरी नेतागीरी नष्ट कर देंगे भाई। मेरा यह क्षेत्र ही नहीं है।'

'आप भोले न बनिए नेताजी। आपसे उस औरत के क्या सम्बन्ध हैं ?'

'आप तो ग़ज़ब ढाते जा रहे हैं। मैंने बताया न कि मेरा क्षेत्र ही नहीं है।'

'यह कैसे हो सकता है। उसको देखकर कोतवाल पिघल सकता है तो नेता क्यों न पिघलेगा।'

'क्योंकि आपकी तरह उसके पास पक्की पेंशनवाली नौकरी नहीं है। आप तो जानते ही हैं, मैं दूसरी तबीयत का आदमी हूँ।'

'अब कब भिजवाइएगा ?'

'आप जान-बूझकर मुझे शर्मिन्दा कर रहे हैं,' नेताजी ने कहा, 'उस औरत ने मुझे सरेआम इतना ज़लील किया कि मैं मुँह दिखाने लायक न रहा।'

'बहरहाल आप मेरा सन्देश भेज दीजिए कि कोतवाल साहब उस दिन से सो नहीं पाए हैं !'

'आप एक कांस्टेबल को भेजकर बुलवा लीजिए।'

'कांस्टेबल से मैं गैरसरकारी काम नहीं लेता। आपने देखा होगा, मेरे यहाँ भोजन भी सिपाही नहीं एक नौकर बनाता है।'

'तो इस काम के लिए नौकर की ही सेवाएँ लीजिए।'

'मुझे खबर मिली है, चक्कीवाला गेहूँ का वज़न ठीक नहीं करता। किसी दिन भेजूँ नाप-तौल इंस्पेक्टर ?'

'जरूर भेजिए।'

'आप सिफारिश करने तो न आएँगे ?'

'ज़रूर आऊँगा,' सिद्दीकी साहब ने कहा, 'आप क्यों एक ग़रीब आदमी के पीछे पड़ना चाहते हैं ?'

'क्योंकि उसकी बीवी बेहद खूबसूरत है। आपने उसकी बाँहें नहीं देखीं ?'

सिपाही बाहर से फ़ोन मिला लाया। कोतवाल साहब ने नेताजी के दोनों काम कर दिए और बोले, 'आज शाम आप मुझे चाय पर बुलाइए।'

'आप ज़रूर आइए !'

'परसों आऊँगा, शाम पाँच बजे। आज बड़े साहब के यहाँ मीटिंग है।'

'ज़रूर आइए, बल्कि रात के खाने पर आइए। मुर्ग़ मुसल्लम बनवाऊँगा।'

'रात को चक्की तो बन्द रहती है,' कोतवाल साहब ने कहा, 'मैं शाम को ही आऊँगा।'

सिद्दीकी साहब ने बताना मुनासिब न समझा कि गुलाबदेई अब चक्की में नहीं है। वह उठे, सामने रखे पान के बीड़ों में से एक बीड़ा उठाया और 'खुदा हाफिज़' कहते हुए बाहर चले आए।

रविशंकर ने उन्हें बाँहों में ले लिया और मोटरसाइकल के पीछे बैठाकर उन्हें घर तक छोड़ आया।

●●

दो दिन बाद लोगों ने देखा—चकैया नीम के तले चबूतरे पर गुलाबदेई का चाट का खोमचा लगा था। शिवलाल ने देखा तो दाँत पीसकर रह गया। उसके जी में आया कि जाकर खोमचे पर ऐसा पैर जमाए कि पूरी चाट सड़क पर लोटती नज़र आए। मगर गुलाबदेई इतने विश्वास से वहाँ जम गई थी कि शिवलाल की हिम्मत न हुई कि गुलाबदेई से टक्कर ले।

एकाध ग्राहक ने शिवलाल का ध्यान गुलाबदेई की ओर आकर्षित करना भी चाहा मगर शिवलाल पहले तो चुप रहा फिर बोला, 'यह औरत तवायफ़ थी, तवायफ़ है और तवायफ़ रहेगी।' दो-एक बार

शिवलाल ने मोर्चा लेने की योजना बनाई मगर साहस न जुटा पाया। आखिर उसने चक्की को ताला लगाया और बिजली का बिल जमा करने बिजलीघर की तरफ़ चल दिया। उसका अहं बुरी तरह आहत हो रहा था। वह अचानक जैसी स्थिति में पड़ गया था, उसके लिए तैयार न था। उसने बिजलीघर का रास्ता एक घंटे में तय किया। अपने चिड़चिड़े स्वभाव के बावजूद वह राजा बेटे की तरह चुपचाप बिल जमा करनेवालों की कतार में खड़ा हो गया। कतार धीरे-धीरे सरक रही थी, शिवलाल को कोई जल्दी न थी।

बिल जमा करके वह अपनी माँ से मिलने जाना चाहता था, मगर उसकी हिम्मत न हुई। उसकी इच्छा हो रही थी कि वह घर जाकर खटिया बिछाकर सो जाए। रास्ते-भर उसे नींद की जितनी इच्छा हो रही थी, वह नीम के नीचे गुलाबदेई को देखकर हिरन हो गई। पास ही इस्लामियाँ स्कूल था और इस वक्त आधी छुट्टी के समय बच्चों की भीड़ गुलाबदेई के खोमचे के पास लगी थी। शिवलाल को अपने पर बहुत क्रोध आया, 'बहनचोद यह चक्की का ही बिजनेस है कि कभी ऐसी भीड़ नहीं लगती। आटा भी पीसो और ग्राहक से भी सुनो।'

शिवलाल खटिया पर लेट गया। बीच-बीच में वह आँख चुराकर गुलाबदेई की ओर देख लेता। ज्यों-ज्यों चाट खत्म हो रही थी शिवलाल की चिन्ता बढ़ रही थी, 'यह हरामज़ादी अब लौट के न आएगी।' शिवलाल ने देखा, गुलाबदेई ने बच्चे को गैस का गुब्बारा दिला दिया था जो नीम के चौतरे के गिर्द दौड़ते हुए उड़ा रहा था—'इस हरामज़ादे को भी बाप की याद नहीं आ रही।' शिवलाल ने कहा और मास्टरजी को गुलाबदेई की तरफ जाते हुए देखा।

'यह साला भी अपनी बुढ़भस मिटाने जा रहा है।' शिवलाल का चेहरा क्रोध से तमतमाने लगा। शिवलाल ने हमेशा मास्टरजी को आदर दिया था और वे हैं कि बजाय गुलाबदेई को डाँटने और सही रास्ता दिखाने के उसके नापाक हाथ की चाट खा रहे हैं। शिवलाल ने एक बार फिर करवट लेकर सोने की कोशिश की, मगर वह फिर नाकामयाब रहा। इस बीच एक कनस्टर आ गया तो वह लपककर तराजू पर तौलने लगा और गेहूँ उसने चक्की में उँडेल दिया। आटा पीसकर वह बाहर आया तो उसने देखा मास्टरजी अभी तक गुलाबदेई के पास बैठे थे।

'हरामज़ादी अपनी छातियाँ दिखा रही होगी,' शिवलाल फुसफुसाया 'और मास्टर भी, लगता है, अपनी बुढ़ौती खराब किए बिना न मानेगा।'

गली के लौंडों को जब महसूस हुआ कि शिवलाल गुलाबदेई के खोमचे से बेहद दुखी है तो उन्होंने अगले रोज़ एक अजूबा कर दिखाया। चकैया नीम पर एक लाउडस्पीकर लटका दिया, चौतरे पर काग़ज़ की रंग-बिरंगी झंडियाँ लगा दीं और युद्ध स्तर पर चाट का प्रचार कार्य शुरू हो गया। शिवलाल ने यह सब देखा तो तमतमाता हुआ दुकान बन्द करके निकल गया। उसे मालूम था कि लड़के उसे इतना उत्तेजित कर देंगे कि झगड़ा होने की सम्भावना हो जाएगी। उसने जब खोमचे के पास हजरी, मास्टरजी, डिब्बेवाले, पानवाले को देखा तो वहाँ से खिसक जाना ही उचित समझा। उसकी इच्छा हो रही थी कि वह जाकर गुलाबदेई के पाँव पर गिर पड़े और बोले—'हे देवी ! मुझे माफ़ कर दो। तुम्हें चाट का खोमचा ही लगाना है तो चक्की बन्द कर देता हूँ और इसी काम को मिल-जुलकर करते हैं।' मगर तीर उसके हाथ से निकल चुका था।

शाम को मास्टरजी दूध लेकर लौट रहे थे कि उन्हें चक्की के पास शिवलाल दिख गया—'सुनो शिवलाल ! हमारे शास्त्रों में लिखा है कि औरत पर हाथ उठाना बहुत पाप है।'

'पाप की ऐसी की तैसी, मास्टरजी !' शिवलाल का चेहरा गुस्से से तमतमाने लगा। वह बोला, 'आपको भी अपनी बुढ़भस मिटाने के लिए इस गरीब की जोरू ही मिली।'

मास्टरजी शिवलाल की बात सुनकर सकते में आ गए। उनका विचार था कि उनकी प्रतिक्रिया सुनकर शिवलाल हाथ-पैर जोड़ने लगेगा। मगर शिवलाल के इस रूप की उन्होंने कल्पना न की थी। वह इस तरह की बात सुनने के आदी भी न थे। उन्होंने बहुत धैर्यपूर्वक कहा, 'तुम्हारे बुरे दिन आ गए हैं शिवलाल, वरना तुम मेरे सामने इस तरह बदतमीजी से पेश न आते। जबकि मैं बहू को कल से समझा रहा था कि घर छोड़कर उसने नेक काम नहीं किया। उसने अपने शरीर पर के घाव दिखाए तो तुम्हें समझाने चला आया।'

'मास्टरजी, वह घाव नहीं, तन दिखा रही थी। अब वह ज़िन्दगी-भर घाव दिखाकर ही चाट बेचेगी। आप जैसे गाहकों की हमारे मुहल्ले में कमी नहीं है।'

'तुमसे बात करना बेकार है शिवलालजी। तुम्हारा गुस्सा शान्त हो जाए तो आना।'

मास्टरजी चले गए और शिवलाल ज़मीन पर पैर पटकता रहा, 'यह सब मुहल्लेवालों की शह पर हो रहा है।' वह गालियाँ बकता हुआ अन्दर से बाहर और बाहर से अन्दर आ रहा था।

दूसरे दिन उसने देखा, गुलाबदेई और हजरी बी खोमचा उठाए उसी स्थान पर चली आईं। हजरी बी ने चारों तरफ झाड़ू देकर पानी से हल्का-सा छिड़काव कर दिया और चौतरे पर सामान टिकाने में गुलाबदेई की मदद करने लगी।

पंडित की कोठरी के बगल में घनश्यामलाल तिवारी नाम का सिपाही रहता था। शिवलाल ने पंडित के साथ उसे कई बार देखा था। शिवलाल ने सोचा क्यों न तिवारी को पटाकर गुलाबदेई को धमकाया जाए। इस विचार से वह इतना उत्तेजित हो गया कि फौरन पंडित की कोठरी की तरफ चल दिया।

पंडित की कोठरी बन्द थी, मगर उसने देखा घनश्यामलाल लँगोट पहने दातौन कर रहा था। शिवलाल हाथ जोड़कर उसके सामने खड़ा हो गया, 'हुज़ूर, एक फ़रियाद लेके आपके दरबार में आया हूँ।' घनश्यामलाल शिवलाल को पहचानता था। उसने कभी आशा न की थी कि यह चक्कीवाला एक दिन इस तरह हाथ-पाँव जोड़कर उसके सामने गिड़गिड़ाएगा।

'क्या हो गया ?' उसने अफ़सराना अन्दाज़ में लापरवाही से पूछा।

'क्या बतावें हुज़ूर। बतावै में सरम लगत है। मगर आप तो ठहरे सरकार बहादुर। आपसे क्या छिपाना ?' शिवलाल ने कहा, 'मेहरारू ने खाना पीना सोना हराम कर रखा है।'

घनश्यामलाल ने गुलाबदेई को देखकर कई बार मन ही मन आहें भरी थीं। आज अनायास ही उसके मन की मुराद पूरी हो रही थी। दातौन फेंक वह जल्दी से कुल्ला करने लगा ताकि शिवलाल की बात ध्यानपूर्वक सुन सके। शिवलाल के पिटे चेहरे की तरफ़ देखकर उसे लगा कि यह साला ज़रूर बिस्तर पर शिकस्त खाता होगा। उसने निहायत उदासीनता से पूछा कि वह क्या मदद कर सकता है ?

'हुज़ूर वह मेरे सीने पर मूँग दल रही है।'

'यह तो बीवियों का काम ही है।' वह मुस्कुराया।

'नहीं हुज़ूर, बीवियाँ घर में रहकर मूँग दलती हैं और यह हरामज़ादी, सड़क पर बैठ गई है।'

'किसके साथ बैठ गई है ?'

'किसी के साथ बैठी नहीं सरकार, बच्चे को लेकर घर से निकल गई है और तवायफ़ों के इशारे पर चल रही है।'

घनश्यामलाल को यह सुनना बहुत अच्छा लगा। उसे लगभग विश्वास हो गया कि अब गुलाबदेई उसकी चंगुल में फँसे बिना न रह पाएगी। उसने मन ही मन सपनों का एक संसार खड़ा कर लिया और कई निर्णय ले लिये, जिसमें अपनी पत्नी से तलाक लेने का निर्णय भी शामिल था। शिवलाल के प्रति उसकी आँखों में करुणा के भाव आ गए, उसने अत्यन्त निरपेक्ष भाव से पूछा, 'मैं तुम्हारी क्या मदद कर सकता हूँ ?'

शिवलाल ने जेब से दस रुपए का नोट निकाला और घनश्यामलाल की हथेली में रखकर हथेली बन्द कर दी, 'सरकार उस हरामज़ादी को किसी तरह मेरे दर पर ला दीजिए ! साम दाम दंड भेद किसी भी तरीके से। वह लौट आई तो मैं अपनी हैसियत के मुताबिक आपकी खिदमत करूँगा।'

घनश्यामलाल ने दस का नोट बड़ी लापरवाही से लँगोट में खोंस लिया और बोला, 'किस तवायफ़ के हत्थे चढ़ी है ?'

'क्या बतावें सरकार ! सुनते हैं अज़ीज़न बाई ही उसे बरगला रही है।'

अज़ीज़न के नाम से घनश्यामलाल सतर्क हो गया। उसने सुन रखा था कि अज़ीज़न के अफ़सरों से निकट के सम्बन्ध हैं। आई.जी., डी.आई.जी. और जिलाधीश उसके मित्र हैं। घनश्यामलाल को हतप्रभ देखकर शिवलाल ने कहा, 'मगर यह करामात हजरी बी की है।'

'हजरी बी की ?' घनश्यामलाल फिर चौंका। हजरी बी और अज़ीज़न दो ध्रुव थे। दूसरे, हजरी बी तो उसकी पड़ोसिन थी। वह जानता था हजरी बी किसी भी परेशान और दुखी व्यक्ति के साथ सहज ही हो जाती है।

'देखो शिवलाल अगर तुम समझते हो, दस रुपल्ली में मुझे खरीदकर तुम मुझसे गलत काम करवा लोगे तो बहुत ग़लती पर हो।'

घनश्यामलाल ने लँगोट से दस रुपए का नोट निकाला और शिवलाल को लौटा दिया। नोट पर तेल के धब्बे पड़ गए थे। वह नोट अब पुलिस ही चला सकती थी। शिवलाल ने नोट की दुर्दशा देखकर नोट दोबारा घनश्यामलाल की हथेली में दबा दिया, 'कोई ग़लत काम नहीं करवाना चाहता हुजूर ! मेरी बीवी मुझे दिलवा दीजिए।'

शिवलाल ने घनश्यामलाल का रुख देखकर इस बार पाँच का एक और नोट निकाला, घनश्यामलाल के पैरों पर रख दिया, 'हुज़ूर, इस ग़रीब को यों न ठुकराइए।'

इस प्रकार पन्द्रह रुपए अनायास पाकर घनश्यामलाल को सबसे पहले अपनी पत्नी की ही याद आई। उसने मन ही मन सोचा कि पाँच रुपए और मिलाकर वह एक साड़ी लेकर गाँव जाएगा जबकि उसे विश्वास था, अगले पाँच रुपए भी शिवलाल ही देगा।

'अभी तो हम गश्त पर ही निकलनेवाले हैं। चार बजे लौटेंगे। पाँच बजे हमसे यहीं मिलना।'

शिवलाल खुशी-खुशी लौट गया। वह सोचकर आया था, बीस-पचीस से कम का काम नहीं। नुक्कड़ पर उसे हजरी दिखाई दी, वह कन्नी काट गया। चमेली के घर के पास से गुज़रते हुए उसने अन्दर तक देखा, मगर गुलाबदेई की झलक न मिली।

घनश्यामलाल से मिलकर शिवलाल के अन्दर एक नया उत्साह आ गया। उसने चक्की का दरवाज़ा खोला, एक अगरबत्ती जलाई और काम में जुट गया। चार-छह कनस्टर पड़े थे। उसने अत्यन्त तत्परता से यके बाद दीगरे काम खत्म किया और हुक्का सुलगाने में जुट गया। तब तक गुलाबदेई का खोंचा लग चुका था। वह हुक्का पीते हुए अत्यन्त व्यंग्य से उसकी दुकानदारी को देखता रहा। घनश्यामलाल से मिलकर उसमें आत्मविश्वास आ गया था। घनश्यामलाल खोंमचा-ओंमचा कुएँ में फेंककर जब गुलाबदेई को बालों से थामकर उसके पैरों में गिरा देगा तब इस हरामजादी को पता चलेगा कि शिवलाल

कोई मामूली शख्स नहीं। शाम के इन्तज़ार में उसकी आँख लग गई। वह उठा तो पेट में चूहे कूद रहे थे। उसकी खाना बनाने की इच्छा न हुई तो मद्रास कैफ़े की ओर चल दिया। बहुत दिनों से दोसा खाने की इच्छा थी। उसने यके बाद दीगरे दो दोसे खाए और डकारते हुए घनश्यामलाल के घर की तरफ़ चल दिया।

घनश्यामलाल ने शिवलाल को देखते ही पन्द्रह रुपए उसके सामने फेंक दिए—'कोर्ट कचहरी में जाओगे तो सैकड़ों खर्च होंगे। मुझसे कौड़ियों के दाम काम लेना चाहते हो ? उठा लो अपने पैसे।'

शिवलाल हतप्रभ रह गया। उसकी जेब में पाँच-पाँच के दो नोट और थे। उसने एक निकाला, ज़मीन से पन्द्रह रुपए उठाए और घनश्यामलाल की मुट्ठी में देते हुए बोला, 'हुजूर काम करा देंगे तो इतने ही पैसे और दूँगा।'

'तुम चलो हम आते हैं।' घनश्यामलाल ने कहा।

शिवलाल जाकर गली की नुक्कड़ पर खड़ा हो गया। कहीं से पाईप लीक कर गया था और पूरी गली में पानी भर रहा था। लोग पाजामा बचाते हुए बीच-बीच की सूखी जमीन पर बहुत हिफाज़त से पाँव रखते हुए वहाँ से गुज़र रहे थे, मगर शिवलाल इन सबसे बेखबर घनश्यामलाल की प्रतीक्षा में खड़ा रहा।

घनश्यामलाल ने इस बीच वर्दी पहन ली थी और कन्धे पर बन्दूक टाँग ली थी। वह कमरे से निकला तो शिवलाल ने राहत की साँस ली। वह घनश्यामलाल के आगे-आगे चल रहा था। पुलिस के साथ चलने में उसकी रफ़्तार में तेज़ी आ गई थी और वह मुँह ही मुँह में माँ-बहन की गालियाँ बकता हुआ चमेली के घर के सामने पहुँच गया।

गुलाबदेई को देखते ही वह चिल्लाया।

'यह हरामज़ादी घर से पूरे ज़ेवरात लेकर भागी है दीवानजी। इसे ले जाकर थाने में बन्द कर दीजिए या मेरे हवाले कर दीजिए।' शिवलाल चिल्ला रहा था, 'इस बुढ़िया ने पेशा कराने के लिए इसे फुसला लिया है। यह सारी करामात हजरी बी की है। यह अच्छे घरों की बहुओं और लड़कियों को फुसलाकर चोरी-छिपे धन्धा कराती है।'

शोर सुनकर मुहल्ले के लौंडे जुटने लगे।

नफ़ीस ने देखा, एक कोने में चमेली मलबे के ऊपर बैठी रो रही थी। पास ही गुलाबदेई कमर पर दोनों हाथ टिकाए खड़ी थी। इससे पहले कि नफ़ीस कुछ समझता उसने आगे बढ़कर शिवलाल का गिरेबान पकड़ लिया और दो-तीन चाँटें रसीद कर दिए। जैसे कह रहा हो, 'साले जुबान सँभालकर बोल।'

नफ़ीस को यों अचानक प्रकट होते देख उसके दोस्तों में उत्साह आ गया। सिकन्दर बोला, 'सन्तरीजी, यह शख्स अव्वल दर्जे का चोर है। अभी कुछ रोज़ पहले ही जेल की हवा खाकर लौटा है। ऐसे चोर-उचक्के और जाहिल आदमी के साथ कौन औरत रहना पसन्द करेगी ?'

'मैं यह सब कुछ नहीं जानता। इस औरत को थाने चलना होगा।'

मुन्ना भागकर सिद्दीकी साहब को बुला लाया। देखते ही देखते वह दोनों हाथों से भीड़ को किनारे करते हुए बीचोबीच पहुँच गए। घनश्यामलाल को वह पहचानते थे।

'घनश्यामलाल तुम कब से गरीब़ लोगों को परेशान करने लगे। मैं अभी एस.ओ. साहब को फ़ोन करके पूछता हूँ कि तुम्हें उन्होंने भेजा है या यह शख्स दस का नोट थमाकर तुम्हें बरगला लाया है। मैं इस थाने से आजिज़ आ चुका हूँ। तबादला करवा दूँगा अगर तुमने इस तरह से इलाके में दहशत फैलाने की कोशिश की। जाओ, जाकर एस.ओ. साहब से बोलो कि सिद्दीकी साहब बुला रहे हैं। वरना मैं खुद आता हूँ थाने। जाओ जाओ, यहाँ खड़े क्या कर रहे हो ?'

घनश्यामलाल ने सिद्दीकी साहब को कई बार कोतवाल साहब के बँगले पर देखा था। स्थिति सँभालने के लिए उसने पैंतरा बदला और सिद्दीकी साहब से बोला, 'यह तो कोई दूसरा ही किस्सा बता रहा था कि चमेली इसकी बीवी को बरगला कर ले आई है और पेशा करवाती है।'

'क्यों शिवलाल, तुम्हारी बीवी पेशा करती है ?'

शिवलाल ने पाँसा पलटते देखा तो बोला, 'नेताजी, आप तो समझदार आदमी हैं। खुद ही सोचिए, कोई औरत तवायफ़ों के चक्कर में क्यों पड़ेगी।'

'तुम बीवी का जीना हराम कर दो। तुम्हारी चंगुल से निकलकर वह खोमचा लगाकर ईमानदारी से जीने लगी तो तुमसे बर्दाश्त न हुआ।'

'मारो साले को।' सिकन्दर ने एक दूसरे लड़के के सर पर चपत लगाते हुए कहा।

लड़के पिल जाते, मगर सिद्दीकी साहब ने रोक दिया।

इसी बीच हाँफते हुए हजरी बी चली आई। पुलिस को देखकर बात समझने में उसे देर न लगी। शिवलाल हजरी के स्वभाव से परिचित था। हजरी अपना मातम शुरू करती कि उसने धीरे से खिसकने की कोशिश की। गुलाबदेई से शादी करने में उसने एक हजार रुपए खर्च किए थे। उसने मन ही मन तय किया जैसे भी हो, गुलाबदेई से अपने एक हज़ार रुपए वसूले बिना चैन न लेगा। गुलाबदेई एक हज़ार रुपए का इन्तज़ाम कर दे वरना घर लौट चले। उसे चाट ही बेचनी है तो चक्की के बाहर खोमचा लगा ले।

'अबे भाग रहा है।' सिकन्दर ने शिवलाल को सरकते देखा तो चिल्लाकर आगाह किया।

'मैंने कोई चोरी नहीं की है जो भागूँ ?' शिवलाल ने पैंतरा बदला, 'मैं एक-एक से निपट लूँगा।'

'निपटने से पहले सीसे में अपना चेहरा देख लेता।' हजरी बी ने आकर उसका हाथ थाम लिया, 'मेहरारू पर हाथ उठाते हो। दोज़ख में जाओगे सीधे। समझ लो। हाँ।'

हजरी बी ने शिवलाल का हाथ अपने कन्धे पर टिका लिया और बोली, 'आ मुझसे निकाह कर ले। मैं तुम्हें हिदायतनामा ख्वाविन्द तो पढ़ा ही दूँगी।'

शिवलाल ने हजरी का हाथ झटक दिया, 'देख रहे हैं आप दारोगा साहब ?'

घनश्यामलाल जी पहले ही आँख बचाकर कूच कर चुके थे। नेताजी बड़े कौतुक से यह सब देख रहे थे। हजरी बी ने सर पर पल्लू ओढ़ लिया था और शिवलाल को पतिया रही थी, 'चलो जी, बच्चे राह देख रहे होंगे।'

नफ़ीस ने हाथ जोड़कर ऐसी बिगुल ध्वनि की कि सब लोग शिवलाल पर पिल पड़े।

'जा भाई बच्चे राह देख रहे हैं।' मुश्ताक ने कहा।

'दम ही नहीं है, घर क्या जाएगा। जाओ इसके लिए मौलाहम लाओ।' अफसार ने कहा।

'आप लोग हिन्दू-मुस्लिम दंगा कराना चाहते हैं। मैं सब जानता हूँ। अभी कोतवाली जाकर एफ.आई.आर. कराता हूँ कि मुहल्ले के मुसलमानों ने एक गरीब हिन्दू की औरत अग़वा कर ली है। आप लोग हिन्दू-मुस्लिम दंगा कराना चाहते हैं।'

'अरे जा जा, सड़क नाप। तेरे कहने से फ़साद होगा ? फ़साद करानेवालों की भी हैसियत होती है। जा, जाकर चक्की पीस। पिछली बार तो छूट भी गए, इस बार जब मैं कह दूँगा कि तुम फ़साद की धमकी दे रहे थे, तुम्हारी ज़मानत भी न होगी।'

'मेरी ज़मानत की आप चिन्ता न करें। आप अपनी सोचें। एक मासूम और सच्चे आदमी का दिल दुखाकर आपको कभी टिकट न मिलेगा। आप टिकट के लिए तरसते रह जाएँगे।' शिवलाल ने श्राप दिया। खिसकने के लिए इससे अच्छा मौका नहीं आ सकता था। वह अत्यन्त विश्वासपूर्वक कदम बढ़ाता

हुआ भीड़ से बाहर आ गया। मगर लौंडे लोग कहाँ बाज़ आनेवाले थे। शोर मचाते हुए शिवलाल के पीछे हो लिये। शिवलाल गुस्से से बुरी तरह सुलग रहा था।

शिवलाल ने गुस्से में एक बड़ा पत्थर उठाकर लौंडों पर फेंका। सिकन्दर ने ज़रा-सा उछलकर पत्थर बोच लिया। लौडों में और भी उत्साह आ गया। शिवलाल ने चक्की का दरवाज़ा नहीं खोला। तेज़-तेज़ चलता हुआ, गली के बाहर हो गया। हर किसी को गुलाबदेई का पक्ष लेते देखकर वह बहुत निरुत्साहित हो गया। ऊपर से सुबह-सुबह पचीस रुपए का कबाड़ा हो गया। उसे लग रहा था यह छिनाल उसका सत्यानाश कर देगी। उसने सोचा अब उसकी माँ ही उसे कोई रास्ता सुझा सकती थी। अपने छोटे भाई की भी इस संकट की घड़ी में उसे याद आ गई।

उसके बाद चक्की तो बन्द रही, मगर गुलाबदेई ने अपना खोमचा रोज़ की तरह लगाया। स्कूल में उस रोज़ छुट्टी थी मगर इसके बावजूद सूरज गुरूब होने से पहले वह सामान बेच-बाचकर घर लौट आई। छोटे बच्चे को उसने प्लास्टिक का एक तोता ले दिया था, वह लगातार उससे खेल रहा था।

●●

सिद्दीकी साहब ने जिस तरह आई बला को आज टाल दिया था, उससे गुलाबदेई बहुत द्रवित हो गई थी। रात को खाना खाने के बाद उसने चमेली से कहा, 'अम्मा लगता है कोतवाल साहब कितने बुरे हों मगर अपने सिद्दीकी साहब में कोई खोट नहीं है।'

अम्मा नमाज़ इशा पढ़कर आई थी, गुलाबदेई के मुँह से सिद्दीकी साहब की तारीफ़ सुनकर बेहद खुश हो गई। वह मन ही मन दो शख़्सों की मुदाह थी, सिद्दीकी मियाँ और नफ़ीस की। मुहल्ले के किसी भी बाशिन्दे पर कोई मुसीबत आती तो उसकी मदद के लिए ये दोनों सबसे आगे रहते थे।

'उसके मन में खोट होता तो वह आज तुम्हारी मदद को क्योंकर आता,' चमेली बोली, 'बिटिया तुम्हें ग़लतफ़हमी हो गई थी उनके बारे में, अल्ला ने उसे हम लोगों की देखभाल के लिए ही यहाँ तैनात कर रखा है, वरना वह लखनऊ में होता।'

'जाने मेरी मत क्यों मारी गई कि मैंने उनके साथ उस रोज़ ऐसी बदसुलूकी की।'

'ला इलाह इल्लल्ला मुहम्मदुर्रसूलुल्लाहि.,' चमेली ने कलमा पढ़ा और बोली, 'जा, जाकर मुआफ़ी माँग आ। मैं हसीना को साथ कर देती हूँ।'

हसीना उन लोगों की बातें बहुत ग़ौर से सुन रही थी। उसे भी सिद्दीकी साहब बहुत भले आदमी लगते थे। गुलाबदेई ने जिस तरह उन्हें ज़लील किया था, हसीना को बेहद नागवार गुजरा था। सिद्दीकी साहब से वह बेहद मुतआसिर थी। उनकी आँखों में उसने कभी खोट नहीं पाया था, वरना वह बाहर नमक खरीदने भी निकलती है तो लगता है, हर आँख उसके लिबास के नीचे उतरने को बेताब है।

'हम अभी जाएँगे, हमें भी बहुत बुरा लगा था, आपा का उन्हें ज़लील करना।'

'तो उठो। हाथ-मुँह धो लो।'

'हम ऐसे ही जाएँगे,' हसीना ने दोनों हाथ झाड़ दिए, 'चलो आपा, हम उनका घर पहचानते हैं।'

गुलाबदेई अपना हुलिया ठीक करना चाहती थी। उसे विश्वास नहीं था कि सब कुछ इतना तुरत-फुरत तय हो जाएगा कि उसे मुँह धोने का मौका भी न मिलेगा। गुलाबदेई ने कमर पर बच्चा टिकाया और बोली, 'चलो।'

हसीना ने बच्चा अपनी बाँहों में ले लिया और गुलाबदेई के आगे-आगे सिद्दीकी साहब के यहाँ पहुँच गई।

सिद्दीकी साहब के चौतरे पर दस-पाँच कुर्सियाँ बिछी थीं और बहुत से लोग चौतरे के नीचे हाथ बाँधे खड़े थे। माहौल से ज़ाहिर हो रहा था, कोई बहुत बड़ा अफ़सर उनके यहाँ आया हुआ है। पान की दुकान के पास एक दारोग़ा नई तरह की वज़नी बन्दूक थामे बैठा था। हसीना इतनी तेज़ी से यहाँ तक आई थी कि उसके पीछे लगभग दौड़ती हुई गुलाबदेई अभी इमामबाड़े तक भी न पहुँच पाई थी।

हसीना ने तय किया कि इस वक्त लौट जाना ही बेहतर होगा, मगर तभी सिद्दीकी साहब की नज़र उस पर पड़ गई। वह जान गए कि हसीना उन्हीं से मिलने आ रही है।

'खैरियत तो है हसीना ?'

'आपकी इनायत है। आप मसरूफ़ हैं, फिर किसी वक्त आऊँगी।'

सिद्दीकी साहब की बगल में बैठा अफ़सरनुमा आदमी सिद्दीकी साहब के कान में कुछ फुसफुसाया। सिद्दीकी साहब ने उसकी तरफ ध्यान न दिया और चौतरे से नीचे उतर आए।

'खैरियत तो है ?'

'आपकी इनायत है। दरअसल, गुलाबदेई आपसे मुआफ़ी माँगने आ रही है। मैं आगे-आगे भाग आई।'

सिद्दीकी साहब ने देखा गुलाबदेई लगभग भागते हुए चली आ रही थी। उन्होंने कहा, 'अभी फ़ारिग होकर मैं खुद आऊँगा। और तो सब ठीक है ? साहिल का सुराग़ लगा कि नहीं ?'

'खुदा हाफ़िज़,' हसीना पलट गई, 'आइएगा ज़रूर।'

हसीना ने देखा, गुलाबदेई उससे पहले ही पलट गई थी। उसने दूर से ही कोतवाल साहब को पहचान लिया था। हसीना गुलाबदेई के पास पहुँचते हुए फुसफुसाई, 'आपा तुम्हें किसने बताया कि नेताजी मसरूफ़ हैं।'

'उनके यहाँ वही दुष्ट कोतवाल हाज़िरी बजाने आया हुआ है।'

'बड़ी तेज़ नज़र है आपा तुम्हारी।'

गुलाबदेई ने बच्चे को गोद में ले लिया और बोली, 'वह भी हमारी तरह मुआफ़ी माँगने आया होगा।'

'ज़रूर मुआफ़ी माँगने आया होगा,' हसीना बोली, 'यही वजह है कि सिद्दीकी साहब ने कहा, फ़ारिग होते ही वे खुद आएँगे।'

गुलाबदेई को इस बात से बहुत इत्मीनान हुआ। उसकी धारणा दृढ़ हो गई कि सत्य की हमेशा जीत होती है।

'तुम्हारे यहाँ तो एक से एक माल है,' कोतवाल साहब ने सिद्दीकी साहब के कान में फुसफुसाते हुए कहा, 'यह लड़की तो मुझे एक दिन पागल कर देगी।'

सिद्दीकी साहब ने चौतरा खाली करवा दिया, लड्डन से कहा कि वह जब तक कोतवाल साहब से बात करते हैं, कोई आदमी आसपास दिखाई न दे।

'कौन लड़की ?'

'यही जो गोद में बच्चा लिये थी। आपने उसका बदन कभी गौर से देखा है ?'

'क्या बात करते हैं आप भी,' सिद्दीकी साहब को उलझन होने लगी, 'यह तो मेरी गोद में खेला करती थी।'

'अब मैं इसे अपनी गोद में खिलाना चाहता हूँ,' कोतवाल साहब ने कहा, 'मैं ज़िन्दगी में बस अब इसे ही गोद में खिलाना चाहता हूँ। वाह ! आप कितने खुशकिस्मत हैं सिद्दीकी साब कि ऐसी अनमोल, नायाब और खुदाई नेमतों के बीच रहते हैं। मैं अपना बँगला सरकार को लौटा दूँगा। मुझे आप यहाँ इसी बस्ती में इस लड़की के घर के आसपास रहने के लिए कोई कोठरी दिलवा दीजिए। मैं अब यहीं रहूँगा।'

कोतवाल साहब घर से तीन पैग लेकर निकले थे। तीन पैग उनकी शाम की पूरी खुराक थे। इस समय एक छोटे पैग के लिए वे बेतरह बेताब हो रहे थे। गली इतनी सँकरी थी कि वे अपनी गाड़ी न ला सके। गाड़ी लाते तो वे एक बड़ा ले लेते। गाड़ी में पूरा इन्तज़ाम था।

'आप शहर में आए हैं कोतवाल होकर,' सिद्दीकी साहब ने एक लम्बी साँस ली। 'लगता है आप मुझे तबाह करने के वास्ते आए हैं। मगर मैं एक अच्छा दोस्त हूँ। आप तबाह ही करना चाहते हैं तो कीजिए। मैं हाज़िर हूँ।'

'मुआफ़ कीजिए सिद्दीकी साहब,' कोतवाल साहब ने कहा, 'आप जज़्बाती किस्म के नेता हैं, जिनका हमारे मुल्क में अब कोई भविष्य नहीं। इस मुल्क में अब अगर किसी का भविष्य है, तो शातिर किस्म के नेताओं का। यानी मेरे जैसे लोगों का !' कोतवाल साहब ने कहा।

'मेरे जो साथी आई.ए.एस. में आ गए थे, वे मुझसे कहीं खुशनसीब हैं। सबके पास मोटर है, बीवी है, बच्चे हैं, रेफ़्रिजरेटर है, एयर कंडीशनर हैं, मोटा बैंक बैलेंस है। मेरे पास क्या है ? आप ही बताइए मेरे पास क्या है ? मैं यकीन दिला सकता हूँ, मेरे पास कुछ भी नहीं है।' नेताजी ने थके हुए स्वर में कहा।

'वाह ! आप तो शायरी करने लगे, मगर अभी-अभी शायरी आपके दर से खाली हाथ लौट गई है। मेरे दर से शायरी खाली हाथ नहीं लौट सकती। नहीं लौट सकती,' कोतवाल साहब सिद्दीकी साहब के कान पर झुके, 'सिर्फ एक पैग की कसर है। उसके बाद मैं इस दुनिया से कूच कर जाऊँगा। एक पैग दीजिए और मुर्ग का सीना; मैं इस दुनिया से कूच कर जाऊँगा, सुबह तक के लिए। मेरी नींद खुलेगी तो मैं अपने सामने सिर्फ उसी खातून को देखना चाहूँगा जिसका बदन खुदा ने खुद तराशा था, अपने हाथों से तराशा था, जो एक बच्चे को गोद में लिये अभी-अभी दिखाई दी थी।'

सिद्दीकी साहब बेहद ऊब गए। अपने एक दोस्त को बन्दूक का लाइसेंस दिलवाने के चक्कर में उन्होंने कोतवाल साहब को खाने पर बुलवाया था, कोतवाल साहब की हालत इतनी दयनीय हो चुकी थी, वह इतना छोटा-सा काम भी उनसे न ले पा रहे थे।

'खाना लग चुका है,' सिद्दीकी साहब ने कोतवाल से कहा।

'आज मेरा व्रत है। आज कौन वार है ?'

'आज सोमवार है।'

'अब हर सोमवार को मेरा व्रत रहेगा। वह बच्चा उस लड़की का नहीं हो सकता। मेरा दावा है वह लड़की अभी तक कुँआरी है।'

'आप दुरुस्त फ़रमा रहे हैं। वह लड़की कुँआरी है, मगर वह बच्चा आपकी माशूका का था। गुलाबदेई का।'

'शराब ! शराब !!' कोतवाल साहब ने कहा, 'अब मैं शराब अपनी गाड़ी में जाकर ही पीऊँगा।

ताकि अगर मैं बेहोश भी हो जाऊँ तो मेरे अफ़सरान को इसकी भनक न लगे। माना कि मैं सरकार का नौकर हूँ, मगर सरकार मेरी परेशानियों को क्यों नहीं समझती ? क्यों नहीं समझती सरकार मेरी परेशानियों को, बताइए सिद्दीकी साहब ! मैं उस लड़की से मुहब्बत करना चाहता हूँ जो अभी-अभी दिखाई दी थी, मगर सरकार चाहती है मैं डकैतों से भिड़न्त करूँ। सिद्दीकी साहब, आप ही बताइए, मुझे अगर उलझना ही होगा तो मैं हसीना से उलझूँगा या डकैतों से। आप ही बताइए सिद्दीकी साहब।'

सिद्दीकी साहब कोतवाल की बातों से बेहद ऊब चुके थे। डी.आई.जी. की बुद्धि पर उन्हें तरस आ रहा था कि ऐसे नाकारा आदमी को शहर के इस नाज़ुक इलाके में क्यों तैनात कर दिया।

दरअसल कोतवाल साहब घर से इस इरादे से निकले थे कि सिद्दीकी साहब उनकी परेशानी को समझेंगे और कोई न कोई हसीना लेकर उनके घर पहुँच जाएँगे। सिद्दीकी साहब के रवैए से उन्हें बेहद कोफ्त हुई। कोतवाल की चेतना में अचानक बुद्धन गुरु का चेहरा कौंधा और वे 'खुदा हाफ़िज़' कहकर यकायक खड़े हो गए। भोजन में उनकी दिलचस्पी नहीं थी। वह तो खाँ साहब के यहाँ मिल ही जाएगा। नेताजी के रोकते-रोकते वे चल दिए।

सिद्दीकी साहब ने राहत की साँस ली। वे जल्द से जल्द चमेली के यहाँ पहुँचकर गुलाबदेई को क्षमा माँगते हुए देखना चाहते थे।

'खुदा हाफ़िज़ !' सिद्दीकी साहब ने कहा और कोतवाल साहब के साथ-साथ चल दिए।

सिद्दीकी साहब ने अपने तमाम जानकारों के बीच प्रचारित कर रखा था कि आज कोतवाल साहब उनके यहाँ 'डिनर' लेंगे। महमूद मुर्ग मुसल्लम लाया था, नन्हे कलेजी। महमूद और नन्हे के कलेजे पर साँप लोटने लगे, जब उन्होंने देखा कि कोतवाल साहब बगैर भोजन किए चले आ रहे हैं; अब उनके काम का क्या होगा ?

'फ़िक्र न करो, हम कल कोतवाली जाकर तुम लोगों का काम करवा देंगे।' नेताजी ने लम्बे-लम्बे डग भरते हुए कहा। वे लोग बदहवास लौट गए।

नेताजी चमेली के यहाँ पहुँचे तो चमेली हुक्के में तम्बाकू भर रही थी। गुलाबदेई कौतुक से यह सब देख रही थी। उसने आज तक किसी स्त्री को हुक्का गुड़गुड़ाते नहीं देखा था।

'छोड़ो अम्मा हम भरते हैं,' नेताजी ने आते ही प्रस्ताव रखा और हुक्का भरने के काम में जुट गए। पानी बदलते हुए उन्होंने उलाहना दिया, 'मगर अम्मा हमें एक बात का हमेशा अफ़सोस रहेगा। गुलाबदेई ने हमारी ज़ात पर इतना बड़ा धब्बा लगाने की कोशिश की और आप चुप रह गईं। आपने तो मुझे बचपने से देखा है।'

'जैसे आज कोतवाल साहब मुआफ़ी माँगने आए थे, हम भी मुआफ़ी माँग रहे हैं।' गुलाबदेई बोली।

नेताजी ने गुलाबदेई की तरफ़ देखा। उसकी आवाज़ में, उसके चेहरे पर कहीं कोई व्यंग्य का भाव न था। वे आश्वस्त हो गए तो बोले, 'मगर तुमने जो लांछन हमारी शख्सियत पर लगाया, किसी और ने लगाया होता तो मैं जुबान खींच लेता। मेरे मन में खोट नहीं था, मैं चुपचाप लौट गया। कोतवाल साहब इतना पछता रहे थे कि मैंने मुआफ़ कर दिया, वरना मैंने उनके तबादले का पूरा इन्तज़ाम कर रखा था। वे सीधे पिथौरागढ़ या चमोली जाते। भनक लगते ही हाथ-पाँव जोड़ते हुए चले आए।'

'मैंने अम्मा से पहले ही कहा था कि ज़रूर माफी माँगने आए होंगे।'

'मुआफ़ी न माँगते तो शहर में रह न पाते।'

'मुझसे गलती हो गई हो तो माफ़ करना,' गुलाबदेई भावुक होने लगी, 'इस राखी पर मैं आपकी

कलाई पर राखी बाँधूगी।'

'यह मेरी खुशकिस्मती होगी,' नेताजी ने कहा, 'तुमने हमें भाई बनाया है, हम इसकी ताज़िन्दगी क़द्र करेंगे।'

हसीना बच्चे को गोद में लिये थी। नेताजी ने बच्चा गोद में उठा लिया और जेब से दस का एक नोट निकालकर उसके हाथ में थमा दिया, 'हम तुम्हारे मामूजान हैं। समझे।'

गुलाबदेई इतनी भावाकुल हो गई कि नेताजी के पाँव छू लियें। पाँव की धूल मस्तक पर लगा ली, 'अब यह रिश्ता जन्म-जन्म का हो गया।'

'हो गया।' नेताजी ने बच्चा गुलाबदेई के हवाले कर दिया, जो माँ की तरफ़ पूरा लपक गया था।

●●

एक जगह चाँदी, पीतल, लकड़ी और काग़ज़ का ताज़िया तैयार हो रहा था। साहिल वहीं खड़ा होकर देखने लगा। साहिल खुद ताज़िया बनाने में होशियार था। उसने खड़े-खड़े दो-एक सुझाव दिए तो एक बुजुर्ग आदमी ने उसकी पीठ थपथपाते हुए पूछा, 'क्या करते हो बेटा ?'

साहिल ने अपनी दास्तान बताई तो उस बूढ़े की आँखें नम हो गईं। वह नगर की अंजुमन हैदरी का सेक्रेटरी था और खुद बहुत अच्छा नौहा पढ़नेवाला था। पेशे से वह कबाड़ी था। उसने साहिल को अपना पता दिया और बताया कि शाम को वह मजलिस में चला आए। मजलिस में साहिल ने एक नौहा पढ़ा और वह इतना कामयाब रहा कि बूढ़े कबाड़िए अशरफ ने कहा कि वह अब मुहर्रम के जुलूस में एक नौहा पढ़कर ही लौटे। इस बीच वह उसके रोज़गार के बारे में भी सोचेगा और उसके बाप को ढूँढ़ने में भी उसकी मदद करेगा।

मुहर्रम की दसवीं तारीख को साहिल को जुलूस में नौहा पढ़ने का मौका दिया गया। पूरा शहर मुहर्रम के मातम में डूबा हुआ था। गली-गली में इमाम हुसैन की कुर्बानी की दास्तान को सुनकर लोग विलाप कर रहे थे। रो रहे थे। छाती पीट रहे थे। दर्द का एक समुन्दर था जो पूरे बाज़ार में लहरा रहा था। जुलूस के दोनों तरफ जहाँ भी जगह मिल सकती थी, श्रद्धालु स्त्रियों और बच्चों की भीड़ जमा थी। बुर्कों के अन्दर से सिसकियाँ उठ रही थीं, बच्चे आँसू पोंछते कि वे फिर छलछलाने लगते। कोई इमाम हुसैन की याद में आँसू बहा रहा था और किसी से इमाम हुसैन साहब के छह बरस के अबोध बच्चे हज़रत अली असगर की कुर्बानी की दास्तान नहीं सुनी जा रही थी। इमाम हुसैन के रोगी बेटे सैयद सज्जाद के हाथों में हथकड़ियाँ, पैरों में बेड़ियाँ और गले में तौक का प्रसंग आया तो कई औरतें बेहोश हो गईं। एक जुलूस था, समुन्दर की तरह उफनता हुआ गली-गली से गुज़र रहा था, रोते-पीटते, मातम करते। किसी के पैर में जूता था न किसी के सर पर टोपी। यज़ीद के अत्याचारों को कौन भूल सकता था, जिसने हुक्म दे दिया था कि अगर किसी की आँख से आँसू टपका तो उसे कोड़े मारे जाएँगे। मगर आज सदियों बाद भी इमाम हुसैन की याद में लोग मूसलाधार आँसू बहा रहे थे। यज़ीद को नहीं मालूम था कि इमाम हुसैन की कुर्बानी को याद करते हुए इमाम हुसैन का शोक संसार के कोने-कोने में मनाया जाएगा। कर्बला में इमाम हुसैन की अरथी नहीं उठ सकी थी मगर आज सदियों बाद भी उनकी याद में जगह-जगह कन्धों पर ताज़िए उठाए सोगवारों का जुलूस लगातार कर्बला की तरफ बढ़ रहा था। 'अलम' को देखकर उन हज़रत अब्बास की याद ताज़ा हो रही थी, जिन्होंने अपने दोनों हाथ काट दिए

जाने पर 'अलम' को सीने से लगाकर कटे हाथों से ही सँभाल लिया था और झंडे को गिरने न दिया था। मातमदार 'दुलदुल' को प्यार करके, अपनी श्रद्धांजलि देकर फूलों के गजरे और हार पहना रहे थे। जुलूस के साथ-साथ 'दुलदुल' भी जा रहा था। 'दुलदुल' के सफेद वस्त्रों पर लाल रंग के छींटे खून के प्रतीक थे। यह उस घोड़े की याद ताज़ा कर रहा था जो अपने माथे पर खून का टीका लगाकर औरतों के खेमे में इमाम हुसैन की शहादत की खबर देने आया था। 'दुलदुल' 'रंग-बिरंगे' फूलों और हारों से लद गया था।

इसी ग़मगीन माहौल में साहिल की दर्द भरी आवाज़ उठ रही थी :

सैयद सज्जाद के पाँव पड़ी थी यह कभी।
इसलिए करते हैं मातम आज हम ज़ंजीर से॥

हजारों हाथ एक साथ उठते और छाती पर पड़ते। जैसे आसमान फट रहा हो। रोते-बिलखते लोग साहिल के ही स्वर में आवाज़ उठाते :

इसलिए करते हैं मातम आज हम ज़ंज़ीर से।

साहिल के भी आँसू नहीं रुक रहे थे। इन तमाम क्रूरताओं को याद करते हुए उसे अपनी अम्मा की याद आ रही थी। उसे अपना अब्बा इस वक्त यज़ीद से भी ज्यादा गुनहगार लग रहा था। अम्मा तो आज रो-रो के पागल हो गई होगी। साहिल ही उसे मुहर्रम के दिनों में ढाढ़स बँधाया करता था कि इमाम हुसैन की कुर्बानी हमें ज़ोर-जुल्म का मुकाबला करने की ताकत देती है। साहिल रो रहा था और पढ़ रहा था :

क्या करें कैसे पिलाएँ तुमको पानी मेरे लाल।

जुलूस आगे बढ़ रहा था और पीछे स्त्रियाँ देर तक छाती पीटती रहीं—हाय हुसैन, हम न हुए। हाय हुसैन हम न हुए।

कर्बला से लौटकर साहिल ने अशरफ़ साहब के साथ बड़े ताज़िए की ज़ियारत की। अशरफ़ की इच्छा थी कि साहिल उसके साथ चहल्लुम के मौके पर जौनपुर चले, क्योंकि इस बार वहाँ से उनकी 'अंजुमन' के नाम निमन्त्रण आया था, मगर साहिल का मन बहुत उदास हो गया था। वह जल्द से जल्द अपनी अम्मा के पास पहुँच जाना चाहता था।

लौटते समय अशरफ़ ने साहिल को पचास रुपए दिए और कबाड़ में से निकालकर इस्त्री दी और बोला, 'देखो बेटा, इसे किरासिन से खूब साफ़ कर लेना और अल्लाह ने चाहा तो इस इस्त्री के बल पर तुम खड़े हो जाओगे। अपने घर में ही इस्त्री करने का धन्धा शुरू करो। नेकनीयती से काम करोगे तो जरूर कामयाब होगे।'

घर लौटने से पूर्व साहिल ने अम्मा के लिए कुर्ते-पाजामे का कपड़ा व हसीना के लिए एक बुर्का खरीदा। अब वह बड़ी हो रही थी, उसे पर्दे में रहना चाहिए। टिकट भी उसने अमीनाबाद से खरीद लिया और बाकी पैसों से चौक में जाकर खाना खाया। चौक में उसकी एक फूफी रहती थी, वह उससे मिलना चाहता था, मगर ट्रेन का वक्त हो रहा था। वह वहाँ से मूँगफली खाते हुए रास्ता पूछते-पूछते पैदल ही स्टेशन की तरफ़ चल दिया।

'साहिल लौट आया, साहिल लौट आया।' मुहल्ले में शोर बरपा हो गया।

साहिल अभी अनवर की बलैया ले रहा था कि चमेली लाठी टेकते हाँफती हुई गली में निकल आई।

साहिल अम्मा की तरफ़ लपका और उसके पाँव पर गिर पड़ा, 'मुआफ़ करना अम्मा मैं बिन बताए भाग निकला था।' अम्मा ने उसे उठाया, उसके सर पर बहुत स्नेह से हाथ फेरा और अपने साथ भीतर लिवा ले गई। बाहर सीढ़ियों पर हसीना खड़ी थी। इस बीच वह लम्बी हो गई थी और सयानी।

'अन्दर आओ, तुम्हारी पिटाई करूँ। जानते हो, अम्मी जान कितना रोई हैं।'

'तुम्हारे लिए बुर्का लेने गया था,' साहिल ने उसे लिफ़ाफ़ा थमाते हुए कहा, 'इसमें अम्मा का कुर्ता-पाजामा भी है।'

'और हमारे लिए क्या लाए हो ?' अन्दर से न जाने कब लतीफ़ नमूदार हुआ, बोला, 'आजकल मैं हसीना को अँगरेज़ी पढ़ा रहा हूँ।'

'पहले अलिफ़ बे तो पढ़ा दिए होते,' साहिल बोला, 'भैंस के आगे कब तक बीन बजाओगे।'

'लतीफ़ के लिए ऐसा न बोलो। तुम्हारे जाने के बाद से उसने मेरी इतनी तीमारदारी की है कि मैं ज़िन्दगी-भर इसकी अहसानमन्द रहूँगी।'

अन्दर सब कुछ वैसा था। पहले जैसा। इस बीच अम्मा का कूबड़ ज्यादा निकल आया था, छत पर जालों की तादाद बढ़ गई थी, अम्मा के कपड़े वही थे, मगर थिगलियाँ बढ़ गई थीं। हसीना की तरफ देखकर उसे बहुत शर्म महसूस हुई। उसका कुर्ता इतना छोटा हो गया था कि कमर तक पहुँच रहा था।

'जाओ जाकर बुर्का पहनो,' उसने कहा, 'आज के बाद तुम बगैर बुर्के के बाहर न निकलोगी।'

'बुर्के की जगह कुर्ता लाए होते।'

'तुम मेरा कुर्ता ले लेना,' चमेली ने साहिल को एक बार फिर चूम लिया, 'मेरा बेटा कमाई करके लौटा है।'

हसीना चाय चढ़ाने में जुट गई। लतीफ़ दरवाजे के पास खड़ा हसीना को चाय बनाते देख रहा था, 'दूध है ?'

'जब तक पानी उबलता है, ले आऊँगी।'

'बर्तन दो तो मैं ला दूँ। आज साहिल की खिदमत में पेश हूँ। कल इससे निबटूँगा।' लतीफ़ ने कहा।

'आज जुम्मेरात है, जा पहले मजार पर जाकर धूप-बत्ती जला आ। पीर बाबा तुम्हें नेमतें बख़्शेंगे।'

'हम भी जाएँगे।' हसीना मचली।

'नहीं,' चमेली ने आदेश दिया, 'तुम तब तक चाय बनाओ।'

'मैं पीर बाबा से यही माँगूँगा कि मेरी लांड्री चल निकले।' साहिल ने बताया कि वह अपने साथ एक इस्त्री भी लाया है।

चाय बनकर तैयार हो गई। ठंडी भी हो गई, मगर साहिल मजार से न लौटा। हसीना ने दोबारा चाय गर्म की मगर साहिल नदारद। आखिर आजिज़ आकर अम्मा और लतीफ़ ने चाय पी। हसीना भैया के लिए खाना बनाने में जुट गई। चमेली पाँचवीं नमाज़ इशा के लिए चटाई बिछा रही थी, जब ड्योढ़ी में दोस्तों के बीच साहिल की आवाज़ सुनाई दी।

साहिल ने अगले रोज़ पहली फ़ुर्सत में सुहेल से एक कटोरी तेल माँगा और उसी की दुकान के पटरे पर बैठकर दिन-भर इस्त्री का जंग छुड़ाता रहा। दोपहर तक इस्त्री चमाचम करने लगी। मगर साहिल को तसल्ली नहीं हो रही थी। वह कहीं से एक सरेस कागज़ उठा लाया और घंटों लोहे पर सरेस काग़ज़

रगड़ता रहा। उसने तय कर लिया था कि वह अब एक नई ज़िन्दगी की शुरुआत करेगा। कुछ रोज़ के लिए कल्लू मियाँ अपनी दुकान के पटरे पर ज़रा-सी जगह दे दें, बाद में वह एक दुकान किराए पर ले लेगा और बाहर बोर्ड लटका देगा : साहिल लांड्री।

इस्त्री देखकर उसकी तबीयत बाग़-बाग़ हो गई। वह तुरत ही कोयलों के जुगाड़ में लग गया। पास ही शहनाज़ आपा की कोयले की दुकान थी, आपा ढिबरी जलाए रात देर तक दुकान खोलती। दुकान क्या थी, गली की तरफ़ खुलनेवाली एक कोठरी थी, जिसमें एक तरफ़ कोयले के दो बोरे रहते और पास ही टोकरी में कोयलों का एक नन्हा-सा अम्बार लगा रहता। शहनाज़ आपा खाली समय में तराजू और बाट से खेलती रहती। शहनाज़ आपा निःसन्तान थी। पिछले बरस वाकर मियाँ से झगड़ा हो जाने के बाद से वह दुनिया में निपट अकेली हो गई। बँधे हुए ग्राहक थे, उसकी रोटी आसानी से निकल रही थी।

शहनाज़ आपा ने अँधेरे में साहिल को खड़े हुए देखा तो पूछा, 'क्यों बबुए, यों सिकुड़कर क्यों खड़े हो ?'

'शहनाज़ आपा, तुम तो जानती हो, मेरी ज़िन्दगी एक आवारा कुत्ते से भी बदतर हो चुकी थी। कहीं कोई रास्ता नज़र नहीं आ रहा था। अम्मा अलग परेशान थीं। रोज़गार की तलाश में लखनऊ तक घूम आया, मगर कहीं कोई जुगाड़ नहीं बैठा। एक कबाड़ी ने रहम खाकर एक इस्त्री दे दी कि जाओ बेटा, कपड़े इस्त्री किया करो। अल्लाह उसे उम्र दराज़ करे ! ऐसे रहमदिल इंसान अब दुनिया में रह ही कितने गए हैं !'

साहिल शहनाज़ आपा को इस्त्री दिखाने लगा।

'खुदा करे तुम्हारा रोज़गार खूब फूले-फले। तुम इतनी तरक्की करो कि तुम्हारी बूढ़ी अम्मा को एक सहारा मिल जाए ! इस उम्र में भी बेचारी कितनी मेहनत करती है !'

'शहनाज़ आपा, तुम मेरी एक मदद कर सकती हो।'

'बोलो बेटे !'

'मुझे पाँच किलो कोयले उधार दे दो। मैं यकीन दिलाता हूँ कि तुम्हारी पाई-पाई चुका दूँगा। और बाद में जब मेरा काम चल निकलेगा, हमेशा तुम्हीं से कोयले खरीदा करूँगा।'

'एक साथ पाँच किलो ?'

'पाँच किलो मैं इसलिए माँग रहा हूँ, ताकि रोज़-रोज़ उधार के लिए तुम्हारी चिरौरी न करनी पड़े। दीया-बत्ती के वक्त रोजाना आठ आना चुकाता रहूँगा।'

शहनाज़ आपा ने पाँच किलो कोयला तौल दिया। साहिल की इच्छा हुई, झोली में बाँधकर ले जाए, मगर आपा ने उसे एक फटा-सा टाट दे दिया।

कोयले और इस्त्री घर पहुँचाकर साहिल कल्लू मियाँ के यहाँ पहुँचा। कल्लू मियाँ ने साहिल का उत्साह देखा तो उसे अपनी दुकान के पटरे पर इस्त्री लगाने की इजाज़त दे दी। कल्लू मियाँ के यहाँ उस वक्त ज़ैदी साहब बैठे पान चबा रहे थे। साहिल को वह मुहल्ले का सबसे अच्छा मर्सिया पढ़नेवाला मानते थे। उन्होंने बड़े तपाक से कहा, 'अमा यार तू दुकान करेगा या ठेला लगाएगा ? ऐसा करो, हमारी कोठरी जो सड़क की तरफ खुलती है, किराए पर ले लो। तुम हमारे अज़ीज़ हो। तुम्हें हम सिर्फ़ आठ आना रोज़ पर कोठरी दे देंगे जबकि पिछले माह इम्तियाज़ ने पैंतालीस की बात की थी।'

'ज़ैदी साहब नया कारोबार है। अगर किराया न निकल पाया तो ?'

'अपने पर भरोसा रखो। डट कर काम करो। इंशा अल्लाह तुम्हें कामयाबी मिलेगी।' ज़ैदी साहब ने कहा, 'कल सुबह आना, हम तुम्हें चाबी दे देंगे। सफाई वगैरह करा लो और काम शुरू कर दो। कपड़े

इस्त्री करनेवाला आसपास कोई है भी नहीं। कई बार बच्चों को बिना इस्त्री किए कपड़ों में स्कूल जाना पड़ता है।'

अगले रोज़ दोपहर तक साहिल की दुकान खुल गई। उसके दोस्त-यारों ने जी-भर कर सफ़ाई की, खपच्चियाँ जोड़कर एक मेज़ बनाई और दोपहर तक पुताई वगैरह करके दुकान तैयार कर दी। कोठरी में साहिल के दोस्तों की महफिल जम गई थी। वे लोग नीचे ज़मीन पर टाट बिछाकर ताश खेलने लगे। मगर साहिल का मन दोस्तों में नहीं लग रहा था। कुछ देर तो वह झिझकता रहा, जब दोस्तों का रवैया बर्दाश्त न हुआ तो बोला, 'माल-ज़ादो, तुम ताश ही खेलते रहोगे और मेरे ऊपर पाँच किलो कोयले का कर्ज़ हो जाएगा, अभी शाम होते-होते ज़ैदी साहब की अठन्नी का भी देनदार हो जाऊँगा।'

साहिल उठा और काम की तलाश में निकल गया। जब वह लौटा तो उसके पास कपड़ों की अच्छी-खासी गठरी थी। उसने लोहा तपाया और काम में जुट गया। उसके दोस्त साहिल से बेन्याज़ लगातार ताश में मशगूल रहे। साहिल ने उनकी तरफ ध्यान न दिया। पानी की एक कटोरी में रूमाल भिगोकर वह कपड़ों को नम करता और एक तरफ रखता जाता। उसे अपने काम में मज़ा आ रहा था। उसने बड़ी हिकारत से अपने दोस्तों की तरफ देखा, जो यों ही वक्त बर्बाद कर रहे थे और कपड़ों पर लोहा फेरने लगा। नए-नए कुरते-पाजामों पर लोहा फेरते हुए उसके मन में एक जोड़ा कुरता-पाजामा सिलवाने की हसरत पैदा होने लगी। दुकान चलाने से पहले उसे अपना हुलिया सँवार लेना चाहिए। उसके फटे-पुराने कपड़े देखकर उसके ग्राहकों पर उसका क्या असर पड़ता होगा ! वह सोच रहा था।

●●

होली हो या दीवाली, इकबालगंज के बेकार नौजवानों का हुजूम यकायक व्यस्त हो जाता। कोई मिठाई के डिब्बे बनाने में जुट जाता, कोई आतिशबाजी के निर्माण में। होली पर टीन के पुराने सामान खरीदकर ये लोग रंगा-रंग पिचकारियाँ बनाते। बच्चों के दूध का डिब्बा हो या बिस्कुट का कनस्तर अथवा मच्छर मारने की दवा के टीन-टप्पर, सब पिचकारियों में तब्दील हो जाते। जिन्हें यह काम बवाल लगता, वे रंग का ठेला लगा लेते। गर्ज़ यह कि पान की दुकानों और ढाबों के आसपास सन्नाटा खिंच जाता। गली के ऊपर के आकाश पर पतंगों की संख्या आश्चर्यजनक रूप से कम हो जाती, वरना पतंगों का यह आलम रहता कि आकाश में हर समय कोई न कोई कटी हुई, बेसहारा पतंग ज़रूर नज़र आ जाती।

यह एक मौसमी रोज़गार था, जो जाते-जाते कुछ लुंगियाँ, बनियानें, ट्रांजिस्टर, शलवारें और चपल्लों की सौगात दे जाता। वर्षों पुराने कर्ज़ का एक हिस्सा जरूर चुकता हो जाता। मगर इस बार साहिल इस समूह में शामिल नहीं था। जबसे उसकी 'लांड्री' शुरू हुई थी, उसके पुराने दोस्त उससे कटने लगे थे। साहिल के पास ताश खेलने या पतंग उड़ाने का अब समय नहीं था। वह दिन-भर अपने धन्धे के जुगाड़ में लगा रहता। यह ज़रूर है कि वह इस्माइल की दुकान के सामने पकती हुई लेई को देखता तो उसे अपना धन्धा फीका लगता।

इस बीच साहिल की लतीफ़ से गहरी दोस्ती हो गई थी। अपने काम से फुर्सत पाकर वह लतीफ के यहाँ चला जाता। लतीफ़ के अब्बा रेलवे में काम करते थे। लतीफ़ भी जल्दी ही रेलवे में नौकरी पानेवाला था। उसने साहिल को भी आशा बँधाई थी कि वह उसे भी काम दिलवा देगा। लतीफ़ फिलहाल खराद के एक कारखाने में काम करता था। लतीफ़ के घर के पास कबाब की एक दुकान थी।

शाम को दोनों दोस्त बाहर बेंच पर बैठकर घंटों बतियाते और कबाब खाते। लतीफ़ बहुत अच्छा कारीगर था, अधिसंख्य ग्राहक उससे ही काम करवाने की ज़िद करते और मालिक से आँख बचाकर उसे पाँच-दस रुपए का इनाम दे जाते। इन पैसों से लतीफ़ का जेब खर्च चलता था। मौका लग जाता तो किसी बारीक काम के वह पच्चीस-तीस रुपए भी झटक लेता।

लतीफ़ सुबह पतलून-कमीज़ पहनकर खराद पर जाता और कारखाने में काम करने के लिए उसने एक जोड़ा कपड़ा अलग से रख छोड़ा था। शाम को लौटने से पहले वह मुँह-हाथ धोता और सुबह वाले कपड़े पहनकर लौट आता। उसकी धजा देखकर कोई अनुमान नहीं लगा सकता था कि लतीफ़ किसी खराद में काम करता है। वह किसी दफ्तर के बाबू से कम नहीं दिखता था।

लतीफ़ स्वतन्त्र विचारों का नवयुवक था। उसके कारखाने के दूसरे लोग भी जानते थे कि लतीफ़ से अच्छा गियर काटनेवाला शहर में दूसरा नहीं। वह सिगरेट बहुत पीता था, मगर शराब से बाज़ था। अभी हाल में वह खराद कर्मचारियों की यूनियन का सेक्रेटरी भी चुन लिया गया था। लतीफ़ के पिता चूँकि सरकारी कर्मचारी थे, उन्हें लतीफ़ की यह यूनियनबाजी पसन्द न थी। अब्बा हुजूर को लगता कि लतीफ़ की गतिविधियों का उनकी अपनी नौकरी पर अच्छा असर न पड़ेगा। एक बार जब एक सी.आई.डी. इंस्पेक्टर पूछताछ करता हुआ लतीफ़ के यहाँ पहुँचा तो लतीफ़ के अब्बा अपने बेटे पर बहुत खफा हो गए। उनका ख़याल था कि अगर लतीफ़ की यही गतिविधियाँ रहीं तो वह एक दिन कम्युनिस्ट हो जाएगा। कम्युनिस्टों को वे इस्लाम का सबसे बड़ा शत्रु मानते थे।

लतीफ़ के वालिद मालगाड़ी के ड्राइवर थे। अक्सर वह बहुत-सा सामान लेकर घर लौटते थे। उनके पास जितना अधिक सामान होता वह उतनी ही शान से बोलते—'बेग़म! रेलवे की नौकरी भी क्या नौकरी है। स्टेशन से दो फर्लांग पहले दो-चार मिनट के लिए गाड़ी रोकने के सौ रुपए आसानी से मिल जाते हैं।'

लतीफ़ आदर्शवादी स्वभाव का नवयुवक था, अपने अब्बा की बातों से बहुत दुःखी होता। उससे अब्बा हुजूर की ऐसी बातें बर्दाश्त न होतीं तो उठकर चला जाता। एक बार तो उसने घर में खाना खाने से इनकार कर दिया था कि वह हराम की कमाई नहीं खाएगा।

साहिल की अम्मा, चमेली, को लतीफ़ बहुत प्रिय था। कभी लतीफ़ घर चला आता तो वह बहुत खुश होती। उसकी दिली ख्वाहिश थी कि साहिल अच्छे दोस्तों के बीच रहे। वह हमेशा साहिल को लतीफ़ के नक्शे-कदम पर चलने की राय देती। साहिल की लतीफ़ से दोस्ती होने का नतीजा यह सामने आया कि पतंगबाज़ी और आवारगी में उसकी दिलचस्पी कम हो गई।

लतीफ़ ने सर के बाल बढ़ा रखे थे। शेव भी वह महीने में प्रायः दो-एक बार ही बनवाता था, जिस दिन वह शेव बनवाता बहुत आकर्षक लगता। चमेली तो उसकी बलैयाँ लेने लगती, 'अल्लाह ताला तुम्हें उम्रदराज़ करे।'

चमेली के यहाँ लतीफ़ को बहुत स्नेह मिलता था। इस परिवार के बीच लतीफ़ को अपने घर से भी ज़्यादा अच्छा लगता। कई बार तो वह कारखाने से सीधा यहीं चला आता और चमेली को दीन-दुनिया के बारे में बहुत सी नई-नई बातें बताता। उसे आश्चर्य होता कि चमेली को यह भी मालूम नहीं कि आदमी चाँद तक पहुँच चुका है। गली में बहुत से साज़िन्दों को फटेहाल देखकर उसका दिल बैठने लगता। विशेषकर, चमेली से बूढ़े वाकर की दास्तान सुनकर वह बहुत उदास हो गया था। लतीफ़ ने सुन रखा था, यही वाकर एक जमाने में सारंगी का बादशाह कहलाता था। उसके उठने-बैठने और चलने का एक निजी अन्दाज था।

लतीफ़ कारखाने से अपने साथ कुछ न कुछ लेकर लौटता—कभी गोभी के गर्म-गर्म पकौड़े, कभी

कोई मिठाई और कुछ न मिला तो कोई ताज़ा सब्जी ही लेकर आता—'अम्मा आज तुम्हारे हाथ का दमआलू खाएँगे।' या 'मूली का अचार तो मैंने तुम्हारे यहाँ ही चखा है !'

'दमआलू और मूली का आचार ?' चमेली हैरान हो जाती, 'बेटा मुझे तो फकत दो चीज़ बनानी आती है। दाल और गोश्त। इसके अलावा रोटी सेंक लेती हूँ, बस। दमआलू बनाऊँगी तो आलू का दम निकालकर रख दूँगी। ये चीज़ें तो हसीना बनाया करती है।'

धीरे-धीरे लतीफ़ चमेली के परिवार से इतना हिल-मिल गया कि रमज़ान के दिनों में वह चमेली के यहाँ आकर ही रोज़ा खोलता।

लतीफ़ के अब्बा को लतीफ़ का साहिल के साथ घूमना कत्तई पसन्द नहीं था। साहिल को देखते ही वह दूर से ही इशारा कर देते कि लतीफ घर पर नहीं है।

दरअसल लतीफ़ के अब्बा को यह सख्त नापसन्द था कि उनका बेटा एक तवायफ़ के लड़के से दोस्ती रखे। यह दीगर बात है कि साहिल के चेहरे पर इतनी मासूमियत थी कि कई बार लतीफ़ के अब्बा को भी साहिल का चेहरा देखकर उस पर यकायक प्यार उमड़ा आता। वे उसे प्यार से अपने पास बुलाते और कहते, 'साहिल बेटे, तुम उसका संग छोड़ दो। वह आवारा लड़का है। इधर उसे यूनियनबाज़ी का शौक चर्राया है, जाने कहाँ धक्के खा रहा होगा। कहीं भूख हड़ताल पर बैठा होगा या किसी तवायफ़ के कोठे पर।' 'तवायफ़' शब्द का इस्तेमाल वे जान-बूझकर करते और आँख बचाकर साहिल पर उसकी प्रतिक्रिया भी देख लेते।

साहिल आदाब करके जाने लगता तो वे साहिल का मासूम सिफ़त चेहरा देखकर अपनी गलती का अहसास करने लगते और वहीं खटिया पर बैठे-बैठे ही आवाज़ लगाते कि लतीफ़ की अम्मा कबाब बने हों तो भिजवा दो, चाय के साथ। उनका मूड अच्छा होता तो साहिल को अपने पास ही बैठा लेते और विस्तारपूर्वक उसे रेलवे के किस्से सुनाने लगते। साहिल को लगता जैसे रेलवे किसी शहंशाह का शहर या किसी अलग दुनिया का नाम है और उसे उनकी बातें सुनकर बड़ा मज़ा आता। साहिल ने यह भी महसूस किया कि अब्बा हुजूर को वह हर चीज़ नापसन्द है जो लतीफ़ से वाबस्ता है। वह बात करते-करते यकायक कहने लगते, 'मगर ये आजकल के लौंडे क्या समझेंगे ? मुझे दो चीज़ों से बेहद नफरत है : हड़ताल और लम्बे बालों से ! लगता है इन दोनों चीज़ों का आपस में कोई गहरा ताल्लुक है। यह कहाँ का दस्तूर है कि घूस भी लेते रहो और हड़ताल भी करो। सालो ! हड़ताल करना है तो पहले घूस लेना तो बन्द करो। सरकार बहादुर घूस पर पाबन्दी लगा दे तो साले भूखों मर जाएँ। मैं तो घूस को हमेशा 'बोनस' की तरह लेता हूँ। सरकार बोनस नहीं देती न सही, हम चुपचाप घूस से वसूल लेते हैं। फिर हड़ताल क्यों ? महँगाई बढ़ती है तो घूस की रकम भी तो बढ़ जाती है।'

साहिल अगर उठना भी चाहता तो उठने का साहस न जुटा पाता। सिर्फ़ पहलू बदलकर रह जाता। उसकी इच्छा होती कि वह उड़कर किसी भी तरह लतीफ़ के पास जा पहुँचे। उसे यकायक ख़याल आता कि लतीफ़ जरूर अब तक उसी के यहाँ आ चुका होगा, और मज़े से बैंगन के पकौड़े उड़ा रहा होगा और साहिल है कि एक बदमिज़ाज बुड्ढे से अपना सर खपा रहा है। आखिर वह हौसला करके लगभग गिड़गिड़ाते हुए कहता, 'अब्बा हुजूर, अगर लतीफ़ आ जाए तो उससे कहिएगा, मैं देर तक उसका इन्तज़ार करके गया हूँ। दुकान पर उसका इन्तज़ार करूँगा।'

'ज़रूर कह दूँगा, दरअसल उसकी आवारगी से मैं आजिज़ हो चुका हूँ। तुम उठ क्यों दिए। अभी बैठो कबाब आते ही होंगे, क्यों मुन्ना की अम्मा क्या हुआ तुम्हारी रफ्तार को ? असल में बात यह है कि रेलवे में काम करने का मेरी ज़ात पर यह असर पड़ा है कि सुस्ती मुझसे बर्दाश्त ही नहीं होती। मुझे तो दौड़ाते हुए इंजन ले जाना अच्छा लगता है !'

साहिल चुपचाप वहाँ खड़ा रहता। अब्बा हुजूर की बातें ख़त्म होते ही वह 'खुदा हाफ़िज़' कहते हुए वहाँ से गायब हो जाता। साहिल को लगता उसके गन्दे कपड़े देखकर ही लतीफ़ के अब्बा उसे पसन्द

नहीं करते। अपनी पोशाक को लेकर वह बहुत उलझन में रहता। वह चाहता था कि किसी तरह ईद तक लतीफ़ की तरह पतलून-कमीज सिलवा ले। अभी नया-नया धन्धा था, यह सब तो मुमकिन नहीं था, मगर उसने तय किया, पैसा हाथ में आते ही वह नया कुर्ता-पाजामा ज़रूर सिलवा लेगा।

उसने एक हफ्ता खूब मन लगाकर काम किया। शहनाज़ आपा के पाँच किलो कोयलों का दाम भी चुका दिया, और दस किलो कोयला और उठा लाया। आखिर खींचतान कर किसी तरह उसने मलमल का एक जोड़ा सिलवा ही लिया।

साहिल के लिए यह ज़रूरी हो गया था कि वह अब अपनी पहचान के तमाम लोगों को कम से कम इतना बता दे कि वह अब सिर्फ पतंगबाज और जुआरी नहीं रह गया। वह अपनी कमाई से नया कुर्ता-पाजामा बनवा सकता है। उसका बस चलता तो वह अपने लिए चप्पल का एक जोड़ा भी खरीद लेता, क्योंकि अब चप्पल ही उसकी पोल-पट्टी की गवाह रह गई थी। चप्पल पर जगह-जगह टाँके लगे थे और नए कुर्ते-पाजामे के साथ उसका कोई मेल भी नहीं था। नए कुर्ते के भीतर से मैली-कुचैली बनियान भी उसकी मुफलिसी की कहानी बयान कर रही थी।

शहर में जितने लोग उसके लिए महत्त्वपूर्ण हो सकते थे, वह उनको अपना कुर्ता-पाजामा दिखा आया। सिर्फ लतीफ़ बचा था। जबकि लतीफ़ के अब्बा हुज़ूर सुबह से चार बार उसका नया कुर्ता देख चुके थे। शाम तक लतीफ़ से उसकी मुलाकात न हो पाई। कुर्ते की चुन्नटें ढीली पड़ गईं। पाजामे पर घुटने निकल आए। उसे लतीफ पर बहुत क्रोध आने लगा। कैसा बेमुरव्वत दोस्त है। वह चाहता तो उसकी सलाह से ही कपड़ा खरीदता मगर वह लतीफ़ को चौंकाना चाहता था। अब इस बुसे हुए कुर्ते-पाजामे को वह देखेगा भी तो क्या प्रभावित होगा। साहिल परेशान हो गया, दीया-बत्ती का वक्त हो गया था, लतीफ़ न आया। वह दसियों बार लतीफ़ के यहाँ जाकर लतीफ़ की पूछताछ कर आया था। यूनियन की बैठक होती तो लतीफ़ ने जरूर जिक्र किया होता ! आखिर इन्तज़ार से आजिज़ आकर उसने अन्तिम बार जोखिम उठाना कबूल कर लिया। अब्बास साहब के सामने पड़ने से वह झेंप जरूर रहा था, मगर अपने को रोकना भी दुश्वार हो रहा था। संयोग से अब्बास साहब नहीं थे, लतीफ़ के छोटे भाई इकबाल ने बताया कि लतीफ़ घर पर नहीं है। साहिल खिन्न हो गया। यह पहला दिन था कि लतीफ़ उसके घर आया, न यूनियन के दफ्तर में था और न ही अपने घर पहुँचा था। हो सकता है पट्ठा आज पिक्चर उड़ा रहा हो। मगर साहिल को मालूम है पिक्चर देखने में लतीफ़ की ज़रा-भी दिलचस्पी न थी।

वह दौड़ता हुआ घर पहुँचा। अम्मा बीड़ी पर धागा लपेट रही थी और अपने काम में इतनी तल्लीन थी कि उसने साहिल की आहट तक न सुनी।

'अम्मा, लतीफ़ तो नहीं आया ?'

'नहीं तो ?'

साहिल को आसपास बहुत सन्नाटा लगा। सिर्फ छत पर मकड़ी के जाले बेआवाज़ झूल रहे थे। उसने गर्दन घुमाकर इधर-उधर देखा और पूछा, 'हसीना कहाँ है ?'

अम्मा ने बगैर सर उठाए जवाब दिया, 'यहीं कहीं पास-पड़ोस में होगी। दिन-भर घर की दीवारों में क़ैद रहती है। खुद तो दिन-भर मटरगश्ती करते रहते हो, हसीना क्या नाक सिनकने ड्योढ़ी तक भी नहीं जा सकती ? उसे जीने दोगे या यहीं मलबे के नीचे दफ़न कर दोगे ?'

साहिल ने दिन में इस्त्री फेरकर साढ़े तीन रुपए पैदा किए थे और लगभग उतना ही इस्माइल के यहाँ दफ्ती काटकर कमाया था। वह दिन-भर सोचता रहा था कि शाम को लतीफ के साथ 'मुगले आज़म' देखेगा। इस चाह में उसने दस पैसे की लइया तक नहीं खाई थी। उसे लतीफ़ का इन्तज़ार था। अब

उसे लतीफ़ पर बहुत क्रोध आया और उसने अकेले ही पिक्चर जाने का इरादा बना लिया। वह चुपके से घर से निकला और 'ज्योति' की तरफ चल दिया। मगर लतीफ़ के बग़ैर उसकी सिनेमा हॉल में घुसने की इच्छा न हुई।

'ज्योति' से लौटकर उसकी लतीफ़ के घर जाने की हिम्मत न हुई। अब्बास साहब की गुर्राहट को और अधिक बर्दाश्त करने की कुव्वत उसमें न थी। वह खरामा-खरामा टहलते हुए घर की तरफ चल दिया। अम्मा भी बाट जोह रही होगी।

घर में कटखना सन्नाटा था। न अम्मा थी, न हसीना। चिराग भी नहीं जला था। शायद मजलिस में गई होंगी। वह वहीं ड्योढ़ी में खाट पर लेट गया। जेब में एक अधबुझी बीड़ी पड़ी थी। वह काड़ी ढूँढ़ रहा था कि अम्मा लाठी टेकते चली आई।

'हसीना को कहाँ छोड़ आई ?' साहिल ने पूछा।

'सब जगह देख आई हूँ। वह कहीं नहीं है। मालूम नहीं कहाँ मर गई मालज़ादी।'

'कब से नहीं है ?'

'दोपहर से ही नहीं। पड़ोस में जाने के लिए कहकर गई थी।'

अम्मा वहीं मलबे पर लाठी टेककर बैठ गई। साहिल ने सुबह हसीना को ताहिर से बातें करते देखा था, हो न हो, यह ताहिर की ही करामात है। ताहिर का खयाल आते ही वह पागलों की तरह लम्बे-लम्बे डग भरता हुआ ताहिर के घर की ओर लपका।

ताहिर अपने अब्बा के साथ ठेले पर प्लास्टिक के जूते और बनियान वगैरह बेचने का धन्धा करता था। आज पहली तारीख थी। पहली तारीख को बाप-बेटा दोनों गवर्नमेंट प्रेस के बाहर मैदान में पेड़ के नीचे दुकान लगाते थे। ताहिर की बहन ताहिरा ने बताया कि ताहिर तो अब्बा हुजूर के साथ गवर्नमेंट प्रेस से ही अभी नहीं लौटे, मगर साहिल को तसल्ली न हुई। उसने वहीं खड़े-खड़े ताहिर की माँ-बहन एक करने का संक्षिप्त-सा कार्यक्रम पेश किया और फिर यकायक लतीफ़ के घर की ओर भागा। मुसीबत की इस घड़ी में अब केवल लतीफ़ ही उसकी मदद कर सकता था। भागते-भागते साहिल की साँस फूल गई।

लतीफ़ के अब्बाजान घर के बाहर इत्मीनान से बैठे हुक्का गुड़गुड़ा रहे थे। साहिल को बेहाल देखकर उन्होंने पूछा, 'क्यों साहबज़ादे, खैरियत तो है ?'

'लतीफ़ कहाँ है ?' साहिल ने अपनी फूली हुई साँस से वाक्य पूरा किया।

'लतीफ़ तो अभी तक दिखाई ही नहीं दिया। वरना मैं उसे ज़रूर इत्तिला कर देता, साहिल मियाँ बेक़रारी से तुम्हारा इन्तज़ार कर रहे थे। लगता है यूनियनबाज़ी उसे ले डूबेगी।' अब्बास साहब ने घर की तरफ मुँह कहते हुए ज़ोर से आवाज़ दी, 'लतीफ़ को किसी ने देखा है भाई ?'

अन्दर से एक नन्ही-सी लड़की सर पर पल्लू लिये आई और बोली, 'अब्बा, अम्मीजान सुबह से परेशान हैं, लतीफ़ आज दोपहर को खाने के लिए आया न शाम को। ज़रा मालूम तो कीजिए।'

'तुम आज इस बुरी तरह लतीफ़ को क्यों ढूँढ़ रहे हो ?' लतीफ़ के अब्बा ने तुरन्त तफ़तीश शुरू कर दी।

'शाम को हम लोग रोज़ ही साथ रहते हैं,' साहिल ने हकलाते हुए कहा, 'मेरी छोटी बहन हसीना भी नहीं मिल रही।'

लतीफ़ के अब्बा अब्बास साहब यकायक उठ बैठे, जैसे सारी बात उनकी समझ में आ गई हो। उन्हें यकीन हो गया कि साहिल किसी षड्यन्त्र के तहत ही आज उनके घर के इतने चक्कर लगा रहा था। उधर एक से एक बढ़िया घरों से लतीफ़ के लिए रिश्ते आ रहे थे और वे मन ही मन बहुत खुश थे कि समाज में उनकी इतनी पूछ है। उन्हें अचानक लगा, वे इस मुहल्ले में रहकर तबाह हो जाएँगे। उनके वालिद साहब ने यह मकान एक बूढ़ी तवायफ़ से सन् सैंतालीस में मिट्टी के मोल खरीदा था।

चूँकि मकान गली से ज़रा हटकर था, अब्बास साहब के वालिद ने इधर-उधर से कर्ज़ बटोरकर तुरत हथिया लिया। बाद में ताज़िन्दगी वे 'वेश्यावृत्ति उन्मूलन सोसायटी' के अध्यक्ष पद की शोभा बढ़ाते रहे थे और अक्सर 'डेपुटेशन' लेकर जिलाधीश से मिलते रहते थे।

साहिल भौंचक्का-सा अब्बास साहब के सामने खड़ा था कि अचानक साहिल के गालों पर अब्बास साहब का मज़बूत मोटा हाथ कुछ इस तेज़ी के साथ पड़ा कि साहिल के कानों में अनहद नाद की-सी ध्वनियाँ पैदा होने लगीं। वह अभी सँभल भी न पाया था कि अब्बास साहब ने उसके दूसरे गाल पर भी एक ज़ोरदार झापड़ रसीद कर दिया।

'हरामज़ादे, तवायफ़ की औलाद, अब तू ही बता लतीफ़ कहाँ है ?' वह तड़ातड़ साहिल को पीटते जा रहे थे, 'बताता है कि लगाऊँ दो और ? सारी हरामज़दगी अभी झटक दूँगा।'

अब्बास साहब उसे फिर पीटने लगे, 'चलो अब तुम्हें थाने की सैर कराता हूँ। थाने में जब डंडा करेंगे तो खुद ब खुद बकोगे।'

आसपास भीड़ इकट्ठी हो गई थी। उस्मान बढ़ई, अनवर भाई, इस्माइल खाँ के साथ-साथ बहुत से बच्चे-कच्चे तथा बुर्कापोश औरतें जमा हो गई थीं।

'क्या हुआ अब्बास साहब ?' उस्मान ने ढीला तहमद खोलकर दोबारा बाँधते हुए पूछा।

'खानदानी लोगों के रहने के काबिल यह जगह है ही नहीं। मैंने अपने वालिद साहब को लाख समझाया, मगर वह आखिर तक इस मुग़ालते में रहे कि वे तवायफ़ों को यहाँ से उखाड़ फेंकेंगे। मगर जो काम मेरे अब्बा हुजूर नहीं कर पाए, वह अब मैं ही सरअंजाम दूँगा।'

अब्बास साहब के हाथ थक गए तो वे पैरों से साहिल की ठुकाई करने लगे। साहिल एक घायल हिरन की तरह भागने की कोशिश कर रहा था, मगर हर बार अब्बास साहब बढ़कर उसे थाम लेते। साहिल के सर से खून बहने लगा। घुटने छिल गए थे, मगर अब्बास साहब की तसल्ली किसी भी तरह न हो रही थी। उनका वश चलता तो उसे पटरियों पर गिराकर छुक-छुक गाड़ी को एक सौ बीस किलोमीटर की रफ्तार से उसके ऊपर से दौड़ा देते।

अब्बास साहब इस्माइल से मुखातिब हुए तो साहिल लँगड़ाते और लुढ़कते-लुढ़कते अपने घर की तरफ भागा। अब्बास साहब भी पिटाई करके थक चुके थे। गर्दन पीठ के पीछे ले जाते हुए बोले, 'भागने दो इस भड़ुए को, मैं इस हरामी की औलाद को जहन्नुम से भी खींच लाऊँगा।'

साहिल घर पहुँचा तो अम्मा खटिया पर निश्चेष्ट पड़ी थी। उसने साहिल को इस सूरत में देखा तो अचानक दुहत्थड़ से छाती पीटने लगी, 'हाय अल्लाह, तुम्हें क्या हुआ ?'

साहिल की साँस फूली हुई थी। उसने कहा, 'ज़ालिम अब्बास ने मुझे रुई की तरह धुन दिया।'

चमेली दोनों हाथ ऊपर उठाए खुदा से दुआ करने लगी। उसकी आँखों से टपटप आँसू गिर रहे थे। कोई पोंछनेवाला भी न था। साहिल फुसफुसाया, 'लतीफ़ और हसीना दोनों गायब हैं।'

'लगता है, क़यामत आ गई है।' चमेली अपने आँचल को लोटे में भिगोकर साहिल के चेहरे से बहते खून को पोंछने लगी, 'लगता है, अब्बास हम लोगों का जीना मुहाल कर देगा। लतीफ़ तो खानदानी लड़का था। वह एक तवायफ़ की लड़की को क्यों भगा ले जाएगा।' अम्मा के चेहरे पर बीच-बीच में एक चमक पैदा होती थी, मगर दूसरे क्षण उससे भी खौफ़नाक दहशत उसे अन्दर से जकड़ लेती।

'रहम करो अल्लाह ताला।' उसके हाथ बार-बार दुआ के लिए उठ रहे थे।

कुछ ही देर में चमेली के यहाँ साहिल के दोस्तों की भीड़ लग गई और वे लोग उसे डॉक्टर अंसारी के यहाँ ले गए।

हसीना के ग़ायब होने की खबर गली में आग की तरह फैल गई। मुहल्ले-भर की लड़कियों पर और अधिक पाबन्दियाँ लग गईं। घर से बाहर निकलना तो दरकिनार, छज्जे बारजे पर आने की भी मुमानअत हो गई। कुछ लोगों का खयाल था कि चमेली को इस प्रेम-प्रसंग की जानकारी थी और अब बार-बार बेहोश होकर सिर्फ नाटक कर रही है। उस्मान भाई अफ़वाहें उड़ाने में सबसे आगे थे। किसी से कह रहे थे कि हसीना को कई बार लतीफ़ के साथ सिनेमा देखते पाया गया था और किसी से यह कि छावनी में उनका ठीका चल रहा था और उसने एक दिन लतीफ़ की साइकिल पर हसीना को नदी की तरफ़ जाते भी देखा था।

'बुढ़िया बहुत घाघ किस्म की औरत है,' उस्मान भाई अब्बास साहब से कहते, 'बिटिया के लिए एक अच्छे-खासे खाते-पीते घर का लड़का फाँस लिया। अब टसुए बहा रही है।'

'मैं एक-एक के भुस भर दूँगा,' अब्बास साहब कहते, 'मेरा हीरे जैसा लड़का इन लोगों ने तबाह कर दिया। पहले सौ-पचास रुपए अपनी अम्मी को दे दिया करता था, मगर जब से इस तवायफ़ के चक्कर में आया, चौपट हो गया।'

अज़ीज़न को हसीना के भागने की खबर हुई तो वह परेशान हो उठी। उसने कई बार हसीना को देखा था। वह बेहद दब्बू और निरीह लड़की लगती थी। उसे देखकर लगता था जैसे वह अपने से बहुत छोटी लड़की के कपड़े पहने हो। उसका कुर्ता कमर तक मुश्किल से पहुँचता। शायद बहुत दिनों से उसने कुर्ता नहीं सिलवाया था। हसीना सचमुच हसीन थी मगर रोज़ न नहाने से उसकी कुहनियों, टखनों में मैल की पर्तें जम गई थीं। बाल घोंसले की तरह लगते थे। जब से उसके बदन में उभार आने लगा था, वह झुककर चलने लगी। हर वक्त उसके हाथों से बीड़ी के पत्तों और तम्बाकू की बू आती। एक बार अज़ीज़न ने उसे पानी का गिलास लाने को कहा था, जहाँ से उसने गिलास थामा था, तम्बाकू से महक रहा था। गुल जब छोटी थी तो हसीना अक्सर उससे खेलने आया करती थी। एक बार हसीना से खेलते हुए गुल के सर में भी जुएँ पड़ गई थीं, तब से अज़ीज़न ने उसका आना कम कर दिया था।

'यह तो बुरा हुआ,' अज़ीज़न ने शहनाज़ बेगम से कहा, जो कोयला पहुँचाने आई हुई थी, 'मुझे तो हमेशा वह बहुत भोली लड़की लगती थी।'

'अज़ीज़न बी, घबराने की कोई बात नहीं,' शहनाज़ बेगम हाथ नचाकर बोली, 'इस गली से कोई लड़की भागेगी तो लौट ज़रूर आएगी। आज नहीं, तो कल। अकेले नहीं तो गोद में बच्चा उठाए हुए।'

अज़ीज़न को शहनाज़ की बात अच्छी न लगी, बोली, 'अब जमाना बहुत बदल गया है शहनाज़ बी, अब लड़कियाँ भी उतनी बेवकूफ़ नहीं रहीं जितनी हमारे जमाने में हुआ करती थीं। अब गुल को देखो बडों-बड़ों के कान काटती है।'

'गुल की बात छोड़िए अज़ीज़न बी,' शहनाज़ खुशामद पर उतर आई, 'उसी से हम सब की उम्मीदें बँधी हैं। बिटिया तो राज करेगी। जो ब्याहेगा अपनी किस्मत को सराहेगा।'

अज़ीज़न को यह सुनना अच्छा लगा। बोली, 'ये लोग भागकर कहाँ गए होंगे ?'

'लड़का होशियार है। जहाँ जाएगा, काम पा लेगा। उसके अब्बा अलबत्ता बहुत हल्ला मचा रहे हैं। चमेली को वे लोग दिन-रात परेशान करते हैं।'

इसमें चमेली बेचारी का क्या कसूर। वह तो पहले ही मुसीबतों की मारी हुई औरत है। जब से आबिद गया है, मैंने तो उसकी सूरत नहीं देखी।'

'लगता है उसकी औलाद उसे चौपट कर देगी !' शहनाज़ बेगम ने कहा, 'देखिए मैंने अपनी तरफ़ से साहिल की कितनी मदद की। दुकान खोलते ही पाँच किलो कोयला उधार दिया, मगर तब से वह शक्ल नहीं दिखाता। दुकान पर जाती हूँ तो कहता है, आप चलिए मैं पैसा लेकर आता हूँ।'

'बेचारा खुद भी परेशान होगा !'

'परेशानी की तो बात है। जवान जहान बहन भाग गई। यह तो ग़नीमत है लतीफ़ समझदार लड़का है वरना कोई दूसरा होता तो कहीं दूसरी जगह ले जाकर चकले में बैठा देता।'

'खुदा से यही दुआ करो कि लड़की के पैर ग़लत न पड़ें।' अज़ीज़न ने कहा और उठकर बरामदे में चिलमन के पीछे खड़ी हो गई।

नीचे इस्माइल के यहाँ उस्मान बढ़ई खड़ा था। वह बड़े तैश में किसी से कुछ कह रहा था और बार-बार अपना तहमद खोलकर बाँध रहा था।

'इस बढ़ई का भी दिमाग़ खराब हो गया है,' पीछे से शहनाज़ ने कहा, 'चमेली के पीछे हाथ धोकर पड़ा है। उसे तो कोई मसला मिलना चाहिए। दिन-रात उसी में मशगूल रहेगा।'

अज़ीज़न को यह सुनना बहुत बुरा लगा। कल लोग गुल के बारे में भी ऐसी ही बातें उड़ाएँगे।

अँधेरा होते ही अज़ीज़न चमेली के यहाँ चल दी। उसे अन्दर ही अन्दर बहुत बेचैनी हो रही थी। चमेली चुपचाप चिराग़ जलाकर खटिया पर पड़ी थी। दिन-भर उसे हसीना की याद सताती थी। एक तरफ़ हसीना का नया बुर्क़ा टँगा था, वह अपने साथ कुछ न ले गई थी। अपने भाई की तरफ़ से यही तोहफ़ा ले जाती। चमेली जितनी बार बुर्क़े को देखती, रुलाई आ जाती। अज़ीज़न को देखकर तो वह एकदम फूट पड़ी। सुबह से जो भी मिलने आता, चमेली ज़ोर ज़ोर से छाती पीटती और चुन-चुनकर लतीफ़ और उसके अब्बा को गालियाँ देती, 'हाय मेरी प्यारी बिटिया को किसने बरगला लिया। मैं तो लतीफ़ को अपने बेटे की तरह मानती थी, मगर वह मेरे लहू का दुश्मन निकला। उसके बाप के कीड़ें पड़ें।' अन्दर ही अन्दर वह यह भी डर रही थी कि कहीं अब्बास साहब पुलिस न पीछे लगा दें।

अज़ीज़न ने उसे राय दी कि वह ही थाने जाकर अपनी बेटी के ग़ायब होने की रिपोर्ट दर्ज करा दे, अज़ीज़न भी दो-एक रसूख के लोगों से कहलवा देगी। चमेली को अज़ीज़न की सलाह जँच गई और अज़ीज़न के जाते ही वह रोती-चिल्लाती साहिल और हजरी को साथ लेकर थाने की तरफ़ चल दी।

साहिल ने कई दिनों तक अपनी दुकान न खोली। शहनाज़ बेगम अलग से परेशान किए थीं। गाहकों ने कपड़े देने बन्द कर दिए थे। दरअसल जिस तबके के लोग उसे इस्त्री के लिए कपड़े दिया करते थे, वे सब अब्बास साहब के तबके के लोग थे। उस्मान ने तो साहिल की दुकान बन्द देखकर उड़ा दिया कि उसने साहिल को गुदड़ी बाजार में कपड़े बेचते देखा है। नतीजा यह निकला कि उसने दुकान खोली तो बहुत कम काम उसके पास रह गया था।

उन्हीं दिनों एक अच्छी बात हो गई। एक दिन सुबह-सुबह डाकिया अचानक एक खत साहिल के हाथ में थमा गया। ख़त लतीफ़ का था।

लतीफ़ ने अचानक हसीना के साथ ग़ायब हो जाने के लिए अम्मा और साहिल दोनों से मुआफ़ी माँगी थी और लिखा था कि वह हसीना को उस ग़लीज़ और सड़ी ज़िन्दगी से निकालकर फख्र महसूस कर रहा है। उसने हसीना पर कोई अहसान नहीं किया, महज़ अपने दिल की आवाज़ सुनकर यह कदम उठाया है और अब हसीना उसकी 'प्राउड बीवी' है। वह जानता है कि उसके अब्बा आग-बबूला हो उठे होंगे मगर उसे उनकी परवाह थी और न है। हसीना को पाकर उसकी ज़िन्दगी की एक बहुत बड़ी हसरत पूरी हो गई है। वह शायद इतनी बड़ी नेमत का हकदार नहीं था। हसीना खुश है मगर अम्मा और साहिल को याद करके कभी-कभी रोने लगती है। वह कब मिल पाएगा, कह नहीं सकता। अल्लाह ने साथ दिया तो शायद ईद तक मुलाकात हो। पता न लिखने के लिए उसने फिर माज़रत चाही थी।

अम्मा चिट्ठी सुनकर रोने लगी। अन्दर ही अन्दर वह खुश भी बहुत हुई जैसे उसे अचानक कोई छिपा हुआ खज़ाना मिल गया हो। मस्जिद से 'नमाज-जुह्र' की अजान उठी तो सब काम छोड़कर नमाज

में जुट गई। नमाज खत्म करने के बाद उसने दोनों हाथ सीने तक उठाकर फैलाए और अल्लाह ताला से दुआ माँगी।

लतीफ़ का खत पढ़कर साहिल उसके प्रति बहुत आर्द्र हो उठा था। नमाज के बाद अम्मा ने साहिल से कहा कि वह लतीफ़ का खत जला दे, साहिल अम्मा की बेवकूफ़ी पर हैरान हो गया, मगर अम्मा ने कहा, 'जलाओ, मेरे सामने, जलाओ।'

'जरूर जला दूँगा अम्मा, अभी दो-एक बार और पढूँगा।' साहिल बोला।

साहिल ने खत जेब में रखा और अपनी दुकान की तरफ चल दिया। दुनिया में कोई नहीं था, जिससे वह अपनी यह छोटी-सी खुशी बाँट लेता। वह जेब में खत लिये शहर-भर में घूमता रहा और छोटे बच्चों की तरह बीच-बीच में खत निकालकर पढ़ लेता। अब्बास साहब या उस्मान के कानों तक खत की बात पहुँच जाती तो जीना हराम कर देते।

साहिल अपनी दुकान को लगभग भूल चुका था। लतीफ़ का खत पाकर वह फिर से उत्साहित हो गया। वह दिन-भर डाकखाने की मुहर पढ़ने की कोशिश करता रहा, मगर मुहर का केवल बार्डर ही खत पर छपा था। तारीख पढ़ने में आ रही थी न शहर का नाम। वह डाकखानेवालों को कोसने लगा कि कैसी मुहर लगाते हैं।

साहिल ने अगले रोज़ दुकान खोलने का निश्चय किया। वह अभी दुकान खोलकर मेज़ के ऊपर बिछी चादर के नीचे लतीफ की चिट्ठी छिपा ही रहा था कि यमदूत की तरह शहनाज़ बेगम कमर पर दोनों हाथ रखकर उसके सामने खड़ी हो गई, 'साहिल के बच्चे ! लगता है तू अपना धन्धा तो चौपट कर ही देगा, मुझे भी कहीं का न छोड़ेगा। तूने शाम तक मेरे पैसे न लौटाए तो मैं तेरा लोहा उठा ले जाऊँगी, जिस पर तुझे बहुत गुमान है ! दिन-भर तो आवारा लड़कों के साथ हा-हू मचाए रहता है, दुकान क्या खाक चलेगी। मेरी बात गाँठ बाँध ले, शाम तक हिसाब साफ न किया तो टीन-टप्पर उठाकर फेंक दूँगी।'

साहिल ने एक हफ्ते की मोहलत माँगकर शहनाज बेगम को किसी तरह विदा किया और कोयले के बारे में चिन्तित हो गया। कपड़ों की गठरी तो उसने जुटा ली थी, मगर कोयला नहीं था। अब उसे अफसोस हो रहा था कि मास्टरजी को कुरते की सिलाई नक़द क्यों दे दी मगर उधार करने में उसे अपनी हेठी लग रही थी। फाखरी साहब इस्त्री के पैसों का भुगतान तुरत कर देते हैं। उसके जी में आया—जाकर उन्हीं से अग्रिम ले आए। संयोग से फाखरी साहब घर पर मिल गए मगर जब उसने कोयले के लिए कुछ अग्रिम देने की दरख्वास्त की तो वे भड़क गए, 'इस तरह परेशान करोगे तो कपड़े देना बन्द कर दूँगा। चले आए कोयले के लिए एडवांस माँगने, जब कि कपड़ों पर लोहा फेरने का शऊर तुम्हें अभी तक नहीं आया ! तुमसे अच्छे तो बेगम घर में कपड़े प्रेस कर लेती हैं। अमाँ, मेरे कपड़े वापस ला दो। हमें नहीं करवाना है तुमसे कोई काम ! जल्दी ला दो मेरे कपड़े ! मैंने अभी सुबह ही देखा अहमद की कमीज़ चूहे कुतर गए हैं। तुम्हारी दुकान पर ही चूहे होंगे, हमारे घर में तो इतनी बिल्लियाँ हैं कि चूहे रह ही नहीं सकते। जाओ, फौरन से पेश्तर कपड़े लौटा दो।'

दरअसल फाखरी साहब की बेग़म उन्हें कई रोज से भड़का रही थी कि घर में गेहूँ पर भी इतने पैसे खर्च नहीं हो रहे, जितने इस्त्री पर हो रहे हैं।

साहिल मुँह लटकाए अपनी नन्ही-सी दुकान पर लौट आया। अपने धन्धे के प्रति वह बहुत चिन्तित हो गया। उसकी दुकान से जरा हटकर अतीक़ की बरतन कलई करने की दुकान थी। अतीक़ की दुकान की हालत साहिल की दुकान से खास बेहतर नहीं थी। महीने में कुछ रोज़ ही भट्ठी सुलगती थी। मगर अतीक़ को उसने कभी उदास नहीं देखा था। अतीक़ के नौ बच्चे थे और अक्सर नौ के नौ बच्चे गली में कूदते-फाँदते, नाचते-गाते, दौड़ते-भागते नज़र आते। आखिर कलईवाला सबको रोटी मुहैया करता ही

होगा। उसने कभी परवाह नहीं की कि बच्चों के बदन पर कपड़ा है या नहीं। यह तो साहिल ने कुरता सिलवा लिया वरना वह अतीक़ से अच्छी स्थिति में होता। न काम की कमी थी, न पैसे की। साहिल को अपनी बुज़दिली पर गुस्सा आने लगा और वह कपड़ों की गठरी का तकिया बनाकर, खपच्चियाँ जोड़कर बनाई मेज़ पर सो गया। ये गली-मुहल्ले के लोग उसकी तरक्की से ईर्ष्या कर रहे हैं। उनमें अगर शहनाज़ आपा शामिल है तो फाखरी साहब भी !

साहिल आँखें मूँदे सपने लेता रहा। लेटे-लेटे उसकी आँख लग गई। वह लतीफ़ और हसीना के पास जा पहुँचा। वे लोग कश्मीर जाने की तैयारी कर रहे थे। उन लोगों के बहुत आग्रह के बाद साहिल भी लतीफ के साथ कश्मीर के लिए रवाना हो गया। कश्मीर उसे बहुत अच्छा लग रहा है। मगर उससे इतना जाड़ा बर्दाश्त नहीं हो रहा। कितना अच्छा होता, उसके पास एक अदद गर्म कोट और कम्बल होता। उसे ठंड के मारे झुरझुरी-सी आने लगी।

साहिल की आँख खुली तो सचमुच वह जाड़े से काँप रहा था। उसके बदन से जैसे शोले निकल रहे थे। उसने अपनी कलाई छूकर देखी, बेहद तप रही थी। वह दुकान पर ताला ठोंककर घर चला आया। अम्मा ने उसके बदन को छुआ तो एकदम घबरा गई, 'तुम तो बुखार में तप रहे हो। चलो अभी डॉक्टर अंसारी के यहाँ।' साहिल किसी तरह अम्मा के साथ डॉक्टर अंसारी के दवाखाने तक गया। उसे मलेरिया हो गया था।

साहिल जितने दिन बीमार रहा, चमेली ने खाना नहीं खाया। होटल से दो-चार बार चाय मँगवाकर पी लेती। साहिल को बुखार भी बहुत तेज आया था। वह बुखार में बड़बड़ाने लगता। चमेली की समझ में नहीं आ रहा था, वह बार-बार शहनाज़ का नाम क्यों लेता है। कभी वह अचानक उठकर बैठ जाता और कहता, 'ज़ैदी साहब, इत्मीनान रखिए, खाक़सार आपकी एक-एक पाई चुका देगा।'

चमेली पूरे सप्ताह बीड़ी के पत्ते व तम्बाकू लेने न जा पाई। घर की एक-एक कौड़ी इलाज में लग गई।

'हमारे ज़माने में दो आने की दवा से मरीज ठीक हो जाता था।' हजरी कहती और कहीं न कहीं से दो-चार रुपयों का जुगाड़ कर लाती।

हजरी साहिल के सिरहाने बैठी चुपचाप पट्टी बदलती रहती। इस बीच हसीना की भी चिट्ठी आई। उसने लिखा था—'अम्मा मुझे मुआफ़ करना। मैं बिना बताए घर से चली आई। लतीफ़ ने यहाँ एक कारखाने में काम ले लिया है। हम लोग बहुत मज़े में हैं। दोनों वक्त खाना मिल रहा है और जो घर हम लोगों ने लिया है उसमें बिजली भी है। हमारी चिन्ता न करना। हम बहुत अच्छे से हैं। अल्लाह ने चाहा तो ईद पर ज़रूर आएँगे। साहिल का कारोबार अच्छा चल रहा होगा।' चमेली ने कई बार बिटिया का खत सुना और उसकी आँखें भर आईं।

साहिल ठीक हुआ तो हजरी के बीसियों रुपए खर्च हो चुके थे। अम्मा ने बताया तो साहिल ने कहा, वह हजरी बी की पाई-पाई चुका देगा सिर्फ काम करने की कुव्वत जिस्म में आ जाए। बाद में कई लोगों ने बताया, हजरी मस्जिद के सामने फ़कीरों के बीच बैठ जाती और जो कुछ भी मिलता, लाकर चमेली को सौंप देती थी।

जिस रोज़ साहिल ने दुकान खोली, मालिक-दुकान ज़ैदी साहब आए थे। उन्हें अच्छी तरह मालूम था कि साहिल इस बीच बीमार रहा है मगर वे साढ़े बारह रुपए के लिए मर-मिटने पर आमादा हो गए। साहिल दुकान खोलकर मेज़ के ऊपर अपना नया कुर्ता पहने निढाल-सा लेटा हुआ था कि किसी ने आकर अचानक उसके कान उमेठ दिए। साहिल ने देखा, ज़ैदी साहब थे। वह हड़बड़ाकर बैठ गया, मगर ज़ैदी साहब ने उसका कान न छोड़ा, बोले, 'क्यों भाई इस्त्री की औलाद, आपकी दुकान का किराया माशा-अल्ला आपकी इस्त्री चुकाएगी या आपका यह मलमल का कुरता ?'

'तशरीफ रखिए ज़ैदी साहब !'

'तशरीफ़ की औलाद, पहले किराए की बात करो, वरना अभी कपड़ों की गठरी फूँक दूँगा !'

साहिल हक्का-बक्का ज़ैदी साहब की सूरत ताकता रहा और उनकी बगल में खड़ा हो गया, 'हुजूर, आपके किराए की मुझे खुद फिक्र है। अल्लाह को मंजूर हुआ तो कल सुबह तक पेश कर दूँगा। बीमार पड़ गया था वरना यह नौबत न आती।'

ज़ैदी साहब की बेग़म ने उन्हें सख्त ताकीद करके भेजा था, 'बिना किराया वसूल किए लौटे तो रोज़े तक मुँह नहीं दिखाऊँगी। ज़रा उसका मलमल का कुरता तो देखना, तुम्हारे बेटों को आज तक वैसा कुरता नसीब न हुआ।'

ज़ैदी साहब अलीगढ़ में साबुन का कारोबार करते थे। जानकार लोगों का कहना था कि ज़ैदी साहब का एक परिवार अलीगढ़ में भी था। यही वजह थी कि वह ईद या मुहर्रम पर ही मुहल्ले में नज़र आते। हफ्ता-दस दिन रुककर अलीगढ़ लौट जाते। उसके बाद उनके खत आते थे या मनीऑर्डर। उन चिट्ठियों के सहारे बच्चे अगले मुहर्रम तक का वक्त गुज़ार देते !

ज़ैदी साहब की नज़र साहिल के नए कुरते पर न पड़ती तो वह आपे से इतना बाहर न होते, 'कुरता सिलवाने से पहले नहीं सोचा कि ज़ैदी साहब का किराया भी चुकाना है ? मालूम हुआ है, मेरी ग़ैर-मौजूदगी में तुम बच्चों को खूब परेशान किया करते हो ! बेग़म ने इतनी बार कहलवाया कि दुकान खोलकर लौंडों-लपाड़ों के साथ हो-हल्ला न करो पर तुम्हारे सिर पर जूँ तक नहीं रेंगी ! आज तुम्हें किराया देना ही होगा, वरना मैं तुम्हारा कुरता उतरवा लूँगा।' ज़ैदी साहब ने गिरेबान से उसका कुर्ता पकड़कर झटका दिया।

शोर सुनकर मुहल्ले के लौंडों की भीड़ इकट्ठी हो गई थी। ज़ैदी साहब बीच-बीच में भीड़ का समर्थन लेने के लिए किसी न किसी राह चलते आदमी से आदाब कह देते।

साहिल सुबह से ही परेशान था। उससे और अधिक बर्दाश्त न हुआ तो अपना कुरता उतारा, ज़ैदी साहब के हवाले करने की बजाय गिरेबान से पकड़ा और चाक-चाक कर दिया। यह एक ऐसा नाटक था जिसे देखने मुहल्ले के कुछ और लड़के इकट्ठा हो गए। साहिल ने नया कुरता फाड़कर चिन्दी-चिन्दी कर दिया—यह देखकर उसके दोस्तों के चेहरे गुस्से से तमतमाने लगे। जाफ़र से यह कारुणिक दृश्य न देखा गया। वह भीड़ को काटता हुआ ज़ैदी साहब के ऐन सामने जाकर खड़ा हो गया, 'जैदी साहब आप सरासर जुल्म कर रहे हैं ! बेचारे ने बरसों बाद कुरता सिलवाया था। ईद के रोज़ भी यह पुराना कुरता पहने था। आप ज़ालिम हैं ! आप बेरहम हैं ! आप नापाक हैं ! आप कैसे मुसलमान हैं ?'

जाफ़र की आँखों में जैसे किसी ने अंगारे रख दिए थे। भीड़ में हलचल मच गई। भीड़ में गूँगा नफ़ीस भी खड़ा था। वह ज़ैदी साहब को उठाकर पटक सकता था मगर उसने मुँह से ऐसी आवाज़ निकाली, जैसे बिगुल बजा रहा हो। ऐसी आवाज़ सिर्फ़ नफ़ीस ही निकाल सकता था। बहुत से दोस्तों ने ऐसी आवाज़ निकालनी चाही थी मगर कामयाब नहीं हो पाए। नफ़ीस यों ही कभी बिगुल नहीं बजाता। वह जब बहुत खुश होता है या बहुत नाराज़, तभी बिगुल बजाता है। ज़ैदी साहब ने बिगुल की आवाज़ सुनी तो समझ गए, माहौल उनके अनुकूल नहीं रहा। उन्होंने सर झुकाया और धीरे से भीड़ में से निकल अपने घर की तरफ़ चल दिए।

साहिल अपनी दुकान के पटरे पर बदहवास-सा खड़ा रहा। उसके बदन पर अब कुरता नहीं, जगह-जगह से फटी एक मैली बनियान थी, जो सारे माहौल को और भी ग़मग़ीन किए दे रही थी। साहिल के कुरते का कपड़ा गली में बीड़ी के खुश्क पत्तों पर कफ़न की तरह बिछ गया था। साहिल ने ताहिर को बुलाया और कहा, 'यह इस्त्री तुम आपा को दे आओ, यह एक मेज़ है इसका भी अब मैं क्या करूँगा, ज़ैदी साहब से कहो, इससे अपने किराए की हविस मिटा लें ! और ये हैं, फाखरी साहब के कपड़े, इन्हें एहतियात से पहुँचा देना !'

साहिल ने इस्त्री ताहिर के हाथ में थमा दी और फूट-फूटकर रोने लगा। साहिल को आज तक किसी

ने रोते नहीं देखा था। वह अपनी बेकारी के दिनों में भी नहीं रोया था। भूखे पेट सोना उसे मंजूर था, मगर चेहरे पर उदासी लाना नामंजूर। साहिल को रोते देख लौंडों में हलचल मच गई। नफ़ीस ने इस बार मुँह से बिगुल की एक बहुत विस्फोटक किस्म की आवाज़ पैदा की। ज़ैदी साहब की छोटी बिटिया जो बाप की बगल में खड़ी कुछ देर पहले अपने अब्बा की बहादुरी पर मुग्ध हो रही थी; ज़ैदी साहब के जाने के बाद भी वहीं खड़ी रही। उसने साहिल को रोते देखा तो वह भी रोने लगी। लड़कों ने उसे कन्धे पर उठा लिया और चिल्लाने लगे, 'ज़ैदी साहब ! हाय-हाय !!'

मस्जिद में अज़ान हो चुकी थी। आसमान फीका पड़ता जा रहा था। रंग-बिरंगे पतंगों के बीच से राह बनाते परिन्दों के छोटे-छोटे काफ़िले आसमान फलाँग रहे थे। इन सबके ऊपर पारदर्शी सफ़ेद बादल थे जैसे किसी ने आकाश में सूखने के लिए कपड़े फैला दिए हों। सूरज गुरूब होने से पहले बादल कुछ देर भट्ठी की तरह तपते नज़र आए फिर सहसा राख हो गए।

गली में एकाएक अँधेरा हो गया। अब इस गली में रिक्शा की घंटियाँ आधी रात तक टनटनाएँगी। तरह-तरह की घंटियाँ : सुरीली, बूढ़ी, जवान और ढीठ घंटियाँ। दरअसल यही घंटियाँ रिक्शा की आँखें हैं, म्युनिसिपैलिटी के बल्ब हैं और बच्चों के लिए अपनी राह खोजने का एकमात्र साधन। मगर आज दो-एक जगह रोशनी थी। नियाज़ लोहा पीट रहा था, पास में कच्ची ज़मीन पर ढिबरी जल रही थी। ढिबरी की हल्की-बीमार-थकी रोशनी सड़क पर मलबे की तरह बेजान पड़ी थी। इसी रोशनी से खुदाबख्श की दुकान का भूगोल समझते हुए बच्चे किरासिन लेने के लिए कतार में जुड़ते जा रहे थे।

खुदाबख्श की मिट्टी के तेल की सरकारी दुकान थी। एक तख्ते पर उसने उर्दू में चाक से लिख रहा था—'सरकारी मिट्टी के तेल की दुकान'। खुदाबख्श ने सिर्फ तहमद बाँध रखा था और पचीस-पचीस पैसों का तेल बड़ी मुस्तैदी से बेच रहा था। तेल की पूरी बोतल खरीदनेवाला कोई गाहक न था। बीच में इब्राहीम ने ज़रूर दो-तीन बोतल खरीदा था, मगर तेल के दाम देखते हुए वह किराए पर पेट्रोमैक्स ले आया। दीवाली पास आ गई थी और इब्राहीम का कारखाना रात-दिन मिठाई के डिब्बे बनाने में मशगूल हो गया था। मुहल्ले के तमाम बेकार लौंडों को अस्थायी रोज़गार मिल गया था। बेकार लौडों को ही नहीं, बहुत से कामकाजी नवयुवकों को भी इब्राहीम ने खुराकी और ठेके का लालच देकर जुटा लिया था। इस समय उसके कारखाने में हर व्यवसाय के लोग काम कर रहे थे। बिजली मिस्त्री, स्कूटर मिस्त्री, मशीनमैन, कम्पोजीटर, बनियान बेचनेवाले, काँच का टूटा सामान बेचनेवाले, गुब्बारेवाले, फूलवाले, जो भी नकद पैसा चाहता था—इस समय इब्राहीम के काम में व्यस्त था। सड़क पर एक तरफ लेई पक रही थी, दफ्ती काटी जा रही थी तो दूसरी तरफ रंग-बिरंगे डिब्बों का अम्बार लगता जा रहा था। ऊपर ताक पर एक ट्रांजिस्टर रखा था और 'बलमा सिपहिया तेरी बन्दूक से डर लागै' से सारा माहौल गद्गद हो रहा था। वास्तव में यह कारीगर लोगों का ऐसा समुदाय था जो अपने को वक्त के मुताबिक ढालता रहता था। जैसे इन्हीं लोगों को होली पर पिचकारी बनाते हुए देखा जा सकता था और ईद पर सिवैंया बनाते हुए, मुहर्रम पर मातम करते हुए और चुनाव के दिनों में रिक्शा में बैठकर गली-गली लाउडस्पीकर से चुनाव-प्रचार करते हुए—'अपना कीमती वोट...।' शादी के मौके पर बहुरंगी बत्तियों से इमारत सजाते हुए या फूलों की सेज तैयार करते हुए, दशहरे पर भगवान राम की बग्घी पर नक़्क़ाशी करते हुए...।

इन लोगों में आज साहिल नहीं था। साहिल को सब लोग याद कर रहे थे। वह होता तो 'बलमा सिपहिया' सुनते ही खड़ा होकर ठुमकने लगता या लेई उतारकर चूल्हे पर चाय का पानी चढ़ा देता। साहिल की बूढ़ी अम्मा दालान में मलबे पर लाठी टिकाए बहुत देर से बैठी थी। घने-अँधेरे में साहिल की राह ताकते-ताकते वह थक चुकी थी। अचानक उसकी लाठी हाथ से खिसककर गली में जा गिरी

और वह वहीं मलबे पर ढेर हो गई। अँधेरे में एक बिल्ली उसके ऊपर से कूदते हुए निकल गई, मगर चमेली बेखबर थी।

चमेली रात-भर मलबे पर बेसुध पड़ी रहती, अगर हजरी बी चमेली की लाठी से टकराकर नाली में न गिर पड़ती। हजरी ने सोचा कि इब्राहीम के लौंडों ने जान-बूझकर उसे गिराने के इरादे से बीच सड़क में लाठी फेंक रखी है। गिरते ही हजरी बी ने ऐसा शोर बरपा किया कि इब्राहीम का पूरा कारखाना हजरी की तरफ़ लपका। नाली में पड़ी हजरी देर तक माँ-बहन की गालियाँ बकती रही। अपने तईं नाली से उठने का उसने कोई प्रयत्न नहीं किया। एक लौंडा इब्राहीम के यहाँ से पेट्रोमैक्स उठा लाया। लोगों को तफ़रीह का मौका मिल गया। दीवारों पर मूतते, बीड़ी सुलगाते, तम्बाकू खाते हुए लोग अपनी थकान मिटाने के बहाने हजरी से छेड़खानी करने लगे।

'हजरी बी, तुम आज अपनी सही जगह पर पहुँच गईं।' मुश्ताक ने कहा।

'तेरी चाँ की मूत,' हजरी नाली में पड़े-पड़े चिल्लाई, 'तुम सीधे दोज़ख़ में जाओगे।'

'हजरी बी, सुना है तुम्हारे कमिस्नर साहब इसी समय नाली से गुज़र रहे थे।'

'तेरे मुँह में कीड़े पड़ें। तेरी डाँग में कीड़े।' हजरी चिल्लाई।

तभी किसी की नज़र मलबे पर अचेत पड़ी चमेली से जा टकराई।

'या रब यह चमेली को क्या हो गया ?'

पेट्रोमैक्स थामे एक लड़का मलबे की तरफ़ दौड़ा। हजरी बी जो अब तक नाली में पड़ी थी, यकायक उठ खड़ी हुई।

'अरे ओ उल्लू के पट्ठो ! ज़रा देखो, चमेली को क्या हो गया है। मुहल्लेवालो चुल्लू भर पानी में डूब मरो। जाने बेचारी की जवान बिटिया को भगाकर कहाँ ले गए। इसने मेरी एक न सुनी, जब मैं कह रही थी किसी आला अफ़सर की रखैल हो जाओ और इस गली का मोह छोड़कर गुलछर्रे उड़ाओ। मगर यह न मानी। इस मलबे की मुहब्बत ने इसे कहीं का न छोड़ा, जिसके ऊपर अब यह बेसुध पड़ी है। अल्लाहताला, इस मुसीबतज़दः औरत की भी कुछ सुन लो।'

'हजरी बी, तुम बहुत आला दर्जे की तवायफ़ रही होगी। माशा अल्लाह आज भी तुम्हारी आवाज़ में कितनी खनक है।' इखलाक ने मज़ाक शुरू करना चाहा, मगर हजरी को इस वक्त नहीं भड़कना था, वह चमेली के मुँह पर पानी के छींटे देती रही। हजरी चमेली के तलुए पर मालिश कर रही थी, जब चमेली ने आँखें खोलीं।

'साहिल कहाँ है ?' चमेली ने बड़ी मुश्किल से पूछा।

भीड़ में सब लोग साहिल को खोजने लगे। साहिल नहीं था। साहिल कहीं नहीं था।

'शाम को उसके मामूजान रसूलाबाद से आए थे, उनके साथ दावत पर गया है। कल लौटेगा।' हजरी ने पूरी बात समझ ली और चमेली की हालत देखते हुए बड़ी होशियारी से भीड़ की तरफ आँख मारते हुए विश्वासपूर्वक बोली।

अज़ीज़न के यहाँ खबर पहुँची कि चमेली बेहोश पड़ी है। उसने नफ़ीस के हाथ एक गिलास में ग्लूकोज़ भिजवा दिया। हजरी ने उसे ग्लूकोज़ पिलाया। चमेली अपनी लाठी इधर-उधर टटोलने लगी। हजरी ने लाठी अपने पाँव के नीचे दबा रखी थी। उसे शक था कि ये लौंडे कभी भी गुस्ताखी पर उतर सकते हैं।

'मेरा साहिल कहाँ है ?' चमेली का एक ही सवाल था।

हजरी से चमेली की यह हालत न देखी गई, बोली, 'अरे लोगों, मेरे भइया अली अकबर हैं कहाँ ?'

लड़कों ने चमेली को किसी तरह अन्दर खटिया पर लिटा दिया और उसके लिए रोटी-शोरबे का इन्तज़ाम भी कर दिया। मगर वह शोरबा बिल्ली की किस्मत में बदा था। सुबह तक बिल्ली बर्तन को चाटकर साफ़ कर गई थी कि चिकनाई का नामो-निशान नहीं था।

हजरी देर तक मलबे पर बैठी चिल्लाती रही।

'अरे भैया तुम्हीं बताओ, मेरे भैया अली अकबर हैं कहाँ ?' धीरे-धीरे वह मजलिस की मनःस्थिति में आ गई।

'अरे लोगो ! इमाम हुसैन साहब ने अपने मक़सद की तक़मील में सिर्फ़ अपना और अपने दोस्तों और अज़ीज़ों का ही खून नहीं दिया, बल्कि एक छह महीने के कमसिन बच्चे को पेश करके दुनिया के सामने एक मिसाल कायम कर दी !'

यह कहते-कहते हजरी बी की आँखें भर आईं। वह देर तक रोती रही। फिर बोली, 'करबला के वाकये ने हमको सबक दिया है कि ज़ालिमों के मुकाबले में हक़ और सदाक़त की आवाज़ बुलन्द करने में खौफ़ न करो और अपने नेक मक़सद की तकमील की कोशिश करो।'

इब्राहीम के सब लोग दोबारा डिब्बे बनाने के काम में जुट गए थे। अँधेरी सुनसान, वीरान और भुतहा लगनेवाली गली में हजरी बी की आवाज़ गूँज रही थी :

लाखों घरों में है सफ़े मातम बिछी हुई
राहे रज़ा में घर जो लुटाया हुसैन ने

हजरी अकेली ही अपनी छाती पीट रही थी। मलबे पर सर पटक रही थी और कह रही थी :

सब कुछ खुदा की राह में कुरबान कर दिया
दुनिया को सब्र ओ' ज़ब्त सिखाया हुसैन ने

हजरी रात देर तक रोती-कलपती रही। थक-हारकर भूखे पेट वहीं मलबे पर लुढ़क गई। इब्राहीम के किसी भी कर्मचारी ने ध्यान नहीं दिया कि हजरी कहाँ गई। वे लोग पूरे जोर से ट्रांजिस्टर सुन रहे थे :

खून पसीने की जो मिलेगी तो खाएँगे
नहीं तो यारो हम भूखे ही सो जाएँगे

आज साहिल ही उनकी बातचीत का केन्द्र था। देखते ही देखते साहिल की गैरहाज़िरी को लेकर तरह-तरह की पेशीनगोइयाँ हो रही थीं। इकबाल बोला, 'मुझे तो लगता है साहिल साले ने ज़हर खाकर खुदकुशी कर ली है और आज शाम फाफामऊ के पास रेल की पटरी पर जो लाश बरामद हुई है वह साहिल की ही है। चमेली को पता चलेगा तो जिन्दा न रह पाएगी।'

'भक साले ! वो तुम्हारी लाश थी।' असगर ने कहा।

'आज कोई बता रहा था कि साहिल पागल हो गया है और अटाला के पास नंगा घूम रहा था।'

'चुप साले।' असगर को कोई पेशीनगोई पसन्द नहीं आ रही थी।

इब्राहीम से भी न रहा गया। उसकी अजमेर-शरीफ़ जाने की दिली तमन्ना थी। बोला, 'भड़ुओ, मुझे कोई बता रहा था कि साहिल की शक्ल जैसा कोई लड़का, फ़क़ीर होकर अजमेर शरीफ़ चला गया है।'

साहिल पागल हुआ था न फ़कीर। न ही उसने रेल के नीचे आकर खुदकुशी की थी। जब तमाम लोग साहिल के बारे में पेशीनगोई कर रहे थे, साहिल चुपचाप कृष्णा संगीत विद्यालय की सीढ़ियाँ चढ़ रहा था।

साहिल का एक बहुत ही प्यारा दोस्त था, मसऊद ! बरसों से उसके बारे में कोई खबर नहीं थी। अचानक एक दिन किसी ने साहिल को बताया कि मसऊद अब एक बदला हुआ शख्स है। रईस हो गया है। सरकार ने दफ़ा आठ की पाबन्दी पर ज़ोर दिया तो मसऊद की अम्मा ने डेरेदार वेश्याओं की

शैली में अपने घर के माथे पर एक बोर्ड लटका दिया था—कृष्णा संगीत विद्यालय। साहिल को मालूम था कि कृष्णा मसऊद की अम्मा का नाम है न बहन का।

साहिल बहुत बेमन से कृष्णा संगीत विद्यालय का ज़ीना चढ़ रहा था। ज़ीने पर जगह-जगह पान की पीक के छोटे-छोटे गुम्बद बन गए थे। चढ़ते हुए उसे अपनी हैसियत एक भड़ए की लग रही थी। मगर उसने मन ही मन तय कर लिया था कि वह अब धोबी की ज़िन्दगी से बेहतर ज़िन्दगी जिएगा और मसऊद की तरह समाज को दिखा देगा कि कैसे कोठे से महल तक पहुँचा जा सकता है।

साहिल को आशा नहीं थी कि मसऊद से उसकी मुलाकात हो पाएगी। उसका यहाँ तक पहुँचने का अभिप्राय मात्र इतना था कि मसऊद के बारे में उसे कुछ प्रामाणिक जानकारी प्राप्त हो जाए और वह उसके परामर्श से कोई नया काम-काज पकड़ ले। हो सकता है, मसऊद के सम्पर्क से उसे कोई अच्छी नौकरी ही मिल जाए। अगर कुछ भी न हुआ तब भी उसे कष्ट न होगा; वह अपने प्यारे दोस्त के साथ कुछ समय ही बिता लेगा। साहिल को मसऊद की अम्मा को देखकर अक्सर दहशत और वितृष्णा होती थी। वह एक बूढ़ी तवायफ़ थी मगर आँखों में हमेशा काजल भरे रहती थी। वह अपने थुलथुल वक्ष को कुछ इस कदर कसे रहती कि लगता कच्चे गोश्त की गठरी वक्ष से बाँधे है। बाल इतने गहरे काले रंग से रँगती कि काली स्याही भी फीकी लगती। उसकी आँखों में एक ऐसी चमक और चंचलता का भाव रहता था कि साहिल को उलझन होने लगती। शर्म से उसका चेहरा सुर्ख हो जाता। मसऊद की अम्मा हर वक्त पान की जुगाली करती नज़र आती। साहिल गाय-भैंस की तरह उसका मुँह उसी दिन शान्त देखता जब उसकी तबीयत नासाज़ होती या वह सिगरेट फूँक रही होती।

साहिल ने अन्दर झाँककर देखा। दिन में भी ऊपर कई ट्यूब लाइट्स जल रही थीं। दीवारें चमक रही थीं। नीचे फ़र्श पर गलीचा बिछा था। मसनद लगे थे। यह सब देखकर वह क्षण-भर के लिए ठिठक गया। मगर जब उसने मसऊद को एक आरामकुर्सी पर बैठे देखा तो उसकी जान में जान आई। मसऊद मोटा हो गया था और मलमल का नया कुर्ता पहने था। कुर्ते की बाँहों पर चुन्नट डली हुई थीं। अपने घने बालों के ऊपर उसने लापरवाही से क्रोशिए से बनी टोपी पहन रखी थी। गले में रेशमी रूमाल था; होंठ उसके भी पान से रँगे थे। साहिल को लगा कि वह ज़रूर उसके सामने यतीम लग रहा होगा, मगर मसऊद ने अपने कलफ़ से चमचमाते कुर्ते की कोई परवाह न की और आगे बढ़कर साहिल से बग़लगीर हुआ। मसऊद का बदन इत्र से महक रहा था।

'तुम साले खटमल के खटमल ही रहे। क्या कर रहे हो जो इतना मुर्दा नज़र आ रहे हो ?' मसऊद ने बड़ी बेशर्मी और लापरवाही से उसके दो-एक बोसे भी ले लिये।

साहिल ने सोचा, उसे और अधिक तैयारी के साथ आना चाहिए। मसऊद की आत्मीयता से वह बहुत जज़्बाती हो गया। जरा-सा प्यार पाकर बच्चों की तरह उसकी आँखें भीग आईं, बोला, 'अब तुम्हीं बताओ मैं क्या करूँ ? बेहद गर्दिश में हूँ।'

'मैं जो कहूँगा करोगे ?'

'करूँगा।'

'भागोगे तो नहीं ?'

'नहीं !'

'कब से नहीं नहाए ?' मसऊद ने पूछा। वह इस बीच बारजे पर जाकर पीक थूक आया था।

'सुबह नहाया था।' साहिल को यह सवाल बहुत नागवार गुजरा।

'अन्दर जाकर कमअज़कम एक बार फिर मुँह-हाथ धो लो और अम्मा से एक जोड़ा कुर्ता-पाजामा लेकर पहन लो। अम्मा तुम्हारे बारे में अक्सर पूछताछ किया करती हैं।'

साहिल को बहुत ग्लानि हुई। वह उसकी अम्मा के बारे में किस क़दर भद्दे तरीके से सोच रहा था। वह अफ़सोस करता हुआ अम्मा से मुलाकात करने अन्दर चला गया। जब वह बाहर आया तो मसऊद कुर्सी पर बैठा सामने की एक लड़की से आँख लड़ा रहा था और भद्दे इशारे कर रहा था। साहिल उसके पास जाकर खड़ा हो गया। मसऊद ने कुर्ता उठाकर नेफे में दाबा हुआ रामपुरी चाकू साहिल को दिखाया और बोला, 'आजकल इसी का ज़माना है। वैसे मेरे पास दो ठो कट्टे भी हैं। चाहो तो एक तुम्हें भी दिलवा सकता हूँ। अबे चुगद तुम्हारे पड़ोस में ही बनते हैं। अब घर-घर बीड़ी नहीं, हथियार बनेंगे। बीड़ी में क्या रखा है ? दिन-भर बीड़ी बनाओ, शाम तक पेट भरने लायक भी नहीं मिलता। तुम देखना चाहो तो आज मैं तुम्हें इसका करिश्मा दिखा सकता हूँ, जबकि आज मेरा इरादा आराम फ़रमाने का था। मैं इसी तरह कुर्सी पर अधलेटे रम पीना चाहता था। अल्लाह का क़रम है कि आराम करते हुए भी पाँच-दस साल मज़े से काट सकता हूँ।'

साहिल मसऊद से अत्यधिक प्रभावित हो रहा था। डर भी रहा था कि यह साला जरूर कोई खतरनाक किस्म का काम करता होगा। वह चाकू-पिस्तौल की दुनिया में जा चुका था। साहिल की दुनिया बीड़ी और इस्त्री तक ही महदूद थी।

'अमाँ यार, तुम तो बदले हुए शख़्स लग रहे हो, मुझे तो तुमसे खौफ़ लग रहा है।' किसी तरह अपने सूखे होंठों पर अपनी खुश्क जुबान फेरते हुए साहिल के मुँह से कुछ अलफ़ाज़ बाहर आए।

'डरो सिर्फ़ अल्लाह से—ऊपरवाले से।' मसऊद ने अपने दोनों हाथ ऊपर उठा दिए, 'बाकी मैं जो कहूँ करते जाओ। जिन्दगी भर याद रखोगे कि कोई दोस्त मिला था।'

साहिल एक पेड़ की तरह तटस्थ और विवश भाव से अपने मित्र की ओर देख रहा था। मसऊद ने उसकी जड़ता तोड़ने के लिए कहा, 'आओ, ज़रा टहल आएँ।'

साहिल को यह प्रस्ताव बुरा नहीं लगा। वह तुरन्त तैयार हो गया। उसका दिल बुरी तरह धड़क रहा था। मसऊद ने उसे एक बहुत आला दर्जे की सिगरेट थमा दी। साहिल कश खींचते हुए उसके साथ-साथ चलता रहा। साहिल को लग रहा था, मसऊद अभी उसे किसी कुएँ में धकेल देगा या जेल में बन्द करवा देगा। मसऊद उसे एक चाटवाले के पास ले गया। दोनों ने डटकर चाट खाई। शुरू-शुरू में तो साहिल ने थोड़ा संकोच किया, बाद में बेशर्मी से खाने लगा। साहिल ने इस दुकान पर पिछले वर्ष चाट खानी चाही थी, मगर इस दुकान की चाट आज तक उसे मयस्सर न हुई थी। चाट के बाद उन लोगों ने कुल्फ़ी का मज़ा लिया। कुल्फ़ी साहिल को बेहद पसन्द थी, मगर उस समय वह चाट खाकर ही इतना तृप्त अनुभव कर रहा था कि कुल्फ़ी के बिना भी मजे में था। कुल्फ़ी खाकर वे लोग 'हौली' में घुस गए। मसऊद ने अंगूर के दो गिलास मँगवाए। साहिल ने आज तक नहीं पी थी। बचपन में आने-दो आने के लालच में ग्राहकों को लाकर ज़रूर दी थी, पिलाई थी, मगर खुद कभी एक घूँट नहीं लिया था। मसऊद ने गिलास आते ही गटक लिया। साहिल ने अपना गिलास नहीं छुआ। मसऊद ने उसका भी गिलास गटक लिया और दो गिलास और मँगवा लिये।

'तू साले अभी चूतिया है। मुफ्त की मिल रही है और तू नखरे दिखा रहा है। मेरे अन्दर जब तक पाव डेढ़ पाव चली न जाए, मुझे ज़िन्दगी वीरान लगती है और बेरहम। यह तो अल्लाह का क़रम है कि पीने के बाद मुझमें बेहिसाब ताकत आ जाती है। पीने के बाद मैं कुछ भी कर सकता हूँ। आसमान के तारे तोड़ के ला सकता हूँ। शीरीं को लेकर भाग सकता हूँ और उस बेवकूफ़ और सनकी प्रोफ़ेसर की बदसूरत और कंजूस बीवी के तमाम ज़ेवरात लेकर इस तरह से ग़ायब हो सकता हूँ जैसे कभी-कभी उसके नल का पानी ग़ायब हो जाता है। मगर साहिल, मैं तुम्हारा बचपन का साथी हूँ, मैं तुम्हें इस तरह उदास और मायूस नहीं देख सकता। मैं लगातार तुम्हारे बारे में सोच रहा हूँ। मैं तुम्हारे लिए कुछ करूँगा। एक ही दो दिन में। आज तो मैं तुम्हारा खादिम बना रहूँगा ताकि तुम्हें मुझ पर भरोसा हो जाए। यह तय है कि मुझ पर भरोसा करोगे तो ज़िन्दगी भर आराम चैन से रहोगे। जिस लड़की के लिए तुम्हारे

दिल में हलचल मचेगी, उसे तुम्हारे क़दमों पर लाकर पटक दूँगा। तुम जिधर देखोगे, सारी दुनिया उधर देखेगी।'

'मुझे डर लग रहा है मसऊद भाई।' साहिल ने कहा, गिलास उसके हाथ में काँप रहा था।

'बकवास बन्द करो। इस गिलास को दवाई की तरह निगल जाओ और फिर महसूस करो कि तुम क्या वही चूतिया हो या एक बदले हुए साहिल हो।'

साहिल को मसऊद की बात से कोई प्रेरणा नहीं मिली। उसने गिलास उठाया और मसऊद की नज़रों से बचाते हुए कुर्सी के नीचे फैला दिया। वह जब मेज पर खाली गिलास रख रहा था तो उसके हाथ काँप रहे थे। मसऊद ने उसका खाली गिलास देखा तो उसकी पीठ थपथपाई, 'शाबाश ! बेटा। तुम ज़रूर तरक्की करोगे !'

साहिल का गिलास खाली हुआ तो प्याज, शामी कबाब और कलेजी चली आई। साहिल को कबाब बेहद अच्छे लगे। मसऊद के साथ जी भरकर खाए। उसे लग रहा था कि वह आज बेताज का बादशाह है।

दरअसल, मसऊद बहुत दिनों के बाद शहर में आया था। उसके पुराने परिचितों में अभी तक कोई भी दिखाई नहीं दिया था। एक ज़माना वह भी था, मसऊद को इस हौली में आनेवाला एक एक शराबी पहचानता था।

'मेरा एक काम तुम्हें करना है' मसऊद ने साहिल के कन्धों पर हाथ रखते हुए कहा, 'कर लोगे तो ज़िन्दगी बन जाएगी। न कर पाओगे तो तुम्हारा कुछ बिगड़ेगा नहीं। जो ज़िन्दगी तुम जी रहे हो उससे बुरी ज़िन्दगी का मैं तसव्वुर नहीं कर सकता। मतलब यह कि अगर कुछ बनेगा-बिगड़ेगा तो मेरा ही।'

मसऊद जैसे अपने आप से बतिया रहा था।

साहिल कुछ नहीं बोला। उबला हुआ अंडा खाता रहा और टुकुर-टुकुर देखता रहा। उसकी समझ में नहीं आ रहा था कि उसके साथ क्या होने जा रहा है या क्या होनेवाला है। इतना वह अनुभव कर रहा था कि उसके साथ कोई वारदात ज़रूर होने जा रही है।

शाम ढलते ही वे लोग 'हौली' से उठे और नदी की ओर चल दिए। साहिल बहुत दिनों के बाद शहर से बाहर आया था। उसे सब कुछ नया-नया लग रहा था। यहाँ तक कि अपने ही शहर का आसमान और सितारे भी पराए शहर के लग रहे थे। जैसे आज की रात कोई खास रात है, सिर्फ़ साहिल के लिए आसमान पर उतरी हो। रास्ते में मसऊद ने पान खाया और कुछ पान बँधवाकर जेब में रख लिये।

'लौटकर हम लोग थोड़ी और पिएँगे, इस बार हौली में नहीं, घर पर। रात को पुलिसवाले हौली पर ज्यादा कड़ी निगाह रखते हैं।' मसऊद बोला।

पुलिस के नाम से साहिल भीतर तक काँप गया। वह धीरे-धीरे छाती पीटते हुए नौहा पढ़ने लगा :

अल्लाह अल्लाह आबिदे बीमार की मजबूरियाँ
साथ हसरत भी चली लिपटी हुई जंजीर से।

पार्क में पहुँचकर वे लोग एक बेंच पर बैठ गए। सारे पार्क पर चाँदनी बिछल रही थी और सन्नाटा था।

'जानते हो, मैं इस शहर में कितना लेकर लौटा हूँ ? दस हजार रुपए !'

'चोरी किए हो का ?' उजड्ड देहाती तरीके से साहिल के मुँह से निकला।

मसऊद हँसा। अपने बचपन के दोस्त की पीठ ठोंककर बोला, 'एक जगह पड़े मिल गए थे।'

'अच्छा ?' साहिल को जैसे उसकी बात पर विश्वास हो गया।

'भक़ चूतिया। रुपया कहीं ऐसे मिलता है,' मसऊद बोला, 'रुपया कमाने के लिए कलेजा चाहिए, कलेजा। ये चाकू-छुरी तो मैं यों ही रखता हूँ। अभी तुम्हीं कोई गड़बड़ी कर दोगे तो मैं यह थोड़े सोचूँगा

कि तुम मेरे बचपन के साथी या चमेली के बेटे हो। मैं चुपचाप तुम्हारा यहीं इसी वक्त खात्मा कर दूँगा। मेरे चेहरे पर अफ़सोस या दहशत या खुशी का नामोनिशान भी नहीं आएगा। तुम्हें मरा हुआ छोड़कर मैं चुपचाप यहाँ से सीटी बजाता हुआ चल दूँगा और घर पहुँचकर इत्मीनान से लम्बी तानकर सो जाऊँगा।'

'आओ अब चलें। अब बहुत देर हो गई है।' साहिल बुरी तरह डर गया था। वह जल्द से जल्द लालटेन की अन्धी रोशनी में बीड़ी बनाती अपनी अम्मा के पास पहुँच जाना चाहता था।

'तुम अभी नए मुसलमान हो, ज़रा सब्र से काम लो,' मसऊद ने कहा और जम्हाई लेते हुए बोला, 'मुझे खुद ही नींद आ रही है, मगर तुम्हारी मुसलमानी तो आज होनी ही चाहिए।'

थोड़ी देर दोनों गुमसुम बैठे रहे। फिर मसऊद उठा और झाड़ियों में पेशाब करने लगा। सूने पार्क के सूखे पत्तों पर पानी की धार गिरने से आवाज़ हुई तो खुश्क पत्तों पर कोई जानवर भागा।

'या अल्लाह, मैं किस जाल में फँसता जा रहा हूँ ?' साहिल सोचने लगा, 'इससे तो मेरी गली कहीं अच्छी है। न सही कलफ़ लगा नया कुर्ता मगर सुकून तो है। कल भी अगर ज़ैदी साहब से कहूँगा तो दुकान फिर से दे देंगे। बेग़म भी कोयला उधार दे ही देगी।'

'चलो अब चलें। मैं जैसे कहूँ करते जाना।'

साहिल कुछ नहीं बोला।

वे दोनों एक पेड़ के नीचे सड़क के किनारे खड़े हो गए। एक कार आती हुई दिखाई दी। मसऊद साहिल को झाड़ियों के पास ले गया। कार गुज़र गई तो वे लोग फिर सड़क पर आ गए।

दूर से टिमटिमाती हुई एक रिक्शे की रोशनी दिखाई दी।

'देखो तैयार हो जाओ। मुर्गा फँस रहा है।' मसऊद बोला।

साहिल डर के मारे झाड़ियों की तरफ जाने लगा। मसऊद ने एक हाथ से उसकी बाँह थाम ली और दूसरे हाथ से इशारा करते हुए बोला, 'देखो वहाँ पर चढ़ाई है। रिक्शावाला अव्वल तो उतरकर रिक्शा चढ़ाएगा या फिर धीरे-धीरे जाएगा। मैं रिक्शे को पीछे से थाम लूँगा। अगर रिक्शा में कोई औरत हुई तो तुम उसके गले से ज़ंजीर खींच लेना। ज़ंजीर न हुई तो अँगूठी, अँगूठी भी न हुई तो नाक-कान में कुछ न कुछ जरूर होगा। सारा काम फुर्ती से करना। रिक्शेवाले की चिन्ता न करना। उससे मैं निपट लूँगा। साथ में कोई आदमी हुआ तो उसकी ज़रा भी परवाह न करना। ये मर्द लोग औरत ज़ात से भी गए गुजरे होते हैं। वह साला ज़ेवर खोकर उतना दुखी नहीं होगा जितना बीवी की इज्ज़त को लेकर। हिन्दुस्तानी औरत खाविन्द के बिना चल सकती है, ज़ेवर के बिना नहीं। ज़िन्दगी में तरक्की करनी है तो मेरी बातों पर ग़ौर करो वरना घर जाकर बीड़ी बनाओ।'

'मैं यह काम कर ही नहीं सकता मसऊद भाई !' साहिल ने कहा। उसकी इच्छा हो रही थी, किसी सूरत से मसऊद को चकमा देकर भाग निकले।

'तुम साले सिर्फ़ पेटीकोट पर इस्त्री फेर सकते हो। इस वक्त मेरा मूड बन रहा है। ज्यादा गड़बड़ करोगे तो अभी ऐसी पटखनी दूँगा कि रास्ते पर आ जाओगे। मैं तो अपना काम करके निकल ही भागूँगा, मगर तुम बुरी तरह पिट जाओगे। न सिर्फ़ पिट जाओगे, बल्कि हवालात में नज़र आओगे। इसलिए बेहतर यही है कि जो कुछ मैं कहूँ, चुपचाप करते जाओ।'

साहिल का कलेजा धौंकनी की तरह चलने लगा।

'मुझे प्यास लग रही है।' वह बोला।

'देखो, रिक्शा पास आ रहा है। तुम्हारी किस्मत अच्छी है कि चाँदनी में ही गले की चेन चमक रही है। अब अगर काम के वक्त तुमने बदतमीजी की तो यहीं झापड़ रसीद कर दूँगा। समझे।' मसऊद प्यार से साहिल के बाल सहलाने लगा।

मसऊद ने बात खत्म होते-न होते आगे बढ़कर पीछे से रिक्शा थाम लिया। रिक्शा रुकते ही

रिक्शेवाला रिक्शा छोड़कर भागा। साहिल वहीं पेड़ के नीचे जड़ खड़ा था। उसे लगा अगर अब भी उसने आगे बढ़कर काम नहीं किया तो मसऊद उसे कच्चा चबा जाएगा। किसी तरह डरते-डरते वह आगे बढ़ा।

उसने देखा, रिक्शा पर नए शादी-शुदा लोग थे। रिक्शावाले को भागते देख लड़की का रंग ज़र्द पड़ गया था और उसका खाविन्द अपनी जगह गुमसुम बैठा था, इस इन्तज़ार में कि रिक्शा रोकनेवाले की हैसियत नापकर ही अगला कदम उठाए।

'क्या चाहते हो ?' खाविन्द गुर्राया।

'हार।' रिक्शा के पीछे से मसऊद की सन्तुलित आवाज़ सुनाई दी।

'मीना इसको हार दे दो।' रिक्शा सवार इस स्वर में बोला जैसे किसी भिखारी को भीख देने को कह रहा हो।

मीना कुछ देर जड़-सी बैठी रही। फिर वह काँपते हाथों से हार उतारने लगी। साहिल उसे हार उतारते देखा तो उसके पूरे शरीर में झुरझुरी दौड़ गई। लड़की सुन्दर थी। मुलायम गुदाज़ बाँहें। सेंट व पसीने की मिली जुली मादक गन्ध। लड़की ने हार उतारकर चुपचाप साहिल को सौंप दिया। साहिल ने हार बहुत लापरवाही से जेब के हवाले किया और वहीं खड़ा रहा।

'अब क्या चाहते हो ?'

'घड़ी।' घड़ी उसने यों ही माँग ली थी। उसने कल्पना नहीं की थी कि यह सब काम इतनी आसानी से हो जाएगा। लड़के ने घड़ी भी उतारकर दे दी।

'अब ?' लड़के ने जल्दबाज़ी में पूछा।

'कुछ रुपए हों तो चुपचाप रख दो।' साहिल बोला।

लड़के ने चुपचाप अपना पर्स भी उसे थमा दिया।

मसऊद अँधेरे में खड़ा अपने साथी की हरकतों का जायज़ा ले रहा था। फिर वह साहिल की बगल में आकर खड़ा हो गया। उसने रिक्शा में बैठे मियाँ-बीवी को आदाब अर्ज़ किया और ग़ायब हो गया। साहिल चुपचाप उसके साए के पीछे चलता रहा। थोड़ी देर बाद साहिल ने पाया, वे लोग पार्क के बाहर थे।

'मालूम नहीं रिक्शावाला लौटकर आया कि नहीं ?' साहिल को जिज्ञासा हो रही थी।

'भक् साला !' मसऊद बोला, 'इन फ़िजूल-सी बातों के बारे में क्यों सोच रहे हो, यह घटना अब तुम्हें ज़िन्दगी में कभी याद नहीं आनी चाहिए।'

घड़ी और हार मसऊद को सौंपकर साहिल निश्चिन्त, आश्वस्त और थोड़ा निर्भीक हो गया था।

'इतनी देर क्यों लगा रहे थे ?'

'मैं लड़की की तरफ देख रहा था। उसने बहुत अच्छा इतर लगाया था।'

'भक् साला ! लड़की पाने का भी तरीका बताऊँगा। चंडीगढ़ में मैं एक प्रोफ़ेसर का घरेलू नौकर था और मैंने उसी के पड़ोस की लड़की फाँस ली थी—लीला। लीला का बाप नन्दलाल कॉलेज में चपरासी था।' मसऊद किस्सा-गोई के अन्दाज़ में बयान करने लगा, 'गलती सिर्फ यह हुई कि बेवकूफी में मैंने लीला के साथ तस्वीर खिंचवा ली। यह मुझे यहाँ लौटकर याद आया। अब तुम्हें उस तस्वीर का नैगेटिव लाना है। तुम्हें सोलन जाना होगा। एक ही फोटोग्राफर है वहाँ। जाते ही सौ का एक नोट थमा देना। पिछले साल बैसाखी पर फोटो खिंचवाई थी। मुझे आज यकीन हो गया कि तुम बड़ी मुस्तैदी से यह काम कर लोगे।'

रात को साहिल के लिए बहुत उम्दा खाना बनवाया गया। रोगनजोश, दो प्याज़, तन्दूरी मुर्गा, कलेजी। साहिल ने ज़िन्दगी में ये चीज़ें कभी न चखी थीं। उसे ज़िन्दगी में पहली बार अहसास हुआ, कि ज़िन्दगी

जीने लायक चीज़ है। उसकी इच्छा हो रही थी कि वह एक रकाबी में अम्मा के लिए भी कुछ चीज़ें लेकर घर छोड़ आए। उसकी ज़बान पर यह प्रस्ताव कई बार आया, मगर वह हर बार संकोच कर गया। साहिल को यह भी उम्मीद थी कि आज की कमाई का कुछ हिस्सा उसे भी मिलेगा। उसे ज़्यादा देर तक इन्तज़ार नहीं करना पड़ा। खाना खाने के बाद मसऊद ने कुर्ता-पाजामा उतारकर फेंक दिया और तहमद पहनकर पलंग पर पसर गया। उसने एक बहुत उम्दा सिगरेट साहिल को पेश की और अपने तहमद में से सौ-सौ के तीन नोट उसके हाथ में थमा दिए।

'यह तीन सौ की आज की कमाई तुम्हारी।' उसने तहमद से फिर दो नोट निकाले और बोला, 'यह फोटो का नैगेटिव लाने का एडवांस। ले आओगे तो तीन नोट और मिलेंगे, मगर इस समय तुम सो जाओ, तुम्हें सुबह कालका मेल पकड़नी है।'

'मैं अब घर जाऊँगा, सुबह वक्त पर स्टेशन पहुँच जाऊँगा।'

'अब तुम कालका से लौटने पर ही घर जा सकते हो।' मसऊद ने पास से गुज़रती हुई अपनी अम्मा का आँचल थाम लिया और बोला, 'जानते हो, अम्मा ही मेरी कमज़ोरी है। साले तुम अपनी अम्मा से मिलोगे तो मुझे भूल जाओगे। मैं सुबह तुम्हारी अम्मा से मिल आऊँगा। मगर तुम नहीं जा सकते। वह तुम्हें कभी भी सोलन जाने की इजाज़त न देगी। मैं तुम्हारी अम्मा को जानता हूँ। अब तुम जूते उतारो और लेट जाओ।'

साहिल ने नोट अपनी जेब में रखे और बोला, 'तुम्हारे पास सेफ्टीपिन है ?'

'का करबो ?'

'अरे यार ये नोट कहीं जेब से न सरक जाएँ।'

'भक् साला !' मसऊद ने कहा, 'नोटों की इस तरह चिन्ता करते नज़र आओगे तो कोई मसऊद फौरन साफ कर देगा। नोट जेब में रखो और भूल जाओ। नोट तभी टिकते हैं, वरना नोट दारू में तब्दील हो जाते हैं। कागज़ का टुकड़ा होकर रह जाते हैं। मुर्ग़ा बन जाते हैं—कुकड़ूँ-कूँ।' मसऊद बेफ़िक्र था। प्रसन्न था।

अपनी तोद पर हाथ फेरते हुए उसने दोबारा कहा—कुकड़ूँ-कूँ। मसऊद बाँहों का तकिया बनाकर लेट गया। उसकी अम्मा ने बहुत धीरे से उसकी गर्दन के नीचे एक तकिया टिका दिया। मसऊद खुर्राटे भरने लगा तो साहिल बहुत अकेला हो गया। वह अम्मा से मिल आना चाहता था। मगर तभी मसऊद की अम्मा ने तख्त की तरफ आदेशात्मक इशारा किया कि वह तुरन्त सो जाए। उसे सुबह लम्बे सफर पर जाना है। साहिल ने अपनी जेब पर हाथ रखा और तख्त पर लेट गया। नीचे चार इंच का फ़ोम था। उसे नींद ने कब दबोच लिया, उसे नहीं मालूम।

सुबह जब वह उठा तो उसकी बगल में ही एक अटैची रखी थी। बहुत भद्दे तरीके से नीम का दातून चबाते हुए मसऊद बोला, 'उस साले फोटोग्राफर के रजिस्टर में मेरा नाम कृष्ण कुमार होगा। बोलो, क्या नाम होगा ?'

'कृष्ण कुमार !' साहिल बोला।

'सौ-सौ के तीन नोट तुम्हारा इन्तज़ार कर रहे हैं। फौरन चले आना।'

चमेली ने पूरी रात रो-रोकर गुज़ार दी। साहिल को नहीं आना था, नहीं आया। वह साहिल के हर ठिकाने पर हो आई। अनवर मियाँ के ढाबे पर सब दोस्त थे, वही नहीं था। इस्माइल के यहाँ रात-भर काम होता था, वहाँ भी उसकी कोई खबर न लगी। हजरी ने गली का एक-एक कोना छान मारा मगर साहिल का कुछ पता न चला। वह रात-भर चमेली को ढाढ़स बँधाती रही, मगर वह उसी तरह बिसूरती रही।

सुबह हजरी ने चमेली के सामने एक सुझाव रखा। चमेली पहली नमाज फज्र (प्रातः प्रार्थना) के

लिए वुजू कर रही थी। हजरी ने भी वुजू किया और बिना बात किए नमाज़ शुरू कर दी।

चारों तरफ अन्धकार था। आसपास की मस्जिदों से नमाज़ की अज़ान सुनाई दे रही थी—अल्लाहु अकबर...अल्लाहु अकबर...अल्लाहु अकबर...अल्लाहु अकबर...अश्हदो अन्न मुहम्मदन् रसूलल्लाहि। अश्हदो अन्न मुहम्मदन् रसूलल्लाहि। हय्य अलस्सलात।

हजरी और चमेली ने दाहिनी ओर मुँह करके दो बार फिर कहा, 'हय्य अलस्मलात्।' फिर बाईं ओर मुँह करके एक बार कहा—हय्य-अल्ल्-फलाह। दो बार 'अल्लाहु अकबर' कहा और अन्त में 'ला इलाह इल्ल-उल्लाह।'

नमाज़ खत्म हुई तो हजरी ने सुझाव रखा, ''मेरे साथ चलो। मूरतगंज में एक ज्योतिषी जी हैं। पिछले बरस अज़रा का लौंडा भागा था तो उन्होंने बतला दिया था कि छब्बीस को लौटेगा।'

चमेली ने कहा, 'मैं सोचती थी एक नजूमी इमामबाड़े में रहता है उससे भी मिल लें।'

'अज़रा उसके भी पास गई थी। मगर हर बात ग़लत साबित हुई। मूरतगंजवाले ज्योतिषीजी ने जो बताया था, बिल्कुल ठीक निकला।'

'मगर मूरतगंज तो चार-पाँच कोस है। न जाने इक्केवाला कितना पैसा लेगा।'

'इक्के का पैसा मैं दूँगी।' हजरी ने कहा। आज ही हजरी बी को दस रुपए इनाम में मिले थे। अज़ीज़न के यहाँ गई थी तो उसकी हालत देखकर अज़ीज़न ने दस रुपए का नोट उसकी झोली में डाल दिया था।

'चमेली बी तुम्हारे साथ मैंने भले-बुरे बहुत दिन देखे हैं। तुम कहोगी तो मैं जहन्नुम तक भी तुम्हारे साथ जा सकती हूँ और जहन्नुम का इक्का-भाड़ा भी देने को तैयार हूँ।'

हजरी ने सुन रखा था कि मूरतगंज के पंडितजी पैसा नहीं लेते और बहुत ठीक-ठीक बताते हैं। पूछते-पूछते किसी तरह वे लोग मूरतगंज पहुँचीं तो ज्योतिषीजी भैंस को चारा डाल रहे थे।

'प्रणाम ज्योतिषीजी !' हजरी ने कहा, 'एक बेसहारा औरत आई है।'

'लड़का गायब है न,' ज्योतिषीजी ने भैंस के आगे चारा फैलाते हुए कहा, 'अगले महीने की उन्नीस या इक्कीस को लौटेगा।'

'महाराज, कहाँ गया है, वह ?'

'वह पहाड़ों की सैर करके लौटेगा। अगले महीने की उन्नीस को या इक्कीस को।'

'महाराज इस ग़रीब औरत का कोई सहारा नहीं।'

'सहारा तो ऊपरवाले का है,' ज्योतिषीजी ने कहा, 'वह लौटकर आएगा और बहुत पछताएगा। वह अच्छे लोगों की संगत में नहीं।'

हजरी बी आशीर्वाद की झड़ी लगाते हुए चमेली के साथ लौट आई।

चमेली को कुछ तसल्ली न हुई। उसने हजरी से कहा, 'चलो, गरीबन-टोला भी हो आएँ। वहाँ एक मौलवीजी रहते हैं। आयशा को कोई उठाकर ले गया था तो उन्होंने ठीक-ठीक बता दिया था कि आयशा जिसके साथ भागी है वह उससे शादी कर लेगा। ठीक वैसा ही हुआ।'

हजरी बिल्कुल खाली थी फौरन तैयार हो गई। जब वे पहुँचीं मौलवीजी कुरआन शरीफ़ का मुतालया कर रहे थे, मौलवीजी ने एक काला कुर्ता पहन रखा था।

दोनों बुढ़ियों को देखकर उन्होंने आँखें बन्द कीं और दाढ़ी पर हाथ फेरते हुए बोले, 'लड़का बुरी सोहबत में पड़ गया है, लेकिन सुधर जाएगा।'

चमेली मुँह छिपाकर रोने लगी।

मौलवीजी ने कहा, 'मगर उसे बहुत पछतावा होगा। वह ज़िन्दगी-भर अफ़सोस करेगा कि घर से भागकर उसने बहुत ग़लती की थी। मौत तलक इस पछतावे से न उबर पाएगा।'

'मौलवीजी इस वक्त वह कहाँ है ?'

मौलवीजी ने अपनी लम्बी दाढ़ी पर दो-तीन बार हाथ फेरा और बोले, 'इस वक्त वह किसी दरिया के किनारे टहल रहा है।'

मौलवीजी ने चमेली को दो तावीज दिए। एक तावीज़ साहिल के किसी कपड़े में छिपा देने के लिए कहा और दूसरा घर के बड़े दरवाज़े पर टाँग देने की हिदायत दी।

हजरी ने अपनी धोती के पल्लू से मुसा हुआ एक रुपए का नोट निकाला और मौलवी साहब की नज़र कर दिया।

उसके बाद दोनों औरतें कोई दो घंटे पैदल चलकर घर पहुँचीं।

सुबह चमेली ने नफ़ीस को बुलाया और कहा, 'भैया, जरा नदी के किनारे तक देख आओ। मौलवीजी ने बताया है कि साहिल नदिया किनारे ही कहीं टहल रहा है।'

नफ़ीस उस दिन खाली था। गुल की छुट्टी थी। वह सुबह से शाम तक नदी किनारे मीलों पैदल चला, मगर साहिल का कहीं कुछ पता न चला। कुछ लोग शक कर रहे थे कि अब्बास साहब ने लड़का गायब करा दिया है। अब्बास साहब ज़ुबान के बुरे थे लेकिन किसी का बुरा उन्होंने आज तक न किया था। हजरी जब रोते-चिल्लाते उनके यहाँ पहुँची तो वे खुद चिन्ता दिखाने लगे। उनका अपना लड़का गायब था। चारों तरफ़ उन्होंने हरकारे दौड़ाए, मगर लतीफ़ का कुछ पता न चला था। हज़री लौट गई तो वह ज़नानख़ाने के बाहर खड़े होकर कहने लगे, 'सुनती हो बेग़म। अल्लाह कभी नाइंसाफी नहीं करता। देखो हमें कुछ करना ही न पड़ा और चमेली का लौंडा कहीं भाग गया। उसी के चलते अपना लतीफ़ बिगड़ा था। बुरी सोहबत आदमी को कहीं का नहीं छोड़ती।' बेगम ने अन्दर से कहा, 'छुट्टन को सुला दूँ तो खाना परोसती हूँ।'

रात को जब हजरी चमेली के यहाँ पहुँची तो घोर सन्नाटा था। मलबे के भीतर से झींगुरों की लय-बद्ध आवाज उठ रही थी। गली में कहीं रेकॉर्ड बज रहा था—'बेकसों का सहारा हमारा नबी।'

'साहिल की अम्मा,' हजरी ने आवाज़ दी, 'ओ साहिल की अम्मा।'

पास ही कहीं एक कबूतर ने पर फड़फड़ाए। कोई आवाज़ न आई। रिकॉर्ड बज रहा था :

बेकसों का सहारा हमारा नबी।

गली में अन्धकार था। हजरी ने मकान में इतना सन्नाटा आज तक नहीं देखा था। ढिबरी तक नहीं जल रही थी। वह ज़ोर से चिल्लाई, 'चमेली बाई।'

उत्तर वही : 'बेकसों का सहारा हमारा नबी।'

दीवार छूते-छूते वह किसी प्रकार कोठरी में पहुँची। आले में ढिबरी रखी रहती थी। हजरी ने अँधेरे में हाथ थपथपाया तो दियासलाई की डिबिया मिल गई। उसने ढिबरी जलाई। ढिबरी की बीमार, उदास और पीली रोशनी में उसे फर्श पर बीड़ी के मुर्दा पत्तों के अलावा कुछ दिखाई न दिया। छत पर एक लालटेन चुपचाप लटक रही थी। हजरी ने लालटेन भी जला दी। देखा, खटिया पर चमेली बेसुध सो रही थी। लालटेन में शायद तेल कम था, पीली रोशनी के एक भभके के साथ वह बुझ गई। ढिबरी का प्रकाश मुश्किल से ज़मीन तक पहुँच रहा था।

कमरे का सन्नाटा दहशत पैदा कर रहा था। हजरी ने चमेली की तरफ़ देखा तो उसे चमेली का चेहरा बहुत अपरिचित-सा लगा। उसके होठ खुले थे, आँखें पत्थर। चमेली का बूढ़ा चश्मा उसकी गर्दन पर झूल गया था।

'चमेली बाई, क्या हुआ ?'

'बेकसों का सहारा हमारा नबी। बेबकों का सहारा हमारा नबी।'

हजरी ने कन्धे से पकड़कर चमेली को झकझोरा तो वह बेजान बोरे की तरह लुढ़क गई।

हजरी को समझते देर न लगी कि चमेली नहीं रही। उसने दोबारा लालटेन जलानी चाही मगर उसमें तेल नहीं था। हजरी छाती पीटते हुए बाहर की तरफ लपकी कि रास्ते में उसका पैर पत्थर से टकराया और वह औंधे मुँह गिर गई। उसका आगे का एक दाँत दूध के दाँत की तरह टूट गया। हजरी मसूढ़ों पर जुबान फेरते हुए गली की तरफ भागी। नुक्कड़ पर डॉक्टर उस्मान की दुकान थी, मगर वहाँ ताला लटक रहा था। वह दौड़ती हुई लौट रही थी कि उसे इस्माइल खाँ मिल गए, 'हजरी बी का बात है। बदहवास क्यों दौड़ रही हो ?'

'चमेली बाई को कुछ हो गया है,' कहकर वह दोबारा घर की ओर भागी और बीच सड़क पर खड़े होकर अशफ़ाक भाई को आवाज़ देने लगी, 'अशफ़ाक भाई दो ठो मोमबत्तियाँ जल्दी लाओ। चमेली की हालत ठीक नहीं।'

देखते ही देखते चमेली का कमरा पड़ोसियों से भर गया। पास के ढाबे से पेट्रोमैक्स चला आया।

चमेली की लाश को ढाँप दिया गया और लोग उसके किसी रिश्तेदार को याद करने में दिमाग़ खपाने लगे।

'वह उल्लू का पट्ठा साहिल कहाँ है ?'

'लगता है साहिल के ग़म में ही यह चल बसी है,' हजरी बोली, 'दिन-रात उसी के बारे में सोचती थी।'

रात भर बुर्कानशीन औरतें आती जाती रहीं। मगर अज़ीज़न और हजरी रात-भर चमेली के पास बैठी रहीं। एक-एक कर लोग विदा ले रहे थे। अज़ीज़न ने तय किया, उसे कुछ हो, इससे पहले वह बिटिया के हाथ ज़रूर पीले कर देगी। वह अगले रोज़ दोपहर तक भूखी-प्यासी वहीं बैठी रही। दोपहर को जब खबर मिली कि हसीना और साहिल में से किसी का ठौर नहीं मिल रहा तो मैयत उठ गई। चमेली के साथ की औरतों ने मातम करते हुए उसे मार्मिक विदा दी।

चमेली को दफनाकर लोग कब्रिस्तान से लौट आए थे। अज़ीज़न तब भी सूनी निगाहों से गली की ओर ताक रही थी। इसी बीच पूरा माज़ी उसकी आँखों के सामने एक फ़िल्म की तरह गुज़र गया था। शाम को कालिज से लौटकर जब गुल ने अम्मा को यों गुम-सुम खड़ा देखा तो चिन्तित हो गई। अम्मा की आँखें रो-रोकर सुर्ख हो गई थीं। हमेशा की तरह अम्मा से ज़रा हटकर नफ़ीस खड़ा था। भावहीन नफ़ीस।

''अम्मा को चाय-वाय पिलाई कि नहीं ?''

ज़ीभ से नफ़ीस ने 'ट' की ध्वनि की जिसका अर्थ होता है; नहीं।

गुल अम्मा को कन्धों से थामे हुए बैठक तक ले गई।

●●

लतीफ़ को कानपुर में एक कपड़े की मिल में मैकेनिक की नौकरी मिल गई थी। उसके साथ लेथ पर काम करनेवाला एक लड़का गुलाम मुहम्मद पहले से उस मिल में था। गुलाम मुहम्मद ने ही लतीफ़ के लिए एक छोटे-से मकान का इन्तज़ाम भी कर दिया था। लतीफ़ शहर में नया था, कोई भी तकलीफ होती गुलाम मुहम्मद फौरन निदान कर देता। लतीफ़ की शिफ्ट ड्यूटी थी। कभी रात को दो बजे लौटता, कभी सुबह छह बजे। मगर गुलाम मुहम्मद के रहते उसे किसी चीज की चिन्ता न थी, छुट्टी के रोज वे लोग साथ-साथ घूमते। सुबह नाश्ता करते ही निकल जाते ! दोपहर को किसी न किसी सिनेमाघर

में घुस जाते। लतीफ़ को यह नई ज़िन्दगी बहुत अच्छी लग रही थी। हसीना भी उसका बहुत ध्यान रखती। आज तक किसी ने उसकी इतनी चिन्ता न की थी। वह अपने जीवन से बेहद खुश और सन्तुष्ट था। रात को देर तक हसीना उसके पाँव दाबती। हसीना ने इससे पहले कभी घर पर खाना न पकाया था। जल्द ही वह न सिर्फ चपातियाँ सेंकना बल्कि कीमा मटर, दो-प्याज़ा, रोगनजोश बनाना भी सीख गई। वह रसोई में काम कर रही होती तो उसके हाथों की चूड़ियाँ छनकतीं। लतीफ़ को यह सब बहुत अच्छा लगता। हसीना बिल्ली की तरह साफ़ रहती थी। लतीफ़ काम पर चला जाता तो वह देर तक एड़ियाँ रगड़ती, मुँह पर उबटन लगाती। उसकी दुबली बाँहें गुदाज़ हो गई थीं और वह पहचान में न आती थी। दोनों वक्त एक-एक कप दूध भी उसे नसीब हो रहा था। देखते-देखते उसका यौवन कुलाँचे भरने लगा। गाल भर गए। आँखों के नीचे के गड्ढे गायब हो गए और आँखों में जैसे नूर उतर आया। लतीफ़ मुग्ध-सा उसे देखता रहता। हसीना थोड़ा-सा गाना-बजाना भी जानती थी। लतीफ़ कुछ सुनाने को कहता तो वह अपनी पीठ लतीफ़ से टिकाकर अपना प्रिय दादरा सुनाती :

कैसा जादू डारा बलम मतवारे
मदभरे नयन तोरे
हाँ हाँ जोवन के रखवारे
कैसा जादू डारा
बलम मतवारे, बलम मतवारे
तुम्हारी मस्त नज़र मस्तियाँ लुटाती है
दिलो जिगर पै मेरे
बिजलियाँ गिराती है
कैसा जादू
डा ला
बलम मतवारे

एक दिन गुलाम मुहम्मद ने यह दादरा सुना तो बोला, 'भाभी, तुम तो बहुत अच्छा गाती हो। बम्बई में होती तो म्यूजिक डाइरेक्टर तुम्हारे घर का चक्कर लगाते।'

हसीना के लिए यह एक अनोखा अनुभव था। शादी के पहले उसने कभी तारीफ़ ही न सुनी थी, बोली, 'तारीफ़ के लिए शुक्रिया। रियाज़ करूँ तो न जाने कितना अच्छा गाऊँ।'

'सुब्बान अल्लाह, आपने क्या तो जुबान पाई है और क्या सूरत।'

लतीफ़ ने देखा, गुलाम मुहम्मद थोड़ा नशे में था। उसने हसीना को आँख से इशारा किया कि वह उठकर दूसरे कमरे में चली जाए। हसीना लतीफ़ का संकेत न समझी और वहीं खटिया पर बैठ गई, बोली, 'गुलाम भाई, आप शादी कब करेंगे ?'

'कोई लड़की ला दो तो आज ही कर लूँ,' वह हसीना की आँखों में झाँकते हुए बोला, 'अपनी ट्रू कॉपी लाना।'

हसीना खिलखिलाकर हँस पड़ी। लतीफ़ से अब न रहा गया, बोला, 'जाओ हसीना अन्दर जाकर काम करो।'

'हसीना को यहीं बैठा रहने दो, लतीफ़ भाई, हसीना को कहीं मत भेजो।'

'चलो यार पान खा आएँ।' लतीफ़ ने कहा और खड़ा हो गया।

गुलाम मुहम्मद की बाहर जाने की इच्छा न थी। उसे अचानक प्यास लग आई, बोला, 'भाभी, पानी पिला दो, हलक सूख रहा है।'

हसीना फ़ौरन पानी का गिलास ले आई और गुलाम मुहम्मद को पेश किया। गुलाम मुहम्मद एक

ही घूँट में पानी पी गया और हसीना के हाथ थामकर बोला, 'तुम बहुत अच्छी हो हसीना। तुम्हारे हाथ का पानी भी कितना मीठा है।'

लतीफ़ से नज़रें मिलते ही हसीना ने जल्दी से अपना हाथ छुड़ाया और छम-छम करती अन्दर चली गई। आज पहला दिन था कि लतीफ़ को उसके पाजेब की आवाज़ खल गई।

लतीफ़ ने गुलाम मुहम्मद को उठाया और पान खिलाने ले गया। दोनों दोस्तों ने पान खाया। चलने लगे तो गुलाम मुहम्मद ने कहा, 'एक बढ़िया-सी गिलौरी भी लगा दो।'

लतीफ़ को समझते देर न लगी कि गुलाम मुहम्मद गिलौरी किसके लिए ले रहा है।

'हसीना तो पान खाती नहीं।' लतीफ़ ने गुलाम मुहम्मद से पिंड छुड़ाने के बहाने कहा।

'क्या बकवास करते हो,' गुलाम मुहम्मद ने कहा, 'मैंने बीसियों बार उसे गिलौरी खिलाई है।'

लतीफ़ चुप हो गया और चुपचाप गुलाम मुहम्मद के साथ चलता रहा। हसीना दरवाज़े पर ही खड़ी थी, उन्हें देखते ही बोली, 'हमारा पान !'

लतीफ़ ने कोई जवाब न दिया और गुलाम मुहम्मद ने हसीना के सामने अपनी मुट्ठी खोल दी, 'नोश फ़रमाइए।'

हसीना ने पान खाया और गुलाम मुहम्मद के साथ-साथ ही अन्दर चली आई। लतीफ़ दूसरे कमरे में जाकर कपड़े बदलने लगा। अपने घर में गुलाम मुहम्मद की यह घुसपैठ उसे अच्छी न लग रही थी। उसने सोचा, गुलाम मुहम्मद के जाते ही वह हसीना को समझा देगा कि यह सब ठीक नहीं। उसे गुलाम मुहम्मद के सामने नहीं आना चाहिए।

गुलाम मुहम्मद उस दिन ऐसा जमा कि खाना खाकर ही गया। लतीफ़ ने बहुत जम्हाइयाँ लीं, सर-दर्द का बहाना किया, मगर वह टस से मस न हुआ, बोला, 'तुम सो जाओ अगर तुम्हारी तबीयत ठीक नहीं। हम तो आज खाना खाकर ही जाएँगे।'

गुलाम मुहम्मद चला गया तो लतीफ़ ने हसीना को बुलाकर पूछा, 'क्या वह मेरी गैरहाज़िरी में भी घर पर आता है ?'

'हाँ आता है और खूब मन लगाता है। ताश की दो-चार बाज़ियाँ भी खेलता है।'

'तुम इतनी बेवकूफ़ हो, मैंने नहीं सोचा था,' लतीफ़ ने कहा, 'पराए मर्दों के साथ इस तरह अकेले मिलना ठीक नहीं होता।'

हसीना सहम गई, बोली, 'मगर उसने कभी बदतमीज़ी नहीं की।'

'आज बदतमीज़ी नहीं तो क्या कर रहा था। तुमने उसके हाथ का पान क्यों खाया। क्या वह रोज़ पान लाता है ?'

'कभी-कभी लाता है।' हसीना सहम गई। गुलाम दो-एक बार मिठाई भी लाया था। इस वक्त लतीफ़ का मूड देखकर उसने बताना ठीक न समझा।

'अब से वह मेरी गैरहाज़िरी में नहीं आएगा।'

'मैं उसे बुलाने तो नहीं जाती।'

'अब आए तो तुम दरवाज़ा मत खोलना।'

'वह नाराज़ हो जाएगा।'

'होने दो।' लतीफ़ बोला।

हस्बेमामूल अगले रोज़ गुलाम मुहम्मद दोपहर को आया तो हसीना ने सचमुच दरवाज़ा न खोला। वह देर तक दरवाज़ा खटखटाता रहा। उसने सोचा शायद हसीना सो रही है। आखिर वह वहीं घर के बाहर एक पत्थर पर बैठ गया। काफी देर के बाद जब हसीना ने यह देखने के लिए दरवाज़ा खोला कि वह चला गया है या नहीं—तो वह दरवाज़े के बाहर बैठा हुआ बीड़ी फूँक रहा था। हसीना ने उसे देखते ही कपाट बन्द कर लिये। गुलाम मुहम्मद ने समझा कि हसीना ने शायद उसे देखा नहीं।

'हसीना-हसीना।' वह चिल्लाया और दरवाज़ा खटखटाने लगा।

हसीना ने ज़रा-सा दरवाज़ा खोला और बोली, 'गुलाम भाई मेरे सर में बहुत तेज़ दर्द हो रहा है, मैं सोऊँगी।'

गुलाम मुहम्मद ने दरवाजे के दोनों कपाट पकड़ लिये और बोला, 'आपका खादम आपका सर दाब देगा। दवाई ला देगा।' और वह कपाट खोलकर अन्दर चला आया। हसीना अन्दर जाकर खाट पर लेट गई। गुलाम मुहम्मद बजाय कुर्सी पर बैठने के वहीं सिरहाने ही बैठ गया और हसीना का सर दबाने लगा। हसीना हड़बड़ाकर उठ बैठी, 'गुलाम भाई, यह ठीक नहीं है। आप जाइए। मुझे तन्हा छोड़ दें।'

गुलाम मुहम्मद ने हसीना के गाल पर हल्का-सा तमाचा लगाया और बोला, 'मैं तन्हाई से ऊबकर ही तो तुम्हारे पास आता हूँ। घबराओ नहीं लतीफ़ छह से पहले नहीं लौटेगा।'

हसीना खाट से उतरकर खड़ी हो गई। और बाहर उसी पत्थर पर जाकर बैठ गई जहाँ कुछ देर पहले गुलाम मुहम्मद बैठा था। गुलाम मुहम्मद शायद आज भी पीकर आया था। वह वहीं हसीना के बिस्तर पर सो गया। हसीना ने थोड़ी देर तक कोई आवाज़ न सुनी तो अन्दर झाँककर देखा। वह सो रहा था और हल्के-हल्के खर्राटे भी ले रहा था। वह अन्दर तक काँप गई। कल लतीफ़ ने उसे समझाया था और आज ही उससे गलती हो गई।

मगर उसे ज्यादा देर तक घबराहट की स्थिति में न रहना पड़ा। उस दिन लतीफ़ छुट्टी लेकर जल्दी घर चला आया था। दरअसल उस दिन लतीफ़ और गुलाम एक ही शिफ्ट में थे और गुलाम को काम पर न पाकर लतीफ़ के मन में अनायास यह विचार आया कि हो न हो वह हसीना को परेशान कर रहा होगा।

हसीना को पत्थर पर यों पत्थर की तरह बैठे देख लतीफ़ को समझते देर न लगी कि ज़रूर गुलाम ने कोई नाटक किया है।

'क्या गुलाम अन्दर है ?' लतीफ़ ने पूछा।

हसीना ने सारी बात विस्तार से बतलाई। लतीफ़ चिन्ता में पड़ गया। उसने सोचा, उसे फौरन मकान बदल लेना चाहिए। वरना यह शख्स ज़िन्दगी हराम कर देगा।

गुलाम मुहम्मद की दोस्ती से आजिज़ आकर लतीफ़ ने अपने फोरमैन की मदद से मिल के नज़दीक ही एक मकान ठीक कर लिया। लतीफ़ को मालूम था कि गुलाम मुहम्मद और फोरमैन में एक मिनट नहीं पटती। दूसरे, फोरमैन शादी-शुदा आदमी था और उसके तीन बच्चे थे। उसकी बीवी बहुत मिलनसार औरत थी। लतीफ़ के काम से वह यों भी बहुत खुश रहता था। बल्कि यह कहना भी गलत न होगा, जो काम फोरमैन नहीं समझ पाता, लतीफ़ फौरन उसका कोई न कोई हल निकाल लेता।

मकान के लिए लतीफ़ को दो सौ रुपए पगड़ी के रूप में देने पड़े मगर मकान पाकर बहुत खुश हुआ। छोटा-सा दो कमरे का मकान था। अलग-थलग। नल घर के भीतर था, पाखाना भी, बिजली भी। हसीना दिन-भर गुनगुनाती हुई घर में घूमती। इतनी सुविधाएँ और आराम का भोजन पाकर वह वैसे भी मुटाने लगी थी। लतीफ़ खुद उसे आश्चर्य से देखता। नाक में चाँदी का कील रोशनी में उसके गालों पर चकत्ता बना देता। लतीफ़ मुग्ध हो देखता रहता। उसे लगता, उसने घूरे पर से हीरा उठा लिया है।

लतीफ़ चार सौ सत्रह रुपए लाता था और ओवर टाइम में जो कुछ भी मिलता, हसीना के लिए कुछ न कुछ बनवा देता। हसीना के पास कई जोड़े कपड़े हो गए थे। पाँव के लिए जूता कभी नसीब न हुआ था, अब दो-दो थे। बुर्का था। बिस्तर था। इन सुविधाओं के बीच उसे अम्मा की बहुत याद आती। वह चाहती एक बार उसकी अम्मा उसका सुख देख भर ले।

एक दिन लतीफ़ दफ्तर से लौटा तो हसीना चावल बीन रही थी।

'आज तुम्हारे लिए बिरियानी बनाऊँगी। अच्छा हुआ तुम आ गए। जाओ भागकर गोश्त ले आओ।'

'मैं बहुत बुरी खबर लाया हूँ, हसीना,' लतीफ़ बोला, 'तुम्हारी अम्मा का इन्तक़ाल हो गया।'

हसीना के हाथों से चावल का थाल गिर गया और वह वहीं फर्श पर छटपटाने लगी। लतीफ़ को अपनी बेवकूफी पर बहुत अफ़सोस हुआ। उसने बहुत फूहड़ तरीके से खबर दी थी। वह हसीना के मुँह पर पानी के छींटे देने लगा। हसीना की तबीयत पहले ही नासाज़ थी। लतीफ़ ने पड़ोसी को आवाज़ दी और उसकी सहायता से हसीना को उठाकर बिस्तर पर लिटा दिया। उसके दाँत जुड़ गए थे और बदन अकड़ रहा था।

'हसीना ! हसीना ! मेरी तरफ देखो !' लतीफ़ बोला, 'हसीना !'

हसीना ने कुछ देर बाद अपनी निष्प्राण-सी आँखें खोलीं। अम्मा का ख़याल आते ही वह रो-रोकर बेहाल हो गई।

'मैं अभी जाऊँगी, मेरी अम्मा कहाँ गई !'

'अम्मा अल्लाह को प्यारी हो गई,' लतीफ़ बोला, 'तुम हौसला रखो।'

हसीना उसी तरह रोती-छटपटाती रही।

'इस समय हमारा घर लौटना मुनासिब न होगा,' लतीफ़ जैसे अपने आप से बात कर रहा था। फिर खुद ही बोला, 'कोई जान से तो मार नहीं डालेगा। तुमसे निकाह किया है, तुम्हें भगाकर नहीं लाया।'

हसीना कुछ न बोली। वह दीवार की तरफ मुँह कर रोने लगी। उसके दिल में एक टीस-सी उठ रही थी। उसे इस वक्त कुछ भी अच्छा नहीं लग रहा था। उसकी इच्छा थी, किसी तरह उड़कर अम्मा के पास पहुँच जाए। मगर अम्मा अब कहाँ थी ?

'अम्मा का इन्तक़ाल हुए चार-पाँच दिन हो चुके हैं,' लतीफ़ ने बताया, 'आज पड़ोस का एक आदमी मिला था उसी ने बताया।'

लतीफ़ को मालूम था, साहिल भी गायब है, मगर इस वक्त वह एक और बुरी खबर नहीं देना चाहता था।

लतीफ़ हसीना के दर्द को समझ रहा था। इस मनःस्थिति में हसीना बीमार हो जाएगी। आखिर उसने निर्णय लिया कि कुछ दिनों के लिए हसीना के साथ घर लौट चलना ही उचित होगा। हसीना जड़ हो रही थी, लतीफ़ ने घर चलने के लिए कहा तो वह उठकर तैयारी करने लगी। वह जानती थी कि घर लौटना लतीफ़ के लिए ठीक न होगा, मगर कोई उपाय भी नहीं था। वह कम से कम अम्मा की कब्र पर फातिहा तो पढ़ सकती थी।

इकबालगंज लौटकर लतीफ़ और हसीना दोनों बहुत घबराहट महसूस कर रहे थे। वे लोग रिक्शा में बैठकर चौक की तरफ चले तो दिल बैठने लगा। दोनों का बचपन इन्हीं गलियों में बीता था। गलियाँ वैसी ही थीं, जैसी वे छोड़कर गए थे। उतनी ही गन्दी। जगह-जगह मैला उसी तरह बहाया जा रहा था। सड़कें जहाँ से टूटी थीं, वैसी ही पड़ी थीं। उसी तरह जगह-जगह बीड़ी के पत्तों के ढेर लगे थे।

हसीना घर में कदम रखते ही दहाड़ मारकर रोने लगी। पूरा घर उजड़ गया था। कोठरियों के कपाट खुले थे। कुत्ते, बिल्लियाँ और चमगादड़ हसीना की आहट पाकर सक्रिय हो गए।

चारों तरफ मलबा। धूल। मिट्टी। जाले। घर में कोई सामान न था। दीवारें भी जैसे आँसू बहाकर मूक और जड़ हो गई थीं। अम्मा का कोई कपड़ा, घर का कोई बर्तन, यहाँ तक कि साहिल का कोई सामान नहीं था।

हसीना की चीत्कार सुनकर पास-पड़ोस की औरतें चली आईं और उसे धीरज बँधाने लगीं। हसीना की सहेलियाँ उसे कौतुक से देख रही थीं। वह इस घर की लड़की तो लगती ही न थी। उसको रोते देखकर तमाम लोग उसे ढाढ़स बँधाने लगे। अम्मा की कोई तस्वीर भी नहीं थी, जिसे देखकर वह सब्र कर लेती। वह रो-रोकर बेहाल हो रही थी कि अज़ीज़न ने उसे अपने यहाँ बुलवा भेजा। हसीना मुहल्ले

की पहली लड़की थी, जिसने इस माहौल से विद्रोह करके अपने लिए घने जंगलों के बीच एक रास्ता बनाया था। दूसरी लड़की गुल होगी।

अज़ीज़न ने हसीना को देखा तो अपने पल्लू से उसके आँसू पोंछे। हसीना को देखकर वह सचमुच बहुत खुश हुई। हसीना यकायक लड़की से औरत हो गई थी। एक खूबसूरत गृहिणी। हाथ में पर्स था।

'आपको साहिल की कोई खबर है ?' हसीना ने अज़ीज़न से पूछा।

जब साहिल यहीं था तब भी अज़ीज़न को साहिल की कोई खबर नहीं रहती थी।

'रोज़गार के चक्कर में कहीं भटक रहा होगा,' अज़ीज़न बोली, 'मुहल्ले के लोगों ने उसे बहुत परेशान किया। सुनते हैं ज़ैदी साहब ने उसका जीना दूभर कर रखा था।'

हसीना को थोड़ा धीरज हुआ। उसे यही भय था कि निराशा में कहीं वह खुदकुशी न कर बैठा हो।

'चमेली एक नेक दिल औरत थी। मगर खुदा को यही मंजूर था।'

तभी अन्दर से गुल निकल आई। हसीना को देखकर वह चमत्कृत रह गई। हसीना एक रोआब-दाबवाली सम्भ्रान्त महिला लग रही थी। गुल ने उसे बाँहों में ले लिया और उसके पास ही कुर्सी के हत्थे पर बैठ गई।

'तुम तो बहुत खूबसूरत लग रही हो,' गुल बोली, 'चमेली बी तो एकाएक चल बसीं। आज होतीं तो तुम्हें देखकर कितना-कितना खुश होतीं।'

गुल की बात से हसीना की आँखें भर आईं।

'बेटे, जब तक तुम चाहो, यहीं हमारे पास रहो,' अज़ीज़न बोली, 'अगर ससुराल जाना चाहो तो मैं न रोकूँगी।'

'यह तो वही बताएँगे,' हसीना बोली, 'वे अब्बाजान से बहुत डरते हैं, फिलहाल उन्हीं से मिलने गए हैं।'

हसीना ने आँखें उठाकर गुल की तरफ देखा और आँखों में ही बता दिया कि उसका शौहर बेहद अच्छा है और उसे बेहद चाहता है।

हसीना के मैके लौटने की खबर से उसकी हमउम्र सहेलियों में उत्साह की लहर दौड़ गई। वे घर में जिस भेस में बैठी थीं, वैसे ही अज़ीज़न के घर की ओर भागीं, मगर नफ़ीस ने सबको भगा दिया। अगले रोज़ किसी तरह नफ़ीस की चिरौरी करके वे प्रवेश पा सकीं।

हसीना पहचान में नहीं आ रही थी। वह एकदम कोरे कपड़ों में थी। कानों में चाँदी के बड़े-बड़े बुन्दे लटक रहे थे। दुपट्टे पर गोटा लगा हुआ था। नाखून पर पालिश था। बाँहों में चाँदी की चूड़ियाँ थीं। वह एक प्यारी दुल्हन का नक्शा पेश कर रही थी।

हसीना की सहेलियाँ उसे देखकर स्तम्भित रह गईं। तमाम सहेलियाँ उसी लिबास में थीं, यानी मैले-कुचैले कुर्ते-पाजामे में। नंगे पाँव। नंगे सिर। एक चिर-परिचित महक हसीना की नाक में बस गई। पसीने, बीड़ी के पत्तों, तम्बाकू और मैले कपड़ों की मिली-जुली गन्ध, जबकि हसीना के कपड़े इत्र से महक रहे थे। गुलाम मुहम्मद ने उसे कहीं से बम्बई का इत्र लाकर दिया था। हसीना ने जान-बूझकर आज तक इस्तेमाल नहीं किया था। हसीना को अपनी सहेलियों पर बहुत रहम आया। इनका क्या होगा ? भूख, ग़रीबी और निराशा ने बहुत सी लड़कियों को बुरे धन्धे में भी प्रेरित कर रखा था।

'हाय तू कितनी प्यारी लग रही है।' अज़रा ने कहा।

'खुदा करे तुम मुझसे भी सुन्दर निकलो,' हसीना बोली, 'मैं तुम लोगों को रोज कई-कई बार याद करती थी। कभी नहीं सोचा था, दोबारा अम्मा को न देख पाऊँगी।' वह फिर रोने लगी।

तभी हसीना की खोज में लतीफ़ चला आया। वह चाहकर भी घर जाने की हिम्मत न जुटा पाया था। रात उसने अपने एक मित्र फूलचन्द के यहाँ बिताई थी। लतीफ़ को अपने बीच पाकर तमाम

लड़कियों की गर्दनें झुक गईं। वे सहम-सी गईं। लतीफ़ को लगा, ये लड़कियाँ कितनी तहज़ीबयाफ्ता हैं। वह दूसरी घरेलू लड़कियों को भी जानता था कि वे कितनी फोहश हो सकती हैं।'

'कितना अच्छा होता हमारे समाज में कई लतीफ़ होते और हम सबको उड़ा ले जाते और घर बसा लेते।' अज़रा धीरे से बुदबुदाई।

लतीफ़ बोला, 'मैं दावे के साथ कह सकता हूँ तुम लोग कितना सुखी घर आबाद कर सकती हो।'

तमाम लड़कियों के चेहरे पर सुर्खी दौड़ गई। कुछ खाँसने लगीं।

'लतीफ़ भाई शादी मुबारक हो।' अज़रा ने कहा।

'शुक्रिया !' लतीफ़ बोला, 'किसी को मालूम है कि मेरे अब्बाजान और भाई-बहन कैसे हैं ?'

'बखैरियत हैं,' अज़रा ही बोल रही थी, 'आपके छोटे भाई की भी शादी हो चुकी है और आपके अब्बाजान, सुना है, इधर दमे के शिकार हो गए हैं।'

'मैं उन्हें देखने जाऊँगा तो वे मुझे धक्का देकर घर से निकाल देंगे ?'

'खुदा जाने।'

लतीफ़ संजीदा हो गया। उसे अपने अब्बाजान की बहुत याद आई। वह कुछ देर तो टालता रहा, आखिर उससे ज़ब्त न हुआ, वह हसीना को बताकर घर की तरफ़ रवाना हो गया।

लतीफ़ के जाते ही नज़मी बोली, 'लतीफ़ बहुत खूबसूरत नौजवान है अच्छा यह बताओ बिस्तर में कैसा है ?'

हसीना को इस सवाल की अपेक्षा न थी। वह कैसे बताए कि उसका मन कितना उदास है। वह सिर्फ अम्मा की याद में पड़ी रहना चाहती थी। अज़रा और मुन्ना को भी नज़मी की हरकत पसन्द न आई। हसीना शिकस्त न खाना चाहती थी, बोली, 'खुदा का क़रम है। दिन-भर मेरा एक-एक अंग टूटता रहता है।'

लड़कियों के चेहरे सुर्ख हो गए। नज़मा ने शरारत से पूछा, 'हसीना, तेरे पाँव तो भारी नहीं हुए ?'

'देखो नजमा, मैंने बताया तो तुम बहुत बिगड़ जाओगी,' हसीना ने बड़े प्यार से उसका गाल सहला दिया, 'मेरे बस में होता तो मैं आज ही तेरी शादी रचा देती।'

'शादी तुम ज़रूर रचा देना !' नज़मी ने कहा, 'बस एक आख़िरी सवाल का जवाब दे दो। तुम्हारी मुलाकात कितने दिन के बाद होती है। अगर रोज़, तो क्या दिन में एक ही बार !'

हसीना हैरत में पड़ गई। माहौल ने इन लड़कियों को कितना बर्बाद कर रखा है। शरीर से परे ये कुछ सोचती ही नहीं। वह नज़मी को डाँट देती, मगर इन भूखी-प्यासी, बीमार लड़कियों के सामने वह अपने को एक खुशनसीब खातून की तरह भी पेश करना नहीं चाहती थी। उसने बहुत ही प्यार से कहा, 'रोज-रोज की मुलाक़ात भी तो बलायेजान होती है नज़मी।'

लड़कियाँ हसीना की किस्मत से रश्क कर रही थीं। नज़मी ने कहा, 'हसीना हम लोग तो उस दिन सकते में आ गईं, जिस दिन तुम्हारे निकाह की खबर उड़ी। यह जो क़िस्मत नाम की चीज़ होती है, उस पर मैंने उसी दिन भरोसा किया था।'

'मैंने भी।' हसीना बोली, 'उसने कुछ इस तरह से चीज़ें मेरे सामने रखीं कि मैं अम्मा को भूल गई, साहिल को भूल गई। इस वक्त बदनसीब साहिल जाने कहाँ भटक रहा होगा।'

'लोगों ने उसे मसऊद के साथ देखा है,' नज़मी ने बताया, 'और अगर वह मसऊद के साथ है तो ख़ैरियत से होगा। पुलिस के तमाम अफ़सरान मसऊद के दोस्त हैं।'

'पुलिस के ?' हसीना बेतरह डर गई।

'हाँ,' नज़मी ने बताया, 'घबराओ नहीं। पुलिस लोग मसऊद से भी वेतन पाते हैं। ज़ैदी साहब ने उसके साथ बदतमीजी न की होती तो अज़रा उसी से निकाह करती। क्यों अज़रा ?'

'वह लौट आया तो उसी से निकाह करूँगी,' अज़रा ने कहा, 'मुझे वह बेहद पसन्द है। खासकर

उसके गाल का गड्ढा !'

'उसने कभी तुमसे बात की है ?'

'वह इतना शर्मसार है कि बात ही नहीं करता,' अज़रा ने कहा, 'मगर अल्लाह ने चाहा तो वह जरूर लौटेगा।'

अज़ीज़न दूसरे कमरे से लड़कियों की बातचीत सुनकर गुस्से से तमतमा रही थी। दरअसल तमाम लड़कियाँ किसी तरह हिम्मत जुटाकर अज़ीज़न के यहाँ चली आई थीं। गुल को अपने कमरे में देख अज़ीज़न ने राहत की साँस ली और नफ़ीस को इशारे से ही बता दिया कि छोकरियों को भगा दे।

लतीफ़ सकुचाते हुए अपने घर पहुँचा तो दीया-बत्ती का समय हो चुका था। वह लोगों से आँख बचाता हुआ सीधा अपने घर में घुसा। घर के बाहर एक खटिया थी, हुक्का भी रखा था। इसका अर्थ था, उसके अब्बा कहीं आसपास ही हैं।

घर में घुसते ही उसकी नज़र अपनी बहन पर पड़ी। वह एक कोने में नमाज़ पढ़ रही थी। उसके पास ही उसके छोटे भाई-बहन नंगे बदन एक-दूसरे के पीछे भाग रहे थे। एक भाई को पोलियो हो गया था। वह कूल्हे सरकाता हुआ लतीफ़ के पीछे हो लिया। अम्मा अन्दर थी, कोठरी में। लतीफ़ को यह समझते देर न लगी कि अम्मा के पैर फिर भारी हैं।

यह लतीफ़ की तीसरी माँ थी। उसकी अम्मा का बहुत पहले, जब वह एक बरस का था, तपेदिक से देहान्त हो गया था। जल्दी ही दूसरी अम्मा घर में आ गई। उस औरत ने आते ही लतीफ़ और दोनों भाइयों का घर में रहना मुहाल कर दिया था। अब्बाजान बड़ी बेशर्मी से हर वक्त ज़नानखाने में घुसे रहते। वह औरत प्रथम प्रसव में ही चल बसी। तीसरी अम्मा अब तक सात बच्चे पैदा कर चुकी थी। लतीफ़ को लगता जैसे वह बच्चे पैदा करने ही आई है। लतीफ़ ने उसे बहुत कम चलते-फिरते देखा था। ज़ुम्मेरात को वह मजार तक ज़रूर जाती, शायद और बच्चों के लिए दुआ माँगने।

लतीफ़ सीधा कोठरी में घुस गया।

'तवायफ़ की बेटी के साथ खुश हो ?' अम्मा ने लतीफ़ से पहला सवाल किया।

'बेहद खुश हूँ,' लतीफ़ बोला, 'आपकी तबीयत तो ठीक है ?'

'तुमने अपने अब्बा को खूब धोखा दिया। कमाने लायक होते ही अब्बाजान को धता बता दी। देख रहे हो न कि तुम्हारे भाई-बहन किस हालत में हैं। किसी के पास न कपड़ा है, न लत्ता।'

'बच्चों के लिए मैं कपड़े-लत्ते लाया हूँ।' लतीफ़ ने हाथ का पैकेट अम्मा के बिस्तर पर रख दिया और अम्मा के बिस्तर पर लेटे एक बरस के मरियल-से बच्चे को गोद में उठा लिया। पूरा कमरा पेशाब से महक रहा था। बच्चा पेशाब से सराबोर था। लतीफ़ की नाक में पेशाब की तीखी गन्ध घुसती चली गई। लतीफ़ को मालूम है कि बिस्तर के कपड़े बरसों नहीं धोए जाते। बदबू नाकाबिले बर्दाश्त होने लगती है तो कभी-कभी धूप में फैला दिए जाते हैं। इनमें जैसे एक नहीं अनेक पीढ़ियों का मूत महकता था।

'बड़ा प्यारा है, क्या नाम रखा है इसका ?'

'अज़हर !' अम्मा जल्दी-जल्दी कपड़ों को उलट-पुलट रही थीं। अम्मा की एक ही आवाज़ से बच्चों की सारी पलटन अन्दर घुस आई। तमाम बच्चों ने अपने-अपने आकार के कपड़े पहन लिये। लतीफ़ चुपचाप एक कोने में खड़ा यह सब देख रहा था। मैले-कुचैले बच्चे, नए-नए कपड़े पहनकर मटकने लगे। उसकी छोटी बहनें भी खुशी से फूली न समा रही थीं और अपने भाइयों के साथ-साथ मटकने लगीं :

साला, मैं तो साहब बन गया।

इतने में दो बच्चे बदहवास-से पतंग थामे हुए कोठरी में दाखिल हुए।

'हमारा कपड़ा कहाँ है ?'

'तुम लोगों के लिए मैं इससे बेहतर कपड़े लाऊँगा।' लतीफ़ बोला।

मगर इस बीच बच्चों में छीना-झपटी शुरू हो गई थी। असगर की कमीज तार-तार हो गई। वह

चिल्लाते हुए ज़मीन पर सर पटकने लगा। ताहिरा के कुर्ते का बटन टूट गया और उसने आसमान सर पर उठा लिया। लतीफ़ को यह सब बेहद बुरा लगा। उसने बच्चों को एक-एक रुपया देकर बहलाना चाहा, मगर नाकामयाब रहा।

तभी बाहर से अब्बाजान की आवाज़ सुनाई दी, 'यह सब क्या हो रहा है ?'

'आपके साहबज़ादे तशरीफ़ लाए हैं।' अम्मा ने खटिया से उठते हुए कहा।

लतीफ़ के अब्बा कमर पर दोनों हाथ रखकर भिड़न्त की मुद्रा में लतीफ़ के सामने आकर खड़े हो गए।

'आपको शर्म नहीं आई इस घर में कदम रखते हुए।' अब्बा ने पूछा। चाहते हुए भी वह 'तुम' का इस्तेमाल नहीं कर पा रहे थे।

'आपसे मिलने की ख्वाहिश खींच लाई।' लतीफ़ ने मुख्तसिर जवाब दिया।

आसपास बच्चों को नए-नए कपड़े पहने देखकर उनका पारा तेज़ रफ्तार से नीचे की तरफ़ गिर रहा था। लतीफ़ ने कहा, 'अम्मा के लिए मैंने बहुत प्यारा बुर्का बनवाया है। चलने तक तैयार न हो पाया, मुझे बहुत अफ़सोस है। आपके लिए हुक्का लाया हूँ और यह लुंगी।'

बुर्के की बात सुनकर और हुक्का पाकर अम्मी और अब्बाजान दोनों लतीफ़ के प्रति विनम्र हो गए। अम्मा ने कहा, 'बुर्का लट्ठे का है ?'

'नहीं, टेरीकाट का,' लतीफ़ बोला, 'मुहल्ले में और किसी औरत के पास न होगा।'

अब्बाजान ने उसे बाजू से पकड़ा और अपने साथ मर्दाने में ले गए। एक तख्त पर उसे बैठा दिया और बोले, 'देखो बेटे, मैं तुम्हें रेलवे में भरती करा ही देता मगर मुझे लगता है कि तुम आज़ाद खयाल के आदमी हो। तुम्हें मजबूर करना भी मुझे ठीक न लगा। मगर तुमने एक तवायफ़ की बेटी से निकाह करके पूरे खानदान की इज़्ज़त धूल में मिला दी।' अब्बाजान की आँखें डबडबा आईं, 'ज़ैदी साहब अपनी बिटिया से रिश्ता तय करना चाहते थे। तुमने तो मुमताज़ को देखा होगा। अब एक इंजीनियर के साथ उसका रिश्ता तय हुआ है और ज़ैदी साहब ने अटालावाला तिमंजिला मकान उसके नाम कर दिया है। मेरी उम्मीदों का चिराग तुम्हीं थे और तुमने मुझे ऐसा तगड़ा सबक दिया कि मैं ज़िन्दगी भर याद रखूँगा। जब तक दूसरे लड़के कमाने लायक होंगे, मैं न रहूँगा।'

अब्बाजान ज़ज़्बाती हो रहे थे। लतीफ़ के लिए तय करना मुश्किल हो गया कि क्या यह वही शख्स है जो अभी थोड़ी देर पहले कमर पर हाथ रखकर आक्रामक मुद्रा में खड़ा था। लतीफ़ ने कहा, 'अब्बाजान, हसीना भी मेरे साथ घर आना चाहती थी, मेरा ही हौसला नहीं पड़ा उसे लाने का।'

अब्बाजान हसीना की बात भी नहीं करना चाहते थे। पूछा, 'कब तक के लिए आए हो ?'

'रात की गाड़ी से वापस जाऊँगा,' लतीफ़ बोला, 'आप लोग कभी कानपुर आइए। मैं सोचता हूँ, हैदर को अपने साथ ले जाऊँ। घर के पास ही एक मदरसा है, दाखिल करवा दूँगा।'

अब्बाजान ने कोई जवाब नहीं दिया। कुछ देर अपनी खिचड़ी दाढ़ी खुजाते रहे, फिर बोले, 'इस पर ग़ौर करूँगा।'

लतीफ़ को उम्मीद नहीं थी, उसे घर में इतनी देर लग जाएगी। उसका खयाल था अब्बाजान उसे देखते ही भड़क जाएँगे और उसे दुत्कार देंगे। वह इसके लिए तैयार होकर आया था। लतीफ़ की जेब में सौ-सौ के दो नोट थे। उसने एक नोट अब्बाजान की नज़र किया, 'बच्चों को मिठाई वगैरह खिला देंगे। खुदा हाफ़िज़ !'

'खुदा हाफ़िज़ !' अब्बाजान ने नोट पकड़कर तहमद में खोंस लिया और दरवाज़े तक उसके साथ आए।

अब्बास साहब लतीफ़ को विदा करके सीधे ज़नानखाने में घुस गए, 'मेरा लड़का बुरा नहीं है मगर न जाने कैसे तवायफ़ के चक्कर में पड़कर बर्बाद हो गया। देखो जाते-जाते सौ रुपए और थमा गया।'

अम्मा जो बार-बार म्यान से तलवार निकाल रही थी, म्यान समेटते हुए बोली, 'उस तवायफ़ ने इसका दिमाग खराब न किया होता तो आज हमारे लिए कितना बड़ा सहारा होता।'

'अज़हर की अम्मा तुम घबराओ नहीं, उसे रास्ते पर लाना हमारा फ़र्ज है।'

लतीफ़ और हसीना लौटे तो दोनों उदास थे। हसीना को रह-रहकर अम्मा का और साहिल का ध्यान आता। वह मुहल्ले में हर किसी से कह आई थी कि साहिल के लौटते ही उसे खबर देना न भूलें ! उसे लग रहा था कि उसका पूरा घर जैसे लुट गया है। खंडहर की शक्ल में मकान रह गया था, जिसमें घुसते ही डर लगता था।

एक दिन दोपहर में हसीना लेटी हुई थी कि अचानक गुलाम मुहम्मद आ टपका। उसे भी हसीना की माँ के इन्तकाल की खबर लगी थी। हसीना चुपचाप बैठी रही।

'आपकी अम्मा के इन्तक़ाल की खबर से मुझे गहरा सदमा पहुँचा है।' गुलाम मुहम्मद बोला।

हसीना को गुलाम मुहम्मद की उपस्थिति बहुत नागवार गुजरी। और कुछ न सूझा तो रोने लगी।

'रोने से अब वह वापस तो आएँगी नहीं। क्यों रो-रोकर अपने को बेहाल कर रही हो।' गुलाम मुहम्मद ने हमदर्दी दिखाई।

हसीना ने उसकी तरफ़ ताका भी नहीं।

'सुनते हैं तुम्हारी अम्मा अपने वक्त की बहुत मशहूर तवायफ़ थीं।' गुलाम मुहम्मद ने कहा।

हसीना को अम्मा के लिए यह सब सुनना बहुत अटपटा लग रहा था।

'गुलाम भाई आप तब आया करें जब लतीफ़ घर पर हों।' उसने किसी प्रकार अपने मन की बात कह दी।

'तुम मुझे सरासर ज़लील कर रही हो।' गुलाम मुहम्मद ने कहा।

'आप मुझे इसी तरह परेशान करेंगे तो हम लोग दोबारा मकान बदल लेंगे।'

'तुम कितने भी मकान बदल लो, कितने भी शहर बदल लो, मैं तुम्हारा साथ न छोड़ूँगा। मैं तुम्हारे इश्क में बर्बाद हो चुका हूँ। मैं तुम्हारे बग़ैर ज़िन्दा न रहूँगा।'

'आप अफ़सोस ज़ाहिर करने आए थे। उसके लिए शुक्रिया।'

'क्या ग़जब की बेरुखी है !' गुलाम बोला, 'इस बेरुखी पर ही मर मिटूँगा।' गुलाम मुहम्मद के मुँह से कच्ची शराब की गन्ध आ रही थी। हसीना से यह गन्ध बर्दाश्त न हुई तो वह वहीं कमरे में कै करने लगी। हसीना की हालत देखकर गुलाम मुहम्मद का मज़ा किरकिरा हो गया। वह जिस तरह झूमता हुआ दाखिल हुआ था, उसी प्रकार झूमता हुआ बाहर निकल गया। हसीना रोने लगी। उससे गुलाम मुहम्मद की यह क्रूरता भी बर्दाश्त न हो रही थी कि वह कैसे उसे यों कै करते हुए उसी के भरोसे छोड़कर चला गया।

शाम को लतीफ़ लौटा तो उसने गुलाम मुहम्मद के बारे में बताया। लतीफ़ कारखाने से ही खिन्न लौटा था। गुलाम मुहम्मद ने तमाम साथियों में इस बीच प्रचारित कर दिया था कि लतीफ़ ने एक तवायफ़ से निकाह कर लिया है। यह ख़बर फ़ोरमैन तक भी पहुँच चुकी थी। फ़ोरमैन की लड़की जवान हो रही थी, उसने सोचा कि बगल में एक तवायफ़ को मकान दिलाकर उसने शायद अच्छा काम नहीं किया। उसने लतीफ़ से बात की तो लतीफ़ ने बताया कि उसे इन तमाम झूठी बेबुनियाद और दकियानूसी बातों पर नहीं जाना चाहिए।

लतीफ़ ने अभी लौटकर कपड़े भी तब्दील न किए थे कि उसके पीछे-पीछे उसके साथ काम करनेवाले उसके तीन-चार साथी चले आए। हसीना ने जल्दी से सबके लिए चाय बनाई। वे लोग कारखाने की यूनियन की बातें करते रहे। किसी ने हसीना के बारे में कोई जिज्ञासा प्रकट न की।

मगर ज्यों ही लतीफ़ उन्हें विदा करके लौटा, उसे अपनी पीठ पीछे एक ठहाका सुनाई दिया। उसे हल्की-सी शंका हुई कि वे लोग कहीं उसके बारे में कोई बात न कर रहे हों। वह दूसरी सड़क से घूमकर

उन लोगों के पीछे हो लिया।

'तवायफ़ है तो क्या हुआ, माल बहुत ज़ोरदार है।' किसी ने कहा।

'तवायफ़ तवायफ़ ही रहेगी। अभी देखना चकला चालू हो जाएगा। मिलवालों को बहुत तकलीफ़ थी, शायद इसीलिए मिल के नज़दीक मकान ले लिया।'

'मुझे तो लतीफ़ भी शक्ल से दल्ला नज़र आता है।'

'अरे बकवास बन्द करो,' किसी ने कहा, 'आओ आज हसीना के नाम के ही दो घूँट ले लें।'

वे तमाम लोग लतीफ़ के साथ के लोग थे। उसे उम्मीद नहीं थी, ये लोग इतने गिरे हुए लोग हैं। वह वहीं से वापस हो गया और लौटकर एक कटे पेड़ की तरह बिस्तर पर गिर पड़ा। उसे लगा जैसे पूरी दुनिया उसका मज़ाक उड़ाने पर तुल गई है। उसने घर लौटकर खाना भी न खाया और यों ही रात-भर करवटें बदलता रहा। हसीना की अपनी तबीयत नासाज़ थी। दोनों उसी तरह भूखे पेट सो गए।

दूसरे दिन लतीफ़ कारखाने नहीं गया। वह इस बीमार माहौल से बाग़ी हो जाना चाहता था। इतने गिरे हुए लोगों के बीच साँस लेना भी उसे दुश्वार लग रहा था।

'मैं सोचता हूँ, नौकरी छोड़ दूँ।' उसने हसीना से कहा।

'नौकरी छोड़ दोगे तो गुज़र कैसे होगा ?'

लतीफ़ अपने हाथों की तरफ़ देखने लगा, बोला, 'देखो हसीना, इन हाथों में बहुत ताकत है। ये हाथ लोहे में जान डाल देते हैं। ये हाथ कोई भी हुनर दिखा सकते हैं। मगर मैं कमीनों के बीच ज़िन्दा नहीं रह सकता। मुझे अपने हाथों के हुनर पर पूरा भरोसा है। यहाँ तो मुझे अपने चारों तरफ़ खूँखार भेड़िए दिखाई दे रहे हैं। ये लोग तुम्हें नोंच खाना चाहते हैं। तुम्हारे लिए इनके दिल में न इज़्ज़त है, न लिहाज है, न हमदर्दी।'

हसीना यह सब सुनकर चकित रह गई, 'मैंने तो ऐसा कुछ नहीं किया कि तुम मुझसे इस तरह की बातें करो।'

'मैं नाराज़ नहीं। जाने आज लोग तुम्हारे बारे में क्या-क्या बातें कर रहे थे।'

हसीना को अचानक बहुत असुरक्षा महसूस हुई। लोग उसके पीछे क्यों पड़ गए हैं।

'मगर सोचता हूँ, भागना शुरू किया तो ज़िन्दगी-भर भागता ही रहूँगा,' कुछ सोचते हुए लतीफ़ बोला, 'मैं यहीं रहूँगा और इन बदमाशों का डटकर मुकाबला करूँगा। देखता हूँ कौन माई का लाल मेरा बाल भी बाँका करता है।' वह दिन भर इसी दिशा में सोचता रहा।

शाम को उसके दोस्त फिर चले आए।

'क्यों भाई आज काम पर क्यों नहीं आए ?'

लतीफ़ कुछ कहता इससे पहले ही किसी ने कहा, 'इतनी खूबसूरत बीवी को छोड़कर लतीफ़ भाई गुस्ल तक कैसे जाते हैं, हमारी समझ में नहीं आता।'

लतीफ़ ने इतने लोगों के बीच उत्तेजित होना ठीक न समझा। वह उनके साथ-साथ हँसने लगा, बोला, 'बीवियाँ दो तरह की होती हैं। एक वे जो घर से जाने नहीं देतीं और दूसरी वे जो घर में घुसने नहीं देतीं।'

सब लोगों ने ज़ोरदार ठहाका लगाया। असलम बोला, 'भई क्या खूब बात की है। हमारी बेगम तो सचमुच दूसरी तरह की हैं। अव्वल तो उसे देखकर घर में घुसने की तबीयत ही नहीं होती और खुदा न खास्ता घुस ही जाते हैं तो पाजामा छूते ही हामिला हो जाती है।'

सब बेशर्मी से ठहाके लगाने लगे। इत्तिफाक था, हसीना आसपास नहीं थी। लतीफ़ नहीं चाहता था कि ये लोग उसकी उपस्थिति में फ़ोहश बातें करें। उसने किसी तरह उन लोगों को बाहर ढाबे पर चाय पीने के लिए राज़ी किया और उनके साथ ही बाहर निकल गया। उसकी समझ में नहीं आ रहा था कि वह इन हालात का कैसे मुकाबला करे।

हसीना का ससुराल था न मैका, वह उसे कहाँ छिपा ले ? वह खामोश ग़मगीन उन लोगों के साथ चाय पीता रहा। उसे लग रहा था, हसीना से निकाह करके उसने अपने ऊपर बहुत बड़ी ज़िम्मेदारी ले ली है। वह अपनी ज़िम्मेदारी को अन्त तक निबाहेगा। हसीना से उसे बेपनाह मुहब्बत थी। उसके बग़ैर ज़िन्दगी का कोई मकसद दिखाई नहीं दे रहा था।

दूसरे दिन उसने अपने अब्बा को पत्र लिखा कि वह अपने भाई हैदर को अपने साथ रखके पढ़ाना चाहता है। इससे वह कम-अज़-कम एक ज़िम्मेदारी से तो मुक्त हो सकेगा और उसे भी अपना फ़र्ज सरअंज़ाम देने की तस्कीन मिलेगी।

हैदर लतीफ़ से सात-आठ बरस छोटा था। स्वभाव से वह बहुत ही गम्भीर और पढ़ने में बहुत ही फिसड्डी था। हैदर के आने से वह अनेक दुश्चिन्ताओं से मुक्त हो जाएगा। इधर हसीना की वजह से वह ओवरटाइम भी न कर पा रहा था। उसे हर वक्त यही लगा रहता कि न जाने कौन उसके दर पर बैठा हो। भाई के आ जाने से यह चिन्ता तो न रहेगी। लतीफ़ ने तैश में आकर खत तो लिख दिया था; मगर अपने अब्बा हुजूर की प्रतिक्रिया के बारे में आश्वस्त नहीं था। रेलवे में काम करते-करते उनका दिमाग़ भी एक ही पटरी पर चलने लगा था, जिधर का सिगनल मिल जाए। हैदर चूँकि दूसरी बीवी से था, इसलिए वह आशा कर रहा था कि उसकी छोटी अम्मा ठीक सिगनल दे देगी। उसने हसीना से इसका ज़िक्र तक न किया। वह विश्वासपूर्वक कुछ भी कहने की स्थिति में नहीं था, अब्बा हुज़ूर उसके खत का जवाब देने की ज़हमत भी उठाएँगे या नहीं।

लतीफ़ तीन दिन बाद काम पर गया था। रात की पारी थी। रात के ग्यारह बजे के करीब किसी ने अचानक लतीफ़ के घर का दरवाज़ा खटखटाया। लतीफ़ की ड्यूटी रात दो बजे खत्म होती थी। हसीना घर पर अकेली थी। वह एकदम दहशत में आ गई। दरवाज़ा खटखटाए जाने से वह समझ गई थी कि यह लतीफ़ की दस्तक नहीं है। वह उस वक्त गहरी नींद में थी जब उसने पहली बार दरवाज़ा पीटे जाने की आवाज़ सुनी। वह हड़बड़ाकर उठी और घड़ी देखकर इस नतीज़े पर पहुँच गई कि लतीफ़ इतनी आकुलता से कभी दरवाज़ा नहीं खटखटाता। दरवाजे के बाहर देखने का कोई साधन नहीं था। एक खिड़की थी, जिसे खोलने की हिम्मत उसमें नहीं थी। वह कुछ देर तक तो अशान्त रही, बाद में यह सोचकर रजाई में दुबक गई कि ड्यूटी से लौटकर लतीफ़ ही उस आदमी से निपट लेगा। थोड़ी देर बाद उसने महसूस किया कि बाहर एक नहीं कई लोग हैं। उसने सोचा लतीफ़ की मिल के तमाम गुंडे एक साथ चले आए हैं। उसका रंग ज़र्द पड़ गया और भय से उसकी साँस फूलने लगी। पेट में बहुत जोर से दर्द उठा और आँखों के सामने अँधेरा छा गया।

'या अल्लाह ! ये लोग मुझे तबाह करने पर क्यों आमादा हैं ?' वह अल्लाह मियाँ की याद में डूबने की कोशिश करने लगी। मगर लोग थे कि दरवाज़ा पीटे चले जा रहे थे। हसीना को लग रहा था, इस माहौल में लतीफ़ भी आएगा तो वह बहुत सोच-समझकर ही दरवाज़ा खोलेगी। धीरे-धीरे शोर मद्धिम पड़ने लगा। कुछ देर बाद पूर्ण शान्ति हो गई। जैसे कोई अन्धड़ आया और आकर निकल गया। हसीना एक डरी हुई कबूतरी की तरह दोबारा सोने का उपक्रम करने लगी।

ठीक समय पर लतीफ़ की दस्तक हुई। वह इस दस्तक को पहचानती थी। एकदम रजाई में से खरगोश की तरह से निकलकर उसने दरवाज़ा खोल दिया। लतीफ़ ही था। वह आज बहुत खुश था। उसने आज मिल में एक करिश्मा कर दिखाया था। एक मशीन अचानक जाम हो गई थी। उसने ज़रा-सी अक्लमन्दी से मशीन चालू कर दी थी। फ़ोरमैन ही नहीं, इंजीनियर लोग भी उसकी काबलियत का सिक्का मान गए थे और इंजीनियर ने उसे इशारों में बताया था कि लतीफ़ जल्दी ही फ़ोरमैन होने जा रहा है। यानी दो सौ पचास रुपए की ऊँची छलाँग।

हसीना ने दरवाज़ा खोला तो लतीफ़ ने उसे अपनी आगोश में लेकर दाब लिया। हसीना बहुत डरी हुई थी, 'आज रात-भर गुंडे परेशान करते रहे !'

लतीफ़ का उत्साह भंग हो गया, बोला, 'क्या कह रहे थे ?'

'मैं क्या जानूँ क्या कह रहे थे, लगातार दरवाज़ा पीट रहे थे और आवाज़ें कस रहे थे।'

लतीफ़ बेहद उदास हो गया। उसके अब्बा ने भी कोई जवाब न दिया था। वह निढाल-सा बगैर कपड़े तब्दील किए कुर्सी पर बैठ गया और बोला, 'हसीना, आज मैं बेहद खुश लौटा था।' लौटते हुए वह कैंटीन से हसीना की पसन्दीदा बंगाली मिठाई भी ले आया था, जो उसने बेरुखी से ताक पर रख दी।

'गुंडे हमारे पीछे क्यों पड़ गए हैं ?'

'गुंडे तुम्हारे माज़ी के पीछे हैं। एक तवायफ़ की बेटी को वे तवायफ़ की शक्ल में ही देखना चाहते हैं।'

तभी दरवाजे पर खट-खट शुरू हो गई। लतीफ़ ने आव देखा न ताव, फौरन दरवाज़ा खोलकर पहलवान की तरह बीचोबीच खड़ा हो गया ।

बाहर फ़ोरमैन खड़ा था।

'आपके अब्बा हुजूर घंटों दरवाज़ा पीटते रहे। दरवाजा न खुला तो मैं उन्हें अपने घर लिवा ले गया,' फ़ोरमैन ने बताया, 'वह सफ़र में थककर आए थे और इस वक्त मेरे घर पर आराम फ़रमा रहे हैं।'

लतीफ़ बहुत खुश हुआ। फ़ोरमैन से भी पहले उसके घर पहुँच गया। दरवाज़े के पास ही अब्बा हुजूर का सामान रखा था। वह भागा हुआ गया और बच्चों की तरह अब्बाजान से लिपट गया। उसने देखा उनके साथ ही उसका छोटा भाई हैदर लेटा हुआ था।

लतीफ़ अपने अब्बा और भाई को बहुत आदरपूर्वक घर ले आया। हसीना उसी समय नाश्ता तैयार करने में जुट गई।

'मकान ढूँढ़ने में कोई तकलीफ़ तो नहीं हुई ?'

'मकान तो मिल गया था, मगर मकान पर पहुँचने के बाद बहुत तकलीफ़ हुई। दुल्हन ने दरवाज़ा ही न खोला,' अब्बा हुजूर ने कहा, 'मगर मैं बहुत खुश हुआ कि दुल्हन इतनी समझदार है, वरना तुम्हारी ज़िन्दगी तो बर्बाद हो जाती।'

लतीफ़ क्या बताता कि उसे इस बीच कितनी परेशानी उठानी पड़ रही है और उसके दोस्त लोग उसके साथ कैसा सुलूक कर रहे हैं।

अब्बास साहब दो दिन लतीफ़ के यहाँ रहे। हसीना ने उन्हें अपने मधुर व्यवहार से पूरी तरह जीत लिया। उसे लतीफ़ ने बता रखा था कि वे सुबह उठते ही चाय लेते हैं और एकाध घंटे हुक्का पीते हैं। वह उनका हुक्का भर देती। दोपहर के खाने में गोश्त ज़रूर बनता। लतीफ़ का छोटा भाई हैदर रसोई के काम में हाथ बँटाता। वह हाई स्कूल में पढ़ता था। इसी बीच पास के एक स्कूल में उसका नाम भी लिखा दिया गया।

अब्बास साहब लौटते समय हसीना को दस का एक नोट भी दे गए। लतीफ़ से जो कुछ हो सकता था उसने किया। अम्मा का बुर्का भी सिलकर आ चुका था और छोटे बच्चों के लिए होज़री का सामान वह ले आया था। सब लोग जाकर अब्बा को गाड़ी में बैठा आए।

अब्बास साहब की शख्सियत में ऐसा रुआब था कि लतीफ़ के दोस्तों ने भी उसके घर का रुख करना बन्द कर दिया। एक रोज़ उन्होंने लतीफ़ के अब्बा को बाहर हुक्का गुड़गुड़ाते देखा तो चुपचाप पास से निकल गए। अब्बा हुजूर के चेहरे पर ऐसा जलाल था कि किसी की हिम्मत न पड़ी कि लतीफ़ के बारे में उनसे कोई पूछताछ कर लेता।

भाई के आ जाने से लतीफ़ बहुत निश्चिन्त हो गया। वह जमकर ओवरटाइम करने लगा। उसने

यूनियन के कुछ काम भी अपने ज़िम्मे ले रखे थे। वह अक्सर देर-सबेर ही घर पर आता। लतीफ़ को बहुत अच्छा लग रहा था कि उसका भाई अपनी भाभी के लिए बहुत सहायक सिद्ध हो रहा है। वह हमेशा उसे पढ़ते या काम करते ही देखता। एक छोटी कोठरी उसे दे दी गई थी। उसने अपनी कुर्सी-मेज़ उसी में लगा ली थी। वहीं उसकी खाट थी। पढ़ते-पढ़ते थक जाता तो वहीं सो जाता।

हैदर स्कूल से दो बजे के करीब लौटता। तब तक हसीना घर का काम निपटा लेती। हैदर को खाना देकर वह नहाने चली जाती। घर में कोई गुस्लखाना नहीं था। रसोईघर में नाली के पास एक चादर की ओट में नहाने का इन्तज़ाम था। हसीना कपड़े उतारकर उसी अलगनी पर फैला देती जिस पर चादर लटकाई गई थी। एक दिन हसीना नहा रही थी कि उसने देखा हैदर दरवाज़े के पास खड़ा चादर के कोने से पूरी एकाग्रता से उसे देख रहा है। हसीना सटपटाकर रह गई। वह तुरन्त तय न कर पाई कि उसे क्या करना चाहिए। चादर की ओट में जितना हो सकती थी हो गई और जल्द ही पानी डालकर तौलिया खींच लिया।

हैदर को मालूम था कि भाभी ने उसकी चोरी पकड़ ली है। खाना खाते समय उसने बहुत सादगी से कहा, 'भाभी तुम सचमुच बहुत हसीन हो।'

हसीना ने कहा, 'आखिर तुम्हारी भाभी हूँ।'

'हाय कितना अच्छा है तुम मेरी भाभी हो,' वह बोला, 'लोगों की भाभियाँ एक से एक बौड़म होती हैं।'

'अच्छा बहुत हो गया। तुम अपनी पढ़ाई की तरफ़ ध्यान दिया करो।'

लतीफ़ रात देर से लौटा। खाना खाते ही सो गया। रात को भी हसीना को अहसास हुआ कि कोई उन्हें देख रहा है। हसीना का ध्यान हैदर की कोठरी की तरफ गया तो उसने देखा दरवाज़े की ओट में दो आँखें चमक रही थीं।

हसीना ने लतीफ़ को तुरन्त ही इससे आगाह करना मुनासिब न समझा। वह थका हुआ लौटा था और उस वक्त आराम फरमा रहा था। सोचेगा हसीना रोज़ उसकी जान के लिए कोई न कोई बवाल लगाए रहती है। वह खुद ही हैदर को समझा देगी कि उसे एक अच्छे बच्चे की तरह पढ़ाई में ध्यान लगाना चाहिए और इन फिजूल हरकतों से बाज़ रहना चाहिए।

अगले रोज़ वह हैदर के स्कूल से लौटने के पहले ही नहा-धोकर तैयार हो गई। हैदर ने अपना बस्ता कोठरी में पटका और बोला, 'लगता है मुझे आज लौटने में देर हो गई।'

'नहीं तो ?'

'आप आज सब काम निपटा चुकी हैं।'

हसीना उसका अभिप्राय समझ रही थी। न जाने यह पाजी कब से उसे नहाते हुए देखता आ रहा था। उसने कहा, 'तुम्हारी पढ़ाई ठीक चल रही है ?'

'हाँ, ठीक ही चल रही है। मगर मेरा मन बहुत उखड़ा-उखड़ा रहता है।'

'तुम हाई स्कूल कर लो तो तुम्हारी शादी कर दें।'

'शादी तो हम न करेंगे।'

'क्यों, शादी क्यों नहीं करोगे ?'

'हाँ, हम शादी नहीं करेंगे,' हैदर उठा और हसीना के गले में बाँहें डाल दीं, 'हम इसी तरह अपनी भाभी के संग रहेंगे।'

हसीना छिटककर अलग हो गई।

'यह क्या कर रहे हो ? तुम बच्चे नहीं रहे हैदर। तुम्हारे भाई को मालूम होगा तो क्या सोचेंगे ?'

हैदर ने आगे बढ़कर हसीना को अपनी आग़ोश में कस लिया और उसके होंठों को अपने दाँतों में। हसीना एक लाचार मुर्गी की तरह उसकी आग़ोश में छटपटाती रही। हैदर की बाँहों में बला की

ताकत थी। उसने हसीना को उठाकर बिस्तर पर गिरा दिया।

हसीना के मुँह से चीख निकल गई। हैदर ने उसके मुँह में कपड़ा ठूँस दिया और बलात्कार पर उतर आया। हसीना को यह मंजूर नहीं था। उसने पूरी शक्ति लगाकर हैदर को अपने से अलग किया और बदहवासी में दरवाज़ा खोलकर बाहर भागी और घर से कुछ दूर एक पत्थर पर बैठ गई। उसकी साँस बहुत तेज़ चल रही थी। बाल बिखर गए थे। जैसे किसी ने अंग-अंग नोच डाला था। पड़ोस में कोई इतना अभिन्न नहीं था कि वहाँ चली जाती। वह बहुत देर तक बाहर बैठी रही। लतीफ़ के आने में अभी बहुत वक्त था। लतीफ़ को आज की घटना से अवगत कराने का साहस भी नहीं बटोर पा रही थी। लतीफ़ अपने भाई से बेपनाह मुहब्बत करता था और हसीना जानती थी कि भाई के बारे में कुछ भी सुनना वह पसन्द न करेगा।

'या अल्लाह ! मुझे किन गुनाहों की सज़ा दे रहे हो ?' वह बुदबुदाई।

थोड़ी देर बाद गर्दन झुकाए हैदर कमरे से बाहर निकल गया। हसीना ने अन्दर जाकर हाथ-मुँह धोया, बाल सँवारे और बिस्तर पर औंधी लेट गई।

'या खुदा मुझे किन गुनाहों की सज़ा दे रहे हो।' वह घंटों रोती हुई उसी हालत में पड़ी रही। उसे अपनी अम्मा की बहुत तेज़ याद आ रही थी। अम्मा से वह सलाह ले सकती थी कि इन हालात में उसे क्या करना चाहिए। उसका भाई साहिल भी नहीं था, जिसके सामने बैठकर वह कुछ देर रो लेती ! लतीफ़ पर उसे पूरा भरोसा था, मगर वह रोज़-रोज़ के झंझटों से उसका दिल नहीं दुखाना चाहती थी। वह आजकल सोलह-सोलह घंटे काम कर रहा था। लतीफ़ की इच्छा थी कि कुछ पैसे कमाकर ढंग का घर बना ले या अपनी 'लेथ' लगा ले। वह थका हुआ लौटता और हसीना से लिपटकर अपनी पूरी थकान भूल जाता।

लतीफ़ इन दिनों बहुत खुश नज़र आता था। पहली तारीख से उसे फ़ोरमैन बनाया जा रहा था। मिल में वह पहला मैकेनिक था, जो इतनी जल्दी तरक्की कर रहा था। लतीफ़ को मालूम था, उसकी तरक्की से कुछ लोग जलेंगे और उसके बारे में तरह-तरह की अफवाहें उड़ाएँगे। मगर उसे इन सब बातों की परवाह नहीं रह गई थी।

हसीना ने उस रोज़ खाना नहीं खाया। दोपहर-भर यों ही लेटी रही। बीच में उसे खयाल आया, हैदर भूखा होगा, मगर उसका खयाल आते ही वह क्रोध, अपमान और वितृष्णा से छटपटाने लगी।

लतीफ़ ने घर में ऐसा मुर्दा और मनहूस माहौल देखा तो चिन्तित हो उठा।

'क्या हुआ हसीना, तबीयत तो ठीक है ?'

'ठीक नहीं है,' हसीना उठते हुए बोली, 'दोपहर से पेट में दर्द है।'

लतीफ़ ने देखा, हसीना की आँखें सूजी हुई थीं। उसने छूकर देखा, उसका जिस्म अंगारे की तरह तप रहा था।

'तुम्हें बहुत तेज़ बुखार हो रहा है,' लतीफ़ ने कहा, 'चलो जल्दी से कपड़े पहनो और डॉक्टर के पास चलो।'

'मेरी तो आँखें नहीं खुल रहीं,' हसीना बोली, 'तुम घबराओ नहीं, ठीक हो जाऊँगी।'

'हैदर कहाँ है ?'

हैदर लौटकर चुपचाप कोठरी में लेट गया था। लतीफ़ की आवाज सुनकर उठ गया, 'जब से स्कूल से लौटा हूँ, ऐसे ही पड़ी हैं।'

'तुमने हैदर को बताया होता, वह तुम्हारे साथ डॉक्टर के यहाँ चला जाता।'

हैदर अपनी दोनों बाँहें छाती पर लपेटकर खड़ा था, वह मन ही मन बहुत लज्जित हो रहा था।

इस समय वह देखना चाहता था कि हसीना आज की घटना की सूचना भाई को देती है या नहीं।

हसीना तैयार होकर लतीफ़ के साथ डॉक्टर के यहाँ चली गई तो वह निश्चिन्त हुआ। लतीफ़ सुनेगा तो जान से मार डालेगा।

डॉक्टर ने हसीना का गला, नाक, दाँत सब देखे, कहीं इन्फ़ेक्शन नज़र न आया, बोला, 'मौसमी बुखार है। दो-एक दिन में ठीक हो जाएगा।'

लतीफ़ ने हसीना को बहुत हिफ़ाज़त से रिक्शा में बैठाया, जैसे वह काँच की गुड़िया हो और उसके बहुत पास अपना मुँह ले जाकर बोला, 'तुम बीमार या उदास हो जाती हो तो मुझे सारी दुनिया वीरान लगती है।'

हसीना की आँखें भर आईं।

हसीना अब अपने को रोक न सकी। आँसुओं का बाँध टूटकर बह गया। लतीफ़ ने सोचा शायद अपने भाई या माँ को याद करके रो रही है। उसने कहा, 'मैंने कल ही अपने एक दोस्त को चिट्ठी लिखी है कि साहिल का पता दे।'

मगर हसीना बदस्तूर रोती रही। रोते-रोते उसकी हिचकी बँध गई। लतीफ़ को समझते देर न लगी कि बात कुछ और है। हो सकता है किसी पड़ोसी ने कोई बुरी बात कह दी हो या हैदर से ही झगड़ा हो गया हो।

'क्या हैदर से झगड़ा हो गया है ? उसकी बात का बुरा न मानना, अभी बच्चा है।' लतीफ़ ने कहा।

'वह बच्चा नहीं है,' हसीना ने कहा और रोते-रोते कल और आज की घटनाएँ ठीक-ठीक बयान कर दीं।

लतीफ़ ग़मग़ीन हो गया। हसीना यही चाहती थी, बोली, 'मैं इसी से आपको बताना नहीं चाहती थी। मैं आपको यों बेज़ार नहीं देख सकती।'

लतीफ़ की आँखें नम हो गईं। उसे अपने भाई से ऐसी उम्मीद न थी। वह उसे बहुत मासूम समझता था और उसकी हर ज़रूरत की तरफ़ ध्यान दे रहा था। उसके लिए बीसियों रुपए की किताब-कापियाँ खरीद चुका था। दाखिले में पचहत्तर रुपए अलग से खर्च हो गए थे। उसकी इच्छा हो रही थी कि घर पहुँचकर हैदर की ऐसी ठुकाई करे कि उसे ज़िन्दगी भर याद रहे। लतीफ़ का मन भाई की इस बेहूदा हरकत से इस कदर बदज़न हो गया कि वह उसकी सूरत तक देखने को तैयार न था। वह चुपचाप हसीना के साथ रिक्शे पर बैठा रहा। उसका भी सर घूमने लगा था। उसे लग रहा था, हालात नहीं सुधरे तो वह भी जल्द ही बीमार पड़ जाएगा। थोड़ी देर पहले तक उसे भूख महसूस हो रही थी, अब ऐसा लग रहा था, जैसे उसे कभी भूख न लगेगी।

वे लोग चुपचाप बग़ैर एक-दूसरे से बातचीत किए घर पर पहुँचे। हसीना ने दरवाजा खटखटाया तो वह ज़रा से दबाव से खुल गया। अन्दर बिजली जल रही थी, मगर हैदर नहीं था। दोनों ने देखा, हैदर के साथ-साथ उसकी किताबें, कपड़े, बिस्तर सब गायब थे। लतीफ़ ने राहत की साँस ली, बोला, 'अच्छा हुआ बदमाश खुद ही गायब हो गया।'

हसीना ने कहा, 'अकल से रहता तो यहाँ किसी चीज की कमी न थी।'

'ऐसा आदमी ज़िन्दगी में कुछ भी न कर पाएगा,' लतीफ़ ने कहा, 'मुझे अहसास नहीं था कि इस कच्ची उम्र में वह इतना बिगड़ चुका है।'

'मुझे उसके लिए बहुत अफ़सोस है।' हसीना बोली।

'मुझे लगता है तुम्हारी तरह मेरा भी इस भरी दुनिया में कोई नहीं,' लतीफ़ ने एक गहरी साँस छोड़ते हुए कहा, 'मगर यही ग़नीमत है, तुम मेरे लिए बहुत कीमती हो।'

'तुम्हारे अलावा तो मेरा कोई है ही नहीं।' हसीना ने कहा और अपना सर लतीफ़ की छाती से

टिका दिया।

दोनों उस रोज़ बगैर कुछ खाए-पिए सो गए।

'मालूम नहीं, उसके पास रेल का भाड़ा था या नहीं ?' हसीना ने पूछा।

'उस कमीने के बारे में सोचो भी मत,' लतीफ़ ने कहा, 'उसने मेरा जी बहुत दुखाया है।'

घर से पहली चिट्ठी आई थी। हसीना बहुत खुश हुई। उसने जल्दी से लिफ़ाफ़ा खोला, ज़रूर साहिल की कोई खबर आई होगी। मगर चिट्ठी उर्दू में थी। वह हिन्दी तो पढ़ लेती थी मगर उर्दू बहुत मुश्किल लगती थी। उसकी इच्छा हुई पड़ोस में जाकर चिट्ठी सुन आए। मगर पड़ोस में उसकी कोई सहेली नहीं थी और मर्दों के सामने पड़ना उसे मंजूर न था। पड़ोस में एक असलम साहब रहते थे, वे एक बैंक में चपरासी थे, हसीना ने उन्हें कई बार अखबार पढ़ते देखा था। उसकी बीवी सलमा से भी उसकी दुआ-सलाम थी। हसीना ने उनके यहाँ जाने के लिए बुर्का ओढ़ा मगर उतार दिया। उसका मन न हुआ, दहलीज़ के बाहर कदम रखने का। लतीफ़ का इन्तज़ार करने लगी।

लतीफ़ आया तो उसने बहुत चाव से उसे चिट्ठी दी और पूछा, 'किसकी है ?'

'अब्बा हुजूर की है।' लतीफ़ ने कहा और चिट्ठी पढ़ने लगा :

'बरखुरदार !

तुम्हारा भाई सही सलामत घर पहुँच गया है। उसकी बातें सुनकर मुझे गहरा सदमा पहुँचा है। तुम्हारी दुल्हन ने न सिर्फ़ उसे कई रोज भरपेट खाने को नहीं दिया बल्कि उसके ऊपर डोरे डालने भी शुरू कर दिए। वह खानदानी लड़का था वरना तुम्हारी तरह गन्दगी में फँस जाता और तुम्हारी लाडली तवायफ़ की बिटिया मेरा एक और बेटा निगल जाती। मेरा इरादा हो रहा था कि हसीना को घर में दाखिला दे दूँ मगर अब मैं इस नतीजे पर पहुँचा हूँ कि तवायफ़ की लड़की ज़िन्दगी-भर तवायफ़ ही रहेगी...।'

लतीफ़ से आगे खत न पढ़ा गया। उसने खत चिन्दी-चिन्दी कर दिया और बाहर घूरे पर फेंक आया।

हसीना लतीफ़ के चेहरे से ही समझ रही थी कि अब्बा हुजूर ने कोई बहुत कड़वी बात लिख दी है। उसने दोबारा पूछा, 'किसका खत है ?'

'अब्बा हुजूर का,' लतीफ़ बोला, 'उस कमीने हैदर ने अपनी कमीनगी का ही सुबूत दिया है।'

'क्या लिखा है ?'

'लिखा है कि तुम उस पर डोरे डाल रही थीं।'

हसीना चुप रह गई। उसका मन बहुत खराब हो गया।

'लगता है सारी दुनिया हाथ धोकर हमारे पीछे पड़ गई है,' वह बोली, 'हमने कभी किसी का बुरा नहीं किया।'

'हम लोगों ने कभी किसी का बुरा तो नहीं किया, मगर ऐसा काम ज़रूर किया है जो दुनिया को कुबूल नहीं। दुनिया को बदलाव मंजूर नहीं। समाज की कोई भी चूल हिलती है तो पूरा समाज बौखला जाता है।' लतीफ़ कुछ सोचते हुए बोला, 'हम लोगों को किसी ऐसी जगह जाकर बस जाना चाहिए जहाँ कोई तुम्हें पहचानता हो, न मुझे।'

'तुम जहाँ कहोगे, चलूँगी। मेरी ज़िन्दगी ही तुम्हारे दम से है।'

'चश्मे बद्दूर।' लतीफ़ बोला।

लतीफ़ ने हाथ बढ़ाकर हसीना को अपने ऊपर गिरा लिया। वह धीरे-धीरे उसका बदन सहलाने लगा और जहाँ-जहाँ उसके बदन पर कपड़ा नहीं था, चूमने लगा, 'मैं इस बेशर्म समाज से तुम्हें कुबूल

करवा के छोड़ूँगा। फ़िलहाल मैं इसी शहर में खूब मेहनत करूँगा, खूब पैसा कमाऊँगा और फिर तुम्हें लेकर दिल्ली या बम्बई चला जाऊँगा। वहाँ नए सिरे से हम लोग ज़िन्दगी की शुरुआत करेंगे।'

●●

चकैया नीम के पास एक चमचमाती कार रुकी। ड्राइवर ने उतरकर पीछे का दरवाज़ा खोला। एक खद्दरधारी वृद्ध सज्जन छड़ी के सहारे कार से उतरे।

सूरज डूब चुका था। इसके बावजूद बच्चा लोग अहाते में क्रिकेट खेल रहे थे। गेंद दिखाई देनी बन्द हो गई तो उन्होंने खेल स्थगित कर दिया। वे लोग नई तरह की कार देखने में मशगूल हो गए।

खद्दरधारी सज्जन को टॉर्च की रोशनी दिखाता हुआ उनका साथी आगे-आगे चल रहा था। खद्दरधारी सज्जन ने सौ-दो सौ मीटर का रास्ता बड़ी मुश्किल से तय किया। अज़ीज़न के दुमंज़िले के पास पहुँचकर टॉर्च लिये हुए सज्जन रुके। उन्होंने ज़ीने पर टॉर्च की रोशनी की तो नफ़ीस दिखाई दिया।

नफ़ीस भागकर नीचे आया और बहुत अदब से खद्दरधारी सज्जन को आदाब अर्ज़ किया। उसने उन्हें बहुत एहतियात से कन्धे से कपड़ा और ज़ीना चढ़ने में उनकी मदद करने लगा। नफ़ीस ने उन्हें बैठक में बैठाया और अज़ीज़न को उनके पधारने की सूचना दी। अज़ीज़न के चेहरे पर हल्की-सी मुस्कुराहट खेल गई।

वह भागती हुई कमरे में दाखिल हुई, 'ज़हे किस्मत ! आज इधर की राह कैसे भूल गए। इस नाचीज़ की आज यकायक कैसे याद आ गई ?'

'बहुत दिनों से तुम्हारा दीदार हासिल करने की तमन्ना थी,' खद्दरधारी सज्जन ने अपने साथी से कहा, 'तुम जाकर कार में बैठो।'

नफ़ीस भी उसके साथ उतर गया।

'कैसी हो ?'

'इनायत है।'

'वैसी ही दिखती हो आज भी।'

'आपकी जर्रानवाज़ी है।'

'वही अदाएँ हैं। वैसी ही आवाज़। क्या आज भी रियाज़ चलता है ?' खद्दरधारी सज्जन ने अत्यन्त आशिकाना नज़रों से अज़ीज़न की तरफ देखा और छड़ी हिलाने लगे।

'रियाज़ ही ज़िन्दगी है,' अज़ीज़न ने कहा, 'आप तो बहुत बड़े आदमी हो गए इस बीच।'

'तुमने कभी याद न किया।' खद्दरधारी सज्जन ने जेब में हाथ डाला और वहीं पड़ा रहने दिया। जैसे जेब में पहुँचते ही उनके हाथ को लकवा मार गया हो।

'भूलकर देख लिया और याद करके भी। मुझे कोई गिला नहीं ज़िन्दगी से।'

'मुझे है। मुझे ज़िन्दगी से गिला है। सियासत ने मुझसे सब कुछ छीन लिया। एक ज़माना था, मैं दीवानों की तरह तुम्हारे दर पर पड़ा रहता था। तुम्हारी आवाज़ के जादू ने मुझे पागल कर रखा था और अब यह ज़िन्दगी है कि लोग साए की तरह पीछे लगे रहते हैं ?'

'आज यकायक कैसे याद फरमाया ?'

'हालात बता रहे हैं, आनेवाले वक्त में और ज़्यादा मसरूफ़ हो जाऊँगा। सोचा, उससे पहले तुम्हारा दीदार हासिल कर लूँ। यों कह लो, यादों ने मजबूर कर दिया। ज्यों-ज्यों आदमी तरक्की करता है, अकेला होता जाता है।' खद्दरधारी सज्जन दीवारों पर टँगी तस्वीरों में अपना अतीत टटोलने लगे।

अन्तिम बार वे एक होली की महफ़िल में आए थे। चारों ओर गुलाबी रंग ! गुलाब और खस के इत्र से भरे कुमकुमे ! महफ़िल में जैसे टेसू के फूल खिल आए थे ! अज़ीज़न की वह छवि श्यामसुन्दरजी के मन में हमेशा के लिए अंकित हो गई थी : फूल की तरह खिला हुआ गुलाबी चेहरा, बदन पर काली साड़ी, बालों में बेला की कलियों की वेणी। नाक में हीरे की कील। वह जिधर गर्दन घुमा लेती, हीरे की बिजलियाँ कौंध जातीं। अज़ीज़न ने अपनी प्रिय 'होरी' सुनाई थी उस दिन। रान पर हाथों से ताली देते हुए :

होरी आज जले चाहे काल्ह
जले न जले,
मेरे कुँअर कान्ह मो सों आए मिले
होरी आज जले चाहे काल्ह
जले न जले।

अज़ीज़न की आवाज़ में इतनी मिठास थी कि श्यामसुन्दर अपने पर काबू न रख पाए। पनडब्बा खोलकर पान लगाने लगे और होरी समाप्त होते ही अज़ीज़न के मुँह में पान की गिलौरी रख दी थी।

'क्या लीजिएगा, ठंडा या गर्म ?' अज़ीज़न ने पूछा।

'आज मैं लेने नहीं, देने आया हूँ।' खद्दरधारी सज्जन ने जेब से सौ-सौ के नए नोटों की गड्डी उसी हाथ से निकालकर पेश कर दी जो मौके की तलाश में देर से जेब में बेजान पड़ा था।

अज़ीज़न हतप्रभ रह गई। गड्डी उठाकर अँगूठे की मदद से ताश की तरह धीरे-धीरे नोट छोड़ने लगी, जैसे पंखा कर रही हो।

'लगता है सियासत खूब चल रही है।' अज़ीज़न ने नोटों की तरफ़ देखते हुए इस प्रकार कहा जैसे कह रही हो, वकालत खूब चल रही है।

खद्दरधारी सज्जन मुस्कुराए, 'ऊपरवाला खुश है। जब से नीलम पहना है, पैसा बरसने लगा है। जब से मुख्यमन्त्री के लिए मेरा नाम आने लगा है, पैसे की बरसात होने लगी है। पैसा आता है तो जाने क्यों तुम्हारी याद भी बहुत आती है। मैं तो बुढ़ा गया मगर तुम्हारा नूर बरक़रार है। खिज़ाब लगाती हो क्या ?'

'मुझे खिज़ाब की गन्ध से ही नफ़रत है,' अज़ीज़न बोली, 'खिज़ाब से मुझे नफ़रत है। पैसे से भी अब वैसा लगाव नहीं रहा। अब पहले-सी कद्रदानी है न दरियादिली। अशर्फ़ियाँ लुटानेवाली पीढ़ी खत्म हो गई। अब, लगाव है तो सिर्फ फ़न से। कुछ सुनिएगा ?'

'अब तो गुल भी गाने लगी होगी ? उसे तो मैंने गोद में खेलाया था।'

'गुल गाती है, मगर गाने का पेशा नहीं करती। अब तो बकौल अकबर ज़माना यह आ गया है कि :

भरते हैं मेरी आह वे फोनग्राफ़ में,
कहते हैं फ़ीस लीजिए और आह कीजिए।'

'वाह-वाह क्या शेर कहा है,' श्यामसुन्दरजी ने पूछा, 'गुल तो अब बड़ी हो गई होगी ?'

'यूनिवर्सिटी में पढ़ती है,' अज़ीज़न ने आवाज़ दी, 'गुलबदन ! देखो कौन आए हैं।'

गुल बाल सुखा रही थी, खुले बालों में चली आई। अम्मा के हाथों में नोटों की गड्डी देखी। सामने बैठा खद्दरधारी उसे बहुत नागवार गुज़रा, बुड़भस से मारे हुए एक खारिशजदः कुत्ते सरीखा। गुल ने बड़े अदब के साथ तसलीम की।

'किस क्लास में पढ़ती हो ?'

'एम.एस-सी. कर रही हूँ।' गुल ने संक्षिप्त-सा उत्तर दिया।

'तुम्हारी अम्मा ने कभी मेरा ज़िक्र किया है ?'

'आपकी तारीफ़ ?'

'बेटा यही हैं श्यामसुन्दरजी। गृहमन्त्री रह चुके हैं, आजकल मुख्यमन्त्री के लिए इनका नाम लिया जा रहा है।'

'देखो, लग तो यही रहा है कि चुनाव से पहले परिवर्तन होगा,' श्यामसुन्दरजी के बूढ़े दिल की धड़कनें तेज़ हो गईं। गुल का शफ़्फ़ाफ़ चेहरा, शुद्ध तलफ़्फ़ुज, सुनहरी बाल, बिल्लौरी आँखें और जलतरंगी आवाज़ ! श्यामसुन्दरजी का हाथ दोबारा जेब में चला गया। इस बार तत्परता से बाहर आया, दस की गड्डी के साथ, 'यह मेरा आशीर्वाद है।'

'मुआफ़ कीजिए, मैं पैसे न लूँगी। आपकी दुआ लूँगी।' गुल ने कहा। वह उठकर चल दी। अम्मा को बेहद अच्छा लगा।

गुल चली गई, अपनी गन्ध छोड़ गई। श्यामसुन्दर ने बैठे-बैठे बड़ी लापरवाही से नोटों की गड्डी अज़ीज़न की गोद में फेंक दी।

'बहुत ज़हीन लड़की है। मैं खुश हुआ।'

'शुक्रिया !' अज़ीज़न ने कहा, 'मैं जिन्दा हूँ तो इसी के लिए।'

श्यामसुन्दरजी छड़ी के सहारे खड़े हो गए, 'दरअसल मैं आज एक काम से आया था।' वह दीवार पर लटकी एक तस्वीर के सामने जाकर खड़े हो गए, 'मैं आज चोरी के इरादे से आया हूँ।'

'मगर आप तो चोरी करवा के जा रहे हैं।'

'ऐसे ही कह लो,' श्यामसुन्दरजी ने अपनी छड़ी से एक तस्वीर की तरफ़ इशारा किया, 'आज मैं यह तस्वीर चुरा ले जाऊँगा।'

अज़ीज़न ने तस्वीर की तरफ देखा। आज से बीस बरस पहले का दृश्य उसकी आँखों में कौंध गया। श्यामसुन्दर हाथ में व्हिस्की का गिलास लिये दिलफेंक अन्दाज़ में अज़ीज़न को दाद दे रहे थे। बग़ल में सुन्दरगढ़ के महाराज बैठे थे। सुन्दरगढ़ के महाराज तस्वीर में न होते तो अज़ीज़न ने तस्वीर फेंक दी होती और फ्रेम न करवाई होती।

'इस तस्वीर में आप भी हैं ?'

'हम ही हैं,' श्यामसुन्दर के मुँह से बेसाख्ता निकल गया, 'आज यह तस्वीर अखबार में छप जाए तो मेरा भविष्य चौपट हो जाए! कल दिल्ली से फ़ोन आया था कि आप शहर में ही रहिए तो जाने क्यों मेरे दिमाग़ में यह तस्वीर कौंध गई। ब्राह्मणों की लॉबी मुझे तबाह करने पर आमादा है। मगर मैंने भी धूप में बाल सफेद नहीं किए।'

'मगर मैंने तो धूप में ही बाल सफेद किए हैं,' अज़ीज़न ने कहा, 'कल तिवारीजी का बड़का बेटा भी यही तस्वीर माँग रहा था। वह भी मुँह-माँगा दाम लगा रहा था।'

श्यामसुन्दरजी छड़ी थामकर कुर्सी पर बैठे थे। छड़ी के साथ-साथ उनका हाथ हिलने लगा।

'मेरी आत्मा ने ठीक ही आगाह किया था।' श्यामसुन्दर ने एक और गड्डी बगल की कुर्सी पर रख दी और अज़ीज़न से पूछे बगैर उठकर अपनी छड़ी से तस्वीर उतार ली। तस्वीर नीचे फ़र्श पर गिर पड़ी। काँच टूट गया। श्यामसुन्दर ने फ्रेम और काँच वहीं पड़े रहने दिए और तस्वीर निकाल ली।

'मुझे अब जाना चाहिए। दिल्ली से कभी भी फ़ोन आ सकता है,' श्यामसुन्दरजी ने कहा, 'बिटिया को मेरा प्यार देना।'

'खुदा हाफ़िज।' अज़ीज़न ने कहा और नोट समेटने लगी।

'लगता है, मेरा माज़ी आज भी बिकाऊ है,' अज़ीज़न ने नेताजी के जाते ही गुल से कहा, 'तुम्हारा दहेज खुद ब खुद चला आ रहा है। यह श्यामसुन्दर एक रईस बाप का बिगड़ैल बेटा था। बाप और

बेटा दोनों मेरी आवाज़ के दीवाने थे। बाप आता तो बेटा बावर्चीखाने में जा छिपता। आओ आज इन्हीं रईसों की बदौलत खैरात बाँट आते हैं।'

जुमेरात थी। मज़ार के पास बीसियों फ़कीर बैठे थे। अज़ीज़न ने मज़ार पर जाकर अगरबत्तियों का पूरा बंडल जला दिया और प्रत्येक फ़कीर को दस का एक नया नोट खैरात में दिया। बाद में उसने मज़ार पर माथा नवा दिया, 'परवरदिगार, मेरी बिटिया को दुनिया की तमाम नेमतें अता फरमाना।'

वे दोनों घर लौटीं तो देखा सिद्दीकी साहब कश्मीरी टोपी पहने कमरे में बैठे बेसब्री से अज़ीज़न का इन्तज़ार कर रहे थे।

'आदाब अर्ज़ है !' उन्होंने उठते हुए अज़ीज़न से कहा, 'मैं आज एक ज़रूरी काम से आपके पास आया हूँ।'

'फ़रमाइए। यह नाचीज़ किसी काम आ सकती है ?' अज़ीज़न ने सिद्दीकी साहब को गली में अक्सर देखा था। आज तक किसी ने उनकी बुराई भी न की थी। अक्सर वे लोगों की मुश्किलात हल करते ही देखे गए थे।

सिद्दीकी साहब ने सिगरेट सुलगाया, बहुत सलीके से काड़ी ऐश ट्रे में फेंकी और एक लम्बी साँस भरते हुए बोले, 'अज़ीज़न बी, अपने बारे में कुछ भी कहना बहुत फ़ोहश होता है, मगर मैं आज अपने दिल की भड़ास निकाल के ही जाऊँगा। इसी इरादे से आपके यहाँ आया हूँ। मुहल्ले के लिए मैंने क्या-क्या नहीं किया। गली में पानी भर जाता था, सड़क तीन फीट ऊँची करवा दी। किसी दारोगा की हिम्मत नहीं, मेरे मुहल्ले से किसी को बेकसूर पकड़ ले जाए। सैकड़ों तो राशन कार्ड मैंने बनवा डाले, बीसियों लोगों को सीमेंट दिलाया, कैरोसिन के परमिट दिलाए, पुलिस की ज्यादतियों से कितनों को बचाया, मगर मेरी जाती ज़िन्दगी क्या है ? एक खला है जिसमें जी रहा हूँ। एक अरसे से सोच रहा था, अज़ीज़न बी के पास जाकर अपना सीना चाक कर दूँ। आप एक फनकार ही नहीं, अज़ीम औरत हैं। मुझे आपके चेहरे पर अपनी मरहूम अम्मी के ताअस्सुर नज़र आते हैं। मैं यतीम हूँ, बदकिस्मत हूँ, हालात का मारा हुआ हूँ, मगर एक बेहतर इंसान बनने की हर वक्त कोशिश करता हूँ।'

अज़ीज़न बहुत अच्छे मूड में थी। इतने सारे नोट यकायक पाकर उसका मन बेहद उदार हो गया था। श्यामसुन्दर मुख्यमन्त्री हो गया तो बीसियों काम आएगा।

'सिद्दीकी साहब, आप जज़्बाती हो रहे हैं। मेरे दिल में आपके लिए बहुत इज़्ज़त है। मैं आपके किस काम आ सकती हूँ ?'

'आप जानना चाहती हैं तो बताए देता हूँ। चुनाव सर पर आ रहे हैं। श्यामसुन्दरजी आपको बहुत मानते हैं। चाह लेंगे तो पार्टी का टिकट दिला देंगे,' सिद्दीकी साहब कुर्सी से उतरकर ज़मीन पर बैठ गए, 'आपके एक इशारे से मेरी ज़िन्दगी को किनारा मिल जाएगा। मैं भ्रष्ट नहीं हूँ। इतना अच्छा काम करूँगा कि अगली बार लोकसभा के लिए आप खुद मेरा नाम सुझाएँगी।'

अज़ीज़न को समझते देर न लगी कि सिद्दीकी साहब ने श्यामसुन्दरजी को उसका ज़ीना चढ़ते या उतरते देख लिया है, बोली, 'अबकी श्यामसुन्दरजी से मुलाकात हुई तो मैं आपका ज़िक्र करूँगी।'

सिद्दीकी साहब बेताब हो गए, 'जाने उनसे अब कब आपकी मुलाकात होगी। उनके नाम एक रुक्का लिख दीजिए और बराए मेहरबानी फ़ोन पर पूरी बात समझा दीजिए। आप इतना भर कर दें, बाकी मैं सँभाल लूँगा।'

सिद्दीकी साहब कुछ इस प्रकार अज़ीज़न की तरफ देखने लगे जैसे कोई अपराधी न्यायमूर्ति की तरफ देखता है।

'इतना काम मैं कर दूँगी। उम्मीद है श्यामसुन्दरजी मेरी बात टालेंगे नहीं,' अज़ीज़न ने कहा, 'आपने पहले कभी ज़िक्र किया होता।'

सिद्दीकी साहब भाव-विभोर हो गए, 'मुन्नी कहाँ है ?' मुन्नी से उनका अभिप्राय गुल से था।

अज़ीज़न के आश्वासन से वे इतनी प्रेरणा पा गए कि गुल की 'स्टडी' में चले गए, 'मुन्नी, मैं तुम्हारे भाई का दर्जा तो अभी हासिल नहीं कर पाया, मगर याद रखना तुम्हारे लिए और अम्मा के लिए मेरी जान हाजिर है। ज़िन्दगी में कभी मेरी ज़रूरत महसूस हो तो तकल्लुफ़ न करना।' सगा भाई भी क्या करेगा, जो मैं तुम्हारे लिए कर गुज़रूँगा। 'खुदा हाफ़िज।'

मुन्नी सिद्दीकी साहब की बात समझने की कोशिश करती, इससे पहले ही वे ज़ीना उतर गए। नीचे नफ़ीस खड़ा था, सिद्दीकी साहब ने सदरी की जेब से एक नोट निकाला और उसकी नज़र कर दिया। यकायक दस का नोट पाकर नफ़ीस की बाछें खिल गईं। अभी कुछ देर पहले अज़ीज़न ने भी एक नोट थमाया था। कई दिनों से वह नए मोज़े खरीदने के चक्कर में था, मगर जुगाड़ नहीं कर पा रहा था।

श्यामसुन्दरजी के अज़ीज़न के यहाँ आने से मुहल्ले में अज़ीज़न का रुतबा आकाश छूने लगा। सुबह अज़ीज़न पान लगा रही थी कि उसने अचानक नफ़ीस को हिदायत दी कि प्रेम जौनपुरी को बुला लाए। अभी उसने पान मुँह में भी न रखा था कि प्रेम जौनपुरी हाज़िर हो गया।

'क्या ज़ीने पर बैठे थे ?'

'ज़ीने पर कह लीजिए या अपने कदमों पर।'

'मुझे यह सख्त नापसन्द है।'

'मुझे यही सख्त पसन्द है।' प्रेम जौनपुरी बोला।

'तुम्हें मालूम होना चाहिए कि बिटिया बड़ी हो रही है। तुम्हारे चेले चाँटे भद्दी हरकतें कर रहे हैं। उनमें से अगर किसी को गुमान है कि वह मन्त्री का बेटा है तो गलतफ़हमी में न रहे। मैं चाह लूँगी तो मन्त्रीजी भी सड़क पर नज़र आएँगे।'

अज़ीज़न देर तक प्रेम जौनपुरी से अकेले में बातचीत करती रही। गुल अपने कमरे में सुन रही थी। बीच-बीच में अम्मा की उत्तेजित आवाज़ सुनाई देती, जिसका प्रेम जौनपुरी धीरे-धीरे जवाब देता। अचानक जाने क्या हुआ कि अम्मा ज़ोर-ज़ोर से चिल्लाने लगीं। वे रो रही थीं। गुल से यह माहौल बर्दाश्त न हुआ। उसे अपने ऊपर बहुत क्रोध आया—वही पूरे फ़साद की जड़ है। अम्मी ज़रा-ज़रा-सी बात से इतना परेशान हो उठतीं कि गुल का जी होता, दुपट्टे से फन्दा लगाकर पंखे से लटक जाए।

सहसा गुल दरवाज़ा धकेलकर अम्मा के कमरे में घुस आई। उसके पीछे देर तक किवाड़ फड़फड़ाते रहे। गुल को देखकर अम्मा ने मुँह ढाँप लिया। पास ही प्रेम जौनपुरी गर्दन झुकाए टाँगों के बीच सिगरेट का धुआँ उगल रहा था।

'आपको यहाँ आने की किसने इज़ाज़त दी ?' गुल ने तुनककर प्रेम जौनपुरी से पूछा।

प्रेम जौनपुरी सर झुकाए उसी तरह बैठा रहा। अम्मा ने आँखें साफ़ कीं और बोली, 'बैठ जाओ बेटी।'

गुल अम्मा के पास ही बैठ गई और अम्मा को बच्चों की तरह पुचकारने लगी। उसकी इच्छा हो रही थी, रसोई से मिर्च लाकर उस्ताद जौनपुरी के चेहरे पर धूल की तरह झोंक दे। जाने उसने अम्मा से क्या कह दिया था जो वह इस कदर परेशान हो गई थीं।

'मुझे डर लगा रहता है,' अम्मा आँसू पोंछते हुए बोली, 'कहीं मेरी बिटिया के लिए भी तो वक्त वैसा ही षड्यन्त्र नहीं रच रहा है ?'

अज़ीज़न की दास्तान सुनकर प्रेम जौनपुरी की आँखें भी नम थीं। सहसा वह अम्मा के क़दमों पर गिर पड़ा और बच्चों की तरह सुबकने लगा। गुल नादान नहीं थी, चीज़ें गुल की समझ में आ रही थीं।

न जाने अम्मा ने बाबू की एक तस्वीर कहाँ से प्राप्त करके दीवार पर लटका रखी थी। गुल ने

सोचा वह अम्मा की जगह होती तो इस शख्स की सपने में भी सूरत न देखती मगर अम्मा के लिए वह तस्वीर एक कमज़ोरी थी। गुल ने दीवार पर लटक रही तस्वीर की तरफ़ बहुत घृणा से देखा, जिसे अक्सर इनकी अम्मा फूल-माला चढ़ाया करती थी।

"अम्मा, मैं किसी रोज यह तस्वीर फाड़कर फेंक दूँगी। तुम इस तस्वीर को देखती रहोगी, तुम्हारा घाव कभी नहीं भरेगा।"

यह तस्वीर, लोगों का कहना है, महेन्द्रगढ़ के राजा की थी। गुल जानती है, उसके होश में अम्मा ने राजा साहब के यहाँ से आए तोहफ़े और मनीऑर्डर कई बार लौटाए थे। मगर अम्मा की कौन-सी ट्रेजिडी थी कि वह हर क्षण इसी शख्स के साथ अपने को जोड़कर ज़िन्दा रहना चाहती थीं। शायद यह अम्मा का अकेलापन था, जो हर बार, हर क्षण उन्हें इसी तस्वीर से ला जोड़ता।

'जाओ भैया के लिए चाय लाओ।' अम्मा ने प्रेम जौनपुरी को अपने क़दमों पर से उठाया और अपने पास ही सोफ़े पर बैठने को कहा। प्रेम जौनपुरी की सूरत से लग रहा था, वह कई हफ्तों से बीमार है या नहाया नहीं है।

गुल चाय बनाने रसोई में घुस गई। गुल को लगा वह यूनिवर्सिटी की एक औसत लड़की नहीं है। उसका संघर्ष भिन्न है। उसकी अम्मा की पूरी ट्रेजिडी, उसे लग रहा था, अम्मा की ही ट्रेजिडी नहीं, उसकी भी है। कपिल, प्रेम जौनपुरी और श्यामसुन्दर आदि अनेक लोग भेड़िए की तरह उस पर झपटने को आमादा थे। इस लिहाज़ से गुल अम्मा से भी अधिक निरीह और अकेली थी।

चाय की केतली में पानी ज़रूरत से ज्यादा उबल चुका था, मगर गुल आँसू बहाती एक कोने में खड़ी किसी वीरान जंगल में खो गई थी। वह अचानक अपने को बहुत भयभीत और असुरक्षित पा रही थी। उसे लग रहा था कि वह जैसे किसी पर्वत के शिखर पर खड़ी है और अभी उसे कोई इतने ज़ोर से धक्का देगा कि वह सदियों तक गहरी खाई में गिरती चली जाएगी और अनन्त काल तक गिरती रहेगी। गुल को मौत अपने बहुत करीब लगी। उतनी ही करीब जितना करीब स्टोव था या छत पर लटक रहा कुन्दा या एक तेज़ धारवाला ब्लेड। उसकी आँखों के सामने एक उपन्यास की नायिका का चित्र उभर रहा था, जिसने चुपचाप अपनी कलाई की एक नस ब्लेड से काट ली थी। खून के क़तरे यके बाद दीगरे नमूदार होते और लुढ़क जाते। पंक्तिबद्ध। एक-एक कर उभरते और क्षण-भर इधर-उधर बिल्ली की तरह देखकर लुढ़क जाते।

अम्मा ने गुल को आवाज़ दी। गुल दूसरी दुनिया में थी, इस दुनिया से इतनी दूर कि अम्मा की आवाज़ भी उसे सुनाई न दी। गुल की जब आँखें खुलीं तो उसने देखा प्रेम जौनपुरी और अम्मा उसकी आँखों पर ठंडे पानी के छींटे दे रहे थे। गुल के आँखें खोलते ही प्रेम जौनपुरी जाने लगा, मगर अम्मा ने उसे खाने तक इन्तज़ार करने को कहा।

गुल को भूख नहीं थी। अम्मा को भूख नहीं थी। प्रेम जौनपुरी को भी भूख नहीं थी। खाना परोसा ज़रूर गया, मगर किसी ने छुआ नहीं।

प्रेम जौनपुरी जाते समय केवल एक वाक्य कह गया, 'बाईजी, अब मेरे किसी शागिर्द से आपको शिकायत न होगी। मेरी ग़ज़लें भी अब कोई गुनाह नहीं करेंगी, मगर नफ़ीस मुझे ज़ीने पर नहीं रोकेगा ? शब-ए-खैर !'

अम्मी ने प्रेम को विदा किया और लौटकर बिस्तर पर जा गिरी। दूसरे दिन सुबह नौ बजे अम्मी ने आँखें खोलीं तो गुल पायताने बैठी थी—'अम्मी, हमें आज यूनिवर्सिटी जाना है कि नहीं।'

'झट से तैयार हो जाओ।'

दरअसल एक पत्थर की वजनी सिल थी, जो प्रेम जौनपुरी कल ही पूरे परिवार के सिर से उठाकर शहर के गन्दे नाले में विसर्जित कर आया था।

नफ़ीस सीढ़ियों पर तैयार खड़ा था। उसे लग रहा था, घर में कुछ घटित हो रहा है, मगर क्या

घटित हो रहा है, उसे इसकी खबर नहीं थी। वह किसी से पूछ भी नहीं सकता था। अज़ीज़न ही किसी रोज़ बताएगी। वह जानता था।

नीचे कोई फ़कीर बहुत देर से 'अल्लाह भला करेगा' चिल्ला रहा था। अज़ीज़न ने कल का बचा पूरा भोजन उस फ़कीर के हवाले कर दिया।

उस रोज़ प्रोफ़ेसर शर्मा ने बहुत बेमन से लेक्चर दिया। वह गुल में इतना डूबा था कि अन्देशा हो रहा था कहीं ग़लती से उसके मुँह से ऑक्सीजन की जगह गुल का नाम न निकल जाए। गुल को यों उदास, निराश और हताश देखकर उसे बहुत बेचैनी हो रही थी। वह कहीं पर अपने को गुल की तमाम हताशाओं के लिए ज़िम्मेदार पा रहा था।

क्लास के बाद लड़कियों के झुंड ने प्रोफ़ेसर शर्मा को घेर लिया :

'हम वी.सी. के पास एक डेपुटेशन लेकर जाना चाहती हैं।'

'ज़रूर जाइए।' प्रो. शर्मा ने बेनियाज़ी से कहा।

'हम आपकी राय भी लेना चाहती हैं।'

'ज़रूर।'

'गुल ने पूरी यूनिवर्सिटी का वातावरण दूषित कर दिया है।' शुभा ने कहा।

'यहाँ तवायफ़ें पढ़ेंगी या हम !' सुधा बोली।

'महारानीजी सिर पर पल्ला लेकर यों चलती हैं जैसे कोई सती-सावित्री चली जा रही हो।'

'मैं आप लोगों की क्या मदद कर सकता हूँ ?' प्रोफ़ेसर शर्मा ने पूछा।

शर्मा को वहाँ उपस्थित तमाम लड़कियों से घिन आने लगी। उसे यूनिवर्सिटी का पूरा माहौल सामन्ती और पुनरुत्थानवादी लग रहा था। स्नातक लड़कियों की मानसिकता और आई.क्यू. हाईस्कूल की लड़कियों से बेहतर नहीं था।

'आप हमारा मैमो ड्राफ्ट कर दें,' शुभा ने कहा, 'मैंने अपने डैडी से भी जिक्र किया था, वह हमारी योजना से सहमत हैं।'

'कितना अच्छा हो आप लोग शुभा के डैडी से ही मैमो ड्राफ्ट करवाएँ,' शर्मा ने कहा, 'अगर फ़िज़िक्स अथवा कैमिस्ट्री में मेरी मदद चाहेंगी, मैं ज़रूर दूँगा।' यह कहते हुए वह चलने लगा।

'सर !' किसी लड़की ने आवाज़ दी। शर्मा रुक गया।

'आपको कल का किस्सा मालूम हुआ ?'

'न !' शर्मा ने सिर हिलाया।

सब लड़कियाँ होंठों में पल्लू दाबकर हँसने लगीं। कुछ लड़कियों को इतनी हँसी आई कि प्रोफ़ेसर शर्मा की तरफ पीठ करके हँसने लगीं। प्रोफ़ेसर को लड़कियों का यह नाटक बहुत नागवार गुज़रा। अधिकांश लड़कियों के दाँत साफ़ नहीं थे। उसकी इच्छा हुई, मंजन के बारे में लड़कियों को कुछ जानकारी दे। उसका दृढ़ विश्वास था कि जो लड़की अपने दाँत साफ़ नहीं रख सकती उसे समाज की नाज़ुक स्थितियों पर बोलने का अधिकार नहीं मिलना चाहिए।

'आप लोग यह बताइए कि आप में से कितनी लड़कियाँ रोज़ दाँत साफ़ करती हैं।' वह कहता-कहता रुक गया, क्योंकि उसने तभी राधा को शुभा की कमर पर चिकोटी काटते देख लिया।

शर्मा सहसा गम्भीर हो गया। शुभा ने कमर को झटका देकर कुछ इतनी बेबाक़ निगाहों से राधा और तुरत बाद शर्मा की तरफ़ देखा कि शर्मा को खेद होने लगा, उसने इतनी फूहड़ लड़की को अपने निकट क्यों आने दिया। वह चलने को हुआ कि झुंड में से आवाज़ आई, 'सर शुभा ही आपको किस्सा बता सकती है।'

उत्तेजना में शुभा के गाल और कान सुर्ख हो गए। उसके गाल कुछ इस तरह फड़कने लगे जैसे पशु मक्खी उड़ाने के लिए शरीर कँपकँपाते हैं।

‘क्या बात है शुभा ?’ प्रोफ़ेसर ने पूछा।

‘राधा बताएगी।’ शुभा बोली।

‘रजनी बताएगी।’ राधा बोली।

‘मैं नहीं, गीता बता सकती है।’

शर्मा उखड़ गया, बोला, ‘यह सब मुझे सख़्त नापसन्द है। आप लोग अपना और मेरा समय नष्ट कर रही हैं।’

इतने में बहुत सी लड़कियाँ कुहनियों से शुभा को छूने लगीं।

‘सर इसी ने सबको बताया है। इसके भाई ने इसे बताया था।’

‘आखिर कुछ बात भी तो बताओ।’

शर्मा को लग रहा था, ज़रूर गुल के बारे में कोई ग़लीज़ बात है। उसकी उत्सुकता बढ़ रही थी, उसने शुभा से कहा, ‘शुभा, अगर तुम्हें मालूम है तो तुम्हीं बताओ।’

शुभा ने रूमाल दाँतों में ले लिया। और बोली, ‘सर गौरी ने बताया कि होस्टल में कल खी ही ही ही...’ अचानक वह हँसते-हँसते दुहरी हो गई।

‘पगली हो क्या ?’ शर्मा बोला।

‘सर होस्टल में एक लड़के ने खी ही ही ही...’

‘क्या होस्टल में कल किसी लड़के ने आत्महत्या कर ली ?’

लड़कियाँ और जोर से हँसीं। प्रोफ़ेसर शर्मा, जो थोड़ी देर पहले उखड़ रहा था, अचानक इस प्रसंग में दिलचस्पी लेने लगा। उसने शुभा से पूछा, ‘बताती क्यों नहीं, क्या हुआ ?’

‘सर वह बच गया।’

‘कौन ?’

‘कपिल,’ शुभा ने मुँह में पल्लू ठूँसते हुए बताया, ‘कल रात उसने इतनी ठंड में पूरे कपड़े उतार दिए और सीने पर जगह-जगह गुलबदन का नाम लिखकर खुली छत पर ग़ज़लें गाता रहा। उसकी देखादेखी एक दूसरे लड़के ने भी यही किया। आधी रात को दोनों को निमोनिया हो गया। भैया ने बताया, कल से दोनों अस्पताल में भरती हैं।’

‘ओह तो यह बात है,’ प्रोफ़ेसर शर्मा ने पूछा, ‘गुल को मालूम हुआ ?’

‘सर गीता ने उसे बता दिया, वह तुरत चल दी।’

‘अस्पताल गई होगी।’ गीता बोली।

‘नहीं सर, थाने।’ शुभा को फिर हँसी का दौरा पड़ा।

‘सर, यूनिवर्सिटी का वातावरण बहुत दूषित हो रहा है।’ किसी लड़की की आवाज़ सुनाई दी।

‘ज़रूर।’ प्रोफ़ेसर शर्मा ने कहा, ‘डी.डी.टी. का छिड़काव किया जाना चाहिए।’

‘सर, मच्छर तो फिर भी रहेंगे।’

‘मच्छर रहेंगे, मगर मलेरिया नहीं। इस समय जो मलेरिया फैला है वह तो शान्त हो जाएगा।’ शर्मा बोला।

शर्मा देर रात तक गुल को बुलवाने की योजना बनाता रहा। आखिर वह अपने कमरे में गया और चपरासी को इशारे से पास बुलाया। वह उससे कहना चाहता था गुल को क्लास से बुला लाए, मगर उसने जेब से एक रुपया निकालकर उसे थमा दिया, ‘बद्री, ज़रा चार ठो मघई पान तो लगवा लाओ,’ शर्मा कमरे से बाहर निकलकर टहलने लगा। दिल्ली जाने में अभी एक सप्ताह का समय था। उसने क्लर्क से एक नोटिस टंकित करवाया और तुरन्त नोटिस बोर्ड पर लगाने का आदेश दिया कि दिल्ली जानेवाला ग्रुप

शनिवार को दो बजे उससे सम्पर्क स्थापित करे।

बद्री पान लेकर आया तो प्रोफ़ेसर शर्मा कमरे में नहीं था। प्रोफ़ेसर पुस्तकालय की तरफ़ निकल गया था। पुस्तकालय के बाहर एक बेंच पर नफ़ीस बैठा था। शर्मा का दिल धक से रह गया और वह उससे बिना आँख मिलाए, लैब की ओर चल दिया। आज उसे प्रैक्टिकल लेना था, मगर उसमें अभी पौन घंटा बाकी था। शर्मा टहलता हुआ डॉक्टर मुकर्जी के कमरे में घुस गया। डॉक्टर मुकर्जी शायद क्लास ले रहे थे। उनका चपरासी ऊँघ रहा था। उसने उसे जगाया और बोला, 'जल्दी से एक कप चाय तैयार करो।' चपरासी धीरे-धीरे बाथरूम में जाकर केतली धोने लगा। शर्मा कुछ देर उसे देखता रहा, पानी उबलने लगा तो बोला, 'देखो अभी पत्ती मत डालना। मैं ज़रा बॉटनी की तरफ़ जा रहा हूँ।' और वह बॉटनी विभाग की तरफ़ मुड़ गया। प्रोफ़ेसर को कहीं चैन नहीं मिल रहा था। उसकी इच्छा हुई कि नफ़ीस से पूछे गुल कहाँ है, मगर नफ़ीस की सूरत पर उद्दंड कठोरता को देखकर उसे दहशत होने लगी।

आखिर उसे विश्वास हो गया कि गुल पुस्तकालय में ही है, वरना नफ़ीस के वहाँ बैठने का क्या तुक हो सकता था ? वह पिछले दरवाजे से पुस्तकालय में घुस गया। उसकी आँखें आज किसी किताब को नहीं ढूँढ़ रही थीं। उसकी आँखें गुल को खोज निकालना चाहती थीं। उसने पुस्तकालय में दो-एक चक्कर लगाए, गुल कहीं दिखाई न दी। गुल के अलावा बाकी तमाम लड़कियाँ पुस्तकालय में थीं। वह पुस्तकालयाध्यक्ष के कमरे में घुस गया। पुस्तकालयाध्यक्ष की मेज़ पर किताबों का अम्बार लगा था। वह वहीं उनके सामने बैठ गया और पुस्तकों के बारे में बातचीत करने लगा ! वह बहुत देर तक पुस्तकें उलटता-पुलटता रहा।

'कोई नई किताब आप मँगवाना चाहें तो बताइए।' पुस्तकालयाध्यक्ष ने पूछा।

'कोई अच्छा-सा दीवान-ए-ग़ालिब दिलवाइए।'

पुस्तकालयाध्यक्ष मुस्कुराया कि रसायन-भौतिक विज्ञान का प्रोफ़ेसर और 'दीवान-ए- ग़ालिब' पढ़ने को बेताब।

'खैरियत तो है शर्माजी ?'

'दरअसल ट्रप ले जाने की ज़िम्मेदारी मुझ पर है। मैं चाहता हूँ इस बार भी ट्राफी लेकर आऊँ। किसी भी आइटम में कोई कमी न रहनी चाहिए।'

'आप उर्दू पढ़ लेते हैं ?'

'हिन्दी में कोई अच्छा दीवान-ए-गालिब नहीं है आपके पास ?'

'हैं, कई हैं। मुझे ज़ाती तौर पर उग्र का 'गालिब-उग्र' पसन्द है मगर वह शायद इशूड होगा।'

'बहरहाल कोई दूसरा दिलवा दीजिए।'

पुस्तकालयाध्यक्ष ने अपने सहयोगी को अन्दर भेजा और वह एक निहायत सादा 'गालिब मेड ईजी' किस्म का दीवान ले आया। शर्मा ने उलट-पुलटकर देखा और लैब की तरफ चल दिया। प्रैक्टिकल में उसका मन न लगा। उसने गन्धक की पहचान पर एक-दो परीक्षण करवाए और श्यामपट पर बड़े बेमन से सूत्र लिखने लगा।

शर्मा ने प्रैक्टिकल का पूरा समय किसी तरह इसी में बिता दिया। उसकी इच्छा हो रही थी कि वह तुरन्त स्कूटर उठाकर गुल के यहाँ चला जाए, मगर यह उसके लिए सम्भव नहीं था। वह ज्यों ही लैब से निकला, उसने देखा पर्दे से ढका एक रिक्शा जा रहा था। पीछे-पीछे साइकिल पर नफ़ीस। शर्मा रिक्शा रुकवाना चाहता था, मगर उसके पैर जड़ हो गए। वह बहुत देर तक वहीं खड़ा रहा। रिक्शा नज़र से ओझल हो गया तो वह बहुत सुस्त कदमों से अपने विभाग की ओर चल पड़ा।

शर्मा के सामने पहाड़-सा दिन मुँह बाए खड़ा था और एक लम्बी काली रात। उसने घर पहुँचकर

खाना खाया और लेट गया। कुछ न सूझा तो उसने एक डायरी उठाई और गुल को खत लिखने बैठ गया :

'प्रिय गुल,

बहुत दिनों से तुम्हें लिखने की सोच रहा था। लगता है, आज तुमसे बात करने में कामयाब हो जाऊँगा।

मैं शुरू से ही आर्य समाजी संस्कारों में पला हूँ। मेरे पिता एक स्कूल के अध्यापक थे। मेरा बड़ा भाई अमरीका में है। आज भी वह अंडा-गोश्त नहीं खाता। जाने क्यों, इच्छा होती रहती है कि तुम्हारे समक्ष मेरी पूरी शख्सियत एक खुली किताब की तरह पड़ी रहे। कह नहीं सकता, तुम इस बात को किस रोशनी में लोगी, तुम्हारी अम्मा क्या सोचेंगी। मुझे तो वह बहुत प्यारी लगीं। न जाने किन हालात ने उन्हें ज़िन्दगी में इस पेशे में डाल दिया है। मैं इसके लिए एक व्यक्ति को नहीं, पूरे समाज को ज़िम्मेदार ठहराता हूँ। मगर तुम्हारी माँ कलाकार हैं। कला की साक्षात प्रतिमा।

'मुझे नहीं मालूम तुम्हारे मन में शौहर का क्या तसव्वुर है, ज़िन्दगी से तुम्हारी क्या अपेक्षाएँ हैं। मेरे बारे में तुम्हारी क्या राय है ? मैं निपट अन्धकार में हूँ। मगर मैं जानना चाहता हूँ। मैं लगातार तनाव में नहीं रह सकता। तुम क्या मुझे अपने साथ थोड़ा समय दोगी ? मैं तुम्हें पूरी तरह से जानना चाहता हूँ।'

'मैं जब से तुम्हारे यहाँ से लौटा हूँ, तुम्हारी छवि मेरी आँखों में बस गई है। तुम्हारा खयाल आते ही तुम्हारे गेसुओं की खुशबू में डूब जाता हूँ। मुझे शायरी नहीं आती, मेरा विषय भी नहीं है, मगर मैं शायरी में सराबोर हो गया हूँ।'

तुम मेरे लिए क्या कर सकती हो ? कुछ नहीं कर सकती तो भी मुझे कम से कम इस तनाव से मुक्त कर दो।...

पत्र लिखते-लिखते शर्मा का मूड अच्छा हो गया। उसे लग रहा था वह गुल को घंटों खत लिख सकता है। मगर तभी एक व्यवधान आ गया। गोपाल ने बताया—जीपवाली लड़की आई है। यानी शुभा।

शर्मा की शुभा से मिलने की इच्छा नहीं थी। शुभा से उसे खास तरह की वितृष्णा हो गई थी कि जब देखो साए की तरह पीछे लगी रहती है।

अगले ही क्षण पर्दा उठाकर शुभा अन्दर चली आई। शुभा सुन्दर थी। सभ्य थी। अच्छे खानदान की लाडली बिटिया थी। मगर शुभा के व्यक्तित्व में एक ऐसा फूहड़पन था, जिसे शर्मा सहन ही न कर पाता था। शर्मा ने शुभा को बैठने के लिए कहा और खुद भी बेमन से एक कुर्सी खींचकर बैठ गया।

'मैं आपको निमन्त्रण देने आई हूँ !'

'क्यों, क्या कहीं शादी तय हो गई ?'

शुभा सुर्ख हो गई, बोली, 'आप बहुत खराब हैं।'

'इसकी ऐसी हरकतों से मुझे वितृष्णा है।' शर्मा मन ही मन बुदबुदाया।

शर्मा ने गोपाल को चाय लाने के लिए कहा तो शुभा खुद उठकर चली गई, 'मैं बनाऊँगी।' उसने जाते-जाते पलटकर कहा, 'कब तक गोपाल की चाय पीते रहेंगे ?'

'बेवकूफ लड़की।' शर्मा उठकर बाहर बरामदे में चला गया।

शुभा एक अतिरिक्त मजिस्ट्रेट की इकलौती लड़की थी। अक्सर कक्षा में शर्मा की तरफ टकटकी लगाकर कुछ इस तरह देखती कि शर्मा झेंपने लगता। कई बार अपने घर बुलाकर खाना खिला चुकी थी। शुरू में उसे लेकर शर्मा थोड़ा भावुक भी रहा, मगर शुभा उसकी यह दीन हालत आज तक नहीं कर पाई थी, जो गुल ने इधर कर रखी है। शर्मा का बस चले तो वह घर में दिन-भर गुल के ही खयालों में खोया हुआ पड़ा रहे। उसके लिए फ़कीर हो जाए। प्रेम जौनपुरी की तरह दाढ़ी बढ़ाकर कुर्ता-पाजामा पहन ले, या शराब में आकंठ डूब जाए। मगर इनमें से कोई भी चीज़ उसे पसन्द नहीं थी—दाढ़ी न शराब।

शर्मा जिस मकान में रहता है, वह शुभा के पिता ने उसके नाम एलॉट कराया था। बड़े-बड़े चार बेडरूम—हर बेडरूम के साथ लकड़ी के कमोडवाले बाथरूम। बाहर लॉन, अन्दर किचन गार्डेन। मगर शर्मा ने अभी तक एक ही बेडरूम खोला है। वह है और गोपाल। गोपाल भी उसके यहाँ एक नौकर की तरह नहीं, छोटे भाई की तरह रहता है। गोपाल प्रोफ़ेसर की हर ज़रूरत समझता है। शर्मा की पसन्द-नापसन्द को समझता है। गुल को घर की कोई चिन्ता न करनी पड़ेगी। दोनों के लिए गोपाल पर्याप्त है। प्रोफ़ेसर को एकान्त की ज़रूरत होती, तो गोपाल उसे निपट अकेला छोड़ देता। शर्मा अकेलापन महसूस करता तो गोपाल उसे बातों में उलझा लेता। दक्षिण भारतीय लोकगीत सुनाते हुए उसे लोकगीतों की आत्मीय दुनिया में ले जाता। उत्तर भारत में वह नौटंकी करना सीख गया है—प्रोफ़ेसर को पूरी नौटंकी सुना देता।

शर्मा ने तय किया कि वह अब शुभा से ज़रा रुखाई से पेश आएगा। मगर रुखाई से पेश आना उसके स्वभाव में ही नहीं था। शुभा के पिता के कई अहसान उस पर हैं। मकान के अलावा कुकिंग गैस उन्होंने दिलवाई थी। यही नहीं, वे मदद न करते तो उसे पाँच बरस स्कूटर न मिलता। यह दूसरी बात है उसे स्कूटर पर चढ़ना पसन्द नहीं। उसके सहकर्मी उससे मज़ाक किया करते थे कि क्या वह अपने दहेज के लिए स्कूटर को सहेजकर रखे हैं ?

शुभा बड़े सलीके से चाय ले आई और तिपाई पर रखकर चाय बनाने लगी।

'शनिवार शाम को पाँच बजे आपको हमारे यहाँ आना है और आप खाना भी हमारे साथ खाएँगे।' शुभा बोली।

'यह तो मालूम होना चाहिए कि शनिवार को क्या है ?'

'आपका इंटरव्यू है।'

'मगर मैंने तो कहीं एप्लाई नहीं कर रखा।'

कल 'पापा एप्लाई करेंगे।' शुभा शर्माते हुए मुस्कुराई।

'मैं समझ नहीं पाया।'

'पापा समझा देंगे।' वह प्याले में अपना चेहरा देखते हुए बोली, जैसे तेल के कटोरे में अपना चेहरा देखकर शनि देवता से कोई मन्नत माँग रही हो।

शर्मा का माथा ठनका ! उसे तुरन्त याद आया, शनिवार को उसकी ट्रुप के साथ मीटिंग है। उसने कहा, 'देखो, शुभा, इस शनि को तो मैं व्यस्त हूँ। 'लीडर ऑफ द कांटिजेंट' के नाते मेरी एक ज़रूरी मीटिंग है। अगले शनिवार मैं दिल्ली में रहूँगा। दिल्ली से लौटकर ज़रूर हाज़िर हो जाऊँगा।'

शुभा एकदम मुर्झा गई। बोली, 'मैं रविवार के लिए पापा से कहूँगी। मगर मुझे मालूम नहीं, रविवार को वे खाली हैं या नहीं ?'

'मैं दिल्ली से लौटकर उनसे ज़रूर मिल लूँगा।'

'दिल्ली में आप कितने दिन रहेंगे।'

'लगभग दसेक दिन। दूसरे यहाँ से निकलना ही कब हो पाता है। सोचता हूँ आगरा-फतेहपुर सीकरी से होते हुए हम लोग लौटें।'

शुभा को शर्मा की बात बहुत उत्साहित करनेवाली नहीं लगी। जाने क्यों उसके दिमाग में यकायक गुल कौंध गई। ट्रुप का सबसे बड़ा आकर्षण वही मानी जा रही थी। मगर दूसरे ही क्षण उसने अपना सिर झटक दिया, शर्माजी का इतना पतन नहीं हो सकता।

गुल तमाम लड़कियों की ईर्ष्या का केन्द्र थी। तमाम लड़के गुल के पीछे शैदाई थे। मगर यह तो गुल का कमाल था कि कोई भी लड़का अभी तक उसके नज़दीक नहीं पहुँच पाया था। गुल जब विश्वविद्यालय से लौटती, उसके रिक्शे के पीछे साइकिलों का हुजूम होता। चूँकि गुल का रिक्शावाला और नफ़ीस बहुत खूँखार किस्म के लोग थे, इसलिए आज तक कोई लड़का गुस्ताखी नहीं कर पाया था। लड़के अब तक एक मातमी जुलूस की तरह चुपचाप गुल के रिक्शे के पीछे साइकिलें दौड़ाते, जैसे

किसी शवयात्रा में चल रहे हों।

शुभा ने कहा, 'गुल जैसी लड़कियों ने विश्वविद्यालय का वातावरण बहुत दूषित कर रखा है।'

'कैसे ?'

'आप किसी दिन खुद देखिए। देवीजी का रिक्शा निकलता है कि राजकुमारी की सवारी। आवारा लड़कों की पूरी जमात पीछे हो लेती है।'

'किसी दिन देखूँगा।'

'गुल भी दिल्ली जा रही है ?'

'जाना तो चाहिए।'

शुभा हँसी, 'कैसा वक्त आ गया है। गानेवालियाँ यूनिवर्सिटी में पढ़ने लगी हैं।'

'वह बहुत टेलेंटेड लड़की है। पिछले वर्ष भी उसने यूनिवर्सिटी का नाम रोशन किया था।'

'हुँह !' शुभा ने ओंठ बिचकाए। शुभा का चेहरा बहुत विकृत हो गया, 'मैं वाइस चांसलर होती तो उसे तुरन्त रस्टीकेट कर देती।'

'खुदा न करे तुम वाइस चांसलर हो जाओ।' शर्मा बोला, 'समाज के हर वर्ग को शिक्षा का समान अधिकार मिलना चाहिए।'

'हुँ।' शुभा बोली, 'तब तो संसद में भी गानेवालियों का कोटा होना चाहिए !'

'समाज के हर वर्ग के लोगों का प्रतिनिधित्व होना ही चाहिए।'

शुभा को शर्मा के विचारों से बहुत निराशा हुई। उसने और अधिक बहस में पड़ना मुनासिब न समझा और यह कहकर खड़ी हो गई, 'हमारी तो समझ में ये बातें आती ही नहीं ! न जाने मुल्क किधर जा रहा है ?'

'मुल्क गुलामी की तरफ तो नहीं ही जा रहा,' शर्मा बोला, 'हम लोगों को बदले हुए हालात में ही सोचना चाहिए। जो लोग ऐसा नहीं सोच पाते हैं, वे पिछड़ जाते हैं और राष्ट्र आगे निकल जाता है। ऐसे लोगों से ही सुनने को मिलता है कि हम किधर जा रहे हैं।'

शुभा ने कहा, 'आप लेक्चरार हैं। हर बात समझाना जानते हैं। मैं लेक्चरार होती तो अपनी बात ज्यादा अच्छे तरीके से समझा पाती कि एक तवायफ़ की लड़की लाख कोशिश करने पर भी सती-सावित्री नहीं हो सकती।'

'क्यों नहीं हो सकती ?'

'क्योंकि उसके संस्कार वैसे नहीं हैं।'

'मैं तथाकथित उच्च संस्कार वाली बहुत सी महिलाओं को जानता हूँ, तुम भी जानती होगी जो वेश्याओं से भी गई-गुजरी हैं।'

शुभा के दिमाग़ में ऐसी बहुत सी औरतों का खाका उभर आया। उसके पड़ोस में ही कुछ सभ्य लोगों की पत्नियों को लेकर अक्सर अफ़वाहें उड़ती थीं। वह उठते हुए बोली, 'न बाबा, मैं बहस न करूँगी आपसे कौन पार पाएगा। किसी दिन पापा से आपकी 'डिबेट' करवाऊँगी।'

'तुम्हारे पापा तुम्हारी तरह संकीर्ण विचारों के नहीं होंगे मुझे विश्वास है।' शर्मा ने कहा।

शुभा बिल्कुल निरुत्साहित हो गई। उसे लगा वह सचमुच बहुत संकीर्ण विचारों की है। गुल के प्रति भी उसके मन में एक अपराध-भावना उभर आई। उसने हमेशा गुल का तिरस्कार ही किया है। गुल ने अगर परीक्षा में ज्यादा अंक भी लिये तो शुभा को हमेशा यही लगता रहा कि गुल अपने सौन्दर्य के एवज़ में अधिक अंक पा रही है, जबकि शुभा के कम अंक पाने का एकमात्र कारण उसका सच्चरित्र होना है।

शुभा नमस्कार की मुद्रा में खड़ी हो गई। शर्मा बाहर तक उसके साथ आया। बाहर सरकारी जीप खड़ी थी। ड्राइवर भी सरकारी था। वह जीप में जा बैठी और एक बार फिर नमस्कार किया।

शर्मा ने उसकी ओर ध्यान नहीं दिया। वह कमरे में लौट आया।

कमरे में लौटते ही वह अपना खत आगे बढ़ाने लगा :

'हम लोग अक्सर लड़की की पृष्ठभूमि, शिक्षा, सूरत को देखकर चीजें तय किया करते हैं। मगर मैं अपने थोड़े-से अनुभव के आधार पर इस नतीजे पर पहुँचा हूँ कि शिक्षा और संस्कार भी आपकी मदद नहीं करते, अगर आप बदले हुए सन्दर्भों के साथ कदम नहीं बढ़ाते। मेरी छात्राओं में ही ऐसी बहुत सी लड़कियाँ हैं जिनका 'आई क्यू' और मानसिकता खतरे के निशान को छू रहे हैं।'

'मुझे नहीं मालूम, मैं क्यों तुम्हारे अन्दर वे तमाम गुण देख रहा हूँ, जो मेरी कल्पना की किसी भी लड़की में होनी चाहिए। मैंने तुमसे खुलकर कभी बातचीत नहीं की, सिर्फ तुम्हें कक्षा में देखा है। मगर मुझे हमेशा यही लगा है कि तुम मेरे लिए पैदा हुई हो, सिर्फ मेरे लिए, सिर्फ मेरे लिए...'

पत्र लिखकर शर्मा की उद्विग्नता कुछ कम हुई। शाम को वह कभी-कभी पड़ोस में बैडमिंटन खेलने जाया करता था। उसने अपना रैकेट उठाया और चल पड़ा।

बाहर सुहावनी शाम थी। निर्मल आकाश पर डूबते हुए सूरज की शुआएँ पड़ रही थीं। आकाश में रंग-बिरंगे पतंग उड़ रहे थे और पतंगों के ऊपर से परिन्दों के काफ़िले रह-रहकर गुज़र जाते। शर्मा को गुल के यहाँ बिताई शाम याद आ गई। वह भी एक ऐसी ही शाम थी। ऐसा ही आकाश। ऐसे ही परिन्दे !

शर्मा ने बैडमिंटन में जमकर हिस्सा लिया। वह हर पारी जीतता चला गया। इतनी चुस्ती से वह कभी नहीं खेला था। घर लौटकर उसे भूख लग आई और नींद भी खूब आई। उसने तय किया, कल गुल को एक और खत लिखेगा। रोज़ एक ख़त लिखेगा। और सो जाएगा। आज की तरह। शादी होगी तो तमाम पत्र गुल को पढ़वाएगा।

सुबह विश्वविद्यालय जाने से पूर्व शर्मा ने अपने भाई द्वारा अमरीका से भेजा सफ़ारी सूट निकाला, अच्छी तरह से ब्रश किया। और सूट पहनकर वह देर तक आईने में अपनी सूरत देखता रहा। आज उसने शेव भी नए ब्लेड से की थी, जबकि पुराना ब्लेड अभी फेंकने लायक नहीं था। उसके भाई ने उसके लिए पिछले वर्ष दो-चार चीजें भेजी थीं। उसने उन सभी को इस्तेमाल कर डाला। बगलों में डियोडोरेंट भी घुमा लिया। जूते उसने चैरी ब्लॉसम्स से आधे घंटे तक पॉलिश किए। अपनी सूरत को आईने में देखते हुए उसे लगा, अब तक वह अपनी पोशाक के बारे में बेहद लापरवाह रहा है।

विश्वविद्यालय में शर्मा ने दो-एक पीरियड किसी तरह उखड़े हुए मन से लिये। शुभा उसके कान में धीरे से कह गई—'प्रोफ़ेसर शर्मा आज आप बहुत स्मार्ट लग रहे हैं।' शर्मा ने उसकी बात की तरफ़ ध्यान न दिया। वह गुल में खोया हुआ था। अधिक बर्दाश्त न हुआ तो उसने गुल को बुलवाने चपरासी को रवाना कर दिया। गुल दो घंटे तक टालती रही। तीसरे पीरियड के बाद वह स्वयं ही शर्मा के कमरे में चली गई। लड़कियों ने कपिल को लेकर उसका बहुत मज़ाक उड़ाया था।

'गुल बैठो।'

गुल सामने कुर्सी पर बैठ गई, सिर झुकाकर।

'मुझसे कोई ख़ता हुई ?' शर्मा ने पूछा।

गुल ने सिर हिला दिया यानी कि शर्मा से कोई ख़ता नहीं हुई।

'तुम मुझसे खिंची हुई क्यों हो ?' उसने पूछा।

गुल सिर झुकाए उसी तरह बैठी रही।

प्रोफ़ेसर की इच्छा हुई उसे बाजू से पकड़कर झकझोर दे। अव्वल तो प्रोफ़ेसर में इतना साहस ही नहीं कि गुल को छोटी उँगली से भी छू दे, दूसरे उसे लगता है वह गुल को झकझोर भी देगा तो केवल

आँसू टपकेंगे, जैसे बेरी के पेड़ को झकझोरने पर केवल बेर गिरते हैं : टप टप टप।

'दिल्ली जाने की तैयारी कर रही हो ?'

गुल चुप।

'अम्मा कैसी हैं ?'

गुल निश्चल।

गुल की इच्छा हुई अन्दर की पूरी शक्ति से चिल्ला उठे। मगर वह उसी तरह शान्त बैठी रही। उसका वक्ष साड़ी के पल्लू में भी तेज़ साँसों की गवाही दे रहा था।

'तुम्हारा मन ठीक नहीं है।'

शर्मा ने दफ्तर में रखी सुराही से पानी भरकर एक गिलास गुल को पेश किया।

गुल ने आँख उठाकर भी नहीं देखा। शर्मा पानी लेकर ज्यादा देर खड़ा नहीं रह सकता था। कभी भी कोई लड़का या चपरासी स्कैंडल बना सकता था।

'मन ठीक हो जाए तो चली आना। मैं एक-दो दिन में अम्मा से मिलूँगा। खाना खिलाओगी ? बोलो !'

गुल को नहीं बोलना था, नहीं बोली। प्रोफ़ेसर चिक उठाकर बाहर निकल गया।

गुल ने रूमाल से आँखें साफ़ कीं और धीरे से बाहर निकल गई। वह क्लास में नहीं गई, नफ़ीस की खोज में पुस्तकालय की तरफ़ बढ़ गई। नफ़ीस पुस्तकालय के पास एक पेड़ के नीचे अक्सर बैठता था। गुल को वह दूर से ही पहचान गया और उसकी तरफ़ बढ़ने लगा।

शाम होते ही शर्मा इकबालगंज की ओर चल दिया। वह गुल की अम्मा से विस्तार से बात कर लेना चाहता था।

शर्मा ने देखा, अज़ीज़न के दुमंज़िले का ज़ीना काफी गन्दा हो रहा था। जगह-जगह पान की पीक से ज़ीने रँगे थे। हर जगह पान की पीक का अलग रंग था। कत्थई। नई ईंट का रंग और पुरानी ईंट का रंग। नीचे गली से गुज़रते हुए भी उसे काफ़ी गन्दगी का अहसास हुआ था। रास्ते में जुलूस निकल रहा था और वह सिर झुकाए बड़ी मुश्किल से चौक से यहाँ तक का रास्ता तय कर पाया था। भीतर से आवाज़ आ रही थी :

कुल् हुवल्लाहु अहद्। अल्लाहुस्समद्

शर्मा इस आवाज़ को एकदम पहचान गया। गुल की आवाज़ थी ! शायद कुरान पढ़ रही थी।

वह अन्दर आँगन में दाखिल हुआ तो सामने चटाई पर एक पतले-दुबले मौलवी शेरवानी पहने बैठे दिखाई दिए। उनके गाल पिचके हुए थे और ठुड्डी पर खिचड़ी दाढ़ी बेतरतीब उगी हुई थी। उनके सामने ही एक छोटे-से आसन पर गुल बैठी थी। दोनों के बीच में कुरानशरीफ़ लकड़ी के स्टैंड पर खुला था। शर्मा की माँ इसी प्रकार के स्टैंड में रामचरित मानस रखकर पढ़ा करती थीं।

मौलवी ने आँख उठाकर शर्मा की ओर देखा और उसके चेहरे पर हल्की-सी खीझ के अलावा कोई प्रतिक्रिया न हुई। वे फिर बोले :

लम् यलिद् व लम् यूलद्।

गुल ने पीछे मुड़कर शर्मा की ओर देखा और आँखों से ही प्रोफ़ेसर का अभिवादन कर लिया। गुल अभी-अभी नहाकर आई थी। उसके बाल हल्के-से बँधे थे, लाल रंग के रिबन से। बालों के बीचोबीच रिबन उसकी पीठ पर लहरा रहा था। शर्मा कुछ कहता कि दूसरे दरवाज़े से अज़ीज़न दाखिल हुई। वह शायद जल्दी में थी। वह बहुत तेज़ चलती हुई आई और शर्मा के पास आकर रुक गई।

'अरे प्रोफ़ेसर साहब, आप ? आदाब अर्ज़।' उसने कहा और झट पर्दा उठाकर शर्मा को दूसरे कमरे में ले गई।

'मैं शायद बेवक्त आ गया हूँ,' शर्मा बोला, 'दरअसल, मेरा आपसे मुलाकात करना बहुत जरूरी हो गया था।'

चेहल्लुम नज़दीक आ रहा था। नीचे से गुज़रता हुआ जुलूस अज़ीज़न के घर के पास रुक गया और छाती पीटते हुए लोग एक लय में मातम करने लगे। सैकड़ों दाहिने हाथ एक लय से उठते और छाती पर वज्र की तरह गिरते। बीच में केवल छाती पीटने की आवाज़ आती। लग रहा था लोग छाती पीट-पीटकर दम तोड़ देंगे। एक अनुशासित आवाज़ थी जो केवल सैनिकों के परेड की हो सकती थी या हुसैन के दीवानों की।

माहौल शान्त हुआ तो उस गमज़दा माहौल में एक आवाज़ लहराने लगी :

तुम लोग छिपाते हो ये क्या होता है लोगो।
ग़ैरों के लिए भी कोई यों रोता है लोगो।

बाद में एक लय के साथ पूरा जुलूस छाती पीटते हुए गाने लगा :

ग़ैरों के लिए भी कोई यों रोता है लोगो

शर्मा ने देखा; उसके पास से ही बुर्के में कोई लड़की बारजे पर जा खड़ी हुई। शर्मा को उसकी स्फटिक एड़ियाँ ही दिखाई दे रही थीं।

शर्मा कुछ न समझा तो अज़ीज़न ने बताया, 'गुल है। आप किसी रोज़ मजलिस में गुल को सुनें।'

'मजलिस किसे कहते हैं ?' शर्मा के मुँह से बेसाख्ता निकल गया।

'इमाम हुसैन मुहर्रम महीने की दसवीं तारीख को कर्बला के मैदान में शहीद हुए थे। उनकी याद में कोई मजलिस करता है, कोई ताबूत-ताज़िया निकालता है। लोग अपने घर में धार्मिक सभाएँ बुलाते हैं, उसे ही मजलिस कहते हैं।'

शर्मा के संस्कारों में अज़ीब-सी उथल-पुथल मच गई। वह भी अज़ीज़न के साथ बारजे पर खड़ा हो गया। एक जुलूस आगे बढ़ गया था, दूसरा उसी स्थान पर आकर रुक गया था। आसपास तमाम घरों की खिड़कियों पर बुर्कानशीन औरतें और बच्चे नज़र आ रहे थे।

एक युवक गर्दन को घुमाता और हाथ को लहराकर ऊपर से छाती पर बेरहमी से गिराते हुए दर्दनाक आवाज़ में गा रहा था।...

शब को ज़रा लेट रहो, रोई हो दिन-भर
मैं पास तुम्हारे हूँ, जो बाबा नहीं सर पर

उसके इतना कहते ही तमाम लोग लयबद्ध रूप से छाती पीटने लगे और दोहराने लगे :

मैं पास तुम्हारे हूँ जो बाबा नहीं सर पर

जुलूस में हर वय के लोग थे। कुछ लोग बच्चों को भी गोद में उठाए हुए थे। गोद के बच्चे भी धीरे-धीरे छाती पीट रहे थे। चिलमन के पीछे खड़ी स्त्रियाँ रो रही थीं। जुलूस में भी कोई-कोई आदमी आँसू पोंछ रहा था। शर्मा को बगल में खड़ी गुल की सिसकियाँ भी सुनाई दीं। अज़ीज़न भी अपनी आँखों की कोर पोंछ रही थी।

जुलूस बढ़ रहा था :

पाला छह महीने जिसे छाती पर सुला कर
मैं पास तुम्हारे हूँ, जो बाबा नहीं सर पर

शर्मा को भी पूरा दृश्य करुणार्द्र कर गया। दूसरा जुलूस भी निकल गया था और चारों तरफ़ से मातम की ही आवाज़ें आ रही थीं। जुलूस के साथ थे ताबूत, दुलदुल, ताज़िए। लोग उन पर फूलों के हार चढ़ा रहे थे। ऊपर खड़ी औरतें अलम को छू लेतीं और हार चढ़ातीं। जुलूस के आगे बढ़ते ही खोमचेवाले आ गए और गर्म-गर्म पकौड़ी बिकने लगी। हार बेचनेवाले एक-एक दो-दो हार बेचते जुलूस के पीछे हो लिये।

शर्मा और अज़ीज़न अन्दर बैठक में चले आए। चाय आ चुकी थी। चाय उँड़ेलते हुए अज़ीज़न बोली, 'फरमाइए ! आप कैसे आए ?'

शर्मा अपने आने का मकसद भूल चुका था। अचानक उसका दिमाग़ बहुत भारी हो गया।

'मैं गुल के बारे में बात करना चाहता था।' उसने किसी तरह वाक्य पूरा किया।

अज़ीज़न के माथे पर सलवटें पड़ गईं और चेहरे पर रुखाई आ गई, 'क्या उसकी पढ़ाई ठीक नहीं चल रही ?'

'वह सब ठीक है, मैं दरअसल इस नतीज़े पर पहुँचा हूँ कि...' प्रोफ़ेसर ने जेब से रुमाल निकाला और चेहरे पर उभर आए पसीने को थपथपाते हुए बोला, 'मैं उससे शादी करना चाहता हूँ।'

'हूँ।' 'अज़ीज़न ने बहुत व्यंग्य से कहा, 'आए दिन बहुत से नौजवान इस तरह की ख़्वाहिश ज़ाहिर किया करते हैं।'

शर्मा जिस आसानी से बात करना चाहता था, उसे लगा, अज़ीज़न को वह मंजूर नहीं है।

'आपको मालूम है कि गुल तवायफ़ की लड़की है ?'

शर्मा ने हाँ में सिर हिलाया।

'आपका समाज आपको इस शादी की इज़ाज़त देगा ?'

'मुझे इसकी परवाह नहीं।' शर्मा ने कहा। वह नीचे फ़र्श की तरफ़ देख रहा था।

'क्यों, आपको अपने समाज की परवाह क्यों नहीं है। आपको उसी समाज में रहना है या किसी दूसरे समाज में ?'

'मैं अपने समाज का मुकाबला कर सकता हूँ।'

'इसकी रिहर्सल नहीं हो सकती,' अज़ीज़न बोली, 'और फिर बेटा, यह किसी कमज़ोर आदमी के बस की बात नहीं।'

'शायद आप मुझे जानती नहीं...'

'शायद आप अपने आपको भी नहीं जानते। मैं किसी भी उलझन में आपको नहीं डालना चाहती हूँ, न बिटिया को।'

शर्मा यह सब सुनने आया नहीं था। उसने सोचा, उसे अधिक तैयारी के साथ आना चाहिए था।

नफ़ीस जाने कहाँ से आकर ठीक शर्मा के सिर पर खड़ा हो गया। शर्मा ने पीछे मुड़कर देखा तो दहशत में आ गया। उसे लगा नफ़ीस कभी भी उसकी पीठ में छुरा भोंक सकता है। अज़ीज़न ताड़ गई कि नफ़ीस की उपस्थिति शर्मा को नागवार गुज़र रही है। उसने तुरन्त नफ़ीस को वहाँ से रवाना कर दिया।

'जितना मैं आपको समझ पाई हूँ, आप गुल के साथ सुखी न रह पाएँगे। गुल भी किसी कुंठा में ज़िन्दा नहीं रह सकती। मैं गुल के लिए कैसे शख़्स की कल्पना करती हूँ, खुद नहीं जानती। मगर यकीनन वह आप नहीं हैं। मेरी बात का आप बुरा नहीं मानेंगे। आपकी मश्कूर हूँ कि आप मेरे ग़रीबखाने में

तशरीफ़ लाए और एक भले इंसान की तरह पेश आ रहे हैं। आप उन लोगों में से भी नहीं हैं जो आए दिन खून में रँगी चिट्ठियाँ भेजा करते हैं।'

शर्मा के मुँह पर, माथे पर, होंठों पर पसीनें की बूँदें झिलमिलाने लगीं। वह उन बूँदों का वज़न महसूस कर रहा था। अज़ीज़न भी शर्मा को बड़े गौर से देख रही थी। शर्मा के पैर मोज़ों के भीतर पसीने से तर हो गए थे जैसे कीचड़ में धँस गए हों। उसके होंठ सूखे थे, सूखते चले जा रहे थे। वह बार-बार ज़बान से होंठ तर करता।

शर्मा आँख उठाकर किसी भी तरफ़ देखने का साहस नहीं कर पा रहा था। थोड़ी देर पहले उसे बुर्के में गुल की एड़ियाँ नज़र आई थीं। सफ़ेद स्फटिक संगमरमरी एड़ियाँ। उन एड़ियों में कहीं बिवाई नहीं थी, जो विश्वविद्यालय की अधिकांश लड़कियों की एड़ियों में वह देखा करता था।

'मुझे अफ़सोस है, मैं आपके अन्दर विश्वास नहीं पैदा कर पाया। म...म...मुझे जाना चाहिए।' वह बोला। वह खड़ा हो गया और माथा पोंछते हुए चलने को हुआ।

'खुदा हाफिज़।' पीछे से अज़ीज़न की सधी हुई आवाज़ आई।

शर्मा अभी ज़ीने तक पहुँचा होगा कि अज़ीज़न ने बहुत प्यार से पुकारा, 'प्रोफ़ेसर साहब पान तो नोश फरमाते जाइए।'

शर्मा को अज़ीज़न की आवाज बहुत व्यावसायिक लगी। जैसे वह लौटते हुए गाहक को सम्बोधित कर रही हो। वह रुका नहीं, यह कहते हुए सीढ़ियाँ उतर गया कि वह पान नहीं खाता। नीचे उतरकर उसने ऊपर उड़ती हुई नज़र से देखा। एक गोरी कलाई जुलूस के बीच में से गुज़रते हुए अलम पर फूल चढ़ा रही थी। क्या वह गुल की कलाई थी, वह नहीं जान पाया और धीरे-धीरे जुलूस के साथ कदम मिलाता हुआ चौक की ओर बढ़ने लगा।

शर्मा किसी फेल हुए छात्र की तरह सर झुकाए देर तक गलियों में भटकता रहा। उसकी घर जाने की इच्छा नहीं हो रही थी। घर जाकर जो अकेलापन वह महसूस करता उसके लिए वह असह्य था। उसे पहले गुल से बात करनी चाहिए थी, शायद यही गलती उससे हुई। जाने क्यों शर्मा यह मानकर ही चल रहा था कि गुल उस पर फ़िदा है। जितनी बार गुल से उसकी नज़रें मिली हैं तो उसने उनमें अपने लिए एक लहराती हुई दुनिया की झलक पाई है। यह उसका भ्रम नहीं हो सकता था।

आकाश में बादल घिर आए थे जिससे वातावरण अधिक उदास और बोझिल हो गया था। चौकी में वैसी ही भीड़ थी, शहर की परिचित भीड़, स्कूटरों, साइकिलों, इक्कों के बीच इत्मीनान से जुगाली करता एक साँड, अपने आसपास के शोर से बेनियाज़। बीच में लाटरी के टिकटों की लाउडस्पीकर की मदद से बिक्री। आसपास सर पर गठरियाँ उठाए देहात के लोग। नंगे पाँव, बच्चों को ट्राफ़िक से बचाते और मुड़-मुड़कर पीछे देखते हुए। पैदल चलते हुए शर्मा को कई चीज़ें याद आईं। यहाँ तालों की चाबियाँ लग सकती हैं, टूटे हुए जूतों और छातों की मरम्मत करवाई जा सकती है। ट्रांजिस्टर व टॉर्च के सेल खरीदे जा सकते हैं और शेव के लिए ब्लेड। हाज़मे के लिए चूर्ण, और तो और बिना तकलीफ़ दाँत भी निकलवाए जा सकते हैं। सारी भीड़ के बीच धम्म-सा फायर ब्रिगेड का इंजन खड़ा था। शर्मा की किसी चीज़ में दिलचस्पी न थी। उसके भीतर और बाहर एक हाहाकार मचा था।

शर्मा को सिगरेट का व्यसन नहीं था, एक पनवाड़ी के पास खड़ा होकर वह पान खरीदने लगा, फिर उसने एक सिगरेट भी सुलगाई और दुकान पर लगे हेमामालिनी छाप लड़कियों के कैलेंडर देखने लगा। दो ही तरह के लोग कैलेंडरों पर हावी थे—सुन्दरियाँ और अवतार।

क्षण-भर के लिए उसकी इच्छा हुई अपने मित्र प्रकाश के पास लखनऊ चला जाए और उसके सामने अपनी हारी हुई बाजी बिछा दे। मगर वह प्रकाश पर भरोसा नहीं कर सकता था। वह अप्रत्याशित किस्म का व्यक्ति था। वह किस समय किससे कैसा व्यवहार करेगा, इसका कोई भरोसा नहीं। प्रकाश उसे घंटों दफ्तर में इन्तज़ार में बैठाकर मज़ा ले सकता था। उसके ग़म में कुछ इस कदर शामिल हो सकता था

कि परामर्श लेनेवाले को लगे कि वह परामर्श देने आया है। फिर उसे यकायक अपने बूढ़े माँ और बाप की याद आई। वे भी उसकी कोई मदद न कर पाएँगे। बल्कि मार्ग में 'आगे रास्ता बन्द है' के बोर्ड ही लटकाएँगे। तो कौन है जो उसको कुछ राहत दे सकता है ?

गुल ! शर्मा ने कहा, 'गुल।'

शर्मा वापस गुल के घर की ओर मुड़ गया। वह गुल की अम्मा से अभी इसी समय मिलेगा। गुल से बात करेगा। वह एक दूसरी बेवकूफी होगी, उसके भीतर से कोई चिल्लाया। वह लुंगी की एक दुकान पर लुंगियाँ देखने लगा। लुंगी उसने कभी नहीं पहनी थी, मगर उसे हमेशा लुंगी ने आकर्षित किया था। वह लुंगी को आदमियों का पेटीकोट कहा करता था। उसने अपने लिए एक बारीक लुंगी पसन्द की और दस रुपए देकर खरीद ली। लुंगी उसने बगल में दबाई ही थी कि उसके अन्दर से एक और आवाज़ आई, 'तुम एक तवायफ़ की लौंडिया के पीछे तबाह हो जाओगे।'

प्रोफ़ेसर शर्मा ने आवाज़ सुनी और बोला, 'ये समाज की आवाज़ें हैं। मैं इन्हें बखूबी पहचानता हूँ। मेरे सामने ऐसी कोई मजबूरी नहीं। मैं किसी भी अच्छे घराने की खूबसूरत लड़की से शादी करके खाली समय में अपना शोध पूरा कर सकता हूँ।'

शर्मा तेज़-तेज़ क़दम बढ़ाता आगे बढ़ा। क्या है गुल में ? उसकी बिल्लौरी आँखें ? उसका चट्टानी वक्ष ? उसका मासूम चेहरा ? उसका चलने का ढंग ? उसके लम्बे बाल ? उसकी गोरी स्फटिक एड़ियाँ ? या सदियों से पिसती आ रही उसकी आत्मा ? क्या शर्मा अपने खानदानी आदर्शवाद का शिकार हो रहा है ? क्या उसके आर्य-समाजी संस्कार उसे गुल के उद्धार के लिए उकसा रहे हैं, अथवा यह उसकी कोई व्यक्तिगत कुंठा है ? क्या है यह सब ? चलते-चलते सहसा शर्मा की आँखों के समक्ष गुल का चेहरा उभर आया। हाथ में किताबें थामे। लिबास औसत लड़कियों से भी सादा। आँखें ऐसी जैसे सदियों से सिर्फ़ आँसू बहाती आ रही हों।

क्या वह गुल पर दया करके उस पर मुग्ध हो रहा है ? क्या वह किसी ऐसी लड़की से शादी करना चाहता है जो जिन्दगी-भर उसके उपकार के नीचे दबी सिसकियाँ भरती रहे ?

नहीं ! नहीं ! नहीं ! शर्मा ने अपनी गर्दन झटक दी। उसे गुल बेहद पसन्द है। वह गुल को बेइन्तिहा चाहता है। यह एक मुख्तसर-सी बात है। उसकी खाल उधेड़ना फ़िजूल है।

शर्मा ने तय किया वह कल गुल से आमने-सामने बात करेगा। विश्वविद्यालय में यह सम्भव नहीं। वह उसे घर पर बुलाएगा। शर्मा का घर उसके रास्ते में पड़ता है। क्या नफ़ीस इसकी इज़ाज़त देगा ? यह गुल की समस्या है। कल वह हमेशा के लिए फैसला ले लेगा।

●●

माघ का महीना था। बला की सर्दी पड़ रही थी। इस जाड़े में गली के कुत्ते तक खामोश हो गए थे और जगह-जगह बीड़ी के पत्तों की सेज पर दुम दबाकर पड़े थे। नवाब साहब की छत पर बिल्लियाँ रोते हुए जैसे मातम कर रही थीं। रात के सन्नाटे में कोई आवाज़ थी, तो एक ठेले की कर्ण-कटु आवाज़। जैसे लोहे का कोई जानवर रो रहा हो। पहियों में बहुत दिनों से तेल नहीं पड़ा था। ठेलेवाला बहुत होशियारी से ठेला ठेल रहा था ताकि उसके ठेले से गली की खामोशी भंग न हो। रात बिताने के लिए उसे कहीं ठौर नहीं मिल पा रहा था। पिछले महीने उसने चौक में एक दवाफ़रोश के बारजे के नीचे अपना बसेरा बनाया था, जो आज अचानक उखड़ गया था। वहाँ दो पुलिसवाले अलाव जलाकर पसर गए थे और उसे भगा दिया था। चलते-चलते वह एक टाट में बीड़ी के पत्ते, कागज़ बटोर रहा था ताकि

कहीं एकान्त में अलाव जलाकर रात काट सके।

हजरी बी की कोठरी के पड़ोस में टीन का एक छप्पर था, जहाँ ताहिर अपना ठेला खड़ा करता था। एक ठेले लायक जगह और थी। ठेलेवाले ने बड़ी मुस्तैदी से अपना ठेला ताहिर के ठेले के बराबर खड़ा कर दिया और दियासलाई जलाकर जगह का जायज़ा लेने लगा। ठेले के नीचे टाट बिछाकर सोने का उसका खासा अभ्यास था। ठेले के चारों तरफ वह तिरपाल बिछा देता जिससे ठेले के नीचे एक अच्छी-खासी छोलदारी तैयार हो जाती।

हज़री बी ने बगल में खटर-पटर सुनी तो ढिबरी जलाकर बाहर निकल आई, 'कौन है ?'

'मैं हूँ। एक सब्ज़ीफ़रोश। कहीं ठौर न मिला तो यहाँ चला आया। आप इज़ाज़त दें तो आज की रात यहीं बसर कर लूँ। बला की सर्दी पड़ रही है, खून जमा जा रहा है।'

ठेलेवाले ने एक ही साँस में अपनी मजबूरी बता दी। हजरी बी उसके पास चली आई। उसके पास ढिबरी ले जाकर उसका चेहरा ग़ौर से देखा। एक दुबला पतला-सा आदमी था। सर पर अँगोछा बाँध रखा था और रुई की बंडी पहने था। नाक पर मोटे काँच का चश्मा चढ़ा था।

हजरी बी को नींद न आ रही थी। कोठरी से दस-पाँच उपले उठा लाई। ठेलेवाले ने पत्ते, काग़ज़ और लकड़ी का एक कुन्दा उपलों के ऊपर रखकर अलाव बना लिया। दोनों हाथ सेंकने लगे।

'कहाँ रहते हो ?' हजरी ने पूछा।

'जहाँ रात हो जाए,' मल्लू ने कहा, 'कुछ दिनों तक चौक में बारजे के नीचे रात बिता देता था, आज पुलिसवालों ने वहाँ से भगा दिया।'

'ये लाँ के मौड़े गरीबों के दुश्मन हैं,' हजरी बी ने पूछा, 'खाना खाए हो ?'

'हाँ, खाना तो शाम को एक होटल में खा लेता हूँ। एवज़ में सब्जी देता हूँ।'

'आजकल मटर खूब सस्ते होंगे।' हजरी बी का मटर खाने को मन कर आया।

'हाँ, खूब सस्ते हैं,' मल्लू ने कहा, 'कहो तो भूनकर खाए जाएँ।'

'दो-एक आलू भी निकालो।' हजरी बी ने कहा और अन्दर से ढेर सारे उपले उठा लाई।

दरअसल हजरी सुबह से भूखी थी। जाड़ा इतना था कि घर से निकली ही नहीं। गुदड़ी में लेटी रही। इस वक्त मटर, आलू का नाम सुनकर उसकी भूख चमक आई थी।

मल्लू ने डलिया भरकर मटर और आलू हजरी को सौंप दिए। हरे चने भी थे। हजरी की दावत हो गई। वह रात देर तक मल्लू की राम-कहानी सुनती रही कि कैसे वह दुनिया में निहायत अकेला है। उसका घर-बार है न दोस्त-अहबाब। होश सँभाला तो अपने को स्टेशन पर पाया। वहीं कुछ खाने को मिल जाता तो खा लेता वरना प्लेटफार्म पर दरगाह के पास सो रहता। उसे नहीं मालूम वह हिन्दू है या मुसलमान।

'यह बताना तो बहुत आसान है,' हजरी बी ने कहा, 'पाजामा ढीला करो तो मैं अभी बता दूँ।'

मल्लू झेंप गया। हजरी बीच-बीच में कोई ऐसी बात कर देती कि उसे घबराहट होने लगती।

'एक बार स्टेशन पर एक दयालु पंजाबी सज्जन मिल गए थे। अपने साथ घर लिवा ले गए। उन्होंने नए कपड़े सिलवा दिए और मैं भी खूब ईमानदारी से मन लगाकर घर का काम करने लगा। मगर उनकी बीवी अच्छी औरत नहीं थी।' मल्लू रुक गया। उसने कहा, 'अल्लाह उनको उम्रदराज़ करे। वह बहुत नेक इंसान थे।'

'उनकी बीवी में क्या खामी थी ?' हजरी ने पूछा।

'उनके बारे में कुछ भी कहना मुनासिब न होगा। एक दिन मैंने उनके सामने हाथ जोड़ दिए और कहा कि अब यहाँ न रहूँगा। उन्होंने यह ठेला और पचास रुपए दे दिए। पाकिस्तान से आकर वे इसी ठेले पर शक्कर बेचते थे। उन्हें जान से भी प्यारा था यह ठेला, मगर मुझे दे दिया। अब तो उनके पास गाड़ी है, बँगला है।'

'गाड़ी बँगला किस काम का,' हजरी बी ने हाथ नचाया, 'जब औरत ही छिनाल निकल जाए।'

'मैं अपने मुँह से बीबीजी के लिए ऐसा न कहूँगा,' मल्लू बोला, 'खुदा उन्हें अक्ल दे।'

'तुम एक नेक इंसान मालूम पड़ते हो,' हजरी ने अपनी राय ज़ाहिर की, 'कभी-कभी मुझे खुदा की कुछ हरकतें पसन्द नहीं आतीं। बताओ भला, तुमने क्या गुनाह किया है कि खुले आसमान के नीचे सोने को मजबूर हो।'

'ऊपरवाले को जो मंजूर हो ! लगता है वह मेरे लिए अभी तक छत या दीवार का इन्तज़ाम नहीं कर पाया।'

हजरी का मन बहुत उदास हो गया। यह जानकर उसे सन्तोष हो रहा था कि उसके पास कम से कम एक कोठरी तो है।

'तुमने अपना नाम क्या बताया था ?'

'मल्लू !'

'मल्लू ? यह भी कोई नाम है ? किसने रखा तुम्हारा यह नाम ?'

'मालूम नहीं। अपने बारे में मुझे कुछ भी मालूम नहीं। कहाँ से आया, माँ-बाप कहाँ हैं, कौन मुझे स्टेशन पर छोड़ गया, खुदा जाने ! यह ज़रूर महसूस करता हूँ कि किसी अच्छे परिवार में ही जन्म हुआ होगा क्योंकि भीख माँगने से मुझे हमेशा घिन लगती थी।'

'बहुत अफ़सोस हुआ तुम्हारी दास्तान सुनकर,' हजरी बी बोली, 'ऐसे समय में आए हो कि मैं कोई मदद भी नहीं कर सकती। सरकार बहादुर ने दफ़ा आठ क्या लागू कर दी, हम लोगों को यतीम बना दिया। मेरे पास तीन-तीन कमरे थे, कमिस्नर साहब के साथ नथ की रस्म हुई थी। मगर बड़ी अम्मा ने कभी पचास फ़ीसदी रुपए से ज्यादा हाथ में न दिए। बाद में कमिस्नर साहब जाने कहाँ ग़ायब हो गए ? अल्लाह को प्यारे हो गए या किनाराकशी कर गए।'

अचानक हजरी बी रोने लगी, 'बहुत मानते थे मुझे कमिस्नर साब। मेरा एक-एक नखरा सर-माथे पर उठाते थे। मगर तक़दीर में उनकी पाबन्दी न लिखी थी।'

मल्लू इस जगत से नितान्त अपरिचित था। उसने इस दुनिया की कल्पना मुजरे, संगीत और नृत्य के रूप में की थी।

'एक ज़माना था, मेरे कोठे पर आदमियों की कतार लगी रहती थी। कई लोगों को तो मायूस होकर लौट जाना पड़ता था।'

'आप सिर्फ़ गाती थीं या नाचती भी थीं ?'

'नाच-गाने का ढकोसला हमने कभी न किया,' हजरी बी बोली, 'जब तक कमिस्नर साहब रहे, मैं उनकी पाबन्द रही। उन्होंने किनाराकशी कर ली तो मैं आज़ाद हो गई। जाने बड़ी अम्मा ने मेरी मारफ़त कितने पैसे कमाए होंगे ! मालज़ादी को हज़म न हुए और कोढ़ से मरी।'

'उसका पैसा कहाँ गया ?'

'हराम की कमाई उड़ते देर नहीं लगती।' हज़री बी ने बताया, 'बड़ी अम्मा बीमार थीं कि कोई भड़ुआ पूरे ज़ेवरात और नोटों की थैली लेकर भाग गया।'

'नाच-गाने का शौक नहीं है आपको ?'

'मैंने बताया न कि नाच-गाना सब ढकोसला है। जब से छापा पड़ा, तमाम मालज़ादियों ने उस्ताद रख लिये। मगर यह सब धोखा है। दिन में रियाज़ होता और रात को क़दीमी पेशा। हमारे ज़माने में दलाल लोग गाहक पकड़-पकड़कर लाते थे, अब तो गाहक खुद ही सूँघते हुए चले आते हैं। मगर अब दिन बहुत चढ़ा है, साज़िन्दे भूखों मर रहे हैं, एक-एक कर तवायफ़ें मरती जा रही हैं, कोई खोज-खबर लेनेवाला नहीं। एक ज़माने में यह गली फूल-मालाओं और इत्र से रात-भर महकती थी। आज क्या हालत हो गई है, देख ही रहे हो। मकान ढह रहे हैं। छत है तो दरवाज़ा नहीं। दरवाज़ा है तो छत नहीं।'

'खुदा को यही मंजूर था,' मल्लू ने कहा, 'आधी ज़िन्दगी बिना छत के गुज़र गई, बाकी आधी भी गुज़र जाएगी। बस जाड़े में ज़रा तकलीफ़ होती है।'

'तुम चाहो तो कोठरी के बाहर खपरैल के नीचे रात बिता सकते हो,' हजरी बी ने कहा, 'अन्दर कहीं एक खटिया भी होगी। सुबह देखूँगी।'

मल्लू को नींद आ रही थी। उसने 'खुदा हाफ़िज़ !' कहा और ठेले के नीचे घुस गया। ज़मीन बर्फ़ की तरह ठंडी थी। उसके दाँत किटकिटाने लगे मगर वह इसका आदी हो चुका था। दो-चार टाट बिछाकर लेट गया। थोड़ी देर में नींद ने उसे दबोच लिया।

हजरी ने अन्दर जाकर ढिबरी जलाई और खटिया निकालने लगी। खटिया इतनी जर्जर हो चुकी थी कि उसे साबुत उठाकर लाना असम्भव था। दो-तीन बार में वह टुकड़े-टुकड़े खटिया बाहर रख आई। बीच में बाध झूल रहा था, मगर खटिया के पावे मज़बूत थे।

सुबह मल्लू उठा तो सबसे पहले उसकी नज़र खटिया पर ही गई। उसने पावे उठाकर देखे, बहुत मज़बूत और मुग्दर की तरह भारी थे। हो सकता है कोई अच्छा कारीगर बढ़ई सस्ते में खाट बना दे। मल्लू उस्मान नाम के एक बढ़ई से परिचित था, जिसके बड़े भाई का सब्ज़ी मंडी में अमरूद का कारोबार था। यहीं चकैया नीम के आसपास उसका घर था। मल्लू को मालूम था यहीं कहीं अनवर मियाँ का होटल था, जो मुँह-अँधेरे ही खुल जाता था। चाय पीने के इरादे से वह चकैया नीम की तरफ़ चल दिया।

इसे संयोग ही कहा जाएगा कि सबसे पहले मल्लू की मुलाकात उस्मान से ही हुई। उसने एक हल्की-सी लोई ओढ़ रखी थी और सिकुड़ा हुआ चल रहा था।

'उस्मान भाई, सलामालेकुम।'

'वालेकुम सलाम !' उस्मान मल्लू के पास आकर खड़ा हो गया, 'आज कहाँ डेरा जमाए हो ?'

'आप तो जानते ही हैं, जहाँ शाम हो जाती है, हमारा डेरा लग जाता है।' मल्लू ने कहा और बग़ैर कमानी का चश्मा नाक पर रखकर कानों पर डोरी लपेटने लगा।

'मेरी मानो तो किसी बूढ़ी तवायफ़ को रख लो,' उस्मान भाई बहुत शरारत से बोला, 'और कुछ न सही, छत तो नसीब हो जाएगी। साली एक-एक कर मर रही हैं, तुम्हारे नसीब बुलन्द हुए तो मकान भी हो जाएगा।'

'कैसी बात करते हो उस्मान भाई !' मल्लू ने कहा, 'मैं तो एक खुदा-तरस इंसान हूँ। इस तरह के वाहियात खयाल मेरे दिमाग़ में उठ ही नहीं सकते।'

'खुदा कसम सच कह रहा हूँ। ज़रा हौसला चाहिए। चमेली बाई का नाम सुना होगा, जब से अल्लाह को प्यारी हुई है, घर में चमगादड़ बोल रहे हैं। लड़का भाग गया है और लड़की ने शरीफ़ खानदान का लड़का पटा लिया और अपना अलैहदा इन्तज़ाम कर लिया है।' उस्मान भाई ने उत्तेजना में जेब से बीड़ी निकालकर मुँह से लगा ली और देर तक सुलगाता रहा, 'मेरा तो मन हो रहा है मैं ही क्यों न मक़ान पर कब्ज़ा कर लूँ। घर में जगह की भी कमी है।'

मल्लू ने उस्मान भाई के नेक इरादों की ताईद न की, बोला, 'रात को जाड़े से काँप रहा था कि हजरी बी ने पनाह दे दी। वरना आज मेरी तो कुल्फ़ी जम जाती।'

'उस पगली के चक्कर में न आना। बेहद ज़ालिम बुढ़िया है। जुबान की भी बेहद फ़ोहश है। यह दूसरी बात है कि मुसीबत में सबके काम आ जाती है। उसे मालूम भर हो जाए कि कोई मुसीबत में है, सब काम छोड़कर उसी की सेवा में लग जाएगी।' उस्मान भाई ने जानकारी दी।

मल्लू का अपना भी यही अनुभव था। हजरी अचानक क्या कह देगी, इसका कोई भरोसा नहीं था। मगर दिल की सच्ची थी। रात को हजरी ने अपने बारे में जो जानकारी दी थी, उसमें कहीं झूठ की गुंजाइश उसे नज़र न आ रही थी। अपने अतीत को लेकर वह शर्मिन्दा थी न भविष्य को लेकर चिन्तित।

'अम्मा यह इस मुहल्ले की रवायत है कि किराएदार ही कुछ समय बाद मालिक मकान बन जाते हैं। आज नवाब साहब को देखते हो ! रब्बन की पूरी हवेली पर कब्ज़ा कर लिये हैं। शुरुआत ड्योढ़ी से ही की थी।'

'उस्मान भाई मुझे यों शर्मिन्दा न करो। हजरी ने कल छप्पर के नीचे पनाह दे दी। आज उसने एक खटिया देने का वादा भी किया है, मगर माशा-अल्लाह वैसी खटिया भी मैंने आज तक नहीं देखी। चमगादड़ की तरह बाध झूल रहा है और एक-एक पावा एक-एक मन का होगा।'

'पुराने बखत की कोई यादगार होगी।'

'ज़रूर,' मल्लू बोला, 'अगर वक्त मिले तो उस्मान भाई ज़रा खटिया देखकर बता देना कि मरम्मत के काबिल है या नहीं। अगर मरम्मत के लायक हो तो कितने में तैयार हो जाएगी।'

'क्यों नहीं, क्यों नहीं।' उस्मान खुश हो गया। घर में फूटी कौड़ी न थी। उस्मान इसी चिन्ता में सुबह-सुबह निकला था कि कहीं कुछ हाथ लग जाए। दिन-भर उसके बच्चे खाली पेटियाँ खरीदते और उनके छोटे-छोटे सन्दूक बनाकर ठेले-खोमचेवालों के हाथ बेचते थे। इधर कुछ ऐसी मन्दी चल रही थी कि उस्मान के यहाँ लगभग एक दर्जन छोटे-बड़े सन्दूक रखे रह गए थे, कोई ग्राहक ही न मिल पा रहा था।

'देखो ज़रा दिन निकल आए, मैं जाकर खटिया देख आऊँगा। इधर कुछ मसरूफ़ हूँ। मिलिटरी का एक ठीका ले रखा है। काम खत्म हो तो कुछ पैसे हाथ में आएँ। इधर तो सब उसी में घुसता चला जा रहा है। मगर तुम बेफ़िक्र रहो। मैं आज ज़रूर कोई न कोई बन्दोबस्त करूँगा।'

मल्लू भी नल पर दातून-कुल्ले में व्यस्त हो गया। सामने अनवर मियाँ के ढाबे से धुआँ उठ रहा था, गली में थोड़ी आमदोरफ्त भी बढ़ गई थी। एक-दो दूधवाले साइकल पर खटर-पटर मचाते निकल रहे थे और एक अखबारवाला 'आज की ताजा खबर' कहते-कहते दूर गली में चला गया था। नीम पर परिन्दों का शोर बढ़ गया था। सहसा मस्जिद से अज़ान की आवाज़ उठी और पूरे माहौल में लहरा गई। कुछ देर बाद गुरुद्वारे से जपुजी साहब के पाठ की आवाज़ आने लगी, किसी तीसरी तरफ़ से विष्णु सहस्रनाम का रेकॉर्ड बजने लगा। ईश्वर, अल्लाह और वाहेगुरु के सन्देश ऊपर आसमान में एक-दूसरे से बतियाने लगे।

मल्लू को मंडी के लिए देर हो रही थी। आज उसका इरादा सिर्फ़ आलू खरीदने का था। मल्लू एक ही सब्जी खरीदने का कायल था। आलू सस्ते हुए तो आलू, वरना प्याज, गोभी या मटर। इधर हरा चना भी आने लगा था, उसका इरादा था कि अगर हजरी बी चने निकालने में मदद कर दे तो वह चने की चाट भी बेचना शुरू करेगा। हजरी की भी कुछ मदद हो जाएगी। मगर हजरी को समाज सेवा से ही फुर्सत न थी।

'अनवर मियाँ अभी चाय में कितनी देर है ?' मल्लू ने तौलिए से टाँगें पोंछते हुए आवाज दी।

'कोई देर नहीं है। बस चले आओ।'

मल्लू अनवर मियाँ के चबूतरे पर चढ़ गया। अन्दर स्टूल पर नसीम खाँ बहुत गौर से 'सियासत' पढ़ रहे थे। बगल के स्टूल पर उनकी टोपी रखी थी और एक तरफ़ छड़ी। अँगीठी जलने से कमरे में धुआँ भर गया था और बाहर दो-एक कुत्ते बड़ी लालसा से अनवर मियाँ की ओर पूँछ हिलाते हुए अपलक ताक रहे थे।

मल्लू अँगीठी ताप रहा था और बड़ी बेसब्री से पानी उबलने का इन्तज़ार कर रहा था। उसे मंडी पहुँचने की जल्दी थी। वह जितनी बार अनवर से पूछता कि चाय में अभी कितनी देर है, अनवर पतीले में उँगली डालकर पानी छूकर देखता। आखिर पानी उबलने लगा। अनवर मियाँ ने उबलते हुए पानी में चाय पत्ती, दूध मिलाकर पतीला ढँक दिया और मल्लू के लिए गिलास धोने लगा। एक गिलास उसने बशीर मियाँ के लिए धोया और एक अपने लिए। फिर उसने तीनों गिलासों के ऊपर बारी-बारी चलनी

रखकर चाय उँड़ेल दी।

मल्लू अभी गिलास होंठ तक भी न ले गया था कि उस्मान भाई नज़र आए। इसी बीच उस्मान भाई न सिर्फ़ मल्लू की खटिया का मुआयना कर आए थे बल्कि हजरी से मल्लू की तारीफ़ों का पुल भी बाँध आए थे।

'वह एक अभागा इंसान है। आज तक मैंने उसे किसी से उलझते नहीं देखा। ऐसा इंसान पेड़ों के नीचे रात बिताए यह किसी भी मुसलमान के लिए शर्म की बात है। तुम्हारे इस सुझाव पर कि वह ड्योढ़ी में रात बिता ले अल्लाहताला बहुत खुश होंगे।'

उसके बाद उस्मान भाई ने खटिया का मुआयना किया। बाध गल चुका था। पावों को कहीं-कहीं से दीमक चाट चुकी थी। मगर लकड़ी चूँकि बहुत मज़बूत थी इसलिए दीमक अन्दर तक घुसपैठ नहीं कर पाई थी। दीमक एक सीधी लकीर इधर-उधर बनाकर रह गई थी। उस्मान भाई ने खटिया की भरपूर प्रशंसा की, 'ऐसी खटिया आज सौ रुपए में भी न बने। बहरहाल अगर मल्लू कुछ पैसे खर्च करे तो उसकी ज़िन्दगी-भर के लिए तो यह खाट काफी है।'

उस्मान भाई ज्यादा देर तक वहाँ न रुक सके। उन्हें भय था कि कहीं मल्लू उनके पास पहुँचने से पेश्तर ही मंडी की तरफ़ न चल दे। हजरी से विदा लेकर वह लम्बे डग भरते हुए अनवर मियाँ के यहाँ पहुँच गए।

'अनवर भाई, एक गर्म चाय और दो ठो बिस्कुट तो दो ही, सिगरेट पहले बढ़ा दो।' सिगरेट सुलगाकर वह वहीं सीढ़ी पर उकड़ूँ बैठ गए।

'मल्लू भाई खटिया मैं देख आया हूँ। आज तैयार करवा दूँगा, जबकि काम ज्यादा है। बाध तो पूरा ही बदलना होगा। पायों पर भी कहीं-कहीं दीमक लग चुके हैं। मेरे पास एक तेल है। वह लगा दूँगा तो दीमक हमेशा-हमेशा के लिए खत्म हो जाएगी।'

'बहुत मेहरबानी होगी उस्मान भाई।' मल्लू ने चाय सुड़कते हुए कहा।

'ऐसा करो अभी दस-पन्द्रह रुपए दे दो। कम-ज्यादा निकला तो शाम को हिसाब हो जाएगा।'

मल्लू सुबह-सुबह दस रुपए देने के मूड में नहीं था। उसका इरादा था कि शाम को लौटकर अपने सामने खटिया बनवा ले। अगर उस पर ज़्यादा पैसा खर्च होता नज़र आए तो एक नई खटिया ही खरीद लाए।

'नई खटिया कितने की आएगी ?'

'ऐसी खटिया तो ज़मींदारी के साथ ही गायब हो गई। अब लेना चाहो तो सौ में भी नहीं मिले।'

'मेरे लिए तो एक छोटी-सी खटिया काफी होगी।'

'बीस से कम में न मिलेगी और मैं तो दस रुपए में ही फिट कर दूँगा।'

उस्मान मियाँ बहुत परेशान हो उठे थे। उन्होंने दस-पन्द्रह रुपए पर ज़ोर न देकर इस बार दस रुपए पर ही ज़ोर दिया। अनवर मियाँ ने उस्मान को यह सोचकर ही चाय दी थी कि उसके पास एकाध रुपया ज़रूर होगा। दो माह पहले अनवर और उस्मान के बीच ऐसी जंग हुई थी कि दोनों को उम्र-भर याद रहेगी। उस्मान को लगा कि मल्लू हाथ से निकल गया तो उसकी बड़ी फ़ज़ीहत होगी। वह घर में बच्चों के लिए थोड़ा गोश्त ले ज़ाने की सोच रहा था। बगल में कसाई गोश्त काट रहा था और उस्मान भाई के मुँह में लार आ गई थी।

'ठीक है उस्मान भाई, शाम को बाज़ार से लौटकर तय करेंगे।'

'मैं तो अभी निकल जाऊँगा कंटोनमेंट की तरफ़। बताया था न कि ठीका ले रखा है। न जाने मुलाकात हो या नहीं।'

'मैं आपको खोज लूँगा।' मल्लू ने कहा।

'जैसी मर्ज़ी,' उस्मान ने कहा, 'आपके लिए मैंने सुबह-सुबह एक घंटा खो दिया। वज़ीर हसन साहब

के यहाँ जाना था मगर यह सोचकर नहीं गया कि वह आराम फ़रमा रहे होंगे।'

मल्लू को उस्मान की बातों में कोई दिलचस्पी न थी। वह जल्दी से जल्दी मंडी पहुँच जाना चाहता था। उसने चाय का पैसा अदा किया और ठेले की तरफ़ बढ़ गया।

उस्मान मियाँ वहीं बैठे रह गए। उन्होंने तहमद पहना हुआ था और उसे उत्तेजना में बार-बार खोलकर मजबूती से बाँध रहे थे। घर में फूटी कौड़ी न थी। अनवर से उधार न लेने की कसम वह खा चुके थे। बड़े इत्मीनान से उन्होंने अनवर से पूछा, 'अनवर भाई, कै पैसे हुए ?'

'पचास पैसे।' अनवर पहले ही जोड़कर तैयार बैठा था।

'ला, एक सिगरेट और पिला।'

उस्मान भाई ने सिगरेट सुलगाई और वहीं पटरे पर बैठे-बैठे फूँकने लगे। उस्मान भाई की लम्बी-तगड़ी देह थी। वह दाढ़ी नहीं रखे थे। मगर दो-चार दिन की शेव हमेशा ही बढ़ी रहती थी। सर पर वह ज़रूर रामपुरी काली टोपी पहने रहते। लुंगी हमेशा शोख रंग की होती। उस्मान भाई को अगर आप ईद के रोज़ देखें तो पहचान नहीं सकते। नई लुंगी, नई टोपी, नई कमीज़ और बेदाग ओजस्वी चेहरे को देखकर अनुमान भी नहीं लगाया जा सकता कि यह आदमी बढ़ईगीरी करता है अथवा किसी आरा मिल का मालिक है।

इस समय उस्मान मियाँ की हालत पतली थी। उनके ऊपर एक कमीने होटलवाले का साठ पैसे का कर्ज़ चढ़ गया था। और वह अपनी कसम के मुताबिक तुरत ही चुकाना चाहते थे। मुहल्ले में कोई ऐसा न था, जो खुशी-खुशी उन्हें एक-दो रुपए उधार दे सके। दूसरे शब्दों में कहा जाए तो ऐसा कोई शख्स मुश्किल से मिलेगा जो उस्मान मियाँ को उधार देकर वापसी की आशा रखता हो। दूसरे अलस्सुबह किसी से साठ पैसे उधार लेना भी तो तौहीन की बात थी। उस्मान भाई ने अपने पन्द्रह वर्षों के वैवाहिक जीवन में ग्यारह बच्चे पैदा किए थे। छह बच्चे अल्लाह को प्यारे हो चुके थे। शेष बच्चों पर भी वह कोई खास ध्यान न दे पाते थे। बकरीद पर शादी से पहले भी उसके यहाँ एक ही बकरा कटता था, अब भी एक ही। घर में जो भी कपड़ा आता था, वह यके बाद दीगरे सभी बच्चों के काम आता। दसियों बरस पुराने कपड़े घर में आज भी दिखाई देते थे।

आखिर उन्हें एक तरकीब सूझी। वह वहाँ से उठकर सामने हैदर साहब की दीवार के पास पेशाब करने लगे, वहाँ से वह बाएँ हाथ सरक गए। अन्दर अनवर कुछ व्यस्त हो गया था, क्योंकि एक साथ तीन लोग ढाबे में दाखिल हुए थे।

उस्मान वहाँ से सीधे हजरी के यहाँ गए। हजरी उसी प्रकार बिस्तर में दुबकी हुक्का गुड़गुड़ा रही थी।

'अम्मा सरकार ने बेवा औरतों को वज़ीफा देने की एक योजना शाया की है। सोचता हूँ तुम्हारा फारम भरवा दूँ। फ़ारम तो फ़कत दो रुपए का है। तुम्हारी दरख़ास्त मंजूर हो गई तो हर माह सौ रुपए मिलने लगेंगे। शहनाज़ भी फ़ार्म भरने को कह रही थी। हो सकता है खुदा की इनायत हो जाए।' उस्मान भाई ने बहुत नपे-तुले शब्दों में अपनी बात रखी।

हजरी यकायक उत्साहित हो गई। उस्मान भाई की तरफ़ हुक्का बढ़ा दिया और बोली, 'सरकार को बहुत पहले यह कदम उठाना चाहिए था। ख़ैर अकल तो आई। उस्मान भाई आप मेरा फारम ज़रूर भरवा दें। खुदा ने चाहा तो मैं जल्द से जल्द दो रुपए का इन्तज़ाम कर दूँगी।' उस्मान मियाँ ने माथा ठोंक लिया। उसने हजरी के यहाँ और अधिक समय नष्ट करना उचित न समझा। उसे मल्लू पर बहुत क्रोध आ रहा था, सुबह-सुबह उसकी अपेक्षाएँ जगाकर यकायक गायब हो गया था और उस्मान था कि कर्ज़ के अपमान में ऊपर से नीचे तक सुलग रहा था। इधर इस तरह की दमघोंटू मन्दी न होती तो क्या उसकी हैसियत एक प्याला चाय पीने की भी नहीं थी ? दस-बीस रुपए घर में हमेशा रहते थे, मगर छोटे बेटे ने यकायक बीमार पड़कर वे रुपए भी बर्बाद कर दिए। घर में स्त्रियाँ बीड़ी बनाकर अपना

गुज़र चला रही थीं, मगर उस्मान भाई को कोई एक दमड़ी देने को तैयार न था।

सामने सड़क पर इस्माइल खाँ ईंटें जोड़कर लेई पका रहा था। इस्माइल खाँ के लिए उस्मान भाई ने अभी पिछले सप्ताह कुछ पटरे तैयार किए थे, मगर इस वादे पर कि इस्माइल खाँ होली के दूसरे रोज़ उनको पचीस रुपए का भुगतान करेगा। होली में अभी कई रोज़ थे। इस्माइल खाँ का डिब्बे बनाने का छोटा-सा कारखाना था। उसके कारखाने में उस्मान का छोटा बेटा अख्तर भी काम करता था। उस्मान का अख्तर पर भी कोई ज़ोर न था। सब लौंडे अपनी माँ के साए में ज्यादा सुरक्षित महसूस करते थे।

उस्मान भाई ने इस्माइल को भी आज़मा लेने में कोई हर्ज़ नहीं समझा। वह उसके पास ही सड़क पर उकड़ूँ बैठ गया और लेई के पतीले में लकड़ी चलाते हुए बोला, 'इस्माइल भाई बीड़ी-वीड़ी हो तो पिलाओ।' इस्माइल बीड़ी नहीं पीता था। दूसरे, होली यानी सीज़न के दिन थे, वह अपना एक क्षण भी नष्ट नहीं करना चाहता था, बोला, 'देखो मियाँ, हम बीड़ी पीते तो इतना बड़ा कारखाना खड़ा न कर पाते। बीड़ी तो क्या, कभी पान तक नहीं खाया।'

दरअसल इस्माइल ने उस्मान का चेहरा देखकर ही अन्दाज़ कर लिया था कि उसके इरादे नेक नहीं हैं। पेश्तर इसके लिए उस्मान कुछ और कहता, इस्माइल ने कहा, 'देखो म्याँ कि दस बंडल दफ्ती आज ही चाहिए वरना मैं हाथ में लिया काम पूरा न कर पाऊँगा। माहेश्वरी पेपर बोर्ड से मुझे हजार रुपए तक का उधार ही मिल पाता है। कोई दफ्तीवाला व्यापारी वाकिफ़ हो तो बताओ। होली के रोज़ पाई-पाई चुका दूँगा।'

उस्मान की वाकफ़ियत किसी दफ्तीवाले से न हो, यह कैसे हो सकता था। ऐसे में वह ज़रूर कोई न कोई दोस्ती या पहचान अक्सर निकाल लेता। मगर इस्माइल दफ्ती जैसी फ़िज़ूल-सी चीज़ की बात कर रहा है। उस्मान भाई चाहते तो उसे अभी नूरउल्लाह रोड पर आसान किस्तों पर कोई मकान दिला देते, सेल्सटैक्स आफ़िसर को अपना लँगोटिया यार घोषित कर देते मगर इस सुबह-सुबह की गर्दिश ने उन्हें मायूस कर दिया था। बोले, 'कैसे दिन आए हैं कि मुसलमान भी होली का इतने चाव से इन्तज़ार करने लगे हैं। कोई हिन्दू कभी ईद का इस तरह बेसब्री से इन्तज़ार करता है ?'

'तुम्हारा दिमाग फिर गया है। मेरे लिए तो होली-दीवाली पर सचमुच लक्ष्मी उतरती है। वह तुम्हारा चचाज़ादा भाई है न, हसन। होली पर रंग और दीवाली पर पटाखे बेचकर ही लखपति हो गया है और तुम्हारे जैसे कुन्दज़ेहन लोग हुनरमन्द होते हुए भी धक्के खा रहे हैं।'

'तुम्हारे अन्दर का मुसलमान मर चुका है,' उस्मान भाई ने बड़ी नफ़रत से कहा, 'तुम जाकर कहीं से नसबन्दी करा आओ।' वास्तव में उस्मान भाई बज़ातेखुद धर्मनिरपेक्ष किस्म के इंसान थे, सुबह की गर्दिश उन्हें न जाने क्यों साम्प्रदायिकता की तरफ़ धकेल रही थी।

'टके-टके के लिए मारा-मारा फिरने से कहीं अच्छा है आदमी नसबन्दी करा ले। वह देखो सामने अनवर तुम्हारी जान को रो रहा है कि अल्लाह ताला की कसम खाने के बाद भी तुम हराम की चाय पी गए।'

उस्मान कुछ कहता इससे पहले ही इस्माइल अन्दर जाकर दफ्ती काटने की मशीन को तेल देने लगा। उस्मान के लिए अब वहाँ बैठना दुश्वार हो चुका था। उसने तय किया वह अब कभी भी सुबह उठकर मल्लू की सूरत नहीं देखेगा। ऐसी मनहूस सूरत तो उसने ज़िन्दगी में कभी नहीं देखी थी। उसकी इच्छा हुई कि जाकर हजरी को पाठ पढ़ा आए कि यह मल्लू अव्वल दर्जे का बदमाश है और उसकी नज़र न केवल हजरी के मकान पर है बल्कि उसके जरिए से वह नज़मी को हथियाना चाहता है।

उस्मान मियाँ से और अधिक अपमान बर्दाश्त न हुआ, तो वे अनवर की दुकान पर गए और अपनी कमीज़ उतारकर उसे दे दी, 'लो भाई, इसे ही गिरो रख लो !'

'कैसी बात कर रहे हो उस्मान भाई,' अनवर ने कमीज़ लौटाते हुए कहा, 'आप इस तरह शर्मिन्दा

कर रहे हैं कि मुँह दिखाने लायक न रह जाऊँगा।'

सुबह-सुबह अनवर की अच्छी बिक्री हो गई थी। वह आश्वस्त था, अनवर कुशल दुकानदार था। कमीज़ का वह क्या करेगा। दुकान से उठ गई तो उस्मान उस पर बीसियों रुपए का दावा कर देगा और दूसरे अभी-अभी सामने सिद्दीकी नेता के यहाँ से छह अंडों के आमलेट का ऑर्डर आया था। वह इसी नशे में अंडे फेंट रहा था। उसने पहले से ही तय कर लिया था कि एक अंडा बचाकर वह उस्मान भाई की चाय का दाम वसूल लेगा !

'मगर अनवर भाई आपको पूरे मुहल्ले में इस बात का ढोल नहीं पीट देना चाहिए कि उस्मान हराम की चाय पी गया। इसी बेमुरव्वत इस्माइल से मुझे पचास रुपए लेने हैं और उसकी हिम्मत देखिए कि मुझे एक प्याला चाय पीने पर ज़लील कर रहा था। उसे तो डूब मरना चाहिए था कि वह खुद मेरा कर्ज़दार है। अल्लाह की इनायत से घर पर पैसों की कमी भी नहीं है। कमीज़ यह सोचकर उतार दी कि इस बीच कहीं अनवर मियाँ का दिल ही न बैठ जाए।'

उस्मान ने कमीज पहनी और मल्लू को गाली बकते हुए अपने घर के सामने पड़ी एक खटिया पर जा बैठा। पास ही एक बकरी बँधी थी। वह धीरे-धीरे बकरी को पुचकारने लगा। उसने तय किया कि कल से वह पाँचों वक्त की नमाज़ पढ़ेगा। लगता है अल्लाह मियाँ किसी बात से ख़फ़ा हो गए हैं।

शाम को मल्लू लौटा तो एक नई चारपाई उसके ठेले पर थी। नई खटिया नौ रुपए में ही मिल गई थी। बाँस की हल्की-फुल्की खटिया। मल्लू ने एक हाथ से ही उठा ली और हजरी बी को आवाज़ लगाई।

मल्लू की आवाज़ सुनकर हजरी बाहर आई। मल्लू के हाथ में नई खटिया देखकर वह खुशी के मारे दोनों हाथों से ताली पीटने लगी। मल्लू ने अपना पेट्रोमैक्स जलाकर हजरी की कोठरी रोशन कर दी। हजरी ने अपनी कोठरी में पहली बार इतना उजाला देखा था। उसने पहली बार देखा कि छत पर कितने जाले लटक रहे हैं और दीवारों को पुताई की कितनी सख्त ज़रूरत है।

'इस बार ईद पर तुम्हारी कोठरी की पुताई करा दूँगा।' मल्लू ने कहा।

'न जाने कब से पुताई नहीं हुई,' हजरी बोली, 'मैं तो दिन-भर गायब रहती हूँ। रात बिताने ही यहाँ आती हूँ।'

'सुबह की चाय और रात के खाने का इन्तज़ाम कर लो, तो मैं साठ रुपए महीने दे सकता हूँ।'

'रंडी के घर कभी चूल्हा नहीं जलता,' हजरी को मल्लू की बात पसन्द नहीं आई, बोली, 'ज़िन्दगी-भर होटल का खाया है। अब इस उमर में क्या चूल्हा-चौका होगा।'

'मेरी बात का आपको बुरा लगा हो तो मुआफ़ कर दें,' मल्लू ने कहा, 'सुबह उठकर खटिया आँगन में खड़ी कर दूँगा। आपको मेरी वजह से कोई तकलीफ़ न होगी, इत्मीनान रखें।'

खटिया पर दो-तीन टाट बिछाकर मल्लू अनवर के यहाँ चाय पीने चल दिया। अनवर की दुकान के पास ही उस्मान भाई का घर था। मल्लू को देखते ही अनवर ने सवाल किया कि इसमें क्या राज़ है कि उस्मान भाई आज दिन-भर मल्लू को लेकर अनाप-शनाप बकते रहे हैं। मल्लू ने कुछ भी बताना मुनासिब न समझा। उस्मान भाई का हजरी-मल्लू विरोधी अभियान इतना कारगर साबित हुआ कि हजरी के पास से गुज़रते हुए ताहिर ने एक जुमला जड़ दिया, 'हजरी बी, सुनते हैं, खसम कर लिया है तुमने।'

हजरी ने आव देखा न ताव ताहिर को गिरेबान से पकड़कर ताबड़तोड़ दो-तीन घूँसे रसीद कर दिए। ताहिर कौन कम था। वह ताकतवर था और पैसे की गर्मी थी, दो वक्त बेफ़िक्री से भोजन करता था, छह ठो मुर्गी भी पाल रखी थी। उसने हजरी को बिल्कुल फ़िल्मी अन्दाज़ से उठाकर अपने ठेले के ऊपर पटक दिया और धीरे-धीरे घर की ओर क़दम बढ़ाते हुए बोला, 'खसम कर लिया है तो इसमें भड़कने की कौनो बात है।'

हजरी ठेले पर से चिल्लाई, 'तुम्हारी मैया को...तुम्हारी बहन को...' गली के अधिकांश नौजवानों के पास कोई काम न था। थोड़ी-सी गहमागहमी होते तमाशबीनों की अच्छी-खासी भीड़ जुड़ गई।

लोगों को देखकर ताहिर फिर उत्साहित हो गया। वह वापस मुड़ा और हजरी बी को चिढ़ाने लगा। हजरी ने गालियों की झड़ी लगा दी।

देखनेवाले निष्पक्ष थे। वे किसी का भी साथ देना नहीं चाहते थे। आरिफ़ ने अचानक दोनों की भिड़न्त का आँखों देखा हाल प्रसारित करना शुरू कर दिया : ताहिर ने हजरी बी का गिरेबान छोड़ दिया और पंजे से उसके बाल थाम लिये हैं। मगर हजरी बी भी कम नहीं। वह ताहिर की टाँगों में अपनी टाँगें फँसाकर उसको गिराने की कोशिश कर रही है। मगर इस कोशिश में हजरी बी खुद ही गिर पड़ी। गिरकर उठी। उठते ही उसने पत्थर उठा लिया। ताहिर सँभलता इससे पेश्तर उसका सर फूट गया है। ताहिर एक हाथ से सिर थामे...यह रेडियो जम्मू-कश्मीर है...

थोड़ी देर ढिशुँ-ढिशुँ हुआ।

'लीजिए ताहिर के अब्बाजान भी मैदान में उतर आए हैं। वह भीड़ में ठीक उसी तरह खड़े हैं जैसे पेवेलियन एंड की तरफ़ आपका यह खादिम कमेंटेटर। अब खेल बराबरी का है। दोनों के सर से खून बह रहा है। लीजिए अब हजरी बी की कुछ गालियाँ समाअत फ़रमाइए ! अब हाथापाई की जगह गालियों ने ले ली है। गालियाँ देने में दोनों होशियार हैं। पाकिस्तान से हाल ही में इम्पोर्टिड कुछ नई गालियाँ सुनिए।'

मल्लू चाय पीकर लौटा तो हजरी की यह हालत देखकर स्तब्ध रह गया।

'क्या हुआ हजरी बी ?'

मल्लू की तरफ़ देखकर लौंडों ने एक ज़ोरदार ठहाका लगाया। मल्लू ने इसकी तरफ़ कोई ध्यान नहीं दिया। वह हजरी को पास के नल पर ले गया और उसका मुँह पोंछने लगा। हजरी ने भी कोई प्रतिवाद नहीं किया। चुपचाप मुँह धुलाती रही। हजरी और मल्लू दोनों सुन रहे थे, ताहिर कह रहा था—साली अपने यार से मुँह धुलवा रही है।

स्थिति को समझने में मल्लू को देर न लगी। वह हजरी के साथ चुपचाप घर की तरफ़ चल दिया। दोनों ने रास्ते में कोई बात नहीं की। मल्लू के कानों में ताहिर के साथ-साथ उसके बाप की भी आवाज़ आ रही थी :

'चलो हजरी का बुढ़ापा अब आराम से कट जाएगा। बेचारी कब तक कमिसनर साहब का इन्तज़ार करती।'

ताहिर और उसके बाप पर जवाबी हमला करने के इरादे से हजरी बार-बार खटिया से उठने की कोशिश करती, मगर मल्लू ने हजरी को अच्छी तरह थाम रखा था। वह उठने की कोशिश करती, मल्लू उसे बाजू से पकड़कर बैठा देता।

ताहिर लोग तब तक उस्मान भाई के अहाते की तरफ़ चल चुके थे। उन लोगों का थाना उस्मान भाई का घर ही था।

अगले रोज़ जब मल्लू की नींद खुली तो उसने अपने ठेले के पास पंडित शिवनारायण दुबे को खींसे निपोरते हुए देखा। पंडित का चेहरा लम्बा था, पान और बीड़ी से दाँत बदरंग हो गए थे। दोनों गालों की हड्डियाँ देखकर लगता था जैसे खरगोश के कान हों। वह जाड़े में ठिठुर रहा था मगर उसके चेहरे पर असीम प्रसन्नता के भाव थे। पंडितजी की खाकी कमीज़ के अन्दर से मैला यज्ञोपवीत झलक रहा था।

मल्लू को उसने अनेक बार सड़कों पर सब्ज़ी की हाँक लगाते देखा था और आज उसे हजरी की

कोठरी में देखकर बड़ा आश्चर्य हुआ। वह मुहल्लेवालों से मल्लू का परिचय 'हजरी के खसम' के रूप में कल रात को ही सुन चुका था। उस्मान मियाँ से उसकी खूब पटती थी, क्योंकि एक बार पंडित ने अपने दफ्तर से उसे लकड़ी के छोटे-छोटे पीढ़े बनवाने का काम दिलवाया था। उस्मान कल उसे पान की दुकान पर दिख गया और पंडित को देखते ही बोला, 'पंडितजी, सुना आपने, हजरी बी ने खसम कर लिया।'

'कौन हजरी ?'

'अरे वही तुम्हारी पड़ोसिन। हा हा हा।' उस्मान हँसने लगा।

'चू चू !' पंडित की भावनाओं को बड़ी ठेस पहुँची। वह अपना मुँह उस्मान के कान के पास ले गया और बोला, 'हाय राम वह तो पचास के ऊपर होगी।'

'तवायफ़ कभी बूढ़ी नहीं होती,' उस्मान भाई बोले, 'कैसा ज़माना आ गया है। अब अल्लाह ही इस कौम का मालिक है।'

'राम-राम, वह तो भली औरत थी। बेचारी को इस उम्र में क्या सूझा।'

'आप तो शरीफ़ आदमी ठहरे। हर आदमी को शरीफ़ समझते हैं। वह इस उम्र में भी चुपके-चुपके पेशा कराती थी और अब एक मासूम सब्ज़ीफ़रोश को फाँस लिया। देखते रहो, साले की जाँघों में मक्खियाँ भिनभिनाएँगी।'

'उस्मान भाई, यह तो बहुत बुरा हुआ। मुहल्ले की बहू-बेटियों पर इसका क्या असर पड़ेगा !'

'मुहल्लेवाले बेहद खफ़ा हैं। जल्दी ही इन तवायफ़ों को यहाँ से उठा दिया जाएगा। पंडितजी तवायफ़ों का भी एक मज़हब होता है। कभी अज़ीज़न को देखा है, गली में ? कभी गुलबदन को भी न देखा होगा आपने ? दरअसल वे खानदानी तवायफ़ें हैं। जगह-जगह गन्दगी नहीं फैलातीं।'

पंडित चिन्तित हो गया था। वह देहात से पंडिताइन को बुलाने की योजना बना रहा था। ऐसे माहौल में पंडिताइन को कैसे रख पाएगा। उसे मालूम था हजरी बी से पंडिताइन की खूब पटेगी। अगर हजरी बी ने उसे भी गलत राह पर डाल दिया तो वह कहीं का न रहेगा, पंडित ने पंडिताइन को देहात से बुलाने का इरादा तर्क कर दिया। पंडित की तसल्ली न हुई तो हजरी की कोठरी की तरफ़ चला आया। वह अपनी आँखों से सब कुछ देख लेना चाहता था।

मल्लू ने पंडित को देखा तो उठकर बैठ गया, 'कहो भाई कहाँ रहते हो ?'

'यहीं बगल में ग़रीब की एक कोठरी है।' वह खें-खें हँसने लगा।

'हम तो खुले आसमान के नीचे सोनेवाले आदमी हैं,' मल्लू उठकर बैठ गया और चश्मा पहनते हुए बोला, 'हजरी बाई की कृपा से आज छत नसीब हो गई। ईश्वर उसकी उम्र लम्बी करे।'

ईश्वर का नाम सुनकर पंडित को लगा, मल्लू हिन्दू है। अचानक उसके प्रति वह सहृदय हो उठा, बोला, 'मुहल्लेवाले कुछ भी बकें, उन्हें बकने दो। मैं ब्राह्मण हूँ और अन्त तक आपका साथ दूँगा।'

पंडित को जब कोई बात ज़ोर देकर कहनी होती तो वह प्रायः अपने ब्राह्मणत्व का ही आश्रय लिया करता। उसने बात करते-करते अचानक जनेऊ कान पर लपेटा और सामने गन्दी नाली में पेशाब करने लगा।

मल्लू को थोड़ी राहत मिली। वह यही सोच रहा था कि उसने हजरी के यहाँ डेरा डालकर फ़िज़ूल ही मुहल्ले में तनाव पैदा कर दिया। अब पंडित के दोस्ताना अन्दाज़ से वह थोड़ा आश्वस्त हुआ, बोला, 'किसी बेसहारा आदमी को कहीं ठौर मिल जाए तो लोगों के पेट में जाने क्यों दर्द होने लगता है।'

'आपका नाम मल्लू है, अगर मैं ग़लती पर नहीं हूँ,' पंडित मल्लू के पास बैठ गया और बोला, 'मूलचन्दजी कुत्ते भौंकते रहते हैं और हाथी चुपचाप पास से गुज़र जाते हैं। ठीक है न ? कीचड़ में कमल की भाँति आप यहाँ रहिए। आपका स्वागत है। आपको कोई तकलीफ़ न होगी। सिविल लाइंस के फव्वारे

पर मेरी ड्यूटी रहती है। कोई बात हो तो मुझे फौरन बताइएगा। वहीं से डी.एम. को टेलीफ़ोन कर दूँगा। सब साले दौड़ते नज़र आएँगे। इस तरह हार खाना हमारी कौम ने कभी मंजूर नहीं किया, इस वक्त मैं ज़रा जल्दी में हूँ। अभी-अभी मालूम हुआ कि एस.पी. साहब का नल बिगड़ गया है। घर पहुँचने से पहले मरम्मत कर आऊँगा। हम तो मन लगाकर अफ़सरों का काम करते हैं, आगे हरि इच्छा। भगवान कृष्ण ने गीता में लिखा है :

'कर्मण्येवाधिकारस्ते मा फलेषु कदाचन।'

मल्लू ने नल पर हाथ-मुँह धोया और भोजन करने रवाना हो गया।

मल्लू के जाते ही हज़री चिल्लाते हुए कोठरी से निकली, 'हरामज़ादो, अगर मुझे ख़सम ही करना था तो तब न कर लेती जब आप लोग नाक रगड़-रगड़कर मेरी खुशामद किया करते थे और मुहल्ले की सब मालज़ादियाँ किसी न किसी के साथ बैठ गई थीं। मैंने बरसों पहले आपकी डाँग ऐसे लतिया दी थी कि आज बीसियों बरस बाद भी आपका चूहा उस बेइज्जती से लहूलुहान हो रहा है। अगर ग़ैरत है तो आकर ज़रा मुँह तो दिखाओ, अभी छुक-छुक गाड़ी घुसेड़ दूँगी। साले अपने को खानदानी कहते हैं। कल तक इधर-उधर गू-मूत चाटते घूमते थे।' हज़री धारा-प्रवाह बोले जा रही थी।

'सुन लो मुहल्लेवालो, कान खोलकर सुन लो। अब यह गुंडागर्दी नहीं चलनेवाली। कमिसनर साहब को पता चलेगा तो एक-एक को थाने में बुलवा लेंगे। हरामी के पिल्लो, अपनी माँ-बहन को गाली बकते तुम्हारे ऊपर कुफ्र भी नहीं टूटता।...ऐ मेरे हबीब उनसे कह दो कि अल्लाह उनके साथ है जो सब्र करनेवाले हैं।

लाशों पर लाई यो बीबियाँ जैनब को थामकर
मातम की सफ़ पर गिर पड़ी वो सोख्ता जिगर
बोली बढ़ा के दस्ते मुबारक इधर-उधर
बच्चे किधर हैं मुझको कुछ आता नहीं नज़र।'

हजरी बी छाती पीटते हुए रोने लगी। कुछ लोगों ने हजरी बी के साथ छाती पीटना शुरू कर दिया। एक बच्चा एक हाथ में किरासिन पकड़े लौट रहा था, वह भी चलते-चलते दाहिने हाथ से छाती पीटते हुए आगे बढ़ गया। हजरी बी को यह माहौल मजलिस के लिए उपयुक्त लगा। वास्तव में हजरी बी जहाँ जुल्म देखती थी इसे इमाम हुसैन साहब की याद सताने लगती थी। सहसा वह छाती पीटते हुए गाने लगी :

पीटूँगी पहलुओं में जो तुमको न पाऊँगी।
मैं शब को ढूँढ़ती हुई जंगल में जाऊँगी।

हजरी ने अपनी मजलिस जारी रखी—'इमाम हुसैन के बहत्तर साथियों का खून और उसके छींटे आज भी दुनिया के दामन पर नुमायाँ हैं। करबला का नन्हा मुज़ाहिद अली असगर मुद्दत हुई तीर खाकर सो चुका लेकिन आज भी इंसानियत की दुनिया नौहःख्वाह है। अगर हुसैन चाहते तो खुद सबसे पहले शहीद हो जाते, अज़ीज़ दोस्त और बच्चे बाद में शहीद होते, लेकिन इस तरह से सिर्फ हुसैन की कुर्बानी सामने आती, सबके जौहर न खुलते, इसलिए हुसैन ने कुर्बानी का वक्त सबसे आखिर में रखा ताकि ज़माना यह देख ले कि जब बराबर के भाई अब्बास ने आवाज़ दी कि मौला खादिम निसार हुआ तब हुसैन के कदमों में लरज़िश तो पैदा न हुई। जब जवान फ़रज़द अली अकबर ने आवाज़ दी बाबा गुलाम रुख्सत होता है तो इमाम के कदमों में कपकपाहट तो पैदा नहीं हुई। जब छह महीने के अली असगर के गले पर तीर लगा तो हुसैन के हाथों में राशः तो पैदा नहीं हुआ और जब हुसैन इन तमाम मंज़िलों से गुज़र चुके तो आखिर में अपना सिर भी राहे खुदा में निसार कर दिया।'

हजरी विलाप कर रही थी कि पड़ोस की कोठरियों से 'हाय हुसैन' 'हाय हुसैन' की आवाज़ें उठने लगीं।

मल्लू भोजन करके लौट आया। मल्लू को देखते ही हजरी ने बलैया लेनी शुरू कर दीं—'आज से मल्लू मियाँ हम सबके मेहमान हैं। देखती हूँ कौन मादर...बहन...बेटी...उँगली उठाता है। हम लोग दुनिया से भलाई को यों खत्म नहीं होने देंगे। मैं सब जानती हूँ, ये ज़ालिम लोग हैं। यज़ीदी हैं। ऐसे ही लोगों ने इमाम हुसैन साहब को शहीद कराया था।'

मल्लू की समझ में यह सब कुछ नहीं आ रहा था। वह अपने ठेले की तरह स्तब्ध, जड़ और निर्जीव-सा हजरी के सामने खड़ा रहा। उसे न तो कुछ हजरी से लेना था न उसके दुश्मनों से।

हजरी ने जब देखा कि मल्लू पर उसकी सहानुभूति का कोई प्रभाव नहीं हो रहा तो वह शलवार उठाकर टाँग खुजलाने लगी। मल्लू ने उसे इतनी बेफिक्री से टाँग खुजाते देखा तो अपना सामान ठेले से बटोरने लगा। हजरी ने कहा, 'यह ससुरा सरसों का तेल भी अब नसीब नहीं होता। खुश्की के मारे सारा बदन अकड़ा जा रहा है।'

मल्लू चुपचाप नज़रें झुकाए अपनी खटिया की तरफ देखता रहा। हजरी बी को उसका खाना सौंपकर वह चाय पीने के इरादे से अनवर मियाँ के ढाबे की तरफ चल दिया। वहाँ उस्मान भाई पहले से विराजमान थे। मल्लू को देखकर वह दीवार पर चिपका एक इश्तहार पढ़ने लगे। उस्मान मियाँ तय कर चुके थे कि इस काफ़िर को कम से कम अपने मुहल्ले में पनाह न लेने देंगे। अगर खटिया नहीं बनवानी थी तो उन्हें इस क़दर ज़लील क्यों किया ?

उस्मान भाई में बहुत तेज़ी से परिवर्तन आने लगा। वह यकायक पाँचों वक्त नमाज पढ़ने लगे और खाली वक्त में दीवारों पर लिखते रहते :

मुसलमानो नमाज़ पढ़ो,
मस्जिद को आबाद करो।

ज़िन्दगी उनके साथ बड़ी रुखाई से पेश आ रही थी। एक दिन लोगों ने सुना उन्होंने कसम खा ली है कि अब ज़िन्दगी में कभी चाय नहीं पिएँगे। देखते-देखते उन्होंने बीड़ी सिगरेट सचमुच छोड़ दी। दरअसल उनके पाँच बच्चों में एक ही कमाऊ था और बाक़ी चारों दिन-भर आवारगी करते। बड़का दिन-भर सन्दूक वगैरह बना-बेचकर दस रुपए तक कमा लेता। उसके दस रुपए इतने बड़े परिवार के लिए कोई अर्थ न रखते थे। आखिर आजिज़ आकर वह घर से भाग गया। उससे छोटा फारूक़ जुए में पकड़ा गया। अगला नम्बर जमील का था। वह दिन-भर तवायफ़ों से आँख लड़ाता और न जाने इतनी कम उम्र में कैसे सूज़ाक का शिकार हो गया। फारूक़ से छोटा असरार था, उसे तपेदिक ने दबोच लिया। सबसे छोटा मंजूर था, उस पर पोलियो ने आक्रमण कर दिया था।

उस्मान भाई की दो लड़कियाँ थीं। माँ के साथ मिलकर वे दिन-रात बीड़ी बनातीं जिससे किसी तरह घर में चूल्हा जल रहा था। यही वजह थी, उस्मान भाई घर में घुसने से घबराते थे। न जाने बेग़म क्या ताना दे दे। अपने औज़ार तक उन्होंने बेच खाए थे। अब सिर्फ़ अल्लाह मियाँ का सहारा था। घर में तीन-तीन बीमार बच्चे। वे ऊबकर घर से निकलते और दीवारों पर मुसलमानों के लिए अपनी अपील लिखते रहते।

मुसलमानो नमाज पढ़ो,
इससे पहले कि आपकी नमाज पढ़ी जाए।

एक दिन उस्मान भाई मस्जिद से नमाज़ पढ़कर लौट रहे थे कि स्कूल के पास उन्हें एक दीवार

खाली नज़र आई। उन्होंने जेब से रंगीन चाक निकाला और अपना सन्देश लिख दिया। उस्मान भाई अभी लिख ही रहे थे कि एक शख्स उनके पास आकर खड़ा हो गया। वह शेरवानी पहने था और चश्मा लगाए था।

'बड़ा नेक काम करते हो,' उसने उस्मान भाई से कहा, 'ज़रायमाश क्या है ?'

उस्मान भाई ने गर्दन घुमाकर उसकी तरफ़ देखा, और बोला, 'बदनसीब इंसान हूँ। खाने-पीने को लाचार हूँ। खुदा ने पाँच बेटे दिए। तीन बीमार हैं। कुदरत ने अब तक जितनी बीमारियाँ ईजाद की हैं, मेरी ही औलाद पर चस्पाँ कर दीं।'

उस्मान भाई छह फुट के हट्टे-कट्टे इंसान थे। देखने में कोई कह नहीं सकता था कि यह आदमी अन्दर से इतना टूट चुका है। आज वह अपनी हालत से इस कद्र परेशान हो उठे थे कि उस अजनबी आदमी के सामने आँसुओं से रोने लगे।

उस आदमी ने उस्मान को रोते देखा तो उसकी आँखें भी भीग गईं, 'कुछ काम करना जानते हो ?'

'जी, अव्वल दर्जे का बढ़ई हूँ। मगर सब औज़ार बेचकर खा चुका हूँ।'

'औज़ार कितने के आ जाएँगे ?'

'दो-तीन सौ से कम के तो न आएँगे।'

उस आदमी ने जेब से सौ-सौ के तीन नोट निकालकर उस्मान भाई को थमा दिए और बोला, 'इनसे औज़ार ही खरीदना।'

'सरकार आपने मेरे ऊपर बहुत बड़ा अहसान किया है।' उस्मान भाई जज़्बाती हो गए।

'सब ऊपरवाला करता है,' उस शख्स ने कहा, 'बेकारी, बीमारी और बेइंसाफी से मुसलमान को लड़ना होगा, वरना पूरी कौम को टी.बी. के जरासीम चाट जाएँगे। कभी सोचा है, टी.बी. के जरासीम मुसलमानों पर ही क्यों हमला बोलते हैं। मुसलमानों के जवान लड़के बेकार घूमते हैं और हिन्दुओं के मरियल लड़के आसानी से नौकरी पा जाते हैं। आखिर यह ज़ोरो-जुल्म हम लोग कब तक बर्दाश्त करेंगे ? बोलो, तुम्हारे मुहल्ले में कितने नौजवान बेकार हैं ?'

'मुसलमानों के सब लड़के बेकार हैं,' पैसा और हमदर्दी पाकर उस्मान भाई बोले, 'किसी दिन यह लावा फूटकर रहेगा।'

'इस्लाम पर भरोसा रखो। आज से मेहनत से काम पर जुट जाओ। मुसलमानों में इस्लाम का जज़्बा पैदा करो। मेरे रुपयों का यही मुआवज़ा है।' उस शख्स ने कहा और लौट गया।

कौन था वह शख्स ? ज़रूर कोई दरवेश था, जो अल्ला मियाँ ने मेरे पास भेजा था। उस्मान भाई ने तय किया, घर पहुँचने से पहले वह दस दीवारों पर नमाज़ पढ़ने की हिदायत लिखेंगे, उसके बाद घर जाएँगे। डॉक्टर उस्मानी के कम्पाउंडर से उसका परिचय था। आज उससे मशविरा करके बच्चों का इलाज शुरू करेंगे। औज़ार खरीदने की उनकी तनिक भी इच्छा न थी, अपने पेशे से उन्हें नफ़रत हो चुकी थी। मगर औज़ार खरीदने भी ज़रूरी थे, वरना दरवेश फिर किसी दिन जवाबदेही के लिए आ टपकेगा।

फिलहाल उस्मान भाई ने बच्चों का इलाज करवाना ही मुनासिब समझा। एक बाप और मुसलमान के नाते, यह उनका पहला फर्ज़ था। उस्मान भाई कम्पाउंडर को लेकर घर पहुँचे। उसने बच्चों को देखा और बताया कि फारूक़ और असरार को अस्पताल में भरती कराना होगा। जमील के लिए उसने इंजेक्शन मँगवाया।

'दवाओं का इन्तज़ाम मैं सस्ते में करवा दूँगा। अस्पताल से जो दवाएँ बिकती हैं, वे सस्ते में मिल जाती हैं,' कम्पाउंडर ने बताया, 'सौ रुपए महीने भी खर्च करो तो मैं बच्चों को बचा लूँगा।'

'खुदा ने चाहा तो इतना कर लूँगा।' उस्मान ने कहा और कम्पाउंडर को दस का नोट थमा दिया और उसके साथ-साथ बाहर निकल आया। महीनों से गोश्त नसीब न हुआ था, उस्मान भाई ने दो किलो गोश्त ईंधन, घी, प्याज़, मसाले, साबुन, तौलिया और दस किलो आटा ख़रीदकर रिक्शा पर

लदवाया और घर की तरफ़ चल दिए। रास्ते में वे देखते जा रहे थे, कौन दीवार खाली है, जहाँ से मुसलमानों को नमाज़ की याद दिलाई जा सकती है।

उस्मान भाई के लौटते ही घर में चहल-पहल शुरू हो गई। घर की मुफ़लिसी जैसे यकायक ग़ायब हो गई। सारा घर दावत की तैयारी में जुट गया। बेग़म ने कई दिनों बाद नए साबुन से हाथ धोए, नए तौलिए से पोंछे, सूँघे और लगा जैसे वे अपने हाथ नहीं सन्दल की डाली सूँघ रही हैं। देखते-देखते सब बच्चे हाथ धोने में जुट गए। लड़कियाँ गोश्त साफ करने में व्यस्त हो गईं। लड़के प्याज़ काटने लगे और बेग़म चूल्हा फूँकने लगी। उस्मान भाई की सिगरेट पीने की बेहद इच्छा हुई। उन्होंने फ़ारूक को भेजकर कैंची का पैकेट मँगवाया और बड़े विश्वासपूर्वक कश खींचने लगे।

'आज राशन कहाँ से आ गया !' बेग़म ने पूछा, 'मन लगाकर काम करो तो घर में किसी चीज़ की कमी न आए।'

'सब परवरदिगार की शफ़क़त है,' उस्मान भाई ने कहा, 'ला इलाही इल्लल्लाहु मुहम्मदर्रसूललुल्लाहि।'

वर्षों बाद घर-भर ने भरपेट भोजन किया। उस्मान मियाँ के पाँव जमीन पर न पड़ रहे थे। खुदा ने आखिर उनकी इबादत कुबूल कर ली थी। आज मुद्दत के बाद वे बेग़म का नियाज़ हासिल कर पाए थे। बेगम के नज़दीक जाकर ही उन्होंने देखा कि उसका कुर्ता जगह-जगह से फट गया था। यही हालत शलवार की थी। उस्मान भाई को लगा, जैसे एक मुद्दत के बाद उन्होंने बेग़म को देखा है। बेग़म के कपड़ों की बोसीदगी पर जैसे आज पहली बार उनकी निगाह पड़ी थी। उन्होंने फौरन औज़ार खरीदने का इरादा मुल्तवी कर दिया और लट्ठे का थान खरीदने की योजना बना ली। लड़कियों के कपड़े भी बेग़म से बेहतर न होंगे। वह जानते थे, एक थान में बेग़म घर-भर के लिए कोई न कोई कपड़ा ज़रूर बना लेगी।

बेग़म के पास से उठते हुए उन्होंने दस का एक नोट बेग़म को थमा दिया और अपनी योजना बताई।

'कम से कम पचीस दो तो कुछ काम हो,' बेग़म ने कहा, 'दूधवाले के तीस रुपए बकाया हैं और घर में एक बूँद दूध नहीं आ रहा।'

उस्मान मियाँ ने तीस रुपए थमा दिए, 'अल्लाह मियाँ ने चाहा तो जल्द ही और इन्तज़ाम करूँगा।'

उस्मान भाई ने अब वहाँ से टल जाना ही बेहतर समझा। न जाने क्या-क्या फ़रमाइश चली आए। वे बाहर छत पर जाकर सो गए।

सुबह उनकी नींद खुली तो बदन और दिमाग़ को फूल-सा हल्का पाया। रात-भर बहुत गहरी नींद आई थी। उन्होंने तय किया कि आज वे नमाज़े बाजमाअत पढ़ेंगे। वे जल्दी-जल्दी फारिग़ होकर मस्जिद की तरफ़ चल दिए। उन्हें उम्मीद थी, आज सुबह-सुबह दरवेश से फिर मुलाकात होगी, मगर दरवेश ग़ायब था।

नमाज़ के बाद उस्मान भाई सीधे अनवर के होटल पर चले आए। उन्होंने अचानक चाय की तलब महसूस की। अनवर हैरत में आ गया कि उस्मान भाई यकायक फिर से चाय कैसे पीने लगे हैं।

'मेरे एक खालाज़ाद भाई गोरखपुर में खुफिया पुलिस के ऊँचे ओहदे पर हैं।' उस्मान भाई ने सिगरेट का लम्बा कश खींचा और बोले, 'एक शादी के सिलसिले में आए हुए थे। रात को उन्होंने मल्लू को देखा तो देर तक उससे बतियाते रहे। मुझे आते देखा तो उससे मटर का भाव पूछने लगे।'

'तुम हमेशा राज़ खोलते रहते हो, क्या तुम्हारे खालाज़ाद भाई मल्लू को जानते हैं ?' नवाब साहब सुबह-सुबह अखबार पढ़ने के इरादे से आए थे।

'उन्होंने मल्लू के बारे में इन्किशाफ़ किया कि वह खुफिया पुलिस का एक आला अफ़सर है और सब्जी बेचने के बहाने खुफियागीरी करता है।'

'हुँह,' इस्माइल खाँ ने टोकरी के आकार की सफेद टोपी सर पर ओढ़ रखी थी। टोपी उठाकर वह

सिर खुजाने लगे, 'उस्मान भाई, सुबह-सुबह बड़ी दूर की कौड़ी लाए हो। आला अफ़सर की सूरत तो देख ली होती।'

'इस्माइल मियाँ, मेरी बात ग़लत साबित कर दो तो सौ का यह नोट तुम्हारा,' उस्मान ने जेब से सौ का नोट निकालकर मेज़ पर रख दिया।

उस्मान भाई की जेब में सुबह-सुबह सौ का नोट देखकर सब लोग चकित रह गए। उस्मान भाई यही करिश्मा दिखाना चाहते थे। उन्होंने नोट जेब के हवाले किया और बोले, 'मुसलमानो ! एक बेहद खतरनाक आदमी गली में आकर बस गया है। मेरी जानकारी में तो यह भी है कि चमेली की मौत के पीछे भी उसी का हाथ है। लगे हाथ वह चमेली का मकान भी हड़प लेना चाहता है। उसी ने ज़हर देकर चमेली का काम तमाम करवाया।'

'लाहौल विला कूब्बत।' नवाब साहब बोले। सब लोग उस्मान भाई की बात सुनकर भौंचक्के रह गए।

'यही नहीं,' उस्मान ने अपनी बात जारी रखी, 'उसने हसीना को लतीफ़ के साथ रवाना करवाया और कानोकान किसी को खबर न लगने दी। सच तो यह है कि हसीना को स्टेशन तक वही छोड़ने गया था।'

'क्या बकते हो उस्मान भाई,' इस्माइल ने कहा, 'हसीना तो मल्लू के आने से बहुत पहले लापता हो गई थी।'

'आप डायरी रखते हैं क्या ?' उस्मान भाई ने पूछा और जेब से एक नन्ही-सी डायरी निकालकर दिखाई, 'इस डायरी में एक-एक तारीख दर्ज है। पहले-पहल वह यकम जुलाई को गली में दिखाई दिया था। अगस्त में वह रोज रात को चकैया नीम के नीचे सोता था। जनवरी में उसने हजरी को पटाकर साथ मिला लिया। दूसरी काबिले ग़ौर बात यह है कि
साहिल को भगाने के पीछे भी इन्हीं साहब का हाथ है। आप खुद ही सोचिए, साहिल और हसीना दोनों को गायब करने के बाद मैदान खाली हो गया कि नहीं ? तुम्हीं बताओ इस्माइल तुम्हारी अक्ल क्या कहती है ?'

उस्मान ने बिस्कुट का आखिरी टुकड़ा मुँह में रखा और ताली बजाकर हाथ झाड़ने लगा।

'लनतरानियाँ हाँक रहे हो,' अब्दुल बोला, 'तुम्हारे पास इस सबका क्या सुबूत है ?'

'वक्त आने पर सुबूत भी दूँगा।' उस्मान भाई ने कहा, 'अनवर भाई चाय का मज़ा नहीं आया। मैं तो उबलती हुई चाय पीने का शौकीन हूँ।'

'उस्मान भाई के लिए एक गर्मागर्म चाय हाजिर करो।' नवाब साहब बोले। उन्हें उस्मान की बातचीत में किस्से का मज़ा आ रहा था। जबकि असलियत यह थी कि उस्मान को खुद ही अपनी बातें अधिक विश्वसनीय न लग रही थीं। उन्होंने बात को एक दूसरे कोण से पेश किया, 'सबसे पहले तो इस बात की खोज की जानी चाहिए कि मल्लू मुसलमान है या हिन्दू। अगर मुसलमान है तो हम उसे कुबूल कर लेंगे, हिन्दू है तो साले के चूतड़ पर ऐसी लात जमाएँगे कि फिर कभी खुफियागीरी करने हमारे मुहल्ले की तरफ़ न आएगा।'

'एक बात तो क़ाबिले ग़ौर है। वह किसी को मुसलमान बताता है किसी को हिन्दू। धोखा देने के लिए मुहर्रम के जुलूसों में भी शामिल होता है। मजलिसों में भी जाने लगा है।'

'यह तुम पते की बात कर रहे हो,' नवाब साहब ने कहा, 'हजरी ही बता देगी कि वह क़ाफिर है या मुसलमान।' नवाब साहब हजरी से बेहद ख़फ़ा थे। चाहते थे किसी तरह उसकी फजीहत हो जाए।

'हजरी ने उसे पनाह दी है, उसके साथ निकाह नहीं किया।' अब्दुल बोला।

'जाड़े की सरद रात में किसी को अपनी कोठरी में पनाह देने का क्या मतलब निकलता है ? नवाब साहब ठीक फरमा रहे हैं, हजरी बता सकती है कि वह हिन्दू है या मुसलमान है।' उस्मान बोला।

'तो जाओ जाकर हजरी से पूछ क्यों नहीं आते ?'

'मुझे अपनी इज़्ज़त प्यारी है। उस बदतमीज और ज़ाहिल से कौन उलझेगा,' उस्मान भाई ने कहा, 'मगर मैं पता करके ही छोड़ूँगा। वह अक्सर ज़ैदी साहब की दीवार से लगकर पेशाब करता है। लौडों को सहेज दूँगा कि उसका तहमद खींचकर भाग जाएँ। सारा मुहल्ला जान जाएगा कि उसकी मुसलमानी हुई थी कि नहीं।'

'तो हो जाए एक दिन यही ड्रामा,' अब्दुल ने कहा, 'लोगों को कई रोज़ का मसाला मिल जाएगा।'

'यह ड्रामा नहीं हक़ीक़त है कि आज इस्लाम खतरे में है। मुसलमानों को ही इसकी परवाह नहीं, अकेला उस्मान क्या कर लेगा ? सौ-पचास दीवारों पर यही न लिख देना है कि 'मुसलमानो नमाज़ पढ़ो। मस्जिद को आबाद करो।'

नवाब साहब हिन्दू-मुस्लिम सवाल पर नहीं आना चाहते थे। उन्होंने जेब से पैसे निकालकर गिने और अनवर को अदा करके चलते बने। कौन जाने ये लोग दंगा कराने का इरादा बना रहे हैं या पुलिस के एजेंट हैं ?

नवाब साहब के जाते ही माहौल यकायक उन्मुक्त हो गया। फौरन तय हो गया कि मल्लू का परीक्षण जल्द से जल्द हो जाना चाहिए। इस काम के लिए नसीर और जावेद को उपयुक्त समझा गया। अब्दुल ने अपने ऊपर ज़िम्मेदारी ली कि वह नसीर से यह काम करवा लेगा। जावेद को उस्मान भाई तैयार करेंगे। कार्यक्रम तय करते ही उस्मान और अब्दुल की रूह बेताब होने लगी तो वे लोग तत्काल हजरी के यहाँ चल दिए।

वे लोग पहुँचे तो हजरी आलू काट रही थी। मल्लू चूल्हा फूँक रहा था और घर में कुछ बर्तन और दूसरे सामान दिखाई दे रहे थे। नई खटिया देखकर तो उस्मान के तन-बदन में आग लग गई। उसने खटिया पर बैठते हुए कहा, 'मल्लू भाई, बुरा न मानो तो एक बात कहूँ। जब से इस गली में तुम्हारे कदम पड़े हैं, अजीब-अजीब से वाक़यात हो रहे हैं। चमेली का तो घर ही बरबाद हो गया। जवान लड़की भाग गई, जवान लड़का ग़ायब हो गया। अब चमेली भी खुदा को प्यारी हो गई। मुझे तो इसके पीछे किसी की साज़िश नज़र आ रही है।'

'उस्मान मियाँ अल्लाह को हाज़िर नाज़िर मानकर ही जुबान खोला करो।'

'एक बात बता दूँ भाई। बग़ैर सोचे-समझे मैं एक लफ्ज नहीं बोलता।' उस्मान भाई की निगाह दोबारा नई खटिया पर पड़ी तो बोले, 'तुम दोनों की मिलीभगत से ही चमेली की मौत हुई है।'

'क्या बकते हो उस्मान भाई। खुदा का कुछ तो खौफ़ खाओ।'

'तुम लोगों ने उसे ज़हर दिया है। तुम लोग उसका मकान हथियाना चाहते हो।' उस्मान भाई ने शान्त भाव से कहा।

हजरी ने चिमटा उठा लिया और खूँखार बाघिन की तरह उस्मान पर टूट पड़ी। अब्दुल ने वहाँ से हट जाना बेहतर समझा। वह हजरी के स्वभाव से परिचित था। मल्लू ने हजरी का हाथ थाम लिया तो हजरी जुबान से हमला करने लगी, 'तुम कैसे मुसलमान हो उस्मान। मैं देख रही हूँ, तुम्हारी अपनी निगाह चमेली के मकान पर है। मैंने तुम्हारा इरादा भाँप लिया है तुम आस्तीन के साँप हो।'

उस्मान ने अब्दुल को साथ छोड़ते देखा तो नर्म पड़ गया, 'हजरी बी, मैं तो मल्लू भाई को आगाह करने आया था कि मुहल्ले के लौंडे कहीं इसे पीट-वीट न दें।'

मल्लू हत्प्रभ सा दोनों का वार्तालाप सुन रहा था। चश्मे का फ्रेम जो तार से बँधा था, बार-बार नाक पर झूल आता।

'उस्मान मियाँ, तुम सीधे दोज़ख में जाओगे। यहाँ से तो मैं ही तुम्हें रवाना कर दूँगी। कमीने। कुत्ते। हरामज़ादे,' हजरी बी का पारा चढ़ने लगा, 'तेरी डाँग में डंडा कर दूँगी तभी होश आएगा तुझे।'

'चुप रह शैतान औरत,' उस्मान गुर्राया, 'अब बुढ़ापे में खसम करने का शौक चर्राया तो शरीफ़

लोगों पर हमला करने लगी।'

'खसम करे तेरी घरवाली,' हजरी ने बेवा नागिन की तरह ज़हर उगला, 'लड़कियों से पेशा कराते हो और हजरी बी पर गुस्सा निकालते हो। कौन नहीं जानता कि तुम्हारी लड़कियाँ बुर्का पहनकर घर से निकलती हैं और नसीबन के यहाँ जाकर पेशा करती हैं। बोलो, अब चुप क्यों हो गए। काम न काज। कमाई नहीं करोगे तो यही होगा।'

'तुम्हारी जुबान में कीड़े पड़ेंगे जो मेरी लड़कियों पर तोहमत लगा रही हो।' उस्मान हकलाने लगा।

'तुम्हारी जुबान में कीड़े पड़ चुके हैं जो मेरे ऊपर तोहमत लगा रहे हो।'

उस्मान भाई बहुत तैश से उठे। जाते-जाते जान-बूझकर मल्लू को धकिया गए, 'मैं देख लूँगा।'

'मैं भी देख लूँगी।' हजरी बी अँगीठी फूँकने लगी।

मल्लू घबराकर बोला, 'मुहल्लेवालों को ऐतराज़ है तो मैं न आऊँगा आज से।'

'मुहल्लेवालों की ऐसी तैसी। देखती हूँ, कौन उँगली उठाता है। सिर्फ़ यही कमीना आदमी लोगों को भड़का रहा है,' हजरी ने कहा, 'तुमने बर्तन खरीदे हैं। खाट खरीदी है। राशन डाला है। अब तुम यहीं रहोगे। तुमने इरादा तर्क कर दिया तो मेरी बहुत फजीहत हो जाएगी।'

उस्मान होटल पर जाकर बोला, 'इस शख्स को मुहल्ले से निकालना ही पड़ेगा। अब हजरी बी पर डोरे डाल रहा है।'

'हजरी बी पर ?' इस्माइल ने कहा, 'उस्मान मियाँ तुम्हारा भी जवाब नहीं। लगता है तुम्हारा दिमाग़ फिर गया है। हजरी बी साठ से ऊपर होगी और मल्लू की अपनी टाँगें कब्र में लटक रही हैं। मुआफ़ करना तुम्हारे ज़ेहन में बहुत गन्दगी भरी है।'

उस्मान भाई अन्दर तक सुलग रहे थे। हजरी ने उसकी लड़कियों के बारे में ऐसी बात कह दी थी कि उनके मन में शंका होने लगी कि कहीं दाल में कुछ काला तो नहीं। वह जानते थे लड़कियाँ जवान हो रही हैं, अब उन पर कड़ी निगाह रखनी चाहिए। कड़ी निगाह रखने के लिए भी पैसे चाहिए। आज तक उसने सोचा ही न था कि बिना किसी कमाई के घर चल कैसे रहा है। उस्मान भाई चिन्तित हो गए और थके कदमों से घर की तरफ़ चल दिए।

घर पहुँचकर वे खाट पर लेट गए और अपमान का बदला चुकाने के मंसूबे गढ़ने लगे।

'इस साले को बेइज़्ज़त करके ही दम लूँगा,' उस्मान भाई सोच रहे थे, 'इस शख्स के इरादे नेक नहीं हैं। यह मुहल्ले में जासूसी करने आया है। वरना हजरी बी उसकी लड़कियों के बारे में इस कद्र बेखौफ़ होकर न बोलती।'

●●

लक्ष्मीधर सक्सेना स्वस्तिक कॉटन मिल में बतौर एक क्लर्क भरती हुए थे। पन्द्रह वर्षों में तरक्की करते-करते वे तीन बरस पहले मिल के मैनेजर हो गए थे। इन वर्षों में वे चोरी, चुगली और चापलूसी में पूर्णतया निष्णात हो गए थे। पाँच में से तीन डाइरेक्टरों के घर उनका आना-जाना था। मिल के काम के अलावा वे डायरेक्टरों का घर भी सँभालते थे। मालिकों में श्यामबाबू सबसे छोटे थे और लक्ष्मीधर से उनकी खूब पटती थी। वे अक्सर शिकार और पिकनिक आदि पर लक्ष्मीधर को भी साथ ले जाते। उनका सामान बाँधने, नाश्ता तैयार करवाने से लेकर उनके साथ जानेवाले मित्रों का श्यामबाबू के मूड के अनुसार चुनाव करना भी लक्ष्मीधर के काम में शामिल था। श्यामबाबू बहुत तामझाम के साथ शिकार के लिए निकलते। दो शिकारी, पाँच बन्दूकें, बीयर, विस्की के अलावा पूरा रेस्तराँ उनके साथ चलता

था, यह दूसरी बात है कि सैकड़ों लीटर पेट्रोल फ़ूँककर श्याम बाबू अब तक कुछ तीतरों का शिकार ही कर पाए थे। श्यामबाबू की कृपा से लक्ष्मीधर को एक खूबसूरत फ़रनिश्ड फ़्लैट भी मिल गया था। फ़ुर्सत के समय श्यामबाबू निःसंकोच लक्ष्मीधर के यहाँ आते। श्यामबाबू को सूट का कपड़ा खरीदना हो या चश्मे का फ्रेम, लक्ष्मीधर की पत्नी उमा की पसन्द ही अन्तिम होती। उमा दिल्ली विश्वविद्यालय की ग्रेजुएट थी और लक्ष्मीधर से उम्र में ग्यारह बरस छोटी थी। यह तय है कि अगर बीस, पचीस की उम्र में लक्ष्मीधर की शादी हो गई होती तो कोई न कोई देहाती औरत उनके पल्ले पड़ जाती। इस दृष्टि से लक्ष्मीधर शुरू से ही होशियार रहे हैं। उन्होंने तब तक शादी न की जब तक मिल में अच्छा पद हासिल न कर लिया। शादी हुई तो उस समय वे असिस्टेंट मैनेजर थे। इससे लड़की और दहेज दोनों ही उन्हें पसन्द के मिल गए। बाद में उमा ने अपनी सूरत, प्रतिभा और वाक्चातुरी से अन्य तमाम अफ़सरों की पत्नियों को मीलों पीछे छोड़ दिया। एक बार श्यामबाबू ने उसे मिल का पी.आर.ओ. बन जाने का सुझाव दिया था, मगर उमा ने कहा कि वह नौकरी नहीं करेगी। लक्ष्मीधर के यहाँ शादी के दो बरस बाद एक लड़का हुआ, वह अभी छोटा था और एक मांटेसरी स्कूल में पढ़ रहा था। जब से उमा ने लड़का पैदा कर दिखाया था, वह पति पर शासन करने लगी। एक बार श्यामबाबू के लिए लड़की देखने की बात उठी तब श्यामबाबू ने कहा, 'मैं बिल्कुल उमा जैसी लड़की चाहता हूँ, जिसके साथ सभा सोसाइटी में 'मूव' कर सकूँ और जो देखने में उमा से उन्नीस न हो।' श्यामबाबू उमा को लड़की दिखाने प्रायः अपने साथ ले जाया करते थे। पिछली बार लखनऊ गए थे तो लड़की देखने में दो दिन लग गए। वे लोग एक पाँचसितारा होटल में ठहरे, मगर लड़की पसन्द न आई। लखनऊ से उमा बहुत खुश लौटी, जबकि वह बेहद थककर लौटी थी। उमा के पास डायमंड नहीं था। वह हमेशा इसके लिए तरसती थी। संकेत पाते ही श्यामबाबू ने एक कैरेट का खूबसूरत डायमंड भी भेंट कर दिया। खुशी के मारे उमा के पैर ज़मीन पर न पड़ रहे थे। उमा की इस सफ़लता से लक्ष्मीधर भी बहुत प्रभावित हुए। कितनी स्मार्ट लड़की उन्हें मिली कि मालिकों तक में उसका सिक्का जम गया। इस घटना के अगले ही सप्ताह लक्ष्मीधर को सौ रुपए की तरक्की मिल गई। लक्ष्मीधर तो मानो उमा का ज़रखरीद गुलाम हो गया।

लक्ष्मीधर अगर चिन्तित थे तो उसके कारण दीग़र थे। लतीफ़ की लोकप्रियता देखते हुए लक्ष्मीधर को लग रहा था कि वह इस बार यूनियन का सेक्रेटरी चुन लिया जाएगा। दूसरे वह हसीना की इतनी तारीफ़ सुन चुके थे कि उनका मन उसे देखने के लिए मचल रहा था। वह सोच रहे थे कि किसी तरह लतीफ़ से दोस्ती बढ़ा लें। उसके दो लाभ होंगे। यूनियन और हसीना दोनों हाथ में आ जाएँगे। लक्ष्मीधर जीवन में अन्तिम निर्णय पर पहुँच चुके थे कि बीवी एक ऐसी चाबी होती है जिससे गम्भीर से गम्भीर पति का ताला आसानी से खोला जा सकता है। हसीना की ताली से वह तलीफ़ का ताला खोलने के फ़िराक में थे।

लतीफ़ की सबसे बड़ी कठिनाई यह थी कि वह जब से फ़ोरमैन हुआ, उसके बारे में तरह-तरह की अफ़वाहें उड़ने लगी थीं। किसी ने कहा, उसकी बीवी के मैनेजर से अवैध सम्बन्ध हैं। एक दिन सुनने में आया, वह मैनेजर के साथ सिनेमा हॉल में पाई गई। ये अफ़वाहें सरकते हुए लतीफ़ तक भी पहुँचतीं मगर उसे अपने पर और अपने प्यार पर पूरा भरोसा था। वह मेहनत से अपने काम में जुटा रहता। लतीफ़ ने अपने परिश्रम, लगन और होशियारी से बहुत कम समय में अच्छे कारीगरों में स्थान पा लिया था। उसकी ख्याति दूसरी मिलों तक भी पहुँच रही थी। एक दिन जब बोनस के सवाल पर यूनियन के प्रतिनिधिमंडल के साथ लतीफ़ भी मैनेजर के यहाँ प्रतिवेदन देने पहुँचा तो अफ़वाहें उड़ानेवालों को बहुत धक्का लगा। पूरे प्रतिनिधि-मंडल में केवल लतीफ़ ही था जो मैनेजर लक्ष्मीधर सक्सेना से मजदूरों के अधिकारों पर लगातार बहस कर रहा था।

लतीफ़ की तर्कसंगत बहस से न सिर्फ़ मैनेजर बल्कि यूनियन के अन्य साथी भी बहुत प्रभावित हुए। समझदार मजदूरों ने उसी समय तय किया कि यूनियन के अगले चुनाव में लतीफ़ को सचिव के लिए खड़ा किया जाएगा। लतीफ़ के तेवर देखकर लक्ष्मीधर भी उसके प्रति सतर्क हो गए। जब उन्हें मालूम हुआ कि यह वही लतीफ़ है, जिसे साधारण मैकेनिक से फ़ोरमैन बनाया गया है तो उन्हें डायरेक्टरों से वर्क्स-मैनेजर की शिकायत करने का मौका अनायास मिल गया। वर्क्स-मैनेजर से उनकी कभी न पटती थी। उनका दृढ़ विश्वास था कि मजदूरों के असन्तोष के पीछे भी वर्क्स-मैनेजर का अदृश्य हाथ रहता है। जिस किसी से वे नाराज़ होते उसे 'कम्युनिस्ट' की उपाधि फ़ौरन अता कर देते। मैनेजर होने के बाद लक्ष्मीधर को यकायक अहसास हुआ था कि उन्होंने अपने छात्र-जीवन में एक ही भूल की थी कि विश्वविद्यालय में वह स्टुडेंट्स यूनियन के अध्यक्ष हो गए थे। वह एक ऐसे अध्यक्ष थे जो उपकुलपति की जेब में ही सुकून पाते थे और कार्यकारिणी की पूरी कार्यवाही शाम को उपकुलपति को बता आते थे, और अपनी नौकरी के प्रथम इंटरव्यू में जब उन्होंने उत्साहपूर्वक यूनियन सम्बन्धी योग्यताओं का उल्लेख किया तो वे असफल हो गए थे।

इसी बीच लक्ष्मीधर ने एक सफल मैनेजर की तरह अपने एक विश्वासपात्र मजदूर को बुलाकर लतीफ़ के बारे में जानकारी चाही। उस मजदूर ने लतीफ़ के बारे में कम उसकी बीवी हसीना के बारे में तमाम सुनी-सुनाई बातें उगल दीं, 'लगता है सॉब, वह एक बाग़ी तबीयत का नौजवान है। उसने अपने घरवालों की मुखालफ़त के बावजूद एक तवायफ़ की लड़की से निकाह किया। आपने तो साहब हसीना को देखा ही होगा, अरब की हूर लगती है।'

'मैंने कहाँ देखा होगा।' लक्ष्मीधर ने आश्चर्य से पूछा।

'सॉब, वो तो आपके साथ फ़िल्म देखने जाती थी।'

'मेरे साथ ?'

'हाँ साहब, सब मजदूर जानते हैं। बीवी की वजह से ही तो वह फ़ोरमैन हो पाया है।' उस मजदूर का दृढ़ विश्वास था।

मैनेजर साहब को यह सब सुनकर आश्चर्य भी हुआ और आनन्द भी आया।

'मेरे भाई मैं शादीशुदा आदमी हूँ। बीवी सुनेगी तो जीना हराम कर देगी। हसीना का नाम भी मैं आज ज़िन्दगी में पहली बार सुन रहा हूँ।'

मज़दूर हँसा, जैसे विश्वास न कर रहा हो।

'लतीफ़ का बाप क्या करता है ?' लक्ष्मीधर ने पूछा।

'वह साब रेलगाड़ी का डराइवर है। सुनते हैं, उसने लतीफ़ को घर से बेदखल कर दिया है !'

'यूनियन पर लतीफ़ का क्या असर है ?'

'सॉब, कुछ लोग उसे इस बार यूनियन के चुनाव में भी खड़ा कर रहे हैं।'

'हूँ।' मैनेजर साहब ने मूड़ी हिलाई।

लक्ष्मीधर ने एक दिन श्यामजी से लतीफ़ की चर्चा की और बताया कि आजकल यूनियन के हर आदमी के मुँह पर लतीफ़ का नाम है और उसकी बीवी हसीना पर मिल का हर शख्स फ़िदा है।

श्यामबाबू लक्ष्मीधर से कहीं ज़्यादा हसीना के बारे में सुन चुके थे। इच्छा उनकी भी हसीना का दीदार हासिल करने की थी, मगर उन्होंने लक्ष्मीधर से कहा, 'मैं आज ही भाभी से ज़िक्र करूँगा कि तुम आजकल तवायफ़ों के चक्कर में रहते हो।'

'ऐसा ग़ज़ब न ढाइए भाई साहब, वह तो सुनते ही मुझे घर से निकाल बाहर करेगी,' लक्ष्मीधर बोले, 'मगर हुज़ूर, आप भी तो कम नहीं, क्यों न मैं ही आज आपकी भाभी साहिबा को यह खुशखबरी दूँ कि आपके देवर के चाल-ढाल ठीक नहीं।'

'न बाबा, न।' श्यामबाबू ने दोनों हाथों से दोनों कान पकड़ लिये, 'ले-देकर मेरी एक ही भाभी

है, वह भी मुझे 'ब्लेकलिस्ट' कर देगी।'

लक्ष्मीधर सक्सेना ने श्यामबाबू की तरफ़ झुकते हुए एक अनुभवी मैनेजर की तरह सवाल रखा, 'क्यों न मैनेजमेंट की तरफ़ से लतीफ़ को इलेक्शन लड़ाया जाए। लतीफ़ हाथ में आ गया तो बोनस का सवाल कुछ दिनों तक तो स्थगित रखा ही जा सकता है, आपके परसोनल मैनेजर तो दिन-भर ज्योतिषियों को हाथ दिखाते रहते हैं, उनके भरोसे मत बैठे रहिए।'

'देखो सक्सेना, मैंने यों ही तुम्हें मैनेजर नहीं बनाया। मैं अभी तक तुम्हारी बुद्धि पर तरस खा रहा था कि तुमने कोई धाँसू सुझाव पेश क्यों नहीं किया ?'

'आदाब अर्ज़ है,' लक्ष्मीधर आदाब की मुद्रा में बोला, 'लेबर प्रॉबलम्स को मुझसे अधिक कौन समझेगा हुजूर।'

'देखो हम-तुम इस दिशा में कोई कदम उठाएँगे तो लतीफ़ भड़केगा। इसमें उमा भाभी की मदद ली जानी चाहिए। ताल्लुक बढ़ाने में भाभी का कोई सानी नहीं। इस बार टेस्ट हो जाएगा, भाभीज़ान में कितनी क्षमता है ?'

बोर्ड ऑफ़ डायरेक्टर्स की अगली मीटिंग में यूनियन के चुनाव के लिए एक गुप्त फ़ंड की व्यवस्था हो गई। लक्ष्मीधर बहुत प्रसन्न हुए। पचीस हजार रुपए का पचास प्रतिशत तो उनके घर की ही शोभा बढ़ाएगा। उमा बार-बार शिकायत कर चुकी थी कि सोफ़े नीलाम करने लायक हो गए हैं। पर्दों का रंग फ़ीका पड़ चुका है। पिछले दो बरस से घर पेंट भी न हुआ था।

उमा ने लक्ष्मीधर से प्रस्ताव सुना तो आगबबूला हो गई, 'तुम अब मुझे तवायफ़ों के घर भेजोगे। तुम्हें अपनी इज़्ज़त का ख़याल है न श्यामबाबू की इज़्ज़त का। मैं ऐसे रुपयों पर लानत भेजती हूँ।'

लक्ष्मीधर को अफ़सोस हुआ कि उन्होंने अतिरिक्त उत्साह में बहुत ही फ़ूहड़ तरीके से यह सुझाव पेश कर दिया था।

'तुम चाहती हो मिल में हड़ताल हो जाए और मेरी नौकरी जाती रहे।'

'किसमें हिम्मत है तुम्हारी नौकरी लेने की,' उमा बोली, 'तुम्हारे डायरेक्टरों में तो यह हिम्मत नहीं। तुम्हारी नौकरी कोई ले सकता है तो सिर्फ़ मैं।'

लक्ष्मीधर अपनी पत्नी की आवाज़ में इतना आत्मविश्वास देखकर बहुत प्रसन्न हुआ। वह उठा और जल्दी से पत्नी को भींच लिया। उमा ने मुँह फ़ेर लिया। लक्ष्मीधर दिन-भर सिगरेट फ़ूँकता था और उमा को सिगरेट-तम्बाकू से नफ़रत थी। स्कॉच की गन्ध उसे प्रिय थी मगर तम्बाकू से तो उबकाई आ जाती थी।

'इस मामले में अब तुम्हारा देवर ही तुमसे बात करेगा !'

'कौन, श्यामजी ?' वह भड़की, 'उसमें हिम्मत नहीं कि वह तुम्हारी तरह मुझसे इस तरह की गुस्ताख हरकत कर सके। मैं उसे खूब जानती हूँ। वह तुमसे तो सभ्य ही है।'

लक्ष्मीधर ने इस पचड़े में पड़ना उचित न समझा। अब श्यामजी ही इस समस्या का हल ढूँढ़ेगा।

श्यामजी ने लक्ष्मीधर से सारा किस्सा सुना तो वह हँसी से बेहाल हो गया। बोला, 'लक्ष्मीधर बाबू, तुम मजदूरों के बीच ही अपनी मैनेजरी चला सकते हो, पढ़े-लिखे सभ्य लोगों से तुम्हारा वास्ता ही कब पड़ता है। भला तुम्हीं बताओ, कौन भाभी चाहेगी कि उसका देवर तवायफ़ों के चक्कर में पड़ जाए और कौन पत्नी इसकी मंजूरी देगी ?'

'भाई साहब, यह मोर्चा आप ही सँभालिए, मेरे बस का नहीं। आप कहेंगे तो मैं खुद कोई तरकीब निकाल लूँगा कि लतीफ़ को बस में कर लूँ, उसे जिता दूँ या हरा दूँ।'

'तुमने इतना गुड़ गोबर कर दिया है कि लतीफ़ अगर जीत गया तो मेरी भाभी मुझे घर में घुसने

न देगी।'

'मगर लतीफ़ तो जीतेगा, यह तय है।' लक्ष्मीधर ने कहा।

'तो यह भी तय है कि मेरी भाभी लतीफ़ को दास बना लेगी।'

'देवर-भाभी के बीच में मैं कुछ न बोलूँगा।' लक्ष्मीधर बोला और मेज़ पर पड़े पाँच सौ पचास के पैकेट से सिगरेट सरकाने लगा।

श्यामजी ने एक दिन उमा को अच्छे मूड में देखकर लतीफ़ की चुनौती सामने रखी। लतीफ़ का ज़िक्र आते ही उमा की भृकुटि तन गई, 'मुझे यह दिन भी देखना था। आज के ज़माने में किसी पर भरोसा करना गुनाह है। मेरी निगाह में लक्ष्मीधर के बराबर तुम्हारी इज़्ज़त थी, मगर तुम भी वही निकले। सब मर्द एक-से होते हैं।'

उमा की आँखें भर आईं। यह दूसरी बात है वह इस समय रोना नहीं चाहती थी, क्योंकि मेक-अप ताज़ा था। आँसू की एक बूँद घंटों की मेहनत ख़ाक़ कर सकती थी।

लक्ष्मीधर ने बीच-बचाव किया, 'देखिए भाई साहब, दफ्तर की बातें दफ्तर में।'

'तुम चुप रहो जी !' श्यामजी बोला, 'भाभी अगर यकीन मानो तो इसी शख्स ने मेरे सामने यह सुझाव रखा था, वरना मैं यह गुस्ताखी कैसे कर सकता था ?'

लक्ष्मीधर ने इस वक्त पिटते जाना ही उचित समझा, बोला, 'मैं अपनी ग़लती कबूल करता हूँ। अब इस प्रसंग को यहीं दफ़न कर दीजिए। सिर्फ़ इतना बता दें कि कबाब 'कोज़ीनुक' के खाइएगा या 'शामियाना' के ?'

श्यामबाबू ने वैराग्य से अपनी पलकें एक जगह थिर कर लीं और बोले, 'गुरु, तुम्हारे कबाब में हड्डी बहुत आती है।'

उमा हँसते हुए लोट-पोट हो गई, बोली, 'अब देवर-भाभी के बीच आप भी हड्डी न बनिए। और सुनो, बाबा कितने रोज़ से पेंसिलबॉक्स की फ़रमाइश कर रहा है। उसे कम से कम उसकी पसन्द का एक पेंसिलबॉक्स तो दिलवा दीजिए।'

लक्ष्मीधर ने बाबा को पार्क से बुलवाया और बाहर जाकर श्यामबाबू की गाड़ी में बैठ गया।

'सुनो भाई !' लक्ष्मीधर ने कार के अन्दर घुसते ही दरवाज़ा बन्द किया और ड्राइवर से बोले, 'देखो, बाबा कई दिनों से नुमाइश देखने की ज़िद पकड़े है। पहले नुमाइश की तरफ़ ले लो।'

ड्राइवर ने सलाम अर्ज़ किया और गाड़ी 'स्टार्ट' कर दी। बाबा ने खूब अच्छी तरह से नुमाइश देखी। झूले पर बैठा। काठ के घोड़े की सवारी की। आग लगाकर पानी में कूदते हुए एक आदमी को देखा तो ताली बजाने लगा, 'पापा, यह कैसा बेवक़ूफ़ आदमी है जो अपने बदन में खुद ही आग लगा रहा है।'

लक्ष्मीधर क्षण-भर के लिए ग़मगीन हो गए और बोले, 'बेटा, इस आदमी को इसी से रोटी मिलती है। वरना भूखों मर जाता।'

'झूठ !' बाबा बोला, 'ऐसा बहादुर आदमी भला भूखों कैसे मरेगा ?'

लक्ष्मीधर फ़िज़ूल की बातों में दिमाग़ लगाना पसन्द नहीं करते, बोले, 'चलो बेटा, अंकल के लिए कहीं से कबाब ले लें।'

बाबा लक्ष्मीधर की उँगली थामे चलता रहा, फ़िर बोला, 'पापा कबाब तो ड्राइवर भी ला सकता था।'

लक्ष्मीधर ने प्यार से एक हल्की-सी चपत लगा दी और बोले, 'तुम्हारे कबाब में हड्डी आ जाए तो तुम्हें कैसा लगेगा ?'

'मैं हड्डी चूसने लगूँगा,' बाबा बोला, 'हमें हड्डी पसन्द है।'

उन लोगों ने कबाब लिये। ड्राइवर ने लक्ष्मीधर को बिल अदा नहीं करने दिया। लौटते हुए वह

बाबा के लिए न केवल पेंसिल-बॉक्स; पेस्ट्री और पैटीज़ भी लेते आया।

'पापा, यह ड्राइवर हमारे लिए पेस्ट्री क्यों लाया है ?' बाबा ने पूछा, 'आपको लानी चाहिए।'

'बेटा, सब काम हम खुद क्यों करें ?' लक्ष्मीधर ने कहा, 'इसीलिए तो नौकर-चाकर रखे जाते हैं।'

वे लोग घर पहुँचे तो श्यामबाबू बहुत व्यग्र हो रहे थे, 'यार, तुम भी अज़ीब शै हो। मुझे आठ बजे रोटरी क्लब की मीटिंग में जाना था। अब कबाब तुम्हीं लोग ख़त्म करना।'

श्यामबाबू ने ड्राइवर को डिब्बा खोलने का इशारा किया और एक कबाब मुँह में रखते हुए उमा से कहा, 'अपने पति और बच्चों को सँभाल लो, हम चल दिए।'

उमा ने धीरे से हाथ हिला दिया, 'खुदा हाफ़िज़।'

कार स्टार्ट हो गई। उमा और लक्ष्मीधर दोनों ने थोड़ी देर हाथ हिलाए और लौट आए। उमा ने बाबा को गोद में उठा लिया। पाईनेपल पेस्ट्री खाने से उसके चेहरे पर क्रीम की मूँछें बन गई थीं। उमा ने ले जाकर उसे ड्रेसिंग टेबल के सामने खड़ा कर दिया और बोली, 'मेरा खरगोश कहाँ से आया है ?'

मिल में चुनाव का ज़ोर बढ़ रहा था। दो पार्टियाँ उभर रही थीं। मिल के नेता हीरालाल को एक केन्द्रीय मन्त्री का आशीर्वाद प्राप्त था। मन्त्रीजी गाहे-बगाहे उसकी मदद करते रहते थे। एक बार तो मन्त्रीजी ने ढेर से कम्बल हीरालाल के पास भेज दिए थे कि अपने समर्थकों में खुले दिल से बाँट दो। हीरालाल ने आधे कम्बल बाजार में बेच दिए। एक चौथाई अपने रिश्तेदारों की नज़र कर दिए, शेष कम्बल अपने समर्थकों में तकसीम कर दिए। इतने कम कम्बल बाँटे जाने पर भी हीरालाल का खूब नाम हो गया। कई लोग अब उसे कम्बलवाले के नाम से ही पुकारते थे। मिल के डायरेक्टरों तक यह खबर पहुँची कि हीरालाल कम्बल बाँटकर सस्ती लोकप्रियता हासिल कर रहा है तो उन्हें बहुत नागवार गुज़रा। वे तत्काल उसे निकाल बाहर करते मगर सर पर मन्त्रीजी की तलवार लटक रही थी। डायरेक्टरों ने हीरालाल को सबक सिखाने के इरादे से मन्त्रीजी तक एक दूसरे चमचे की मार्फ़त खबर पहुँचाई कि हीरालाल ने नब्बे फ़ीसदी कम्बल बेच खाए हैं तो मन्त्रीजी ने हँसते हुए कहा, 'वह ज़रूर बड़ा नेता बनेगा।' डायरेक्टर लोग यह टिप्पणी सुनकर बहुत निराश हुए। उन्हें लग रहा था, हीरालाल नाम का यह शख़्स जिस दिन चाहेगा, मिल का चक्का जाम करा देगा। वे जानते थे, कम्बल में बहुत गर्माहट होती है।

डायरेक्टर लोग बहुत दिनों से हीरालाल की काट ढूँढ़ रहे थे। इधर मैनेजमेंट की नज़र लतीफ़ पर जाकर टिक गई थी। लतीफ़ के तेवर कुछ ऐसे थे कि उसे आसानी से समझौते के लिए तैयार नहीं किया जा सकता था। लग रहा था कि अधिकांश मज़दूर लतीफ़ को अपनी आशाओं और सपनों का मरकज़ बना रहे हैं। मैनेजमेंट ने लतीफ़ की जो फ़ाइल तैयार करवाई थी उससे लग रहा था कि वह आज़ाद ख़यालों का भला आदमी है, लालची नहीं है। सबसे बड़ी दिक्कत तो यह पेश आ रही थी कि वह विचारों से वामपन्थी था। इधर उसकी बगल में लाल रंग की कुछ किताबें नज़र आने लगी थीं।

'वह एक दुरुस्त आदमी है। हम लोगों की पकड़ में आ गया तो मिल में दो-एक बरस तक अमन-चैन रहेगा।' श्यामजी के बड़े भैया ने कहा।

'पकड़ में नहीं आएगा तो ज़िन्दगी-भर पछताएगा।' लक्ष्मीधर बोले, 'आए रोज़ उसे बीवी को लेकर परेशान रहना पड़ता है। हमारी रिपोर्ट में तो यहाँ तक आया है कि लतीफ़ के छोटे भाई ने अपनी भाभी के साथ बलात्कार करने की कोशिश की थी।'

'देखिए उसी पर दाँव लगाइए,' बड़े भैया ने श्यामबाबू से कहा, 'उससे कहिए मैनेजमेंट के खिलाफ़ गेट मीटिंग करे, बोनस के सवाल को लेकर तमाम मज़दूरों को अपने साथ ले ले। इस काम के लिए पैसा हम खर्च करेंगे। यही नहीं, मिल की तरफ़ से लेबर कॉलोनी में उसे तुरन्त मकान दिलवा देंगे। उसकी बीवी की सुरक्षा के लिए चौकीदार तैनात कर देंगे। ऐसा आदमी हाथ से निकलना नहीं चाहिए।'

'वामपन्थियों ने इस बीच कोई दूसरा आदमी तैयार कर लिया तो दिक्कत हो जाएगी।' लक्ष्मीधर ने कहा।

बड़े भैया ने उत्तर नहीं दिया। लक्ष्मीधर की तरफ़ देखकर खास काइयाँ अन्दाज़ में हँस पड़े। हँस क्या पड़े, उनकी मूँछें ज़रा-सी फ़ैल गईं।

श्यामबाबू ने मीटिंग में बैठे-बैठे ही लक्ष्मीधर से आँख मिलाई और कहा, 'आपने बहुत अच्छी राय दी है।'

मीटिंग के बाद श्यामबाबू लक्ष्मीधर के साथ ही उसके यहाँ चले आए। सुबह ही उन्होंने भाभी से पाम्फ्रेट मछली की फ़रमाइश की थी। उन्हें यह भी लग रहा था, अब भाभी को पटाना ज़रूरी हो गया है। अगर ग़लत तरीके से लतीफ़ के पास पहुँच हो गई तो सब किया-कराया धरा रह जाएगा।

उमा मछली तैयार कर चुकी थी और श्यामजी पर इस समय बहुत ख़फ़ा थी। श्यामजी ने पाँच बजे आने को कहा था, सात तक उसकी कोई सूचना न थी। उसने श्यामबाबू द्वारा भेंट की गई साड़ी पहनी, उन्हीं द्वारा दिया गया सेंट लगाया, डायमंड से जगमगाता नेकलैस पहन लिया और एक रूठी हुई महारानी की तरह अपने कोप भवन में बैठकर अलबर्तो मोराविया का उपन्यास पढ़ने लगी। इस समय वह अपने ही बदन की महक से उत्तेजित हो रही थी। उसे लग रहा था, उसका पोर-पोर महक रहा है। उसकी हर साँस महक रही है। उसके रोएँ-रोएँ से एक उत्तेजक, मादक और अदृश्य स्राव हो रहा है। बाबा नौकरानी के साथ पार्क में झूला झूलने गया था। उमा को श्यामजी पर लगातार गुस्सा आ रहा था कि यकायक श्यामबाबू की फ़ूहड़ हँसी सुनाई दी। वह करवट बदलकर अधिक एकाग्रता से अध्ययन की मुद्रा में आ गई। पीठ उसने दरवाजे की तरफ़ फ़ेर ली। वह बीसियों पृष्ठ पढ़ चुकी थी, मगर नायक या नायिका का नाम तो दरकिनार, पुस्तक का नाम तक याद न था।

'ऐ उल्लू।' श्यामजी की आवाज़ से वह चौंकी न विचलित हुई।

श्यामजी ने कमरे की बत्ती बन्द की और पुकारा, 'ऐ उल्लू।'

उल्लू पढ़ने में बेहद तल्लीन था। लक्ष्मीधर बाबा को ढूँढ़ते हुए पार्क की तरफ़ चले गए थे।

श्यामजी ने बत्ती जला दी और एक बार फिर कहा, 'उल्लूजी, आपको उजाले में दिखाई पड़ता है न अँधेरे में। ऐसे उल्लू तो केवल मध्य एशिया में पाए जाते हैं।'

उमा ने बहुत खुलकर अँगड़ाई ली। श्यामजी को समझते देर न लगी कि उमा ने आज बहुत परिश्रम से अपनी बगलों के बाल साफ़ किए हैं। अँगड़ाई लेने में विदेशी 'डियडोरेंट' की गन्ध पूरे वातावरण में समा गई।

'लगता है, फ़ैक्टरी के बुरे दिन आ रहे हैं,' श्यामबाबू ने उमा के सिरहाने बैठते हुए कहा, 'लगता है तालाबन्दी होकर रहेगी।'

श्यामजी को चिन्तित देखकर उमा ने पूछा, 'आखिर बवाल क्या है ?'

'वही, बोनस, महँगाई भत्ते की लड़ाई। हम कहाँ तक झुकते चले जाएँ,' श्यामजी ने कहा, 'अब तुम्हीं मदद कर सकती हो।'

'हम कौन होते हैं,' उमा बोली, 'सीधा-सीधा यह क्यों नहीं कहते कि मेरे लिए तुम्हारे पास समय नहीं रह गया।'

'ऐसा मत सोचो,' श्यामबाबू बोले, 'तुम कहो तो अपनी कठिनाइयाँ तुमसे न कहा करूँ।'

इस बात का उमा पर थोड़ा असर हुआ, बोली, 'तुम्हें दफ्तर में भी देर लगती है तो मैं परेशान हो उठती हूँ।'

श्यामबाबू चुपचाप कुर्सी पर बैठ गए। वह तय करके आए थे कि आज चिन्तित होने का अभिनय करना बेहद ज़रूरी हो गया है।

श्यामबाबू को यों पस्ती में बैठे देखकर उमा ने पूछा, 'ईद कब है ?'

'परसों।' श्यामबाबू ने उसी उदासीनता से उत्तर दिया।

'सोचती हूँ, लक्ष्मीधर के साथ लतीफ़ और हसीना से ईद ही मिल आऊँ।'

'ग्रेट !' श्यामबाबू ने उमा को खुशी के मारे दोनों बाँहों में उठा लिया और बोले, 'ऐसी ग्रेट भाभी मेरे जैसे खुशनसीबों को ही मिला करती है।'

श्यामबाबू ने तुरन्त जेब से सौ-सौ के चार-पाँच नोट निकाले और भाभी के तकिए के नीचे रख दिए, 'देखो भाभी, ईद पर कुछ मिठाई वगैरह भी दे आना। लतीफ़ के अलावा दो-तीन और मुस्लिम परिवारों में हो लेना, जिससे वह कुछ भाँप न पाए।'

उमा ने नोट उठाकर अपने ब्लाउज में खोंस लिये और बोली, 'मन हो तो जल्दी से एक छोटा तैयार कर दूँ।'

'छोटे से कुछ न होगा,' श्यामबाबू ने कहा, 'तीन पैग ज़रा फ़ुर्ती से तैयार करो।'

'लक्ष्मीधर अभी इतनी जल्दी न आएँगे। ड्राई क्लीनिंग के लिए साड़ियाँ दे रखी हैं। वे पहले बाबा को साथ लेंगे और फिर कपड़े लेने जाएँगे।'

श्यामबाबू पर इसका कोई असर न हुआ। वे लक्ष्मीधर के सामने भी पी लेते थे। उमा की जाँघ पर कोई मच्छर काट गया था। वह बार-बार टाँग खुजा रही थी। आज उसे अपनी ही सुडौल मरमरी टाँगें बहुत आकर्षित कर रही थीं। दिन-भर उसने झावें से एड़ियाँ रगड़ी थीं। पूरे बदन पर सन्दल के तेल की मालिश की थी। 'पैडी क्योर' किया था।

'देखो मच्छर भी कहाँ काट गया।' उमा बोली।

'मच्छर भी असभ्य हो गए हैं,' श्यामबाबू ने एक लम्बा घूँट भरते हुए कहा, 'भाभी, तुम्हारी पाम्फ्रेट का क्या हुआ ?'

उमा ने वहीं से नौकरानी को आवाज़ दी। मगर नौकरानी से पहले लक्ष्मीधर न जाने कहाँ से नमूदार हो गया और पाम्फ्रेट की प्लेट आगे बढ़ा दी।

'वाह-वाह !' श्यामबाबू मछली पर पिल गए। जब तक उमा सलाद मँगवाती, आधी मछली वे अन्दर कर चुके थे।

'देखिए लक्ष्मीधरजी, इस बार ईद बहुत धूमधाम से मनाई जा रही है। इस बार आपके यहाँ भी सिवैयाँ पकेंगी। मिल के तमाम मुसलमान वर्कर्ज़ के यहाँ हम लोग सिवैयाँ ही नहीं, तोहफ़े भी भेजेंगे। उनके बच्चों में ईदी भी बाँटी जाएगी।'

'सब समझ गया गुरुजी,' लक्ष्मीधर ने हाथ जोड़ दिए, 'सब समझ गया।'

श्यामबाबू ने आँख मारी कि बेटा ठीक ही समझ रहे हो।

●●

ईद के रोज पद्मिनी प्रीमियर लतीफ़ के घर के सामने रुकी। उमा बड़ी नज़ाकत से कार से उतरी। उसने कल ही नई साड़ी, नया ब्लाउज, नए जूते ईद के मुबारक त्योहार के लिए खरीदे थे। इतनी ऊँची एड़ी का जूता भी उसे पहली बार मिला था। वह हिरनी की तरह चलती हुई लतीफ़ के दरवाज़े तक पहुँची। ड्राइवर ने दरवाजा खटखटाया। दरवाज़ा खुला तो सामने हसीना खड़ी थी। हसीना को देखते ही उमा को लगा, यह लड़की नहीं, एक चुनौती है। हसीना ने सादा-सा गरारा-कुर्ता पहना हुआ था। बाँहों में काँच की चूड़ियाँ थीं। मुफ़लिसी में भी उसका चेहरा जगमगा रहा था।

'आदाब।' उसने जिस सादगी से सर झुकाया, उमा फ़िदा हो गई।

उमा ने आगे बढ़कर हसीना को अपनी आग़ोश में ले लिया और उसका गाल चूमते हुए बोली, 'ईद मुबारक। मैं मिल की तरफ़ से आई हूँ। ये रहीं आपके लिए सिवैयाँ। ये आपके लिए एक गरारा कुर्ता और लतीफ़ साहब के लिए एक छोटा-सा ट्रांजिस्टर।'

उमा ने ट्रांजिस्टर खोला तो पाकीज़ा का गाना आ रहा था, 'इन्हीं लोगों ने, इन्हीं लोगों, इन्हीं लोगों ने ले लीन्हा दुपट्टा मेरा...' उमा ने तुरन्त बन्द कर दिया। क्या मुसीबत है; कैसा गाना आ रहा है।

'आपने बन्द क्यों कर दिया, यह गाना तो मुझे बेहद पसन्द है,' हसीना बोली, 'लतीफ़ साहब तो यूनियन की मीटिंग में गए हैं। शायद देर से लौटें।'

तभी लक्ष्मीधर अन्दर दाखिल हुए। जेब से तुरन्त ग्यारह रुपए निकालकर हसीना को ईदी पेश की। हसीना ने रुपए खाट पर रख दिए और बहुत खूबसूरत आदाब अर्ज़ पेश किया। उमा गुस्से के मारे लाल हो गई। है तो आखिर तवायफ़ की ही बिटिया। इस वक्त कैसे नज़ाकत दिखा रही है। उमा को लक्ष्मीधर पर भी बहुत क्रोध आया। कैसा बेवकूफ़ आदमी है, कि बिना सूचना दिए औरतों के बीच चला आया है। दरअसल आज सुबह से ही उमा का मन उखड़ रहा था। उसने आईने में देखा था, कनपटियों के नज़दीक उसके बाल पक रहे थे और दूसरी तरफ़ यह लड़की थी, कनपटियों के बाल अभी तक सुनहरे थे। एक अदने फ़ोरमैन की बीवी के बाल कनपटियों पर सुनहरे क्यों हैं। दूसरे, इस समय हसीना का अदब और रूप उससे सहन नहीं हो रहा था।

हसीना 'अभी आई' कहकर बावर्चीखाने में चली गई और दो अल्यूमुनियम की तश्तरियों में सिवैयाँ ले आई ! उमा ने जीवन में कभी किसी मुसलमान के यहाँ कुछ नहीं खाया था न लक्ष्मीधर ने। दोनों के लिए अचानक अजीब संकट पैदा हो गया था। तश्तरी और चम्मच का रूप-रंग भी ऐसा था कि दोनों की हालत क़ाबिले रहम हो रही थी। लक्ष्मीधर ने किसी तरह आँखें मूँदकर एक चम्मच कुछ इस अन्दाज़ से मुँह में रख लिया कि चम्मच उसके दाँत से न छू जाए। उसे सिवैयों का स्वाद बहुत अच्छा लगा, मगर निगलने की इच्छा न हुई। सिवैयों के कौर को उसने पान की तरह दाँतों के उस पार गाल की दीवार से सटा लिया और बोला, 'वाह, कितनी अच्छी सिवैयाँ हैं।'

उमा ने भी लक्ष्मीधर से प्रेरणा पाकर एक चम्मच होंठों से लगाया। उसे उबकाई-सी आने लगी। वह किसी तरह अपने को रोककर बाहर दरवाज़े की तरफ़ देखने लगी। 'हे राम ! किस मुसीबत में पड़ गए।' उसने दवाई की तरह सिवैयाँ निगल लीं और बोली, 'आप तो बेहद अच्छी 'कुक' हैं।'

'यानी आपने बहुत अच्छी सिवैयाँ बनाई हैं।' लक्ष्मीधर ने अनुवाद किया।

हसीना आश्चर्य से दोनों की तरफ़ देख रही थी। खाने का शऊर तक नहीं, और बनते हैं मैनेजर। वह मन ही मन दोनों की हरक़तों का आनन्द ले रही थी।

'हम लोग दरअसल सुबह से सिवैयाँ ही खा रहे हैं,' लक्ष्मीधर ने कहा, 'मगर आपकी सिवैयाँ बहुत लज़ीज़ हैं। आप पैक कर दीजिए, अब तो पेट में जगह नहीं। हमारा बाबा खाएगा। बहुत खुश होगा।'

हसीना अन्दर गई। एक काग़ज़ में सिवैयाँ डालकर प्लास्टिक के टुकड़े में लपेट आई। हसीना ने आज शामी कबाब भी बनाए थे। उसने लतीफ़ के लिए चार कबाब बचाकर रखे थे, मगर घर में मेहमान देखकर उसने कटोरी में चारों कबाब रखे और ले आई, 'एक-एक कबाब भी चख लीजिए। आपको खाना ही होगा।'

लक्ष्मीधर इस बीच अखबार के टुकड़े पर सिवैयाँ डालकर ड्राइवर को खाने के लिए दे आया था। अब कबाब देखकर सचमुच कबाब हो गया। हसीना ने इतने अनुरोध से कबाब लक्ष्मीधर की ओर बढ़ाया कि उसने उठाकर तुरन्त मुँह में रख लिया। कई धागे एक साथ उसके दाँतों में उलझ गए। लक्ष्मीधर को लगा उसे कै हो जाएगी। वह मुँह हिलाता हुआ बाहर की ओर लपका। हसीना इस बीच कटोरी थामे उमा के सामने खड़ी थी। उमा ने कहा, 'मैं तो गोश्त खाती नहीं। आप मुआफ़ करेंगी।'

'बहुत भूल हो गई मुझसे,' हसीना बोली, 'आप मुझे मुआफ़ करेंगी।'

उमा अपनी तेज़ी पर बेहद खुश हुई। यह, कल की लौंडिया क्या जाने वह अब तक कितने मुर्गे हज़म कर चुकी है। उमा ने कहा, 'दो बरस पहले तक मुझे परहेज़ नहीं था। एक बार बाबा बीमार पड़ा और मैंने मनौती मान ली बाबा ठीक हो गया तो कभी गोश्त न खाऊँगी।' उमा झूठ का आनन्द लेने लगी।

हसीना ने दोबारा अफ़सोस ज़ाहिर किया और बोली, 'थोड़ी सिवैयाँ और लीजिए !'

उमा ने कन्धे उचका दिए।

लक्ष्मीधर ने उठते हुए कहा, 'अब चलना चाहिए। यूसुफ़ साहब के यहाँ भी जाना है।'

'आप ये चीज़ें ले जाइए,' हसीना बोली, 'वह मुझे डाँटेंगे कि मैंने इतने ज़्यादा, इतने उम्दा और इतने खूबसूरत तोहफ़े क्यों कबूल किए।'

'वे कुछ कहें तो हमारे यहाँ चली आना। बेझिझक। मुझे अपनी अच्छी आपा समझो,' उमा बोली, 'हाय, तुम सचमुच कितनी हसीन हो।'

हसीना बेहद खुश हो गई। ऐसी ईद तो उसने आज तक न मनाई थी। किसी ने कभी ईदी में फ़ूटी कौड़ी तक न दी थी। वे लोग चले गए तो हसीना नया गरारा पहनकर लतीफ़ के इन्तज़ार में बैठ गई।

मीटिंग में लतीफ़ ने मैनेजमेंट की खूब खबर ली थी। लक्ष्मीधर को तो उसने मालिकों का ज़रखरीद गुलाम और दलाल कहा था। जब उसने घर में हसीना के तोहफ़े देखे तो भड़क गया, बोला, 'लगता है, ये कमीने लोग हमें खरीदना चाहते हैं।'

'क्या मतलब ?'

'ये लोग सोचते हैं, ईद के तोहफ़े पाकर हम अपनी माँगें वापस ले लेंगे।'

'ये तोहफ़े तो इतने खूबसूरत हैं कि इन्हें पाकर कोई भी अपनी माँगें वापस ले सकता है।'

'तुम बेवकूफ़ हो, तुम क्या समझो इन शातिर लोगों की चालें। ये लोग जानते हैं कि यूनियन में मुझे आगे किया जा रहा है। मुझे पटा लेंगे तो इनका काम आसान हो जाएगा।'

'अगर ऐसा है तो ये यूसुफ़ के यहाँ क्यों गए ?'

यूसुफ़ लतीफ़ के विरोधी गुट का आदमी था।

'तुम्हें कैसे मालूम कि वे लोग यूसुफ़ के यहाँ भी गए थे ?'

'मुझसे यूसुफ़ भाई का पता पूछ रहे थे।'

लतीफ़ ग़मगीन हो गया। क्या उसके किरदार में कोई खोट आ गया है जो हर किसी को शक की निगाह से देखने लगा है।

उसे चुप देखकर हसीना ने कहा, 'मेरी अक्ल में तो यही आता है कि हम लोगों को भी उनसे ईद मिलकर आना चाहिए।'

'न, मैं तो न जाऊँगा,' लतीफ़ बोला, 'किसी साथी ने देख लिया तो यही उड़ जाएगा कि मालिकों ने मुझे ख़रीद लिया है।'

'आप कैसी फ़िज़ूल की बातों में पड़े हैं। ईद जैसे मुबारक त्योहार के मौके पर तो ऐसा न सोचिए।'

'यह मज़हब ही सब फ़साद की जड़ है।' लतीफ़ ने गुस्से में कहा और अपने जूते के फ़ीते खोलने लगा।

'आपकी जो मरज़ी कीजिए।' हसीना बोली और रूठकर बावर्चीखाने में घुस गई।

लतीफ़ ने उसे जाते देखा तो महसूस किया, हसीना इस कदर खूबसूरत तो कभी न थी। लतीफ़ को लगा उसे हसीना के प्रति इतना क्रूर न होना चाहिए, कभी-कभी तो उसका मन रखने के लिए कोई बात मान लेनी चाहिए। हसीना हमेशा किसी विचित्र बात को लेकर ही ज़िद पकड़ लेती। अब यह भी क्या ज़िद कि उन्हीं मालिकों के पिट्ठुओं के यहाँ जाकर ईद मिलो और सिवैयाँ पहुँचाओ जिनके बारे

में वह मीटिंग में जाने क्या-क्या कहकर आया है। अब तक उन्हें इसकी रिपोर्ट भी मिल चुकी होगी।

वह बावर्चीखाने के दरवाज़े के पास खड़ा होकर बोला, 'सुनो, सिवैयाँ हम पहुँचा देंगे मगर घर में इस लायक कोई बर्तन भी है ?'

हसीना ने अल्युमीनियम का टेढ़ा-मेढ़ा कटोरा निकाला, 'इसमें ले जाएँगे।'

'तुम्हारे कटोरे की सूरत देखकर ही हरामखोर इस खुलूस की कद्र न करेंगे।'

हसीना ने कटोरा उठाकर देखा। उसे भी लगा, शायद वह कटोरा इस लायक नहीं, बोली, 'बगल से स्टील की एक डिबिया माँग लाती हूँ।'

'अगर उन्होंने फ़ौरन ही डिबिया न लौटाई तो क्या वापस माँग सकोगी ?'

'अजीब आदमी है,' हसीना ने सोचा, 'मेरी तो हर बात खारिज़ कर देता है। मगर ग़लत भी नहीं होता।'

'बोलो ?'

'मैं क्या बोलूँ ?' हसीना बोली, 'हम ग़रीब लोग हैं, इतना तो वे लोग जानते ही होंगे।'

'खूब जानते होंगे,' लतीफ़ बोला, 'हो सकता है हम लोगों को हमारी ग़रीबी का अहसास दिलाने के लिए ही आज आए हों।'

'हो सकता है, हो सकता है। मेरी हर बात का जवाब तुम 'हो सकता है' से ही दिया करो।' हसीना की आँखें भर आईं। उमा का चमचमाता चेहरा उसकी आँखों के सामने घूम गया। कितने प्यार से मिली थीं।

लतीफ़ को हसीना पर बेहद प्यार आ गया। उसने हसीना को बाँहों में ले लिया और बोला, 'हम सोचते हैं आज तुम्हें अपने मैनेजर साहब का बँगला दिखा ही दें। तुमने इतना अच्छा बँगला न देखा होगा। मैं अभी काँच या चीनी मिट्टी की एक तश्तरी खरीद लाता हूँ, एक नया रूमाल। तश्तरी न भी लौटेगी तो चलेगा।'

'हम अपनी पसन्द की तश्तरी लेंगे।'

'अच्छा तुम अपनी पसन्द की तश्तरी ही लेना।' लतीफ़ ने उसकी गर्दन पर अपने होंठ धर दिए।

वे लोग घर से कुछ इस अदा से निकले जैसे कोई महत्त्वपूर्ण चीज़ खरीदने जा रहे हों। घर में पैसे भी ज़्यादा न थे। अभी ईद पर काफ़ी खर्च हो गया था। ले-देकर पच्चीस रुपए थे। उन लोगों ने घर की समस्त पूँजी जेब में रख ली और पैदल ही बाजार की ओर चल दिए।

लतीफ़ चीनी मिट्टी की कोई सादा-सी तश्तरी लेने के हक में था, मगर हसीना स्टील की तश्तरी पर रीझ रही थी।

'क्या हो गया अगर उन लोगों ने तश्तरी न लौटाई,' हसीना ने कहा, 'इससे ज़्यादा पैसे तो उन्होंने गरारे की सिलाई के लिए दिए होंगे।'

आखिर सारा बाज़ार घूमकर उन लोगों ने स्टील की एक छोटी तश्तरी खरीद ली। पाँच रुपए में। एक रूमाल भी खरीदा। पचहत्तर पैसे में।

थोड़ी देर बाद मियाँ-बीवी दोनों रिक्शा में बैठकर लक्ष्मीधर के बँगले की तरफ़ चल दिए। लक्ष्मीधर के बँगले से लतीफ़ परिचित था। अक्सर एक प्यारी-सी रेशमी कुतिया फ़ाटक के पास चिल्लाती रहती थी। लक्ष्मीधर के बँगले के आगे कई गाड़ियाँ खड़ी थीं। गाड़ियाँ देखकर लतीफ़ हिचकिचाया, कहीं डायरेक्टर लोग न आए हों। उसने आज बहुत ज़हरीला भाषण दिया था। यह याद आने पर उसे अन्दर जाना बहुत अटपटा लग रहा था।

'तुम मुझे कहीं का न छोड़ोगी,' उसने रिक्शेवाले के हाथ में एक रुपए का नोट थमाते हुए हसीना की तरफ़ गुस्से से देखते हुए कहा, 'लगता है मेरी इज़्ज़त धूल में मिलाकर ही तुम्हारी रूह को चैन मिलेगा।'

'अगर ईद मिलने से आपकी इज़्ज़त धूल में मिलती है तो मत जाइए।' हसीना ने दुपट्टा ठीक करते हुए एहतियात से वक्ष के ऊपर कर लिया।

'अब इस बटन पर उँगली रख ही दो,' लतीफ़ ने कहा, 'अन्दर खबर पहुँच जाएगी कि कोई आया है।'

हसीना ने बटन पर उँगली रख दी। बँगले में एक कोयल बोलने लगी और खाकी टोपी पहने दरबान न जाने कहाँ से नमूदार हो गया।

'मैनेजर साहब हैं ?'

'हाँ हैं ?'

'उनकी मेम साब ?' हसीना ने पूछा।

'वो भी हैं।'

'साहब क्या कर रहे हैं ?'

'साहब सराब पी रहे हैं।'

'लगता है नए-नए आए हो ?' लतीफ़ बोला।

'जी साब !'

'अच्छा देखो अन्दर खबर करो कि,' लतीफ़ ने सोचते हुए कहा, 'लतीफ़ साहब आए हैं।'

दरबान ने अचानक बरामदे की तरफ़ का एक कमरा खोला और अन्दर से उमा दोनों बाँहें फ़ैलाए गेट की तरफ़ लपकी, 'हाय ! मुझे उम्मीद थी हसीना, मुझे पूरा भरोसा था, तुम ज़रूर आओगी। आइए, लतीफ़ साहब, अन्दर तशरीफ़ लाइए।'

हसीना हाथ में सिवैयाँ थामे उमा के साथ कमरे में घुस गई। लतीफ़ बरामदे में टहलकदमी करता रहा।

उमा ने ड्राइंग रूम में जाकर तमाम लोगों के बीच बहुत बेशर्मी से हसीना को बाँहों में लेकर गाल पर चूम लिया और बैठे हुए लोगों से मुखातिब होकर बोली, 'मैं जीत गई।'

हसीना उसी प्रकार तश्तरी थामे निश्चल खड़ी थी। उमा की साँस से ही उसे लग रहा था कि यह औरत पिए हुए है। उसे बहुत वितृष्णा हुई, ईद के रोज़ भी ये लोग शराब पी रहे हैं। उमा तुरन्त सँभल गई, बोली, 'देखिए, मेरी बिटिया मेरे लिए सिवैयाँ लाई है।' उसने रूमाल हटाकर तश्तरी तमाम बैठे हुए लोगों की तरफ़ घुमा दी। सिवैयों के ऊपर चाँदी का वर्क लगा था।

हसीना ने देखा कि लतीफ़ बरामदे में ही खड़ा है तो वह दरवाज़े की तरफ़ लपकी। हाल में सन्नाटा खिंच गया। हसीना दरवाज़े के पास पहुँची, इससे पहले ही उमा दरवाज़ा खोलकर बरामदे में चली आई, जहाँ लतीफ़ एक गमले की तरफ़ टकटकी लगाकर देख रहा था।

'लतीफ़ साहब आप बाहर क्यों खड़े हैं।' उमा ने लतीफ़ का हाथ थामा और लगभग घसीटते हुए अन्दर खींच लाई।

लतीफ़ को देखते ही दो-तीन लोग उठे और कमरे में 'ईद मुबारक', 'ईद मुबारक' की आवाज़ें आने लगीं। सब लोग बहुत प्यार से लतीफ़ के साथ बगलगीर होकर ईद मिले। उमा ने लतीफ़ और हसीना, दोनों को पाँच इंच के डनलप के ऊपर पास-पास बैठा दिया और नौकर को आवाज़ दी। बावर्ची ट्रे में खूबसूरत तश्तरियों में सिवैयाँ, कबाब वगैरह लिये हुए दाखिल हुआ और उसने एक तिपाई खींचकर तमाम सामान उन लोगों के सामने परोस दिया।

उमा न जाने गौरैया की तरह कब हसीना की बगल में डट गई। उमा ने वहीं बैठे-बैठे श्यामबाबू से दोनों का परिचय कराया। श्यामबाबू उस वक्त रोहू मछली के गुणों का बखान कर रहे थे। उन्होंने ज़रा-सा रुककर बहुत बेनियाज़ी और लापरवाही से 'आप लोगों से मिलकर खुशी हुई' कहा और दोबारा रोहू मछली की चर्चा में खो गए।

लतीफ़ ने मन ही मन वहाँ बैठे तमाम लोगों को गाली दी और कुहनी से हसीना को बताया कि अब उठो, तुम्हारा ईद मिलन हो गया। मगर तभी लक्ष्मीधर बाँहें फैलाए लतीफ़ के सामने खड़े हो गए और बोले, 'भैया, ईद मिल लो।'

दोनों ने एक दूसरे को बाँहों में लेकर ईद-मिलन किया। ईद-मिलन के बाद जब लक्ष्मीधर श्यामबाबू का रोहू-गान सुनने जा रहे थे तो श्यामबाबू ने बहुत महीन आँख मारकर उसे बधाई दी। लक्ष्मीधर फूलकर कुप्पा हो गया। उसे यकायक उमा पर बहुत लाड़ आया। वह आँखों ही आँखों में उमा तक अपने मन की बात पहुँचाता कि हसीना और लतीफ़ खड़े हो गए।

'आप जा रहे हैं ?' लक्ष्मीधर ने कहा, 'आप आज हमारे साथ ही भोजन करते तो अच्छा लगता।'

'आज ईद के मौके पर इन लोगों को मत रोको !' उमा ने हसीना के गाल थपथपाते हुए कहा, 'मेरी तो इच्छा हो रही है कि तुम्हें कच्चा खा जाऊँ !'

हसीना का रंग शर्म से सुर्ख हो गया। बोली, 'आप बहुत-बहुत अच्छी हैं।'

'देखो जब घर में बोर होने लगो, यहाँ चली आया करो।'

'ज़रूर-ज़रूर,' हसीना ने कनखियों से लतीफ़ की तरफ़ देखते हुए दावत दी, 'आप बोर होने लगें, जो आप क्योंकर होंगी, तो ज़्यादा बोर होने के लिए हमारे यहाँ चले आइए।'

लक्ष्मीधर बहुत ज़ोर से हँसा। उमा भी मुस्कुराई। बोली, 'अभी ले चलो। मैं बेहद बोर हो रही हूँ।'

'जन्नत में कोई कैसे बोर हो सकता है ?' हसीना ने कहा।

'अगर यह जन्नत है तो इसमें बोरडम के अलावा कुछ नहीं।' उमा बोली।

'बहरहाल यह एक ऐसी जन्नत है,' लतीफ़ बोला, 'जहाँ बोर होना भी नाग़वार न गुज़रता होगा।'

लक्ष्मीधर 'हो हो' करके हँसा, बोला, 'भैया, बोर वोर वही लोग होते हैं, जो उमा की तरह खाली रहते हैं।'

'मुझे कहीं काम दिलवा दो।' उमा बोली।

'तुम्हें बीसियों बार काम दिलवाया गया, ऐन मौके पर तुम्हारा इरादा बदल जाता है।'

'दरअसल मुझे बोर होना बेहद पसन्द है। बोर होना मेरी हॉबी है। बोर होना मेरी ज़िन्दगी है।'

'आप कितना झूठ बोलती हैं। भला बोर होना कौन पसन्द करेगा,' हसीना बोली, 'मुझे कहीं काम मिले तो मैं फ़ौरन मंजूर कर लूँ।'

'आप काम करेंगी ?' लक्ष्मीधर ने कहा, 'आप कहें तो अभी आपका एप्वाइंटमेंट लेटर टाइप करवा दूँ।'

हसीना 'एप्वाइंटमेंट लेटर' का अर्थ न समझ पाई। वह लतीफ़ की तरफ़ सवालिया नज़रों से देखने लगी। लतीफ़ ने कहा, 'कपड़े धोने का काम मैनेजर साहब अभी देने को तैयार हैं।'

'वाह-वाह लतीफ़ साब, आप भी कैसी बातें करते हैं !' लक्ष्मीधर बोला, 'मेरी भाभी जान के लिए ऐसा मत कहिए। आप कहिए तो कल ही आपके ग्रेड में सुपरवाइज़र बना दूँ।'

हसीना ने घूमकर बड़े आश्चर्य से लक्ष्मीधर की तरफ़ देखा और 'खुदा हाफ़िज' कहकर गेट की तरफ़ चल दी। उन लोगों को विदा करने लक्ष्मीधर और उमा बाहर तक आए। श्यामबाबू इस आशा में लम्बे-लम्बे कश खींचता रहा कि अन्दर आते ही अपनी भाभी को पूरे ज़ोर से भींच लेगा।

'कितना सुन्दर घर था और कितने अच्छे लोग थे।' हसीना ने उत्साहित होते हुए कहा।

'मजदूरों का खून चूसकर ही इन लोगों ने यह घर खड़ा किया है,' लतीफ़ बोला, 'वह जो आदमी लगातार रोहू मछली की बात कर रहा था, वही मालिक है।'

'हाय, उसने तो खड़े होकर आदाब किया था।'

'बहुत घाघ आदमी है वह,' लतीफ़ बोला, 'बेहद बेरहम दिल।'

'ऐसा क्यों बोलते हो अपने मालिकों के लिए।'

'क्योंकि वे खून चूसते हैं,' लतीफ़ बोला, 'यह शख्स यूनियन को भी तोड़ना चाहता है, मगर हम उसे ही तोड़कर रख देंगे। वह दिन दूर नहीं जब एक दिन मिल पर ताला पड़ जाएगा।'

'जाने तुम लोगों के दिमाग़ पर क्या फ़ितूर सवार है,' हसीना बोली, 'तुम लोग ज़्यादा काम करोगे तो ज्यादा मुनाफ़ा कमाओगे। फिर बोनस भी मिलेगा और तनख्वाह भी बढ़ेगी।'

'मुनाफ़ा बढ़ेगा तो इन्हीं लोगों का,' लतीफ़ बोला, 'एक बार मुझे यूनियन का सेक्रेटरी हो जाने दो। मगर मुकाबला बहुत कड़ा है। हीरालाल अभी से मजदूरों में दारू की बोतलें और नोट बाँट रहा है।'

'उसके पास इतना पैसा कहाँ से आता है ?'

'उसके एक मित्र केन्द्र में मन्त्री हैं। अपने हाथ में कुछ यूनियनें रखने के लिए वे दिल खोलकर पैसा बाँटा करते हैं।'

'तब तो तुम्हारी हार लाज़िमी है।'

'मुझे अपने साथी मजदूरों पर पूरा भरोसा है,' लतीफ़ बोला, 'पैसे के बल पर वह जीत भी गया तो क्या कर पाएगा। मज़दूरों का भला तो उसके जीतने से होगा नहीं।'

'तब फ़िर मज़दूर उससे पैसा क्यों लेते हैं ?'

'मजबूरी में। नासमझी में। हमें मज़दूरों में यही समझ पैदा करनी होगी कि वे अपने अख़लाक का सौदा चन्द सिक्कों से न करें। सब मज़दूर एकजुट होकर खड़े हो जाएँ तो क्या मज़ाल मालिकों की कि मज़दूरों को उनके हक से महरूम कर दें।'

'तुम बिना पैसे के कैसे चुनाव लड़ लोगे ?'

'हम लोग चन्दा करेंगे, दूसरे, मैं पैसे के बल पर जीतना भी नहीं चाहता।'

हसीना बहुत खुश लौटी थी। यूनियन की चर्चा में उसकी कोई दिलचस्पी न थी। उसने ज़िन्दगी में पहली बार जैसे उस पार की दुनिया देखी थी। वह उसी की चकाचौंध में थी। उसने कहा, 'तुम कुछ भी कहो, मुझे तो उन लोगों के यहाँ जाना बेहद अच्छा लगा।'

लतीफ़ का दिमाग़ यूनियन में ही मसरूफ़ था। रात को उसे एक दूसरी मीटिंग में जाना था।

'तुम चुपचाप सो रहो,' लतीफ़ बोला, 'मेरा पेट तो आज खूब भरा है। खाना-वाना अब न होगा। तुम आराम से नींद फ़रमाओ, मैं मीटिंग से जाने कब लौटूँ।'

'वहाँ अनाप-शनाप मत बकना।'

लतीफ़ ने उसके गाल थपथपा दिए और बोला, 'अच्छा, तुम सो जाओ।'

●●

शर्मा आँखों से ओझल हुआ तो गुल बड़ी तेज़ी से कमरे में आई। उसने बुर्का उतारकर कुर्सी पर फेंक दिया। अम्मा कमरे में नहीं थी। वह बाहर गई तो अम्मा दालान में बैठी खरबूजे के बीज निकाल रही थी, जैसे कुछ हुआ ही न हो।

गुल अम्मा से बेहद खफ़ा हो गई। वह अम्मा से उनके ज़ाहिलपन पर कुछ कहना चाहती थी। अम्मा को यों इत्मीनान से खरबूजे के बीज निकालते देख गुल को लगा, अम्मा बात करने लायक भी नहीं है। वह उसी तरह चुपचाप अपने कमरे की तरफ़ चल दी और ज़ोर से दरवाज़ा बन्द कर अन्दर चली गई। वह अम्मा से इस समय सिर्फ़ इतना ही विरोध प्रकट कर सकती थी। वह नहीं चाहती थी कि अम्मा स्यापा शुरू कर दे। मन ही मन उसे बहुत दुःख हो रहा था कि अम्मा शर्मा से इस कदर

बेरुखी से पेश आई।

शर्मा की भावनाओं ने उसके ऊपर एक घटा-सी छा दी थी। एक धुन्ध की तरह शर्मा उसके अस्तित्व के चारों ओर छा गया था। अम्मा की बेरुखी से शर्मा निपट लेगा, मगर गुल सर से पैर तक बदल गई थी। उसके भीतर एक नई लड़की ने जन्म ले लिया था। शर्मा से वह जब भी मिली है, हल्की होकर ही लौटी है। शर्मा के होंठों पर मूँछों की एक घनी रेखा है, गुल को लगा, उसके लिए वहीं कोई निधि छिपी हुई है। शर्मा मुस्कुराता तो गुल को वह चेहरा बहुत आत्मीय अनुभूति देता। बहुत पहचानी हुई नितान्त निजी अनुभूति। वह अम्मा को चुप रहकर ज्यादा सबक दे सकती है, उसने तय किया। वह अम्मा से नहीं बोलेगी। वह नफ़ीस से नहीं बोलेगी। वह किसी से कुछ नहीं कहेगी और सुबह तक शर्मा के बारे में, शर्मा में रहेगी। सुबह यूनिवर्सिटी नहीं जाएगी, पूछे जाने पर न जाने का कारण भी नहीं बताएगी। रात-भर बिस्तर पर करवटें बदलते वह फ़ैज़ की ग़ज़ल गुनगुनाती रही :

कब ठहरेगा ए दर्देजिगर, कब रात बसर होगी।

बीच में अम्मा ने खाने के लिए आवाज़ दी थी। गुल ने दो-तीन आवाज़ों का जवाब नहीं दिया और जब अम्मा खुद आई तो बड़ी बेरुखी से कह दिया, उसे भूख नहीं है। अम्मा चूर्ण उठा लाई तो उसने कहा, मेज़ पर रख दो, वह ले लेगी। उसके बाद भी अम्मा दो-एक बार उसकी तबीयत पूछने आई, मगर गुल ने सीधे मुँह जवाब न दिया। अम्मा मूर्ख नहीं थी, समझ रही थी कि बिटिया किसी बात से तुनक रही है। अम्मा भी कारण जानती थी, उसने भी इस विषय पर बात नहीं की। वह दालान में गई तो नफ़ीस हाथ मलता हुआ सामने खड़ा था, जैसे कह रहा हो, 'बी जान' कल दो हाथ अर्ज़ कर दूँ ?'

अम्मा ने आश्चर्य से सर उठाया।

'वही जो आज आया था, क्या कह रहा था ?' नफ़ीस जैसे पूछ रहा हो।

'किसकी बात कर रहे हो ?' अम्मा ने नाराज़गी से उसकी तरफ़ देखा।

'उसी प्रोफ़ेसर की। इजाज़त हो तो दो हाथ अर्ज़ कर दूँ।' अम्मा नफ़ीस की भाषा समझती थी। अज़ीज़न ने कहा, 'तुम निहायत बेवकूफ़ आदमी हो !'

गुल अन्दर कमरे में अम्मा की आवाज़ सुन रही थी, उसके जी में आया, कमरे में जाकर नफ़ीस को ऐसा धक्का दे कि वह ज़ीने पर लुढ़कता चला जाए। वह बाहर आती, इसके पेश्तर अम्मा ने ही नफ़ीस को डाँट दिया, 'तुम्हारा दिमाग़ फिर गया है। वे गुल के उस्ताद हैं।'

नफ़ीस की समझ में कुछ न आया। वह उसी तरह हाथ मलता हुआ कुछ देर आश्चर्य से अज़ीज़न के चेहरे की तरफ़ देखता रहा और वैसे ही हाथ मलता हुआ सीढ़ियाँ उतर गया। अज़ीज़न जानती थी, नफ़ीस के हाथ पर खुजली होना कोई अच्छा लक्षण नहीं है। वह बिना मार-पिटाई के आज सो नहीं पाएगा। मगर अज़ीज़न ने बुलाकर उसे दस रुपए दिए कि वह कोई खेल देख आए। हाथ मलते हुए ही नफ़ीस ने नोट थाम लिया और ज़ीना उतर गया।

'मुझे तुम्हारा प्रोफ़ेसर शक्ल से ही कायर लगता है। कायर, टिमिड और भला !'

'अम्मा ये क्या बोलती रहती हो ?'

गुलबदन को अपने भविष्य से डर लगने लगा था। अम्मा जिस तरह से सब चीज़ों का सरलीकरण करती चलती थी उसे लगता कि वह लगातार एक कुएँ में डूबती चली जा रही है। कई बार तो अम्मा की बातों से उसके अन्दर इतनी दहशत पैदा हो जाती कि लगता वह चारों तरफ़ भेड़ियों से घिरी हुई है और उसके बचाव का कोई मार्ग नहीं बचा है।

'हटाओ अम्मा, हम नहीं सुनेंगे तुम्हारी ये सब बातें। हम शादी नहीं करेंगे।'

गुलबदन की आँखें भर आई थीं। उसे अपने चारों तरफ़ एक भयानक चुप्पी और सन्नाटा महसूस होने लगा था। उसे इस घर की परिचित दीवारों से अजीब-सी दहशत महसूस होने लगी।

अम्मा ने गुलबदन की तरफ़ देखा तो अपने पर काबू न रख सकी। अम्मा ने बाँह फैलाकर गुल का चेहरा अपनी गोद में ले लिया। गुल उस स्थिति में थी कि ज़रा-सी भी हिलती तो आँसू ढुलक पड़ते। माँ की नरम ममतामयी गोद में वह फफककर रो पड़ी।

अम्मा ने उसका सर उठाया और धोती के पल्लू से आँसू पोंछने लगी, मगर गुल ने आँसुओं की झड़ी लगा दी थी।

गुल को अम्मा की धोती से एक आत्मीय गन्ध आ रही थी। बचपन से यही गन्ध आती है। यही गन्ध क्यों आती है ?

'अम्मा मुझे ज़हर दे दो।'

'फिर कभी बेवकूफ़ी की ऐसी बात न कहना। मैं अगर ज़िन्दा हूँ तो तुम्हारी ही साँसों से। वरना मैं तो बहुत पहले मर गई होती,' अज़ीज़न ने गुल की आँखें पल्लू से मलते हुए कहा, 'तुम्हें मेरी बात बुरी लग जाती है, तुम नहीं समझ सकती, मैं तुम्हें कितना सुखी देखना चाहती हूँ।'

'हम दिल्ली नहीं जाएँगे।'

'दिल्ली तुम ज़रूर जाओगी और पहला इनाम जीतकर आओगी। जाओ जाकर रियाज़ करो।'

गुल को उठने का बहाना ही चाहिए था। वह उठी और कमरे में जाकर दरवाज़ा बन्द कर खाट पर जा गिरी। वह जी खोलकर रो लेना चाहती थी। बदली में अभी पानी बाक़ी था।

अम्मा उससे क्या तवक्को रखती है और वह अम्मा को कैसे प्रसन्न रख सकती है, गुल की समझ में नहीं आ रहा था। प्रो. शर्मा क्लास में उसकी तरफ़ इतना ध्यान देते थे कि गुल सहसा अपने को महत्त्वपूर्ण समझने लगी थी। शुभा तो उसके पीछे पड़ी रहती 'पटाना तो कोई गुल से सीखे।' एक दिन उसने भरी महफ़िल में कहा था।

'क्यों नहीं, क्यों नहीं !' राधा बोली थी, 'यह तो गुल का खानदानी पेशा है।'

और एक बहुत ज़ोर का ठहाका लैब की खिड़कियों को हिलाता बाहर लॉन तक पसर गया। गुल ने जवाब नहीं दिया। उठकर लैब से बाहर आ गई। गुल जवाब नहीं देती, गुल जवाब देना नहीं चाहती। अपमान और उपेक्षा से गुल के कान एकदम सुर्ख हो जाते, आग में तपे लोहे की तरह। पारदर्शी। वह प्रोफ़ेसर शर्मा से नहीं बोलेगी। प्रोफ़ेसर अगर कहीं सामने पड़ ही जाएगा तो कन्नी काट लेगी। इसमें भी उसे एक सुख मिलता है।

'गुल तुम नाराज़ हो ?' एक दिन शर्माजी ने सरेराह पूछ लिया।

'बेहद।' वह कहती है और प्रोफ़ेसर को वहीं खड़ा छोड़ फ़ाटक की तरफ़ चल देती है। अगले दो पीरियड उसने छोड़ दिए।

दूसरी तरफ़ अम्मा हैं, सुबह-शाम उसके पर काटती रहती है। अम्मा नहीं जानती, अपनी डार से बिछुड़कर दूसरा सपना देखना कितना यातनामय है। क्या वह इसी हसन मंज़िल के लिए पैदा हुई थी ? क्या उसे यहीं दम तोड़ना है ? शायद नहीं। अम्मा को भी यह मंजूर नहीं।

अगले रोज गुल विश्वविद्यालय नहीं गई। शर्मा नितान्त अकेला हो गया। कोई ऐसा स्रोत भी नहीं था कि शर्मा गुल का अता-पता मालूम कर पाता। दो बजे तक तो वह इस भ्रम में था कि हो न हो गुल उसकी कक्षा में ज़रूर दिखाई देगी। मगर जहाँ गुल प्रायः बैठा करती थी, आज वहाँ, ठीक वहाँ, शुभा बैठी थी। शुभा दो-एक बार उसे घर आने का निमन्त्रण दे चुकी थी, वह जितना ही अनुरोध करती, शर्मा उतना ही दूर भागता। हर बार कोई न कोई बहाना बना देता। आखिरी पीरियड के बाद शर्मा बहुत हताश हो गया। वह आज हर हालत में गुल से मिलना चाहता था, मगर उसकी अम्मा की वकील किस्म की उपस्थिति में कुछ भी सम्भव नहीं था।

घर लौटकर शर्मा बिना कपड़े तब्दील किए खाट पर लेट गया। अपने सर के नीचे उसने दोहरा-तिहरा तकिया ले लिया। वह जानता था कि गुल को पाना उसके लिए इतना सरल नहीं। मार्ग में बीसियों झंझट हैं। उसका परिवार है, उसके मित्र हैं, उसके छात्र हैं, उसका शाकाहारी व्यवसाय है। वह शादी के तुरन्त बाद नौकरी छोड़ देगा, घर छोड़ देगा, दोस्तों को छोड़ देगा। गुल के बग़ैर वह नहीं रह सकता। उसे हर वक्त गुल अपने नज़दीक चाहिए।

फ़ागुन की बहुत सुहानी सुबह थी, प्रोफ़ेसर शर्मा नीम के खुश्क पीले पत्तों के ऊपर चहलकदमी करते हुए बेचैनी में इधर-उधर ताक रहा था। सड़क पर नीम के पत्ते, पीले खुश्क पत्ते, ऐसे बिखरे थे जैसे किसी के स्वागत के लिए प्रकृति ने कालीन बिछा दिया हो। शर्मा ने हल्का-सा स्वेटर पहना हुआ था और अपने आसपास की खुनकी उसे बहुत भली लग रही थी।

लगता था पेड़ों ने रात-भर पत्ते बहाए थे। पत्तों से नाता तोड़ा था। पत्तों से नाता तोड़ते जा रहे थे।

गुल का रिक्शा नहीं गुज़रा। गुल इसी रास्ते से विश्वविद्यालय जाती थी। शर्मा ने सिगरेट सुलगा ली और तेज़-तेज़ कदम बढ़ाता हुआ, वहाँ तक चला गया जहाँ सड़क अचानक दोमुँही हो जाती थी।

तभी शर्मा की नज़र एक रिक्शे पर पड़ी। शर्मा रिक्शे को पहचानता था। रिक्शेवाले को पहचानता था। रिक्शा की सवारी को पहचानता था। रिक्शा देखते ही उसमें एक नया उत्साह आ गया। उसने दोनों हाथ जेब में ठूँस लिये। मगर ऐन उस समय जब वह आगे बढ़कर रिक्शा रोकता उसका पूरा उत्साह और साहस तिरोहित हो गया। वह जैसे यकायक अपंग हो गया। गुल से उसकी नज़रें चार हुईं—गुल की उदास, महाकाव्यात्मक, बिल्लौरी, तटस्थ, निरपेक्ष, बेन्याज़ आँखें इतने कम समय में उससे क्या कुछ न कह गईं। शर्मा सब कुछ भूल गया। वह उस एक पल की व्याख्या में जीवन बिता सकता था। सहसा वह उन आँखों के भाव की व्याख्या में मशगूल हो गया। पराजय, घृणा, स्वीकार, सन्तोष, निमन्त्रण, क्या था, उन आँखों में ?

एक बिजली-सी शर्मा के ऊपर गिरी थी और उससे दूर नीम के सूखे पत्तों को रौंदती हुई आगे निकल गई थी। नफ़ीस ने पीछे मुड़कर शर्मा की तरफ़ देखा मगर शर्मा ने उसकी तरफ़ ध्यान नहीं दिया।

शर्मा ने तय किया, आज विश्वविद्यालय नहीं जाएगा। वह मुस्कुराया। अच्छा हुआ उसने रिक्शा नहीं रुकवाया, वह रिक्शा रुकवा ही नहीं सकता था। रिक्शा रुकवाता तो गुल की वह छवि धूमिल हो जाती। ठीक उसकी कल्पना की गुल हवा के झोंके की तरह उसके पास से गुज़र गई थी। वह एक पल शर्मा के भीतर स्थिर हो गया था।

शर्मा ने पास से गुज़रते हुए एक रिक्शे को रोका और घर की तरफ़ चल दिया। गुल विश्वविद्यालय गई है तो उसकी कक्षा में ज़रूर आएगी, शर्मा ने छुट्टी का इरादा छोड़ दिया। गुल ने केसरी रंग का ब्लाउज पहना था। जैसे केसर में रँगा हो। शर्मा के आसपास केसर महकने लगा। सब कुछ केसरिया हो गया। कोयल की आवाज़ शर्मा के रिक्शे का पीछा कर रही थी।

शर्मा घर पहुँचा तो उसे कोयल की आवाज़ फ़िर सुनाई दी। उसे लगा पूरी प्रकृति गुल को पुकार रही है। शर्मा ने शेव नहीं बनाई। जल्दी से मुँह-हाथ धोकर कमीज़-पतलून पहनकर विश्वविद्यालय के लिए चल दिया। नाश्ता वह वहीं करेगा। पहला पीरियड उसकी मनपसन्द क्लास का था। वह आराम से काम देकर गुल के खयालों में डूबा रह सकता था। तीसरी क्लास गुल की थी, मगर शर्मा ने बहुत साहस का परिचय दिया जब अचानक पहले पीरियड से निकलकर उसने यकायक गुल को देखकर पास बुला लिया। गुल लड़कियों के झुंड में थी। हमेशा की तरह सर झुकाए। अकेले नहीं थी। लड़कियों के उस झुंड में शुभा भी थी। शर्मा ने अचानक गुल को आवाज़ दी और जब तक गुल उसके पास आती

उसने एक भी क्षण नष्ट किए बिना उससे कहा, 'सुनो गुल, अभी पीरियड के बाद आज तुम्हें मेरे घर आना है। आना ही है। आओगी ?' मन की बात उगलकर वह पेड़ की तरफ़ देखने लगा। गुल ने क्या जवाब दिया उसे सुनाई नहीं पड़ा। गुल के चेहरे पर क्या भाव आए, उसने ध्यान नहीं दिया। गुल दो-एक क्षण वहीं डरी हुई मृगी की तरह खड़ी रही और वापस अपने झुंड में कब जा मिली, शर्मा को नहीं मालूम। अचानक झुंड पर उसकी नज़र गई तो उसने शुभा को अपनी ओर निराशा और पराजय की मुद्रा में देखते पाया। शर्मा ने तुरत उसे भी बुला लिया, 'सुनो शुभा, यह गुल बहुत दिनों से किसी छात्रा की प्रैक्टिकल बुक दिलाने के लिए कह रही थी, तुम दे देना। मैंने उससे कह दिया है।'

शुभा ताल के कमल की तरह खिल गई, 'वह माँगेगी तो दे दूँगी।'

'ठीक है,' शर्मा बोला, 'देखो, मैं जल्द ही तुम्हारे यहाँ आऊँगा।'

शुभा की नज़रों में अचानक झाड़-फ़ानूस जल गए, बोली, 'डैडी बहुत खुश होंगे।'

'और तुम ?' शर्मा के मुँह से बेसाख्ता निकल गया। इसका कोई अर्थ नहीं था। वह शुभा के घर जाना चाहता था न उसके डैडी को खुश करना। वह केवल शुभा से बतियाकर अपने को सामान्य कर रहा था।

शर्मा अपनी कार्यवाही से अत्यन्त उत्साहित हुआ। घर पहुँचकर उसने चाय बनवाई और कमरा ठीक-ठाक करने लगा। बिस्तर बेतरतीब था, उसने ठीक से बिछा दिया। बैठक की खिड़कियों के पर्दे बदलवा दिए। कुशन पर नए कवर चढ़ा दिए। फिर वह बाथरूम में घुस गया और शेव बनाकर नल के नीचे बैठ गया। पानी की धार ठीक उसकी खोपड़ी पर पड़ रही थी। उसे सुकून मिल रहा था। वह शैम्पू कर रहा था कि दरवाज़े पर घंटी की आवाज़ सुनाई दी। शर्मा का दिल ज़ोर से धड़का। उसने गोपाल को आवाज दी। दरवाज़ा खुलने की आवाज़ आई। फिर सब कुछ शान्त। शर्मा ने फिर गोपाल को आवाज़ दी।

'डाकिया था।' गोपाल ने दरवाज़े के पास आकर खबर दी।

शर्मा निढाल हो गया। मगर उसे आशा थी कि गुल ज़रूर आएगी। देर तक कोई आवाज़ नहीं आई। अन्दर रसोई में कुकर की सीटी बज रही थी। बाहर पेड़ों के सरसराने की आवाज़ आ रही थी—ठीक ऐसी आवाज़ जैसे खुश्की हो जाने पर कानों से आती है। एक रेगिस्तानी सन्नाटे की आवाज़। बीहड़ के शून्य से उठती आवाज !

शर्मा बाहर निकला। खिड़की में से देखा तो गुल सामने सड़क पर किसी से कुछ पूछ रही थी। वह वहाँ से हट गया और जल्दी से बाल सँवारकर बाहर निकल आया। वह गुल को कैसे बुलाए। उसने गुल को आवाज़ देना चाहा, मगर तब तक गुल ने उसे देख लिया। वह मुस्कुराई और शर्मा के साथ-साथ अन्दर कमरे में चली आई :

'मकान ढूँढ़ने में तकलीफ़ हुई ?'

'ज़्यादा नहीं।'

गुल कुर्सी पर बैठ गई।

गुल के ठीक सामने शर्मा बैठ गया।

शर्मा खिड़की से बाहर देखते हुए बोला, 'मैं बहुत बेचैन हूँ, जब से अम्मा से बात करके लौटा हूँ।'

गुल जिधर से आई थी उधर ही देख रही थी। बाहर कोयल बोल रही थी और धूप में पत्ते सरसरा रहे थे।

'अम्मा ने तुमसे कुछ कहा ?'

गुल ने गर्दन घुमाकर शर्मा की तरफ़ देखा और वापस सड़क की ओर देखने लगी।

'मैं नहीं जानता तुम मेरे बारे में क्या सोचती हो, मगर मैं...मुझे लगता है, तुम्हारे बिना बहुत अकेला हूँ।'

गुल के होंठ फड़फड़ाए।

'तुम्हें मुझ पर भरोसा नहीं ? बोलो, चुप क्यों हो। कह दो, तुम मुझसे नफ़रत करती हो, मगर ज़ुबान तो खोलो।' शर्मा बेंहद उतावला हो रहा था।

'आपके लिए मेरे दिल में बेइन्तिहा इज़्ज़त है।' गुल दरवाजे की ओर देखती हुई बोली।

शर्मा ने उठकर पर्दा गिरा दिया।

'तुम्हें फ़ैसला करना होगा।'

'मगर मैं एक तवायफ़ की लड़की हूँ।'

'मुझे मालूम है।'

गुल की आँखें नम हो गईं। उसके हाथ में एक नन्हा-सा रूमाल था, वह आँखों की कोरें पोंछने लगी।

'बहुत बरस पहले अम्मा से भी किसी ने ऐसे ही कहा था,' गुल ने कहा और खड़ी हो गई, 'मैं जाऊँगी।'

शर्मा ने उसे बाजू से पकड़कर बैठा लिया। उसने पाया वह भीतर तक गुल के स्पर्श से झनझना गया है। जैसे रीढ़ में कोई कोमल तन्तु सिहर गया हो। वह आगे बढ़कर गुल को चूम भी लेता, मगर उसने संयम नहीं खोया।

'मुझे दुःख है, अम्मा को किसी ने धोखा दिया,' शर्मा बोला, 'मैं तुम्हारा नुक्ता समझ रहा हूँ। मुझे ऐसा नीच न समझो।'

गुल फिर खड़ी हो गई, 'मैं जाऊँगी। नफ़ीस मुझे खोज रहा होगा।'

शर्मा पूछना चाहता था नफ़ीस कौन है, तुम्हारा क्या लगता है, मगर चुप रहा। बोला, 'तुम्हें सिर्फ़ इतना बताना होगा कि तुम्हें मुझ पर भरोसा है या नहीं ?'

गुल को चुप देखकर शर्मा ने व्यग्रता में पूछा, 'नहीं है ?'

शर्मा ने गुल के गले में हाथ डाल दिया। गुल शर्मा के सीने पर लुढ़क गई और फ़फ़क कर रो उठी। शर्मा उसकी पीठ सहलाता रहा, फिर उसके होंठ गुल की गर्दन पर रेंगने लगे। मिक्नातीस के प्रभाव में गुल के पूरे शरीर की रोमावलियाँ लहलहा उठीं। केसर का वन इतराने लगा।

गुल ने अपनी सुर्ख आँखों से शर्मा की ओर देखा और नज़रें झुका लीं :

गुल के विदा होते ही शर्मा अपने पिता को खत लिखने बैठ गया।

आदरणीय पिताजी,

सादर नमस्कार।

आपको यह जानकर खुशी होगी कि मुझे ज़िन्दगी में एक अनमोल लड़की मिल गई है। उसे मैं बेहद चाहने लगा हूँ। मुझे लगता है उसके बिना मैं अधूरा हूँ। उसके बग़ैर मुझे कुछ भी अच्छा नहीं लगता। मुझे विश्वास है आप मुझे उससे शादी करने की इज़ाज़त देंगे। मैं आपसे कुछ भी छिपाना नहीं चाहता था, अतः यह कहने में भी मुझे संकोच नहीं है कि वह एक तवायफ़ की लड़की है, मुसलमान है, मेरी एक योग्य शिष्या है। अम्मा को यह बात पसन्द न आएगी। हो सकता है आपको भी बुरा लगे। मगर मैं मजबूर हूँ। मेरा निर्णय अटल है।

आपका पुत्र,
जितेन्द्र मोहन

शर्मा ने खत लिफ़ाफ़े में बन्द किया और जुबान की नोक से लिफ़ाफ़ा गीला करते हुए लेटरबॉक्स की

तरफ़ चल दिया। लेटरबॉक्स में पत्र छोड़कर उसने चैन की साँस ली और वहीं एक ढाबे पर बैठकर चाय की चुस्कियाँ लेने लगा।

गुल को नहीं मालूम वह घर तक कैसे पहुँची। शर्मा के यहाँ से जब गुल अपने विभाग के निकट पहुँची तो उसने नफ़ीस को अपनी तरफ़ बड़ी ज़ालिम नज़रों से देखते पाया था। उसकी आँखें सुर्ख हो रही थीं और वह लम्बी-लम्बी साँसें भर रहा था। पास ही गुल का रिक्शा खड़ा था, मगर रिक्शा चालक अब्दुल वहाँ नहीं था।

गुल ने नफ़ीस की गुर्राहट की तरफ़ कोई ध्यान नहीं दिया और जाकर रिक्शे में बैठ गई। पर्दा गिरा दिया। गुल एक नई दुनिया में पहुँच गई थी। उसे नहीं मालूम कि वह कब घर पहुँची। प्रो. शर्मा ने जहाँ उसे बाजू से पकड़ा था, वह हिस्सा बार-बार फ़ड़क रहा था। उसके पूरे बदन में एक अजीब किस्म की खुमारी तारी हो गई थी। उसके पूरे व्यक्तित्व पर।

गुल कपड़े तब्दील कर जब अम्मा के पास पहुँची तो अम्मा उसे बहुत गहरी नज़रों से देख रही थीं। गुल के पाँव ज़मीन पर न पड़ रहे थे, उसने अम्मा के पीछे जाकर उन्हें अपनी बाँहों में भर लिया। अम्मा ने बहुत बेरुखी से उसकी बाँहें हटा दीं, 'दिन में कहाँ गई थी ?'

अम्मा के माथे पर गहरी लकीर खिंच गई थी और वह गर्दन उठाए बड़े क्रोध में गुल की तरफ़ देख रही थीं।

गुल सावधान हो गई। अम्मा की बेधती हुई नज़रों में न देखते हुए धीरे से जवाब दिया—'प्रोफ़ेसर शर्मा के यहाँ। उन्होंने बुलाया था।'

'तुम अकेली गई थीं ?'

'हूँ।'

'क्यों ?'

'क्योंकि शर्माजी ने ऐसे ही कहा था।'

'कल अगर वह तुमसे मुँह काला करने को कहेगा।'

गुल को अम्मा की बात सुनकर मितली-सी आने लगी। अम्मा कितनी घटिया बात कर रही थीं। उसके अन्दर जो नन्हे-नन्हे फूल खिल रहे थे; मुर्झाने लगे। केसर की बगिया को जैसे कोई गधा रौंद गया। अब इसके बाद वह अम्मा से क्या बात कर सकेगी।

'अम्मा तुम यह कैसी बात कर रही हो ? तुम्हें घिन नहीं आती ?' गुल ने कहा और अपने कमरे की तरफ़ बढ़ गई।

'सुनो।'

'क्या है ?' गुल ने बेरुखी से कहा।

'तुम कपड़े तब्दील कर लो, मैं अभी उसके घर चलूँगी।'

'मगर मैं नहीं जाऊँगी।'

गुल कमरे की तरफ़ बढ़ गई। कमरे में जाकर उसने सर मेज़ पर टिका दिया। थोड़ी देर में गुल ने देखा अम्मा उसका सिर दबा रही थीं, 'प्रोफ़ेसर पर तुम्हें भरोसा है ?'

गुल के गालों पर आँसू ढुलक गए। वह उसी मुद्रा में बैठी सिसकियाँ भरने लगी।

अम्मा गुल की बगल में बैठ गई। उसके सर पर बड़े ही स्नेह से हाथ फ़ेरते हुए बोली, 'देखो बिटिया ! तुम्हें खुश देखकर ही मैं खुश रह सकती हूँ, मेरी कोई बात तुम्हें बुरी लगती है तो उसके पीछे मेरा डर ही होता है।'

डर...डर एक ऐसा शब्द था, जो गुल के खून में लगातार गर्दिश करता था। वह इससे मुक्त होना

चाहती थी। वह अब और नहीं डरना चाहती थी, डर से मुठभेड़ करना चाहती थी।

'वैसे तो वह एक ज़िम्मेदार आदमी है। शायर-वायर भी नहीं है। मगर उसके भी माँ-बाप होंगे। क्या वह ऐसा इन्कलाबी क़दम उठा पाएगा ? क्या उसकी बहनें नहीं हैं ? इस शादी का क्या अंजाम होगा, वह सोच रहा है या यों ही हवाई किले बना रहा है।'

अम्मा जैसे अपने से ही बतिया रही थी। गुल को अम्मा के मुँह से यह सब सुनना अच्छा ही लग रहा था। वह खुद इन बातों पर सोचना ही नहीं चाहती थी; सोचने का साहस भी शेष नहीं रह गया था उसमें।

'मान लो कि वह बहादुरी से सब कुछ बर्दाश्त करता चला गया, मगर क्या वह ज़िन्दगी भर इस अहसास में मुब्तिला नहीं रहेगा कि उसने एक तवायफ़ लड़की से शादी की है ?'

'अम्मा...अम्मा !' गुल ने कानों पर हाथ रख लिये, 'अम्मा तुमने मेरे बारे में भी कुछ सोचा है। अम्मा मुझे भी ज़िन्दा रहने का हक़ है।'

अज़ीज़न उठ गई, अपने मन की बात कहकर, 'मैंने एक ऐसे लड़के का तसव्वुर किया था, जिस पर तुम ज़िन्दगी-भर शासन कर सको। जो तुम्हारा ज़रखरीद गुलाम हो।'

'अम्मा ऐसे शख्स के साथ तो मैं एक पल भी न रह सकूँगी।'

मगर अम्मा बोलती चली गई, 'अपनी पूरी जायदाद बेचकर क्या एक हीरे जैसा लड़का नहीं खरीदा जा सकता ?'

'अम्मा तुम्हारे दिमाग़ में यह खरीदोफ़रोख्त क्या चलता रहता है ? मुझे नहीं चाहिए तुम्हारी कोई भी जायदाद। बूढ़ा वाकर अस्पताल में दम तोड़ रहा है, क्यों नहीं उसके लिए कुछ करतीं।''

अम्मा यकायक उदास हो गई, 'वाकर के लिए मैं सब कुछ करना चाहती हूँ। उससे अच्छा सारंगी बजानेवाला पूरे मुल्क में न होगा। मगर मुझे हमेशा लगता है कि मैं भी किसी दिन वाकर की तरह अचानक चल बसूँगी।'

'मगर अपनी उस दौलत को फिर भी खर्च नहीं करोगी। मुझे नहीं लालच तुम्हारे पैसे का, तुम्हारे मकानों का, तुम्हारे हीरों का।'

अम्मा ने जवाब नहीं दिया। सेफ़ खोलने की आवाज़ आई और अम्मा सीढ़ियाँ उतर गई। वह तुरत ही वाकर को देखने चली गई थी।

अज़ीज़न घर लौटी तो वह एक बदली हुई औरत थी। वाकर को यों असमर्थ और निस्सहाय देखकर उसे अपनी मौत भी बहुत पास लगी थी। मगर तुरन्त ही अपनी जायदाद का, बैंक के लॉकरों का ध्यान आया तो कुछ आश्वस्त हुई। ज़िन्दगी का क्या भरोसा ? हालात आदमी को कहाँ से कहाँ ला पटकते हैं। उसे अचानक बिटिया के प्रति बहुत लाड़ आया। वह उसके कमरे में गई। गुल कापी पर पेंसिल से कुछ घसीट रही थी।

'वाकर को अस्पताल में कोई तकलीफ़ तो नहीं,' अम्मा ने बताया, 'मगर वह बचेगा नहीं।'

गुल ने देखा अम्मा वाकई बहुत परेशान थीं। गुल को वे दिन याद आए जब अचकन और अलीगढ़ी टोपी पहनकर वाकर बेहद आकर्षक लगता था।

अज़ीज़न गुल के पास ही बैठ गई। अज़ीज़न ने देखा, गुल का शरीर भर रहा था। गुल इधर खुद ही अपने शरीर के बारे में बड़ी सचेत रहने लगी थी। अम्मा से भी बात करती तो वक्ष पर कपड़ा कर लेती।

'कल तुम शर्माजी से घर आने के लिए कहना। मैं बात करूँगी।' अज़ीज़न ने कहा, 'मेरा अब क्या भरोसा, पका आम हूँ, कब टपक पड़ूँ।'

गुल ने आश्चर्य से अम्मा की तरफ़ देखा। अम्मा के चेहरे की त्वचा ज़रूर पक गई थी, मगर सर का एक बाल भी सफ़ेद नहीं था, आवाज़ में भी बुढ़ापा नहीं आया था। आँखों में भी वैसी ही शोखी थी, जो गुल वर्षों से देखती आ रही थी। आज अम्मा को अचानक यह क्या हो गया था ?

अम्मा के मुँह से शर्मा का नाम सुनकर वह स्तम्भित रह गई। उत्साह में आकर उसने पूछा, 'क्या खाने के लिए बुलाऊँ ?'

अम्मा यकायक कठोर हो गई। बोली, 'नहीं।'

'अम्मा तुम्हें मैं कैसे खुश रख सकती हूँ ?' गुल ने प्यार में अपना सर अम्मा की गोद में रख दिया।

अज़ीज़न गुल के बालों पर हाथ फेरने लगी। अचानक एक गर्म-गर्म आँसू गुल के गाल पर गिरा। गुल ने मुड़कर अम्मा की तरफ़ देखा, वह पल्लू से आँखें पोंछ रही थी।

गुल अचानक जैसे अम्मा से भी बड़ी हो गई। थोड़ी देर पहले अम्मा ने उसके सीने से जो वजनी सिल उठाई थी, शायद अपने सीने पर रख ली थी, उसे अम्मा पर स्नेह उमड़ आया। अम्मा को पाँव दबवाना बेहद पसन्द है। वह लाड़ में आकर अम्मा के पाँव दबाने लगी।

'देखो मेरी राजकुमारी ! खुदा करे तुम ज़िन्दगी में बेइन्तिहा सुख पाओ। जितनी दुःख और ज़लालत मैंने झेल ली है, वह आनेवाली कई पीढ़ियों तक के लिए काफ़ी है। मुझे कत्थक बाज़ार में ले आया था और खुदा करे तुम्हारा गला तुम्हें सभ्य समाज में ले जाए।'

'अम्मा तुम अपने माज़ी को क्यों कुरेदती रहती हो दिन-भर। तुम्हें कौन दुःख है अब। मेरी फ़िक्र मत करो, मुझे अपने ऊपर बहुत-बहुत भरोसा है।'

'खुदा करे ऐसा ही हो।' अम्मा की आवाज़ अचानक भर्राने लगी, बोली, 'एक बात सच-सच बताओ। शर्मा तुम्हें पसन्द है।'

गुल ने अम्मा से आँखें मिलाईं जो हया से अपने आप नीचे झुकती चली गईं।

'तुम्हें मालूम है शर्मा हिन्दू है ?'

सर झुकाए हुए ही गुल ने हामी भर दी।

'तुम्हें उसके घर-बार के बारे में कुछ मालूम है ?'

गुल ने होंठ बिचका दिए।

'शर्मा के कितने भाई-बहन हैं ?'

'मुझे कुछ मालूम नहीं।'

'शर्मा के माँ-बाप कहाँ हैं ?'

'यह सब उन्हीं से पूछना अम्मा,' गुल बोली, 'यह सब जानने की मेरी इच्छा भी नहीं।'

'इच्छा क्यों नहीं, तुम्हें उन्हीं लोगों के साथ रहना है ज़िन्दगी-भर और उन लोगों के बारे में कुछ भी जानना नहीं चाहती।'

'अपने आप मालूम हो जाएगा,' गुल ने कहा, 'मैं कल तुम्हारी तरफ़ से दावत ज़रूर दे दूँगी।'

'उनसे कहना इसी सप्ताह मिलें। मुझे अब जिन्दगी पर कोई भरोसा नहीं रहा। जब से मैंने वाकर मियाँ को देखा है एक अजीब-सी दहशत मेरी पूरी शख्सियत पर तारी हो गई है। खुदा करम करे।'

'अम्मा मुझसे तो उसकी हालत नहीं देखी जाती थी। कई बार तो वह रात को इतनी ज़ोर से कराहता था कि दिल दहल जाता था।'

'तुम्हें इसकी याद है। सिर पर तिरछी अलीगढ़ी टोपी रखे जब कभी बाजार में मिल जाता था, उसकी कमर झुक जाती थी और 'आदाब बड़ी बी' कहे बग़ैर आगे नहीं बढ़ता था।'

'उसे देखने कल मैं भी अस्पताल चलूँगी।'

'ज़रूर चलना।' अज़ीज़न ने कहा और उठ खड़ी हुई।

एक प्रश्नचिह्न था जो अज़ीज़न के भीतर फ़ैलता जा रहा था। कल जो एक छोटा-सा नुक्ता था, आज नासूर की तरह मर्मान्तक पीड़ा दे रहा था। माँ-बेटी के बीच एक सवाल काले नाग की तरह फुफकार रहा था। पूरा माहौल विषाक्त होने लगा तो अज़ीज़न वहाँ से हट गई।

मस्जिद से अज़ान की आवाज़ आ रही थी। 'अल्लाहु-अकबर-अशहदु अल ला इला-ह इल्लल्लाह अश हदु अन न मुहम्मदर रसूलुल्लाह...।' अज़ीज़न नमाज़ पढ़ने में मशगूल हो गई। रुकू के बाद वह खड़ी हो गई। उसके बाद वह झुकी और माथा ज़मीन पर झुका दिया। माथे के साथ-साथ हथेली और दोनों घुटने और दोनों पैर के अँगूठे भी ज़मीन पर टिके थे। सिजदे की हालत में वह 'सुबहानल्लाह' 'सुबहानल्लाह' कह रही थी।

गुल बिस्तर पर लेट गई। शर्मा उसके बहुत नज़दीक सरक आया था। वह वापस शर्मा के कन्धों से लिपट गई। उसकी गर्दन की रोमावलियाँ धान के नन्हे पौधों की तरह उसके शरीर पर लहराने लगीं। वसन्त की पूरी मादकता और स्वच्छन्दता उसकी देह में समाहित होती चली गई।

वह अभी खुमारी में ही थी कि उस्ताद रियाज़ कराने आ गए और उसे उठाने की बजाय नीचे चटाई पर बैठकर तबले पर हल्की-हल्की थाप देने लगे।

थोड़ी देर में ही फ़ैज की पंक्तियाँ कमरे में गूँज रही थीं :

कब ठहरेगा दर्द-ए-दिल
कब रात बसर होगी
सुनते थे वो आएँगे।
सुनते हैं सहर होगी
कब ठहरेगा दर्दे-दिल...
कब रात बसर होगी।

उस्ताद के जाते ही गुल को न जाने क्या सूझा, अलमारी से चाँदी की पाजेब निकालकर पहन ली और खिड़कियाँ-दरवाजे बन्द करके कत्थक का रियाज़ करने लगी। उसके कदम थिरकते-थिरकते थक गए तो वहीं कालीन पर औंधी लेट गई। सो गई। बेहोश हो गई ! श्राप से मुक्त हो गई। सुबह तक के लिए।

शर्मा के पिता ने तार की गति से उसके पत्र का उत्तर दिया था। शर्मा विश्वविद्यालय से लौटा तो सामने मेज़ पर एक चिट्ठी पड़ी थी। उसे पहचानने में देर न लगी कि उसके पिता का पत्र आया है। उसने जल्दी से पत्र खोला। पिता ने बहुत संक्षिप्त पत्र लिखा था :

बेटाजी,

खुश रहो !

आपका ख़त पढ़कर अत्यन्त खेद हुआ। आपकी माँ को 'फ़िट' आ गया और उस रोज़ से मेरा ब्लडप्रेशर भी बढ़ा हुआ है। इस मामले में मैं ज़्यादा बहस नहीं करना चाहता। हमारी किस्मत में ही खोट था कि बड़े लड़के ने हम लोगों द्वारा पसन्द की गई शीलवती कन्या को त्यागकर एक म्लेच्छ औरत से शादी रचा ली। उसने अपना घर ही नहीं, मुल्क भी छोड़ दिया और दूसरा लड़का उससे भी आगे जाकर एक तवायफ़ की लड़की से शादी करने की सोच रहा है। तुम दोनों भाइयों को इस बात की ज़रा भी परवाह नहीं कि आपकी छोटी बहन का क्या होगा ? उससे शादी करने को कौन तैयार होगा ?

उसके दहेज का प्रबन्ध कैसे होगा ? तुम दोनों भाई अपने को बहुत गुणवान और आदर्शवादी मानते हो मगर तुम लोगों को अपने बूढ़े माँ-बाप का ज़रा भी लिहाज़ नहीं, जिन्होंने अपनी हड्डियाँ गलाकर आप लोगों को अच्छी से अच्छी शिक्षा दी और अब इस बुढ़ापे में जब हमारे पैर कब्र में लटक रहे हैं तुम लोग हमारा दूसरा लोक भी बर्बाद करने पर तुले हुए हो।

आपका यह निर्णय अटल है तो हम लोगों को भूल जाओ। समझ लेना, आपके माँ-बाप मर गए हैं। हमारी चिन्ता मत करना, मरने पर पड़ोसी लोग क्रिया-कर्म कर ही देंगे।

तुम्हारा अभागा बाप,
उग्रसेन

जितेन्द्रमोहन शर्मा ने एक बार खत पढ़ा, दोबारा पढ़ा और कुर्सी पर ढह गया। वास्तव में वह किसी भी सूरत में अपने माँ-बाप को कष्ट नहीं देना चाहता था, मगर यह एक ऐसी भीषण स्थिति थी कि कोई दूसरा विकल्प भी नज़र न आ रहा था। वह देर तक उसी तरह लेटा रहा। देखते-देखते सूरज ग़रूब हो गया, कमरे में अँधेरा छा गया, नौकर दो-तीन बार उसके पास चाय का प्याला रख गया। वह ठंडी चाय उठाता और गर्म चाय रख देता। शर्मा आँख खोलकर देखता और प्याला देखकर आँखें मूँद लेता। उसे अपने माँ-बाप पर लाड़ भी आ रहा था और क्रोध भी। पूरा बचपन उसकी आँखों के सामने एक फ़िल्म की तरह चल रहा था, जिसमें माँ-बाप के संग बिताए बहुत गर्म और आत्मीय क्षण उसकी चेतना में स्थिर हो रहे थे। उसे अपनी माँ और अपने बाप का झुर्रियोंवाला चेहरा बेतरह याद आ रहा था। वह शुरू में अपने भाई की मदद लेने की सोच रहा था, मगर अब पिता के पत्र से ज्ञात हो चुका था कि भाई भी उसकी मदद करने में समर्थ नहीं रह गया है।

शर्मा ने तय किया कि वह पहली फ़ुर्सत में घर जाएगा और पूरा प्रयत्न करेगा कि माँ-बाप को अनुकूल कर सके। उसे विश्वास था कि वे लोग उसकी भावनाओं की कुछ तो कद्र करेंगे। एक समाधान उसे दिखाई दे रहा था कि बहन की शादी के बाद वह शादी करे। या शादी ही न करे। मगर हर क्षण, गुल का चेहरा उसकी आँखों के सामने आ जाता। एक सुन्दर तेजस्वी चेहरा। वह गुल की तरफ़ देखने लगता। ये गुल के दाँत हैं, ये आँखें हैं, ये नन्हे सुडौल पाँव वह करवट बदल लेता। इसी कशमकश में रात गुज़र गई।

●●

लतीफ़ और उसके साथियों ने रात देर तक कुछ पोस्टर तैयार किए थे। उन्हें खबर लगी थी कि हीरालाल के लिए दिल्ली से पोस्टर छपकर आए हैं। हीरालाल के लोग मिल के तमाम दरवाज़ों पर पोस्टर चिपका रहे थे। मगर जिस लगन से लतीफ़ के लोग काम कर रहे थे, उससे हीरालाल के कैम्प में बहुत घबराहट थी। लतीफ़ के समर्थकों की एक टोली एक-एक मज़दूर के घर जा-जाकर हीरालाल की कलई खोल रही थी। हीरालाल के बारे में सब मज़दूरों को जानकारी थी कि वह नेताओं से पैसे पाता है और मौका आने पर मालिकों से भी समझौता करने में संकोच न करेगा।

रात के बारह बजे थे कि छोटेलाल ने आकर खबर दी कि लतीफ़ और उसके साथियों को लक्ष्मीधर ने बुलवाया है। सब लोग एक दूसरे की बगलें झाँकने लगे।

'मिलने में क्या हर्ज है। वह ज़रूर धमकी देगा, मगर उसकी धमकी से कौन डरता है ?' नन्हे बोला।

श्यामलाल बोला, 'उसने कोई बदतमीजी की तो वहीं नारे लगाएँगे। इससे मज़दूरों पर अच्छा असर पड़ेगा।'

सब लोग तन्मयता से काम में जुटे थे। तफ़रीह के लिए ही लक्ष्मीधर से मिलने दफ्तर की तरफ़ चल दिए। बीस-पच्चीस लोग रहे होंगे। सब एक जुलूस की शक्ल में लक्ष्मीधर के कैबिन के पास पहुँचकर नारे लगाने लगे :

हमारी माँगें पूरी करो

लक्ष्मीधर कैबिन से उठकर बाहर चले आए। लतीफ़ ने देखा, इस वक्त लक्ष्मीधर एक बदला हुआ इंसान लग रहा था। सूट, जूते, कमीज़, यहाँ तक कि उसका चश्मा भी वह नहीं था, जो लतीफ़ कुछ देर पहले देखकर आया था।

लक्ष्मीधर केबिन के दरवाज़े पर हाथ जोड़कर खड़ा हो गया और बोला, 'मैं आप लोगों से ज़रूरी बातचीत करना चाहता हूँ। आप सबसे एक साथ बात करना तो मुमकिन न होगा, आप किन्हीं भी दो लोगों को मेरे साथ अन्दर भेज सकते हैं। मुझे उम्मीद है कि उससे हम लोग एक-दूसरे को बेहतर समझ सकेंगे।'

सब लोग लतीफ़ की तरफ़ देखने लगे। लतीफ़ ने नन्हे खाँ की तरफ़ देखा। तय हुआ, वे दोनों ही बात करेंगे। बाकी लोग अपना-अपना कुल्हड़ उठाए नीचे सीढ़ियों पर बैठकर चाय सुड़कने लगे।

लतीफ़ और नन्हे कुर्सियों पर बैठने में संकोच कर रहे थे, मगर, लक्ष्मीधर ने दोनों हाथों से लतीफ़ और नन्हे खाँ की बाँह पकड़कर कुर्सियों पर बैठा दिया।

'कहिए आपको क्या कहना है ?' लतीफ़ ने पूछा।

'मैं तो मिल में शान्ति बनाए रखने का हामी हूँ। डायरेक्टरों की भी यही राय है। आप लोगों को कोई तकलीफ़ हो, मुझसे निःसंकोच कहिए। मैं भरसक उसे दूर करने की कोशिश करूँगा, मगर ये सब बातें बाद की हैं। फ़ौरी मामला तो यह है कि यूनियन के चुनाव को किसी तरह बाहरी ताकतों से बचाया जाए।' लक्ष्मीधर का संकेत हीरालाल की तरफ़ था।

'बाहरी ताकतों से आपका क्या मतलब है ?' लतीफ़ ने पूछा।

'कौन नहीं जानता कि हीरालाल दिल्ली से हज़ारों रुपए और गुंडे लाया है। हम लोग नहीं चाहते कि मिल की यूनियन पर बाहर के नेताओं का कब्जा रहे। यह हम लोगों का घरेलू मामला है। आप लोगों की अपनी प्रॉबलम्स हैं। उन्हें आप लोग खुद ही हल कर सकते हैं। बाहर का आदमी क्या तो आपकी समस्याओं को समझेगा और क्या तो उसका कोई फ़ायदा आप लोग उठा पाएँगे।'

'मगर हम लोग तो हीरालाल की मुखालिफ़ पार्टी के हैं।'

'मैं सब जानता हूँ, सब समझता हूँ,' लक्ष्मीधर बोला, 'आप लोग तो जानते ही हैं कि वह पैसे के बल पर चुनाव जीतना चाहता है। मुझे इस बात का भी अहसास है कि आप लोगों के पास उस दुष्ट का मुकाबला करने के लिए पैसा नहीं है।'

'पैसा ही सब कुछ नहीं होता मैनेजर साब।' लतीफ़ ने कहा।

'आपके ख़याल जानकर मुझे बहुत खुशी हुई। मेरी दिली तमन्ना है कि चुनाव में आप लोग विजयी हों। हीरालाल छँटा हुआ बदमाश है। मैंने अपनी शुभकामनाएँ देने के लिए ही आप लोगों को तकलीफ़ दी थी। इस नाचीज़ के लायक कोई सेवा हो तो भूलिएगा नहीं।'

'आपकी ज़र्रानवाज़ी का शुक्रिया।' लतीफ़ ने कहा और उठने लगा।

'तशरीफ़ रखिए, अभी चाय आती होगी।' लक्ष्मीधर ने कुर्सी पर पसरते हुए कहा, 'मुझे हमेशा अपना आदमी ही मानिए।'

'शुक्रिया।' नन्हे खाँ ने कहा।

'मैं तो इस क़दर आपकी कामयाबी की दुआ कर रहा हूँ कि दो-चार हज़ार रुपए खर्च भी हो जाएँ

तो पीछे न हटूँगा।'

तभी खूबसूरत प्यालों में चाय चली आई। साथ में तरह-तरह के बिस्किट, कबाब, नमकीन आदि।

'लीजिए चाय पीजिए,' लक्ष्मीधर बोला, 'यह सब तो चलता ही रहेगा।'

लक्ष्मीधर ने अभी एक ही घूँट भरा था कि लतीफ़ और नन्हे ने चाय खत्म कर दी।

'चाय शायद ठंडी थी,' लक्ष्मीधर ने उन लोगों के प्याले दोबारा भरते हुए कहा, 'लीजिए और लीजिए।'

'अब जाएँगे हम लोग।' लतीफ़ बोला।

'यह एक छोटा-सा तोहफ़ा है मेरी तरफ़ से,' लक्ष्मीधर ने दस-दस रुपए के नोटों की नई-नई गड्डियाँ लिफ़ाफ़े में भरते हुए कहा 'और ज़रूरत पड़े तो मुझे न भूलिएगा।'

लक्ष्मीधर ने दोनों की तरफ़ दोस्ताना अन्दाज़ में देखा।

'मगर यह तो हम न लेंगे।' लतीफ़ बोला।

'लतीफ़ ठीक ही कह रहे हैं,' नन्हे ने उठते हुए कहा, 'यह सब तो हम कबूल न कर पाएँगे।'

लक्ष्मीधर को आशा न थी कि वे लोग इस तरह से उसका तोहफ़ा ठुकरा देंगे। उसने सोचा, शायद बाहर खड़े मज़दूरों से घबरा रहे हैं।

'आप अभी न ले जाना चाहें, तो जब चाहें ले जाइए। यह आपकी अमानत है।'

'हम लोग इस पर थूकते हैं,' लतीफ़ बोला, 'आप हमें इन टुकड़ों से खरीदना चाहते हैं। यह सब न चलेगा।'

दोनों गुस्से में केबिन से बाहर निकल आए। उनकी पीठ पर केबिन के दरवाज़े भड़भड़ा रहे थे। बाहर खड़े मज़दूरों ने दोनों साथियों के चेहरों पर गुस्सा देखा तो पूरी गैलरी नारों से गूँज उठी।

'गुंडागर्दी।'

'नहीं चलेगी।'

'लक्ष्मीधर।'

'हाय हाय।'

'मज़दूर एकता।'

'ज़िन्दाबाद।'

नारे लगाते हुए मज़दूर बाहर गेट की तरफ़ चल दिए। चारों तरफ़ हीरालाल के पोस्टर चिपके थे। यहाँ तक कि मिल के बाहर एक खूबसूरत गेट भी तैयार हो गया था, जिस पर बड़े-बड़े अक्षरों में लिखा था, 'मज़दूरों के सच्चे साथी हीरालाल।'

नारों की आवाज़ सुनकर लेबर कॉलोनी से एक-एक कर मज़दूर निकलने लगे। देखते ही देखते अच्छी-खासी भीड़ इकट्ठी हो गई। इस खबर को फ़ैलते देर न लगी कि मालिक लोगों ने दस हजार रुपए देकर नई यूनियन को खरीदने की कोशिश की मगर लतीफ़ और उसके साथियों ने रुपया ठुकरा दिया। लोगों ने लतीफ़ और नन्हे खाँ को कन्धों पर उठा लिया और लेबर कॉलोनी की तरफ़ चल पड़े।

'जीतेगा भई जीतेगा।'

'कॉमरेड लतीफ़ जीतेगा।'

'लतीफ़ का टेम्पो।'

'हाई है।'

'लतीफ़ हमारा।'

'भाई है।'

गेट पर से मज़दूर हटे तो मिल के अन्दर से एक कार निकली और फ़ुर्र से बाहर निकल गई। वह लक्ष्मीधर की कार थी।

रात-भर खूब जमकर लतीफ़ का प्रचार हुआ। किसी को सन्देह न रह गया था कि अन्तिम विजय लतीफ़ की ही होगी। सुबह चार बजे के करीब जब लतीफ़ घर की ओर चला तो उसकी आँखें नींद और थकान से मुँदी जा रही थीं।

दफ्तर से लौटकर लक्ष्मीधर सीधे सोने चला गया। लतीफ़ के व्यवहार से उसे गहरा धक्का लगा था। उसे पूरा विश्वास था कि लतीफ़ उसकी मदद स्वीकार कर लेगा और इस सिलसिले में वह भी कुछ न कुछ पैदा कर लेगा। श्यामबाबू को भी लक्ष्मीधर की प्रतिभा पर पूरा भरोसा था। देखते ही देखते उसकी योजनाएँ ध्वस्त हो गईं।

सुबह जब लक्ष्मीधर ने श्यामबाबू को फ़ोन किया और लतीफ़ के व्यवहार की सूचना दी तो वे भी चिन्तित हो गए। बोले, 'आज तक तो ऐसा न हुआ था कि यूनियन हमारी मुट्ठी में न रहे। लगता है इस बरस कोई नया गुल ज़रूर खिलेगा।'

'कोई न कोई हल ज़रूर निकाला जाएगा,' लक्ष्मीधर बोला, 'लतीफ़ को इस गुस्ताखी का मज़ा चखाए बिना मेरी आत्मा को शान्ति न मिलेगी।'

'मगर उसकी जीत को अब कोई नहीं रोक सकता,' श्यामबाबू ने कहा, 'अगर वह जीत गया तो समझ लीजिए मिल चलाना मुश्किल हो जाएगा। आए दिन हड़ताल होगी। मुझे तो खबर मिली है शहर के एक वामपन्थी दल का नेता भी उसकी मदद कर रहा है। उस शख्स ने पिछले दिनों डायमंड मिल पर रिसीवर बैठा दिया था।'

'तुम पांडे की बात कर रहे हो ? वह तो खुलेआम मालिकों से पैसा खाता है।'

'मगर डायमंड मिल के आगे तो उसने भूख हड़ताल कर दी थी।'

'उस मसले को तुम न समझ सकोगे। भूख हड़ताल भी डायरेक्टरों के इशारे पर की गई थी। रिसीवर मालिकों की आपसी लड़ाई के कारण बैठा था, उस टुटपुँजिए नेता के कारण नहीं।'

'बहरहाल, मैं अभी नाश्ता करके आ रहा हूँ,' लक्ष्मीधर ने कहा, 'कुछ बातें हैं जो फ़ोन पर नहीं की जा सकतीं।'

अचानक फ़ोन में से कोई तीसरी आवाज़ सुनाई दी, 'अरे आप जी खोलकर बातें कीजिए, आपको कौन रोकता है।' किसी को लाइन पर पाकर दोनों ने रिसीवर रख दिए। थोड़ी देर के बाद श्यामबाबू का फ़ोन आया कि लक्ष्मीधर सीधा गेस्ट हाउस में चला आए। लक्ष्मीधर गेस्ट हाउस पहुँचा तो श्यामबाबू के अलावा वहाँ जगदीश माथुर भी उपस्थित था। जगदीश को देखकर लक्ष्मीधर को थोड़ा आश्चर्य हुआ। जगदीश मिल के एकाउंट्स विभाग का एक बाबू था और रामलीला-पूजा आदि कार्यक्रमों में खूब जमकर हिस्सा लिया करता था। वह नित्य सुबह गंगा स्नान करता और माथे पर बड़ा-सा चन्दन और रोली का टीका लगाए रखता। पिछले साल रामलीला के चन्दे को लेकर लक्ष्मीधर से उसकी भिड़न्त हो गई थी। श्यामबाबू इस बात से अवगत थे। आज अचानक जगदीश को सामने पाकर लक्ष्मीधर सकपका गया।

'कहिए माथुर साहब, आप कैसे ?' लक्ष्मीधर ने उसे इत्मीनान से बरामदे में बैठे देखकर बड़ी बेतकल्लुफ़ी से पूछा।

'बैठिए, बैठिए मैं बताता हूँ,' श्यामबाबू ने कहा, 'आज सुबह गंगाजी से लौटते हुए जगदीश बाबू बँगले पर आए थे। उन्होंने कुछ ऐसी बातों की तरफ़ मेरा ध्यान दिलाया कि मैंने आपका परामर्श ले लेना भी ज़रूरी समझा।'

लक्ष्मीधर बरामदे में पड़ी एक कुर्सी पर बैठ गया और श्यामबाबू को रहस्यात्मक ढंग से देखने लगा। उसे लग रहा था कोई तिलिस्म उसके सामने खुलने जा रहा है।

'बात यह लक्ष्मीधरजी...' जगदीश बाबू ने अपनी कुर्सी लक्ष्मीधर की तरफ़ सरकाते हुए कहा, 'आप

तो जानते ही हैं कि परसों यूनियन का चुनाव होने जा रहा है और इस बार लतीफ़ की पार्टी का पलड़ा भारी है...।'

'हाँ-हाँ, इसमें कोई शक नहीं।' लक्ष्मीधर ने कहा और श्याम बाबू के सामने पड़े सिगरेट के पैकेट से एक सिगरेट निकालकर सुलगा ली।

'देखिए साब, मैं तो खरी-खरी बात करने के हक में हूँ,' जगदीश बाबू ने कहा, 'हम लोग हिन्दू हैं। हम नहीं चाहते यूनियन पर मुसलमानों का कब्जा हो। ये मियाँ लोग बहुत खतरनाक होते हैं। हम तो इन लोगों के हाथ का पानी तक नहीं पीते, इन्हें नेता कैसे मान लेंगे।'

लक्ष्मीधर ने सिगरेट का एक लम्बा कश खींचा और धुआँ छोड़ते हुए कहा, 'आप बिल्कुल दुरुस्त फ़रमा रहे हैं जगदीशजी। इधर मैं भी यही सब सोच रहा था।'

'मिल में 90 प्रतिशत हिन्दू हैं और शेष 10 प्रतिशत में भी मुसलमानों का अनुपात पाँच प्रतिशत से अधिक न होगा,' जगदीश बाबू ने अनुमान से आँकड़े पेश करते हुए अपनी बात जारी रखी, 'हम लोगों की यूनियन का नेता मुसलमान नहीं हो सकता। इन लोगों से हीरालाल ही क्या बुरे हैं ?'

'आप तो जानते हैं, हीरालाल भी राजनीतिक आदमी हैं। आए दिन मन्त्रियों की धौंस जमाता है। उसकी जगह काला कुत्ता भी जीत जाए तो हमें मंजूर होगा।'

'किसी को जिताना तो मेरे वश में नहीं, मगर लतीफ़ को हराना मेरे बाएँ हाथ का खेल है। आप थोड़ी पैसे से मदद कर दें और फ़िर मेरा कमाल देखें।'

श्यामबाबू अब तक चुप बैठे थे, टाँग पर टाँग धरे। लक्ष्मीधर ने श्यामबाबू की राय जानने के लिए उनकी तरफ़ देखा तो बोले, 'आप बातचीत करते जाइए, मैं सुन रहा हूँ।'

'सिर्फ़ लतीफ़ को हराने से हमारा काम नहीं चलता,' लक्ष्मीधर ने कहा, 'किसी तीसरे आदमी को जिताइए जो मिल के काम में विघ्न न पड़ने दे। जो मजदूरों को हड़ताल और चक्का जाम करना न सिखाए, बल्कि उनके अन्दर कर्त्तव्य की भावना पैदा करे, उन्हें नैतिक बल दे सके।'

'मैं उसी बात पर आ रहा हूँ,' जगदीश माथुर ने अपना पानदान खोलकर एक पान मुँह में दाब लिया और बोले, 'मैं उसी बात पर आ रहा हूँ। आप सुरेश के नाम से परिचित न होंगे। वह किसी राजनीतिक पार्टी का आदमी भी नहीं है। मेरे कहने से वह भी चुनाव में खड़ा होने को तैयार हो जाएगा...।'

'आप उस पगले सुरेश की बात कर रहे हैं, जो परसोनल डिपार्टमेंट में है ?'

'हाँ-हाँ, वही, मगर किसने कहा वह पागल है। माघ के महीने में वह हर साल कल्पवास करता है। वह अपनी संस्कृति, अपने राष्ट्र और अपने आदर्शों के लिए जान भी दे सकता है। दूसरे हड़ताल वग़ैरह में उसका विश्वास ही नहीं है।'

'मगर पारसाल उसने किसी बेवकूफ़ी की बात को लेकर मिल के सामने अनशन कर दिया था।'

'आप इसे बेवकूफ़ी की बात कह सकते हैं। उसकी छोटी-सी माँग थी कि मिल के आहाते में हनुमानजी का मन्दिर होना चाहिए और श्यामबाबू ने तो उसकी माँग तुरन्त स्वीकार भी कर ली थी। अब आप देखिए मंगल के मंगल मन्दिर में कितनी रौनक होती है।'

लक्ष्मीधर सोच में पड़ गए। वह शख़्स उन्हें कभी न जमा था। फ़ाइलों के ऊपर भी 'ॐ नमोः शिवाय' लिखने के बाद नोटिंग करता था।

'किस सोच में पड़ गए भाई ?' श्यामबाबू ने लक्ष्मीधर को असमंजस में देखकर पूछा।

'आपकी क्या राय है सुरेश के बारे में ?'

'ठीक है,' श्यामबाबू ने ऊबे हुए स्वर में कहा, 'उन गैंगस्टरों से तो बेहतर है।'

लक्ष्मीधर ने अपना ब्रीफ़केस खोला और नए-नए नोटों की एक गड्डी जगदीश के हाथ में थमा दी, 'फ़िलहाल इस एक हज़ार का चमत्कार दिखाइए। पैसे की चिन्ता न कीजिए।'

श्यामबाबू इसी क्षण की प्रतीक्षा में बैठे थे। उन्होंने खुलकर एक भद्दी-सी अँगड़ाई ली और बाँहें सामान्य स्थिति में आतीं, उससे पूर्व ही हाथ जोड़ दिए।

'आज दफ्तर आइएगा ?' जगदीशजी ने जाते-जाते कहा, 'अगर आइएगा तो मेरा चमत्कार देखिएगा। कुछ बैनर तथा पोस्टर तैयार पड़े हैं, बस पैसे का जुगाड़ न हो पा रहा था।'

जगदीश बाबू रवाना हो गए तो श्यामबाबू ने लक्ष्मीधर से कहा, 'कुछ बियर मँगवाओ यार। रात का हैंगओवर अभी तक बना है।'

लक्ष्मीधर ने बियर के लिए ड्राइवर को रवाना कर दिया।

'फ़ैक्टरी में कितने मुसलमान होंगे ?'

'ठीक-ठीक तो परसनल डिपार्टमेंट ही बता सकता है, मगर मेरा अनुमान है पचास से कम न होंगे।'

'ठीक है,' श्यामबाबू ने कहा, 'मगर यह आदमी कोई झंझट न खड़ा कर दे।'

'यह कर ही क्या सकता है ?'

'फ़िरकापरस्ती तो फ़ैला ही सकता है,' श्यामबाबू ने दोबारा बेहूदा तरीके से अँगड़ाई ली और बोले, 'देखो उमा क्या कर रही है ?'

'पुलाव के लिए चावल बीन रही होगी। आज तो आपके लिए रोहू मछली आ रही है।'

लक्ष्मीधर उठा और फ़ोन घुमाने लगा। रिसीवर उमा ने ही उठाया।

'हाँ।'

'क्या कर रही हो ?'

'ऊब रही हूँ।'

'हम लोग गेस्ट हाउस में हैं। चली आओ।'

उमा आई तो लक्ष्मीधर को दफ्तर की पड़ गई, बोला, 'आप लोग गप्प लड़ाइए, मैं चलकर देखता हूँ जगदीशबाबू क्या गुल खिलाते हैं।'

लक्ष्मीधर अपनी कार में बैठने के बजाय श्यामबाबू की कार में बैठ गया। ड्राइवर लॉन के पास खड़ा बीड़ी पी रहा था। लक्ष्मीधर को देखकर अपनी सीट पर लौट आया और गाड़ी स्टार्ट कर दी।

'फ़ैक्टरी।' लक्ष्मीधर ने कहा।

गाड़ी फ़ैक्टरी की तरफ़ दौड़ पड़ी। लक्ष्मीधर पीछे की सीट पर बैठे खिड़की के बाहर देख रहे थे। वे विचारों में इस कदर खोए थे कि उन्होंने कार के बाहर झाँककर न देखा। सुबह घर से वे बिना नाश्ता किए चल दिए थे, उन्होंने सोचा क्यों न सिविल लाइंस जाकर दो-एक अंडे उदरस्थ कर लिए जाएँ। उन्होंने ड्राइवर से कहा, 'सिविल लाइंस होते हुए चलो।' लक्ष्मीधर ने न सिर्फ़ नाश्ता किया बल्कि ड्राइवर के लिए भी एक प्लेट अंडा भिजवा दिया। दरअसल दफ्तर जाने से पहले लक्ष्मीधर को कुछ और काम याद आ गए थे। कई दिनों से कुछ कपड़े ड्राई क्लीनिंग के लिए दे रखे थे, अपने इनकम टैक्स के वकील से मिलना था, पिछले माह कुछ मोटरें खरीदी थीं, उनका कमीशन अभी तक न मिला था। उन्होंने सोचा, आज गाड़ी फ़ुरसत में है, क्यों न तमाम काम निपटाते हुए चलें। अंडा खाने के बाद ड्राइवर भी चुस्त नज़र आ रहा था।

लक्ष्मीधर की गाड़ी मिल के फ़ाटक के निकट पहुँची तो ड्राइवर को खूब हार्न बजाना पड़ा। फ़ाटक के सामने मज़दूरों की भारी भीड़ जमा थी और वे लोग बैनर पढ़ रहे थे। शायद लंच का समय था। मगर इससे पूर्व लंच के समय भी इतनी भीड़ न जमा होती थी। उसने ड्राइवर से कार धीमी करने के लिए कहा और खिड़की के अन्दर से गर्दन निकालकर एक लम्बा पोस्टर पढ़ा। लाल कपड़ों पर बड़े-बड़े सफ़ेद अक्षरों में लिखा था :

पाकिस्तान के एजेंटों से सावधान रहिए।
अपना कीमती वोट सुरेश भाई को दीजिए।

लक्ष्मीधर मन ही मन मुस्कुराया। भीड़ की उत्सुकता देखकर लग रहा था कि पाँसा पलट सकता है। कार से उतरते हुए उसने देखा, मन्दिर में भी श्रीरामचरितमानस का पाठ हो रहा था। मन्दिर के चारों ओर झंडियाँ लगा दी गई थीं और श्रद्धालु श्रमिक बालकांड का आनन्द ले रहे थे। चुनाव में केवल दो दिन रह गए थे। जगदीश बाबू ने सचमुच एक हज़ार रुपए से चमत्कार कर दिखाया था, क्योंकि इससे पूर्व किसी भी चुनाव में कभी इस तरह पोस्टर, कीर्तन और लाउडस्पीकरों की सहायता न ली गई थी। लाउडस्पीकर से लगातार घोषणा हो रही थी कि सुबह पाँच बजे लेबर कॉलोनी से प्रभातफ़ेरी निकलेगी। सब मज़दूर भाइयों से प्रार्थना की जा रही थी कि वे अपने राष्ट्र, अपने धर्म और अपनी संस्कृति की रक्षा के लिए सुबह ज़्यादा से ज़्यादा संख्या में प्रभातफ़ेरी में शामिल हों। इस घोषणा के बाद रिकॉर्ड लगा दिया गया :

सैयाँ दिल माँगे चवन्नी उछाल के

अपने केबिन की तरफ़ बढ़ते हुए लक्ष्मीधर ने मिल के पूरे वातावरण में एक परिवर्तन लक्षित किया। जगह-जगह लोग टोलियाँ बनाकर खड़े थे और बहसें हो रही थीं। इन टोलियों में आज मुसलमान-मजदूर नहीं थे। अक्सर किसी न किसी ग्रुप में दो-चार मुसलमान भी दिखाई देते थे, आज माहौल दूसरा था। लक्ष्मीधर पेशाब करने के बहाने पेशाबघर में घुस गया। वह देखना चाहता था, आखिर वे लोग कहाँ गायब हो गए। पेशाबघर से निकलकर वह यों ही कैंटीन की तरफ़ बढ़ा तो उसने देखा कैंटीन के सामने लॉन में चादर बिछाकर कोई पच्चीस-तीस लोग एक साथ नमाज़ पढ़ रहे थे। लक्ष्मीधर की तबीयत बाग़-बाग़ हो गई। उसने उसी समय तय किया कि शाम तक जगदीशजी के पास एक गड्डी और पहुँचा देगा। उसने इस बदले हुए माहौल की सूचना देने के लिए केबिन में जाकर तुरत श्यामबाबू को गेस्ट हाउस में फ़ोन मिलाया। फ़ोन मिल गया, मगर किसी ने रिसीवर न उठाया। देर तक घंटी बजती रही। लक्ष्मीधर ने सोचा कोई ग़लत नम्बर मिल गया है। उसने फ़ोन काटकर दोबारा डायल घुमाया। इस बार भी देर तक फ़ोन की घंटी बजती रही। लक्ष्मीधर देर तक रिसीवर को कान पर लगाए रहा और जब कोई उत्तर न मिला तो उसने तय कर लिया कि वह आज जगदीश माथुर को एक हज़ार रुपए देकर दो हज़ार हिसाब में लिखेगा। न उठाए कोई फ़ोन। श्यामबाबू को यह धृष्टता एक हज़ार की पड़ेगी। इस नन्हे से विचार से एक हज़ार रुपए कमाकर लक्ष्मीधर का मूड कुछ दुरुस्त हुआ। उसने तुरत अपने पी.ए. को बुलाकर एक बेहतरीन रोहू का इन्तज़ाम करने की हिदायत दी और फ़ाइलें निबटाने में जुट गया।

फ़ोन की घंटी बजी तो उसके पी.ए. ने सूचना दी कि जगदीश माथुर बात करना चाहते हैं।

'मैं माथुर बोल रहा हूँ। नमस्कार। साहब किसी के हाथ दो हज़ार और भिजवाइए। दो हजार का इन्तज़ाम न हो पाए तो एक हज़ार ही से कल तक काम चला लूँगा। दरअसल हमारा प्रचार हीरालाल के पक्ष में जा रहा है। सुरेशभाई का इमेज बनाना होगा। उसके लिए हीरालाल के कुछ कार्टून हम लोग बनवा रहे हैं। एक कार्टून तो यह सोचा गया है कि वह सौ कम्बल ओढ़कर सोया हुआ है और उसके पास ही मज़दूरों के बीसियों बच्चे जाड़े में ठिठुर रहे हैं।'

'आप तीन बजे मेरे घर पर आ जाइए।' लक्ष्मीधर ने कहा और रिसीवर रख दिया।

लक्ष्मीधर तुरत ही घर की तरफ़ चल दिया। उसकी इच्छा हो रही थी कि दो-एक बोतल बियर लेकर वह भी सो जाए और तीन बजे उठकर आगे का कार्यक्रम तय करे। लौटते हुए उसने लोगों को हीरालाल के बड़े-बड़े पोस्टर चिपकाते हुए देखा। कई तरह से छपे हुए पोस्टर फ़ैक्टरी में जगह-जगह चिपकाए गए थे जिन पर हीरालाल की तस्वीर बनी थी। कई पोस्टरों में एक तरफ़ हीरालाल का चित्र था और दूसरी ओर एक केन्द्रीय मन्त्री का। लतीफ़ के जितने भी पोस्टर लगे थे, वे हाथ से लिखे गए थे। एक अपील उर्दू में भी थी। निकलते-निकलते लक्ष्मीधर ने सुना आज एक वामपन्थी नेता गेट मीटिंग

सम्बोधित करेंगे।

लक्ष्मीधर गहरी नींद में था, जब नौकर ने जगाया कि जगदीश माथुर आए हैं। लक्ष्मीधर आँख मलता हुआ उठा और ड्राइंग रूम की तरफ़ चल दिया। माथुर साहब एक छोटा-सा झोला थामे कुर्सी पर बैठे थे।

'कहिए माथुर साहब, क्या प्रगति है ?'

'वही, जैसा कि हमने फ़ोन पर इत्तिला दी थी।'

'हूँ,' लक्ष्मीधर ने कहा, 'आप क्या सोच रहे हैं, कुछ कार्टून दिखाकर वोट पा सकते हैं ? मुझे तो ज़रा भी उम्मीद नहीं कि आपका सुरेश जीत पाएगा।'

'आप भरोसा रखिए। मुकाबला बहुत कड़ा है। आज लतीफ़ के कैम्प में घबराहट है। अब हीरालाल से निपटना है।'

'उससे कैसे निपटिएगा ?'

'आप देखते जाइए। पैसे की कमी न आने दीजिए। मुझ पर भरोसा रखिए।'

'देखिए एक मेहरबानी कीजिए। अगर आपको जीतने की आशा न हो तो पानी की तरह पैसा न बहाइए।'

लक्ष्मीधर ने ऐसा सिर्फ़ जगदीश माथुर को उकसाने के लिए कहा था। वह जगदीश माथुर की योजनाओं से पूर्ण रूप से अवगत हो जाना चाहता था। लतीफ़ के हार जाने से उसका काम पूरा नहीं हो जाता था।

दो बार तो लक्ष्मीधर स्वयं ही हीरालाल को अपने केबिन में बुलाकर मन्त्रीजी के पी.ए. का फ़ोन आने पर बात कर चुका था। मन्त्री लोगों से लक्ष्मीधर को जन्मजात चिढ़ थी।

जगदीश ने झुककर लक्ष्मीधर के कान में कुछ कहा और लक्ष्मीधर चुपचाप अन्दर चला गया। लौटा तो उसके हाथ में रुपयों की एक गड्डी थी। लक्ष्मीधर ने बड़ी लापरवाही से गड्डी जगदीश माथुर की गोद में फ़ेंक दी और हाथ जोड़ दिए। उसका फ़ैक्टरी जाने का इरादा तो न था, मगर उसे लगा उसका फ़ैक्टरी में रहना बेहद ज़रूरी है।

लक्ष्मीधर के पी.ए. ने बताया कि इस बीच श्यामबाबू का दो बार फ़ोन आ चुका है। लक्ष्मीधर ने कहा, 'अब फ़ोन आए तो दीजिएगा।'

फ़ैक्टरी का पूरा माहौल चुनाव की गहमागहमी से लबरेज़ था। चारों ओर चुनाव की हलचल थी। गेट पर ऊँची आवाज़ में बजाए जा रहे लाउडस्पीकर एक दूसरे को काट रहे थे। कुछ पता न चल रहा था, कौन स्पीकर किस दल का है। लोगों ने स्पीकरों पर फ़ूल-मालाएँ चढ़ा रखी थीं, जैसे बलि के बकरों पर चढ़ाई जाती हैं। लतीफ़ की मीटिंग की तैयारी हो रही थी ! छोटा-सा मंच बनाया गया था। लतीफ़ के अलावा नगर के दो-एक ट्रेड यूनियन नेता कुर्सियों पर विराजमान हो चुके थे।

मज़दूरों को आकर्षित करने के लिए एक कवि अपनी कविता पढ़ रहा था :

लड़ रहा मजदूर बाज़ी हाथ है
वक़्त की आवाज अपने साथ है

देखते-देखते 40-50 मजदूर इकट्ठे हो गए। एक शिफ्ट अभी-अभी खत्म हुई थी। बाहर मेले का-सा माहौल हो रहा था। मज़दूर लोग बहुत दिलचस्पी से पोस्टर, कार्टून और बैनर देख रहे थे। हीरालाल का कार्टून देखकर मज़दूरों को बहुत आनन्द आ रहा था। वे कार्टून देखते और वहाँ से हट जाते। हर मज़दूर के मुँह में पानी आ रहा था। हो सकता है एक कम्बल या साइकिल उसे भी मिल जाए।

लतीफ़ की सभा में जो 40-50 मज़दूर इकट्ठे हुए थे, उनमें 25-30 मुसलमान थे। मंच पर से एक आदमी अपनी व्यावसायिक आवाज़ में बोल रहा था :

'साथियो ! जैसा कि आपको मालूम है, स्वस्तिक मिल के मज़दूरों की यूनियन का चुनाव होने जा रहा है। इस चुनाव में आपका साथी, तमाम मजदूर भाइयों का साथी लतीफ़ भी खड़ा है। आपको मालूम ही है, अब तक यूनियन के चुनाव में मालिकों के दलाल ही जीतते रहे हैं। मालिकों ने लतीफ़ को खरीदने की भी शर्मनाक कोशिश की थी, मगर कामरेड लतीफ़ ने अपने मज़दूर भाइयों के हित को ध्यान में रखते हुए नोटों की गड्डियों को ठुकरा दिया...।'

मंच के पास बैठे हुए कुछ लोगों ने तालियाँ बजाईं। तालियों की आवाज़ सुनकर कुछ और मजदूर मंच के सामने खड़े हो गए। तभी दूसरे गेट से प्रभातफ़ेरी के लिए ज्यादा से ज्यादा तादाद में मज़दूरों को सुबह पाँच बजे तालाब के किनारे पहुँचने के लिए कहा जा रहा था। शाम को हीरालाल का जुलूस भी निकलनेवाला था।

'आप लोग यह बैनर देख रहे हैं, जिस पर ज़हरीली जुबान में हिन्दू-मुस्लिम एकता को भंग करने का प्रयास किया गया है। मालिकों के दलाल चाहते हैं कि मज़दूरों का ध्यान उनके अधिकारों से हटाकर फ़िरकापरस्ती की तरफ़ मोड़ दिया जाए। हर देश में पूँजीपति यही करते रहे हैं। मज़दूरों के लिए यह कोई नई बात नहीं है। यह शोषकों का आज़माया हुआ नुस्खा है। मज़दूर भाई, मालिकों के नापाक इरादों को समझेंगे और सोच-समझकर अपना वोट कामरेड लतीफ़ को देंगे।'

मंच के आसपास बैठे हुए मजदूरों में हलचल हुई और एक मज़दूर बाँह उठाकर खड़ा हो गया और बोला, 'कामरेड लतीफ़ !'

'ज़िन्दाबाद !'

'मज़दूर एकता।'

'ज़िन्दाबाद !'

'दुनिया भर के मज़दूरो !'

'एक हो जाओ।'

मीटिंग में अब कुछ रंग जम रहा था। देखते-देखते तीन-चार सौ मज़दूर बैठ गए। भीड़ देखकर कुछ और तमाशबीन टपक रहे थे।

अब लतीफ़ के बोलने की बारी थी। वह खड़ा हुआ और एक हाथ से माइक को पकड़कर बोला, 'मेरे हिन्दू और मुसलमान भाइयो ! मज़दूर की कोई ज़ात नहीं होती, वह हिन्दू होता है न मुसलमान होता है, वह इस मुल्क में सिर्फ़ पिसने के लिए पैदा होता है।...

आपको मालूम ही है, आज तक हमारी यूनियन हमेशा मालिकों के पिट्ठुओं के हाथ रही है। यही वजह है कि हम लोगों को न तो कभी बोनस ही मिला और न महँगाई भत्ता। न ही कोई और सहूलियत हमें दी जाती है। मजदूर बीमार पड़ता है तो उसकी तनख्वाह काट ली जाती है। अगर इस बेइंसाफ़ी के खिलाफ़ कोई आवाज़ उठाता है तो उसे दूध में से मक्खी की तरह निकालकर बाहर फ़ेंक दिया जाता है। ऐसा दूसरे कारखानों में नहीं होता। आप पूछ सकते हैं कि ऐसा हमारी ही मिल में क्यों होता है ? दुनिया-भर के कायदे-कानून हमारी मिल पर लागू क्यों नहीं होते ? ज़रूर हो सकते हैं, अगर हम मज़दूर भाइयों में एकता होगी, अगर हम लोग कन्धे से कन्धा मिलाकर अपने अधिकारों के लिए जद्दोजहद करेंगे, संघर्ष करेंगे।...'

लतीफ़ की मीटिंग अब भर गई थी। मज़दूरों में उत्साह देखकर नगर के एक ट्रेड यूनियन नेता ने भी जोरदार भाषण दिया। मीटिंग में उपस्थित मज़दूरों ने अन्त में ज़ोरदार नारा लगाया :

'कामरेड लतीफ़।'

'ज़िन्दाबाद।'

बाद में भीड़ एक जुलूस में तब्दील होकर कॉलोनी की तरफ़ चल दी। नेता लोगों के गलों में हार पहना दिए गए थे।

श्यामबाबू, लक्ष्मीधर और उमा नेताओं के कैसेट सुन रहे थे। लक्ष्मीधर ने हीरालाल, लतीफ़ और जगदीश के साथ अपने लोग लगा रखे थे। ये लोग इन नेताओं के भाषणों को टेप करते, इन लोगों के समर्थकों के नाम लिखते, बातचीत नोट करते। लक्ष्मीधर सब सामग्री लेकर लौटा था। उस समय श्यामबाबू और उमा पपलू खेल रहे थे। लक्ष्मीधर सीधे अपने कमरे में गए। उन्होंने टेपरेकॉर्डर को एम्पलीफ़ायर से जोड़ दिया और ड्राइंग रूम में आकर श्यामबाबू से बोला, 'आपसे मिलने के लिए कुछ लोग मेरे कमरे में आपका इन्तज़ार कर रहे हैं।'

श्यामबाबू बाज़ी हार गए थे, उन्हें हारते जाना अच्छा लगता था, बड़ी बेरुखी से पत्ते पटकते हुए बोले, 'चलो।'

उमा भी पीछे-पीछे चली आई। उसके माथे की बिन्दिया पुँछ गई थी। लक्ष्मीधर ने देखा तो कहा, 'जाओ, मुँह धो आओ।'

'तुम्हें मेरे चेहरे से नफ़रत हो गई है।'

'ऐसा मत कहो डार्लिंग !' 'लक्ष्मीधर बोला, 'तुम्हारे होंठों पर टमाटर का बीज़ लगा है।'

लक्ष्मीधर ने बिन्दिया की बात करना उचित न समझा। उमा उठकर तुरन्त वाशबेसिन के सामने खड़ी हो गई और चेहरा देखकर धीरे से मुस्कुराई। टेपरिकॉर्डर से किसी मज़दूर के चिल्लाने की आवाज़ आ रही थी। उमा नए सिरे से मेकअप करके साड़ी तब्दील कर कमरे में पहुँची तो उसकी तरफ़ किसी ने ध्यान न दिया। लतीफ़ के भाषण से श्यामबाबू बहुत खिन्न हो रहे थे। उन्हें शक था कि अगर लतीफ़ जीत गया तो यूनियन निश्चित रूप में वामपन्थियों से सम्बद्ध हो जाएगी। यह मिल के हित में न होगा। रोज़ नई-नई माँगें पेश होंगी और मिल चलाना दूभर हो जाएगा।

वे लोग अभी विचार-विमर्श कर रहे थे कि दरबान ने आकर समाचार दिया कि जगदीश माथुर मिलने आए हैं। लक्ष्मीधर ने जल्दी से फ़ाइलें और कैसेट समेटे और जगदीशजी को लिवाने चल दिए।

'कहिए जगदीश बाबू, आपके उम्मीदवार का तो कोई नामलेवा भी नहीं,' श्यामबाबू ने कहा, 'हम तो सोच रहे थे कि आप पाँसा पलट देंगे।'

'आप चिन्ता न कीजिए श्यामबाबू,' जगदीश माथुर ने कहा, 'कल तक माहौल बदलेगा। प्रभातफ़ेरी में शामिल होने के लिए मैंने मज़दूरों को पाँच-पाँच रुपए देने का वायदा किया है। सब हमारे कैम्प में चले आएँगे। कल से मन्दिर में रामायण का अखंड पाठ भी शुरू हो गया है। प्रसाद वगैरह में हलुवे की व्यवस्था है।'

'क्या चुनाव इस तरह जीते जा सकते हैं ?' श्यामबाबू को यह सब बहुत अव्यावहारिक लग रहा था।

'मैं इसे हिन्दू-मुसलमान का सवाल बना दूँगा।'

'कब बनाइएगा ? चुनाव तो सर पर आ गया है।'

'बस कल ही, आप मेरी योग्यता पर भरोसा रखिए और पैसे से मजबूर न होने दीजिए।'

'और कितना रुपया चाहिए ?' लक्ष्मीधर ने बहुत अनिच्छा से पूछा।

'आप दो का इन्तज़ाम कर दीजिए। बच गया तो लौटा दूँगा,' जगदीश ने कहा, 'अब मैं कह नहीं सकता, सुबह कितने मज़दूर प्रभात फ़ेरी में शामिल होंगे।'

श्यामबाबू के पास अब जगदीश के अलावा कोई दूसरा दलाल न था। उन्होंने लक्ष्मीधर को इशारा किया कि वह इनकी माँग पूरी कर दे। लक्ष्मीधर ने ब्रीफ़केस खोलकर दो गड्डियाँ जगदीश माथुर के हवाले कर दीं।

सुबह प्रभातफ़ेरी में शामिल होने के लिए सचमुच तीन-चार सौ मज़दूर जमा हो गए। जो मज़दूर स्वयं न आ पाए थे, उन्होंने अपना बच्चा या भाई भेज दिया था ताकि पाँच रुपए के हक़दार हो जाएँ। जगदीश माथुर ने ढेर-सी फ़ूल-मालाएँ मँगवा रखी थीं। सुरेश को फ़ूलों से लाद दिया गया और भजन

मंडली कीर्तन करते हुए कॉलोनी की तरफ़ चल पड़ी।

भोर का समय था। हल्की-हल्की ठंड थी। सड़कें सुनसान पड़ी थीं। किसी-किसी घर से अँगीठी का धुआँ उठ रहा था। भजन मंडली ने प्रातःकालीन कीर्तन से पूरी कॉलोनी को जगा दिया और भजनमय कर दिया। खंजरी-खड़तालें बज रही थीं। आगे-आगे गर्दन में हारमोनियम डाले श्यामबाबू का टाइपिस्ट सुन्दरलाल आँखें मूँदे गर्दन हिलाते हुए चल रहा था। कालोनी की स्त्रियाँ खिड़की-दरवाज़ों से झाँकने लगीं।

इस आकस्मिक हलचल से छोटे बच्चे भी उठ गए थे। अत्यन्त मधुर स्वर में कोई गा रहा था :

श्रीरामचन्द्र कृपालु भजुमन हरण भवभय दारुणं
नवकंज लोचन, कंज मुख, कर कंज, पद कंजारुणं

ढोल, मँजीरे और हारमोनियम के साथ पूरा समूह पंक्तियों को दोहराता। समूह की ओर मुँह करके गायक अगली पंक्ति पर उतर आता :

कन्दर्प अगणित अमित छवि, नवनील नीरद सुन्दरं।

प्रभातफ़ेरी ने सचमुच समाँ बाँध दिया था। बरसों बाद लोगों ने इस प्रकार की चहल-पहल देखी थी। स्वाधीनता संग्राम के दिनों में जरूर लोगों में इस प्रकार का उत्साह देखा जाता था। आज़ादी के बाद जैसे पहली बार आज लोग नींद से जागे थे।

जुलूस लोगों की प्रशंसा बटोरता आगे बढ़ रहा था, तभी अचानक भजन मंडली में भगदड़ मच गई। एक बड़ा-सा पत्थर कहीं से आया और सुरेश बाबू की खोपड़ी पर गिरा। भजन मंडली ने अचानक गाना बन्द कर दिया और लोग इधर-उधर घरों में घुसने लगे। सुरेश बाबू के सिर से खून की धारा बह रही थी।

'लगता है यह लतीफ़ के लोगों की बदमाशी है,' जगदीश बाबू ने कहा, 'पत्थर गुलाम मुहम्मद के घर की तरफ़ से आया है।'

'गुलाम मुहम्मद की तो लतीफ़ से बोलचाल भी नहीं है।' किसी ने कहा।

'जहाँ स्वार्थ एक होता है वहाँ ये लोग एक हो जाते हैं,' जगदीश बाबू ने कहा, 'यह पत्थर सुरेश पर नहीं, पूरे हिन्दू समुदाय पर गिरा है, हमारे धर्म पर गिरा है, हमारी संस्कृति पर गिरा है। आप लोग अगर अपनी माँ के पेट से पैदा हुए हैं तो इस अपमान का बदला जरूर लेंगे।'

भजन मंडली के पीछे-पीछे दरियाँ आदि लादे एक रिक्शा भी आ रहा था। सुरेश बाबू को जल्दी से रिक्शा में बैठाया गया और उन्हें अस्पताल भेज दिया गया।

सब लोग हक्के-बक्के से इधर-उधर देख रहे थे। प्रभातफ़ेरी का उत्साह भंग हो गया था। लोग जगह-जगह झुंडों में बँट गए थे।

'इस वारदात की रिपोर्ट पुलिस में की जानी चाहिए।' किसी ने जगदीश बाबू के सामने सुझाव रखा।

'पुलिस की सहायता कमज़ोर आदमी लेता है। हमें अपनी बाँहों पर भरोसा है,' जगदीश बाबू भीड़ को सम्बोधित करते हुए बोले, 'जो हमसे टकराएगा।'

भीड़ में मरी मरी-सी आवाज़ में दस-बारह लोग बोले—'चूर-चूर हो जाएगा।'

'भाइयो ! आज हमारे उम्मीदवार के ऊपर कातिलाना हमला किया गया है। हम लोग इसका बदला लेकर रहेंगे। बोलो : 'जो हमसे टकराएगा।'

इस बार कुछ और आवाज़ों ने साथ दिया : 'चूर-चूर हो जाएगा।'

देखते ही देखते प्रभातफ़ेरी एक उग्र जुलूस में तब्दील हो गई और सब लोग मिल की तरफ़ चल दिए।

अचानक दो डंडों में फँसाकर एक बड़ा-सा झंडा तैयार हो गया जिस पर मोटे-मोटे हरूफ़ों में लिखा था :

हिन्दू धर्म की रक्षा के लिए
अपना कीमती वोट सुरेश भाई को दीजिए।

जुलूस नारे लगाता हुआ मिल के दरवाज़े तक पहुँचा तो रात की शिफ़्ट के मज़दूर बाहर निकल रहे थे। देखते ही देखते यह खबर पूरी मिल में आग की तरह फ़ैल गई कि लतीफ़ के गुंडों ने सुरेशबाबू पर कातिलाना हमला किया है।

लतीफ़ घर पर था, जब उस तक यह समाचार पहुँचा। वह फ़ौरन कपड़े पहनकर तैयार हो गया और अपने साथियों के साथ मिल की तरफ़ रवाना हो गया।

उसने देखा मिल के गेट पर भारी भीड़ जमा हो चुकी थी। लतीफ़ और उसके साथी भागते हुए गेट के पास पहुँचे। लतीफ़ और उसके साथियों को देखते ही जगदीश ने नारा लगाया : 'विदेशी एजेंट !'

भीड़ में तिलमिलाहट थी, कई आवाज़ें एक साथ उठीं : 'मुर्दाबाद !'

लतीफ़ एक स्टूल पर खड़ा हो गया और लगभग चिल्लाते हुए मजदूरों को सम्बोधित करने लगा :

'मजदूर भाइयों ! आप लोग तैश में न आइए। मालिकों ने अपने कुछ गुर्गे हम लोगों के बीच छोड़ दिए हैं। ये लोग सरमायादारों के दलाल हैं, मजदूर एकता के दुश्मन हैं। ये लोग हिन्दू-मुस्लिम दंगा कराने पर आमादा हैं ताकि मज़दूर भाई अपने हक़ की लड़ाई मालिकों के खिलाफ़ न लड़कर आपस में कट मरें।'

लतीफ़ पूरे उत्साह और ईमानदारी से बोल रहा था, लोगों पर उसका बहुत अनुकूल प्रभाव पड़ा। भीड़ में से किसी ने नारा लगाया, 'कामरेड लतीफ़ जिन्दाबाद !'

'हिन्दू-मुस्लिम एकता !'

'ज़िन्दाबाद !'

वातावरण से प्रभावित होकर एक मज़दूर दूसरे मज़दूर के कन्धे पर चढ़ गया और गेट के बीचोबीच टँगा जगदीश बाबू के कपड़े का बैनर पकड़कर नीचे कूद गया। मगर तभी जाने कहाँ से लाठियाँ आ गईं और पत्थर बरसने लगे। लतीफ़ चूँकि एक स्टूल के ऊपर खड़ा था, एक बड़ा-सा नुकीला पत्थर उसकी कनपटी पर लगा। बोलते-बोलते लतीफ़ अचानक चुप हो गया। उसके साथियों ने पत्थरों की बारिश के बीच लतीफ़ को कन्धे पर उठा लिया। उन लोगों के कपड़े खून से तर हो गए। खून बहने लगा। भीड़ में भगदड़ मच गई। लतीफ़ के भागते हुए साथियों पर लाठियाँ बरसने लगीं। कई घायल हो गए। किसी की टाँग, किसी की पीठ, किसी का सिर ज़ख्मी हो गया।

मिल से फ़ोन मिलने पर लक्ष्मीधर पुलिस लेकर मिल की तरफ़ आ रहा था कि उसने लोगों को लतीफ़ को कन्धे पर उठाए भागते हुए देखा। लक्ष्मीधर ने तुरन्त कार रोकी और पुलिस को मिल की तरफ़ जाने का इशारा करके लतीफ़ के घायल शरीर को कार की पिछली सीट पर रखने में मदद करने लगा। एक मजदूर ने लक्ष्मीधर की कार पर न जाने का सुझाव दिया, बोला, 'असली हत्यारा यही है।'

'यह बहस का मौका नहीं है,' लक्ष्मीधर ने उस मजदूर के गाल थपथपा दिए और ड्राइवर से बोला, 'फ़ौरन सिविल अस्पताल की तरफ़ गाड़ी मोड़ो।'

●●

गुलाबदेई के प्रति लोगों की सहानुभूति को देखकर शिवलाल अपनी माँ को लिवा लाया। शिवलाल की माँ एक व्यावहारिक महिला थी। उसने भी जीवन में कम तकलीफ़ें न उठाई थीं। शिवलाल अभी पाँच

बरस का भी न था कि वह विधवा हो गई थी। उसने शिवलाल की बात सुनी तो फ़ौरन साथ चलने को तैयार हो गई, जबकि शिवलाल ज़िन्दगी में अपनी माँ को इतना ज़लील कर चुका था कि वह शिवलाल का चेहरा देखना भी पसन्द न करती।

'तुमने उसके साथ बहुत जुल्म किया होगा। उसे घर लाना चाहते हो तो सुलह-सफ़ाई से ही घर लाया जा सकता है,' शिवलाल की माँ ने कहा, 'तुम्हारा स्वभाव न बदला तो वह फ़िर बाग़ी हो जाएगी।'

'अम्मा वह देवी है, मैंने ही उसे सदा सताया,' शिवलाल बोला, 'मुझमें ज़रूर कोई खामी होगी जो मैं अपनी माँ के साथ भी न निभा पाया।'

'मुझे ईश्वर ने एक और बेटा न दिया होता तो जाने मैं कहाँ-कहाँ भीख माँगती, तुमने तो कोई कसर न छोड़ी थी। एक नौकरानी की तरह कान पकड़कर घर से बाहर कर दिया था।'

शिवलाल माँ की टाँगें दबाने लगा। वह जानता था कि माँ के अगर कहीं दर्द होता है तो टाँगों में ही। माँ को सचमुच राहत मिलने लगी। उसने आँखें मूँद लीं और बोली, 'पैदा तो मेरी ही कोख से हुए हो। भगवान तुम्हारा भला करे।'

'मुझे सिर्फ़ तुम्हारा आशीर्वाद चाहिए, माँ। उसके बाद ही ईश्वर साथ देगा।'

शिवलाल की माँ सत्यवती मन ही मन रणनीति तय करने लगी। शिवलाल की उम्र ज़्यादा न थी, मगर देखने से पचास का लग रहा था। वह जितनी बार उसका चेहरा देखती उसका दिल बैठ जाता। ठुड्डी तो एकदम सफ़ेद हो गई थी। दूसरी तरफ़ गुलाबदेई थी, जिसके सिर में सफ़ेद बाल जूँ की तरह खोजना पड़ता था।

सुबह सत्यवती उठी तो शिवलाल मुँह खोलकर खर्राटे भर रहा था। सत्यवती मलाईवाली की बिटिया के साथ गंगा स्नान कर आई। लौटी तो शिवलाल उसी मुद्रा में मुँह खोले खर्राटे भर रहा था। सत्यवती को शिवलाल पर गुस्सा आ गया, 'जुह्र की नमाज़ का वक्त हो रहा है और तुम मुँह बाए पड़े हो। इसीलिए तुम्हारे ऊपर मुसीबतें आती हैं। क्यों नहीं जाकर यमुनाजी में नहा आते। मैं तो गंगाजी में नहा आई।'

शिवलाल ने आँखें खोलीं। दोनों आँखों में कीच भरी थी। सत्यवती विह्वल हो गई। उसने गंगाजल का लोटा शिवलाल के मुँह पर फ़ैला दिया। शिवलाल हड़बड़ाकर उठा, 'यह क्या कर रही हो माँ।'

'तुम्हें उठा रही हूँ। तुम आलस न छोड़ोगे तो इसी तरह परेशान रहोगे। कैसे इतना मनहूस तरीके से दिन शुरू करते हो !'

शिवलाल की पीठ पर ठंडा पानी रेंग रहा था। उसे नींद तो बेहद लगी थी मगर उसने उठना ही बेहतर समझा। उसने आँखें मलीं। बाहर देखा और बोला, 'जब से इस हरामज़ादी ने घर में पैर रखा है, मेरी तो बुद्धि ही भ्रष्ट हो गई है। न काम करने की इच्छा होती है, न सोकर उठने की।'

'मंगलीक लड़की घर में आ गई है,' अम्मा ने कहा, 'तुमने पत्तरी मिलवा ली थी ?'

शिवलाल हँसा। उठकर सर पर कंघी करने लगा।

'वह एक बदनसीब लड़की थी। कौन उसकी पत्तरी बनवाता। तुम भी कैसी बात करती हो अम्मा।'

'अब की मैं उसे स्वामीजी के पास ले जाऊँगी।'

'वह आएगी ही नहीं।'

'वह आएगी। नहा-धोकर लोकनाथ से मिठाई ले आ और थोड़े-से फ़ल। मैं जाऊँगी। वह मेरी बात न टलेगी। उस तवायफ़ का क्या नाम है, जिसके यहाँ वह सरन पाए है ?'

'अब वह वहाँ नहीं है। उसने ज़ैदी साहब की दुकान किराए पर ले ली है और वहीं रहती है। तवायफ़ को मैंने ऐसी बद्दुआ दी कि हरामज़ादी का घर चौपट हो गया। लड़का भाग गया, लड़की को कोई अगवा करके ले गया। खुद भी लाँ की मौड़ी इस दुनिया से कूच कर गई।'

'छिः छिः कैसी गिरी हुई बात करते हो। इसीलिए तकलीफ़ पाते हो। हर किसी का बुरा क्यों सोचते रहते हो ?'

शिवलाल शर्मिन्दा हो गया। उसने तय कर रखा था कि गुलाबदेई लौट आएगी तो वह शेव बनवाएगा। इस समय उसे लग रहा था कि यह दाढ़ी नहीं एक मनहूसियत है जो उसके चेहरे पर उग आई है। वह वहशियाना तरीके से दाढ़ी खुजाने लगा।

'जाओ जाकर दाढ़ी बनवा लो।' उसकी माँ ने कहा।

शिवलाल चुपचाप चौराहे की तरफ़ चल दिया। वह लौटा तो उम्र से दस बरस कम लग रहा था। रास्ते में सिद्दीकी साहब मिल गए थे। सिद्दीकी साहब ने उसे खूब ज़लील किया, 'तुम लोग मिलकर एक देवी को सता रहे हो। वह पाकीज़ा है। वह मेरी बहन है। मैं किसी दूसरी जगह उसकी शादी करूँगा, जहाँ वह महारानी की तरह रहेगी।'

सत्यवती ने सुना कि गुलाबदेई ने सिद्दीकी नेता को भाई बना लिया है तो वह तुरत उठ के वहाँ पहुँच गई, 'हम हिन्दुओं के यहाँ यह नहीं चलता। वह मेरी बहू है और उसे आना होगा इसी घर में। वरना मैं अपने प्रान तियाग दूँगी। अगर आप सचमुच बड़े नेता होना चाहते हैं तो हम हिन्दुअन की तहजीब को जानिए।'

हिन्दू-मुस्लिम किस्म की बातों से नेताजी बहुत घबराते थे। न जाने कब क्या तूफ़ान बरपा हो जाए। नेताजी ने अम्मा के पाँव थाम लिये, 'अम्मा, आप क्या चाहती हैं, मुझे बता दें। एक भाई का फ़र्ज़ मैं निहायत ज़िम्मेदारी से सरंजाम दूँगा।'

'मैं अपनी बहू को वापस चाहती हूँ।'

'इस शर्त पर कि आपका लड़का उसे ज़लील नहीं करेगा।'

शिवलाल ने हामी भर दी, जैसे कह रहा हो अगले जन्म में भी ज़लील नहीं करेगा।

नेताजी उठे, सत्यवती अपने साथ मिठाई व फ़लों की टोकरी लेकर चल दी।

'गुलाबदेई। गुलाबदेई।' नेताजी बाहर से ही पुकारने लगे।

गुलाबदेई पसीने से लथपथ गोलगप्पे तल रही थी, नेताजी की आवाज़ सुनकर पल्लू सँभालते हुए बाहर आ गई। नेताजी के साथ अपनी सास को देखकर वह पीछे हट गई। जब तक अपना हुलिया ठीक करती दोनों खुद ही अन्दर आ गए।

'मेरी बिटिया।' शिवलाल की अम्मा ने गुलाबदेई को दोनों बाँहों में भर लिया, 'मेरी बिटिया।' वह बालों पर, गालों पर, बाँहों पर जहाँ भी सम्भव हो सकता था बहू को चूमने लगी।

गुलाबदेई को आर्द्र होते देख नेताजी ने अत्यन्त अधिकारपूर्वक घर लौट जाने की सलाह दी। हजरी भी लाठी टेकते न जाने कहाँ से चली आई।

'अबकी किसी ने मेरी बिटिया के साथ बदसुलूकी की तो मुझसे बुरा कोई न होगा।' हजरी ने आते ही घोषणा की।

'कौन करेगा बदसुलूकी बाईजी,' सत्यवती बोली, 'शिवलाल तो चार दिन में ही बूढ़ा हो गया है। पहचाना नहीं जाता। कितनी तकलीफ़ पा गया अपनी नादानियों की वजह से।'

'चली जाओ अम्मा के साथ,' सिद्दीकी साहब बोले, 'आज की चाट रोज़े पर फ़कीरों को खिला दूँगा।'

सत्यवती ने बच्चे को गोद में ले लिया था। वह शायद भूखा था और दादी के वक्ष को टटोल रहा था।

गुलाबदेई चुपचाप सास के साथ चल दी। नेताजी सीना ताने सबसे आगे चल रहे थे। बच्चा उन्होंने अपनी गोद में ले लिया था। एक झंडे की तरह। उनके पीछे एक हजूम बारात की सूरत अख्तियार कर रहा था। नेताजी को देखकर शिवलाल खुशी से चिल्लाया, 'सिद्दीकी साहब।'

'ज़िन्दाबाद !' पूरी बारात ने जवाब दिया।

शिवलाल की माँ पाँच-छह दिन तक शिवलाल और गुलाबदेई के साथ रही। शिवलाल ऊपर से शान्त रहता था मगर उसके अन्दर पराजय और अपमान की ज्वाला अहर्निश धू-धू जलती रहती। गुलाबदेई ने जिस तरह खोमचा लगाकर अपने आत्मविश्वास का परिचय दिया था, उससे वह भीतर तक टूट गया था। उसका विचार था कि पुरुष केवल स्त्री को गुलाम रखने के लिए ही पैदा होता है, उसका साया हटते ही स्त्री भूखों मर जाती है, असहाय हो जाती है, मगर गुलाबदेई ने अपने ऊपर आई विपत्ति को चुनौती के साथ स्वीकार किया था। दोनों के बीच एक विचित्र अपरिचय उग आया था। यह दूसरी बात है कि गुलाबदेई ने लौटते ही पहले की तरह चक्की सँभाल ली थी। वह बगैर शिवलाल से बात किए दिन-भर काम में जुटी रहती।

एक दिन जब शिवलाल की अम्मा लौट गई तो शिवलाल रात को चुपचाप गुलाबदेई के पास जाकर लेट गया और उसे प्यार से सहलाने लगा। गुलाबदेई चुपचाप लेटी रही। शिवलाल के हाथ से बेखबर। शव की तरह निश्चेष्ट। शिवलाल ने हौसला करके गुलाबदेई का मुँह अपनी तरफ़ कर लिया और गुलाबदेई के चेहरे पर अपनी दाढ़ी रगड़ने लगा। शिवलाल की दाढ़ी बढ़ गई थी। दाढ़ी के अधिकांश बाल सफ़ेद हो चुके थे और उसके चेहरे पर दाढ़ी ऐसी लगती थी जैसे चेहरे पर कैक्टस के काँटे उग आए हों। इस बीच उसका एक दाँत भी गिर गया था, जिससे उसका गाल पिचका-सा लगता था।

'हमसे बोलोगी नहीं ?'

गुलाबदेई ने मुँह फेर लिया। जब इसकी इच्छा होती है प्यार करने लगता है, वरना दिन-भर ऐसे देखता है जैसे कच्चा निगल जाएगा। वह मान की स्थिति में उसी प्रकार पड़ी रही।

'मुझे माफ़ कर दो,' शिवलाल बोला, 'मुझे जाने क्यों इतना गुस्सा आता है।'

'अभी रात को ऐसा कहते हो और सुबह उठते ही बेइज़्ज़ती करोगे।'

'नहीं-नहीं, ऐसा नहीं करूँगा।' शिवलाल ने गुलाबदेई को अपनी बाँहों में और जाँघों में भींच लिया। गुलाबदेई उसी प्रकार निश्चल लेटी रही। उसने शिवलाल का साथ नहीं दिया। शिवलाल को यह अच्छा ही लगता था। उसे एकपक्षीय कार्यवाही ही पसन्द थी। उसका विश्वास था कि सच्चरित्र स्त्रियों को इसी प्रकार विनम्रतापूर्वक समर्पण करना चाहिए। कुछ देर बाद वह हाँफ़ता हुआ उठा। अचानक उसे अपना बदन बहुत हल्का महसूस हुआ। उठते-उठते उसने गुलाबदेई के गाल थपथपा दिए। गुलाबदेई ने चादर ओढ़ ली।

गुलाबदेई को शिवलाल पर बहुत दया आ रही थी कि बिला वजह अपना जीवन इतना कष्टमय बना रहा है। दाढ़ी बनवाता है न नहाता है। दिन-भर मनहूस दरिद्रों की तरह पड़ा रहता है।

शिवलाल के दृष्टिकोण में गुलाबदेई के लौटने पर कोई विशेष अन्तर न आया था। पहले की तरह अब भी अगर कभी-कभी कनस्तर उठाते-धरते गुलाबदेई का पल्लू सरक जाता तो शिवलाल की आँखों में अंगारे सुलगने लगते। बिना यह सोचे कि ग्राहक भी पास में खड़ा है वह बड़े व्यंग्य से कहता, 'अपने ये कद्दू ढक लो।'

गुलाबदेई की हँसी छूट जाती। उसे कद्दू का यह प्रयोग बड़ा विचित्र लगता। वह हँसते हुए कहती, 'लगता है तुम्हें भूख लगी है।'

शिवलाल को गुलाबदेई की नादानी पर और अधिक क्रोध आ जाता। इधर डॉक्टरों ने उसे चीनी खाने की मनाही कर दी थी, मगर क्रोध आते ही वह मिठाई के दो टुकड़े मँगवाता और खाने लगता।

'ज़िन्दगी में सुसरा एक मीठा ही पसन्द था, वह भी भगवान को मंजूर नहीं।' मीठा खाते हुए वह बुदबुदाता।

शिवलाल की दिनचर्या निश्चित थी। वह दिन-भर खटिया पर लेटा रहता, गुलाबदेई से लड़ता और अगर आसपास सन्नाटा होता तो चिल्लाता–'ऐ गुलाबदेइया ज़रा कमर तो दाब देब। टाँगों में न जाने कौन सैतान घुस गवा है कि अन्दर ही अन्दर घुनात रहत है।'

गुलाबदेई उसकी टाँगें दाबने लगती। टाँगें दाबते-दाबते वह अगर शरारत में जाँघ दाब देती तो शिवलाल भड़क जाता, 'तुम्हारा ध्यान दिन-भर यहीं लगा रहता है। शाश्तरों में ऐसी औरत को हथिनी कहा गया है।'

'हथिनी ?' गुलाबदेई हँसती, 'मैं तुम्हें हथिनी दिखती हूँ ?'

'चुप हरामज़ादी।' शिवलाल कहता।

शिवलाल चाहता गुलाबदेई चुपचाप टाँगें दाबती रहे और अपना मुँह बन्द रखे।

'मैं तुम्हें इतनी ही बुरी लगती हूँ तो अम्मा को बुलाने क्यों भेजा था ?'

'एक हज्जार रुपया खर्च करके बवाल मोल ले लिया,' वह कहता, 'मगर मैं तुम्हारे पर काटे बिना दम न लूँगा।'

'हथिनी के पर नहीं होते,' वह कहती, 'का करूँ राम मुझे बुड्ढा मिल गवा।' वह बच्चों की तरह ताली पीटने लगती।

शिवलाल उसी टाँग से गुलाबदेई को नीचे धकेल देता, जो वह दाब रही होती।

दरअसल शिवलाल की स्थिति दिन-ब-दिन दयनीय और कारुणिक होती जा रही थी। वह पूर्णरूप से निष्क्रिय हो गया था। यहाँ तक कि बिजली का बिल जमा करने भी गुलाबदेई ही जाती थी। पीछे से वह कल्पना करता रहता कि कतार में कोई आदमी बहुत सटकर गुलाबदेई के पीछे खड़ा है, फिर उसे लगता कि गुलाबदेई भी एक कदम पीछे हटकर उससे चिपक गई है। शिवलाल खटिया से उठकर बैठ जाता। उसकी साँस तेज़ी से चलने लगती। उसकी टाँगों में सैकड़ों कीड़े रेंगने लगते। उसका सर फटने लगता। उसका दिल ज़ोर से धड़कता। उत्तेजना में उसके माथे पर पसीने की बूँदें उभर आतीं। बैठने की शक्ति न रहती तो वह कटे पेड़ की तरह खटिया पर गिर जाता। उसका समय एक ऊबे हुए चौकीदार के जीवन की तरह बहुत मन्द गति से सरक रहा था। दिन-भर वह चक्की के दरवाज़े पर तैनात रहता।

शिवलाल को दो-तीन चीज़ों से बेहद नफ़रत थी। अगर बिजली का कोई फ़ेज़ चला जाता तो वह आपे से बाहर हो बिजलीघरवालों को माँ-बहन की गालियाँ बकने लगता, और जब फ्यूज़मैन आता तो शिवलाल बहुत संयम रखने पर भी इतना ज़रूर कह देता कि लाँ के मौड़े अफ़सरों ने जब से अपनी डाँग में बिजली भी ले ली है जीना मुहाल हो गया है, कम्पनी के ज़माने में अव्वल तो बिजली जाती ही न थी और अगर कभी खुदा न ख़ास्ता फ़ेल हो जाती तो मिस्त्री पहले से हाज़िर रहता। अपने कर्कश स्वभाव के कारण शिवलाल ने शहर के अधिकांश फ्यूज़मैनों को अपने विरुद्ध कर लिया था। वे शिकायतें लेकर जब बिजलीघर से निकलते तो अन्तिम नाम शिवलाल की चक्की का ही रखते। बिजलीघर से मिस्त्री के आने में ज्यों-ज्यों समय बीतता, वह सरकार के प्रति अपना रवैया कड़ा करता जाता, 'ये लाँ के मौड़े कहीं चाय की चुस्कियाँ ले रहे होंगे। इनकी चाँ की मूत।'

शिवलाल को दूसरी चिढ़ पट्टे से थी। जब से पट्टे ने उसे बवाल में डाला था वह पट्टे को बिजली की तरह छूने से घबराता था। चक्की की मोटर दस हार्स पावर की थी, दो-चार दिन में ही पट्टा कहीं न कहीं से टूट जाता। चलते-चलते चक्की अचानक रुक जाती। शिवलाल गहरी नींद में क्यों न हो, पट्टा टूटते ही उठकर बैठ जाता, 'फ़िर तोड़ दिया पट्टा ? कितनी बार समझाया है कि पट्टे का काँटा लकड़ी की हथौड़ी से जोड़ा करो, मगर इस लाँ की मौड़ी की खुजली लोहे के हथौड़े से ही मिटती है। एक रुपए का आटा नहीं पीसा और तीन रुपए के काँटे की चाँ मोद के रख दी।'

पट्टा जगह-जगह से बेहद बोसीदा हो जाता तो शिवलाल चौक की तरफ़ चल देता। कबाड़ियों

की तरफ वह पलटकर भी न देखता। पट्टा टूटते ही वह मौलाना शफ़ी को गाली बकने लगता। मौलाना ने उसकी इज़्ज़त धूल में मिला दी थी। वह मन ही मन तय करता कि मौलाना की हत्या किए बिना उसकी आत्मा को शान्ति न मिलेगी। यह अच्छा ही था कि मौलाना ने उस घटना के बाद से शिवलाल की चक्की का रुख न किया था। वही सात रुपयों का काँटा खरीदता और गुलाबदेई को सौंपते हुए कहता—'ल इसकी भी चाँ माद दो।'

●●

चैत के शुरू के दिन थे। दो दिन से बारिश हो रही थी। अचानक ओले गिरने लगे। पूरी गली में भयानक फ़िसलन हो गई थी। खपरैल टूटने से चक्की में बेहद चिपचिपाहट हो गई ! गुलाबदेई टाट से पोंछा लगा रही थी जब एक लड़का भागता हुआ आया कि ढाल पर शिवलाल का पैर फ़िसल गया और सर से खून बह रहा है।

गुलाबदेई बच्चे को छोड़ ढाल की तरफ़ भागी। कीचड़ के बीच शिवलाल का खून बहकर अजीब-सा रंग बना रहा था। शिवलाल बेहोश पड़ा था। कुछ लोग उसे रिक्शा में लाद रहे थे।

गुलाबदेई नंगे पाँव शिवलाल के पीछे चल दी। रिक्शा से लगातार खून टपक रहा था। सिद्दीकी साहब न जाने कहाँ से प्रकट हो गए थे। नेताजी रिक्शा में शिवलाल के साथ बैठ गए। गुलाबदेई को इत्मीनान हो गया कि वे शिवलाल को अस्पताल में ज़रूर दाखिला दिलवा देंगे।

रिक्शा आगे निकल गया। हजरी, ताहिर, महमूद जिसे भी खबर लगी, साथ हो लिया। गुलाबदेई बच्चे को यों ही चक्की पर छोड़ आई थी। दो-एक बार उसके मन में आया कि किसी को घर रवाना कर दे कि बच्चे को उठा लाए, मगर घबराहट के मारे उसका पूरा बदन काँप रहा था। सड़क पर जगह-जगह शिवलाल के खून के छींटे देखकर उसका दिल बैठता जा रहा था।

लगभग दौड़ते हुए गुलाबदेई ने अस्पताल तक का फ़ासला तय किया। सिद्दीकी साहब बाहर बरामदे में ही दिखाई दे गए। वे बहुत परेशान नज़र आ रहे थे, 'बहुत अफ़सोस है, हम शिवलाल को न बचा सके।'

गुलाबदेई दुहत्थड़ मारकर रोने लगी। उसने अपने बाल नोच डाले, 'अब मैं कहाँ जाऊँगी। मेरा कोई भी नहीं इस दुनिया में।'

'चुपकर बिटिया,' हजरी ने उसे अपनी बाँहों में ले लिया, 'खुदा को यही मंजूर था।'

शिवलाल की माँ को खबर लगी तो वह भी अपने छोटे बेटे के साथ छाती पीटते पहुँच गई। बेटे के शव के पास बैठकर वह रोते-रोते ज़मीन पर सर पटकने लगी, 'यह कुलच्छनी जब से आई, मेरे बेटे का सुख चैन खत्म हो गया मेरा बेटा...' गुलाबदेई को इस दुर्घटना से इतना धक्का लगा था कि वह सास के तानों से बेखबर अपने सीने से साल-भर का बच्चा चिपकाए शून्य में खोई हुई थी। तकदीर ने उसके साथ एक बार फ़िर मज़ाक किया था। पहले माँ-बाप से और अब पति से बिछुड़ गई थी।

शिवलाल की मिट्टी उठ गई तो गुलाबदेई की सास ने झोंटा पकड़कर गुलाबदेई को कोठरी के बाहर फ़ेंक दिया, 'जा, अब यहाँ तेरा कोई काम नहीं।'

गुलाबदेई रोने लगी, 'कहाँ जाऊँ ?'

गुलाबदेई की सास ने बच्चे को गोद में ले रखा था। माँ को रोते देख वह भी रोने लगा था और बार-बार अपनी माँ की ओर लपक रहा था। सास ने गुस्से में बच्चे के भी एक चपत लगा दी, 'तू भी अपनी ज़िन्दगी खराब करेगा, इस कलमुँही के साथ जाकर।'

बच्चा ज़ोर से रोने लगा। माँ-बेटे को रोते देख सासजी भी रोने लगी, 'इस छिनाल ने मेरे लड़के का सत्यानाश कर दिया। जा मेरी नज़रों से दूर हट जा, मुझे कभी अपनी शक्ल न दिखाना।'

गुलाबदेई खम्भे के साथ पीठ टिकाए चुपचाप आँसू बहाती रही। हजरी बी ने गुलाबदेई की सास का व्यवहार देखा तो कोठरी में जाकर उससे गुत्थम-गुत्था हो गई, 'चल तू ही निकल यहाँ से। जब तक वह ज़िन्दा था, कभी खबर न ली। जा तेरा यहाँ कोई काम नहीं।'

'जा-जा रंडी कहीं की।' शिवलाल की माँ ने भी हजरी का झोंटा पकड़ लिया, 'निकल यहाँ से।'

'तू निकल यहाँ से,' मलाईवाली किसी तरह धीरे-धीरे वहाँ पहुँची और दोनों बूढ़ियों को अलग किया, 'कुछ शर्म करो। अभी बेटे का संस्कार भी न हुआ कि लगी लड़ने। सत्यवती, यह शोभा नहीं देता। मरनेवाले की आत्मा के लिए कुछ दुआ करो। कुछ भगवान से डरो।'

'यह कंजरी आई क्यों मेरी चक्की में ?'

'कंजरी तू,' हजरी ने कहा, 'सरम न आई बहू को बाहर करते।'

'आओ बहू अन्दर आओ। सास के पाँव लगो। अब यही तुम्हारी नैया पार लगाएगी। आओ-आओ बेटी।' मलाईवाली ने गुलाबदेई को पकड़कर टाट पर बैठाना चाहा।

'इस घर में अब इसका मनहूस कदम न पड़ने दूँगी,' गुलाबदेई की सास ने अपना अन्तिम निर्णय सुना दिया, 'चक्की मेरे बेटे ने लगाई थी, अब वह नहीं रहा तो चक्की मेरे छोटे बेटे की हो गई।'

'वाह, वाह ! छोटे बेटे की हो गई !' हजरी ने कहा, 'मैंने ऐसी माँ नहीं देखी, जिसे बेटे के मरने का अफ़सोस कम, और चक्की जीतने का चाव ज़्यादा है। डूब मर। मरना तुम्हें चाहिए था, मर गया बेचारा शिवलाल।'

'तुम कुछ भी कह लो, मैं इसे चक्की में घुसने न दूँगी।'

'मैं तुम्हें लम्हे-भर के लिए भी यहाँ न रहने दूँगी।'

'चुप रह रंडी।' शिवलाल की माँ गुर्राई।

गली-मुहल्ले के दूसरे लोग भी जमा हो गए। सबने गुलाबदेई की माँ को समझा-बुझाकर शान्त किया। गुलाबदेई टाँगों में सर दबाए सिसकती रही। शिवलाल की माँ को चक्कर आने लगा तो वह भी शान्त होकर दीवार से पीठ टिकाकर बैठ गई और रोती रही। हजरी ने भी वहीं आसन जमा लिया। शिवलाल को उसने बतौर इंसान कभी पसन्द न किया था, मगर वह था तो इंसान ही। हजरी खोज-खोजकर और गढ़-गढ़कर शिवलाल की अच्छाइयों का बखान करने लगी।

'पारसाल की बात है। पूस का महीना था। बोला, हजरी बी, बिना कम्बल के तुम्हें जाड़ा लगता होगा। मेरे पास एक कम्बल फ़ालतू है, तुम्हें दूँगा।' हजरी याद करती और रोने लगती।

'शिवलाल को मालूम था मुझे रोना बहुत जल्दी आता है, बोला, माँ, तुम्हारी आँखों में तो जैसे पानी की टोंटियाँ लगी हैं, मुझे क्या मालूम था, मेरा लाडला बेटा मुझे बेसहारा छोड़कर यों यकायक चल बसेगा।' और हजरी बी रोने लगी।

लोग मिट्टी से लौटे तो शिवलाल के छोटे भाई ने हजरी के आगे हाथ जोड़ दिए, 'आप सब लोगों ने मुसीबत में बहुत साथ दिया। आप थक गई होंगी, अब जाकर आराम कीजिए।'

'मेरा बेटा ही नहीं रहा तो अब आराम किसके लिए करूँगी,' हजरी रोने लगी, 'अब मेरी ज़िन्दगी में आराम नहीं है भैया। अब तो उसी की याद में रो-रोकर बाक़ी उम्र बिता दूँगी।'

'इस रंडी को झोंटे से पकड़कर सड़क पर फ़ेंक आओ वरना यह जान का बवाल बन जाएगी।' शिवलाल की माँ ने कहा।

'ऐसा न बोलो अम्मा। यह एक अच्छी औरत है,' शिवलाल का भाई बोला। माँ ने बेटे को पास बुलाया और उसके कान में कुछ फ़ुसफ़ुसाई। बेटे ने नाक पर अँगुली फ़ेरी और बोला, 'अब बहुत हो गया हजरी बी, तुम जाओ। चाहो तो गुलाबदेई को भी लेती जाओ।'

'तुम लोग कहते हो तो चली जाती हूँ।' हजरी बी ने कहा और सचमुच उठकर चल दी।

बाहर अँधेरा हो गया था और रह-रहकर बूँदाबाँदी हो रही थी। हजरी तेज़-तेज़ कदम उठाती अँधेरे में गायब हो गई। मौका पाकर शिवलाल के भाई और माँ ने मिलकर बड़ी हिक़ारत से गुलाबदेई को चक्की के बाहर धकेल दिया। गुलाबदेई अब तक पूरी तरह टूट चुकी थी, एक बोरे की तरह गली में लुढ़क गई। अन्दर कोठरी से बच्चे के रोने की आवाज़ मुतवातिर आ रही थी। गुलाबदेई में इतनी भी शक्ति न थी कि उठकर बच्चे को दूध पिला देती।

गली में डरावना अँधेरा था। एक कुत्ता गुलाबदेई के पास सरक गया और थोड़ी-थोड़ी देर बाद, उसके तलुए चाटने लगा। गुलाबदेई पैर झटक देती।

हजरी को गए अभी आधा घंटा भी न हुआ था कि वह, नेताजी और कोतवाल साहब के साथ गाड़ी से उतरी। कोतवाल साहब की कार के पीछे कांस्टेबलों से भरी एक जीप थी।

कोतवाल साहब ने टॉर्च और बाद में कार की लाइट्स जला करके नाली से गुलाबदेई को निकाला और कोठरी का दरवाज़ा खटखटाने लगे। शिवलाल के भाई ने दरवाज़ा खोला। सामने पुलिस की गारद को देखकर उसके चेहरे पर हवाइयाँ उड़ने लगीं।

'यह औरत कौन है ?' कोतवाल साहब ने उससे पूछा। कोतवाल साहब का हवलदार वज़नी बन्दूक लिये उनके पीछे खड़ा था। बन्दूकों से लैस आधा दर्जन सिपाहियों को देख शिवलाल के भाई के घिग्घी बँध गई।

'जी, यह एक कुलच्छनी औरत है। इसी ने मेरे बेटे के प्राण ले लिये।' शिवलाल की माँ पीछे से बोली।

'यह औरत कौन है ?' कोतवाल साहब ने पूछा।

'यह चक्की की मालकिन है हुजूर।' हजरी ने कहा।

'माँ-बेटे को गिरफ्तार करके कोतवाल ले चलो,' कोतवाल साहब ने हजरी से कहा, 'इस औरत को निमोनिया हो जाएगा। आप लोग फ़ौरन इसके कपड़े तब्दील कीजिए।'

शिवलाल का भाई और माँ दोनों थर-थर काँपने लगे। आज कैसा दिन चढ़ा था कि दिन-भर परेशानियाँ और मुसीबतें उठानी पड़ी थीं। शिवलाल का भाई कोतवाल साहब के पाँव पर गिर पड़ा, 'ऐसा जुल्म न कीजिए हुजूर। कुछ तो रहम कीजिए आज ही मेरे भाई की मौत हुई है।'

'रामसिंह।' कोतवाल साहब ने दारोग़ा को आवाज़ दी।

'रामसिंह अफ़सर की आवाज़ का मतलब समझता था। उसने शिवलाल के भाई की कलाई थाम ली। 'चलिए वरना उठवा लूँगा।'

शिवलाल का भाई चुपचाप रामसिंह के साथ चल दिया।

'अपनी माँ को भी बुलवा लो।'

'माँ की बेइज़्ज़ती न कीजिए हुजूर। मैं आपके पाँव पड़ता हूँ। वह पहले ही बेहद दुखी है।'

'रामसिंह !' कोतवाल साहब ने कहा, सिटी कंट्रोल से बोलो, 'कोतवाली से फ़ौरन जनाना पुलिस भिजवाएँ।'

'ऐसा न कीजिए कोतवाल साहब। ऐसा बिल्कुल न कीजिए,' गुलाबदेई उनके पाँव पर गिर पड़ी, 'इनसे सिर्फ़ इतना पूछ लीजिए कि ये लोग चाहते क्या हैं ?'

'ये लोग क्या चाहेंगे।' कोतवाल साहब कोठरी में घुस गए। नेताजी और हजरी बी भी उनके पीछे-पीछे कोठरी में दाखिल हो गए। बाहर बारिश तेज़ हो गई थी।

'मैं वही करूँगा जो कानून कहता है। तुम शिवलाल की पत्नी हो। यह कोठरी, यह चक्की, यह बच्चा तुम्हारे हैं। तुम्हारा हक तुम्हें मिलना ही चाहिए।'

'हमें मंजूर है,' शिवलाल का भाई बोला, 'हमें कोतवाली न ले जाइए।'

'रामसिंह इन्हें इनके घर पहुँचा आओ।'

'तेरही तक अम्माँ यहीं रहना चाहती हैं हुजूर।' शिवलाल का भाई बोला।

'तेरही आपके ही घर से होगी। आप लोग एक बेसहारा औरत की नाक में दम किए हैं। तेरही तक तो इसका भी चौथा कर देंगे।'

'हुजूर हम अपने आप चले जाएँगे।'

'न,' कोतवाल साहब ने कहा, 'माँ जी बेहद थकी हैं। मेरी गाड़ी आप लोगों को छोड़ आएगी।'

कोतवाल साहब की गाड़ी माँ-बेटे को लेकर हार्न बजाती हुई आँखों से ओझल हो गई। रोशनो में पानी की बूँदें झिलमिला रही थीं। कोतवाल साहब ने जीप रवाना कर दी और खुद बारिश में पैदल कोतवाली की तरफ़ चल दिए।

पुलिस देखकर बाहर गली में सौ-पचास लोगों की भीड़ जमा हो गई थी। कोतवाल साहब चले तो उनके पीछे नारे बुलन्द होने लगे :

'कोतवाल साहब !'

'जिन्दाबाद !'

'गुंडागर्दी।'

'नहीं चलेगी, नहीं चलेगी।'

लोग खामोश होने लगते तो नेताजी कोतवाल साहब के बगल में चलते-चलते यों हाथ घुमा देते जैसे क्रिकेट की गेंद फ़ेंक रहे हों।

भाग दो

●●

एक दिन पंडित शिवनारायण ने महसूस किया कि उसकी ख्याति सिविल लाइंस में दूर-दूर तक फैल गई है तो उसे अचानक अपनी बीवी और बच्ची का ध्यान आया। उसने सोचा कि अब वक्त आ गया है जब वह अपनी धर्मपत्नी और एकमात्र बच्ची को देहात से बुला लाए। मगर पंडित के पास आवास की उचित व्यवस्था नहीं थी। ले-देकर एक कोठरी थी, जिसमें न तो कोई किवाड़ था, न रोशनदान। पंडिताइन खुली हवा में रहने की आदी थी, यहाँ तो उसका दम घुट जाएगा। दूसरे वह पंडिताइन को विश्व-सुन्दरी से कम नहीं समझता था और मुहल्ले के लौंडों-लपाड़ों के बारे में उसकी राय अच्छी नहीं थी। पंडिताइन आ गई तो उसे दिन-भर कोठरी में कैद रहना पड़ेगा, पंडित की ड्यूटी का कोई भरोसा नहीं था, जाने कब किस अफसर के यहाँ से बुलौआ आ जाए कि नल बिगड़ गया है। हाते में ले-देकर एक हजरी बी ही थी, जिससे पंडित की कभी-कभी दुआ-सलाम हो जाती थी। सच तो यह है कि हजरी बी न होती तो पंडित कभी का कोठरी छोड़ गया होता।

पंडित और हजरी बी की कोठरियाँ एक ही हाते में थीं। पंडित अगर कभी सिविल लाइंस में ही पड़ा रह जाता, तो हजरी बी अगले रोज उस पर ज़ोर से बिगड़ती। पंडित को यह सब बहुत अच्छा लगता—कोई तो है इस संसार में, जो कम से कम उसकी खोज-खबर रखता है। पंडित ने हजरी बी से अपने नेक इरादे का ज़िक्र किया तो हजरी बी बेहद खुश हो गई, बोली, 'मुझे तो पंडितजी आपकी मर्दानगी पर ही शुबहा होने लगा था। तुम भी कैसे मर्द हो कि बरसों अपनी मर्दानगी पर लगाम लगाए रहते हो। सुभान अल्लाह, तुम्हें अकल तो आई। पंडिताइन बेचारी पर क्या गुजरती होगी। कान में भी खुजली उठती है तो आदमी काड़ी-वाड़ी ढूँढ़ने लगता है।' पंडित को रगेदते-रगेदते हजरी को जाने क्या हुआ कि सहसा ही रोने लगी, 'हमारे कमिश्नर साहब तो एक बेलगाम घोड़े की तरह थे। अल्लाह उनकी रूह को अमन अता करे।'

हजरी के कमिश्नर साहब कौन थे। कोई नहीं जानता, न उन्हें किसी ने आज तक देखा ही था। कमिश्नर साहब का जिक्र आते ही वह रोने का बहाना जरूर ढूँढ़ लेती। भादों की बरसात की तरह उसके आँसू अचानक उमड़ आते और अचानक गायब भी हो जाते। दरअसल उसने सम रहना सीखा ही न था। मजलिस में मातम पर उतर आती तो बड़ी-बड़ी पेशेवर रोनेवालियाँ ताकती रह जातीं। वह मन की मौज पर चलती थी। मन में आता तो आधी रात को, जब सारी दुनिया सो रही होती, हजरी बुरका ओढ़ गली में निकल आती और कुछ ऐसा विलाप करती, कोई इतना कारुणिक मर्सिया पढ़ती कि रजाई में दुबके हिन्दुओं तक की आँखें नम हो जातीं।

उसूल के मुताबिक पंडित को जमुनीपुर रवाना हो जाना चाहिए था, मगर हजरी ने शाम को पंडित के यहाँ ढिबरी जलते हुए देखी तो उसका पारा चढ़ता ही चला गया, 'क्या हुआ पंडितजी ? नहीं पड़ा न हौसला बेगम साहिबा को बुलाने का। ऐसी ही कोई बात है तो जाकर हकीम रामकिशन से मशविरा क्यों नहीं कर लेते।'

हजरी बी पंडित की हालत का अनुमान न लगा पा रही थी। पंडित खयालों में चुपचाप रजाई ओढ़े

पंडिताइन के साथ ही लेटा हुआ था। हजरी बी ने ऐसा व्यवधान पैदा किया कि उसने पाया पंडिताइन नहीं है। वह अकेला है। बोला, 'हजरी बी, हकीम से तो मुझे कुछ दूसर ही दवा दिलाइ देव, अब का बताई। मुहल्ले में देख ही रही हो क्या हो रहा है सुनते हैं तवायफों ने गुलाबदेई का फुसला लिया था।'

'जहाँ घी और आँच साथ-साथ रहेंगे, वहाँ यह सब तो होबै करी। चमेली को मुझसे बेहतर भला कौन जानबै ? जब सब तवायफों ने खसम कर लिये, वह टस से मस न हुई। हमारे यहाँ खानदानी तवायफें हैं ही कितनी ? अज़ीज़न को तो हम लोग बिरादरी में ही नहीं लेतीं, पैसा कमाकर उसे इतना ग़रूर चढ़ गया है कि सीधे मुँह बात नहीं करती। ले-देकर चमेली, नोननी और खुरशीद ही बचती हैं। इन पर कोई उँगली उठा देगा तो सीधा जहन्नुम में जाएगा। मैं अभी मुहल्ले में जाकर स्यापा शुरू कर दूँगी, अगर चमेली पर किसी ने उँगली उठाई। एक गरीब और बदनसीब औरत को अपने घर में पनाह देना कहाँ की बुराई है।' हजरी बी अपने को दफ़ा आठ लगने के बाद भी किसी ख़ानदानी तवायफ़ से कम न मानती थी और इस पर उसे बहुत गुमान था कि उसने दफ़ा आठ लगने के बाद बाजारू तवायफ़ों की तरह यकायक शादी नहीं रचा ली।

'हजरी बी जमाना बहुत चढ़ आया है। ऐसे माहौल में पंडिताइन को बुलाना मुनासिब होगा ?'

'तू निरा हरामी का पिल्ला है,' हजरी बोली, 'दो दिन के अन्दर अगर पंडिताइन नज़र न आई तो तुम्हारा भी बोरिया-बिस्तर गोल करवा दूँगी समझे।'

पंडित बीवी-बच्चों को लेकर शहर पहुँचा तो दोपहर बीत चुकी थी। पीछे से हजरी बी ने कोठरी को लीप-पोतकर जहाँ तक हो सकता था, सँवार रखा था। कोठरी में पहुँचते ही पंडिताइन का उत्साह भंग हो गया। वह डरी हुई बकरी की तरह सहमकर कोने में दुबक गई। यह भी कैसा घर है, जहाँ दिन में भी अँधेरा रहता है। जहाँ न किवाड़ है, न हवा आने का कोई दूसरा उपाय। सीलन की दमघोटू बदबू से पंडिताइन को उबकाई आने लगी। बच्ची पंडित की गोद में अलग से कुहराम मचाए थी। पंडित सेठ भैरूलाल के यहाँ से कुछ टाट माँग लाया था, चारों तरफ उन्हीं की बहार थी। कुछ टाट दरवाज़े पर लटक रहे थे और कुछ फर्श पर बिछे थे। पंडित खटिया का भी जुगाड़ करना चाहता था, मगर वह सम्भव नहीं हो पाया। पंडित का एक सहकर्मी महीने-भर की छुट्टी पर जा रहा था, पंडित को पूरा विश्वास था कि वह जाते-जाते खटिया उधार दे जाएगा, मगर वह चुपके से खिसक गया।

पंडिताइन एक पीपे में अपना सामान भरके लाई थी, घर में पीपा रखने की भी जगह नहीं थी। कोठरी में ही एक जगह कोने में ईंटें जोड़कर पंडित ने चूल्हा बना रखा था और रसोई के सामान के नाम पर एक हल्का-सा तवा, एक अल्युमीनियम का पतीला और एक गिलास था। एक सन्दूकनुमा चीज थी, जिसका कुन्दा टूटा हुआ था। पंडित का सारा सामान उसी में ठूँसा रहता था।

पंडिताइन और बच्ची के आ जाने से पंडित बहुत उत्तेजित हो रहा था। बार-बार बच्ची को उठाकर चूमने की कोशिश करता, मगर वह छूते ही छिटककर चिल्लाने लगती। पंडित भागकर सड़क से एक चाय का कुल्हड़ और एक ठो बिस्कुट ले आया। पंडिताइन ने बड़ी बेरुखी से चाय के दो घूँट लिये और सूँघकर वहीं रख दी, बच्ची ने भी बिस्कुट में कोई दिलचस्पी न दिखाई। पंडित बची हुई चाय पीने लगा।

पंडित ने शाम तक का समय किसी तरह बिताया और पाँच बजे अपनी बीवी की माँग में दस ग्राम सिन्दूर डलवाकर और बच्ची को गोद में उठाकर सिविल लाइंस की ओर पैदल चल दिया।

वह आज पंडिताइन को अपना जलवा दिखा देना चाहता था कि वह समाज का कितना प्रतिष्ठित नागरिक है। न हुआ ढंग का मकान, मगर उसके कब्जे में पाँच लाख का फव्वारा है। पंडिताइन शहर में नई-नई आई थी इसलिए बार-बार हाथ पल्लू पर ले जाती। पंडित बहुत तेज़ कदमों से पंडिताइन के आगे-आगे चल रहा था। पंडिताइन चलने में कमज़ोर नहीं थी, मगर उसने अपनी शादी की साड़ी पहन

रखी थी और वह नहीं चाहती थी कि साड़ी पर कोई दाग लग जाए। पंडित अगर खेतों में उसके साथ दौड़ता तो वह उसे निश्चित रूप से पीछे छोड़ देती। मगर इस समय पंडित पंडिताइन से बहुत आगे था। वह कन्धों पर बिटिया को उठाए लगभग दौड़ते हुए चल रहा था। यकायक पंडित ने पीछे मुड़कर देखा तो उसे पंडिताइन कहीं नजर न आई। वह मुड़ा और उसी रफ्तार से वापस भागा। उसका कलेजा ज़ोर-ज़ोर से धड़कने लगा, कहीं पंडिताइन खो ही न जाए। कोई गुंडा-बदमाश ही पीछे न लग गया हो। मगर पंडिताइन घूँघट काढ़े मटकती हुई इत्मीनान से चली आ रही थी। पंडित को यों दौड़ते देख उसे विचित्र लगा। उसने सोचा अब सड़क पर क्या विवाद करें, घर लौटकर ही पूछेंगे कि यह कैसा शहराती तरीका है।

पंडिताइन को देखकर पंडित आश्वस्त हो गया। अपनी बिटिया को छाती से चिपटाते हुए बोला, 'का नाम है तुम्हारा ? ही ही ही।' वह शायद भूल चुका था यह उसी की बिटिया है। वह दरअसल अब तक यही समझ रहा था कि किसी अफ़सर की बिटिया को फव्वारा दिखाने ले जा रहा है। ऐसा वह अक्सर किया करता था। खुशामद करने का यह एक निष्कलुष ढंग था कि अफ़सरों के बच्चों को फव्वारा दिखाया जाए।

पंडिताइन कुढ़ते हुए पंडित के पीछे चल रही थी। उसे सुबह से एक ही शिकायत हो रही थी कि पंडित मुसलमानों के मुहल्ले में रहता है और कोठरी में किवाड़ तक नहीं। वह कहाँ तो नहाएगी और कहाँ सोएगी ? कोठरी भी क्या थी उसे काल कोठरी कहना ही वाजिब लगता। घर में खटिया तक नहीं थी। उसी सीलन-भरी कोठरी में दो-चार टाट बिछाकर पंडित ने अपना बिछौना बना रखा था। पंडिताइन को आश्चर्य हो रहा था कि वह आदमी देहात की खुली हवा छोड़कर शहर में क्यों सड़ रहा है ? पंडित पंडिताइन के मनोभावों को भाँप गया था। पहले उसने सोचा पंडिताइन को खुश करने के लिए सिविल लाइन तक का रिक्शा कर ले, मगर यह एक ऐसी फ़िज़ूलखर्ची थी, जो उसने आज तक न की थी। इससे अच्छा तो यह होगा, इन पैसों से सिविल लाइंस में चाट खाई जाए। इस इन्तजार में वह भागा जा रहा था कि पंडिताइन किसी तरह सिविल लाइंस पहुँचकर उसका रुतबा देख ले। मगर पंडिताइन बहुत धीमे-धीमे चल रही थी। बसों का धुआँ सीधा उसके दिमाग़ में घुस रहा था। पंडित गर्दन घुमाकर बार-बार पंडिताइन को देखता और उसकी इच्छा होती कि पंडिताइन को भी बच्ची की तरह कन्धे पर बैठाकर ले भागे। चौराहे के पास पहुँचकर वह खड़ा हो गया और अपनी बच्ची को गा-गाकर समझाने लगा :

लाल बत्ती देखो, तो मोटर को रोको
हरी बत्ती देखो तो मोटर चलाओ

बच्चों का यह गीत वह चतुर्वेदीजी के बच्चों को गाते हुए सुन चुका था। हरी बत्ती हुई तो पंडित ट्रैफ़िक के साथ-साथ भागा। पंडिताइन ने पंडित को अचानक भागते हुए देखा तो वह भी उसके पीछे भागी। चप्पल उतारकर पंडिताइन ने हाथ में थाम ली और किसी तरह अपनी जान बचाकर चौराहा पार किया। पंडित ही ही कर हँसा। उसके बड़े-बड़े दाँत ऐसे लग रहे थे जैसे मुँह के भीतर सींग उग आए हों।

'यह सहर है सहर ! यहाँ सुस्ती से काम नहीं चलता। एक मिनट की भी कोताही हुई नहीं कि बन्दा सीधा भगवानजी के पास', पंडित ने सामने सिनेमाघर देखा तो बोला, 'तुमको एक दिन सिनेमा भी दिखाऊँगा। वह देखो सामने, कभी देखा है सिनेमा ? धर्मेन्द्र और शर्मीला टैगोर। और ऊपर देखो सामने। रेल का पुल। नीचे से बसें गुज़र रही हैं और ऊपर से रेलगाड़ियाँ। अब सिविल लाइन दूर नहीं। बस पुल पार किया और बत्तियाँ देखते-देखते पहुँच गए।'

सिविल लाइन तक पहुँचते-पहुँचते पंडित की साँस फूल गई थी। वैसे वह रोज़ ही पैदल आता-जाता

था मगर आज मारे उत्तेजना के उसके पैर ज़मीन पर नहीं पड़ रहे थे। उसने दूर से ही पंडिताइन को दिखाया—वह देखो फव्वारा। पंडिताइन की समझ में कुछ न आया। वह अपनी पुरानी रफ्तार से उसी प्रकार चलती रही। कोठरी पर पहुँचते ही पंडित ने चाबी लगाकर कोठरी खोली, बत्ती जलाई और ज्योंही पंडिताइन ने कोठरी में कदम रखा पंडित ने स्विच ऑन कर दिया। पंडिताइन ने पलटकर देखा, चौराहे पर फव्वारे की नन्ही-नन्ही बूँदें छोटे-छोटे बल्बों के रंग में रँग गई थीं। पंडिताइन हल्के से मुस्कुराई। उसे यह सब बहुत अच्छा लगा, जादुई। बोली, 'एक बार बन्द करके फिर से चलाओ।'

पंडित ने फौरन आज्ञा का पालन किया। पानी की फुहार एकदम बैठ गई। चौराहे पर सन्नाटा खिंच गया। पंडित हें-हें-हें करके हँसा और उसने पुनः फव्वारा चला दिया।

पंडित आश्वस्त हो गया था कि पंडिताइन पर धाक जम रही है। कोठरी के बाहर गर्दन निकालकर अपनी बहुत रौबदार आवाज में उसने किसी को पुकारा 'ओ घीसू !'

घीसू ने पंडित की आज तक इतनी रौबदार आवाज़ नहीं सुनी थी, बोला, 'हुजूर।'

'जाकर ज़रा चुन्नीलाल को बोल आओ कि कुछ मिठाई बनी हो तो भिजवा दे। घोड़े की रफ़्तार से ज़रा जल्दी कह आओ। और देखो अगर गर्म-गर्म गुलाबजामुन मिलें तो लेते आना।'

घीसू के पास अभी बहुत काम था। दुकान उठाने का समय भी हो रहा था। उसने स्थिति की नज़ाकत को समझते हुए पंडित का काम कर देना ही मुनासिब समझा। वह नहीं चाहता था, पंडित उसके सामान का सन्दूक कोठरी में रखने से इनकार कर दे।

'रे कान्हा, मेरा सामान जरा देखते रहियो, मैं अभी आता हूँ।' घीसू ने कहा और चुन्नीलाल की दुकान की ओर लपका। पंडित ने घीसू पर अपना प्रभाव होते देख एक ठेलेवाले को दो गिलास सन्तरे का ताजा रस बनाने का भी आदेश दे डाला। फलवाले ने पंडित की बगल में एक औरत को देखा तो पंडिताइन के लिए सड़े सन्तरे छाँटने लगा।

●●

इसे संयोग ही कहा जाएगा कि पंडिताइन उन दिनों शहर आई जब सरकार ने बिजली में भयंकर कटौती कर दी। फव्वारा भी बन्द करना पड़ा। अब पंडित के पास बहुत-सा खाली समय था। वह दो-एक घंटा दफ्तर में बाबुओं को चाय-पानी पिलाने का काम करता, फिर किसी अफसर का नल ठीक करने के बहाने घर खिसक जाता। फव्वारे पर उसे कोई काम नहीं था। वह दिन-भर पंडिताइन के आसपास ही मँडराता रहता। पंडिताइन सीधे मुँह बात न करती तो लाला भैरूलाल के बंडल छुड़ाने मालगोदाम चला जाता। इस काम में वह रुपए-दो रुपए कमा लेता। कभी बाबू को चाय पिलाने के हिसाब में, कभी ठेलेवाले से कमीशन तय करके।

पंडित एक दिन मालगोदाम से माल छुड़ाकर लौटा तो लाला भैरूलाल ने उसे अपने पास बुलाया, 'देखिए पंडित, ज़माना महँगाई का है। आपको नौकरी से पूरा नहीं पड़ता, इसलिए मेरे यहाँ थोड़ा-बहुत काम कर लेते हैं। क्यों नहीं बहू को भी काम पर लगवा देते ? पच्चीस-तीस कुछ तो लाएगी ? तुम्हारी भाभी कई दिनों से शिकायत कर रही हैं कि अब उनसे घर का काम नहीं होता। पंडिताइन अगर बर्तन मल देगी या पोंछा लगा देगी तो उसे कुछ राहत मिल जाएगी।'

पंडित ने इस पहलू से कभी विचार ही नहीं किया था। एक-एक पैसा दाँत से पकड़ते उसका जीवन बीत रहा था। अपने पाँव पर उसे इतना भरोसा था कि पहली बार रिक्शा में भी पत्नी के आने पर ही चढ़ा था। कभी दातौन तक नहीं खरीदी थी। समय न कटता तो पेड़ पर चढ़कर दातौन तोड़ लाता

और कोठरी के बाहर बैठा घंटों चबाता रहता। इधर उसने सन्तोषी माँ का स्मरण करके दाढ़ी बढ़ा ली थी और तय कर लिया था कि जब तक घर में बाल-गोपाल नहीं आते, वह दाढ़ी नहीं मुड़ाएगा।

पंडिताइन बहुत कम बोलती थी। कई दिन तक पंडित का भी हौसला नहीं पड़ा कि वह सेठजी का सुझाव पत्नी के सामने रखे। पंडित तमाम जद्दोजहद के बाद बमुश्किल सौ-सवा सौ रुपए घर लाता था। इतने रुपयों में नोन-तेल-लकड़ी का भी पूरा न पड़ता, पंडिताइन जिन कपड़ों में आई थी, उन्हीं में गुजर कर रही थी। बच्ची भी यतीमों की तरह अधनंगी घूमती। आश्चर्य की बात तो यह थी कि इन समस्त अभावों के बीच भी पंडित अपने को एक सफल आदमी मानता था। उसके पास बीसियों किस्से थे—अपने शौर्य के, वीरता के, लोकप्रियता के...। वह कुछ ऐसे सोचता कि नगरपालिका उसी के चलाए चल रही है। पंडिताइन का ध्यान अभावों की तरफ न जाए—यह सोचकर वह अक्सर उसकी खुशामद में लगा रहता। बहुत खुश होता तो घोड़ा बनकर, बच्ची को पीठ पर ही दिल्ली-बम्बई-कलकत्ता की सैर करा देता। पंडिताइन देखती तो बच्ची के साथ-साथ पंडित पर भी उसे प्यार उमड़ने लगता। एक दिन पंडिताइन को इतना प्यार उमड़ा कि वह भी उस खेल में शामिल हो गई और पंडित पर बैठने का अभिनय करते हुए चिमटे से उसे हाँकने लगी। बच्ची पंडित की चोटी लगाम की तरह थामे हुए थी और पंडिताइन छोटी-सी कोठरी में उसे हाँके चली जा रही थी। यह दूसरी बात है कि थोड़ी देर में इस घटना से उत्साहित हो पंडित ने पंडिताइन की लगाम थाम ली...।

पंडित ने पत्ता फेंक दिया, बहुत दिनों बाद सुनहरा मौका हाथ में आया था। बिना चूके बोला, 'सब दिन एक समान नाय रहत। सन्तोषीमाई की किरपा से पलमामेंट होइ जाइ और घर में बाल-गोपाल आइ जाइ, फिर हमको कौनो चिन्ता न रही। क्वाटर भी मिल जाइ और मँहगाई भत्ता भी !' अपनी बात का असर होते देख उसने बात जारी रखी, 'भैरूलाल सेठजी के सेठाइन कहत रही कि मदद के खातिर पंडिताइन को भेज दीहा करा, वैसे एहमें कौनो हरज नांय बा, अपने जजमान हैं।'

'उहाँ का करै परी ?'

'चालीस-पचास रुपए तो दैबे करिहैं। मुला काम उहै होई जौन न हम करै चाहब, न तू।'

पंडिताइन मुँह बाए सुनती रही।

'जैसे घर कै सफाई, कपड़े पछाड़ना, बरतन मलना।'

'खाना बनवावैं तौ चली जाब।'

'खाना तौ सेठानी खुद बनावतहिं।'

पंडिताइन सोच में पड़ गई, 'अगर किसी पड़ोसी को पता चल गया कि पंडिताइन दूसरों के घरों में बरतन मलती है तो सारी इज़्ज़त खाक में मिल जाएगी। दूसरी तरफ चालीस-पचास रुपए भी कम नहीं होते। महीने-के-महीने मिलेंगे। कपड़ों का नया जोड़ा खरीदा जा सकता है, साबुन, क्रीम, नई चप्पल, पाँव के लिए लच्छे...।'

पंडित ने भाँप लिया कि पंडिताइन को सुझाव पसन्द आया है। उसे पंडिताइन से ऐसी आशा न थी। पंडित को बहुत सदमा लगा। साली जेल से निकलना चाहती है। यकायक उसके विचारों में क्रान्ति आ गई। सोचने लगा, औरत से काम करवाना मर्द के लिए डूब मरने की बात है। बोला, 'सुनो जी, हम ठहरे बामन। हम दुसरे कै घरै कै गन्दगी साफ करी, हमरे सास्तर में एकर कौनौ नियम नांय न। रूखी-सूखी खाइ कै पड़ा रहा, मुला अपने धरम पै दरिढ़ रहा। न जाने पूरब जनम कै कौनो पुन्य का फल रहा कि ब्राह्मण कुल में जनम पाय...।'

'ई तौ ठीक है। मुला ई धोतियौ जो फटि जाइ तौ का करब ?'

'सिलाई,' पंडित दृढ़ता से बोला, 'सुदामा कै पतनी केतना-केतना दुख उठाइ होइ, तनि ओनके बारे में सोचा। अगर सुदामा गरीबी में रहि सकत तो हम काहे नाहीं ! हमरे कमींच देखा, केतनी जागा प्योना लाग बा।'

पंडित की बातों से पंडिताइन को ऊब होने लगी। वह उठकर चूल्हा फूँकने लगी। पंडित को लगा पंडिताइन ऐंठ रही है। पंडिताइन के सामने उसने खुद ही सुझाव रखा था और अब खुद ही तर्क-वितर्क में उलझता जा रहा था। जबकि पंडिताइन से बात करने से पूर्व अपने को यहाँ तक तैयार कर चुका था कि पंडिताइन बर्तन भी मल ले तो कोई बुराई नहीं। आदमी को हर तरह का बखत देखना पड़ता है। अब तो उसे विश्वास हो गया था कि ऊपर से देखने पर सेठ भला आदमी लगता है, अन्दर उसके खोट ही खोट भरी है। थुल-थुल सेठाइन से ऊबकर अब पंडिताइन पर डोरे डालना चाहता है। पंडिताइन तो साली मूर्ख है। सेठ ने एक धोती कपड़ा दिलवा दिया तो उसी पर रीझ जाएगी। पंडित के दिमाग में अकस्मात् ऐसा अन्धड़ उठा कि उसे लगा, सब कुछ पेड़-पौधों की तरह उखड़कर नष्ट-भ्रष्ट हो जाएगा। पंडित ने उचित समझा कि अभी जाकर सेठ भैरूलाल को बता आए कि उसने पंडिताइन को काम के लिए बहुत कहा, मगर वह तैयार न हुई।

आखिर एक दिन पंडित सेठजी को जवाब देने उनके यहाँ जा पहुँचा। उसने कई बहाने सोच रखे थे। जैसे—पंडिताइन जल्दी ही घर लौट रही है या बच्ची के चलते वह अपने घर का ही काम नहीं कर पाती, वगैर-वगैरह। इससे पहले कि पंडित कुछ कहता, सेठ भैरूलाल ने कहा कि उन्हें नौकरानी मिल गई है। पंडित जैसे आसमान से गिरा। उसे लगा, जैसे यकायक किसी ने दिमाग का फव्वारा बन्द कर दिया हो। उसे पंडिताइन पर क्रोध आने लगा, 'सारी दुनिया में वही एक परी है ! साली ! हरामजादी ! बना-बनाया काम बिगाड़ दिया। चालीस-पचास रुपए उसे काटते थे। भूखे-नंगे रहना अच्छा लगता है, काम के नाम से मौत आती है।'

सेठ भैरूलाल कुछ घबराए हुए थे। उनकी सेल्सटैक्स की तारीख लगी थी और उन्हें कुछ कागज़ात नहीं मिल रहे थे। उन्होंने पंडित को जल्दी ही विदा कर दिया।

पंडित लौटा तो पंडिताइन कोठरी में नहा रही थी। सेठ के यहाँ से पंडित दुखी और निराश लौटा था। चालीस-पचास रुपए माहवार खो देने का उसे नाकाबिले बर्दाश्त अफसोस हो रहा था। पंडित को भूख भी लगी हुई थी और सेठ भैरूलाल ने चाय-नाश्ते के लिए भी नहीं पूछा था। दीन-दुनिया से बेखबर पंडिताइन को यों इत्मीनान से सिल पर एड़ी रगड़ते देख पंडित का पारा चढ़ने लगा। उसे धक्का-सा लगा कि पंडिताइन उसकी अनुपस्थिति में पूरे वस्त्र उतारकर नहाती है। कोई भी गुंडा-मुस्टंडा टाट में से झाँक सकता है।

पंडित की अप्रत्याशित उपस्थिति से पंडिताइन अचकचाकर रह गई। उसके पास बदन पोंछने तक के लिए कपड़ा नहीं था और भय भी लग रहा था कि अगर धोती उठाने के लिए खड़ी हो गई तो पंडित जान से मार डालेगा। उसे नहाते देख पंडित को खुद ही बाहर चले जाना चाहिए था, मगर वह बेशर्मी से अड़कर वहीं खड़ा हो गया। पंडिताइन ने सोचा पंडित उसे एकान्त में यों नहाते देखकर मज़ा ले रहा है। मगर पंडित के तेवर बदले हुए थे, बोला, 'ई नहाइ कै टैम है ?'

'सुबह नल पर कितनी भीड़ होत है, तू जनतै हया।'

'साली ! हरामजादी ! छिनाल !' पंडित के नथुने फड़कने लगे, 'ऐसे तो अच्छा था तैं सड़क पर नहावा कर !'

शीघ्र ही पंडित क्रोध, थकान, भूख, खेद से हाँफने लगा। पंडिताइन ने पंडित का यह भयंकर रूप देखा तो जमीन पर लेटकर गीली धोती खींच ली और गीले बदन पर लपेटने लगी। टाट पर एक कोने में बच्ची सो रही थी, आवाज सुनकर वह भी रोने लगी। पंडिताइन ने बच्ची को उठा लिया।

'बच्ची को मत छुओ, पहले मेरी बात सुनो !' उत्तेजना में पंडित खड़ी बोली पर उतर आया था।

'तोहरे पेट से निकरी रही जौन वहैं रहै देई !'

'ज्यादा बक-बक किया तो उठाकर पटक दूँगा। बाहर सड़क पर नहाना अच्छा लगता है और सेठ भैरूलाल के यहाँ काम करने में इज्जत जाती थी। तुम्हें पर लग गए हैं शहर के ! मैं तुम्हारे पर नहीं

काटूँगा, तुम्हारे टुकड़े-टुकड़े करके चुपचाप गंगाजी में बहा आऊँगा ! जिसे नहाने की फिकर रहती है, वह मुँह-अँधेरे उठकर नहा लेता है, तुम्हारी तरह बदन की नुमाइश लगाकर पूरे कुल की इज्जत मिट्टी में नहीं मिलाता।'

पंडिताइन सुबकने लगी, 'तोहरे जैसन राक्षस के साथ गुजर न होए। बच्ची कै लै कै हम भियान हियाँ से चली जाब !'

पंडित के जी में आया, पंडिताइन के सामने बैठकर अपनी दाढ़ी मूड़ डाले और पंडिताइन को बता दे कि अब उसका उससे कोई सम्बन्ध नहीं रहा मगर वह सिर थामकर बैठ गया। उसने बड़े चाव से पंडिताइन को शहर बुलाया था। अब उसे लग रहा था, यह उसकी भारी भूल थी। जितना टैम उसने पंडिताइन की चाकरी में बिताया है, किसी अफसर की सेवा की होती तो अब तक 'पलमामेंट' हो गया होता। वह उठा और पंडिताइन की तरफ कुछ रेजगारी फेंककर ड्यूटी के लिए रवाना हो गया।

पंडिताइन बच्ची को गोद में लिये दूध पिलाती रही। घर में न आटा था, न नोन। उसकी इच्छा नहीं हुई कि पंडित के फेंके पैसों को उठाकर सामान ले आए।

'ब्याहता औरत हूँ, भिखारिन नहीं। मजूरी कर लूँगी, भीख नहीं उठाऊँगी !'

वह भूखी-प्यासी पड़ी रही।

कई रोज़ तक पंडिताइन की पंडित से बातचीत बन्द रही। पंडित आता तो वह चुपचाप थाली परोस देती। एक-दो बार पंडित ने कोई किस्सा सुनाकर बातचीत जीवित करनी चाही मगर पंडिताइन उठकर बाहर चली गई। एक दिन रात को पंडित ने धीरे से पंडिताइन को छूने की कोशिश की तो वह ऐसे बिदककर उठ बैठी जैसे पंडित के हाथ न हों कोई साँप हो।

हजरी कई दिनों से पंडित और पड़ाइन दोनों को उखड़े-उखड़े देख रही थी। एक दिन उसने पंडिताइन के बालों में तेल डालते समय पूछा, 'का बात है बहू। पंडितजी से झगड़ा हो गया है का ?'

पंडिताइन रोने लगी, 'सहर में तो तुम्हीं रहि सकत हो। न खाने का कोई परबन्ध न पहरने का। ऊपर से हर बखत बदमिजाज आदमी की घुड़की सुनो। मैं तो लौट जाऊँगी। देहात में कम से कम दो जून रोटी तो मिल जात है इज्जत के साथ।'

हजरी एक दिन भैरूलाल के यहाँ काम करने की बात पर दोनों में तकरार सुन चुकी थी। बोली, 'तुम पंडित की बात पर न जाओ। चुपचाप नौकरी कर लो, जहाँ वह कहता है। घर में दो पैसे आएँगे और जी का क्लेश भी कम होगा।'

'नौकरी करने भी देवें। पहले खुद ही कहत रहै कि नौकरी कर लो। जब मैं तैयार हो गई तो लगे अनाप-सनाप बकन।'

'मरद ऐसे ही होते हैं। आदमी वह बहुत अच्छा है, इस बात को गाँठ बाँध लो। इतने बरस यहाँ रहा है मजाल है किसी की बहू-बेटी की तरफ बुरी आँख से देखा हो।'

इस बात से पंडिताइन को हल्की-सी खुशी हुई। दूसरे हजरी बी ने सर इतना हल्का कर दिया था कि उसे पंडित की ज्यादतियों पर लाड़ आने लगा।

'मेरी मानो तो एक कहूँ। यहाँ बगल में मास्टर सीताराम जी रहते हैं, कई बार किसी काम करैवाली को ढूँढ़ने के लिए कह चुके हैं। चलो तुम्हें मिलवा लाऊँ।'

'उनसे पूछ ल्यों तब तो।'

'मैं पूछ लूँगी।' हजरी ने कहा और पंडिताइन को लगभग घसीटते हुए मास्टरजी के यहाँ खींच ले गई।

●●

मास्टरजी थोड़ी दूर पर ही रहते थे। लगभग रिटायर होने को आए थे। एक लड़का ए.जी. के दफ्तर में बाबू था और दूसरा किताबों का धन्धा करता था।

मास्टरजी बाहर चौतरे पर बैठे अखबार पढ़ रहे थे। दूर से ही हजरी की आवाज सुनकर चौकन्ने हो गए।

'सलामालैकुम मास्टर साब।' हजरी दस मीटर दूर से ही चिल्लाई।

'बालैकुम हजरी।' मास्टर साहब ने चश्मा उतारकर हाथ में पकड़ लिया और हजरी के साथ घूँघट में किसी औरत को देखकर समझ गए कि हजरी महरी का इन्तजाम करने में सफल हो गई है।

'अभी देहात से आई है, इसलिए शरमा रही है। ऐसी नेक महराजिन आपको न मिलेगी मास्टर साब,' हजरी बोली, 'दिन में दो बार तो स्नान करती है। हर दूसरे दिन तो इसका ब्रत रहता है।'

'जाओ अन्दर बहू से मिलवा दो।' मास्टर साहब ने कहा और फिर अखबार में डूब गए। मगर अखबार में उनका मन नहीं लग रहा था, दिन में कई बार वही-वही समाचार पढ़ चुके थे।

मास्टरजी हाथ में चश्मा थामे अन्दर दालान में चले गए। मास्टरनी पंडिताइन से एक ही बात पर उलझ रही थी कि उसे बर्तन भी मलने होंगे। पंडिताइन इसके लिए तैयार न थी। वह खाना बनाने को तो तैयार थी, चालीस रुपए भी उसने मंजूर कर लिये, मगर बर्तन के नाम पर वह घूँघट काढ़ लेती थी।

मास्टरजी ने पंडिताइन का चेहरा देखा तो समझ गए कि बेचारी कोई मुसीबत की मारी ब्राह्मणी है। बोले, 'मैं कहता हूँ चलो बर्तन का काम नहीं करना चाहती तो न सही। तुम्हारा काम कुछ तो हल्का होगा।'

मास्टरनी भड़क गई, हाथ नचाकर बोली, 'ठीक है, खाना तो यह नवाबजादी बनाए और बर्तन बैठकर हम मलें। इस बुढ़ौती में मेरी यही गति लिखी थी।' मास्टरनी अचानक रूठ गई।

मास्टरजी उठकर बाहर चले आए और चौतरे पर बैठकर पुनः वही-वही खबरें पढ़ने लगे।

पंडिताइन सदालौह औरत थी, मास्टरनी की बात से पिघल गई। हजरी से बोली, 'बर्तन भी हम मल दें मगर पंडितजी सुनेंगे तो घर से निकाल देंगे।'

'पंडित को बताना ही मत,' हजरी ने कहा और अन्दर जाकर मास्टरनी के पैर दबाने लगी, 'बेचारी मुसीबत की मारी है। आदमी ले-देकर सौ रुपल्ली कमाता है। आज़ के ज़माने में इतने रुपयों से होता ही क्या है। यह भली औरत तो बर्तन भी मल लेती, मगर पंडित सुनेगा तो पगला जाएगा।'

मास्टरनी सुबह रोज गंगा-स्नान के लिए पैदल जाती थी, और इस समय हजरी से पैर दबवाकर उसे बहुत भला लग रहा था, बोली, 'हजरी तुम ही सोचो। मैं तो बर्तन मलूँ और यह राजकुमारी खाना पकाए।'

'मैंने हल निकाल लिया है,' हजरी ने कहा, 'अगर पंडित को खबर न लगे तो यह चुपचाप सब काम कर लेगी।'

'एक और बात है हजरी,' मास्टरनी ने कहा, 'घर में दो-दो जवान बेटे हैं। ऐसी जवान औरत को रखते हुए मुझे डर भी लग रहा है।'

'आपके जैसे बेटे किसके होंगे,' हजरी बोली, 'अब तो शादी रचा ही दो अम्मांजी। एक-से-एक रिश्ते आते होंगे।'

मास्टरनी अपने बेटों की बड़ाई सुनकर बहुत खुश हो गई, जबकि मन-ही-मन वह बेटों से इतनी खुश न थी। अभी से वे लोग अपनी आमदनी छिपाने लगे थे। बहुएँ आ जाएँगी तो एक कौड़ी भी मास्टरनी के हाथ पर न धरने देंगी।

'ठीक है, हजरी बी, अगर तुम कहती हो तो पंडिताइन को काम पर लगा दो। मगर यह उसे समझा

देना कि यह मास्टर सीताराम का घर है। यहाँ किसी तरह की गन्दगी वह न फैलाए।'

अगले रोज सुबह छह बजे पंडिताइन मास्टर सीताराम के घर की साँकल बजा रही थी। मास्टरजी ही ने दरवाज़ा खोला। उन्होंने दरवाज़ा खोला और बोले, 'बिटिया इतनी जल्दी क्यों चली आई। अभी तो घर में सब लोग सो रहे हैं।'

'जब तक वे जगेंगे बर्तन मल लूँगी।' पंडिताइन ने कहा।

'ठीक है, ठीक है।' मास्टरजी ने दरवाजा बन्द किया और पंडिताइन को रसोईघर तक ले गए। कल रात लड़कों के कुछ दोस्त आए थे। घर के तमाम बर्तन नल के पास पड़े थे। बर्तनों पर बहुत चिकनाई थी। पंडिताइन ने सोचा सम्पन्न लोगों का घर है। उसके यहाँ तो जूठे बर्तन नल के नीचे रख दो तो धुल जाते हैं।

मास्टर ने बड़े इत्मीनान से पंडिताइन के गाल थपथपा दिए, 'मुझे दुःख है तुम्हें बर्तन भी मलने पड़ रहे हैं।'

पंडिताइन ने अपनी धोती को ठीक किया, एक नज़र मास्टरजी की तरफ देखा और बर्तन मलने बैठ गई। घर में मास्टरजी के अलावा सब लोग सो रहे थे। मास्टरनी गंगा-स्नान के लिए जा चुकी थी।

मास्टरजी पंडिताइन के पास खड़े होकर चाय बनाने लगे। उन्होंने दो कप पानी अंगीठी पर उबलने को रख दिया, 'चाय पी लेती हो ?'

पंडिताइन ने नज़र उठाकर मास्टरजी की तरफ देखा और बोली, 'देहात में तो कोई चाय का नाम नहीं लेता। मगर देखती हूँ सहर के लोगों को इसका चस्का लग गया है।'

मास्टरजी हँसे और एक गिलास में चाय बनाकर पंडिताइन को थमा दी, 'लो महराजिन तुम भी पीकर देख लो।'

'न, न। हम चाय न पीब।' पंडिताइन बोली।

'अरे पी लो। एकदम तबीयत अच्छी हो जाएगी।'

'मास्टरजी, मेरी तबीयत खूब अच्छी है।' पंडिताइन कड़ाई से बोली।

मास्टरजी चाय का प्याला थामे उसके पास खड़े रहे। पंडिताइन ने साड़ी भींगने के भय से जाँघों में खोंस ली थी। पंडिताइन ने देखा मास्टरजी उसकी पिंडलियों को बड़ी तन्मयता, दिलचस्पी और उत्सुकता से देख रहे थे। उसने झट से पिंडलियों पर धोती ओढ़ ली और बर्तन मलने में जुट गई।

मास्टरजी के हाथ में चाय का गिलास काँप रहा था।

'मैंने तो बड़ी मोहब्बत से चाय बनाई थी।' मास्टरजी बोले और गिलास पंडिताइन के पास ज़मीन पर रख दिया।

पंडिताइन ने इसकी तरफ कोई ध्यान न दिया। वह चुपचाप बर्तन मलती रही। वह मास्टरजी से इतनी बेन्याज़ थी कि उसे पता भी न चला, कब मास्टरजी अपना गिलास लिये राम-राम करते वहाँ से अप्रकट हो गए।

जब तक मास्टरनी गंगा-स्नान से लौटती, पंडिताइन बर्तन मल चुकी थी और कमरों में पोछा लगाकर आलू छील रही थी।

'अब दोपहर को आना,' मास्टरजी ने कहा, 'हमारे यहाँ बारह एक से पहले कोई खाना नहीं खाता। और देखो तुम्हारा ब्लाउज़ बगल पर से उधड़ गया है, इसे सी लेना।'

पंडिताइन ने धोती बदन पर कम्बल की तरह ओढ़ ली और चलने के लिए उठ खड़ी हुई।

'तुम्हारी चप्पलें कहाँ हैं ?'

'चप्पल हम नहीं पहनत।' पंडिताइन बोली।

पंडिताइन नंगे पाँव थी। उसने पैरों पर लाल आलता मल रखा था और चाँदी के पाजेब पहन रखे थे। वह छम-छम करती चली गई तो मास्टरजी को बहुत अकेला लगा। सुबह के अधिकांश काम वह

निबटा गई थी। मास्टरनी गंगा-स्नान से लौटी तो उसने सबसे पहले डिब्बा खोलकर देखा कि पंडिताइन क्या-क्या चीज़ चुराकर ले गई है। मास्टरजी ऊपर आए तो मास्टरनी ने कहा, 'आप मानें या न मानें, मगर वह एक चोर औरत है। देखिए चीनी और चायपत्ती कितनी कम रह गई है।'

इस मौके पर मास्टरजी ने यह बताना उचित न समझा कि उन्होंने सुबह दो प्याला चाय बनाई थी। मास्टरजी को हतप्रभ देखकर मास्टरनी ने दूध का बर्तन उघाड़कर देखा, उसकी अनुभवी आँखें आश्वस्त हो गईं कि दूध की भी गड़बड़ी की गई थी।

मास्टरजी बाहर धूप में बैठकर अखबार पढ़ने लगे।

मास्टरनी देर तक कुढ़ती रही, 'लगता है यह चुड़ैल पूरा घर बर्बाद कर देगी।'

पंडिताइन मास्टरजी के यहाँ से लौटी तो पंडित धूप में बिटिया को खिला रहा था। पंडिताइन ने पंडित से बात करने की कोई कोशिश न की और कोठरी में घुस गई। काम से लौटने के बाद उसमें बेहद आत्मविश्वास आ गया था।

थोड़ी देर बाद पंडित सिसियाता हुआ आया और बोला, 'मास्टरजी बहुत भले आदमी हैं। मैं उन्हें बरसों से जानता हूँ।'

'हुआ करें,' पंडिताइन बोली, 'मुझे अपने काम से मतलब है।'

पंडिताइन का वेतन जानने के लिए पंडित की जान निकल रही थी, बोला, 'काम तो कोई ज्यादा न होगा ?'

पंडिताइन चुपचाप अँगीठी सुलगाती रही।

'दरअसल कल मेरा मूड बिगड़ा हुआ था। ये जो नए प्रशासक जी आए हैं हर किसी को वजह-बेवजह लताड़ देते हैं।'

पंडिताइन पंडित के स्वभाव से परिचित थी कि ऐसे समय में वह अक्सर कहानियाँ गढ़कर सुलह-सफाई का रास्ता निकाला करता है, बोली, 'बिटिया को कुछ खाने को दिया था या यों ही खाली पेट बहला रहे हो।'

पंडित ने सचमुच बिटिया को अब तक भूखे रखा था। पंडिताइन की बात पर अब वह झूठ ही बोल सकता था, बोला, 'अब तुम मानोगी नहीं, अभी लखन के यहाँ से दो बिस्कुट लाया था, बकरी की तरह चर गई।'

'तुमने कुछ खाया ?'

'मैं तो, तुम जानती हो, बहुत सुबह खाने का आदी नहीं हूँ। जेब में दो रुपए थे। थोड़ा घी और दो मूलियाँ ले आया हूँ, आज पराठे खिला दो।'

पंडिताइन का मन भी आज पराठा पर चल रहा था। मास्टरजी के यहाँ बर्तन मलते हुए उसने हर तश्तरी में आलू के पराठों के टुकड़े देखे थे। पंडित का सुझाव मानकर वह जल्दी-जल्दी पराठा बनाने में लग गई।

'देहात में किसी को यह बताने की क्या जरूरत है कि तुम काम-वाम पर जाती हो। बखत बहुत तेजी से बदल रहा है, यह बात देहातवाले क्या जानें ?'

'मैं तो क्या बताऊँगी, तुम खुद ही ढिंढोरा पीट दोगे। मैं जैसे तुम्हारे स्वभाव को जानूँ नहीं।'

पंडित ही-ही कर हँसने लगा, बोला, 'चालीस से कम तो क्या देंगे ?'

'चालीस ही देंगे।' पंडिताइन ने बहुत छिपाना चाहा, मगर उसके मुँह से निकल ही गया, 'बर्तन भी मजवाहीं।'

'तुमने बर्तन माँजे ?' पंडित ने ज़रा तैश से पूछा।

'यही कहा कि तुमसे पूछ कर बताएँगे।' पंडिताइन ने पंडित का मन भी जान लेना चाहा।

पंडित गहरी चिन्ता में डूब गया। उसे लगा उसके सामने कोई समस्या खड़ी हो गई है। ठीक अपने

प्रशासकजी की मुद्रा में चटाई पर बैठ गया और थोड़ी देर बाद बोला, 'समस्या तो गम्भीर है। मेरे एक अफसर त्रिपाठी थे, जो कहा करते थे कि जो इंसान वक्त के साथ नहीं बदलता नष्ट हो जाता है,' अपनी बात को ज्यादा प्रभावोत्पादक बनाने के लिए उसने कहा, 'अब इस कलियुग में कौन ब्राह्मण और कौन शूद्र। सहर में रहना है तो सहर के कायदे-कानून को मानना ही पड़ेगा।'

'तो हाँ कर दूँ ?' पंडिताइन ने पूछा।

'तुम्हारी आत्मा गवाही दे तो कर दो।'

'मेरी आत्मा तो कभी इसकी गवाही नहीं देगी कि लोगों की जूठन साफ करूँ।'

पंडित को पंडिताइन पर बहुत तेज़ गुस्सा आ गया मगर वह किसी तरह अपने पर काबू पाए रहा। साली सारा दोष मेरे ऊपर धरकर ही जूठन मलना चाहती है। मेरा बस चले तो पूरी औरत जात को शूद्रों की श्रेणी में रख दूँ।

'का कहत हो ?'

'तुम चाहती हो तो मैं तुमसे कहूँ कि जाओ पंडिताइन दूसरों के घर जाकर जूठन साफ करो। यही कहलवाना चाहती हो न ? राँड कहीं की !' पंडित बोला, 'ये पराठे तू ही खाना। समझी।' आदमी हूँ, ब्राह्मण हूँ। अभी किसी जजमान के यहाँ देशी घी के पराठे खा लूँगा। सहर में तुम्हारे जैसे जन नहीं खप पाएँगे। देहात की गाड़ी पर बैठा दूँगा, जाकर उपले बनाओ और उन्हीं की सड़ाँध में सो जाओ।'

'यहाँ कम सड़ाँध नहीं है,' पंडिताइन बोली, 'इसी कोठरी में खाओ और यहीं मूतो। ऐसा सहर तुम्हें ही मुबारक हो।'

क्रोध, आवेश और भूख से पंडित का चेहरा लाल हो गया। वह उठा और नंगे पाँव ही घर से निकल गया।

'साला हरामी,' पंडिताइन ने फर्श पर एड़ी रगड़ते हुए कहा, 'सिर्फ दुम हिलाना या जीभ चलाना ही जानता है।'

अगले रोज अभी पंडिताइन ने दरवाज़ा भी नहीं खटकाया था कि मास्टरजी ने दरवाज़ा खोल दिया, 'राम-राम बिटिया। मास्टरनी अभी-अभी नहाने गई हैं। मैंने सोचा महराजिन को दरवाज़ा खोलकर ही अन्दर जाऊँ। दूसरे अखबार भी इसी समय आता है।'

पंडिताइन अपने को समेटती हुई अन्दर आ गई। मास्टरजी ने दरवाज़ा बन्द किया और तेज चलते हुए पंडिताइन के बराबर पहुँच गए। मास्टरजी ने कम्बल ओढ़ा हुआ था और अपना एक हाथ निकालकर पंडिताइन की पीठ थपथपाते हुए बोले, 'अरे महराजिन, तुम्हें जाड़ा भी नहीं लगता ? माघ महीने में भी तुम बिना गर्म कपड़ों के हो।'

पंडिताइन ने धोती के अन्दर ही अपनी दोनों बाँहें छिपा रखी थीं। मास्टरजी के कम्बल से निकले गर्म हाथ उसने अपनी ठंडी पीठ पर महसूस किए और जल्दी से जीना चढ़ गई। मास्टरजी का आज भी चाय पीने का इरादा हो रहा था। मगर जिस घर में चायपत्ती, चीनी इस तरह तौल-नाप कर रखी जाए, वहाँ कोई चाय भी क्या पी सकता है। उन्हें मास्टरनी पर बहुत क्रोध आया, यह मैं ही था कि इतने बरस निभा ले गया। दस-दस घंटे ट्यूशनें की, मगर कभी एक पैसा भी जेबखर्च के लिए न बचाया। यह औरत है कि इसे चीनी-दूध मुझसे भी प्रिय है।

मास्टरजी का मूड ऑफ होता चला गया। मास्टरजी अपना मूड भूत भी तक ऐसा रखना चाहते थे जब तक बच्चे न जग जाएँ और मास्टरनी स्नान से न लौट आए। आखिर जब उनसे और न सहा गया तो कमरे में टहलने लगे और कुछ ही देर बाद वह अच्छी तरह से कम्बल ओढ़े पंडिताइन के पास जा खड़े हुए। इतना पास खड़े हो गए कि जैसे पंडित ने पंडिताइन के बैठने के लिए पटरा भिजवा दिया हो। मास्टरजी ने गर्म मोजे पाँव से टाँग तक चढ़ा रखे थे। पंडिताइन को लगा मास्टरजी के पैर सुलग रहे हैं। उसने मन ही मन सोचा कि मास्टरजी को कोई रोग है और वे अच्छे आदमी नहीं हैं।

'मैंने अपनी जिन्दगी के बयालीस बरस इस घर को खड़ा करने में लगा दिए। अब जाकर इत्मीनान हुआ है। दोनों बच्चे पढ़-लिखकर जवान हो गए। मकान ख़रीद लिया। अब चिन्ता है बहुओं की। न जाने कैसी आती हैं। आजकल की लड़कियों से तो भगवान ही बचाए।' मास्टरजी पटरा हिलाते हुए बोले।

मास्टरजी के पैर लगातार जुम्बिश ले रहे थे। पंडिताइन लगातार आगे सरक रही थी। उसी गति से लगभग कच्चे धागे से बँधे मास्टरजी के पाँव भी। आखिर पंडिताइन से बर्दाश्त न हुआ, उसने बहुत तीखी नज़र से मास्टरजी की तरफ देखा और पटरे से उतरकर दूसरी तरफ सरक गई। मास्टरजी ने अनुमान लगाया कि पंडिताइन शायद पहलू बदलना चाहती है। उन्होंने दोबारा पटरे की भूमिका निभानी चाही तो पंडिताइन उठ खड़ी हुई, 'यह का करत हो मास्टरजी।'

'कुछ नहीं, कुछ नहीं,' मास्टरजी ने कहा, 'अब टाँगें भी साथ नहीं दे रही हैं। खड़ा होता हूँ तो पैर काँपने लगते हैं। बैठता हूँ तो सुन्न पड़ जाते हैं।'

'आप भी गंगा स्नान किया करो,' पंडिताइन ने कहा, 'हमने जिन्दगी में कभी दूसरे का जूठन नहीं मला। पंडितजी को भनक भी मिल गई तो कान पकड़कर देहात रवाना कर देंगे।'

मास्टरजी को कुछ न सूझा, बोले, 'नीचे जाकर देखता हूँ अखबार आ गया है कि नहीं।'

पंडिताइन ने उनकी बात की तरफ कोई ध्यान न दिया। कुछ बर्तनों में उसे हड्डियाँ-सी दिखाई दीं। उसने चिमटे से बर्तन नाली की तरफ ठेल दिए और खूब साबुन मल-मल कर हाथ धोए।

पंडिताइन कपड़े धो रही थी कि मास्टरजी का बड़ा लड़का भागता हुआ आया और बोला, 'देखो मिसरानी, कहीं हमारी जेब में कुछ रुपए तो नहीं छूट गए ?'

इससे पहले कि पंडिताइन कुछ जवाब दे लड़के ने झट से अपनी एक अधभीगी बुश्शर्ट उठा ली और जेब से नोट निकालते हुए लौट गया, 'अब अगर रेज़गारी भी है तो वह तुम्हारी।' उसमें रेज़गारी भी थी, लगभग डेढ़ रुपए की। पंडिताइन ने यह सोचते हुए धोती के पल्लू में गठिया ली कि हलाल की कमाई है, चोरी की नहीं है।

पंडिताइन कपड़े फैला रही थी जब मास्टरनी गंगाजी से लौटीं। लौटते ही उन्होंने बहुत तीखी नजरों से पंडिताइन का ऊपर से नीचे तक जायजा लिया और रसोई में जाकर चायपत्ती, चीनी, दूध आदि की पड़ताल की और बाहर तख्त पर पसरकर बैठ गई।

पंडिताइन तार पर कपड़े फैला रही थी। तार जरा ऊँचा टँगा था। जितनी बार वह कपड़ा फैलाती उसका वक्ष ब्लाउज के नीचे से उभर आता। मास्टरनी ने दो-तीन बार तो बरदाश्त किया। फिर जब अपने वक्ष से तुलना की तो भड़क गई, 'हम लोगों के घरों में यह सब न चलेगा बहू।'

पंडिताइन ने मास्टरनीजी की तरफ मुड़कर देखा और पूछा, 'का ?'

'यह दूध की नुमाइश यहाँ नहीं चलेगी। दो-दो जवान बेटे हैं घर में। कल को कुछ हो गया तो ?'

पंडिताइन की समझ में बात आ गई और बोली, 'हम गरीबन को ऐसी नजर से न देखो अम्माजी। भूखे रह लेंगे। बुरी बात न सुनेंगे।'

'बड़ा घमंड है पंडिताइन।'

'गरीब आदमी क्या खाकर घमंड करेगा अम्माजी। मैं तो सहर आकर पछता रही हूँ, मेरी ही मति फिर गई थी।'

तभी मास्टरजी का लड़का अन्दर से आया और बोला, 'अम्मा, आज दो सौ रुपए कमीज में ही धुल जाते। महराजिन ने लौटा दिए।'

'दो सौ ही थे ?'

'हाँ-हाँ, दो सौ ही थे,' लड़का बोला, 'लगता है यह औरत बेहद ईमानदार है।'

मास्टरनीजी को यह बात अच्छी न लगी। पैसे मिल ही गए थे तो नौकरों-चाकरों के सामने इसका

बयान करने का क्या तुक। मास्टरनी को बुढ़ापे में पहली बार नौकर से काम लेने का अवसर मिला था।

'अच्छा, अच्छा जाओ, अन्दर जाकर काम करो। तुम्हारा यहाँ कोई काम नहीं।' दरअसल बहुत सँभालते हुए भी पंडिताइन का दूध पुनः ब्लाउज के बाहर झाँक रहा था। मास्टरनी नहीं चाहती थी, उनके बेटे की नज़र से वह छू भी जाए।

मास्टरनी ने सोचा अपना कोई पुराना लम्बा ब्लाउज़ जल्दी ही इस औरत को दान में देना पड़ेगा।

शाम को मास्टरजी के यहाँ बर्तन मलने में बहुत उलझन होती थी। सुबह मास्टरजी लगातार मँडराते रहते और सन्ध्या को मास्टरनी। एक राहु था तो दूसरा केतु। मास्टरनी के तो लहजे और आवाज़ से ही पंडिताइन को नफ़रत हो गई थी। वह हर वक्त सर पर काउँ-काउँ करती रहती। पंडिताइन कपड़े धोती तो मास्टरनी को लगता वह साबुन बहा रही है, बर्तन मलती तो लगता बर्तन घिस रही है। वह चाहती थी कचरा भी साफ़ हो जाए और झाडू भी न घिसे। पंडिताइन को पंडित पर बहुत क्रोध आया, उसने उसे किस नरक में धकेल दिया है।

आज पंडिताइन का काम पर जाने को मन नहीं था। सुबह एक ऐसा कांड हो गया था कि मास्टरजी के घर की तरफ़ ताकने की भी उसकी इच्छा न हो रही थी। गली में से चेहल्लुम का जुलूस गुज़र रहा था और बीच में से निकलने की जगह भी न मिल रही थी। अभी कुछ रोज़ पहले ही हजरी ने उसे चेहल्लुम के बारे में बताया था कि इस्लाम के मुताबिक किसी व्यक्ति की वफ़ात के 40 दिन के भीतर एक विशेष दिन निश्चित करके मृतक के लिए दुआ करते हैं। इमाम हुसैन व उनके साथियों की मृत्यु पर रोने नहीं दिया गया था और चेहल्लुम की इजाज़त भी न दी गई थी। अतः उनके प्रेमी इस दिन ताज़िए उठाते हैं। इसके लिए चेहल्लुम के दिन हुसैन के पश्चात् महिलाओं पर क्या-क्या जुल्म हुए, उनको कौन-कौन-सी तकलीफ़ें दी गईं, इसका पाठ होता है। दिल को हिला देनेवाले मर्सिए पढ़े जाते हैं।

हुसैन ! हुसैन ! हुसैन ! की ध्वनियों के बीच छाती पीटते हुए सैकड़ों लोगों का जुलूस निकल रहा था। जुलूस में बच्चे-बूढ़े जवान सब थे। जिसमें जितनी कुव्वत थी वह उसी के अनुसार छाती पीट रहा था। मगर सब हाथ एक साथ उठते थे और एक साथ लौटते थे। पंडिताइन को बहुत भय हुआ जब उसने देखा कुछ लोग छोटी-छोटी छुरियों से छाती पीट रहे थे। कुछेक की छाती पर खून के दाग़ साफ़ उभर रहे थे, मगर उनका हाथ वहीं पड़ रहा था, जहाँ टकोर की ज़रूरत थी। वह देर तक खड़ी जुलूस को देखती रही। जब उसे रास्ता न मिला तो घर की तरफ़ लौट गई।

दरअसल सुबह पंडिताइन ने मास्टरजी के छोटे लड़के को झापड़ ही नहीं मारा था, बाँह पर जोर से काट लिया था कि उसे उनके यहाँ जाने में दहशत हो रही थी। सुबह मास्टरजी ने दरवाज़ा नहीं खोला था। उनका लड़का सुनील आया और वह अभी ज़ीने तक भी न पहुँची थी कि लड़के ने उसे पीछे से इस तरह बाँहों में भींच लिया कि पंडिताइन का वक्ष बुरी तरह भिंच गया। पंडिताइन ने पीछे मुड़कर उसकी तरफ़ देखा और उल्टे हाथ से एक ऐसा झापड़ रसीद किया कि वह अपनी नाक थामकर वहीं ज़ीने पर बैठ गया। उसकी नाक से खून बहने लगा और पंडिताइन ने बिना वहाँ ठहरे रसोई की तरफ़ कदम बढ़ा लिये जहाँ पहले से मास्टरजी खड़े थे, 'मुझे तो रात-भर नींद न आई,' मास्टरजी ने कहा, 'कल रात-भर आसपास मज़लिसें हो रही थीं। मेरी नीद जो खुली तो दोबारा न लगी। मैं रात-भर जागता रहा और इतने जाड़े में तुम कैसे रात काटती होगी, यही सोचता रहा। तुम्हारा बच्चा तो अभी छोटा है ?'

पंडिताइन ने मास्टरजी की बात की तरफ़ कोई ध्यान न दिया। पटरा उठाया और बैठकर बर्तन मलने लगी।

मास्टरजी ने उसकी पीठ पर हाथ फेरते हुए कहा, 'बहू, बिना गर्म कपड़े के तुम बीमार पड़ जाओगी।'

पंडिताइन गुस्से में थी, बोली, 'अभी मास्टरनी आती होंगी, उनकी पीठ छुइएगा मास्टरजी। हम ऐसी-वैसी औरत नहीं हैं। यह सब आप लोग करेंगे तो हमें यहाँ न पाइएगा।'

मास्टरजी चाय में चम्मच हिलाने लगे। हिलाते रह गए देर तक।

पंडिताइन को यह घर कसाइयों का घर लग रहा था। उसे अफ़सोस हो रहा था कि बबुआ के इतनी ज़ोर से चोट लग गई कि नाक से ख़ून बहने लगा।

पंडिताइन चाहती तो जुलूस में से राह बनाती मास्टरनी के घर तक पहुँच सकती थी, मगर उसे नौहे की एक पंक्ति बाँध रही थी :

कहीं से चले आओ
मेरे भैया अली अकबर

वह भी होठों ही होंठों में लोगों के साथ गाने लगी :

कहीं से चले आओ।

देखते-देखते लोग इतने ज़ोर से छातियाँ पीटने लगे कि पंडिताइन दशहत में आ गई। उन पर जैसे कोई जुनून सवार हो गया हो। एक लय और एक गति से सैकड़ों हाथ उठ रहे थे। लग रहा था छाती पीट-पीटकर लोग यहीं जान दे देंगे। मगर तभी जैसे तूफ़ान थम गया और 'हुसैन' 'हुसैन' के साथ लोग धीरे-धीरे आगे बढ़ने लगे। एक आवाज़ लहरा रही थी :

कहीं से चले आओ...

इससे पहले पंडिताइन ने इस साल मुहर्रम का जुलूस देखा था। दशहरे की झाँकियाँ भी देखी थीं। मुहर्रम के जुलूस—ताज़िए, अलम, मशक, ताबूतों, दुलदुल और गरबारा जो इमाम हुसैन के दूधपीते बच्चे की याद ताज़ा करता। मुहर्रम और दशहरे के जुलूसों में भी उसे साम्यता लगी थी। दशहरे के जुलूस की भीड़ में उसने रात देर तक मुसलमान औरतों को झाँकियों के इन्तजार में खड़े देखा था। वे अपने चेहरे पर से बुर्का उठाकर भगवान का श्रद्धापूर्वक दर्शन करतीं। यही नहीं, उसने देखा था, उसकी कोठरी के पास ही धर्मशाला में मुसलमान कारीगर रात-रात-भर जागकर झाँकियाँ तैयार करते। भगवानजी का रथ तो कई दिनों की मेहनत से तैयार होता। और अब जब मुहर्रम के जुलूस के इन्तज़ार में उसने हिन्दू स्त्रियों को प्रतीक्षा करते देखा तो उसे बहुत अच्छा लगा। हिन्दू स्त्रियाँ भी बच्चों को श्रद्धापूर्वक ताज़िए के नीचे से गुजारतीं और श्रद्धा से नत हो जातीं। जिस तरह से गली-गली में घुमाकर भगवान की झाँकी के दर्शन कराए जाते, ऐसे ही उसने ताज़िए को देखा। दो त्योहार दो अलग-अलग नदियों की तरह थे, जिनका संगम-स्थल कहीं एक ही था। एक दिन उसने सुना मास्टरजी किसी को बता रहे थे कि वास्तव में हुसैन का बलिदान अन्याय, घृणा, शोषण, क्रूरता और हिंसा का मुकाबला करने का सन्देश देता है, अत्याचारियों के खिलाफ़ आवाज़ उठाता है। सच्ची मानवता का यही सन्देश हो सकता है। ठीक उसी प्रकार दशहरा भी असत् पर सत् की विजय का सन्देश लेकर आता है। पंडिताइन ने हजरी बी से हुसैन की कुर्बानी की दास्तान सुनी तो सचमुच उसकी आँखें भीग गईं। हजरी का सुनाने का ढंग भी ऐसा था कि कोई भी संवेदनशील प्राणी रो देता। कोई बाल-बच्चेदार आदमी क्रूरताओं के बीच सपरिवार जूझते हुसैन की कथा सुनकर विचलित हुए बिना न रहता। मुहर्रम पर पूरी गली दुलहिन की तरह सजी थी।

नगाड़े की आवाज़ दूर-दूर तक वातावरण में जोश पैदा कर रही थी। सड़क के दोनों ओर चूने का छिड़काव किया गया था। गलियाँ साफ़ की जा रही थीं, मगर पुलिस का भी खूब बन्दोबस्त था। जुलूस के आगे-पीछे, दाएँ-बाएँ सिर्फ़ पुलिस।

पंडिताइन घर की तरफ़ मुड़ी मगर घर जाने की इच्छा न हुई। वह हजरी को ढूँढ़ती हुई एक घर में घुस गई जहाँ औरतों की मजलिस हो रही थी। पहले तो पंडिताइन का अन्दर जाने का साहस न हुआ, मगर एक औरत पंडिताइन को संकोच में देख उसे पकड़कर अन्दर ले गई। अन्दर जाकर पंडिताइन ने देखा औरतें रो-रोकर बेहाल हो रही थीं। पंडिताइन ने सुना मजलिस करनेवाली स्त्री कह रही थी :

'यह खुसूसियत सिर्फ़ हुसैन को ही हासिल है कि मुस्लिम और ग़ैर-मुस्लिम दोनों ही शहीदे आज़म की दरगाह में अक़ीकत मन्दाना ख़ेराज पेश करते हैं। यह ममानियत सिर्फ़ शहीदे क़र्बला को ही हासिल है कि उनकी यादगार मनने में न सिर्फ़ मुसलमान ही शामिल हैं बल्कि हिन्दू, सिक्ख, जैन, बौद्ध, ईसाई सभी शरीक हैं।'

उस औरत ने पंडिताइन की तरफ़ देखते हुए अपना भाषण जारी रखा, 'यह ज़रूर है कि सियासी बेचैनियों और मज़हब पर ग़लत ख़याल आराइयों ने इसमें किसी हद तक कमी कर दी है।'

औरतें इसी बात पर रोने लगीं।

'हुसैन ! हुसैन !' पूरी हवेली मातम की बाज़गश्त से गूँजने लगी।

'हुसैन ! हुसैन !' पंडिताइन ने भी छाती पीटते हुए धीरे से कहा।

'हुसैन ! हुसैन !' हजरी बी की आवाज सबसे बुलन्द थी। खिड़कियों, दरवाज़ों और छतों पर लटक रहे मकड़ी के ज़ाले धमक से लरज़ रहे थे, जैसे कह रहे हों, 'हुसैन ! हुसैन !'

मजलिस सुनकर औरतें बेहाल हो रही थीं। सुनानेवाली का लहजा भी इतना दर्दनाक था कि हर शब्द पंडिताइन के अन्दर तक बिंध जाता। लगा स्त्रियाँ छाती पीट-पीटकर दम निकाल देंगी। छाती पीटने में एक आध्यात्मिक लय थी, एक रवानी, एक ताल। पंडिताइन उठने को हुई कि एक स्त्री ने खड़े होकर हाथ फैलाते हुए गाना शुरू किया :

दौरे हयात आएगा ज़ालिम क़ज़ा के बाद।
है इब्तिदा हमारी तेरी इन्तेहाँ के बाद।

पंडित ने सुना कि पंडिताइन बिना काम किए लौट आई है तो उसने बहुत बुरा माना। उसने हमेशा नौकरी में पाबन्दी को बहुत महत्त्व दिया था। वह चाहता था कि पंडिताइन भी मन लगाकर काम करे। इधर वह यह महसूस करने लगा था कि उसकी नौकरी से तो पंडिताइन की नौकरी ही अच्छी है। इतने वर्षों की अथक मेहनत, खुशामद और संघर्ष से उसे क्या प्राप्त हुआ था ?

'देखो पड़ाइन, यह सहर है, देहात नहीं। काम पर नहीं जाओगी तो कल मास्साब को तुमसे भी सुन्दर बीसियों महाराजिन मिल जाएँगी।'

'का बक़त हो,' पंडिताइन भड़क गई, 'उन्हें खूबसूरत महाराजिनें चाहिए तो मैं अब कभी न जाऊँगी हाँ।'

पंडित को अपनी ग़लती का तुरत अहसास हो गया। वह दरअसल 'मेहनती' विशेषण इस्तेमाल करना चाहता था—मगर उसके मुँह से ग़लत शब्द निकल गया।

'मेरा तो महापालिका ने दिमाग ही फ़ेल कर दिया है,' पंडित सुलह-सफ़ाई में ही रहना चाहता था, बोला, 'मेरा मतलब था कि लोग दर-दर नौकरी के लिए भटकते हैं और नौकरी नहीं मिलती।'

पंडिताइन ने कहा, 'नौकरी करने और पेशा करने में फ़र्क होता है।'

पंडित को लगा, पंडिताइन बुरा मान गई है, बोला, 'सुनो पड़ाइन। यह दाढ़ी देख रही हो न ? यह

तभी कटेगी जिस दिन तुम एक लड़का पैदा कर दिखाओगी।'

पंडिताइन को लगा, कैसे अजीब बेवकूफ़ से शादी हो गई है। वह चाहती थी कल की घटना पंडित को बताकर हल्की हो जाती मगर पंडित इतनी बेवकूफ़ी की बात कर रहा था कि उसकी हिम्मत ही न हुई। उसने सोचा कि जाकर हजरी बी के सामने ही अपना रोना रो आए, मगर हजरी बी ने तो बहुत प्यार से यह काम दिलाया था, अब यह सब बताकर वह हजरी बी को दुखी नहीं करना चाहती थी।

मास्टरजी का घर उसे एक विचित्र घर लग रहा था। मास्टरनी घर में हर समय एक गुस्सैल बिल्ले की तरह घूमा करती थी। मास्टरजी गली में निकल जाते तो सब तरफ़ से आदाब, सलाम आलैकुम की आवाज़ें आने लगतीं, लड़के थे कि शक्ल से ही आवारा दिखते थे और माँ उन सब पर पाउडर की तरह जान छिड़कती थी। मास्टरजी सहित घर के सब सदस्यों ने पंडिताइन का जीना दूभर कर रखा था। कोई पैरों से, कोई हाथों से, कोई नज़रों से, कोई भाषा से, गर्ज़ यह कि हर कोई उसे परेशान कर रहा था।

अगले रोज़ काम से लौटकर पंडिताइन ने हजरी बी को पूरा किस्सा सुना ही दिया। हजरी आग-बबूला हो गई। उसने चुन-चुनकर मास्टरजी के पूरे परिवार को गालियाँ दीं और पंडिताइन से बोली, 'यह मरद की जात ही ऐसी होती है। ऊपर से देखने पर कितना खानदानी लगता है और भला सोचो ज़िन्दगी-भर उसने बच्चों को क्या तालीम दी होगी ?'

पंडिताइन सर झुकाकर सुबक रही थी, 'मैंने पंडितजी को भी इस बारे में कुछ नहीं बताया। वह तो मुझे ही बुरा बताएँगे।'

'तुम जी उदास मत करो,' हजरी ने सुझाया, 'हज़ारों औरतें घर में बैठकर बीड़ी बनाती हैं। मन लगाकर बीड़ी बनाओगी तो इससे ज्यादा ही पैसे मिल जाएँगे। मैं सामान ला दूँगी और सब सिखा भी दूँगी।'

'मुझे तो तमाखू से बहुत बास आती है,' पंडिताइन ने कहा, 'मुझसे यह सब न होगा। मैं देहात लौट जाऊँगी।'

'तुम इस कदर उदास न हो,' हजरी ने कहा, 'देखो आज शाम को ही कोई दूसरा इन्तज़ाम करूँगी।'

शाम को पंडिताइन काम पर नहीं गई। अगले रोज़ भी नहीं गई। उसकी अनुपस्थिति से मास्टरजी सशंकित हो गए। जरूर हरामज़ादी ने कहानी गढ़कर हजरी को बता दी होगी। वे हजरी के स्वभाव से परिचित थे। उसे किसी का लिहाहज़ नहीं था। वह बड़बोली औरत उनकी बुढ़ौती खाक में मिला देगी। और फिर उन्होंने ऐसा किया ही क्या था कि पंडिताइन भड़क जाती। छिनाल कहीं की। मास्टरजी बाहर चौतरे पर टहलने लगे। उन्होंने टहलते हुए ही तय किया कि वे हजरी से मिलते ही ऊँची आवाज में चिल्लाकर कहेंगे, 'किस छिनाल को हमारे घर रखवा दिया। आते ही बबुआ पर डोरे डालने लगी। नारायण। नारायण !!'

मगर हजरी ने मास्टरजी की तरफ़ कभी न देखा।

एक दिन उन्होंने हजरी को सड़क पर से गुज़रते देखा तो वह आक्रमण की तैयारी करने लगे। हजरी ने बड़ी नफ़रत से उनकी तरफ़ देखा और 'आक थू' करके पास से निकल गई। मास्टरजी मक्खियों के छत्ते को छूना नहीं चाहते थे। चुपचाप गर्दन झुका ली। मास्टरजी को मालूम था कि अगर हजरी उन्हें अपमानित करने पर आमादा हो गई तो फिर मास्टरजी की एक न चलेगी। मगर हजरी चुपचाप निकल गई—जैसे एक तूफ़ान चुपचाप मास्टरजी के सर के ऊपर से गुज़र गया। हजरी पंडिताइन के लिए कोई जुगाड़ करती इधर-उधर घूम रही थी।

श्यामसुन्दरजी मुख्यमन्त्री तो न होने पाए, अपनी पार्टी की राज्य शाखा के अध्यक्ष हो गए। नगर में उनके स्वागत के भव्य प्रबन्ध होने लगे। जगह-जगह स्वागत द्वार तैयार किए गए। शहर में उनके मार्ग को दुल्हन की तरह सजा दिया गया। हर खम्भे पर उनके बड़े-बड़े चित्र लटका दिए गए। तीन किलोमीटर लम्बे मार्ग पर लाउडस्पीकरों पर राष्ट्रीय भावना से ओत-प्रोत सस्ते फिल्मी रेकॉर्ड बजने लगे।

ज्योंही उन्होंने प्लेटफार्म पर कदम रखा, लोगों ने फूलमालाओं से उन्हें लाद दिया। नगर के लिए गौरव की बात थी कि वे पूरे प्रदेश के अध्यक्ष निर्वाचित हुए थे। बाद में खुली जीप पर उन्हें गद्‌देदार आसन पर बैठाया गया। कौतूहलवश ही सड़क के दोनों तरफ़ दर्शनार्थियों की भीड़ लग गई। उनके स्वागत को देखकर लगता था कि भारत को जैसे इन्होंने ही आज़ादी दिलाई थी।

सिद्‌दीकी साहब ने भी अपनी जीप कारों के काफ़िले के पीछे लगा दी। आज उन्होंने शहर के बीड़ीकिंग की जीप मँगवाई थी। बीड़ीकिंग को एक एक्साइज़ इंस्पेक्टर परेशान कर रहा था। सिद्‌दीकी साहब की एक्साइज़ आयुक्त से मित्रता थी। एक ही फ़ोन से मामला रफ़ा-दफ़ा हो गया। सिद्‌दीकी साहब ने इसी मद में पाँच सौ रुपए भी प्राप्त कर लिये कि जल्दी ही वह टिकट प्राप्त करके चुनाव लड़ेंगे। बीड़ीकिंग ने आश्वासन दिया कि वे टिकट पाएँगे तो उनके चुनाव में जी खोलकर मदद करेंगे। सिद्‌दीकी साहब आज जमीन से कुछ इंच ऊपर ही चल रहे थे। सर पर कश्मीरी टोपी पहनने से उनका व्यक्तित्व और बुलन्द नज़र आ रहा था।

कारों का काफ़िला श्यामसुन्दरजी के बँगले तक पहुँचा। इस बीच बँगले की पुताई हो गई थी और पूरे घर को रंगीन बल्बों के हार पहना दिए गए थे। घर पहुँचते ही श्यामसुन्दरजी के लिए मंच तैयार था। उन्होंने अत्यन्त भावपूर्ण भाषण दिया जिसका आशय था कि वे हमेशा दीन-दलितों, हरिजनों और समाज के कमज़ोर पक्ष के पक्षधर रहे हैं। बचपन में ही उन्होंने महात्मा गांधी के प्रभाव में आकर शिक्षा बीच में ही छोड़ दी थी और उस दिन से आज तक लगातार देश और समाज की सेवा में रत रहे हैं।

बाद में जिन छुटभैये नेताओं को बोलने का अवसर मिला, उनमें सिद्‌दीकी मियाँ भी थे। सिद्‌दीकी मियाँ का श्यामसुन्दर से कोई परिचय भी न था, मगर उन्होंने बताया कि जब से उन्होंने होश सँभाला है, श्यामसुन्दरजी को समाज की सेवा में ही रत पाया है।

'मैं तो पार्टी का एक अदना सिपाही हूँ। इस वक्त श्यामसुन्दरजी का इस्तकबाल करने और उन्हें यक़ीन दिलाने के लिए आप से मुखातिब हूँ कि अकलियत यानी कि अल्पसंख्यक मुसलमान तहेदिल से श्यामसुन्दरजी के साथ हैं। उनके अध्यक्ष होने से पूरे प्रदेश में साम्प्रदायिक सद्‌भाव पैदा होगा और मुसलमानों में सुरक्षा की भावना पैदा होगी।'

श्यामसुन्दरजी सिद्‌दीकी साहब के भाषण से बेहद मुतआसिर हुए। उनके कन्धों पर बहुत बड़ी जिम्मेदारी आ गई थी। उन्हें समाज के हर वर्ग के व्यक्ति का सहयोग दरकार था। यहाँ तक कि शहर के छँटे हुए बदमाश, गुंडे और जरायमपेशा लोगों की भी उन्हें ज़रूरत थी। एक-एक कर मंच पर सब लोग आए। उनमें कालाबाज़ारिए थे, समाज सेवक थे, डाकू थे, हिन्दू थे, मुसलमान थे। ग़र्ज़ यह कि कोई भी वर्ग ऐसा नहीं था, जिसका प्रतिनिधित्व न हो।

श्यामसुन्दरजी के घर पर एक मेला लग गया था। भीड़ देखकर खोंमचेवाले, गुब्बारे वाले, चाटवाले भी जमकर बिक्री करने लगे। देखते ही देखते चौराहे पर पुलिस के लोग तैनात हो गए। भीड़ कम होते ही ज़िलाधिकारी और आयुक्त महोदय भी बधाई देने चले आए।

मगर श्यामसुन्दरजी से भी अधिक सिद्‌दीकी साहब प्रसन्न थे। उन्होंने लौटते हुए अपने समर्थकों को शहर के सबसे अच्छे रेस्तराँ में कॉफ़ी पिलाई, शहर के सबसे समृद्ध पानवाले के यहाँ पान खिलाए और एक बढ़िया ब्रांड के सिगरेट का पैक़ेट खरीदकर उनको भेंट कर दिया।

'आपकी तकरीर सबसे अच्छी थी।' असरार बोला।

नेताजी ने एक लम्बा कश लिया, धुआँ छोड़ा और बोले, 'देखते रहो। एक दिन मन्त्री होकर दिखाऊँगा। श्यामसुन्दरजी ने इतनी गर्मजोशी से हाथ मिलाया कि मेरी तो हथेली चटक गई।'

'शहर के ढाई लाख मुसलमानों का नेतृत्व आप ही कर रहे थे,' ताहिर ने कहा, 'श्यामसुन्दर आपको जितने गौर से सुन रहे थे, उतने ग़ौर से तो उन्होंने एमलो (एम.एल.ए. लोगों) को भी नहीं सुना।'

सिद्दीकी साहब इस बात से बेहद उत्साहित हुए, बोले, 'ये एमले लोग अब देखते रह जाएँगे मेरा करिश्मा।'

घर पहुँचकर सिद्दीकी साहब सबसे पहले अज़ीज़न के यहाँ गए। वे आज अज़ीज़न का लोहा मान गए थे। पूरा शहर जिस शख्स की जयजयकार करता है, वह अज़ीज़न के घर पर नाक रगड़ता है।

'अज़ीज़न बी ! आज से मैं आपका ज़रख़रीद गुलाम,' सिद्दीकी साहब ने कुर्सी पर बैठते हुए कहा, 'पूरा शहर जिस शख्स की जयजयकार कर रहा था, वह आपके मुरीदों में से एक है।'

अज़ीज़न बी ने पानदान मँगवाया और अपने हाथ से पान लगाकर सिद्दीकी साहब को भेंट किया।

'अब अगर आपकी इनायत हो गई तो मुझे टिकट मिल ही जाएगा। इसमें कोई शुबहा नहीं रह गया। श्यामसुन्दरजी आज मुझसे मुतआसिर भी नज़र आ रहे थे।'

'आप इन लोगों को मरते दम तक न समझ पाएँगे, सही मानो में नटवरलाल होते हैं,' अज़ीज़न ने कहा, 'कई बार कामयाबी इन लोगों को हमारे दर पर लाती है और कई बार कामयाबी हमसे दूर भगाती है।'

'ऐसा न कहें अज़ीज़न बी,' नेताजी को लगा अज़ीज़न बी सिद्दीकी साहब की सम्भावित कामयाबी पर तंज़ कर रही हैं, 'मैं एमले हो जाऊँ तब दिखाऊँगा आपको अपना किरदार।'

'मैं श्यामसुन्दरजी की बात कर रही थी,' अज़ीज़न ने कहा, 'उस रोज़ वह यही देखने आए थे, मेरे ग़रीबख़ाने में उनका माज़ी तो नहीं छिपा।'

'हर शख्स श्यामसुन्दर नहीं होता अज़ीज़न बी।' सिद्दीकी साहब ने दार्शनिक अन्दाज़ से कहा और यह दिखाने के लिए कि अज़ीज़न बी उनको बिल्कुल ग़लत समझ रही हैं, कुर्सी पर पसर गए। जैसे इस निष्कर्ष से बेहद निराश हो गए हों।

'हर कामयाब आदमी श्यामसुन्दर होता है,' अज़ीज़न ने कहा, 'और आदमी कामयाब भी तभी हो सकता है जब वह श्यामसुन्दर हो।'

नेताजी फ़कत खुशामद के मूड में आए थे, इस तरह की बेसिरपैर की बातें सुनने नहीं। अज़ीज़न की फ़िलासफ़ी से वे मुन्तफ़िक हो ही नहीं सकते थे। उनकी मानसिक स्थिति तो यह थी कि अगर अज़ीज़न बी इजाज़त देतीं तो तलुए चाटने में भी गुरेज़ न करते।

'आपके अन्दर एक महान फ़िलासफ़र बैठा है,' नेताजी ने कहा, 'और फ़िलासफ़र लोग दुनियादार नहीं होते। आप चाहें तो श्यामसुन्दर के इमेज को फ़ना कर सकती हैं। वह अगर डरता है तो सिर्फ़ आप से।'

'अपने चाहनेवालों के साथ मैंने कभी ऐसा नहीं किया, न मेरी फ़ितरत में है। सच कहूँ तो हमारे पेशे में इसकी मुमानियत है।'

सिद्दीकी साहब जो बात करते, पिट जाती। उनकी समझ में न आ रहा था, अज़ीज़न बी को कैसे अपने अनुकूल करें। आखिर उन्होंने गुल का सहारा लिया, 'गुल कैसी है ?'

'मज़े में है।' अज़ीज़न ने संक्षिप्त-सा उत्तर दिया।

अब सिद्दीकी साहब क्या कहें। कुछ देर सोचकर बोले, 'कहाँ है ?'

'अपनी स्टडी में होगी।'

'बहुत अच्छी लड़की है।'

'शुक्रिया।'

'मेरे लायक कोई ख़िदमत हो तो बताइएगा।'

'ज़रूर बताऊँगी,' अज़ीज़न ने मुँह में पान रखते हुए कहा, 'और किसको बताऊँगी।'

अगले रोज़ सिद्दीकी साहब दल बल के साथ श्यामसुन्दरजी के बँगले पर पुनः पहुँचे। श्यामसुन्दरजी पूजा कक्ष में थे। बाहर मिलनेवालों की भीड़ बढ़ती जा रही थी। श्यामसुन्दरजी के यहाँ इतनी कुर्सियाँ भी न थीं कि सब लोग समा जाते। सिद्दीकी साहब ने उसी समय अपने साथ आए अच्छन मियाँ को रवाना कर दिया कि अपने चचा के यहाँ से दस-बारह कुर्सियाँ और दरी ले आओ।

अच्छन मियाँ के चचा किराए पर फर्नीचर और क्राकरी का सामान देते थे। गाँव में ज़मीन थी। ट्यूबवेल था। पम्प के लिए बिजली की सप्लाई वे कट्टा लगाकर मेनलाइन से लेते थे। बिजली कम्पनीवालों के उड़नदस्ते ने बिजली की चोरी पकड़ ली और पाँच हजार रुपए का बिल भी भेज दिया। उस वक्त मामला हज़ार पाँच सौ में तय हो जाता मगर चचा- जान ने परवाह न की। बिजली की सप्लाई कट गई और बिजली कम्पनीवाले कट-आउट निकाल ले गए। आलू सूखने लगे तो चचा ने अच्छन की मार्फ़त सिद्दीकी साहब से सम्पर्क किया। अब तक चचा सिद्दीकी साहब पर पाँच सौ खर्च कर चुके थे। अच्छन कुर्सियों की फरमाइश लेकर पहुँचा तो चचा का माथा ठनका, 'ये तुम्हारा नेता हज़ारों का खर्च बता देगा और काम नहीं करेगा।'

अच्छन बिगड़ गए, 'तो ठीक है, सड़ने दो आलुओं को। मैं कोई अपने आप तो गया नहीं था नेताजी के पास। कुर्सियाँ अपने लिए तो मँगवा नहीं रहे। अध्यक्षजी के घर के लिए हैं। लगता है उन्हीं की मार्फ़त काम कराना चाहते हैं।'

चचा ने तय किया था कि कबाड़ में से निकालकर कुछ कुर्सियाँ भिजवा देंगे। अब अध्यक्षजी के यहाँ जानी हैं तो ज़िम्मेदारी बढ़ गई। उन्होंने छह कुर्सियाँ और एक छोटी दरी ठेले पर लदवा दी।

ठेला बँगले में घुसा तो नेताजी का चेहरा खिल गया। वे बरामदे में श्यामसुन्दरजी के साथ खड़े थे, बोले, 'लीजिए कुर्सियाँ आ गईं।'

अच्छन ने डिलिवरी वाउचर पकड़ाया तो नेताजी ने बगैर देखे जेब के हवाले कर दिया। जब तक श्यामसुन्दरजी दूसरे लोगों को निपटाते, नेताजी ने दालान में दरी बिछा दी। छहों कुर्सियाँ सलीके से लगा दीं।

'बाकी कुर्सियाँ कहाँ हैं ?'

'इस तरह की इस वक्त छह कुर्सियाँ ही थीं।' अच्छन ने कहा।

श्यामसुन्दरजी का बरामदा सज गया। इन कुर्सियों के सामने उनकी घरेलू कुर्सियाँ फीकी पड़ गईं।

'आप में बहुत अच्छी आर्गेनाइज़िंग कैपैसिटी है।' श्यामसुन्दरजी ने नेताजी की पीठ ठोंक दी।

'मैं आपके पास एक काम से आया था,' सिद्दीकी साहब ने कहा, 'अक़ल्लीयत की तरफ़ से अपने मुहल्ले में आपका रिसेप्शन रखना चाहता हूँ।'

'कौन मुहल्ला है ?'

'इकबालगंज।' सिद्दीकी साहब ने कहा।

श्यामसुन्दरजी के ज़ेहन में फ़ौरन अज़ीज़न बी कौंध गई, बोले, 'क्या अब भी वहाँ तवायफ़ें रहती हैं ?'

'तवायफ़ें ज़रूर हैं, मगर महफ़िल उठ चुकी हैं। कुछ तो भूखों मर रही हैं,' नेताजी ने कहा, 'मगर इकबाल गंज बड़ा इलाका है। तवायफ़ें तो एक महदूद क्षेत्र में रहती हैं। आपका इस्तिक़बाल दूसरे छोर पर होगा।'

श्यामसुन्दरजी सोच में पड़ गए। अज़ीज़न बी की बिटिया उन्हें इस बीच कई बार याद आई थी। उस दिन तो उससे बातचीत का भी ज़्यादा मौका न मिल पाया था। मगर अब उनके कन्धों पर सुदेश

की ऐसी जिम्मेदारी आ पड़ी थी कि उधर मुँह भी नहीं कर सकते थे।

'इधर तो शेड्यूल बहुत टाइट है,' श्यामसुन्दरजी ने कहा, 'मगर पहली फ़ुरसत में आपको वक्त दूँगा।'

'आपकी बहुत इनायत होगी।' सिद्दीकी साहब ने आदरपूर्वक अपना विज़िटिंग कार्ड उन्हें थमा दिया।

पड़ोस का टेलीफ़ोन नम्बर उन्होंने अपने कार्ड पर छाप रखा था।

'इधर मिलनेवालों की तादाद भी बढ़ जाएगी, आप इजाज़त दें तो मैं सुबह आ जाया करूँ। कोई ऐसा आदमी होना चाहिए, जो तमीज़ कर सके कि किसको पहले मिलवाना है, किसको यों ही टरकाना है। भीड़ देखकर लगता है इस तरह तो आप कुछ ही दिनों में परेशान हो जाएँगे।'

'मेरा सेक्रेटरी है,' श्यामसुन्दरजी बोले, 'मगर उसमें 'इमेजिनेशन' नहीं। आप न आए होते तो लोग बरामदे में खड़े रहते।'

'आप मुझे सेवा का मौका दें,' नेताजी ने कहा, 'मैं सब कुछ आर्गेनाइज़ कर लूँगा।'

श्यामसुन्दरजी का बूढ़ा सेक्रेटरी एक कोने में खड़ा पूरी बातचीत सुन रहा था। वह पिछले बीस बरसों से श्यामसुन्दरजी के साथ था। जब से श्यामसुन्दरजी अध्यक्ष हुए थे, उसका खाना-पीना-सोना हराम हो गया था। वह सुबह से शाम तक श्यामसुन्दरजी की चक्की पीस रहा था और उनका ख़याल था कि उसमें इमेजिनेशन नहीं। सिद्दीकी साहब के जाते ही उसने श्यामसुन्दरजी से कहा, 'गर्दिश के दिनों में तो आपको प्यारेलाल बहुत एफ़ीशेंट लगता था। अब दुकड़िए नेता मुझसे ज़्यादा इमेजिनेटिव हो गए।'

'प्यारेलालजी आप भी भोले ब्राह्मण हैं,' श्यामसुन्दरजी ने कहा, 'मैं इन नेताओं की नस-नस पहचानता हूँ।'

प्यारेलालजी खुश हो गए और मन में तय कर लिया कि सिद्दीकी को पाठ पढ़ाकर ही छोड़ेंगे। अगले रोज़ सिद्दीकी साहब बँगले पर पहुँचे तो देखा, उनकी दरी और कुर्सियाँ एक कोने में पड़ी थीं और उनके स्थान पर केन की नई चमचमाती डेढ़ दर्जन कुर्सियाँ बरामदे में बिछ गई थीं।

'कुर्सियों के लिए शुक्रिया,' प्यारेलालजी ने कहा, 'इन्हें वापस भिजवा दीजिए और बिल दे दीजिए।'

सिद्दीकी साहब के चेहरे पर हवाइयाँ उड़ने लगीं। उन्हें लगा किसी ने पैर की ठोकर से उनके सपनों का महल गिरा दिया है। प्यारेलालजी प्रतिक्रिया की प्रतीक्षा में इधर-उधर टहल रहे थे। वे कल से अधिक सक्रिय नज़र आ रहे थे। हर आनेवाले व्यक्ति को कायदे से कुर्सी पर बैठाते। दरवाज़े पर काग़ज की स्लिपें और पेंसिल रस्सी से बाँधकर लटका दी गई थी ताकि ऐसे आगन्तुक जिनके पास विज़िटिंग कार्ड न हो, उनका इस्तेमाल कर सकें। सिद्दीकी साहब ने सिगरेट सुलगाया और लोगों की तरफ़ एक उड़ती हुई नज़र से देखा। भीड़ में उन्हें एक विधायक नज़र आए। सिद्दीकी साहब तपाक से उनकी तरफ़ बढ़े गर्मजोशी से हाथ मिलाया, 'अरे यादवजी आप। आपको यहाँ किसने बैठा दिया ?' सिद्दीकी साहब ने उनका हाथ पकड़ा और लगभग घसीटते हुए चिक उठाकर अन्दर घुस गए, 'यादवजी, आज़मगढ़ के विधायक हैं और देखिए बाहर लाइन में लगे थे।' सिद्दीकी साहब ने कहा, 'मुझे ज़रा आने में देर हो गई। कल मैंने इसीलिए अर्ज़ किया था कि आपको एक सियासी किस्म के आदमी की ज़रूरत है।'

श्यामसुन्दरजी ने विधायकजी से हाथ मिलाया। विधायकजी विधान परिषद के सदस्य थे। अगले माह उनका कार्यकाल समाप्त हो रहा था। यह सोच-सोचकर उनकी नींद हराम हो गई थी कि न मालूम अगली बार उनका नाम प्रस्तावित होगा कि नहीं। उनके मित्र श्यामानन्दनजी यादव पिछले बरस ही चल बसे थे, जो तत्कालीन मुख्यमन्त्री के मित्र थे। श्यामानन्दनजी की कृपा न हुई होती तो वे अभी तक आज़मगढ़ में अध्यापकी कर रहे होते। श्यामसुन्दरजी का नाम अखबार में पढ़कर वे तुरत उनसे मिलने चले आए थे।

'बधाई देने चला आया हूँ। जबसे सुना कि आप अध्यक्ष हो गए हैं खून में एक नया उत्साह आ गया। आजमगढ़ से प्रधानमन्त्रीजी के पास बीसियों तार भिजवाए हैं कि प्रदेश के लिए श्यामसुन्दरजी से बढ़िया कोई आदमी न हो सकता था। ज़िला कमेटी से भी प्रस्ताव पारित करा के भेजा है,' विधायकजी ने फाइल से तार की रसीदों के बीच से प्रस्ताव की प्रतिलिपि अध्यक्षजी को भेंट की, 'आपका आजमगढ़ कब आना होगा ?'

श्यामसुन्दरजी सिर खुजाने लगे। अब तक तेरह ज़िलों से निमन्त्रण आ चुका था। यह चौदहवाँ प्रस्ताव था, बोले, 'आऊँगा, जरूर आऊँगा। आप जाकर अपने ज़िले में काम कीजिए। मैं देख रहा हूँ, कार्यकर्ताओं में इस बीच उदासीनता आ गई थी। उन्हें सक्रिय बनाइए।'

'ज़रूर-ज़रूर,' विधायकजी ने कहा, 'सक्रियता तभी आती है जब नेतृत्व सही हाथों में होता है।'

'मैं आज़मगढ़ पहुँचकर आपको पत्र दूँगा,' यादवजी ने उठते हुए कहा, 'ज़िला कमेटी में कुछ भ्रष्ट लोग हैं। आप आएँगे तो बात होगी।'

'बहुत खुशी हुई आपसे मिलकर। आप इतनी दूर से आए हैं,' श्यामसुन्दरजी सिद्दीकी साहब का नाम भूल गए थे वरना कहते कि सिद्दीकी साहब आप इन्हें भोजन कराइए और गाड़ी में आरक्षण का प्रबन्ध कीजिए। सिद्दीकी साहब श्यामसुन्दरजी का चेहरा पढ़ गए, बोले, 'आप इत्मीनान रखिए। सिद्दीकी आपकी नज़रों की जुबान समझता है।'

श्यामसुन्दरजी ने बहुत लाड़ से सिद्दीकी साहब की तरफ़ देखा। सिद्दीकी साहब के लिए इतना पर्याप्त था। उनके पास तीन-चार पासपोर्ट के फार्म पड़े थे, जो किसी विधायक से सत्यापित कराने थे। अब विधायक उनकी चंगुल में था। तीन फार्म तो आज सत्यापित हो ही जाएँगे। उनमें से एक फार्म ही ज़रा कठिन था। सिद्दीकी साहब के एक परिचित विधायक ने सत्यापित करने से इनकार कर दिया था कि यह आदमी दस नम्बरी है। आज यादवजी बुरे फँसे थे। अतीक़ के ऊपर कई केस थे, मगर नेताजी को विश्वास था कि वह बेकसूर है। ऐसी स्थिति में बग़ैर कानूनी उलझनों पर ध्यान दिए, वे अक्सर स्वयं ही न्यायमूर्ति बन जाते थे। उनका विश्वास सामाजिक न्याय पर अधिक था, कानूनी न्याय पर कम।

'मैं विधायक होता तो मर मिटता तुम्हारे केस को लेकर,' सिद्दीकी साहब ने अतीक़ से कहा था, 'मगर मैं तुम्हारा काम करवाऊँगा। थोड़ा दन्द-फन्द करना होगा, रुपया कुछ ज़्यादा खर्च होगा, मगर तुम दुबई जाओगे।'

'आप पैसे की चिन्ता न करें,' अतीक़ ने कहा था, 'मेरा पासपोर्ट बनना चाहिए।'

'बनेगा। तुम्हारा पासपोर्ट बनेगा।' आँखें बन्द करके नेताजी ने एक नजूमी के अन्दाज में कहा था।

यादवजी के साथ बाहर आते समय सिद्दीकी साहब को अतीक़ के संवाद याद आ गए। आज उसे पकड़ना होगा ताकि किसी अच्छे रेस्तराँ में लंच और एक टैक्सी का इन्तज़ाम हो सके।

नेताजी विधायकजी के साथ बाहर आए तो दो आदमियों पर उनकी नज़र पड़ी। प्यारेलाल बहुत खीझ और निराशा में बरामदे में टहल रहा था और अच्छन मियाँ बरामदे के बाहर टहल रहे थे। नेताजी ने तुरन्त प्यारेलालजी से विधायकजी को मिलवाया और बोले, 'जाने किस गुस्ताख आदमी ने इन्हें लाइन में लगा दिया।'

गुस्ताखी प्यारेलालजी से ही हो गई थी। उन्होंने सिद्दीकी साहब की तरफ़ बहुत व्यंग्य से देखा और बोले, 'विधायकजी ने अपना परिचय ही न दिया और जाकर बैठ गए पब्लिक में।'

'मैं पब्लिक का आदमी हूँ,' विधायकजी ने कहा, ' 'ऐसर्ट' करना मुझे पसन्द नहीं।'

कुछ विधायकों को सिर्फ़ 'ऐसर्ट' करना आता है,' प्यारेलाल ने दिल का पूरा गुब्बार निकाल दिया, 'आजकल तो दुकड़िया नेता और विधायक के बीच अन्तर करना मुश्किल हो गया है।'

'आप ठीक फरमा रहे हैं,' यादवजी ने कहा, 'छुटभैये नेताओं का यही रोज़गार है।'

प्यारेलाल बहुत खुश हुए। यह तो गनीमत थी कि उस समय सिद्दीकी साहब अच्छन मियाँ को यह हिदायत देने नीचे उतर गए थे कि अतीक़ को लेकर फौरन कमरे में पहुँचो, जो चचा के तानों से आज़िज आकर दरी और कुर्सियाँ वापस लेने आया था।

'ज्यादा बक-बक न करो,' सिद्दीकी साहब को उसके चचा पर गुस्सा आ गया। बोले, 'मैं उस कमीने को जानता हूँ। यही वजह थी कि मैंने आज सुबह आते ही नई कुर्सियाँ ख़रीद लीं। यह लो पाँच रुपए टाली-भाड़ा और चचा से बोल देना कि बिजली की चोरी में वारंट निकलनेवाला है। इतना कह देना और जाओ जल्दी से अतीक़ की तलाश करो। उसे बता देना कि कुछ रुपए लेता आए। आज काम हो जाएगा।'

अच्छन पाँच रुपए पाकर बेहद खुश हुआ। अब टाली-भाड़ा तो चचा ही देंगे। वह अतीक़ की तलाश में जाने से पहले बोलता जाएगा कि सामान बँगले पर रखा है, किसी को भेजकर मँगवा लो। अच्छन ने बाहर निकलते ही पान का बीड़ा मुँह में दबाया, सिगरेट सुलगाई और अतीक़ को पैट्रोल पम्प से, जो हरी कोठी में अतीक का स्थायी ठिकाना, फ़ोन कर दिया कि नेताजी के यहाँ फौरन पहुँचो। हरी कोठी में जमकर जुआ होता था और अतीक़ का नाल निकालने में पचास प्रतिशत का हिस्सा था। फ़ोन पाते ही अतीक़ ने जेब में कुछ नोट रखे और नेताजी के दौलतखाने की तरफ़ चल दिया।

सिद्दीकी साहब विधायक को लेकर पहुँचते, इससे पूर्व ही वह कुर्सी पर धँस गया। दुबई जाने की उसकी इच्छा पुनर्जागृत हो गई थी। जबकि वह मन ही मन निर्णय पर पहुँच चुका था कि अब इस देश से बाहर निकलना उसके लिए बहुत मुश्किल हो चुका है।

सिद्दीकी साहब ने आते ही यादवजी को कौच पर बैठाया और अतीक़ को अपने साथ बाहर चौतरे पर ले गए। संक्षेप में बोले, 'देखो, तुम्हारे लिए विधायकजी को तैयार किया है। फौरन पाँच सौ रुपए और एक जीप का इन्तज़ाम करो।'

अतीक़ ने जेब से सौ-सौ के छह नोट निकालकर थमा दिए और बोला, 'इसमें जीप भी हो जाएगी।'

सिद्दीकी साहब ने नोट थाम लिये। जीप का इन्तज़ाम उनके लिए मुश्किल नहीं था। आए दिन आर.टी.ओ. साहब से लोगों को मुक्त कराते थे। बोले, 'जाते हुए ज़रा असलम को भेज देना।'

सिद्दीकी साहब ने यादवजी के लिए शहर के सबसे आला रेस्तराँ में लंच की व्यवस्था की। वे लोग अभी आज़मगढ़ की राजनीतिक स्थिति पर विचार कर रहे थे कि उनके दरवाज़े पर नई फिएट गाड़ी 'हार्न' करने लगी।

सिद्दीकी साहब बहुत नज़ाकत और गर्व से कार में जा बैठे। यादवजी सुबह से भूखे थे, पेट में चूहे कुहराम मचाए थे। बेयरे ने बताया कि बटर चिकन की तैयारी में विलम्ब है तो उन्होंने रोगनजोश पर उँगली रख दी। चिकन सूप तो मुँह पर प्लेट लगाकर पी गए। सिद्दीकी साहब चाहते थे, यादवजी पूर्ण सन्तुष्ट होकर जाएँ। उन्होंने सूप की एक और प्लेट मँगवा दी, जो विधायकजी ने प्रदेश की राजनीतिक स्थिति पर विचार करते हुए चम्मच की सहायता से समाप्त की।

विधायकजी सिगरेट नहीं पीते थे, मगर इतना भरपेट भोजन किया कि नेताजी के पैकेट से सिगरेट निकालकर होंठों में दाब ली। फिल्टरवाला हिस्सा बाहर था। सिद्दीकी साहब ने उनके होंठों से सिगरेट निकालकर पलट दी और सुलगा दी।

'सिद्दीकी साहब आप कब से पालिटिक्स में हैं ?' उन्होंने पूछा।

'बचपन से हूँ। इसीलिए तालीम पूरी न कर पाया। बी.ए. के बाद से सियासत में हूँ,' सिद्दीकी साहब ने बताया, 'इस बीच नौकरी के अनेक प्रस्ताव आए, मग़र सियासत एक जुनून है, आप तो जानते ही हैं।'

'सियासत के चक्कर में मैं पोस्ट ग्रेजुएशन न कर पाया,' विधायकजी ने आधी सिगरेट गीली कर

ली थी, जिससे धुआँ न निकल पा रहा था। बिना धुएँ के ही उन्होंने मुँह से धुआँ खारिज करते हुए कहा, 'इस सियासत ने न जाने कितनी ज़िन्दगियाँ तबाह की हैं। सन् '42 में मैं अभी बच्चा था, मगर देश प्रेम ने मजबूर कर दिया कि पढ़ाई छोड़ दूँ, शहर छोड़ दूँ।'

'थोड़ी बियर चलेगी ?' सिद्दीकी साहब देर से पूछना चाह रहे थे।

'चल सकती है,' विधायकजी ने अत्यन्त उदासीनता से कहा, 'आज़मगढ़ में तो छूने का सवाल नहीं उठता।'

सिद्दीकी साहब ने तुरत बियर की व्यवस्था कर दी और मैनेजर के कक्ष में जाकर विधायकजी के सामने काँच का बड़ा-सा गिलास रख दिया, 'मैं खुद तो नहीं पीता, आप मुआफ़ करेंगे।'

यादवजी बेहद प्यासे थे। कुछ ही मिनट में बोतल ख़ाली कर दी, 'इस मामले में मेरी बीवी बहुत कड़ा रुख अपनाती है !'

'बहुत बचपन में आपकी शादी हो गई थी ?' सिद्दीकी साहब ने पूछा।

'बहुत बचपन में। सच तो यह है बीवी ने मुझे गोद में खिलाकर पाला। मुझसे वह पन्द्रह बरस बड़ी थी,' यादवजी ने सिगरेट ऐश ट्रे में मसल दिया और नया सुलगा लिया, 'अब आपसे क्या छिपाना। आप तो अपनी ही पार्टी के आदमी हैं। उस औरत के मेरे पिता से अवैध सम्बन्ध हो गए। मैं असहाय-सा देखता कि वह मुझे सुलाकर खुद पिता के साथ जाकर सो जाती।'

सिद्दीकी साहब ने इसकी कल्पना भी न की थी कि बियर की एक ही बोतल से विधायकजी इस कदर उनके साथ खुल जाएँगे। उनकी बातचीत में एक पूर्वीय निश्छलता थी। सिद्दीकी साहब आनन्द लेने की बजाय सचमुच द्रवित होने लगे।

'जब तक मैं होश सँभालता, उस औरत ने दो बच्चे पैदा कर दिखाए। मैं नौकरों की तरह बच्चों की देखभाल करता और सोचता, ईश्वर कितना अच्छा है कि उसने मुझे दो लड़के दे दिए,' यादवजी ने बताया, 'होश आने पर मैंने घर बार सब कुछ छोड़ दिया और देशसेवा के काम में जुट गया। जेल गया। पुलिस की लाठियाँ बरदाश्त कीं। मगर लौटकर घर नहीं गया।'

'तब से घर ही नहीं गए ?'

'नहीं।'

'तब तो आप बहुत अकेले होंगे।' सिद्दीकी साहब ने कहा।

'अब अकेला नहीं हूँ। दो बच्चे हैं। बँगला है। भैंसें हैं। काश्त के लिए तीस एकड़ ज़मीन है। चार बरसों की यही कमाई है।'

सिद्दीकी साहब यह सब सुनकर बहुत उत्साहित हुए। वे खुद तैंतीस के हो रहे थे और अभी घर था न परिवार। एक बूढ़ा बाप था, जो हमेशा के लिए बिस्तर पर लग चुका था। सौतेली माँ थी जो हमेशा आँख लड़ाने के चक्कर में रहती।

'आपने दूसरी शादी कब की ?'

'विधायक होने के तुरत बाद। मैं देखता हूँ, विधायक होने के बाद शादी की समस्या नहीं रह जाती, दूसरी समस्याएँ हो जाती हैं।'

'जैसे ?'

'जैसे कि लोगबाग जीना हराम कर देते हैं। उन्हें इसका भी लिहाज़ नहीं रहता कि विधायक का भी कोई पारिवारिक जीवन है,' विधायकजी ने कहा, 'सिद्दीकी साहब आप शादीशुदा हैं या अभी विधायक होने के इन्तज़ार में हैं।'

सिद्दीकी साहब पर मायूसी का दौरा पड़ गया। बोले, 'यह सियासत बहुत बेरहम दिल चीज़ है। अब आपसे क्या बताऊँ। इस बार टिकट मिल गया था। हसन मियाँ आकर रोने लगे तो मैंने अपना टिकट उन्हें दिलवा दिया।'

'आप मुझसे भी भोले हैं,' विधायकजी ने कहा, 'अपने मित्र को कुछ भी दे दो, मगर अपना टिकट न दो।'

'इसका अहसास तो मुझे अब हो रहा है। चुनाव में जीतते ही हसन मियाँ ने तो तीसरी शादी कर ली और हम आज भी गर्दिश में हैं।'

'ईश्वर ने मेरे ऊपर बहुत कृपा की। बीवी ने आते ही पूरा काम सँभाल लिया। पब्लिक से वही मिलती है। वह तो कल साथ चलने की ज़िद कर रही थी, मैं ही आश्वस्त नहीं था। मालूम होता कि श्यामसुन्दरजी इतने भले आदमी हैं तो उसे साथ लिवा लाता।'

'अगली बार ज़रूर लाइएगा,' सिद्दीकी साहब ने बैरे से बिल लाने को कहा और बोले, 'भाभी से कहिए मेरे लिए कोई लड़की तलाश करें।'

'आपको तो अब आज़मगढ़ आना ही पड़ेगा। अपनी भाभी से खुद ही बातें कहिए। भाभी-देवर के बीच मैं दीवार नहीं बनना चाहता।'

'आपका प्रेम विवाह हुआ है ?'

विधायकजी हँसते-हँसते लोटपोट हो गए इस सवाल पर। बोले, 'यह लड़की मुझे बस में बहुत सताती थी। पार्टी दफ़्तर उसके स्कूल के ही रूट पर था। मुझे रास्ते-भर चिढ़ाती। मज़ाक उड़ाती। इसी बीच उसके पिता का निधन हो गया। एक स्कूल में पढ़ाने लगी। संयोग से वह स्कूल भी उसी रूट पर था। बस में अचानक वह एक सभ्य लड़की की तरह व्यवहार करने लगी तो मुझे आश्चर्य हुआ। पूछने पर मालूम हुआ कि उसके साथ ट्रेजेडी हो गई है। मुझे बहुत दुःख हुआ। नौकरी करते हुए उसने अपनी दो बहनों की शादी कर दी, खुद इन्तज़ार करती रही।'

'आपकी सफलता का ?'

'ऐसा कह सकते हैं,' विधायकजी ने कहा, 'मैं विधायक हुआ तो सबसे पहले वही बधाई देने आई। मैंने कहा, कुछ ऐसा करो कि हम भी तुम्हें बधाई दें। उसने कहा, ऐसा तो आप ही कर सकते हैं। मैंने वैसे ही किया। शादी हो गई। शादी होते ही स्कूल की कमेटी ने उसे मुख्याध्यापिका बना दिया। अब तो वह कमेटी की चेयरमैन है। कमेटी की ही नहीं, पूरे ट्रस्ट की। आठ स्कूल उसके अधिकार में हैं। कोई ज़रूरतमन्द ट्रेंड ग्रेजुएट हो, आपके सम्पर्क में तो फौरन नौकरी मिल जाएगी।'

नेताजी विधायकजी से बात करके कृतकृत्य हो गए थे। फिलहाल उन्हें छोटा-सा काम था। उन्होंने फाइल खोल दी, पासपोर्ट के तमाम प्रार्थना पत्र उनसे सत्यापित कराने के लिए। बैरा केवल पचासी रुपए का बिल लाया था। पन्द्रह रुपए नेताजी ने बख्शीश में दे दिए।

नेताजी ने विधायकजी से टिकट के कूपन लिये और गाड़ी में आरक्षण करवाने एक लड़का रवाना कर दिया। रेलवे में उनके अनेक परिचित थे। काउंटर पर जाकर ए.सी.एस. साहब को फ़ोन कर दिया कि विधायकजी को आरक्षण मिलना ही चाहिए। चाहे डी.एस. कोटे से दिलवाइए।

विधायकजी सिद्दीकी साहब की तत्परता से बहुत प्रभावित हुए। अपने शहर में उनका इतना भी प्रभाव नहीं था कि किसी को रेल का आरक्षण दिलवा दें। जबकि उनकी पत्नी सुषमा यादव तेज़ थी। वह फ़ोन पर भिड़ जाती तो काम करवा लेती। एक तरह से वह विधायकजी की निजी सचिव थी। जिलाधिकारी या पुलिस अधीक्षक से वही काम करवाती थी। यादवजी शान्त स्वभाव के व्यक्ति थे, बहुत फूँक-फूँककर कदम उठाते थे।

नेताजी ने जब पासपोर्ट के कागज़ात उनके सामने रखे तो वे चिन्तित हो गए। टूथपिक उठाकर दाँत कुरेदने लगे। इतनी खातिरदारी के बाद छोटे-से काम के लिए मना करना भी बुरा लग रहा था, बोले, 'अरे भाई मैं तो अपनी मोहर भी नहीं लाया।'

'मोहर अभी आध घंटे में बन जाएगी। बीसियों विधायकों की मोहरें मैंने बनवाई हैं।' सिद्दीकी साहब ने तुरन्त एक आदमी मोहर बनवाने घंटाघर रवाना कर दिया।

'आप दस्तखत कीजिए। चारों मुहल्ले के मोतबर लोग हैं।' सिद्दीकी साहब ने कलम उनके हाथ में थमा दी और एक पन्ना पलटने लगे। विधायकजी बहुत बेमन से अपने नाम की चिड़िया बैठाते चले गए।

'आप कॉफी लीजिएगा या आईसक्रीम ?'

'आईसक्रीम अगर अच्छी मिल जाए।'

सिद्दीकी साहब ने कसाटा आईसक्रीम का ऑर्डर दिया और बोले, 'पब्लिक लाईफ़ में यह सब तो करना ही पड़ता है। इस बार किस्मत ने साथ दिया तो टिकट पा जाऊँगा। श्यामसुन्दरजी तो बहुत मानते हैं।'

'कुछ हमारी सिफ़ारिश भी कीजिए।'

'आप लौटते ही अपना बायोडेटा भिजवा दीजिए। मैं आपके लिए कोशिश करूँगा,' सिद्दीकी साहब ने कहा, 'खुदा ने चाहा तो आपसे दोस्ती का यह रिश्ता ताज़िन्दगी निभाऊँगा।'

सिद्दीकी साहब शाम तक विधायकजी के साथ रहे। तहसीलदार से कहकर सर्किट हाउस में शाम तक का इन्तज़ाम करा दिया। विधायकजी के मन में धुकधुकी लगी रही कि सिद्दीकी साहब ने जाने किन गुंडों की अर्ज़ी पर दस्तख़त करवा लिये हैं। गाड़ी में बैठते ही उन्होंने अपनी शंका प्रकट कर दी, 'सिद्दीकी साहब आपने किसी हिस्ट्रीशीटर की अर्ज़ी पर तो दस्तख़त नहीं करवा लिये ?'

'आप तो बहुत नर्वस टाइप आदमी हैं। आपको शुबहा हो तो मैं पूरे काग़ज़ात फाड़ डालता हूँ।'

'मेरा मतलब यह नहीं था,' विधायकजी बोले, 'ज़माना बहुत खराब आ गया है।'

'आप बिलकुल चिन्ता न करें। नए फ़ार्म खरीदकर मैं किसी दूसरे विधायक से सत्यापित करवा लूँगा।'

'मेरा मतलब यह नहीं था,' विधायकजी बोले, 'दरअसल मेरा उसूल है कि मैं उसी आदमी का फार्म अग्रेषित करता हूँ, जिससे परिचय हो।'

'जाओ अच्छन। सब फार्म लाकर विधायकजी को लौटा दो।' सिद्दीकी साहब ने कहा।

'आप बुरा मान गए।'

'कतई नहीं,' सिद्दीकी साहब ने अच्छन को ललकारा, 'जाओ दौड़कर जाओ। बाहर गाड़ी में फाइल रखी है।'

'आप कैसी बात कर रहे हैं सिद्दीकी साहब,' गाड़ी की सीटी सुनकर विधायकजी बोले, 'मैं तो अपना शुबहा ज़ाहिर कर रहा था। आप फार्म फाड़िए नहीं। फिर मुलाकात होगी। मेरी वजह से आपने आज बहुत ज़हमत उठाई।'

'श्यामसुन्दरजी का आदेश था। आप उन्हीं का शुक्रिया अदा कीजिएगा,' नेताजी ने गाड़ी के साथ-साथ चलते हुए कहा, 'खुदा हाफिज़।'

●●

चुनाव नज़दीक आ रहे थे।

सत्तारूढ़ दल के कार्यालयों के पास शामियाने लग गए। पूरे प्रदेश से टिकटार्थियों की भीड़ राजधानी में जुड़ने लगी। नेता लोग व्यस्त हो गए। श्यामसुन्दरजी का घर और बँगला लोगों से अटा रहने लगा। उन्हें गुसलखाने तक जाने की फुर्सत न थी, जबकि सुनने को ही मिलता था कि 'साहब टायलट में हैं।' दिन-भर टेलीफोन की घंटियाँ टनटनातीं। वह घर से निकलते तो भीड़ पीछे हो लेती। एक-एक सीट

के लिए सौ-सौ प्रत्याशी थे। डाक से उन्हें हर रोज़ सैकड़ों पत्र-रजिस्टर्ड पत्र मिल रहे थे। एक प्रत्याशी का दस लोग समर्थन करते तो पचास विरोध में खड़े हो जाते।

श्यामसुन्दरजी ने स्थिति को देखते हुए बड़ा अच्छा रवैया अपना लिया। वे हर वक्त जेब में दो-चार डायरियाँ रखते। प्रत्येक पृष्ठ पर ज़िले का नाम लिखा रहता। प्रत्याशी का मन रखने के लिए वे जेब से डायरी निकालते और किसी पर लाल कलम से, किसी पर नीली और किसी पर हरी कलम से नाम लिख लेते और कोष्ठक में सिफ़ारिश करनेवाले का नाम। वे अत्यन्त स्नेह से हाथ जोड़ देते, 'आप इत्मीनान से जाइए, मैं अपनी तरफ़ से पूरी कोशिश करूँगा।'

प्रत्याशी इतना मूर्ख नहीं था कि अध्यक्षजी की बात मानकर लौट जाता। वह मुख्यमन्त्री के यहाँ धावा बोल देता। मुख्यमन्त्री की स्थिति और भी दयनीय थी। उनके पान जिस पानवाले से आते, लोग पानवाले की चिरौरी करने लगते, 'सुना है मुख्यमन्त्रीजी आपको बहुत मानते हैं। यह हमारा 'बायोडेटा' अपनी सिफ़ारिश के साथ उन तक पहुँचा देना।'

इस भीड़ में सिद्दीकी साहिब भी थे। प्यारेलाल अपने को ऐसा तीसमार खाँ समझने लगा था कि सिद्दीकी साहब का कार्ड तक अन्दर न पहुँचाता। एक दिन वहीं भीड़ में आज़मगढ़ के यादवजी दिख गए तो सिद्दीकी साहब बगलें झाँकने लगे। मगर सिद्दीकी साहब ने मात खाना तो सीखा न था, तपाक से उन्हें बुलाया। गले मिले।

'आइए आपको पान खिला लाएँ।'

'मगर मैंने कार्ड भेज रखा है, जाने कब बुलौआ आ जाए।'

'इतनी जल्दी बुलौआ न आएगा। दो-तीन घंटे तो मामूली बात है।' सिद्दीकी साहब ने कहा। दरअसल सिद्दीकी साहब ने सुबह साढ़े नौ बजे अपनी चिट भिजवाई थी और अब तक पुकार न हुई थी।

'किसी चेले को भेजकर यहीं पान मँगवा लीजिए,' यादवजी ने कहा, 'बाहर तो मैं अब अध्यक्षजी से मिलकर ही जाऊँगा।'

तभी यादवजी के नाम की पुकार हुई। वे भागते हुए अन्दर घुस गए। सिद्दीकी साहब को बेहद क्रोध आया, लगता है बुड्ढे को किसी ने भड़का दिया है। वे बड़ी बेताबी से टहल-कदमी करने लगे। एक-एक कर सबको बुलाया जा रहा था, मगर उनकी कोई पूछ न थी। पिछले आठ-नौ महीने सिद्दीकी साहब ने श्यामसुन्दरजी की सेवा में लगा दिए थे। अब ऐन वक्त उन्होंने आँखें फेर ली थीं। इतना समय उन्होंने किसी केन्द्र के नेता पर लगाया होता तो काम बन जाता। वे अपनी नादानी पर कई सिगरेट फूँक चुके थे कि अचानक यादवजी प्रसन्न मुद्रा में अध्यक्षजी के कमरे से बाहर आए, 'श्यामसुन्दरजी ने लाल डायरी में नाम लिखा है।'

सिद्दीकी साहब को यह भी न मालूम था कि श्यामसुन्दरजी के पास और कितने रंग की डायरियाँ हैं। फिर भी उन्होंने तपाक से कहा, 'तब तो आपका काम हो गया।'

'अब चलिए पान खिलाइए,' यादवजी ने अपनी बात पलट दी, 'आइए हम आपको पान खिलाते हैं। आप कहाँ के लिए कोशिश कर रहे हैं ?'

सिद्दीकी साहब ने एक लम्बी आह भरी और बोले, 'चार-छह जिलों में मेरा प्रभाव है, मगर यह तो श्यामसुन्दरजी ही तय करेंगे कि मुझे कहाँ जगह दिलवाते हैं।'

'जिला तो आपको तय कर ही लेना चाहिए।'

'वही तय करेंगे,' सिद्दीकी साहब ने कहा और यादवजी के साथ बाहर निकल गए। उन्हें आशा न रही थी कि श्यामसुन्दरजी उनके लिए कुछ करेंगे। श्यामसुन्दरजी की बेरुखी और बेन्याज़ी ने उन्हें अन्दर तक घायल कर दिया था। अब रह-रहकर अज़ीज़न बी का चेहरा सिद्दीकी साहब के ज़ेहन में कौंध रहा था, अब उसी का सहारा है।

'मेरी और आपकी स्थिति में थोड़ा अन्तर है,' सिद्दीकी साहब आत्मालाप करते हुए बोले, 'आप मैजोरिटी के प्रत्याशी हैं और मैं माइनोरिटी का, आपके प्रतिद्वन्द्वी ज़्यादा हैं, हमारे कम। ले-देकर पूरे प्रदेश में सौ।'

'पेड़-पौधे तक हमारे प्रतिद्वन्द्वी हो गए हैं। हमारे ज़िले से तीन सौ टिकटार्थी आए हैं। मुझे तो काउंसल में रहना ज़्यादा पसन्द है पर बीबी ने नाक में दम कर रखा है कि असेम्बली में जाओ। काउंसल में रहोगे तो कभी मिनिस्टर न होंगे।'

सिद्दीकी साहब को एक और सदमा लगा। वह आदमी जो कल तक श्यामसुन्दरजी से मिलने के लिए लाइन लगाता था, आज मिनिस्ट्री के सपने लेने लगा है। यादवजी से विदा होते ही उन्होंने इकबाल गंज की टिकट कटा ली और चुपचाप पैसेंजर गाड़ी में जा बैठे। थोड़ी देर में लेट गए।

सिद्दीकी साहब का एक खालाज़ाद भाई इंगलिस्तान में डॉक्टर था। पिछले बरस उसने सिद्दीकी साहब के लिए कुछ डेडोरेंट्स, सेंट्स और लोशन भेजे थे। अगले रोज़ सुबह उठते ही सिद्दीकी साहब ने वह पैकेट उठाया और नहा धोकर अज़ीज़न बी का ज़ीना चढ़ गए।

'कहिए नेताजी टिकट पा रहे हैं ?' अज़ीज़न ने सिद्दीकी साहब को देखते ही पूछा।

'श्यामसुन्दरजी ने निगाहें फेर ली हैं,' सिद्दीकी साहब ने एक गहरी साँस खींचते हुए कहा, 'दरअसल उनका पी.ए. प्यारेलाल मुझसे बहुत भड़कता है।'

'उसके भड़कने से क्या होता है। उसे तो टिकट बाँटने नहीं।'

'आप दुरुस्त फ़रमा रही हैं। मगर वह मुझे मिलने का मौका ही नहीं देता। कल सब लोग मिल लिए; मेरी पुकार आखिर तक न हुई।'

'मैं श्यामसुन्दरजी को ख़त लिखूँगी।'

'ख़त से कुछ न होगा। आपको खुद चलना होगा।'

'मैं तो आज तक किसी के दर पर नहीं गई, किसी काम से। मेरे ख़त का असर होगा, आप देखेंगे।'

'मगर ख़त भी तो प्यारेलाल ही खोलता है। वही पेश करता है।'

'मेरा ख़त पेश न करेगा तो नौकरी से हाथ धो बैठेगा,' अज़ीज़न कहा, 'मैं कल ख़त लिखूँगी।'

'आप ख़त मुझे दे दीजिए। मैं किसी तरह कोशिश करके मिल लूँगा और ख़त दे दूँगा।'

'यह भी ठीक है। आप कल आकर ख़त ले जाइए।'

सिद्दीकी साहब की व्यग्रता कुछ कम हुई। उन्होंने बड़े चाव से शृंगार सज्जा का विदेशी सामान का पैकेट अज़ीज़न को भेंट किया।

'क्या है इसमें ?'

'मेरे एक ख़ालाज़ाद भाई ने इंगलिस्तान से डैडोरेंट और कुछ सेंट वगैरह भेजे हैं। आपके लिए लेते आया।'

'मैं तो विदेशी सामान इस्तेमाल ही नहीं करती। जो बात अपने इत्र में है, वह भला इसमें कहाँ ?'

'आप रखिए, गुल के काम आएँगी।'

'गुल तो मुझसे भी दो क़दम आगे है। शैम्पू से ज़्यादा आँवले या रीठे से बाल धोना उसे ज़्यादा पसन्द है।'

सिद्दीकी साहब असमंजस में पड़ गए। उन्होंने बहुत ही अनुरोध से कहा, 'आप यह पैकेट रख लीजिए, किसी को तोहफ़ा दे दीजिए।'

'आप तकल्लुफ़ में पड़ रहे हैं। आप इन्हें वापस ले जाइए। चिट्ठी मैं आपको कल सुबह ज़रूर दे दूँगी।'

सिद्दीकी साहब ने किसी तरह रात काटी और सुबह-सुबह अज़ीज़न बी के दरबार में हाज़िर हो गए। नफ़ीस ने उन्हें देखते ही खूबसूरत बन्द लिफ़ाफ़ा थमा दिया। नेताजी अज़ीज़न का शुक्रिया अदा

करना चाहते थे, मगर वह शायद गुसल में थीं। उन्होंने नफ़ीस से पत्र लेकर माथे पर रखा और ज़ीना उतर गए।

सिद्दीकी साहब से प्रेम जौनपुरी ने कई बार एक नजूमी की चर्चा सुनी थी। लखनऊ जाने से पहले वे नजूमी से मिल लेना चाहते थे। नजूमी ऊँचाहार के पास जंगल में एक पेड़ के नीचे रहता था। रात-भर आसमान को देखता था। प्रेम उससे बहुत मुतआसिर था। मुट्ठी खोलते ही उसके हाथ में न जाने कहाँ से मिठाई आ जाती थी। अपनी अँगुली से छू देता तो इत्र की खुशबू आने लगती।

अज़ीज़न का पत्र पाकर सिद्दीकी साहब ने तुरन्त अपने मित्र आबकार आयुक्त को फ़ोन किया कि अपने स्थानान्तरण को लेकर परेशान न हों, वे आज लखनऊ जा रहे हैं, एक अदद गाड़ी का इन्तज़ाम कर दें। आबकार आयुक्त ने अपने सहायक से कहा, जिसने शहर के शराब के सबसे बड़े व्यवसायी को फोन कर दिया। घंटे-भर में कार नेताजी के दरवाज़े पर आ गई।

नेताजी ने प्रेम जौनपुरी को साथ लिया और शुभ यात्रा पर रवाना हो गए।

प्रेम जौनपुरी नजूमी के व्यक्तित्व से आक्रान्त था, बोला, 'उनकी इनायत हो गई तो आपका टिकट पक्का। मैंने बीसियों बार आज़माया है। शुरू में मेरी ग़ज़लें सब रिसालों से लौट आती थीं, नजूमी ने बताया कि जुम्मे के दिन ग़ज़ल भेजोगे तो छपेगी। वही हुआ। अब कौन रिसाला है जिसमें मेरी ग़ज़लें नहीं छपतीं। पिछली बार उसने मुझे आधी रात को एक सितारा दिखाया था। इस वक्त मैं उस सितारे का नाम भूल रहा हूँ। नेताजी मैं बयान नहीं कर सकता, उसमें कितनी चमक थी। इससे पहले मैंने इतना चमकदार सितारा नहीं देखा था। ज़िन्दगी में इतनी बार आसमान की तरफ़ देखा था, कभी उस सितारे पर निगाह नहीं गई। हाँ, याद आया, उस सितारे का नाम सुरैया है।'

'इसे बहुत कम लोग देख पाते हैं,' जौनपुरी ने कहा था, 'कोई फकीर या सन्त ही इससे मार्फत करा सकता है। 'साद' की हालत में मार्फत करने पर इंसान बुलन्दी पर पहुँचता है। 'नहस' में मार्फत होने पर इंसान तकलीफ पाता है। यह रात बारह बजे के करीब थोड़ी देर के लिए उरूज़ होता है। इसका दीदार करनेवालों में हज़रत जिगर मुरादाबादी, मजरूह सुल्तानपुरी और खाकसार का नाम लिया जा सकता है।'

'देखें हमारे बारे में क्या बताते हैं।' नेताजी ने कहा। नेताजी के भीतर कोलाहल मचा था, आत्मा कसमसा रही थी और दिमाग में इतना तनाव था कि बार-बार आँखें मिचमिचा रहे थे।

संयोग से नजूमी पेड़ के नीचे मिल गए। ऊँचा लम्बा शरीर, इकहरा बदन, कालर बोन को छूती दाढ़ी, बड़ी-बड़ी मर्मभेदी आँखें।

प्रेम जौनपुरी और सिद्दीकी साहब को देखकर उसके चेहरे पर कोई भाव नहीं आया। पेड़ के पास ही छोटी-सी कुटिया थी। पेड़ के नीचे एक कुत्ता बैठा अपनी पिछली टाँग से बदन पर खुजली कर रहा था।

'सलाम आलैकुम,' प्रेम जौनपुरी ने कहा, 'नेताजी आए हैं आपसे मिलने।'

नजूमी महोदय उस वक्त पेड़ की तरफ़ टकटकी लगाकर देख रहे थे, बोले, 'यह तो मिनिस्टर होगा।'

सिद्दीकी साहब का जीवन सार्थक हो गया, बोले, 'फिलहाल बहुत गर्दिश में हूँ।'

'तुम मिनिस्टर होकर रहोगे।'

नेताजी में थोड़ा आत्म-विश्वास आया। प्रेम जौनपुरी अन्दर से खटिया उठा लाए। नेताजी खटिया पर बैठ गए और नजूमी एक बड़े पत्थर पर।

'नेताजी को इत्र बहुत पसन्द है,' प्रेम जौनपुरी बोला, 'गुलाब का इत्र लगाइए।'

नजूमी ने एक अँगुली फैला दी। देखते-देखते वह तर होने लगी। नजूमी ने नेताजी की कलाई पर इत्र लगा दिया। नेताजी ने सूँघकर देखा, सचमुच गुलाब की गन्ध आ रही थी।

'तुम एक दिन मिनिस्टर होकर रहोगे।' नजूमी ने फिर कहा।

'नेताजी को मिठाई खिलाइए।' प्रेम जौनपुरी ने कहा।

नजूमी ने मुट्ठी बन्द कर ली। कुछ देर टकटकी लगाकर मुट्ठी की तरफ़ देखता रहा। थोड़ी देर बाद मुट्ठी खोली तो उसमें गर्म-गर्म कलाकन्द था। दोनों ने मिठाई खाई।

'लखनऊ का सफ़र कामयाब होगा ?'

'तुम एक दिन मिनिस्टर होकर रहोगे।'

नजूमी की बात सुनते ही नेताजी के भीतर जैसे कोई रासायनिक क्रिया होने लगी। देखते ही देखते वे एक साधारण नेता से सहसा मन्त्री बन गए। एक मिनिस्टर के लहजे में ही बोले, 'आप मेरी बात का जवाब नहीं दे रहे कि मेरा लखनऊ का सफर कामयाब होगा कि नहीं।'

नजूमी ने वही वाक्य दुहरा दिया, 'तुम एक दिन मिनिस्टर होकर रहोगे।'

'एक सिगरेट पिलाइए।' नजूमी ने कहा।

'आप यह पैकेट रखिए।' नेताजी ने कहा और घड़ी की तरफ देखा।

'अब चलना चाहिए।'

'मैं तो यहीं रुकूँगा।' प्रेम जौनपुरी ने कहा।

'ठीक है,' नेताजी ने कहा, 'मैं चलता हूँ।'

'रुको।' नजूमी बोला। उसने एक कागज़ के टुकड़े पर पेंसिल से कुछ लिखा। तहाते-तहाते काग़ज़ को तावीज़ के आकार का बनाया और अपने कुर्ते की जेब से नन्हा सा धागा निकालकर उस काग़ज़ को गठिया दिया, 'इसे लेते जाओ। अपनी दाहिनी बाँह पर बाँध लेना। सब दिन खुश रहोगे।'

नेताजी ने तावीज़ जेब के हवाले किया और ड्राइवर से बोले, 'चलो।'

ड्राइवर भी अपनी किस्मत के बारे में पूछना चाहता था, नेताजी ने कहा, 'लौटते समय देखेंगे।'

'यह गाड़ी किसकी है ?' नेताजी ने जानना चाहा।

'आप ही की है हुजूर।' ड्राइवर बोला।

'इसे मैंने पहले कहीं देखा है।'

'ज़रूर देखा होगा।'

'किसकी है ?'

'आप ही लोगों की सेवा में रहती है। जो भी नेता इस कार में बैठा मिनिस्टर हो गया,' ड्राइवर ने बताया, 'कौशलजी इसमें बैठ चुके हैं, दुबेजी के यहाँ तो तीन महीने तक रही है। श्यामसुन्दरजी तो इसी में लखनऊ आते-जाते थे।'

'श्यामसुन्दरजी को जानते हो ?'

'उन्हें कौन नहीं जानता,' ड्राइवर ने कहा, 'जब तक उनके पास अपनी गाड़ी नहीं थी, इसी में चलते थे।'

'तुम्हें पहचानते होंगे।'

'बहुत अच्छी तरह से पहचानते हैं। उन जैसे ज़िन्दादिल नेता बहुत कम होंगे।'

'उन्हीं के यहाँ चल रहे हैं।'

'मालूम है हुजूर।'

नेताजी को लगा, बड़ा घाघ ड्राइवर है। इसे ज्यादा मुँह लगाना ठीक न होगा। वे कार में सो गए। थोड़ा जी भी मितला रहा था। कलाकन्द में इत्र की इतनी खुशबू थी कि साँसें भी महकने लगी थीं।

लखनऊ पहुँचकर ही उनकी नींद टूटी। ड्राइवर ने ठीक श्यामसुन्दरजी के बँगले में पहुँचकर कार का दरवाजा खोल दिया। कार की खिड़की खुली रह गई थी, जिससे नेताजी के बाल बेतरतीब हो गए थे। जेब से कंघा निकालकर सँवारना चाहते थे, मगर कंघा भूल आए थे। उन्होंने टोपी पहन ली और

जेब से रूमाल निकालकर मुँह रगड़ने लगे।

बँगले में सन्नाटा था। मालूम हुआ श्यामसुन्दरजी दिल्ली गए हुए हैं। कल सुबह की फ्लाइट से लौटेंगे।

'दारूलशफ़ा ले चलो,' नेताजी ने ड्राइवर को हिदायत दी, 'श्यामसुन्दरजी से मुलाकात करने के बाद ही लौटूँगा।'

दारूलशफ़ा में नेताजी का एक ठौर था। नसीम साहब के फ्लैट की एक चाबी उनके पास भी थी। नसीम साहब बाराबंकी के विधायक थे और केवल अधिवेशन के समय ही लखनऊ आते थे। पिछले चुनाव में सिद्दीकी साहब ने उनके क्षेत्र में जाकर दिन-रात मेहनत की थी। नसीम साहब का ज़र्दा बनाने का लम्बा-चौड़ा कारोबार था। वे अपने कारोबार में ही इतना व्यस्त रहते कि बाहर न निकल पाते। सिद्दीकी साहब की खालाज़ाद बहन से नसीम साहब की दूसरी शादी हुई थी। इतनी मसरूफियत के बावजूद वे गत दो चुनावों में सीट निकाल ले गए थे। चुनाव में जीतते ही वह अगले चुनाव फंड के इंतजाम में जुट जाते। यही फंड उन्हें हर बार जिता देता।

नसीम साहब का लखनऊ का सरकारी फ्लैट बहुत उपेक्षित रहता। अधिवेशन के दिनों में भी वह उसमें न जाते। अपनी फ़र्म के लखनऊ कार्यालय के ऊपर दो कमरे उन्होंने अपने लिए विशेष रूप से तैयार करवाए थे। एयरकंडीशनर था, रेफ्रीजरेटर था, खानसामा था।

सिद्दीकी साहब ने ताला खोला। फ्लैट में मुद्दत से झाड़ू नहीं लगी थी। धूल, मकड़ी के जाले, सिगरेट के टुकड़े, मच्छर, तिलचिट्टे, पक्षियों के घोंसले, कबूतरों की बीटें, क्या नहीं था जो उस कमरे में न हो। फर्नीचर के नाम पर एक लँगड़ी मेज, दो कुबड़ी कुरसियाँ और एक तख्त। मेज के ऊपर दो ऐशट्रे पड़ी थीं, दोनों सिगरेट के टुकड़ों से लबालब भरी थीं।

शाम हो गई थी, जमादार को बुलाना भी सम्भव न था। ड्राइवर साथ में न होता तो वे बाज़ार से झाड़ू खरीद लाते और कमरे की सफाई में जुट जाते। ड्राइवर संकोच में बाहर ही खड़ा था। सिद्दीकी साहब ने उसे बुलाया और कहा, 'देख लो हमारे फ्लैट की क्या हालत हो रही है। क्या बताएँ वक्त ही नहीं मिलता कि इसे ढंग से सजाएँ। कहने को तो तीन-तीन कमरे हैं मगर सबसे बढ़िया कमरा यही है।'

ड्राइवर ने खिड़की खोल दी, अन्दर बेहद घुटन थी। खिड़की खोलने के बाद भी कमरे से बदबू न गई तो वह टहलता हुआ बाहर चला गया। पंखे के ऊपर इतनी गर्द थी कि चलाया जाता तो नेताजी के तख्त पर और गन्दगी हो जाती।

'दूसरे कमरे में भी एक तख्त है। आँगन की तरफ़ दरवाज़ा खुलता है। तुम इत्मीनान से वहीं सो रहना। अब सुबह सफ़ाई कराएँगे।'

'मैं अपनी गाड़ी में सो जाऊँगा।' ड्राइवर ने कहा।

'तुम्हें तकलीफ़ तो होगी, मगर सोचता हूँ, वह ठीक रहेगा। यह लो दस रुपए, कहीं खाना-आना खा आओ।'

'नहीं साहब, रुपए तो हम न लेंगे। हमें हिदायत है। मालिक खुद ही जी-भर कर पैसा देते हैं, अगर किसी वी.आई.पी. के साथ चलना होता है। अब आप कल मिनिस्टर हो गए तो कहीं सरकारी नौकरी दिला दीजिएगा। वादा तो कइयों ने किया, मगर बाद में आँख तक नहीं मिलाई।'

'हम उन लोगों में से नहीं हैं। मैं तो जनता का आदमी हूँ। उस नजूमी के बारे में क्या राय है ?'

'साहब आदमी तो पहुँचा हुआ लगता है,' ड्राइवर ने कहा, 'भला बताइए, जंगल में कहाँ से ताजा कलाकन्द चला आया ?'

सिद्दीकी साहब को नजूमी की तारीफ़ सुनना अच्छा लगा, बोले, 'मिनिस्टर कोई आसमान से तो गिरते नहीं। हमारे-तुम्हारे बीच से ही पैदा होते हैं। आज इस कूड़े में रहने को मजबूर हूँ, तकदीर ने

साथ दिया तो कल कुछ सहूलियतें मिल जाएँगी। मैं फ़कीर आदमी हूँ, किसी भी हालत में खुश रहता हूँ।'

'यह तो मैं देख रहा हूँ।'

'तो जाओ, खाना खा आओ। हम थोड़ी देर आराम करेंगे।'

सिद्दीकी साहब को बहुत आलस आ रहा था। चादर तक झाड़ने की इच्छा न हुई। वहीं तख्त पर फैल गए। दिन-भर इतनी चिन्ता और तनाव रहा था कि भूख मर गई। सिगरेट भी बेतहाशा फूँके थे। मुँह में अभी तक इत्र का स्वाद बसा था। उन्होंने जेब से तावीज़ निकाला, अपनी दाहिनी बाँह से छुआया और दोबारा जेब में रख लिया। उसके बाद वे सचमुच एक मन्त्री की तरह सो गए। जूते तक नहीं उतारे। रात-भर उनके कानों में मच्छर भिनभिनाते रहे, तिलचट्टे फर्श पर कबड्डी खेलते रहे, मगर सिद्दीकी साहब जो सोए तो सुबह ही उठे।

श्यामसुन्दरजी सुबह की फ्लाइट से नहीं आए। मालूम हुआ शाम की फ्लाइट से आने की सम्भावना है। सिद्दीकी साहब ने एक दिन के लिए कार मँगवाई थी, कार को और अधिक रोकना मुनासिब न था। इस विषय पर ड्राइवर बहुत तटस्थ था, 'आप कहिएगा तो रुका रहूँगा, आप कहेंगे तो चला जाऊँगा। यह आप ही को तय करना है।'

सिद्दीकी साहब कुछ भी तय नहीं कर पा रहे थे। पेट्रोल भी नपा-तुला था। हवाई अड्डे तक जाने की भी ज़्यादा गुंजाइश न थी। जेब में पैसा भी कम था कि दस-पाँच लीटर पेट्रोल डलवा लेते।

'ऐसा करते हैं कि शाम को हवाई अड्डे चलें। श्यामसुन्दरजी आ गए तो ठीक वरना तुम हमें छोड़ते हुए लौट जाना।'

'आप जैसा हुक्म दें।' ड्राइवर ने कहा।

शाम को नहा-धोकर सिद्दीकी साहब हवाई अड्डे के लिए रवाना हो गए। किस्मत अच्छी थी कि श्यामसुन्दरजी आते हुए दिखाई दिए। उनके साथ प्यारेलाल भी नहीं था। सिद्दीकी साहब की तरह दस-पाँच लोग ही हवाई अड्डे पर पहुँच पाए थे। श्यामसुन्दरजी ने सिद्दीकी साहब की तरफ़ पहचान की नज़रों से देखा, मुस्कुराए, 'आजकल कहाँ गायब रहते हैं ?'

'मैं तो आप ही के बँगले पर रहता हूँ दिन-भर, आपसे मुलाकात नहीं हो पाती।'

'ज़िन्दगी ही कुछ ऐसी हो गई है मियाँ। कल सुबह आठ बजे आइए तो जमकर बातें होंगी।'

श्यामसुन्दरजी ने सिद्दीकी साहब के ड्राइवर को भी पहचान लिया था, उसके भी कन्धे थपथपा दिए, 'मज़े में हो न। किसके साथ आए हो ?' ड्राइवर ने सिद्दीकी साहब की तरफ़ इशारा किया तो श्यामसुन्दरजी बहुत रहस्यात्मक तरीके से मुस्कुराए। ड्राइवर इतनी-सी बात से प्रसन्न हो गया। सिद्दीकी साहब ने राहत की साँस ली और नजूमी की बात पर ग़ौर करते हुए गाड़ी में जा बैठे। उन्होंने श्यामसुन्दरजी की गाड़ी के पीछे अपनी गाड़ी लगा दी।

'कल आठ बजे का वक्त दिए हैं। मेरा ख़याल है आज रुक जाओ। कल-नौ दस बजे तक रवाना हो जाएँगे। सचिवालय में ज़रा-सा काम है। उसे भी निपटाते चलेंगे।'

'जैसा हुक्म !'

अगले रोज सुबह पौने आठ बजे सिद्दीकी साहब श्यामसुन्दरजी के बँगले पर पहुँच गए। ड्राइवर ने उतरकर दरवाज़ा खोला तो वे एक मन्त्री की तरह ही कार से उतरे। प्यारेलाल ने उन्हें दूर से ही देख लिया था। कार भी पहचान ली थी। सिद्दीकी साहब ने जाते ही प्यारेलाल से कहा, 'श्यामसुन्दरजी ने

सुबह आठ का वक्त दिया था, ज़रा-सा अन्दर कहलवा दीजिएगा।'

'अभी तो वे सो रहे हैं। उठकर नहाएँगे, पूजा करेंगे, तब कहीं मिल पाएँगे।'

सिद्दीकी साहब लोगों के बीच कुर्सी पर बैठ गए। आठ, नौ, दस बज गए, मगर श्यामसुन्दरजी का कहीं पता नहीं था। वे कई बार उठे, उठकर टहलते हुए पान खा आए, सिगरेट का पूरा पैकेट फूँक डाला, मगर कहीं कोई सुनवाई नहीं थी। भीड़ बढ़ती जा रही थी। प्यारेलाल भी वहाँ से ग़ायब हो गए थे।

'मुख्यमन्त्रीजी के यहाँ गए हैं।' किसी ने बताया।

'हमने तो उन्हें निकलते नहीं देखा,' सिद्दीकी साहब ने कहा, 'हम सुबह आठ बजे से यहाँ हैं।'

'बँगले के पिछवाड़े से भी रास्ता है।' एक टिकटार्थी, जो सुबह सात बजे से बैठा था अत्यन्त शान्त भाव से बोला।

'अब सिद्दीकी साहब की बेचैनी बढ़ने लगी। माँगे की गाड़ी थी। आयुक्तजी नाराज़ हो गए तो भविष्य में कार भी न दिलाएँगे। वे पीछे जाकर एक कुर्सी पर बैठकर सुस्ताने लगे। तभी अचानक भीड़ में हलचल हुई। एक कार अन्दर घुसी थी। श्यामसुन्दरजी ही थे। साथ में एक मन्त्री और उनकी पार्टी के सचिव। लोगों के साथ-साथ सिद्दीकी साहब भी खड़े हो गए। श्यामसुन्दरजी बगैर किसी की तरफ़ देखे अन्दर कमरे में घुस गए। सिद्दीकी साहब ने माथा पीट लिया। प्यारेलाल न जाने कहाँ से नमूदार हो गया था।

'प्यारेलालजी, लगता है आप मुझसे बहुत खफ़ा हैं,' सिद्दीकी साहब ने जाकर प्यारेलालजी का हाथ थाम लिया, 'आप बुज़ुर्ग आदमी हैं। मैं आपकी तहे-दिल से इज़्ज़त करता हूँ। आप इतनी बेरुखी न दिखाइए। सुबह से भूखा-प्यासा पड़ा हूँ। सच पूछिए तो कल से कुछ नहीं खाया।'

'नाश्ते के लिए कुछ मँगवाऊँ ! आपने पहले बताया होता ?'

'आप जल्दी से मुलाकात करवा दीजिए।'

'सबसे पहले आपकी ही मुलाकात करवाऊँगा।' प्यारेलाल ने कहा। सिद्दीकी साहब ने घुटने टेक दिए थे और प्यारेलाल का लोहा मान गए थे। प्यारेलाल यही चाहते थे।

मन्त्रीजी के जाते ही सिद्दीकी साहब का बुलौआ आ गया। सिद्दीकी साहब उठे, एक निगाह भीड़ पर डाली कि देख लो मेरा रुतबा और अन्दर चले गए।

'आइए, आइए जनाब।' श्यामसुन्दरजी को सिद्दीकी साहब का नाम याद न आया।

'दो दिन से भूखा-प्यासा आप के दर पर पड़ा हूँ। आपने कुछ देर और न बुलवाया होता तो ग़श खाकर गिर जाता।'

'कहिए मैं क्या ख़िदमत कर सकता हूँ ?'

'मेरा बायोडेटा आपके पास है। प्रार्थना पत्र आपके पास है। याद दिलाने चला आया,' सिद्दीकी साहब ने अत्यन्त विश्वासपूर्वक अज़ीज़न बी का लिफ़ाफ़ा श्यामसुन्दरजी को थमा दिया, 'आपके लिए एक सिफ़ारिशी चिट्ठी भी लाया हूँ।'

श्यामसुन्दरजी ने लिफ़ाफ़ा खोला। वे चिट्ठी पढ़ते जा रहे थे और उनका चेहरा गम्भीर होता जा रहा था। चिट्ठी पढ़कर उन्होंने मेज़ पर रख दी, चश्मा उतारकर उसके ऊपर रख दिया और आँखें मलते हुए बोले, 'यह किसकी चिट्ठी है ?'

'अज़ीज़न बी की।'

'कौन अज़ीज़न बी ?'

नेताजी परेशान हो उठे। समझते देर न लगी कि बुड्ढा जानबूझकर अनजान बन रहा है।

'आप अज़ीज़न बी को नहीं जानते ?'

उन्होंने ओंठ बिचका दिए, 'न, मैं तो इस औरत का नाम पहली बार सुन रहा हूँ। क्या करती है यह ?'

'अपने वक्त की मशहूर तवायफ़ रही है। आज भी इनके संगीत की दूर-दूर तक धूम है।'

'न भाई, मुझे इल्म नहीं।'

'अज़ीज़न बी तो कह रही थीं कि आप उनकी बात न टालेंगे।'

'मैं किसी बी-वी को नहीं जानता, मेरी ज़िन्दगी इतनी संघर्षपूर्ण रही है कि इन खुराफातों के लिए कभी वक्त ही न मिला। आप जवान आदमी हैं, यह आपका क्षेत्र है।'

श्यामसुन्दरजी ने घंटी टनटना दी। मतलब था कि आप जाइए, दूसरे लोग भी इन्तज़ार कर रहे हैं।

'आपने मेरे बारे में क्या सोचा ?'

'मुआफ़ कीजिए, मैं आपके लिए कुछ न कर पाऊँगा। आप बहुत ग़ैर-जिम्मेदार आदमी हैं। मेरी पार्टी में ऐसे लोगों के लिए कोई जगह नहीं, जो तवायफ़ों के चक्कर में रहे और ऐसे-वैसे लोगों की कार में घूमे।'

'कैसे लोगों की कार में ?'

'अब आप जाइए। आपने मुझे समझ क्या रखा है जो एक तवायफ़ के ख़त लिये चले आए। आपकी हिम्मत कैसे हुई,' श्यामसुन्दरजी गुस्से में कुर्सी से उठ गए, 'आप जाइए और किसी दूसरी पार्टी के टिकट का जुगाड़ कीजिए। मैं तो आपको एक ज़िम्मेदार आदमी समझता था।'

श्यामसुन्दरजी ने बहुत गुस्से में अज़ीज़न बी की चिट्ठी चिन्दी-चिन्दी कर दी और रद्दी की टोकरी में फेंक दी।

सिद्दीकी साहब एक मन्त्री के रूप में कमरे में दाखिल हुए थे और एक फ़राश की हैसियत से बाहर निकल रहे थे। उन्होंने जेब से तावीज़ निकाला और कूड़ेदान में फेंक दिया। प्रेम जौनपुरी को एक भद्दी गाली दी। श्यामसुन्दरजी का ख़याल आते ही थूकने लगे।

●●

सिद्दीकी साब लखनऊ से बेहद मायूस लौटे थे। रात-भर गाड़ी में बेचैन रहे थे। श्यामसुन्दर ने ऐसी पटखनी दी थी कि सिद्दीकी साहब ज़िन्दगी-भर न भूल पाएँगे। पहले तो वे योजना बनाते रहे कि अज़ीज़न से श्यामसुन्दर का कोई ख़त लेकर प्रेस में दे दें। तमाम समाचार पत्रों में अज़ीज़न के संस्मरण छपवा दें। मगर अज़ीज़न के चेहरे पर हर वक्त एक ऐसी सौम्यता रहती थी कि सम्भावना यही बनती थी कि वह श्यामसुन्दर की हरकत के बारे में सुनकर शान्त रहे। अज़ीज़न के व्यक्तित्व में उन्होंने जो सम्भावना देखी थी, वह सहसा दूध के झाग की तरह शान्त हो गई।

इकबाल गंज पहुँचकर सिद्दीकी साहब ने अपने को घर में कैद कर लिया। वे बिस्तर पर करवटें बदलते, सोते और शून्य में टकटकी लगाकर देखते रहते। उन्हें पूरी क़ायनात फ़िजूल और प्रयोजनहीन दिखाई देती। आसमान के तारे उनके नज़दीक किरासिन के अभाव में टिमटिमाते दीये होकर रह गए। चाँद फुटबाल और सूरज तन्दूर। गोया कि दुनिया उनके लिए बेहद सीमित हो गई। अपनें पेशे से वे बेहद ऊब चुके थे। उनकी आधी ज़िन्दगी अफ़सरों, मन्त्रियों, विधायकों और सांसदों की खुशामद में बीत गई थी। अब जब उनके विधायक होने का वक्त आया था, दुनिया ने निगाहें फेर लीं। बिस्तर

पर लेटे-लेटे वे शून्य में घूरते रहते। अपने किसी भी राजनीतिक मित्र का ख़याल आता तो मुँह में ढेर-सा थूक जमा हो जाता। श्यामसुन्दरजी का ख़याल आते ही वह खाट से उठकर बैठ जाते और थूकने के साथ-साथ नाक भी सिनक देते। उनकी खाट के पास थूक और बलगम के अलावा कुछ नहीं था। दीवारें थीं जिनका प्लास्टर झड़ चुका था। वर्षों से पुताई न हुई थी। कुर्सियाँ थीं और उनका बेंत कुर्सियों के नीचे नाड़ों की तरह लटक रहा था।

दो-तीन रोज़ इस तरह मातम, क्षोभ और आत्मपीड़ा में बिताकर उन्हें यकायक लगा कि ऐसी कायरतापूर्ण ज़िन्दगी जीने से बड़ी कोई लानत नहीं। उन्होंने तीन दिन से मोज़े पहन रखे थे। इस बार मोज़ों के भीतर पसीना महसूस हुआ तो उन्होंने मोज़े उतारकर फेंक दिए। पैर धोने की इच्छा भी हुई। सिद्दीकी साहब उठे और झाँवा लेकर नल के नीचे बैठ गए। पैरों पर मैल की पपड़ियाँ जम गई थीं। वे देर तक नहाते रहे। नहा-धोकर उनके ज़ेहन में अचानक नसीम भाई का ख़याल उभरा। वे तुरत तैयार होकर नसीम भाई को फोन मिलाने पोस्ट आफ़िस की ओर चल दिए।

मालूम हुआ नसीम भाई दिल्ली में हुए उत्तर प्रदेश निवास में ठहरे हुए हैं। उत्तर प्रदेश निवास सिद्दीकी साहब की पहचानी हुई जगह थी। उन्होंने तुरन्त दिल्ली चलने का कार्यक्रम बना डाला। अतीक़ का काम हो चुका था। उससे दो-चार सौ रुपए और झटके जा सकते थे। सिद्दीकी साहब ने जब बताया कि वे टिकट पाने के लिए दिल्ली जा रहे हैं तो अतीक़ ने न सिर्फ पाँच सौ रुपए दिए, अपने साथ खाना भी खिलाया। खाना लज़ीज़ था, पेट भरते ही सिद्दीकी साहब के भीतर और अधिक आत्मविश्वास जग गया। खाना खाकर उन्होंने सिगरेट सुलगाया, उसी काड़ी से कान कुरेदा और काड़ी ऐशट्रे में फेंकते हुए बोले, 'अतीक़ भाई, इस बार तो मुझे टिकट मिलना ही चाहिए। दौड़ते-दौड़ते पैरों में छाले पड़ गए हैं। अबकी टिकट न मिला तो हमेशा-हमेशा के लिए सियासत छोड़ दूँगा।'

'अल्लाताला ने चाहा तो इस बार आपको ज़रूर टिकट मिलेगा। टिकट मिल गया तो मैं आपके साथ अजमेर शरीफ़ जाऊँगा,' अतीक़ ने कहा, 'आप दिल्ली जाकर भरपूर ज़ोर लगाइए, माशा अल्लाह क़ामयाबी आपके कदम चूमेगी।'

नई दिल्ली पहुँचकर सिद्दीकी साहब ने उत्तर प्रदेश निवास के लिए टैक्सी की। उन्हें विश्वास था कि वे दिल्ली की सड़कों से अच्छी तरह वाकिफ़ हैं मगर जब टैक्सीवाला नेताजी को दिल्ली दर्शन कराने लगा तो वे चौंके। उनकी टैक्सी उस वक्त किसी शान्त, निर्जन और ख़बसूरत सड़क पर विचरण कर रही थी। सड़क का नाम पूछकर वह अपनी अभिज्ञता का परिचय नहीं देना चाहते थे। टैक्सी में बैठे चुपचाप खिड़की से धुआँ छोड़ते रहे।

'क्यों भाई कहाँ भटक गए !' नेताजी से और अधिक बर्दाश्त न हुआ तो निहायत लापरवाही से पूछ बैठे।

'अशोका होटल के पास पहुँच गए हैं,' टैक्सीवाले ने कहा, 'यहाँ से खाली लौटना पड़ेगा।'

'आजकल बहुत भीड़ है उत्तर प्रदेश निवास में,' नेताजी ने कहा, 'टिकट बँट रहे हैं। आजकल तो सवारी की कोई कमी नहीं।'

नेताजी की बात से टैक्सीवाला उत्साहित हुआ। उसने ठीक उ.प्र. निवास के बाहर गाड़ी रोक दी। कई एक लोग टैक्सी की तरफ लपके। नेताजी ने अपना सूटकेस निकाला और झुककर मीटर देखने लगे। इधर उनकी आँख भी कमज़ोर हो गई थी। बहुत चाहकर भी वह मीटर न पढ़ पाए। आखिर उन्होंने बीस का नोट टैक्सीवाले को दिया और पैसा लौटाए जाने के इन्तज़ार में सिगरेट सुलगाने लगे। इसी बीच टैक्सीवाले ने सवारी बैठाई और एक नन्हा-सा हार्न बजाकर चलता बना। तभी जाने कहाँ से अचानक मूसलाधार बारिश होने लगी। नेताजी सूटकेस उठाकर बरामदे की तरफ लपके।

नसीम साहब के नाम से कमरा दर्ज था, मगर नसीम साहब नहीं थे। नेताजी ने बहुत कोशिश की कि 'रिसेप्शन' से नसीम साहब के कमरे की चाभी प्राप्त कर लें, मगर वे सफल न हो पाए। उन्होंने यकेबाद-दीगरे कई विधायकों और सांसदों के नाम लिये मगर स्टाफ पर उसका कोई असर न पड़ा।

'सब सालों से निपट लूँगा।' नेताजी निराश होकर लाउंज में बैठ गए और दूरदर्शन का कार्यक्रम देखने लगे। कार्यक्रम में उनका मन नहीं लग रहा था। बाहर बारिश तेज हो गई थी। नसीम साहब का कुछ पता न था। सिगरेट पी-पीकर उनकी भूख भी मर गई थी, मगर इस अन्देशे से वे किचन की ओर चल दिए कि रात को भूख लगी तो यहाँ कई किलोमीटर तक सस्ता खाना नहीं मिलेगा।

किचन में खाना लगभग समाप्त था। किसी तरह दाल-रोटी का इन्तजाम हो पाया। दस बज चुके थे। सिद्दीकी साहब ने किसी तरह दो-चार चपातियाँ निगलीं और कुल्ला करके दोबारा बाहर लाउंज में आकर बैठ गए। अपना सूटकेस उन्होंने कौच से सटाकर रख लिया था और बीच-बीच में छूकर देख लेते थे कि अपनी जगह पर है या नदारद हो चुका है। प्रधानमन्त्री के किसी उद्घाटन समारोह की डाक्यूमेंटरी चल रही थी। वे बड़ी तल्लीनता से प्रधानमन्त्री का चेहरा देख रहे थे। प्रधानमन्त्री को इतनी तत्परता से काम निपटाते देख उनकी विपक्ष के प्रति उदासीनता बढ़ गई। टिकट लेंगे तो सत्तारूढ़ दल का ही।

'आदाब अर्ज़ हैं सिद्दीकी साहब।' किसी ने सिद्दीकी साहब की एकाग्रता भंग कर दी। सिद्दीकी साहब ने मुड़कर देखा, आज़मगढ़ के विधायक यादवजी खड़े थे। बगल में एक अत्यन्त रूपसी बाला खड़ी थी। उसने भी हाथ जोड़ दिए।

'नमस्कार ! नमस्कार !!' सिद्दीकी साहब ने उठते हुए कहा, 'बहुत ज़हीन बिटिया है। किस क्लास में पढ़ती हो।'

बिटिया ने मुँह पर साड़ी का पल्लू दाब लिया और हँसते-हँसते सोफ़े पर लुढ़क गई।

'बिटिया नहीं, यह आपकी भाभी है।' यादवजी नें संशोधन किया।

'आप बहुत खुशकिस्मत हैं यादवजी,' सिद्दीकी ने अपनी भाभी की तरफ़ ध्यान से देखा। भाभी अब तक सँभल गई थी, बोली, 'यह तो आज तय हो गया, मैं इनकी बिटिया की तरह दिखती हूँ, मगर ये मेरे पिता की तरह दिखते हैं कि नहीं ?'

'आज हम लोग जहाँ-जहाँ गए, आपकी भाभी की ही चर्चा रही। पी.एम. हाउस तक इनका जलवा रहा,' यादवजी ने पूछा, 'आप किस कमरे में हैं ?'

सिद्दीकी साहब पर निराशा का गहरा दौरा पड़ा था, बोले, 'नसीम साहब के साथ रुका था, मगर वे चाबी लेकर अब तक गायब हैं।'

'चलिए आप हमारे कमरे में,' यादवजी की पत्नी ने सिद्दीकी साहब का सूटकेस उठा लिया, 'आपके बारे में विधायकजी ने बताया था। आप तो श्यामसुन्दरजी के घर के आदमी हैं।'

सिद्दीकी साहब ने भाभी को सूटकेस उठाते हुए देखा तो उसकी तरफ़ लपके, 'अरे आप क्या ग़ज़ब ढा रही हैं। मुझे क्यों दोज़ख़ का दरवाज़ा दिखा रही हैं।'

भाभी तब तक तितली की तरह सीढ़ियों पर उड़ रही थी, सिद्दीकी साहब का सूटकेस लिये। सूटकेस हल्का था। दो जोड़ी कपड़े थे और शेव का सामान।

'आप लोग तो खुलूस में मेरी जान ले लेंगे,' सिद्दीकी साहब ने यादवजी के साथ चलते हुए कहा, 'आप नाहक परेशान हो रहे हैं। आपकी प्राइवेसी मैं खत्म नहीं करना चाहता। आप भी सोचेंगे, कबाब में हड्डी कहाँ से आ गई।'

'हा-हा-हा।' यादवजी ने ठहाका लगाया, बिखरी हुई हैं।

सिद्दीकी साहब इन लोगों के आतिथ्य से गद्गद हो गए। उन्होंने मन ही मन श्यामसुन्दर को एक भद्दी गाली दी और तय किया कि उन्हें टिकट मिले या नहीं, वे श्यामसुन्दर की कब्र खोदकर रहेंगे। वे सोच रहे थे कि पति-पत्नी के बीच वे रात कैसे बिताएँगे, मगर कमरे में पहुँचकर देखा तो अनेक

टिकटार्थी कमरे में टिड्डी दल की तरह छाए हुए थे। कोई दरी पर चादर ओढ़कर सो रहा था, कोई मेज़ पर आराम से बैठा था। रेल के डिब्बे की तरह यादवजी का कमरा ठसाठस भरा था। यहाँ तक कि पाखाने के रास्ते में भी लोग बैठे थे।

'यह क्या हालत कर रखी है, आपने अपने कमरे की,' सिद्दीकी साहब ने कहा, 'भाभी कहाँ सोएँगी ?'

'हम लोगों ने एक होटल में कमरा ले रखा है। मेरे मेहमानों को तकलीफ़ न होनी चाहिए।' यादवजी ने कहा, 'सुषमा को विश्वविद्यालय अनुदान आयोग में कई काम हैं। होटल का बिल वही चुकाएगी।'

'विश्वविद्यालय अनुदान आयोग का सचिव मेरा दोस्त है—कुलभूषण।' नेताजी ने बताया।

'सचिव से काम न होगा,' सुषमाजी ने आँखें नचाईं, 'काम हो जाएगा।'

'आपका काम न होगा तो किसका होगा,' सिद्दीकी साहब ने कहा, 'आपने मुझे ज़िन्दगी-भर के लिए गुलाम बना लिया है। टिकट तो आपको मिलना चाहिए।'

'लगता है इस बार दोनों को मिलेगा,' मेज़ पर पालथी लगाकर बैठे घनी मूँछोंवाले आदमी ने सुषमाजी को आँख मारी और बोला, 'पत्नी सांसद होंगी और पति विधायक, क्यों मैंने ग़लत कहा ?'

'बिलकुल ठीक कहा,' सिद्दीकी साहब बोले, 'आपने भी क्या मेरे दिल की बात कही। सुषमाजी तो केन्द्र में मन्त्री होंगी। आनेवाले वक्तों में।'

घनी मूँछोंवाला आदमी कुछ बोलता कि सुषमाजी ने जाकर उसके मुँह पर अपना हाथ रख दिया। सुषमाजी के झुकने से उनके सुडौल वक्ष पर सिद्दीकी साहब की निगाह पड़ी। वे जैसे पागल हो गए। पीठ के नीचे जैसे किसी ने गुदगुदी कर दी। सुषमाजी ने आधी बाँहों का ब्लाउज़ पहना था, मगर वह इतना कसा था कि बगलों से फट गया था। बगलों के बीच जैसे सावन के सुर्मई बादल घुमड़ रहे थे। नेताजी ने तुरन्त सिगरेट सुलगा ली और खिड़की की तरफ मुँह करके एक लम्बी साँस भरी, 'या खुदा, मेरा कब तक इम्तिहान लोगे ?'

उन लोगों को बातों में मशगूल देख सिद्दीकी साहब चुपचाप कमरे के बाहर निकल आए। इस बीच नसीम साहब का कमरा खुल गया था। कमरे से तभी बैरा निकला। बरामदे में जगह-जगह शराब की बोतलों के ख़ाली डिब्बे नाजायज़ बच्चों की तरह पड़े थे, बैरा उन्हें उठाकर ट्रे में रख रहा था।

नसीम साहब बिस्तर पर इत्मीनान से बैठे थे। मेज़ पर गिलास था, ठसाठस भरी ऐशट्रे थी। ऐशट्रे के नीचे सौ-सौ के आठ-दस नोट। नसीम साहब की घड़ी। नसीम साहब का डेंचर और दो-एक पत्रिकाएँ रखी थीं। उनकी शक्ल देखकर ही लग रहा था कि उनका टिकट पक्का हो चुका है।

'आओ बरखुरदार आओ,' नसीम साहब ने सिगरेट सुलगाया और बोले, 'कहो कहाँ पहुँचे ?'

'जहाँ से चला था नसीम भाई वहीं खड़ा हूँ,' सिद्दीकी साहब ने कुर्सी पर बैठते हुए कहा, 'लगता है मेरी ज़िन्दगी यों ही बर्बाद हो जाएगी। कहीं कुछ नज़र नहीं आ रहा। एक बरस श्यामसुन्दर की खुशामद में लगा दिया, ऐन मौके पर उसने आँखें फेर लीं।'

नसीम साहब ने ज़ोरदार ठहाका लगाया, 'श्यामसुन्दर को आज पी.एम. से ऐसी डाँट पड़ी कि ज़िन्दगी-भर याद रखेगा। मेरी मुख़ालिफ़त करने पहुँचा था। कह रहा था शराबियों और कबाबियों को टिकट नहीं मिलना चाहिए।'

'तो क्या रंडीबाज़ों को मिलना चाहिए,' सिद्दीकी साहब ने विष वमन किया, 'यही श्यामसुन्दर कल तक अज़ीज़न बी के कोठे पर शराब में धुत्त पड़ा रहता था। मेरे पास तो तस्वीरें हैं।'

'वाह-वाह। आप उन तस्वीरों को मेरे हवाले कीजिए और फिर देखिए श्यामसुन्दर का जलवा।'

'ज़रूर-ज़रूर,' सिद्दीकी साहब बोले, 'मेरे लिए आप क्या सोचते हैं ?'

'तुम अभी से क्यों परेशान हो ? अभी तुम्हारी उम्र ही क्या है ? अभी तो जद्दोजहद करने की उम्र है। वक्त आने दो मैं तुम्हारे लिए कुछ न कुछ ज़रूर करूँगा। ग्राम सभाओं के चुनाव हो रहे हैं,

उसके बाद ब्लाक प्रमुखों के चुनाव होंगे। मैं तुम्हें लड़ाऊँगा। दस-पाँच ब्लाक प्रमुख तो साथ में रहने ही चाहिए, वरना सियासत नहीं चल सकती। इक्तसादी हालात ठीक न हों तो मेरी किसी ब्रांच के मैनेजर हो जाओ।'

सिद्दीकी साहब की योजना भंग हो गई। वे सोच रहे थे कि नसीम साहब को लेकर नेताओं से मिलेंगे और टिकट पा जाएँगे।

'आपके साथ कोई और मेहमान है ?' सिद्दीकी साहब ने पूछा।

'देखा जाए तो मैं भी यहाँ नहीं रुका हूँ। मेल-मुलाकात और तफ़रीह के लिए चला आया था। अब लौट जाऊँगा। मेरा कोई फ़ोन आए तो नोट कर लेना। रात को मैं सिक्स नाइन फोर टू जीरो टू पर हूँ। कल शाम को मुलाकात होगी। आप इत्मीनान से रहिए। जलवा देखिए।'

नसीम साहब उठे। सिद्दीकी साहब ने उन्हें शेरवानी पहनाई, जूते पहनाए, दाँत दिए और उन्हें गाड़ी तक छोड़ आए। नसीम साहब ने हाथ उठा दिया, 'ख़ुदा हाफ़िज़ !'

नसीम साहब को विदा करके सिद्दीकी साहब सीधे यादवजी के कमरे में पहुँचे। दरवाज़ा खुलते ही कमरे से धुआँ कुछ इस तरह से निकला जैसे अन्दर अँगीठी जल रही हो। जैसे स्कूल से बच्चे छूटते हैं। बीड़ी, सिगरेट, सिगार से पूरा कमरा महक रहा था। सिद्दीकी साहब ने घुसते ही खिड़कियाँ खुलवाईं। एयर कंडीशनर के बावजूद कमरे में बहुत घुटन थी।

'आप भी अपनी जगह बना लीजिए,' सुषमाजी ने कहा, 'वरना हमारे साथ होटल चलिए।'

सिद्दीकी साहब ने अँगुली में चाबी का गुच्छा घुमाते हुए कहा, 'आप चलिए मेरे कमरे में, कुछ ज़रूरी बात करना चाहता हूँ।'

सिद्दीकी साहब लम्बे-लम्बे डग भरते हुए गलियारे में चल दिए, 'आप लोग दो सौ पाँच में आइए।'

सिद्दीकी साहब ने जल्दी से कमरा ठीक किया।

'वाह। यह हुआ कमरा। हमारा कमरा तो लोगों ने भटियारखाना बना रखा है।'

कमरा ठंडा था। धुआँ नहीं था। शायद कुछ देर पहले ही चादर वगैरह बदले गए थे। सुषमाजी ने सैंडिल उतारे और डबलबैड पर बीचोबीच लेट गईं। सिद्दीकी साहब ने फ़ोन उठाया और रख दिया।

'अब तो किचन बन्द हो गया होगा।'

'अब कुछ नहीं चाहिए,' सुषमाजी ने कहा, 'अब नींद। सुबह नौ बजे ए.आई.सी.सी. पहुँचना है। मेरी तो इच्छा हो रही है यहीं सो जाऊँ।'

'मैं अपना इन्तज़ाम कर लूँगा। आप लोग सोइए।'

'हम तीनों सो जाएँगे,' यादवजी बोले, 'मैं तो ज़रा-सी जगह लूँगा।'

'आप बेफ़िक्र रहिए मैं कहीं भी इन्तजाम कर लूँगा,' सिद्दीकी साहब ने कहा, 'मेरी खुशकिस्मती है कि आपके मुकदस कदम मेरे कमरे में पड़े।'

'तो मैं एक कॉट मँगवाए देता हूँ,' यादवजी ने टेलिफ़ोन उठाया, 'दरअसल मुझे भी आलस आ रहा है।'

कॉट आ गई। सिद्दीकी साहब उस पर लेट गए। बत्ती बुझा दी, मुँह दीवार की तरफ़ कर लिया। वे दिन-भर की यात्रा से यों ही थके थे, न जाने कब नींद ने आ दबोचा। कुछ देर में कमरे में यादवजी और सिद्दीकी साहब के खर्राटे जुगलबन्दी का माहौल पैदा करने लगे।

सुषमाजी अचानक उठकर काँच की दीवार के पास खड़ी हो गईं। बाहर एकदम सन्नाटा था। नीचे सड़क पर पेड़ शान्त खड़े थे। जैसे ड्यूटी पर तैनात हों। कभी-कभी कोई कार फुर्र से पेड़ों के बीच से निकल जाती। चाँदनी रात थी। नीचे सड़क बहुत मोहक लग रही थी, जैसे बाल खोले चाँदनी

में पसर गई हो। उनकी इच्छा हुई नीचे लॉन में जाकर बैठ जाएँ।

तभी टेलिफ़ोन की घंटी बजी। सुषमाजी ने लपककर रिसीवर उठाया। आधी रात का वक्त हो रहा था। ज़रूर कोई ज़रूरी कॉल होगी।

'हैलो।' सुषमाजी ने अत्यन्त अलसाये स्वर में कहा।

'आप किस कमरे से बोल रही हैं ?'

'दो सौ पाँच से।' सुषमाजी को कमरे का नम्बर याद रह गया।

'आप यहाँ क्या कर रही हैं ?'

'चाँदनी देख रही हूँ। बहुत खूबसूरत चाँदनी है बाहर।'

'सिद्दीकी कहाँ है ?'

'सिद्दीकी साहब अभी-अभी सोए हैं।'

'आप उन्हें फ़ोन दे दीजिए।'

'मगर वे सो रहे हैं। अभी-अभी सोए हैं। कच्ची नींद में जगाना मुनासिब न होगा। आप मैसेज दे दीजिए। मैं उन्हें दे दूँगी।'

'उसे फौरन जगाइए।' उधर से आवाज़ आई।

'सिद्दीकी साहब, सिद्दीकी साहब,' मगर सिद्दीकी साहब घोड़े बेचकर सोए थे। सुषमाजी ने रिसीवर रखा और जाकर सिद्दीकी साहब को हिलाने लगी। सिद्दीकी साहब का चेहरा सुषमा को अचानक बहुत आकर्षक लगा, वह उनके गाल पर चपत लगाते हुए बोली, 'सिद्दीकी साहब आपका फ़ोन है।'

सिद्दीकी साहब सुषमाजी के स्पर्श से अचानक उठ बैठे। पर्दा हटा देने से कमरा चाँदनी से जगमगा रहा था। अपने सामने आधी रात को सुषमाजी को देखकर वह सकपका गए। उनकी समझ में यह पहेली न आ रही थी।

'आपका फ़ोन है !'

'मेरा फ़ोन है ?'

'हाँ आप ही का है।'

सिद्दीकी साहब ने एक लम्बी आह भरी, आँखें मलीं, बत्ती जलाई और बहुत संयत स्वर में कहा, 'हैलो !'

'सिद्दीकी तुम निहायत ग़ैरजिम्मेदार आदमी हो,' उधर से गुस्से से छलछलाती आवाज़ आई, 'मैंने तुम्हें रात काटने के लिए कमरा दिया था, रंगरेलियाँ मनाने के लिए नहीं। तुम्हारा तो कुछ होना नहीं, तुम मेरा टिकट भी कटवाओगे। तुम मेरे लखनऊवाले फ्लैट पर भी चकला चलाते हो, मुझे सब खबर है। फ़ौरन मेरा कमरा खाली कर दो वरना मैं अभी मैनेजर को फ़ोन करता हूँ कि तुम्हारा सामान बाहर फेंक दे।'

सिद्दीकी साहब नींद में थे और कानों पर फोन लिये बेसुध से सब सुन रहे थे। सुषमाजी की उपस्थिति में कुछ भी कहना उन्हें मुनासिब न लग रहा था। उन्होंने तो बहुत आत्मीयता और चाव से इन लोगों को अपने यहाँ ठहराया था।

'आप कितनी देर में कमरा खाली कर रहे हैं ?'

'नसीम भाई, आप कैसी बातें कर रहे हैं ?'

'मैं अभी मैनेजर को फोन करता हूँ। आप शराफ़त से कमरा खाली कर दीजिए और तवायफ़ को लेकर जहन्नुम में चले जाइए।'

नसीम भाई ने फोन काट दिया। सिद्दीकी साहब ने रिसीवर रख दिया और माथा पकड़कर बैठ गए।

'क्या हुआ सिद्दीकी साहब ?'

'क्या बताऊँ भाभी। किसी ने नसीम भाई को फ़ोन कर दिया कि मैं कमरे का नाजायज़ इस्तेमाल कर रहा हूँ।'

'क्या मतलब ?'

'यानि कि मैं किसी तवायफ़ को कमरे में लेकर पड़ा हूँ। आप मुझे मुआफ़ कीजिएगा। मेरी वजह से आपको ज़लील होना पड़ा।'

सुषमाजी यह सुनकर हँसते-हँसते बेहाल हो गईं। पैर थामकर हँसती रहीं।

'यह शरारत ज़रूर किसी ठाकुर ने की है। अब समझ में आ गया, कमरे में आपने एक मूँछोंवाला आदमी देखा होगा, अमरपाल सिंह, यह सब उसी की करामात है। मैंने बीसियों बार विधायकजी को समझाया है कि ऐसे लोगों को साथ में न रखा करो, मगर ये मानें तब तो।'

सुषमाजी अचानक यादवजी के पास गईं और बहुत ज़ोर से उन्हें झँझोड़ दिया, 'सुन लो अपने अमरपाल सिंह की करामात,' सुषमाजी बोलीं, 'इस तरह दिल्ली आकर नींद लोगे तो सोते रह जाओगे और सब टिकट ठाकुर लोग पा जाएँगे।'

टिकट का जिक्र सुनकर यादवजी अचानक उठ बैठे, 'क्या बात है ?'

सिद्दीकी साहब ने पूरी बात बताई।

'नसीम साहब मेरे भी दोस्त हैं। मैं अभी उनसे बात कर लेता हूँ। वे ठीक-ठीक बता देंगे कि किसने शरारत की है।'

तभी कॉलबेल सुनाई दी। मैनेजर साहब दरवाज़े पर खड़े थे।

'आइए-आइए श्रीवास्तवजी,' सुषमाजी ने कहा, 'आपके भवन का तो बहुत बुरा हाल है। जाने कितने गुंडा ऐलिमेंट आकर टिके हुए हैं। मैं मुख्यमन्त्रीजी से बात करूँगी।'

मैनेजर स्तब्ध सा खड़ा था। वह इसी आशा में आया था कि कमरे में ज़रूर कोई तवायफ़ मिलेगी, सामने यादवजी और सुषमाजी को देखकर उसका उत्साह भंग हो गया। बात समझते देर न लगी, बोला, 'अक्सर ऐसी ग़लतफ़हमी हो जाया करती है। कोई बात नहीं, मैं नसीम साहब से बात कर लूँगा।'

'अभी कीजिए बात उनसे,' सुषमाजी ने कहा, 'क्या उत्तर प्रदेश में वही एक शरीफ़ बचे हैं।'

यादवजी ने रिसीवर उठाया और पूछा, 'आपके पास नसीम साहब का नम्बर है ?'

सिद्दीकी साहब ने बताया कि इस वक्त वे सिक्स नाइन फोर टू ज़ीरो टू पर होंगे। यादवजी ने फ़ोन घुमाया। उधर से किसी ने फौरन रिसीवर उठाया।

'नसीम साहब होंगे ?'

'मैं बोल रहा हूँ।'

'आदाब अर्ज़ है। मैं यादव बोल रहा हूँ। बात यह है कि विधानसभा के सदस्य विधान परिषद के सदस्यों को आसानी से पहचानते नहीं।'

'आप भी कैसी बात कर रहे हैं हुजूर। यह बताइए भाभी कैसी है, कहाँ है और इस वक्त कैसे याद किया !'

'बस बधाई देने के लिए। आपका टिकट पक्का हो गया।'

'सच ?'

'जी हाँ। अभी शाम को धर साहब के यहाँ डिनर था। आपका नाम आया तो सोचा बधाई दे दूँ।'

'भाभी कहाँ है ?'

'अभी बात कराता हूँ।'

नसीम साहब बेहद अच्छे मूड में आ गए थे। इन दिनों धर साहब की बहुत पूछ थी, उन्होंने ज़िक्र

किया होगा तो बात सही होगी।

'मैं बोल रही हूँ सिद्दीकी साहब की गर्ल फ्रैंड,' सुषमाजी ने रिसीवर कान पर रखते ही कहा, 'आपके बारे में खुशखबरी सुनकर सिद्दीकी साहब हम लोगों को आपके कमरे में ले आए, जबकि हमारा कमरा एक सौ नौ बुक है, वहाँ अन्य टिकटार्थी जमे हैं। यह बताइए, आपको किसने इतनी बेहूदा ख़बर दी कि आपके कमरे में चकला चल रहा है। रिसीवर तो मैंने ही उठाया था, आपने मुझसे ही पूछ लिया होता कि मैं हुस्ना बाई हूँ या सुषमा बाई।'

'भाभी आप तो शर्मिन्दा कर रही हैं।'

'मैं तो आपको अब हमेशा शर्मिन्दा करूँगी। बोलिए मेरा मुजरा देखेंगे ?'

'मुझे माफ़ करो भाभी। मुझसे ख़ता हुई। मैं अभी मैनेजर साहब को फ़ोन करता हूँ।'

'आप कत्तई फ़ोन न कीजिए। हम लोग अपने कमरे में लौट रहे हैं।'

सुषमाजी ने फ़ोन रख दिया और विजय-भाव से तमाम दीवारों की तरफ़ देखा।

टेलिफ़ोन की घंटी बजी। सुषमाजी ने उठाने से इनकार कर दिया। सिद्दीकी साहब ने इनकार कर दिया। यादवजी की हिम्मत ही न पड़ी। घंटी देर तक बजती रही तो मैनेजर साहब ने रिसीवर उठा लिया, 'सर, मैं श्रीवास्तव बोल रहा हूँ।'

'सिद्दीकी कहाँ है ?'

'बाथरूम में हैं सर।'

'उससे कहिए, बाथरूम से निकलकर मुझसे बात कर ले।'

'यस सर।'

सिद्दीकी साहब बाथरूम से निकले तो आँखों में लाल डोरे खिंच गए थे। लग रहा था, ज़मकर रोए हैं। सुषमा ने उठकर देखा तो गाल थपथपा दिए, 'पालिटिक्स करना माँगता तो रोना बन्द करो। क्या औरतों की तरह रोता है।'

'भाभी मुझे आज तक किसी ने इतना ज़लील न किया था।'

'चलो इसका कमरा छोड़कर अभी होटल चलते हैं। इससे तो बेहतर ही है मेरा कमरा। चलो उठो। उठिए विधायकजी।'

तभी फिर घंटी बजी, सुषमा ने रिसीवर उठाया और बोली, 'हम लोग अभी आपका कमरा खाली कर रहे हैं। सिद्दीकी पहले ही जा चुका है। चाबी श्रीवास्तव से ले लीजिएगा।'

सुषमाजी ने अपनी बात कही और रिसीवर रख दिया।

नीचे टैक्सियाँ उपलब्ध थीं। तीनों टैक्सी में बैठकर अशोका की ओर चल दिए। श्रीवास्तव चाय का निमन्त्रण देता रह गया।

●●

शनिवार की शाम को शर्मा घर के लिए रवाना हो गया। गाड़ी करीब दो घंटे लेट थी। दरवाज़ा अम्मा ने खोला। प्रोफेसर ने देखा अम्मा ने सर पर शाल ओढ़ रखा था, उनकी आवाज़ से लगा अम्मा को बहुत तेज़ ज़ुकाम है। उसने झुककर अम्मा के पाँव छुए।

'ज़ुकाम हो रहा है अम्मा ?' शर्मा ने पूछा।

'हाँ,' रुकी हुई नाक से अम्मा ने जवाब दिया, 'मगर तुम्हारे बाबू की तबीयत ज्यादा खराब है।'

'उन्हें क्या हो गया ?' कहते हुए शर्मा कमरे की तरफ़ लपका। पिता ने भी सिर पर मफ़लर बाँध

रखा था और कमरे में बहुत कम रोशनी थी। पिता एक तख्त पर लेटे थे। पास ही बुझी हुई सिगड़ी रखी थी।

'कैसी तबीयत है बाबूजी।' शर्मा ने पूछा।

बाबूजी ने आँखें खोलीं, शर्मा की तरफ़ देखा और पुनः आँखें मूँद लीं।

'क्या तकलीफ़ है बाबूजी ?'

बाबूजी ने पुनः आँखें खोलीं। हाथ से इशारा किया कि सर घूम रहा है। फिर उँगलियों से आँखें दबा लीं। शायद आँखों में भी दर्द था।

घर में अजीब किस्म का सन्नाटा था। बाबूजी के कमरे में व रसोई में शायद ज़ीरो पावर का बल्ब जल रहा था। अम्मा ने शर्मा के हाथ में चाय का एक गिलास थमा दिया और खुद पास बिछी खटिया पर कम्बल ओढ़कर लेट गईं। कम्बल से कभी खाँसी और कभी नाक भर्राने की आवाज़ आती।

'शीला कहाँ है माँ ?' शर्मा ने पूछा।

अम्मा को खाँसी का दौरा पड़ा। बाबूजी ने आँखों में गहरे तक उँगलियाँ दबा लीं।

शर्मा ने एक लम्बी साँस ली। क्या शर्मा का पत्र पाकर ही ये दोनों बीमार पड़ गए हैं। बीमार तो ये लोग पहले भी हुआ करते थे मगर बीमार पड़ने पर इस तरह की मनहूसियत कभी न होती थी। इन लोगों को इस समय बातचीत करना भी गवारा नहीं हो रहा था।

शर्मा उठा और बिना बताए अपने फैमिली डॉक्टर की तरफ़ चल दिया। फैमिली डॉक्टर बहुत बूढ़ा हो चुका था। उसके यहाँ कुछ बूढ़े लोग ही इलाज के लिए आते थे। डॉक्टर हुकुमचन्द का आज भी फार्मेसी के मिक्सचर में बहुत विश्वास था। अस्सी साल की उम्र में भी वह भला-चंगा था। मगर उसका लालच इस उम्र में भी कम नहीं हुआ था। शहर में उसके कई मकान थे, मगर सन्तान एक भी न थी।

शर्मा ने अपने माता-पिता के बारे में बताया तो डॉक्टर ने कहा कि वे तो पिछले कई महीनों से इलाज़ के लिए नहीं आए।

शर्मा भी अपने माता-पिता के स्वभाव से बखूबी परिचित था। उसके पिता ब्लडप्रेशर बढ़ने पर केवल नमक छोड़ देते थे और माँ जुकाम होने पर रात को जोशान्दा पीना शुरू कर देती थी।

'डॉक्टर साहब मैं चाहता हूँ आप एक बार चलकर उन्हें देख लें।'

डॉक्टर ने घड़ी देखी और बोले, 'नौ बजे विज़िट का समय है। आप कुछ देर रुकें तो साथ ही चल सकता हूँ।'

'ठीक है, डॉक्टर साहब।' शर्मा ने कहा और दवाई की विभिन्न कम्पनियों के रंगीन फोल्डर पढ़ने लगा।

डॉक्टर साहब की दीवार-घड़ी ने नौ का घंटा बजाया तो वह छड़ी के सहारे खड़े हो गए, 'शर्मा साहब आप शादी कब कर रहे हैं ?'

'डॉक्टर साहब आप तो आर्यसमाजी विचारों के रहे हैं। एक बात बताइए मुझे कैसी लड़की से शादी करनी चाहिए।'

डॉक्टर ज़ोर से हँसा, बोला, 'मैंने उस ज़माने में भी बाल विधवा से शादी की थी।'

शर्मा उत्साहित हुआ और बोला, 'मगर मैं एक तवायफ़ की लड़की से शादी करना चाहता हूँ।'

'वाह वाह !' डॉक्टर के मुँह से अनायास निकल गया, 'बरखुरदार, तुम तो मुझसे भी दो क़दम आगे निकले।'

'मगर मेरे माँ-बाप को यह प्रस्ताव मंजूर नहीं। उन्होंने जब से यह सुना है, बीमार पड़े हैं।'

डॉक्टर का कम्पाउंडर ही उनका ड्राइवर था। दोनों गाड़ी में बैठ गए तो डॉक्टर ने कहा, 'लेकिन बरखुरदार एक बात है, लड़की संस्कारहीन नहीं होनी चाहिए।'

'क्या मतलब ?'

'एक तवायफ़ की लड़की के कैसे संस्कार हो सकते हैं, तुम खुद ही अनुमान लगा सकते हो।'

'डॉक्टर सॉब लड़की बेहद तहज़ीबयाफ़्ता है। मेरी कक्षा में ऊँचे घरानों की कई लड़कियाँ हैं, मगर तहज़ीब के नाम पर सिफ़र हैं।'

डॉक्टर साहब को भी बातचीत में आनन्द आने लगा, पूछा, 'अपनी माँ के पेशे को वह किस निगाह से देखती है ?'

'बेहद इज़्ज़त से,' प्रोफ़ेसर ने कहा, 'उनका यह खानदानी पेशा है।'

'मुआफ़ करना बरखुरदार,' डॉक्टर ने धीरे से कहा, 'अगर माँ के पेशे को वह इतनी ही इज़्ज़त से देखती है तो उसने खुद वह पेशा अख्तियार क्यों नहीं किया ?'

'उसकी माँ की ऐसी ही इच्छा थी। दूसरे, इस पेशे का अब भविष्य ही क्या है ? यह पेशा राजाओं-रजवाड़ों के बल पर चलता था, अब वे ही ख़त्म हो गए,' प्रोफ़ेसर के मुँह से अनायास निकल गया। उसने अपने को तुरन्त दुरुस्त किया, 'शायद बदले माहौल में इस पेशे की प्रासंगिकता ख़त्म हो चुकी है। आपने नोट किया होगा, बहुत-सी गानेवालियाँ अब रेडियो, टी.वी. और सिनेमा के लिए गाना अधिक पसन्द करती हैं।'

डॉक्टर कार में एकदम सीधे देख रहे थे। प्रोफ़ेसर भी चुप था। उसे लग रहा था कि एक कड़वे मिक्सचर की तरह डॉक्टर के गले के नीचे यह बात उतर नहीं रही थी।

'तुम एक पढ़े-लिखे नौजवान हो,' घर के सामने कार रुकी तो डॉक्टर ने कहा, 'कोई भी बोल्ड कदम उठाने से पहले हर पक्ष से विचार कर लेना चाहिए। जज़्बाती आदमी अक्सर ऐसा नहीं करते। 'नटशेल' में कहूँ तो मेरी यही राय है।' कार शर्मा के घर के सामने रुक गई।

प्रोफ़ेसर ने बढ़कर दरवाज़ा खोला। रसोईघर में हलचल थी। उसने देखा उसके माता-पिता दोनों आमने-सामने बैठे एक थाली में खाना खा रहे थे। दोनों के चेहरों पर अब बीमारी के वैसे लक्षण भी न थे। प्रोफ़ेसर ने डॉक्टर साहब को कमरे में बैठाया और जाकर खबर दी कि वह डॉक्टर साहब को बुला लाया है।

'है बेवकूफ़,' उसके पिता बोले, 'डॉक्टर को बुलाने के लिए किसने कहा था ?'

दोनों ने जल्दी से खाना ख़त्म करके हाथ धोए और चेहरे पर बीमारी ओढ़ते हुए दूसरे कमरे की तरफ़ सरकने लगे !

'कहिए शर्माजी, क्या हुआ ?' डॉक्टर ने पूछा।

प्रोफ़ेसर के पिता ने हाथ जोड़ दिए और बोले, 'लगता है ब्लडप्रेशर बहुत बढ़ गया है। आँखों में भी बेहद तकलीफ़ है, खड़ा होता हूँ तो सर घूमने लगता है।'

डॉक्टर ने ब्लडप्रेशर का आला निकाला और ब्लडप्रेशर नापने लगे, दोबारा लिया और बोला, 'ब्लडप्रेशर इतना ज़्यादा नहीं। 140/90 है। आपकी उम्र में इतना जायज़ है। बहरहाल आधी टिकिया ऐडलफ़ीन एसीड्रेक्स सुबह-शाम लीजिए। नमक कम खाइए और दिमाग में कोई परेशानी न पालिए।'

डॉक्टर साहब अम्मा को देखते इससे पहले ही अम्मा ने कहा, 'डॉक्टरजी हम मिक्सचर नहीं पिएँगे।'

'हम जानते थे तुम यही कहोगी,' डॉक्टर ने कहा, 'मगर तुम्हें हमेशा मिक्सचर से आराम मिला है।'

'डॉक्टर जी हमको कै हो जाएगी।'

'हम उसमें हाज़मे की दवा भी मिला देंगे।'

अम्मा ने बहुत क्रोध से बेटे की तरफ़ देखा। बेटा भी हैरान था कि जो अम्मा कड़वे से कड़वा ज़ोशान्दा पी सकती है, मिक्सचर पीने से क्यों गुरेज़ करती है। बहरहाल, डॉक्टर ने दो-एक सवाल किए, फ़ीस ली और शर्मा से बोले, 'मैं आपको फार्मेसी पर छोड़ दूँगा आप दवा बनवा लीजिए।'

शर्मा बिना कुछ कहे डॉक्टर के साथ हो लिया। वह जब से आया था, माँ-बाप से कोई बात न

हो पाई थी। यह पहली बार हुआ था कि उन लोगों ने बिना उसका इन्तज़ार किए खाना खा लिया। शर्मा ने यही उचित समझा कि वह रास्ते में कहीं खाना खाता चले। बचपन में शर्मा 'केसरी' में खाना खाया करता था। 'केसरी' डॉक्टर की दुकान से ज़्यादा दूर नहीं था। शर्मा बड़े चाव से 'केसरी' में घुसा। 'केसरी' का मालिक जयरत्न नहीं था। उसी की शकल का उसका लड़का था। शर्मा ने एक बैरे से पूछा तो उसने बताया कि जयरत्न तो पिछले वर्ष चल बसा था, अब उसका लड़का अभयरत्न ढाबा चलाता है और अपने बाप से भी ज़्यादा हरामी है।

शर्मा ने इस जगह बहुत अच्छे दिन बिताए थे। जयरत्न दिन-भर गोश्त भूनता रहता था। गोश्त भूनते हुए ही वह ढाबा चलाता था। शर्मा ने कॉलेज के दिनों में बिना पैसे के कई बार जयरत्न के यहाँ खाना खाया था। शर्मा की यह जानने की इच्छा हो रही थी कि जयरत्न की मृत्यु कैसे हुई, मगर उसका लड़का अभयरत्न जिस बेफ़िक्री से टहल रहा था, शर्मा की उससे बात करने की इच्छा न हुई। उसने किसी तरह खाना खाया और एक हाथ में डॉक्टर का मिक्सचर और दूसरे से सिगरेट पीते हुए घर की तरफ़ रवाना हो गया।

घर की साँकल बजाते हुए उसे बड़ा संकोच हुआ। उसे लग रहा था, उसे देर हो गई है और माता-पिता उसके इस समय आने का बुरा मान रहे होंगे। उसने किसी तरह साहस बटोरकर साँकल बजाई तो उसने देखा रसोई की तरफ़ से उसकी माँ दरवाज़ा खोलने चली आ रही है। शर्मा का कलेजा धक् से रह गया, यह देखकर कि उसकी माँ उसके लिए खाने के इन्तज़ार में, नाक सुड़कती हुई, अभी तक रसोई में ही जमी है।

'डॉक्टर ने मिक्सचर ही दिया है,' शर्मा बोला, 'उसने कहा कि दो दिन में ठीक हो जाओगी।'

अम्मा ने उसकी बात का जवाब नहीं दिया। मिक्सचर थामकर रसोई में रखे बर्तनों के बीच रख दिया और बोली, 'मेरे सर में भयंकर दर्द हो रहा है। जल्दी से खाना खा लो।'

'खाना मैंने खा लिया है,' शर्मा ने कहा, 'तुम्हारी तबीयत ठीक न थी, सोचा खाते चलूँ।'

अम्मा ने शर्मा की बात सुनकर दवा की शीशी उठाकर बाहर आँगन में फेंक दी और लगी ज़ोर-ज़ोर से रोने, 'हाय एक रंडी की बेटी ने मेरा घर तबाह कर दिया। हाय एक रंडी की बेटी ने...'

शर्मा की समझ में कुछ न आ रहा था कि यह सब एकाएक कैसे हो गया। मगर एक बात उसके भेजे में तुरन्त स्पष्ट हो गई कि गुल इस घर में एक दिन के लिए भी न रह पाएगी।

शर्मा चुपचाप पिछवाड़े के कमरे की ओर चल दिया, जहाँ अक्सर मेहमान लोग ठहरते थे। उसने जूते उतारे और खटिया पर लेट गया। उसके कानों में उसकी माँ की आवाज़ गूँज रही थी, 'मेरा बेटा तो बहुत अच्छा था, कैसे रंडियों के चक्कर में पड़ गया। हे ईश्वर, तूने किस जन्म का बदला लिया। मेरी जवान बिटिया का अब क्या होगा। मैंने कितनी सुन्दर बहू का सपना देखा था। हाय रे मैं तो लुट गई। मेरा कुछ न रहा। हे ईश्वर, मुझे मौत दे दो।'

अम्मा की आवाज़ के बीच में बाबू की एक अस्पष्ट बुदबुदाहट सुनाई देती थी। शर्मा को सुनाई न पड़ रहा था कि बाबू अम्मा को डाँट रहे हैं या उसकी बात की ताईद कर रहे हैं। उसे ताज़्जुब हो रहा था कि अम्मा इतने भयंकर सरदर्द के बीच कैसे इतना चिल्ला सकती है। पहले तो उसकी इच्छा हुई कि जाकर अम्मा को शान्त करने की चेष्टा करे, मगर वह अम्मा के स्वभाव से परिचित था कि वह जितना ही अम्मा को मनाने का प्रयत्न करेगा, अम्मा का उत्साह उतना ही बढ़ता जाएगा। आखिर उसने यही तय किया कि चुपचाप करवट बदलता रहे और 'कम्पोज़' की एक टिकिया निगलकर एक शव की तरह निश्चेष्ट लेटा रहे।

शर्मा के दिमाग़ में एक शब्द 'रंडी' बार-बार टकरा रहा था। उसे लग रहा था, इस घर में उसकी

हैसियत एक भड़ुए से ज़्यादा नहीं रह गई है। अम्मा ने पूरा माहौल कुछ ऐसा कर दिया कि अब वह इस विषय में अपने माता-पिता से कोई भी बात करने की स्थिति में नहीं रह गया था। उसकी इच्छा हो रही थी खाट से उठकर सीधा स्टेशन चला जाए और किसी भी दिशा में जानेवाली किसी भी गाड़ी में बैठ जाए।

'जो काम उस रंडी को घर में आकर करना था, हाय रे उसने पहले ही कर दिखाया। मेरा बेटा होटलों और चकलों में खाना खाने लगा।'

अम्मा लगातार विलाप कर रही थी।

शर्मा अम्मा से बहस में नहीं पड़ना चाहता था। उसे इस माहौल से अजीब तरह की वितृष्णा हो गई। उसे आश्चर्य हो रहा था कि वह इस घर में पैदा कैसे हो गया। इससे कहीं अच्छा और सुखद होता कि वह एक वेश्या के यहाँ ही जन्म लिये होता। उसे लग रहा था वह और उसके माता-पिता अलग-अलग दुनिया के लोग हैं। उसने किसी तरह अपने चारों ओर कम्बल ओढ़ लिया और अम्मा की आवाज़ को अनसुना करते हुए सोने का उपक्रम करने लगा। उसने तय किया कि वह सुबह उठते ही पहली गाड़ी से लौट जाएगा। इस माहौल में किसी भी नाजुक विषय पर बात करना उसे अश्लील और बेकार लग रहा था।

●●

शर्मा घर से बेहद उदास लौटा था। रास्ते-भर बस में भी उसने किसी से बात नहीं की। उसके भीतर जैसे कोई मौत हो गई थी ! अपने माता-पिता के व्यवहार से उसे क्रोध आ रहा था और ग्लानि हो रही थी ! इस बुढ़ापे में उन लोगों ने अपना जीवन कितना दयनीय बना लिया था। वे लोग अपनी सन्तान की स्थिति समझने का प्रयत्न नहीं कर रहे थे। इस प्रक्रिया में खुद भी कष्ट पा रहे थे और शर्मा का जीना भी दूभर किए थे। शर्मा अपने माता-पिता के स्वभाव से परिचित था। अगर शर्मा ने गुल से शादी कर ली तो वे उससे कोई ताल्लुक न रखेंगे। रो-रोकर ख़त्म हो जाएँगे मगर शर्मा का मुँह न देखेंगे। घर में दूसरा कोई भाई भी नहीं था जो उनकी देखभाल कर ले। आर्थिक परेशानी उन लोगों को नहीं थी, मगर भावनात्मक स्तर पर वे निपट अकेले थे।

ऐसी परिस्थिति में उसे गुल की अपेक्षाएँ नहीं जगानी चाहिए थीं। वह उसी तरह गुल का कद्रदाँ हो जाता, जैसे माली गुलशन का कद्रदाँ होता है। मगर क्या वह गुल के बगैर या गुल के अलावा जिन्दगी की कल्पना कर सकता है ? शायद नहीं। शर्मा के दिमाग में नसें फड़कने लगीं।

घर लौटकर वह कम्बल ओढ़कर लेट गया। भोजन की इच्छा न हुई।

सुबह शर्मा गर्दन झुकाए एक पिटे हुए खिलाड़ी की तरह बहुत ही मरियल चाल से अपनी कक्षा की तरफ़ चल पड़ा। उसने बहुत ही उदास नज़रों से गुल को भी लगभग उसी समय विभाग के पास रिक्शा से उतरते देखा। शर्मा ने गुल की तरफ देखा मगर उसकी चाल में कोई तेज़ी न आई। जबकि यह तय है कि वह सिर्फ़ गुल को देखने कक्षा में आया था वरना वह छुट्टी ले लेता।

शर्मा ने बिना किसी प्रेरणा से अत्यन्त निष्प्राण तरीके से क्लास ली। वह एक घिसे रिकॉर्ड की तरह बोलता रहा और पीरियड समाप्त होने पर बरामदे में खड़ा होकर सिगरेट फूँकने लगा।

'सर आपकी तबीयत ठीक है ?'

शर्मा ने मुड़कर देखा, गुल खड़ी थी। चेहरे पर वही उत्साह, ताज़गी और जीवन। गुल गरारा पहनकर बहुत कम विश्वविद्यालय आती थी। आज उसने गरारा पहना था और उस पर ढीला-ढाला कुर्ता। प्रोफ़ेसर

शून्य नज़रों से उसकी ओर देखता रहा।

'आपको क्या हो गया है सर ?'

'मुझे 'गुल' हो गया है,' शर्मा ने कहा और फीकी-सी हँसी हँसा, 'और यह एक ऐसा रोग है, जिसका सिर्फ़ एक ही इलाज है।'

'सर, अम्मा ने आपको याद किया है।'

'मैं जल्दी आऊँगा,' शर्मा बोला, 'इसी हफ़्ते।'

गुल अपनी कक्षा की तरफ़ बढ़ गई, शर्मा जड़-सा वहीं खड़ा रह गया। किसी लड़की के खिलखिलाने की आवाज़ से वह चौंका। शर्मा ने मुड़कर देखा, शुभा थी।

'क्या कह रही थी, चुड़ैल ?' उसने पूछा।

'चुड़ैल, तुम्हें क्या कहना है ?' शर्मा ने पूछा।

शुभा का इस सम्बोधन से जैसे जीना सार्थक हो गया। वह इतराते हुए बोली, 'हम आपसे नहीं बोलेंगे।'

'अच्छा तय रहा, हम भी न बोलेंगे।'

'मम्मी-पापा आपके यहाँ धावा बोलनेवाले हैं। कई दिनों से कह रहे हैं। लगता है पहली फुर्सत में जाएँगे।'

'मैं भी बहुत दिनों से आने की सोच रहा था,' शर्मा ने कहा, 'मगर इधर कहीं भी नहीं गया।'

'आज आइए,' शुभा ने कहा, 'अम्मा भी बहुत याद करती हैं।'

'मेरा नमस्कार कहना। मैं किसी छुट्टी के रोज़ आऊँगा,' कहकर शर्मा बिना उसकी ओर देखे आगे बढ़ गया।

बाकी के पीरियड प्रोफ़ेसर ने छोड़ दिए। माता-पिता किसी प्रेतात्मा की तरह उसकी चेतना से चिपक गए थे। एक खास तरह की उदासी उसके पूरे अस्तित्व पर तारी थी। उसे लग रहा था जब तक वह गुल से इस विषय पर विचार-विमर्श न कर लेगा, उसकी आत्मा इसी तरह सन्तप्त रहेगी। हो सकता है उसकी समस्या सुनकर गुल उससे भी अधिक उदास हो जाए। उसने चपरासी से कहा कि वह गुल को बुला लाए।

कोई पन्द्रह-बीस मिनट के बाद गुल उसके सामने खड़ी थी।

'नफ़ीस कहाँ है ?'

'मैंने उसे तीन बजे बुलाया है।'

अभी क्या वक्त है ?'

'एक बज रहा है।'

शर्मा खड़ा हो गया और गुल के साथ-साथ बरामदे तक चला आया, 'गुल, मुझे तुमसे कुछ ज़रूरी बातें करनी हैं।'

गुल चुपचाप सर झुकाए खड़ी रही।

'हमें एकान्त में चलना होगा। अभी इसी समय,' शर्मा बोला, 'वरना मैं पागल हो जाऊँगा।'

'मैं कैम्पस के बाहर नहीं जा सकती।' गुल बोली।

एक लड़का पास से गुज़रा, ज़रा दूर हटकर खड़ा हो गया। शर्मा ने बात बदली, 'तुमने टेम्पेस्ट पढ़ा है ?'

'न।'

'जूलियस सीज़र ?'

'न !' गुल ने कहा, 'मेकबेथ पढ़ा था।'

लड़का वहाँ से सरक गया तो शर्मा ने कहा, 'तुम्हें अभी इसी समय चलना होगा। मैं बैंक के सामने

रिक्शे में तुम्हारा इन्तज़ार करूँगा।' शर्मा ने कहा और तेज़-तेज़ कदम उठाते हुए बैंक के पास पहुँच गया। उसने नदी तक के लिए रिक्शा किया। रिक्शा में बैठकर वह सिगरेट फूँकने लगा।

रिक्शा में बैठे-बैठे लगभग आधा घंटा बीत गया, मगर गुल नहीं आई। शर्मा बहुत उत्तेजित था, गुल से बात करने के लिए। गुल की उपेक्षा ने उसे पुनः जमीन पर ला पटका। गुल नहीं आई तो उसने रिक्शेवाले को पैसे दिए और उदास कदमों से घर की ओर लौट पड़ा।

घर के बाहर थोड़ी ही दूर पर नफ़ीस टहलक़दमी कर रहा था। शर्मा थोड़ा डर गया। नफ़ीस की ज़हालत के कई किस्से विश्वविद्यालय में प्रसिद्ध थे। नफ़ीस अनेक छात्रों पर अपना बल-प्रदर्शन कर चुका था। कहीं यह गूँगा शर्मा से ही तो नाराज़ नहीं हो गया। आगे बढ़ने पर नफ़ीस ने अदब से शर्मा को आदाब किया तो आश्वस्त हुआ।

शर्मा घर के अन्दर घुसा तो सामने गुल बैठी थी—सकुची-सिमटी। शर्मा गुल से बहुत ख़फ़ा था। कैसा मूर्खों की तरह वह देर तक रिक्शा में इन्तज़ार करता रहा था और ये बेगम साहिबा इत्मीनान से यहाँ बैठी हैं।

शर्मा को देखते ही गुल खड़ी हो गई।

'बैठो, बैठो,' शर्मा बोला, 'तुम बेहद परेशान कर रही हो।'

गुल हमेशा की तरह खामोश।

'मैं रिक्शे में बैठा-बैठा ऊँघता रहा।'

गुल मुस्कुराई, 'आप आज क्लास में भी ऊँघ रहे थे।'

शर्मा फीकी हँसी हँसा और बोला, 'तुम यकीन नहीं करोगी, मैं आजकल किस मानसिक स्थिति में से गुज़र रहा हूँ।'

'मैं क्या मदद कर सकती हूँ ?'

'तुम मुझे ज़िन्दगी बख़्श सकती हो ?' शर्मा बोला, 'मैं तुम्हारे साथ कल कहीं दूर जाना चाहता हूँ। कल नफ़ीस को न लाना, मैं खुद तुम्हें घर छोड़ आऊँगा।'

'अम्मा से इजाज़त लेनी होगी,' गुल बोली, 'अम्मा मुझे लेकर हमेशा चिन्तित रहती हैं।'

'मेरी तरफ़ से पूछ लेना। अम्मा इजाज़त दें तो बताना।'

गुल खड़ी हो गई। शर्मा अभी गुल से कोई बात भी ठीक से नहीं कर पाया था। मगर उसने उसे जाने दिया। वह उसे फाटक तक छोड़कर वापस कमरे में लौट आया।

अगले रोज गुल सचमुच अकेली चली आई। शर्मा रात-भर बिस्तर में पड़ा यही सोचता रहा कि गुल आएगी अथवा नहीं। उसे विश्वास हो गया था कि वह नहीं आएगी। अब तक उसका यही अनुभव था।

मगर गुल आई। अकेली। शर्मा का बुझा हुआ चेहरा खिल गया। जैसे अचानक कोई ख़ज़ाना मिल गया हो। शर्मा की इच्छा हुई कि वह गुल को एक बार छू ले, चूम ले। वह किसी बहाने उसे दूर ले जाना चाहता था। वह उसकी बाँह को, उसके गाल को, उसकी कमर को छूना चाहता था, उसके बालों को सूँघना चाहता था, उसकी एड़ी एक बार फिर देखना चाहता था।

एक बजे दोनों का रिक्शा कछार की तरफ़ बढ़ने लगा। गुल के इतना निकट बैठकर शर्मा के पूरे शरीर में झुरझुरी-सी दौड़ गई। वह कुछ इस मुद्रा में बैठा था कि दोनों के कूल्हे सटे रहें। गुल के कूल्हों की गर्मी उसके सारे शरीर का प्रवाह तेज़ कर रही थी।

'तुम्हारे मन में अपनी माँ के पेशे को लेकर कोई कुंठा तो नहीं ?' शर्मा ने पूछा।

'कत्तन नहीं। एक कुंठा है, उसे जुबान तक नहीं ला पा रही। मगर आपसे छिपाऊँगी नहीं,' गुल बोली, 'मगर जो तहज़ीब कोठेवालियाँ के यहाँ है वह अन्यत्र नहीं। हमारी ही क्लास में एक से एक फूहड़ लड़कियाँ हैं।'

'मगर यह पेशा इज़्ज़त से तो नहीं देखा जाता।'

'नहीं देखा जाता होगा,' गुल बोली, 'पहले तो बड़े-बड़े राजा और विद्वान वेश्याओं से विवाह करते थे। वेश्याएँ राजसभा और शाही जुलूसों का आवश्यक अंग समझी जाती थीं। यहाँ तक कि सन्धि वगैरह के काम में भी उनकी महत्त्वपूर्ण भूमिका रहती थी। शोपनहार ने तो यहाँ तक कहा है कि एकपत्नीवाद की वेदी पर वेश्याएँ मानवीय समिधा हैं।'

'तुम भूत में जीती हो। मैं वर्तमान की बात कर रहा हूँ।' शर्मा बोला।

'सच बात कहूँ, मैं इतिहास में ही ज़िन्दा रहना चाहती हूँ।' गुल ने कहा।

'मैं वर्तमान में ज़िन्दा रहना चाहता हूँ, तुम्हारे साथ,' शर्मा ने उसके कन्धे पर अपनी बाँह टिका दी, 'कैसे हो ?'

गुल के दोनों गाल एक ख़ास स्थान पर सुर्ख हो गए।

रिक्शा शर्मा ने नदी से कुछ दूर पर छोड़ दिया और रिक्शे से उतरकर भी अपनी बाँह गुल के कन्धों से नहीं हटाई। गुल ने प्रतिरोध नहीं किया और कन्धे से झूलता शर्मा का हाथ अपने बाएँ हाथ में थाम लिया। गुल की हथेली गदराई हुई थी। शर्मा ने महसूस किया गुल का हाथ उसके हाथ से अधिक गर्म और गुदाज़ है।

नदी किनारे एक मुर्दे का शव रखा था और अन्तिम क्रिया का प्रबन्ध किया जा रहा था। दोनों उससे बचते हुए एक बालू के टीले के पीछे चले गए। बालू के ढूह के बीच में एक गलियारा-सा बन गया था। एक-दो सूअर अपना थूथन बालू पर सहला रहे थे। शर्मा ने गुल को अपनी दोनों बाँहों में भर लिया। गुल के मुँह से हल्की-सी चीख निकल गई। शर्मा ने दो-एक क्षण तक अपना चेहरा गुल के चेहरे से रगड़ा और फिर अपने होंठ गुल के होंठ पर टिका दिए। गुल का नीचे का सुर्ख होंठ अपने दाँतों में दबोच लिया, दोनों कुछ इस तरह से बालू के ऊपर ढह गए जैसे पाँव तले से ज़मीन खिसक गई हो।

'नहीं, नहीं।' गुल बुदबुदाई।

'मैं तुम्हें खा जाऊँगा।' शर्मा बोला।

'नहीं, नहीं,' गुल ने कहा, 'हमारे होंठ में जलन हो रही है।'

शर्मा ने देखा सचमुच गुल का होंठ एक जगह से छिल गया था सन्तरे की फाँक की तरह और खून का एक नन्हा-सा क़तरा उभर आया था। शर्मा ने बहुत कोमलता से उस कतरे को अपनी जीभ से चूस लिया।

'मैं अब कभी आपके साथ न आऊँगी।'

शर्मा मुस्कुराया, 'देखो तुम्हारा होंठ घायल हो गया है।'

'हाय रे,' गुल बोली, 'अम्मा देखेंगी तो ज़िन्दा चबा लेंगी।'

'हम अब तुम्हें अम्मा के पास नहीं रहने देंगे,' शर्मा बोला, 'हम तुम्हें भगा ले जाएँगे।'

'हम अम्मा को कभी नहीं छोड़ेंगे।'

शर्मा एकाएक उदास हो गया, बोला, 'लगता है हमारी अम्मा तो हमें छोड़ ही देगी। अम्मा ही नहीं, बाबू भी।' वह सहसा जमीन पर उतर आया था।

ढूह पर धूप खिली थी। गुल उससे हटकर बैठी थी। एक बूढ़ा मल्लाह पास से गुज़रा और बोला, 'बाबू साहब, यह बैठने के लिए अच्छी जगह नहीं। यहाँ दिन-भर सुअर हगते हैं।'

गुल एकदम खड़ी हो गई। शर्मा बालू पर पीठ के बल लेट गया।

'मुझे यह जगह अच्छी लग रही है,' वह बोला, 'कितनी अच्छी बालू है और कितनी अच्छी धूप है और कितनी अच्छी चीज़ मेरे पास है।'

'आपका घरवालों से कोई झगड़ा हो गया ?' गुल ने पूछा।

'हाँ,' शर्मा बोला, 'हो ही गया है। तुम्हारे लिए अच्छा हुआ है, शादी के बाद झगड़ा होता तो तुम भी तकलीफ़ पाती।'

'क्यों ?'

'वे लोग चाहते हैं कि मैं अपनी जाति में ही शादी करूँ।'

'तो क्यों नहीं कर लेते ?'

'मुझे एक ऐसी लड़की पसन्द है जो दूसरी जाति की है।'

'कौन है वह ?'

शर्मा ने हाथ बढ़ाकर गुल को अपने ऊपर गिरा लिया और बोला, 'यह है।'

गुल ने शर्मा की छाती में मुँह छिपा लिया। शर्मा ने सूँघा गुल के बालों में शैम्पू की ताज़ा महक उठ रही थी। अपने लड़कपन में उसने मुहल्ले की एक लड़की के बाल यों ही भावुकता में चूम लिए थे, उसे दिन-भर मितली आती रही थी।

'एक बात बताऊँ गुल ?'

'बताइए।'

'तुम अंडे का शैम्पू और टर्मरिक क्रीम इस्तेमाल करती हो।'

गुल ज़ोर से हँस पड़ी। हँसते-हँसते बालू से खेलने लगी।

'आपके माता-पिता राज़ी नहीं, हो भी नहीं सकते थे। अम्मा की ज़िद के बारे में सुनेंगे तो और भड़केंगे।'

'क्या ?'

'मेरी अम्मा के सपने ही ऐसे हैं,' गुल हँसी, 'अम्मा की दिली ख्वाहिश है कि बारात उनके द्वार तक आए। लड़के के माता-पिता की मंजूरी हो। लड़का सरकारी नौकरी में हो। लड़के का क़द छह फीट से कम न हो। उसका उच्चारण शुद्ध हो।'

शर्मा हँसा, 'एक स्टेज तक सब अम्माएँ ऐसा ही सोचती हैं।'

'मगर मेरी अम्मा बहुत ज़िद्दी हैं। रायबहादुर पन्नालाल शादी के लिए अपनी कोठी कभी भी दे सकते हैं, मगर अम्माँ के सोचने का अपना तरीका है।'

'अम्मा ने ज़िन्दगी देखी हुई है। शायद ऐसा सोचने के पीछे कोई तर्क हो,' शर्मा बोला, 'मगर हर माँ-बाप यही चाहते हैं कि उनकी सन्तान उन्हीं के तजुर्बे से काम ले। खुद तजुर्बे न करे।'

गुल बालू से खेल रही थी, एक अबोध बच्चे की तरह।

'गुल तुम मुझे चाहती हो ?' निहायत सादगी से शर्मा ने पूछा।

'न।' उसने कहा। उसने शर्मा की तरफ बिना देखे कहा।

शर्मा विचलित हो गया, 'अगर यही सच है तो इस बात को मेरे कन्धे पर सर रखकर या मेरी आँखों में झाँकते हुए एक बार फिर कहो।'

गुल ने शर्मा के कन्धे पर सर पटक दिया और उसकी आँखों में आँखें डालकर फिर से बोली, 'न।'

'तुम बहुत पाजी लड़की हो,' शर्मा ने कनपटी चूमते हुए कहा, 'तुम निहायत पाजी लड़की हो।'

'हूँ।' गुल बोली।

'तुम्हारी यह 'हूँ' मुझे मार डालेगी।'

'हूँ।' गुल ने कहा।

'तुम ज़िन्दगी से क्या चाहती हो ?'

'शर्मा,' गुल बोली, 'मगर...'

'यह अगर-मगर क्या करती रहती हो।'

'मगर...'

'मगर क्या ?'

गुल ने एक लम्बी साँस भरी।

'बोलो।'

'नहीं बोलूँगी। एक दिन तुम खुद ही जान जाओगे।'

'क्या जान जाऊँगा।'

'हक़ीक़त।'

'हक़ीक़त क्या है ?'

'जो दिखाई नहीं जा सकती।'

'तुम पहेलियाँ बुझाती हो।'

'हूँ,' गुल ने कहा, 'अब चलना चाहिए।'

शर्मा खुश हुआ और दुखी भी। पहली बार गुल ने उसके नाम के साथ न सर लगाया था, न जनाब। अचानक तुम पर उतर आई थी।

शर्मा हँसा, 'लगता है, समाज हम दोनों के बीच में एक दीवार खड़ी कर रहा है।'

'जैसे ?'

'जैसे तुम्हारी अम्मा, मेरी अम्मा, मेरे बाबू,' शर्मा ने एक गहरी साँस ली, 'मेरी अम्मा ? वह कैसे ?'

'लग रहा है तुम्हारी अम्मा कुछ ऐसी कठिन शर्तें रखेंगी कि चीज़ें मुश्किल होती चली जाएँगी। मेरे माँ-बाप तो बिल्कुल असम्भव हो गए हैं। यह बताओ अगर हम दोनों तमाम लोगों को भूलकर चुपचाप कचहरी में जाकर शादी कर लें तो कैसा रहे ?'

'मैं कचहरी कभी नहीं जाऊँगी।'

'मन्दिर में ?'

'न।'

'मस्जिद में ?'

'न।'

'गुरुद्वारे में, चर्च में ?'

'न, न,' गुल बोली, 'मैं वही करूँगी जो मेरी अम्मा कहेंगी।'

'अगर मैं भी तुम्हारी तरह सोचने लगूँ तो कुछ भी न हो सके। तुम कचहरी क्यों नहीं जाना चाहती।'

'मेरी अम्मा कभी कचहरी जाना पसन्द न करेंगी।'

'अजीब समस्या है,' शर्मा बोला, 'एक तरफ़ मेरे माता-पिता भूख हड़ताल किए हैं और दूसरी तरफ़ तुम्हारी अम्मा ने ज़िद पकड़ ली है।'

गुल ने शर्मा के कन्धे पर सिर टिका दिया, 'मैं अम्मा के बगैर ज़िन्दा नहीं रह सकती।'

शर्मा ने जेब से एक बहुत पुरानी-सी पत्रिका निकाली और गुल को देते हुए बोला, 'घर से लौटकर सामान देखा तो उसमें बाबूजी ने 1894 में छपी यह 'भारत भगिनी' नाम की पत्रिका रख दी थी और साथ में यह पुर्ज़ा।'

गुल ने पुर्ज़ा पढ़ा, लिखा था :

'बरखुरदार, तुम्हारे मुतालये के लिए श्रीमती गोपी देवी पुत्री ला. नत्थूमल (स्वर्गवासी) सरकारी वकील गाज़ियाबाद का लेख रख रहा हूँ। यह लेख पढ़ लो। इसके अलावा मुझे कुछ नहीं कहना।'

गुल ने पढ़ा, लेख का शीर्षक था—'नाच।' वह अपनी कलाई का तकिया बनाकर वहीं बालू पर लेट गई और पढ़ने लगी। शर्मा ने गुल के पेट को अपना तकिया बना लिया और टकटकी लगाकर गुल को पढ़ने लगा। गुल लेख पढ़ रही थी :

'अव्वल इन वेश्याओं का पेशा कैसी बेशरमी और बेहयाई है कि जो रईस साहूकार इनके दाँव-फरेब

में फँस जाता है उनकी रिहाई बहुत मुश्किल है और उस तरफ़ तबीयत लग जाने से इंसान इंसानी दर्द, औरत, औलाद की परवरिश, तालीम और तरबीयत करने से जो इनका ऐन फ़र्ज है ग़ाफ़िल किनाराकश और अलहिदा हो जाता है। आखिर को उसकी बुरी नौबत होती है। हजारहों रुपए उनके बर्बाद हो जाने के बाद उसके साथ जो सुलूक किया जाता है वह भी ज़ाहिर ही है। जो लोग इस मर्ज़ में मुब्तला हो जाते हैं वह अपनी ख्वाहिश पूरी करने में क्या-क्या बुराइयाँ नहीं करते। बड़े आदिल हुक्मरान मुनसिफ़ मिजाज़ हाकिम इस फन्दे में आकर नामुंसिफ़ हो जाते हैं। न्याय को हाथ से दे देते हैं, करज़दार हो जाते हैं; रियासत को ख़ाक में मिला बैठते हैं; और मज़हब ईमान तक तबदील कर लेते हैं। गफ़लत और सुस्ती से इन्तज़ाम की चाल ढीली पड़ जाती है जिससे मुफ़लिसी जल्द पकड़ लेती है।

'नाच की महफ़िलें नौजवानों, नौ-उमरों, नौ खेजों के फँस जाने और सबक़ सीखने से गोया इबतदाई मकतखाने हैं। अक्सर अमीर और साहूकारों के लड़कों को ऐसी ही महफ़िलों में लाशा लगाकर फँसाया जाता है। ऐसी महफ़िलों में बड़े और छोटे सब ही शामिल होते हैं। वहाँ न बड़े छोटों का कुछ ख़याल रखते हैं, और न छोटे बड़ों का कुछ अदब और परवाह करते हैं। अक्सर देखने में आया है कि उसी जगह लड़केवाले मौजूद हैं और बाज लोग बीच महफिल में तमाम के रोबरू रंडी को अपने सामने बैठा लेते हैं और मज़ाक़ की गुफ़्त-गू करते हैं। रंडियों का तो पेशा ही यह है कि वह खुद ही ऐसों की मुतलाशी रहती हैं। दूसरे अपनी मेहनत बचाने को एक बार कहने पर बार-बार बैठी रहती हैं। कहिए जब बड़ों की यह कैफ़ियत है तो नौजवानों को उससे नफ़रत क्यों कर पैदा हो सकती है ? इसके इलावा बाजे वक्त रंडियाँ बरमला फ़ोहश राग महफ़िल में गाती हैं—क्या इन कार्रवाइयों से कोई कह सकता है कि नौजवानों की तबीयत खराब नहीं होती और उनके दिलों पर असर नहीं पड़ता ? अगर बगौर जाँच की जावे इन्हीं महफ़िलों की बदौलत हर एक कस्बा और शहर में आए साल दस-पाँच मालदार साहूकार नाचबाज़ पैदा हो जाते हैं और मौरूसी तरका बापदादे के अन्दोखते को दो-चार साल में स्वाहा कर देते हैं—इसी दरयाये अमीक के अन्दर नेकनामी के जहाज़ को ग़ारत कर देते हैं। जीते जी बीवियों को रांड, बाल-बच्चों को यतीम बना देते हैं। घर में चाहे रोज़ा रहे, पर रंडियों के यहाँ रोज़ ईद मनाते हैं ! भला कहिए इससे ज़ियादा दुनिया में कोई नुकसान पहुँचानेवाली दूसरी चीज़ भी होगी ?'

'बाज दफ़ा तो यह भी देखा गया है कि बाजे साहब दूर अन्देशी को बलाए-ताक रख मस्तूरातों को भी उसी जलसे महफ़िल का दिखाना जरूरी खयाल करते हैं। गृहस्थ और कुनबे में जवान-बुढ़िया, बेवा, सुहागिन, नौउमर, बच्चे, बहन, बेटी, माँ, बहू भी शामिल होती हैं और दूसरी जगह से महफ़िल की रौनक को बराबर देखती रहती हैं। अब कहिए हमारा बरसरे महफ़िल रंडियों की इज्जत करना उनकी तबीयतों पर कैसा बुरा असर पैदा करता होगा ? अक्लमन्द को इशारा काफी है। सत्य व न्याय धर्म का मूल है। रंडियों के शोक में गिरफ्तार होकर सत्य व न्याय का मूल काटने को मुस्तैद और तैयार हो जाता है। नौजवान लड़के मिसल पौदे के होते हैं। उनकी तबीयतों को चाहे जिस तरफ़ चाहो फेर लो। जवान होकर जब वह किसी दिलरुबा पर शैदा हो जाते हैं, तो वह आदत उनके अनअसरों में शामिल हो जाती है और फिर उनको कोई नसीहत कारगर नहीं होती।'

गुल ने लेख पढ़ा और शर्मा को थमा दिया।

'कैसा है ?'

'वाहियात है,' गुल बोली, 'लगता है किसी जाहिल औरत ने लिखा है। उसे यह भी नहीं मालूम कि वेश्याएँ न होतीं तो हिन्दुस्तान के पारम्परिक संगीत, कला और नृत्य का विनाश हो गया होता। शायद यह भी नहीं जानती कि समाज में वेश्याएँ न होतीं तो पूरा समाज विषय-वासना का मंच बन जाता। नाली को बन्द कर दो तो देखो कितनी बू पैदा होती है। समाज के तथाकथित ठीकेदार इसी भाषा में सोचा करते हैं। उनके भीतर सड़ाँध भरी है। बड़े-बड़े समाज सुधारकों को मैंने अँधेरे में कोठों की सीढ़ियाँ चढ़ते देखा है। जिस शख्स में इतिहास को समझने की बुद्धि न होगी, वह इसी प्रकार की

बाज़ारू टिप्पणियाँ करेगा। मैं तवायफ़ों के पेशे को बहुत इज़्ज़त से देखती हूँ। मैं उन औरतों की बात नहीं कर रही जो जिस्म का सौदा करती हैं। मेरा आशय उन खानदानी तवायफों से है जिनके यहाँ आज भी शास्त्रीय संगीत, नृत्य और वादन का सम्मान है। जिनकी पूरी ज़िन्दगी इन कलाओं को समर्पित है। जो आठ-आठ दस-दस घंटे आज भी रियाज़ करती हैं।'

'मैं नहीं चाहता तुम उस दुनिया के बारे में अब और अधिक सोचो। मुझे अच्छा नहीं लगता।'

'मगर यह हक़ीकत है। मैं उसी दुनिया में रहती हूँ और मेरी पूरी हमदर्दी उस दुनिया के साथ है।'

'हमदर्दी होना एक बात है और दुनिया का अंग बनना दूसरी बात।'

'इस दुनिया में भी उतनी गन्दगी है जितनी दूसरी दुनिया में। हमारी दुनिया में भी ईर्ष्या-द्वेष है मगर वह मक्कारी नहीं जो तथाकथित सभ्य समाज में है।'

'तुम इतनी जल्दी तुलना पर क्यों उतर आती हो ?'

'मुझे यही सोचकर दुःख होता है कि लोग हमारे बारे में बहुत अनाप-शनाप बोलते हैं। अखबारों में अनाप-शनाप लिखते हैं,' गुल बोली, 'सच तो यह है कि कुरआन की हूरें हमीं हैं, हिन्दू ग्रन्थों में बताया गया है कि उर्वशी और अप्सराओं की उत्पत्ति नर और नारायण के तपोबल से हुई थी। यही नहीं, अंग्रेजी, अरबी, फारसी साहित्य की परियाँ भी हमीं है।'

'हाय रे !' शर्मा को गुल पर प्यार उमड़ आया। उसने गुल का मुँह दोनों हाथों में पकड़ा और अपने मुँह के पास लाकर चूम लिया, 'अच्छा यह बताओ हूर कैसी होती है ?'

'बताएँ ?' गुल ने कहा और सचमुच बताने लगी, 'हूर को केसर-कस्तूरी, अम्बर और काफूर की बनी हुई बतलाते हैं। उसका जिस्म बिल्लौरी होता है। वह रेशम की सत्तर ओढ़नियाँ भी ओढ़ ले तो भी उसके आर-पार देखा जा सकता है।'

'लगता है, अल्लाह मियाँ ने मुझे भी एक हूर देने का फैसला कर लिया है।'

'क्यों नहीं। नेक काम करने से जो लोग बहिश्त में जाते हैं, उन्हें ही हूरें मिलती हैं।'

'मैंने तो अभी तक कोई नेक काम नहीं किया !'

'शायद इसी वजह से दिक्कतें पेश आ रही हैं।' गुल बोली।

'ठीक कह रही हो,' लगता है मुझे अब कुछ नेक काम करने पड़ेंगे।'

गुल खड़ी हो गई, 'अम्मा आज इतना डाँटेंगी कि महीनों घर से बाहर न निकल पाऊँगी।'

शर्मा भी खड़ा हो गया। गुल ने मुट्ठियों में बालू ली और शर्मा की दोनों जेबें भर दीं। गुल ने जो बालू जेब में भर दी शर्मा उसे घर ले जाना चाहता था। आज का यही प्रसाद था। शर्मा के पीछे की जेब खाली थी। गुल ने एक मुट्ठी बालू उसकी पीछे की जेब में भी भर दी। अब शर्मा की कोई जेब खाली नहीं थी।

यह संयोग ही था कि अगले रोज़ विश्वविद्यालय से छूटते ही शर्मा सीधा गुल के यहाँ पहुँचा। गुल के साथ बिताए क्षण भुलाए न भूलते थे। वह कल्पना में तब से गुल के साथ बालू पर पड़ा था। गुल ने जो बालू उसकी जेब में भर दी थी, वह उसने चीनी मिट्टी की एक खूबसूरत तश्तरी में कार्निश पर सजा दी थी।

शर्मा के सेवक ने बालू देखी तो बहुत हैरान हुआ, बोला, 'बैठक में यह बालू क्यों रख दिया है ?'

'बालू आग बुझाने के काम आती है,' शर्मा बोला, 'कभी सिनेमा देखने गए हो तो देखा होगा कि वहाँ बालू की बाल्टियाँ लटकी रहती हैं।'

सेवक असमंजस में पड़ गया, 'मगर इतनी बालू का क्या होगा ?'

'आग बुझाएँगे,' शर्मा बोला, 'यह बालू मुझे एक तान्त्रिक ने दी है। श्मशान घाट की बालू है। इसके बहुत फ़ायदे हैं।'

शर्मा दिन-भर गुल को देखने के लिए विश्वविद्यालय में भटकता रहा था, मगर हर बार नफ़ीस ही

दिखाई दिया था। गुल के यहाँ पहुँचा तो वहाँ भी सबसे पहले नफ़ीस से ही मुलाक़ात हुई। शर्मा को देखकर वह मुस्कुराया और शर्मा के आगे-आगे चल दिया। उसने आदरपूर्वक शर्मा को बैठक में बैठाया। कमरा शर्मा का पहचाना हुआ था। इस बीच पुताई हो गई थी, पर्दे बदल गए थे और फ़र्श पर नया कालीन बिछा था। कुर्सियों की गद्दियों में रुई की जगह फोम था। एक चीज नहीं बदली थी। कमरे में लटक रही तस्वीरें। वे हटा दी जातीं तो कमरा किसी सम्भ्रान्त परिवार का आभास देता। मेज़ पर दो-एक पत्रिकाएँ पड़ी थीं। शर्मा पन्ने पलटने लगा। उसने पत्रिकाओं में साप्ताहिक भविष्य पढ़ा और उसे मेज़ पर रख दी। भविष्य उत्साहजनक नहीं था। दोनों पत्रिकाओं ने जल्दबाजी में निर्णय न लेने का परामर्श दिया था। मगर शर्मा ने तय कर रखा था, आज बग़ैर किसी संकोच के अज़ीज़न से दो टूक बात कर लेगा।

अज़ीज़न कमरे में दाखिल हुई तो शर्मा खड़ा हो गया, 'आदाब।'

'आदाब ! तशरीफ़ रखिए,' अज़ीज़न बोली, 'इस मुहल्ले में आना कैसा लगता है ?'

'आप लोगों की वजह से आ जाता हूँ,' शर्मा बोला, 'वरना मैंने कभी कल्पना न की थी कि कभी इधर कदम रखूँगा। वैसे मुझे यह अच्छा लगता है कि यहाँ ज़िन्दगी की धड़कनें सुनी जा सकती हैं। हमारी तरफ़ तो शाम होते ही जैसे श्मशान की-सी खामोशी और सन्नाटा हो जाता है। बेहद वीरानगी है शहर के बाहर।'

अज़ीज़न टकटकी लगाकर प्रोफ़ेसर के चेहरे की तरफ़ देख रही थी। लड़का उसे पसन्द था। बात करते शरमाता था। बिल्ली की तरह साफ़-सुथरा। चप्पल के अन्दर से उसके सुडौल पैर झाँक रहे थे। शर्मा के पूरे व्यक्तित्व में एक ऐसी ताज़गी थी कि अज़ीज़न अनायास सोच गई, गुल के लिए हूबहू ऐसे ही लड़के की उसने कामना की थी।

'गुल के लिए आपने क्या सोचा।' शर्मा ने सीधा सवाल किया।

'प्रोफ़ेसर साब गुल एक तवायफ़ की लड़की है।'

'मुझे मालूम है।'

'गुल मुसलमान है।'

'मुझे यह भी मालूम है।'

'गुल का कोई भाई नहीं है।'

'मैं जानता हूँ,' प्रोफ़ेसर ने कहा, 'आपकी इजाज़त मिल गई तो मैं अपने को बहुत खुशनसीब समझूँगा।'

'आपके अब्बा हुजूर इस रिश्ते को मंजूर करेंगे ?'

'मालूम नहीं। शायद नहीं। मगर मुझे मंजूर है।'

'मैं नहीं चाहती मेरी बिटिया ऐसे घर में जाए जहाँ उसे नफ़रत की निगाहों से देखा जाए।'

'ऐसा नहीं होगा।' प्रोफेसर बोला।

'लगता है, आप एक जज़्बाती शख्स हैं। खूब अच्छी तरह से सोच-विचार लीजिए। कोई जल्दी नहीं है। हो सकता है इस बीच आपको गुल से भी अच्छी लड़की मिल जाए।'

'मैं खूब सोच चुका हूँ।' प्रोफ़ेसर को लगा यह औरत आसान नहीं है।

'मेरे लिए बहुत खुशी की बात है कि आप गुल को इतना चाहते हैं,' अज़ीज़न ने कहा, 'मगर एक बात बताइए, अगर यह शादी तय होती है तो क्या आप बारात लेकर आ पाएँगे, इस गली में।'

'बारात-वारात में क्या रखा है,' प्रोफ़ेसर ने कहा, 'मैं तो बहुत ही साधारण तरीके से शादी करना चाहता हूँ।'

'मगर मैं जब भी गुल की शादी करूँगी, बहुत धूमधाम से करूँगी। दोनों ही रीतियों से करूँगी। मेरी अम्मा बताया करती थीं कि हम लोग बुनियादी तौर पर हिन्दू ही थे और बादशाही ज़माने में ही

हिन्दू से मुसलमान हुए थे।'

प्रोफ़ेसर बारात आदि के झंझट से निरुत्साहित हो रहा था। उसे आशा नहीं थी कि उसके माता-पिता या कोई भी रिश्तेदार इस शादी में शामिल होंगे। वह बहुत सादगी से बोला, 'मगर मैं कचहरी में शादी करने के पक्ष में हूँ। आपकी इच्छा है तो बारात भी लेकर आऊँगा, उसमें मेरे रिश्तेदार न होंगे, माता-पिता के आने का तो प्रश्न ही नहीं।'

'आप एक पढ़े-लिखे आदमी हैं। यह सब आप खुद तय कर सकते हैं। शादी की हर रस्म इसी मुहल्ले में होगी।'

'ज़रूर होगी।'

'इस घर में बड़े-बड़े रईस और राजे-महराजे आ चुके हैं। फिर बारात क्यों नहीं आएगी ?'

'ज़रूर आएगी,' शर्मा बोला, 'मगर बहुत मुख्तसर-सी।'

'शादी के बाद मैं एक रिसेप्शन दूँगी, जिसमें पाँच सौ से कम लोग न आएँगे।'

'मेरा इसमें कोई विश्वास नहीं, दिलचस्पी भी नहीं,' शर्मा ने कहा, 'दिखावे से मुझे चिढ़ है।'

'मेरी गहरी दिलचस्पी है, समाज को यह बताने में कि देखो मैंने अपनी बिटिया के लिए कितना अच्छा लड़का ढूँढ़ा है। पिछले पचास बरसों से इस गली में बारात नहीं आई। अगर कचहरी में शादी हो गई और बारात न आई तो लोग यही कहेंगे कि गुल किसी के साथ भाग गई। आप इन लोगों की ज़हनियत से वाक़िफ़ नहीं।'

शर्मा टाँग हिलाने लगा। बोला, 'मेरी निगाह में यह एक सामाजिक कुरीति है। ब्याह-शादियों पर पैसा बर्बाद करना मुझे हमेशा से नापसन्द है। न ही मैं दहेज-वगैरह की बात सोचता हूँ। इस मामले में मैं बहुत आदर्शवादी हूँ।'

'शर्माजी, मैंने बहुत आदर्शवादी देखे हैं,' अज़ीज़न ने कहा, 'बेहतर हो आप अपने दोस्तों और माँ-बाप से भी मशविरा ले लें।'

'शादी मुझे करनी है, मेरे माँ-बाप को नहीं,' शर्मा ने कहा, 'यह मेरा निजी मामला है।'

'मैं इसे एक सामाजिक मामला मानती हूँ।'

'आप बहुत पुराने ख़याल की हैं।'

'नए ख़यालात आपको मुबारक हों। मेरी जान, मेरी बिटिया में बसती है। मैं उसे तकलीफ़ में देख ही नहीं सकती।'

'मैं भी नहीं देख सकता।'

'सुना था बीच में आप घर गए थे।'

'हाँ गया था,' शर्मा बोला, 'माँ-बाप इस रिश्ते के लिए तैयार नहीं।'

'मुझे पहले ही मालूम था कि वे लोग तैयार न होंगे।'

'मुझे ऐसी उम्मीद न थी,' शर्मा बोला, 'मुझे अपने माँ-बाप से ऐसी उम्मीद न थी।'

अज़ीज़न ने मुँह में पान रखा और बोली, 'आपने दुनिया देखी होती तो ऐसी उम्मीद न रखते।'

'ऐसी सूरत में मुझे क्या करना चाहिए !'

'इस बारे में मैं कोई राय न दे सकूँगी। अज़ीज़न ने कहा, 'बात दरअसल यह है कि मेरे कुछ भी कहने का यही मतलब निकलेगा कि मैं आपको फुसला रही हूँ या निराश कर रही हूँ।'

'मैंने यही तय किया कि मेरे माँ-बाप राज़ी हों या न हों, मैं शादी गुल से ही करूँगा।'

'आपका सोचना ज़ायज है,' अज़ीज़न बोली, 'मगर गुल के लिए उलझन पैदा हो जाएगी। आपके घर के लोग हमेशा उसे नफ़रत से देखेंगे।'

'मेरे घर में उसे पूरी इज़्ज़त मिलेगी,' शर्मा ने अज़ीज़न का रुख देखते हुए कहा, 'शायद यही वजह है कि मैं सोचता हूँ, क्यों न कचहरी में शादी कर ली जाए।'

'न, न, कभी नहीं,' अज़ीज़न बोली, 'पूरे समाज को इस शादी को मान्यता देनी होगी। अगर आप में बारात लेकर आने की हिम्मत नहीं तो यह शादी नहीं होगी।'

'हिम्मत की कमी नहीं है।' शर्मा परेशान हो उठा था। अज़ीज़न को अपनी इज़्ज़त, अपनी ज़िद और अपनी बिटिया की चिन्ता थी। वह सोचना भी नहीं चाहती थी कि शर्मा का एक सामाजिक दायित्व है। वह ऐसी नौकरी में है कि उसके लिए कुछ सामाजिक मानदंडों का निर्वाह करना बेहद ज़रूरी है।

'मैं ऐसी नौकरी करता हूँ कि मेरे सामने बहुत-सी कठिनाइयाँ हैं। जाने इस शादी को सामाजिक मान्यता कब मिले। अगर लड़कों ने ही कोई आन्दोलन खड़ा कर दिया ?'

'यह तो आपको मानकर चलना चाहिए कि बहुत से लोग बवाल करेंगे। हो सकता है आपको अपनी नौकरी से हाथ धोना पड़े। इस शादी से हिन्दू खुश होगा न मुसलमान। उपकुलपति खुश होंगे न आपके विभागाध्यक्ष।'

'इसीलिए मैं सोच रहा था कि चुपचाप बग़ैर किसी तामझाम के शादी हो जाए। इसे सार्वजनिक बनाने से परेशानी ही बढ़ेगी।

अज़ीज़न को बात पसन्द न आई। वह पान लगाने में व्यस्त हो गई। शर्मा को पान भेंट किया और बोली, 'मुआफ़ कीजिए, यह शादी न होगी।'

'क्यों ?' शर्मा के होंठ सूखने लगे।

'क्योंकि आप एक कमज़ोर इंसान हैं। अभी इतना घबरा रहे हैं, बाद में जब समाज का दबाव बढ़ेगा तो आप भाग निकलेंगे। क्या मैं ग़लत कह रही हूँ ?'

शर्मा के पास इसके अलावा कोई चारा नहीं था कि कह दे, आप ग़लत कह रही हैं, मगर उसने कहा, 'आप जल्दबाज़ी में नतीजे पर पहुँच रही हैं।'

'हो सकता है,' अज़ीज़न ने कहा, 'मैं किसी से यह नहीं सुनना चाहती कि अज़ीज़न ने अपनी दौलत से लड़का ख़रीद लिया है। मैं जानती हूँ, सब यही कहेंगी।'

'मगर मुझे दौलत का लालच नहीं। मुझे गुल का लालच है।'

'मैं सिगरेट नहीं पीती, मगर अभी पीना चाहती हूँ,' अज़ीज़न दूसरे कमरे में गई और एक लम्बी-सी सिगरेट सुलगाकर चली आई, 'आप सिगरेट पीते हैं ?'

शर्मा को देर से सिगरेट की तलब थी, बोला, 'पी लूँगा।'

अज़ीज़न ने पाँच सौ पचपन का पैकेट शर्मा की तरफ़ बढ़ा दिया। शर्मा ने सिगरेट सुलगाया और कुर्सी पर पीठ टिका ली।

'गुल कहाँ है ?' शर्मा ने एक लम्बा कश लिया, इतना लम्बा कि देर तक धुआँ छोड़ता रहा।

'गुल तिवारीजी के यहाँ गई हुई है। अभी नफ़ीस जाएगा उसे लेने।'

'कौन तिवारीजी ?'

'शहर के एम.पी.,' अज़ीज़न बोली, 'उनका लड़का मनोहर भी गुल से शादी करना चाहता है।'

'तिवारीजी तैयार हैं ?'

'तैयार ही समझिए। उसकी निगाह मेरी दौलत पर है। खुदा का क़रम है कि तिवारीजी दो-चार चुनाव तो इत्मीनान से लड़ सकेंगे। समाज में एक मिसाल कायम करके कुछ वोट भी पा सकते हैं। मगर मुझे लड़का पसन्द है न तिवारीजी का कृपा-भाव। जबकि लड़के के पास हिन्दुस्तान लीवर्स की एजेंसी है, देखने में भी माशा अल्लाह ठीक ही है, मगर मुझे यह रिश्ता मंजूर नहीं। तिवारीजी मुझे और गुल दोनों को इस्तेमाल कर ले जाएँगे और बाद में गुल को ज़लील करना तो बहुत आसान होगा कि गुल तवायफ़ की लड़की है, गुल मुसलमान है, गुल कुँआरी नहीं है। वे कुछ भी कह सकते हैं। इसका जवाब कौन देगा ?' अज़ीज़न सिगरेट के छोटे-छोटे कश ले रही थी। शर्मा को यह सब देखना बहुत विचित्र लग रहा था।

शुभा के माता-पिता खींसे निपोरते हुए कमरे में दाखिल हुए तो शर्मा उन्हें देखकर हतप्रभ रह गया। वह उस समय अपने मित्र प्रकाश के साथ बड़ी आत्मीयता और तल्लीनता से बतिया रहा था। उसने आज तक गुल के बारे में अपने किसी मित्र से अपने मन की बात न की थी। आज अपने सहपाठी प्रकाश से मिलकर सहसा वाचाल हो गया था। दरअसल शर्मा ने खुद ही तार देकर प्रकाश को बुलाया था।

प्रकाश और शर्मा दोनों एक ही शहर और कालिज के थे। प्रकाश एम.ए. करते ही आई.ए.एस. में आ गया और शर्मा यूनिवर्सिटी में। प्रकाश के आई.ए.एस. में आते ही उसे इतने रिश्ते आने लगे कि आखिर एक आई.ए.एस. अफ़सर की एम.ए. (अंग्रेजी) लड़की से उसकी शादी हो गई। उसकी पत्नी अब दो बच्चे की माँ थी और वह बहुत तेज़ी से तरक्की करता हुआ गंजा हो गया था। प्रकाश ने आज शेव नहीं बनाई थी और शर्मा ने देखा उसकी ठुड्डी के अधिकांश बाल सफ़ेद हो गए थे। वह पहले से मोटा, वाचाल और लम्पट हो गया था।

प्रकाश बड़ी बेतकल्लुफी से कुर्सी पर चौकड़ी मारकर बैठ गया था और शुभा के पिता को देखते ही उसे यह समझने में ज़रा भी देर न लगी कि यह आदमी भी ज़रूर उसी के कबीले का है यानी कि सिविल सर्वेंट। शुभा के पिता को राजा बेटे की तरह सूट में लैस और शुभा की माँ को कीमती बनारसी साड़ी में देखकर प्रकाश के मन में आया कि कहे वे दोनों 'मेड फार ईच अदर' लग रहे हैं। मगर परिचय से पूर्व गुस्ताखी करने से वह किसी तरह अपने पर काबू पा गया। उन्हें देखकर वह और भी बेतकल्लुफ़ी से कुर्सी पर पसर गया। उसके पास कैमिस्ट्री की एक किताब पड़ी थी। उसने किताब उठा ली और उसमें डूबने का अभिनय करने में व्यस्त हो गया। शर्मा ने तुरन्त ही दोनों को परिचित कराया। प्रकाश ने जब देखा कि आगन्तुक पी.सी.एस. है और वह आई.ए.एस. तो उसके व्यवहार में उद्दंडता और बेन्याज़ी और बेफ़िक्री नमूदार होने लगी।

'आपको देखकर मैं विश्वास के साथ कह सकता हूँ,' प्रकाश पहलू बदलते हुए बोला, 'आप दोनों मिलकर एक दम्पति, बल्कि यों कहना चाहिए एक आदर्श दम्पति बनाते हैं। हमारे एक प्रोफ़ेसर थे प्रोफ़ेसर मदान, वे अक्सर कहा करते थे कि सफल दम्पति कुछ अरसे बाद शक्ल से भाई-बहन लगने लगते हैं।'

शुभा के पिता, गिरीशचन्द्र भारद्वाज गम्भीर स्वभाव के व्यक्ति थे। वे अपनी अन्य दो लड़कियों की तरह शुभा के लिए भी किसी आई.ए.एस. लड़के की तलाश में थे, मगर शुभा दो बार बना-बनाया खेल बिगाड़ चुकी थी। एक लड़का तो इसी बात से ऐंठ गया कि शुभा क्रिकेट को किरकेट और शाम को साम बोलती है। बिटिया का उच्चारण सुधारने के लिए उन्हें एक ट्यूटर रखना पड़ा था। दूसरे, शुभा का क़द बहुत छोटा था, जबकि शुभा अक्सर ढाई इंच एड़ी के जूते पहनती थी और हेयर स्टाइल भी ऐसा था कि वह एक इंच और ऊँची दिखे। उसके पिता ने शर्मा को देखा तो लेक्चरार से ही समझौता करने का निश्चय कर लिया। शर्मा उनके दोनों दामादों से अधिक चुस्त-दुरुस्त, सुन्दर और गम्भीर था। शर्मा शहर में नया-नया आया था, उसकी ज़रूरत की तमाम चीज़ें, जो परमिट और लाइसेंस से मिलती थीं, उन्होंने शर्मा को अनायास ही उपलब्ध करा दीं। उनकी इच्छा थी अगले वर्ष शुभा के भी हाथ पीले करके गंगा नहा लें और मकान बनाने का अपना अन्तिम सपना भी पूरा कर लें।

'आप लोग कल हमारे यहाँ खाने पर क्यों नहीं आते ?' श्रीमती भारद्वाज अपना पल्लू ठीक करते हुए कहा, 'प्रकासजी आए हुए हैं, इसी खुसी में।'

'कल तो सोनी के यहाँ हम लोगों का डिनर है। गोंडा में मैं और वह साथ-साथ थे।' सोनी शहर के डी.एम. का नाम था।

'उन्हें भी बुलाया जा सकता है।' भारद्वाज ने कहा।

'सम्भव नहीं होगा,' प्रकाश ने कहा, 'मैं और वह रात की गाड़ी से ही दिल्ली रवाना हो जाएँगे। हमारे एक दूसरे कोलीग की लड़की की शादी है। मगर साहब मेरी समझ में एक बात नहीं आती कि लोग आज भी दहेज-वहेज के चक्कर से मुक्त नहीं हो पा रहे। जिस शादी में हम लोग जा रहे हैं वह दो लाख में तय हुई है। हमारे समाज में पढ़े-लिखे तबके की यह हालत है तो औसत आदमी का क्या हाल होगा।'

भारद्वाज खोखली-सी हँसी हँसे। वह शर्मा की उपस्थिति में इतने नाजुक विषय पर बात नहीं करना चाहते थे। अभी तक इस विषय में शर्मा के विचार उन्हें ज्ञात नहीं हो सके थे। शुभा के नाम से पचीस-तीस हजार रुपए एफ.डी. एकाउंट के रूप में जमा थे। उन्होंने बहस में पड़ना उचित न समझा और शर्मा से बोले, 'क्यों शर्माजी, आप इस विषय में क्या सोचते हैं ?'

'यह...' प्रकाश हँसा, 'यह भी उन नवयुवकों में से है जो ऐसे विषय पर शादी से पहले बात करना पसन्द नहीं करते।'

भारद्वाज ने अपनी पत्नी की ओर देखा। पत्नी ने उनकी ओर। पत्नी को प्रकाश की बातों में मज़ा आ रहा था, बोली, 'प्रकासजी, कितना अच्छा होता, आजकल के लड़कों का दृष्टिकोण आप जैसा होता।'

भारद्वाज साहब ने बड़ा बुरा मुँह बनाया। उन्होंने अपनी पत्नी को बीसियों बार सिखाया है कि सभा-सोसाइटी में 'श' को 'स' न कहा करे। जब से 'स' के चलते हुए शुभा का रिश्ता टूटा था, वह और भी सावधान हो गए थे। प्रकाश को इस पृष्ठभूमि का ज्ञान नहीं था, बोला, 'माताजी, मैं खुद एक भ्रस्ट इंसान हूँ। देखिए इस समय मैं आपको कितना एन्लाइटेंड लग रहा हूँ, मगर मेरे माँ-बाप मेरी सादी का शौदा तय कर रहे थे तो मैं इन सवालों से बेखबर था।'

प्रकाश अचानक जानबूझ कर 'श' को 'स' और 'स' को 'श' बोलने लगा। शर्मा को समझते देर न लगी कि वह जान-बूझकर श्रीमती भारद्वाज को माताजी तथा 'श' 'स' का नाटक कर रहा है। उसे अपने दोस्त की यह हरकत बहुत असभ्य लगी। प्रकाश को शान्त करने के इरादे से शर्मा ने कहा, 'भारद्वाज साहब, यह शुरू से ही जोकर रहा है। एक बार इसकी प्रेमिका की साइकिल को एक लड़का ताला लगाकर चाबी ले गया। जब इसे मालूम हुआ तो कन्धे पर साइकिल उठाए उसके घर छोड़ आया। लड़की के बाप ने जब इसका शुक्रिया अदा किया तो उनके सामने डंड-बैठकें पेलने लगा।'

'अरे तुम्हें याद है अभी तक ?' प्रकाश बोला।

'आपकी लवमैरिज हुई थी ?' मिसेज़ भारद्वाज ने प्रकाश से पूछा।

शादी की बात से प्रकाश अत्यन्त उत्साहित हो गया। ताली पीटकर उठा और बोला, 'लव मैरिज करके मैं अपने बाप का नुकसान नहीं करना चाहता था,' वह अपनी बात पर खुद ही लोट-पोट होता गया, 'मेरे पिता को दहेज का लालच न होता तो बेचारे कब के स्वर्ग सिधार गए होते, वे इसी आशा में कुछ बरस और खींच ले गए।'

भारद्वाज साहब आज शर्मा से अन्तिम बातचीत करने के इरादे से आए थे, बीच में प्रकाश नाम के इस खलनायक को पाकर पति-पत्नी दोनों को बहुत निराशा हो रही थी। भारद्वाज को दो दिन बाद ही डेपुटेशन पर दो महीनों के लिए आगरा चले जाना था और इन दो दिनों के लिए उनका कार्यक्रम इतना नपा-तुला था कि वे दोबारा आ नहीं सकते थे और यहाँ इस माहौल में अब कोई गुंजाइश न रह गई थी।

'अच्छा प्रकाश भाई, आपसे मिलकर बहुत खुशी हुई।' कहते हुए वे उठे। उनकी पत्नी ने भी हाथ जोड़कर होठों पर मुस्कान भर ली।

'नमश्कार।' वह बोलीं।

'नमश्कार।' प्रकाश ने कहा।

शर्मा जब उन लोगों को बाहर तक छोड़कर लौटा तो प्रकाश ने बैठे-बैठे ही आँख मारी और अपने बड़े-बड़े दाँतों की नुमाइश लगा दी।

'साले, मैं अब तुमसे बात नहीं करूँगा।'

'माँ के पुत्तर, मैंने तुम्हारी रक्षा कर ली। मैं इन्हें देखते ही समझ गया था कि यह तुम्हारे खूँटे पर अपनी बिटिया बाँधने आए हैं।' वह गुनगुनाने लगा :

अब जब मुझको होश नहीं है
आए हैं समझाने लोग

'मगर मैंने तय कर लिया है, मुझे जो करना है।'

'अच्छा तो गुल के बारे में और कुछ बताओ। पहले यह बताओ तुमने उसके साथ कोई गुल खिलाया कि नहीं।'

'शट-अप,' शर्मा बोला, 'तुम घोर अनैतिक आदमी हो। मैं अब तुमसे बात नहीं करूँगा।'

'तुम साले निहायत चूतिया प्रोफ़ेसर हो। तुमने अभी दुनिया नहीं देखी। मैं अपनी बीवी को बेहद चाहता हूँ इसका मतलब यह तो नहीं हो गया कि मैं उसी के खूँटे से बँधा रहूँ।'

'लखनऊ आऊँगा तो भाभी से पूछूँगा, आप इसकी पत्नी हैं या खूँटा।'

'बेशक,' वह फिर दाँत निकालकर हँसा, 'मैं तुम्हारे साहस की दाद देना चाहता हूँ। अब मज़ाक बन्द, मैं तुमसे सिर्फ़ गुल के बारे में बातचीत करना चाहता हूँ। मैं नहीं चाहता तुम भावुकता में कोई गलत कदम उठा लो। मुझे लगता है तुम्हारे सामने दो विकल्प हैं, मगर मुआफ़ करना, दोनों ही बेकार हैं। तुमे ऐसा करो हिन्दुस्तान टाइम्स में एक विज्ञापन दे दो, तब देखो तुम्हारे सामने कितने विकल्प आते हैं। मैं तुम्हारी एक मदद कर सकता हूँ कि प्रत्येक पत्र पर पूरे विवेक से विचार करने में तुम्हारी सही मदद करूँ। मगर तुम्हारी हालत देवदास से भी गई-गुज़री है और मुझे लगता है, तवायफ़ की बिटिया ही ले डूबेगी। क्यों ?' प्रकाश ने शर्मा की ओर गर्दन घुमाई तो पाया शर्मा प्रकाश की उपेक्षा करते हुए चुपचाप एक उपन्यास पढ़ने में बात अनसुन तल्लीन था।

'शर्मे मैं कुछ बक रहा था !'

'इसीलिए मैं उपन्यास पढ़ रहा हूँ। तुम्हारे तमाम मूल्य तुम्हारी नौकरी में घुस गए हैं। मुझे अब ज़रा भी शक नहीं रहा कि तुम रिश्वत भी लेते होगे। तुम्हारी चेतना नौकरशाही ने लील ली है। तुम्हारे लिए सम्बन्धों की 'सेंक्टिटी' समाप्त हो चुकी है। तुम जिस तरह बिना जान-पहचान के मेरे मेहमानों के साथ पेश आ रहे थे, उसे देखकर मैं इसी नतीजे पर पहुँचा हूँ कि तुम्हारा पूरा पतन हो चुका है। इस वक्त मैं तुमसे सिर्फ यह जानना चाहता हूँ कि शाम का खाना घर पर खाओगे या किसी रेस्तराँ में ?'

प्रकाश पहले तो शर्मा की तरफ़ बड़ी शरारत से देखता रहा, मगर शर्मा की बात ख़त्म होते-होते वह मुआफी माँगने की मुद्रा में आ गया, बोला, 'यार मुझे मुआफ़ करोगे। मैं बहक गया था।'

'खाना कहाँ खाओगे।'

'तुम दारू-वारू पीते हो ?'

'परहेज़ नहीं करता, तुम्हारे साथ पी भी सकता हूँ। एक शर्त पर। तुम मेरे व्यक्तिगत जीवन में दिलचस्पी नहीं दिखाओगे।'

प्रकाश हतप्रभ हो गया, मगर वह इस तरह शिकस्त खाने को तैयार नहीं था, बोला, 'आर्यसमाजी शिक्षण संस्थानों में पढ़ने का मेरी मानसिकता पर भी ऐसा ही असर पड़ा था, मैं भी शुरू में किसी विधवा से शादी करने की सोचता था।'

'तुम्हारे लिए किसी भी चीज़ की पवित्रता शेष नहीं रह गई।'

'पवित्रता के मेरे प्रतिमान दूसरे हैं। तुमने 'अन्ना केरेनिन' पढ़ा है ? अन्ना मेरी नज़रों में आज भी पवित्र है। जो आदमी अन्तरात्मा की आवाज सुनता है, वह पवित्र है, बस वही पवित्र है।'

'तुम्हारे जैसे लम्पट अपने तमाम कुकृत्यों को अन्तरात्मा की आवाज़ ही समझते आए हैं। वास्तव में आदमी जिस दिन अपने वर्ग से कट जाता है, उसकी रूहानी मौत हो जाती है। अपने मूल्य, अपनी आस्थाएँ, आदर्श उसे खोखले लगने लगते हैं।'

प्रकाश ने बड़े-बड़े दाँत निपोरे और उठकर सोफ़े पर लेटकर तन्मयता से गाने लगा :

गिर गई रे मोरे माथे की बिन्दिया
गिर गई रे
गिर गई रे
गिर गई रे मोरे माथे की बिन्दिया

शर्मा प्रकाश से उतना ख़फ़ा नहीं था जितना वह इस समय प्रकट कर रहा था। उसे मालूम है, प्रकाश ने अपने पिता की मृत्यु के बाद निहायत ज़िम्मेदारी से दोनों बहनों की शादी की थी, अपनी माँ को भी नियमित रूप से पैसे भेजता था। मगर इस तरह के दौरे प्रकाश को बचपन से पड़ा करते थे। प्रकट रूप से वह निहायत फूहड़ होने का भ्रम देता था जबकि कालिदास, शेक्सपियर, सार्त्र, गीता, कुरआन, उपनिषद्, परिवार नियोजन जॉज़, क्रिकेट–किसी भी विषय पर वह धाराप्रवाह एवं अधिकारपूर्वक बोल सकता था। उसकी स्मरण-शक्ति अद्भुत थी। संस्कृत के श्लोक हों या ग़ालिब के शेर या अंग्रेजी के सॉनेट–वह एक ही बार पढ़कर वर्षों के लिए याद कर लेता था।

इस वक्त शर्मा ने उसे अकेले छोड़ना ही ठीक समझा। नौकर को खाने के लिए कहकर वह स्वयं दूसरे कमरे में जाकर बिस्तर पर लेट गया। एक लिहाज़ से उसे यह अच्छा ही लग रहा था कि प्रकाश की उपस्थिति में वह शुभा के माँ-बाप के शिकंजे से निकल गया। वे लोग आज ज़रूर शुभा से रिश्ते की बात चलाते और वह अपने को निहायत विचित्र स्थिति में पाता।

शर्मा अभी सोकर उठा ही था कि अचानक प्रकाश उसकी रजाई में घुस आया और उसके बाल सहलाने लगा।

'आपका खादिम चाय बनाकर हाज़िर है,' उसने शर्मा को थपकते हुए कहा, 'आपका खादिम अपनी गुस्ताखियों के लिए न सिर्फ़ शर्मिन्दा है बल्कि अपने को बहुत अपराधी पा रहा है।'

शर्मा मुस्कुराकर बैठ गया और चाय उठा ली।

'मैं तुम्हारी मानसिक स्थिति को समझ रहा हूँ, मगर तुमने यह भी सोचा है कि तुम्हारे इस कदम पर तुम्हारे परिवार की क्या स्थिति होगी ?'

'मैं वे तमाम बातें सोचना नहीं चाहता।' शर्मा ने कहा। जब कि सच्चाई यह थी कि वह दिन-भर इसी विषय पर सोचता रहता था। वह इन्हीं ख़यालात के साथ सोता था और इन्हीं के बीच उठता था।

'तुम्हें विश्वास है गुल तुमसे प्यार करती है ?'

'मुझे विश्वास है मैं गुल से प्यार करता हूँ।'

'कल्पना करो वह तुमसे प्यार नहीं करती।'

'मैं तब भी उसे नरक से निकालने की हर चन्द कोशिश करूँगा।'

'यह पवित्र काम तो तुम अपनी बलि दिए बग़ैर भी कर सकते हो। मेरा सुझाव है कि तुम नौकरी छोड़कर वेश्या-उद्धार समिति का गठन कर लो। वहाँ तुम्हें बहुत सी गुल मिलेंगी।'

'मगर मैं तो गुल से प्यार करता हूँ,' शर्मा बोला, 'और दूसरे बार-बार उस घिसे-पिटे शब्द का

इस्तेमाल करना मुझे पसन्द नहीं।'

'तुमने अपनी भावनाओं को गुल के सामने रखा ?'

'नहीं,' शर्मा बोला, 'वक्त आने पर रखूँगा। वैसे अगर उसमें ज़रा-सी भी समझ है तो मेरी आँखों में सब कुछ पढ़ चुकी होगी।'

'हूँ।' प्रकाश बोला :

'कौन कहता है मुहब्बत की ज़ुबाँ होती है।
यह हक़ीक़त तो निगाहों से बयाँ होती है॥'

'बहुत अच्छा शेर है।'

'शेर तो अच्छा है मगर तुमने सोचा है कि तुम्हारे माँ-बाप इस प्रस्ताव को हरगिज़ मंजूर नहीं करेंगे।'

'मैं तुम्हें पहले बता चुका हूँ, मैं नहीं चाहूँगा, बाबूजी इसका विरोध करें।'

'क्या यह सम्भव है ?'

'शायद नहीं।'

प्रकाश ने कलम और कापी उठा ली, बोला, 'तुम यह कापी ले लो। एक तरफ़ इस शादी के पक्ष में जितनी बातें तुम्हारे दिमाग़ में आएँ, लिखते चलो और दूसरी ओर विपक्ष की बातें। तुम काग़ज़ पढ़ोगे तो तमाम बातें तुम्हारी समझ में आ जाएँगी। अनिर्णय की स्थिति में मैं ऐसे ही किया करता हूँ। इस प्रोसेस से निर्णय पर पहुँचने में देर नहीं लगेगी।'

'लिख लूँगा।'

'नहीं, अभी लिखोगे !' प्रकाश ने कहा, 'लो अब कापी खोलो। और प्वाइंट लिखते जाओ।'

'मुझसे यह सब नहीं होगा।'

'मैं तुम्हारी मदद करता हूँ। लिखो...लिखो...पहले पक्ष में ही लिखो :

(1) मुझे लड़की पसन्द है, (2) इस बहाने वह नरक से निकल जाएगी, लिखो !'

शर्मा ने कलम नहीं उठाई। बोला, 'यह बकवास है।'

'बकवास नहीं। मैं तुम्हें एक प्रश्नपत्र देता हूँ या लखनऊ से भेजूँगा। तुम हल करते-करते निर्णय पर पहुँच जाओगे। क्या यह नहीं हो सकता मैं उससे मिलूँ।'

'मुआफ़ करो,' शर्मा ने कहा, 'अभी-अभी एक रिश्ता तो तोड़ चुके हो।'

प्रकाश ने ठहाका लगाया, 'एक नहीं दो ! मैं खुद अपनी बहन के बारे में बात करने आया था, मगर मैंने तुरन्त अपने को पीछे खींच लिया। मुझे यह कहने में ज़रा भी संकोच नहीं।'

शर्मा झेंपने लगा।

प्रकाश ने कहा, 'देखो गुरु, करो वही जो तुम्हारी आत्मा कहे, मगर तुम भावुक आदमी हो। बाद में कहीं पूरा जीवन इसी कुंठा में न नष्ट हो जाए कि तुमने एक तवायफ़ की लड़की से शादी की। बहुत से लोग ऐसे भी होते हैं जो पहले तो वीरपुत्र बनकर इस प्रकार का क्रान्तिकारी कदम उठाते हैं और बाद में जब इस क़दम के अन्तर्विरोध उभरने लगते हैं तो बीवी को लगातार ज़लील करने में ही सुख पाते हैं। मुझे यकीन है, तुम एक भिन्न आदमी हो। ऐसी परिस्थिति में इस सम्भावना को भी नज़रअन्दाज़ नहीं किया जा सकता कि तुम उसे एक नर्क से तो मुक्ति दिला दो, मगर उसके लिए एक नए नर्क का निर्माण कर दो।'

शर्मा को आशा नहीं थी कि प्रकाश इस सरल तरीके से समस्या की तह तक पहुँचेगा। प्रकाश के प्रति उसके मन में पूर्वाग्रह समाप्त होने लगा। उसे लगा, प्रकाश उससे अधिक व्यावहारिक है, भावनाओं के सागर में निर्जीव कुन्दे की तरह बह नहीं रहा।

'अगर शादी तय होती है तो तुम ज़रूर आओगे।' शर्मा बोला।

'शीला भी आएगी। हो सकता है शादी में मुझे तुम्हारा बाप ही बनना पड़े, क्योंकि मुझे नहीं लगता उग्रसेनजी शादी में शामिल होंगे।'

'मगर यह शादी होकर रहेगी।' शर्मा ने कहा।

'लेट अस सेलिब्रेट द आइडिया।' प्रकाश ने कहा और गाड़ी में से व्हिस्की की बोतल निकाल लाया।

'मैं इसे तुम्हारा साहस ही कहूँगा,' प्रकाश बोला, 'मैं इसे तुम्हारा दुस्साहस नहीं कहूँगा। यह भी हो सकता है तुम्हारे पीछे कुछ गुंडे लग जाएँ। हमें हर पहलू पर विचार करना होगा।'

'गुंडे ?' शर्मा चौंका, 'गुंडे क्यों पीछे लग जाएँगे ?'

'तुम किसी के पेट पर लात मारोगे तो वह शान्त रहेगा ?'

'मैंने किसी के पेट पर लात नहीं मार रहा।'

'तुम अभी बच्चे हो, मैं दो-दो ज़िलों का जिलाधीश रहा हूँ। तुम बहुत आदर्शवादी निगाहों से चीज़ों को देख रहे हो। तुम इस 'अंडरवर्ल्ड' को नहीं जानते।'

शर्मा डर गया। अब उसे विश्वास हो रहा था, वह चीज़ों को जितना सरल समझ रहा था, चीज़ें वास्तव में उतनी सरल नहीं हैं।

'तुम एक शख्स के बारे में बता रहे थे, जो गुल को रोज़ विश्वविद्यालय छोड़ने आता है। वह कौन है ?'

'नफ़ीस।'

'मगर वह गुल का क्या लगता है ?'

'उसका बॉडी गार्ड है !'

'खूब !' प्रकाश बोला, 'बॉडी गार्ड ! अगर वही तुम्हारी हत्या कर दे ?'

'तुम साले मुझे डरा रहे हो ?'

'मैं सच्चाइयों से तुम्हारा साक्षात्कार करवा रहा हूँ।'

शर्मा ने ग्लास उठाया और एक-एक घूँट पीने लगा। इस पक्ष पर उसने कुछ भी नहीं सोचा था। सहसा उसे अहसास हुआ कि चीज़ें उतनी सरल नहीं हैं जितना वह सोच रहा है। गुल को अपनाना न केवल अपने बल्कि उसके समाज से भी दुश्मनी मोल लेना था। व्हिस्की के पहले पेग की गर्मी ने उसका खोया हुआ आत्मविश्वास लौटा दिया।

'वेल, अब मैं हर स्थिति का सामना करूँगा। अच्छा हुआ तुम चले आए। मैं अब जल्दी ही गुल से विस्तार से बात करूँगा।'

प्रकाश अभी तक परिस्थिति को समझने में मशगूल था।

'तुम गुल से बात कर लो, गुल की अम्मा से मैं बात करूँगा। मैं शीला को साथ लेकर जाऊँगा। अर्दली के साथ। सरकारी तामझाम के साथ।'

प्रकाश ने कहा, 'तुम जानते हो कि रिश्ता करते समय कुछ बातों पर ज़रूर ग़ौर किया जाता है।'

'जैसे ?'

'जैसे यह कि लड़की की पारिवारिक पृष्ठभूमि क्या है ? तालीम क्या है, कितने भाई-बहन हैं, पिता क्या करता है, वह कुँआरी है या नहीं।'

'यह सब फ़िज़ूल की बातें हैं।' शर्मा ने कहा।

'अच्छा यह बताओ, तुम ऐसी लड़की से शादी कर सकते हो जिसका शील भंग हो चुका हो ?'

शर्मा ने इन तमाम बातों पर कभी ध्यान ही न दिया था, बोला, 'इसके बारे में मैंने कभी सोचा ही नहीं।'

'इसके बारे में कब सोचने का इरादा है ?' प्रकाश हँसा, 'क्या शादी के बाद ?'

'योनि की पवित्रता को तुम बहुत बड़ा मूल्य मानते हो ?' शर्मा ने पूछा।

'शादी तुम करने जा रहे हो, मैं नहीं,' प्रकाश ने कहा, 'इसीलिए तो मैंने पूछा था कि तुमने कोई गुल खिलाया कि नहीं ?'

'मेरे लिए गुल से पवित्र कोई चीज़ नहीं,' शर्मा ने कहा, 'वह पवित्रता का मानवीकरण है। उसकी माँ ने कितने कष्ट सहकर उसे पूरे माहौल से अलग रखा है, यह मैं जानता हूँ।'

'बहरहाल, एक दोस्त के नाते मैंने तुम्हें सब पूरी वस्तुस्थिति से आगाह कर दिया है। अब निर्णय लेना तुम्हारा काम है।'

'शुक्रिया !' शर्मा ने कहा, 'तुम्हारे मशविरे की ज़रूरत महसूस हुई तो तार दूँगा। भाभी को साथ लेकर आना।'

'ज़रूर आऊँगा,' प्रकाश ने कहा, 'हर चीज़ वैसी नहीं होती, जैसी सतह से दिखाई देती है। अक्सर लोग ज़िन्दगी में एक ही बार शादी करते हैं, इसलिए इस मामले में तह में जाना ज़रूरी हो जाता है। हो सकता है कि अज़ीज़न बी की जायदाद पर कुछ लोगों की नज़र हो। अज़ीज़न के बाद तुम उनको खटकने लगोगे। इन सब बातों पर ठंडे दिमाग़ से ग़ौर कर लेना। ख़ुदा हाफ़िज़।' प्रकाश ने कहा और विदा ले ली।

●●

साहिल ने ज़िन्दगी में पहली बार इतनी लम्बी यात्रा की थी। वह आज तक लखनऊ से आगे नहीं गया था। अम्मा की बहुत तेज़ याद आ रही थी, मगर वह असमर्थ था। मसऊद ने उसे समय ही न दिया और एक बोरे की तरह गाड़ी में डाल दिया।

मसऊद ने रिज़र्व कम्पार्टमेंट में उसे किसी चमत्कार से बैठा दिया और वह शाहज़ादों की तरह गाड़ी में बैठा रहा। बीच-बीच में मुसम्मी-सन्तरे वगैरह भी लेता रहा। मसऊद ने उसे स्टेशन से ही उर्दू की दो-तीन पत्रिकाएँ खरीद दी थीं। एक फ़िल्मी पत्रिका का नया अंक पाकर उसे बड़ा अच्छा लगा। आज तक उसने इस पत्रिका के पुराने अंक ही पढ़े थे। यह सोचकर भी उसे गुदगुदी हो रही थी कि रास्ते में दिल्ली स्टेशन भी आएगा। दिल्ली देखने का उसे बहुत चाव था, मगर मसऊद ने ताकीद कर दी थी कि वह सीधा कालका मेल से ही लौट आए। दिल्ली देखने की हसरत मसऊद बाद में पूरी करवा देगा। मसऊद ने कहा, 'वह निहायत्त चुगद किस्म का फ़ोटोग्राफर है। आँखों पर मोटा चश्मा लगाता है और खाली समय में दाढ़ी खुजाता रहता है। तुम जाते ही एक नोट उसके सामने रख देना। साले के मुँह से राल टपकने लगेगी, ज़्यादा न-नुकर करे तो यह रामपुरी चाकू दिखा देना। डरना मत। एक बात याद रखना कि बुनियादी तौर पर वह एक कायर इंसान है।'

साहिल फ़ौरन तय नहीं कर पाया कि फ़ोटोग्राफ़र से मिलने पर वह क्या करेगा और क्या कहेगा, फिर भी उसने चुपचाप हामी भर दी।

'ज़्यादा वक्त न लगाना,' मसऊद ने उसे गाड़ी में बैठाते हुए कहा, 'उसके पास एक बोसीदा-सा रजिस्टर है, उसमें मेरा नाम कृष्णकुमार ज़रूर लिखा होगा। नम्बर देखकर वह फौरन नैगेटिव निकाल सकता है। अच्छा, खुदा-हाफ़िज़।'

साहिल अपना मन बहलाने के लिए फ़िल्मी पत्रिका के पन्ने पलटता रहा। उसे लगा यह पत्रिका उसी के लिए शाया हुई है। वह हसीनों की तस्वीरों में खोया रहा और मन ही मन तय करने लगा कि एक दिन बहुत-सा पैसा कमा वह खुद फ़िल्म बनाएगा।

गाड़ी दिल्ली पहुँची तो साहिल को बहुत निराशा हुई। तब तक अँधेरा हो चुका था। देखते ही देखते

अधिकांश लोग गाड़ी से उतर गए। वह अकेला रह गया तो मालूम हुआ कि उसे भी डिब्बा बदलना पड़ेगा। वह डिब्बा वहीं कटने जा रहा था।

नीचे प्लेटफ़ार्म पर उतरकर वह जगमगाते स्टेशन की तरफ़ आश्चर्य से देखता रहा। चारों तरफ़ चहल-पहल थी। रोशनी का एक रंगीन समुन्दर बह रहा था। उसके चारों तरफ़ एक अपरिचित भीड़ थी। किसी-किसी युवती को वह देखता ही रह जाता। उसे लगा अच्छा ही हुआ, वह नरक से निकल आया। उसका मन हुआ कि वह यहीं बस जाए। सोलन जाए न ही अपने घर वापस।

उसने नीचे एक ठेलेवाले से गोश्त और चपाती लेकर पेट भरकर खाना खाया और टी.टी. से पूछकर अपनी सीट पर बैठ गया। उसे नींद आ रही थी। गाड़ी घंटों स्टेशन पर खड़ी रही। देखते-देखते डिब्बे में दूसरे लोग भी घुसने लगे। वह अपनी सीट पर लेटा रहा। लोगों के खूबसूरत सामान, उनकी खूबसूरत स्त्रियों को देखता रहा। बीच-बीच में अपनी अम्मा का ध्यान भी उसके दिमाग़ में कौंध जाता। अम्मा के बारे में कुछ भी सोचने से उसे दहशत हो रही थी। वह इससे पहले भी घर से भागा था, मगर तब अम्मा स्वस्थ थी और अकेली नहीं थी। उसके पास हसीना थी। अब अम्मा कोठरी में अकेली पड़ी रो रही होगी। सिगरेट ख़त्म होते ही वह जेब से नया सिगरेट निकालकर सुलगा लेता और पहलू बदल लेता।

गाड़ी अभी दिल्ली स्टेशन पर ही खड़ी थी कि साहिल सो गया। चंडीगढ़ में उसकी नींद खुली। वह अपनी सीट पर बैठ गया। ज्यों-ज्यों कालका पास आ रहा था उसके दिल की बेचैनी बढ़ रही थी। उसे यह भी लग रहा था कि पूरी गाड़ी में वह अकेला मुसलमान है। यह सोचकर उसे तसल्ली हुई कि उसके चेहरे पर कहीं नहीं लिखा कि वह मुसलमान है।

कालका से उसने सोलन के लिए बस पकड़ी। सोलन में थोड़ी सर्दी थी। उसने स्वेटर पहन लिया और ढाबे पर अंडे का नाश्ता करके इधर-उधर टहलने लगा। टहलते-टहलते ही वह फ़ोटोग्राफ़र की दुकान 'चित्र-मन्दिर' भी देख आया। दुकान अभी बन्द थी, वह दोबारा उसी ढाबे में लौट आया। अंडे का नाश्ता उसे अच्छा लगा था। वह वहीं बैठकर उर्दू का अखबार पढ़ने लगा। उसे आश्चर्य हो रहा था कि यह कैसी जगह है जहाँ उर्दू तो है मगर मुसलमान नहीं। रास्ते में उसने एक दुकान पर शेव बनवाई थी, वहाँ भी उर्दू का अखबार दिखाई दे रहा था। साहिल ने पूरा अखबार पलट लिया। उसे अपने शहर की एक भी ख़बर देखने को न मिली।

सामने शिमला की पहाड़ियाँ दिखाई दे रही थीं। साहिल को यह सब इतना अच्छा लग रहा था कि वह जूतों से छोटे-छोटे पत्थरों को ठोकर लगाता एक घुमावदार सड़क पर चल पड़ा। उसे बड़ा आश्चर्य हुआ जब वह चलता-चलता उसी बाज़ार में पहुँच गया जहाँ उसने 'चित्र-मन्दिर' देखा था। फ़ोटोग्राफ़र साहब भी उर्दू का अखबार पढ़ रहे थे। पीछे भगवानजी की मूर्ति के पास अगरबत्ती जल रही थी। चित्र-मन्दिर के बगल में पूड़ी की एक दुकान थी। बड़ी-बड़ी पूड़ियाँ कड़ाही से निकाली जा रही थीं और पास ही बेंच पर बैठे लोग पूड़ियाँ खा रहे थे। बेंच पर एक जगह खाली हुई तो साहिल भी बैठ गया। उसने भी एक प्लेट पूड़ी खाई। फिर हाथ धोकर चित्र-मन्दिर की तरफ़ देखा। दुकान का मालिक उसी तरह इत्मीनान से अख़बार पढ़ रहा था।

वह दुकान के पास जाकर खड़ा हो गया। उसकी समझ में नहीं आ रहा था, बातचीत कैसे शुरू करे। उसका एक हाथ पतलून की जेब में था जो सौ रुपए के नोट को सहला रहा था। साहिल दीवारों में लगी तस्वीरों को देखता रहा।

'कहिए, फ़ोटो खिंचवाइएगा ?' फ़ोटोग्राफ़र ने पूछा।

'हूँ।'

'किस साइज़ में ?'

साहिल ने मेज़ पर शीशे के नीचे एक छोटे आकार के चित्र की ओर संकेत किया।

'पाँच रुपए में तीन कापी।'

'ठीक है।' साहिल ने कहा।

फ़ोटोग्राफ़र के चेहरे की जड़ता दूर हुई। वह पर्दा उठाकर साथवाले कमरे में घुस गया और लाइट वग़ैरह ठीक करने लगा।

थोड़ी देर बाद साहिल कैमरे के सामने स्टूल पर बैठा था। फ़ोटो में उसकी विशेष दिलचस्पी न थी। वह स्टूल पर बैठकर फ़ोटोग्राफ़र की तरफ़ देख रहा था कि उसने कहा, 'ज़रा मुस्कुराइए।' साहिल की मुस्कुराने की इच्छा न हुई। वह तुरन्त नैगेटिव की बात कर लेना चाहता था, मगर टुकुर-टुकुर उसकी तरफ़ देखता रहा। फ़ोटोग्राफ़र ने तस्वीर खींच ली और उसके साथ-साथ दफ़्तर की तरफ़ चल पड़ा।

'कब मिल जाएगी।'

'यही दो घंटे में,' उसने रजिस्टर खोलते हुए पूछा, 'नाम ?'

'सतीश !' साहिल बोला।

'पता ?'

'पता ?' साहिल हँसा, 'कुछ भी लिख लीजिए।'

'मतलब ?' वह चश्मा उतारकर बोला, 'आप एडवांस लाए हैं ?'

साहिल ने गर्दन हिला दी।

'लाइए तीन रुपए दीजिए।'

साहिल ने सौ का नोट उसके हाथ में थमा दिया।

'सुबह-सुबह छुट्टा कहाँ मिलेगा ?'

'छुट्टे की ज़रूरत नहीं।'

'मतलब ?' उसने चश्मा पहन लिया, 'आप कौन हैं ?'

'आपके पास तो रिकॉर्ड रहता है, मुझे एक नैगेटिव चाहिए।'

'मेरे पास है ?'

'हाँ होगा,' साहिल ने कहा, 'ज़रूर होगा।'

'आप जितनी कापी कहेंगे, मैं छाप दूँगा।'

'मुझे नैगेटिव की ज़रूरत है।'

'कितना पैसा दीजिएगा।'

'सौ रुपए।'

'सौ रुपए ?' उसकी नाक चढ़ गई, 'कितना पुराना है ?'

'ज़्यादा पुराना नहीं,' साहिल बोला, 'पिछले साल बैखासी पर खिंचवाया था।'

'आपका है ?'

'मेरा ही समझिए।'

फ़ोटोग्राफ़र ने नोट अपनी हथेली पर दाब रखा था। वह नोट छोड़ना नहीं चाहता था। उसने पूछा, 'क्या नाम है आपका ?'

'सतीश।' साहिल बोला।

फ़ोटोग्राफ़र अन्दर से एक रजिस्टर उठा लाया। वह बड़ी तेजी से उसके पन्ने उलटने लगा। जनवरी, फरवरी, मार्च, मई, दोबारा मई, फरवरी, जनवरी।

'माईयावा,' उसने रजिस्टर को गाली दी, 'यह रहा अप्रैल दस, बारह, चौदह।'

साहिल प्रसन्न था। उसे लगा आदमी सीधा है, लालची है, ज़रूरतमन्द है।

फ़ोटोग्राफ़र ने तेरह अप्रैल निकाल लिया। चौदह तस्वीरें खिंची थीं। वह चश्मा चढ़ाकर पढ़ गया,

'इस दिन तो किसी सतीश ने तस्वीर नहीं खिंचवाई।'

'देखिए कृष्ण कुमार ने खिंचवाई थी कि नहीं।'

वह कलम हाथ में लेकर फिर सीढ़ी उतर गया, 'हाँ, कृष्ण कुमार ने खिंचवाई थी।'

फ़ोटोग्राफ़र का चेहरा उत्तेजना से लाल हो गया, 'माईयावे।'

'नहीं है क्या ?'

'है, मगर घर पर होगा।' वह बोला।

'कब मिल जाएगा ?'

फ़ोटोग्राफ़र ने चश्मा उताकर काउंटर पर रख दिया और आँखें मलने लगा। देर तक मलता रहा। मलते-मलते आँखें नम हो गईं। बोला, 'माईयावे।'

साहिल ने सोचा, पंजाबी में कुछ कह रहा है। उसने पूछा, 'कब हाज़िर हो जाऊँ ?'

उसने चश्मा पहन लिया, बोला, 'चार बजे घर जाऊँगा, आप पाँच बजे आइए।'

'यह नोट ?'

फ़ोटोग्राफ़र ने अपनी गीली हथेली खोल दी, उसमें एक मुचड़ा हुआ सौ का नोट पड़ा था। साहिल ने नोट उठा लिया, 'पाँच बजे यह आपका हो जाएगा।'

'माईयावे।' फ़ोटोग्राफ़र बोला और खड़ा होकर अपनी बेल्ट खोलकर फिर से बाँधने लगा।

साहिल को विश्वास हो गया कि यह शख़्स किसी भी सूरत में पाँच बजे उसके हाथ में नैगेटिव थमा देगा।

साहिल सीटी बजाता हुआ सीढ़ी उतर रहा था कि फ़ोटोग्राफ़र ने कहा, 'भाई साहब एडवांस ?'

'कितना ?'

'तीन रुपए ?'

साहिल ने जेब में हाथ डाला। दस का एक नोट उसके हाथ में आया। उसने नोट फ़ोटोग्राफ़र को थमा दिया। फ़ोटोग्राफ़र ने जेब से चाभी निकाली, कैशबॉक्स खोला और नोट गिनने लगा।

'शाम को हिसाब हो जाएगा।' साहिल बोला।

'रुकिए,' फ़ोटोग्राफ़र ने कहा, 'मैं उसूल का आदमी हूँ, उधार देता हूँ न लेता हूँ।'

साहिल रुक गया।

वह दुकान से कूदा और छुट्टा कराने निकल गया। थोड़ी देर में वह मुस्कुराता हुआ लौट आया और बोला, 'यह लीजिए सात रुपए। वैसे आप चाहें तो पूरा पेमेंट भी कर सकते हैं।'

साहिल ने पाँच का नोट ले लिया और सीटी बजाते हुए बाज़ार की तरफ़ बढ़ गया।

पाँच बजे के करीब साहिल मुँह में पान दबाए चित्र मन्दिर पहुँचा तो वहाँ दो आदमी और बैठे थे। दोनों के सामने एक तश्तरी में नमकीन तथा चाय के गिलास पड़े थे। वे लोग बड़े इत्मीनान से बातचीत कर रहे थे। प्रत्येक के सामने कुछ कागजात थे।

साहिल को देखते ही फ़ोटोग्राफ़र खड़ा हो गया, 'आइए, आइए, आप ही का इन्तज़ार था।'

'नैगेटिव मिल गया ?'

'यही है ?' फ़ोटोग्राफ़र ने सामने पड़े एक लिफ़ाफ़े में से नैगेटिव दिखाते हुए कहा, 'आप शिनाख़्त कर लें।'

साहिल ने देखा, मसऊद एक लड़की के कन्धों पर हाथ धरे इत्मीनान से बैठा था। नैगेटिव में उसे मसऊद को पहचानने में ज़रा देर लगी, क्योंकि उसे लग रहा था, यह मसऊद ही नहीं उसके पंजर की तस्वीर है।

'साला,' वह मुस्कुराया, 'जहाँ जाता है मस्ती करता है।'

साहिल ने जेब से सौ का नोट निकालकर फ़ोटोग्राफ़र को थमा दिया और जेब में नैगेटिव का लिफ़ाफ़ा रखकर चल दिया।

'अरे सुनिए।' फ़ोटोग्राफ़र के सामने बैठे शख़्स ने कहा और अपना चश्मा ठीक करने लगा।

'कहिए ?' साहिल रुक गया।

'आप कृष्ण कुमार को जानते हैं ? वह हमारे भी दोस्त थे।'

उस आदमी की बात साहिल को समझ में न आई, बोला, 'आपको धोखा हुआ होगा।'

'अरे धोखा नहीं, मैं उसे पहचानता हूँ। प्रो. सत्यदेवजी के यहाँ वह बावर्ची था।'

साहिल बवाल में नहीं पड़ना चाहता था। वह बड़ी लापरवाही से मुस्कुराया और हाथ हिलाते हुए ढाल उतरने लगा।

'अरे साहब आप भी अजीब आदमी हैं। एक शख़्स आपसे बात कर रहा है और आप निहायत लापरवाही से चलते चले जा रहे हैं।'

साहिल ने देखा, चित्र-मन्दिर में बैठा दूसरा आदमी उसकी बाँह पकड़कर उसे रुकने के लिए कह रहा था।

साहिल को दाल में कुछ काला नज़र आया। वह 'जल तू जलाल तू आई बला को टाल तू' कहते हुए बाँह छुड़ाकर भागा। वह आदमी उसके पीछे हो लिया। पहाड़ी इलाका था, सिर्फ़ एक सीधी सड़क थी। एक तरफ़ गहरी खाई और दूसरी ओर ऊँचे पहाड़ थे। साहिल भागता चला गया था। उसने पीछे मुड़कर भी नहीं देखा, मगर पीछा करनेवाले आदमी के कदमों की आवाज़ उसे सुनाई पड़ रही थी। रास्ता चूँकि उतराई का था, उसे दौड़ने में मज़ा भी आ रहा था। साहिल ने महसूस किया कि धीरे-धीरे वह आदमी उससे पीछे छूटता चला जा रहा है। साहिल आश्वस्त हो गया तो धीरे-धीरे चलने लगा। वह अब थकान महसूस कर रहा था। आखिर उसने तय किया कि वह नीचे खाई में उतरकर सिगरेट पिएगा। उसने सिगरेट सुलगाई और दूर-दूर तक हरियाली देखकर बहुत प्रसन्न हुआ। सूरज डूब रहा था। सारी घाटी सूरज के प्रकाश में सिन्दूरी और सुहागिन लग रही थी। हरी साड़ीवाली सुहागिन।...

सिगरेट फूँकते हुए उसकी निगाह उसी रास्ते की तरफ़ लगी हुई थी जिधर से वह आया था। वह तय नहीं कर पा रहा था कि उसे वापस लौट जाना चाहिए या आगे बढ़ते रहना चाहिए। साहिल को यह सब सोचना बहुत नागवार लग रहा था, उसने आगे ही बढ़ते रहना महफूज़ समझा। निगेटिव उसकी जेब में था। उसने डूबते सूरज की रोशनी में निगेटिव निकालकर देखा। मसऊद पर उसे बहुत गुस्सा आ रहा था। वह सिगरेट फूँकते हुए उसे चुन-चुनकर गालियाँ बकने लगा। वह गाली बक रहा था और नीचे खड्ड में खोद-खोदकर पत्थर फेंक रहा था।

साहिल अभी निगैटिव लिफाफे में रख ही रहा था कि उसे सामने से, जिधर वह भागने की योजना बना रहा था तीन-चार आदमी आते दिखाई दिए। उसे लगा, वह घिर गया है और उसका बचाव सम्भव नहीं है। उन लोगों में से अपने दुश्मन को पहचानने में उसे ज़्यादा देर न लगी। वह एक हाथ में लिफ़ाफ़ा और दूसरे हाथ में निगेटिव थामे वापस भागा। तीनों आदमी उसके पीछे भागे। पहले तो उसकी इच्छा हुई खड्ड में उतर जाए, मगर वह जानता था ये पहाड़ी लोग उसे खड्ड में ज़रूर धर दबोचेंगे, क्योंकि वह खड्ड में भाग नहीं पाएगा। चढ़ाई पर भागने से उसकी साँस फूलने में ज्यादा समय न लगा। साहिल अपने भाग्य को कोसता हुआ, मुँह में रूमाल दबाए भागता जा रहा था। तभी सामने उसे फोटोग्राफर और एक दूसरा आदमी आते हुए दिखाई दिए। वे लोग गप्पें लड़ाते हुए धीरे-धीरे चले आ रहे थे।

साहिल को लगा अब उन लोगों के पंजे से बच नहीं पाएगा। साहिल को देखकर तीनों ताली बजाने लगे।

'रुको-रुको भाई।' एक आदमी ने कहा।

साहिल जड़-सा अपनी जगह खड़ा हो गया। वे लोग उसके पास आकर रुक गए। साहिल की साँस फूल गई थी। वह किसी भी बात का उत्तर देने की स्थिति में नहीं था।

'लगता है तुम एक शरीफ़ और अनाड़ी आदमी हो,' वह आदमी उसका हाथ थामते हुए बोला, 'दरअसल तुम्हारा कृष्ण कुमार प्रोफ़ेसर साहब के यहाँ से चोरी करके भागा है। हमें मालूम था, अगर वह पेशेवर चोर हुआ तो इस निगेटिव की तलाश में किसी को ज़रूर भेजेगा।'

साहिल का चेहरा सुर्ख हो गया था। उसकी साँस धौंकनी की तरह चल रही थी और वह बार-बार आस्तीन से पसीना पोंछ रहा था। रूमाल वह कहीं गिरा आया था।

'बरखुरदार इत्मीनान से बैठ जाओ दो घड़ी। साँस सँभल जाएगी तो बात करेंगे।' साहिल ने एक ऐसे बकरे की तरह उसकी तरफ़ देखा जिसे अहसास हो चुका हो कि कल बकरीद है। उन लोगों की चंगुल से निकल भागना अब उसे मुमकिन नहीं लग रहा था। वह बीच सड़क में सिर थामकर बैठ गया। अपनी बूढ़ी अम्मा और भागी हुई बहन हसीना की उसे बहुत तेज़ याद आई। उसकी इच्छा हुई कि वह बहुत ज़ोर से चीखे, इतनी ज़ोर से कि उसकी आवाज़ खड्डों में टकराती किसी तरह उसकी अम्मा के पास पहुँच जाए। मसऊद से उसे गहरी नफ़रत हो गई थी। मसऊद का ध्यान आते ही उसकी थूकने की इच्छा होती, मगर उसकी जुबान खुश्क हो चुकी थी। अपने को यों परदेश में अकेला और घिरा हुआ पाकर साहिल फूट-फूटकर रोने लगा।

आधी रात को जब साहिल की नींद खुली तो उसने अपने को एक पहाड़ी हवालात में बन्द पाया। उस समय उसे पेशाब लगा था और उसका दिल बहुत ज़ोरों से धड़क रहा था।

●●

जिस रोज साहिल एक दारोगा के साथ इकबाल गंज स्टेशन पर उतरा इदुज़्ज़ुहा का दिन था। दारोगा ने उससे मसऊद का पता लिया और साहिल को घर जाने दिया। दारोगा अकेले ही मसऊद के यहाँ जाना चाहता था। इस मामले में वह बहुत स्पष्ट था। उसका उद्देश्य मसऊद को पकड़ना नहीं उससे कम से कम एक हज़ार प्राप्त करना था। साहिल से उसे जितनी जानकारी मिली थी उससे वह बहुत आश्वस्त था। दारोगा की बिटिया जवान हो रही थी और वह जल्दी से जल्दी कम से कम बीस हज़ार रुपए जमा कर लेना चाहता था। इस यात्रा में उसे टी.ए.डी.ए. अलग से मिलेगा। एक हज़ार में पाँच सौ भी उसके हिस्से आ गए तो वह सन्तुष्ट रहेगा। साहिल के पास जितना पैसा था इन लोगों ने सोलन में ही बाँट लिया था।

'मसऊद मुझे जान से मार डालेगा। जब उसे मालूम होगा कि उसका पता मैंने दिया है।'

'तू घबरा न बेटे,' दारोगा नन्दलाल बोला, 'बुरी सोहबत से बचना।'

'पुलिस मुझे तो परेशान न करेगी ?'

नन्दलाल मुस्कुराया, बोला, 'न, तुम्हारे तिलों में तेल है न वज़न।'

साहिल कुछ न बोला। उसका दिल तेज़ी से धड़कने लगा था। वह अपने शहर में था। अपनी अम्मा के बहुत पास। वह जल्द से जल्द घर पहुँच जाना चाहता था।

'मालूम नहीं, अम्मां ने इस बरस बकरा खरीदा कि नहीं।' वह बुदबुदाया और नन्दलाल से विदा लेकर तेज़-तेज़ कदम बढ़ाता घर की तरफ़ चल दिया। वह गया था तो उसकी जेब में चार सौ रुपए थे। लौटा है तो खाली हाथ। कसाइयों ने एक भी पैसा नहीं छोड़ा था।

'अम्मा बीड़ी बना रही होगी,' उसने सोचा, 'वह जाते ही अम्मा से लिपट जाएगा। मुआफी माँगेगा

और जब तक अम्मा की नाराज़गी दूर न हो जाएगी, अम्मा से लिपटा रहेगा।'

चौक में बकरों का बाज़ार लगा था। बकरों की गन्ध वह दूर से ही महसूस करने लगा। वह बाज़ार में जाए बिना न रह सका। हर क़द और हर रंग का बकरा था। कई-कई बकरों के सींगों में फूलमाला पहनाई गई थी। उसके कपड़े इस क़दर मैले और चेहरे की इस क़दर दाढ़ी बढ़ आई थी कि उसकी हिम्मत न हुई कि दाम भी पूछ सके। वह जगह-जगह खड़े होकर स्थिति का जायज़ा लेता रहा। वह दाम जानना चाहता था। ज्यों ही उसे पता लगा कि ढाई सौ से कम में कोई बकरा नहीं, वह सीधा घर की तरफ़ लपका। उसकी अम्मा हमेशा तकलीफ़ उठाकर बकरीद पर हमेशा बकरा खरीदती रही हैं। उसकी आँखों के सामने वह दृश्य घूम रहा था कि कसाई बकरा काट रहा है, कुरआन की आयतें उसके कानों में गूँजने लगीं। वह दिन-भर तश्तरी में गोश्त लिये पूरी गली में दौड़ता था। अम्मा ग़रीबों में इतना बाँट देती थीं कि घर के लिए बहुत कम हिस्सा बचता।

गली की नुक्कड़ पर ही उसे न्याज़ दिखा। न्याज़ उसे पहचान भी न पाया। साहिल ने भी अपना हुलिया देखते हुए उससे दुआ-सलाम न की। मगर उसे पूरी गली बहुत सुनसान लग रही थी। बीच-बीच में नए कपड़े और टोपी पहने बच्चे उसे नज़र आते। साहिल को लगा वह अपनी ही निगाहों में गिर चुका है। वह अम्मा से कैसे आँखें मिलाएगा।

तभी उसे नवाब साहब के यहाँ से हाथ में छुरी थामे कसाई निकलता हुआ दिखा था। वह बहुत जल्दी में था। उसकी आस्तीन पर और तहमद पर खून के ताजे धब्बे पड़े थे। वह नवाब साहब के घर से निकला और बगल के घर में घुस गया। साहिल ने देखा गली की नालियों का पानी सुर्ख हो गया था। उसे याद आया सिर्फ़ होली पर ही उसने मुहल्ले की सदियों पुरानी बोसीदा नालियों में रंग बहते देखा था। आज नालियों को यों सुर्ख देखकर उसे याद आया, पिछली होली में उसने रंग का ठेला लगाया था। दस दिन में उसने सौ रुपए से ज़्यादा पैदा किए थे।

इस्माइल खाँ ने साहिल को पहचान लिया और दूर से ही आवाज़ दी, 'साहिल हो का ? अब क्या करने लौट रहे हो। तुम्हारी अम्मा तो अल्लाह को प्यारी हो चुकी है। कहाँ थे तुम ?'

'मैं अम्मा से मिलने आया हूँ। बकवास बन्द करो।'

'यह बकवास नहीं। साले वह तुम्हारी राह देखते-देखते चल बसी।'

साहिल को विश्वास न हुआ। वह अपने घर की तरफ़ भागा। घर के कपाट खुले थे। आँगन में कौवे थे और ऊपर चीलें दौड़ रही थीं। कौवों को गोश्त की दावत उड़ाने के लिए यही जगह मिली थी। पूरे मुहल्ले के ऊपर चीलें मँडरा रही थीं। वे एक हवाई जहाज़ की तरह नीचे उतरतीं और बगैर धरती को छुए गोश्त का टुकड़ा उठाकर आसमान में लौट जातीं। चीलों के मुँह या पंजों से कोई टुकड़ा गिर जाता तो कौवे उस पर झपटते। साहिल ने अपने घर को यों खुला और कौवों से घिरा पाकर एक ज़ोर की दहाड़ मारी। फिर वह अन्दर जाकर अम्मा की खटिया से लिपट-लिपटकर देर तक रोता रहा। उसके तमाम दोस्त इकट्ठे हो गए थे। लोग उससे सवाल कर रहे थे मगर वह बजाय जवाब देने के अपने को पीटता और रोता जा रहा था।

इदुज़्जुहा साहिल के ऊपर से गुज़र गई बग़ैर साहिल को छुए। सुबह वह सबसे पहले अम्मा की कब्र पर फातिहा पढ़ने के लिए गया। उसकी इच्छा हो रही थी, थोड़ी-सी मिट्टी खोदकर अम्मा के साथ वहीं दफ़न हो जाए। फ़ातिहा पढ़कर उसे बड़ा सुकून मिला। फ़ातिहा पढ़ते हुए उसे अचानक हसीना की बहुत तेज़ याद आई। मगर उसके पास हसीना का पता नहीं था। उसने तय किया कि वह हसीना का पता पाकर जल्द से जल्द हसीना से मिलने जाएगा। कब्रिस्तान से वह सीधा घर की तरफ़ लौट आया।

घर में अम्मा के अलावा सब कुछ वैसे का वैसा पड़ा था। टूटी चिमनीवाली लालटेन उसी तरह

छत से नीचे लटक रही थी। घर-भर में बीड़ी के खामोश पत्ते सहमे पड़े थे। बिस्तर पर बहुत-सी धूल जम गई थी, जैसे बिस्तर धूल के लिए ही बिछा था। धूल इत्मीनान से आराम फ़रमा रही थी। कोने में लोहे की कुर्सी पर अम्मा का एक लिबास पड़ा था उसे देखते ही साहिल को ज़ोर की रुलाई आ गई। बगल के घरों से गोश्त और सालन उसके लिए आए थे, मगर साहिल की इच्छा न हुई कि वह रकाबी का ढक्कन भी उठा ले।

'या अल्लाह मुझे किस गुनाह की सज़ा दी है,' वह बुदबुदाया और रोने लगा, 'मैं अम्मां के बगैर कैसे ज़िन्दा रहूँगा।'

वह भूखा-प्यासा वहीं फ़र्श पर लेट गया। मुहल्ले के तमाम लोग ईद की खुशी में मस्त थे। मालूम नहीं साहिल को कब नींद आ गई। वह उसी तरह मैले-कुचैले कपड़ों में फर्श पर लेटा रहा कि अचानक किसी ने बहुत ज़ोर से उसके चूतड़ पर एक लात जमाई—'उठ हरामज़ादे। यह देख कौन आया है।'

साहिल ने घबराकर आँखें खोलीं तो पाया मसऊद उसके सामने खड़ा था। गुस्से से उसकी आँखें सुर्ख हो रही थीं। उसके साथ ही दारोगाजी खड़े थे। उन्हें देखकर लग रहा था दोनों पिए हैं।

'मेरी अम्मा नहीं रहीं।' वह बुदबुदाया।

'मैंने तुम्हें इसीलिए रवाना किया था कि तुम मुझे पकड़वाने का इन्तज़ाम करके लौटो ? बोल ड्रोस भी वाले।'

'मसऊद भाई, मुझे ग़लत न समझो। मैं बिल्कुल बेकसूर हूँ। तुम्हारा मन हो तो तुम मुझे मार डालो। मैं यों भी अम्मा के बग़ैर ज़िन्दा न रह पाऊँगा।'

दारोगा को कुछ तरस आ गया, बोले, 'कुछ खाना-वाना खाया कि नहीं ?'

'नहीं हुजूर, जब से अम्मा के इन्तक़ाल का पता चला, पेट में हौल-सा उठ रहा है।' वह ज़ोर-ज़ोर से रोने लगा।

'साला चूतिया,' मसऊद बोला, 'चलो अन्दर जाकर हाथ-मुँह धो लो।'

साहिल वहीं खड़ा आस्तीन से आँसू पोंछता रहा।

दारोगा को बहुत बुरा लगा, वह आगे बढ़ा, उसने बहुत प्यार से साहिल के आँसू पोंछे और बोला, 'दुनिया फानी है।'

साहिल ने बड़े अदब से सन्तरी की तरफ़ देखा और बोला, 'दारोगाजी, क्या मेरी अम्मा अब कभी नहीं लौटेंगी ?'

'तुम जज़्बाती हो रहे हो,' मसऊद ने कहा, 'जो इस दुनिया से कूच कर जाता है, वह कभी नहीं लौटता। और दूसरे अगर आदमी को ज़िन्दगी का इल्म है तो उसे मौत को चुपचाप मंजूर कर लेना चाहिए।'

साहिल शायद इस सच्चाई को सुनने के लिए तैयार नहीं था, वह और भी ऊँची आवाज़ में रोने लगा।

दारोगाजी ने उसे उठाया और अपने साथ नल तक ले गए। उन्होंने उसके मुँह पर पानी के छींटे दिए। पानी के प्रत्येक छींटे के साथ साहिल को अच्छा लग रहा था।

'जानते हो आज बकरा ईद है ?' मसऊद बोला, 'आज के दिन की कुर्बानी का ख़ास महत्त्व है। तुम्हारी अम्मा की रूह को सकून तभी मिल सकता है अगर तुम अपनी ज़िन्दगी को खुशहाली में तब्दील कर दो।'

मसऊद ने जेब से एक चमचमाता सिगरेट केस निकाला और एक सिगरेट दारोगाजी को पेश किया। दोनों ने सिगरेट सुलगाई। मसऊद ने साहिल के मुर्दा चेहरे पर धुआँ फेंकते हुए जेब से एक रिवॉल्वर निकाला और हवा की तरफ़ करते हुए बोला, 'तुम्हारी किस्मत अच्छी थी जो तुम्हारे साथ नन्दलाल भी आए। वरना तुम इस वक्त अपनी अम्मा के पास ही होते।'

'मैं जीना ही नहीं चाहता। मुझे इसी वक्त ख़त्म कर दो मसऊद भाई।' साहिल ने मसऊद के हाथ से पिस्तौल छीनने की कोशिश की।

'भक् चूतिया,' मसऊद बोला, 'कुदरत ने तुम्हें एक और मौका अता किया है। कल सुबह तुम दोबारा कालका मेल से दिल्ली जा रहे हो। तुम्हें दिल्ली स्टेशन तक एक छोटी-सी अटैची पहुँचानी है। दारोगाजी तुम्हारे साथ होंगे। मुस्तैदी से काम कर लोगे तो मैं न सिर्फ़ तुम्हें मुआफ़ कर दूँगा, तुम मालामाल भी हो जाओगे।'

'मैं मालामाल नहीं होना चाहता मसऊद भाई, मुझे मार डालो।'

'भक् साला !' मसऊद बोला, 'यह पिस्तौल देख रहे हो ?'

'देख रहा हूँ,' साहिल बोला, 'मुझे खत्म कर दो। मैं कोई भी बहादुरी का काम करने लायक नहीं।'

मसऊद ने उसकी तरफ़ एक पैकेट फेंका और बोला, 'देखो मुँह-हाथ धोकर कपड़े बदल लो। तुम्हारे लिए नया कुर्ता-पजामा लेता आया हूँ।'

साहिल जड़-सा वहीं खड़ा रहा। मसऊद ने अपने भारी-भरकम जूते की नोक से उसके कूल्हे पर एक ऐसी लात जमाई कि साहिल सीधा गली में लगे नल की तरफ़ चल पड़ा।

●●

लतीफ़ को तुरन्त इमरजेंसी में भर्ती कराके लक्ष्मीधर ने मजदूरों से पूरी कहानी सुनी तो बोला, 'आप ही लोग कहते हैं कि यूनियन बनाओ, यूनियन बनाओ। भैया यह यूनियनबाजी ही पूरी फ़साद की जड़ है।' फिर उसने अचानक आकाश की तरफ़ हाथ उठा दिए और बोला—'या अल्लाह कहीं मिल को किसी ने आग न लगा दी हो।' लक्ष्मीधर ने वहाँ उपस्थित चारों मजदूरों के बीच एक सौ का नोट फेंक दिया और बोला, 'आप लोग जाकर इनकी बीवी को इत्तिला कर दें। बाकी पैसे घर-खर्च और दूसरे अखराजात के लिए दे दें। मैं यहीं लतीफ़ के पास बैठूँगा। न जाने कब किस दवा या सिफ़ारिश की ज़रूरत पड़ जाए।'

मजदूरों ने पहले तो पैसा लेने से इनकार कर दिया मगर बाद में वे चारों पैसा लेकर दरवाज़े की तरफ़ चल दिए। थोड़ी देर में चार में से तीन लौट आए। लक्ष्मीधर उस समय बरामदे में टहल-कदमी करते हुए सिगरेट फूँक रहा था, जबकि सामने ही बड़े-बड़े अक्षरों में लिखा था—'यहाँ धूम्रपान न करें।'

वे लोग चुपचाप लक्ष्मीधर के पीछे हो गए।

'डॉक्टरों ने बताया है कि उसकी हालत गम्भीर है,' लक्ष्मीधर बोला, 'शायद खून की ज़रूरत भी पड़े।'

इस बीच मिल से पन्द्रह-बीस मजदूर आ गए थे। पूरा कारीडोर उन लोगों से भर गया था। सब मजदूर दहशत में थे। कोई किसी से बात न कर रहा था। तभी डॉक्टर ने आकर बताया कि दो बोतलें खून और ग्लूकोज़ की तीन बोतलों का फौरन इन्तज़ाम किया जाए। लतीफ़ का ब्लड ग्रुप ए-बी था। लक्ष्मीधर को मालूम था कि डॉक्टर मीरा सक्सेना के यहाँ हर ब्लड ग्रुप का खून हमेशा उपलब्ध रहता है। डॉक्टर मीरा सक्सेना केवल खून का धन्धा करती थीं। बहुत से बेकार नवयुवक और प्रोफेशनल रक्तदाता ज़रूरत पड़ने पर उसके यहाँ खून बेचा करते थे। डॉक्टर मीरा सक्सेना के पास प्रत्येक ब्लड ग्रुप के लोगों के नाम-पते भी थे। किसी भी ग्रुप की माँग आने पर वह सम्बन्धित व्यक्ति को बुला भेजती थीं।

लक्ष्मीधर ने अस्पताल से ही फ़ोन करके मालूम किया कि डॉक्टर मीरा सक्सेना के पास ए-बी ग्रुप

का खून उपलब्ध है या नहीं। पता चला कि हर ग्रुप का खून उपलब्ध है।

'कब का है ?'

'बिल्कुल ताज़ा है। कल ही लिया है,' मीरा सक्सेना ने बताया, 'सौ रुपए की बोतल के हिसाब से पैसा भेज दें।'

लक्ष्मीधर ने दो सौ रुपए देकर ड्राइवर को रवाना कर दिया। एक मजदूर को रुपए लेकर ग्लूकोज की बोतलें लाने के लिए भेज दिया। मज़दूर अभी अस्पताल के मुख्य दरवाज़े से बाहर भी न निकला था कि उसने देखा एक स्त्री बुर्का ओढ़े रिक्शा से उतरी। वह स्त्री रो-रोकर बेहाल हो रही थी। उसे अपने साथियों को दूसरे रिक्शे से उतरते देखकर यह समझने में देर न लगी कि वह स्त्री और कोई नहीं, हसीना ही है। लगभग भागते हुए हसीना अस्पताल के अन्दर दाखिल हुई।

'घबराइए नहीं !' किसी ने कहा, 'खुदा पर भरोसा रखिए।'

हसीना बरामदे में पहुँची तो उसने बहुत से मज़दूरों को उदास चेहरा लिये बरामदे में टहलते देखा। हसीना की सिसकियाँ किसी भटकी हुई रूह की तरह अस्पताल के कारीडोरों में गश्त लगा रही थीं कि मुँह पर पट्टी बाँधे एक डॉक्टर मुँह पर उँगली रखकर शान्ति बनाए रखने का संकेत कर गया।

'देखिए शान्त रहिए,' लक्ष्मीधर ने हसीना के पास जाकर कहा, 'ईश्वर ने चाहा तो लतीफ़ जल्दी ही ठीक हो जाएगा।'

हसीना ने चेहरे पर से बुर्का हटाकर लक्ष्मीधर की तरफ़ देखा और पूछा, 'क्या बहुत चोट आई है ?'

'किसी गुंडे ने नुकीला पत्थर फेंका जो लतीफ़ की कनपटी पर लगा। बहुत खून बह गया है, मगर चिन्ता की कोई बात नहीं।'

लक्ष्मीधर ने देखा रो-रोकर हसीना की आँखें सूज गई थीं। लक्ष्मीधर को अपनी तरफ़ बहुत दिलचस्पी से देखते पाकर हसीना ने चेहरे पर बुर्का कर लिया। लक्ष्मीधर सचमुच उसकी सूरत देखकर चकित रह गया था। उसने ऐसी बिल्लौरी आँखें, ऐसा आकर्षक चेहरा, ऐसी ताज़ा अनछुई-सी त्वचा बहुत कम देखी थी। हसीना के चेहरे पर कुदरत ने नैसर्गिक शृंगार कर रखा था।

हसीना से खड़ा न रहा गया। वह दीवार के साथ पीठ टिकाकर वहीं बरामदे में धम्म से बैठ गई। बरामदे में और भी कई लोग गठरी की तरह पड़े हुए थे। चौकीदार कई बार आकर उन लोगों को उठा चुका था, मगर इधर-उधर टहलकर वे फिर बैठ जाते। अन्दर वार्ड से नर्सों की तेज़ आवाज़ और ऐनेस्थीसिया की गन्ध आ रही थी। तभी खटिया पर डालकर एक बूढ़े को कुछ लोग इमरजेंसी में ले गए। एक दूसरी तरह की भीड़ बरामदे में जमा होने लगी।

'ख़ून का इन्तज़ाम हुआ ?' अन्दर से एक डॉक्टर आया और उसने लक्ष्मीधर से पूछा, 'जल्दी कीजिए।'

'ड्राइवर को लेने भेजा है।' लक्ष्मीधर बोला।

'कहाँ भेजा है ?'

'मीरा सक्सेना के यहाँ।'

'वह ख़ून न चलेगा,' डॉक्टर बोला, 'उस ख़ून की गारंटी हम नहीं लेते।'

'तब क्या करना होगा ?'

'आप इतने लोग हैं, क्यों नहीं लैब में जाकर टैस्ट कराते ?'

यह कहकर डॉक्टर पुनः ऑपरेशन थिएटर में घुस गया। लक्ष्मीधर ने सब लोगों को लैब की तरफ़ चलने को कहा। हसीना घुटनों में सर दिए हुए चुपचाप बैठी रही। लक्ष्मीधर ने उसे भी साथ चलने को कहा तो हसीना ने कोई जवाब न दिया। दरअसल हसीना के दाँत जुड़ गए थे और वह बेहोश हो गई थी। लक्ष्मीधर इमरजेंसी की तरफ भागा और वार्ड बाय स्ट्रेचर पर डालकर हसीना को भी अन्दर ले गए।

'घबराने की कोई बात नहीं है,' एक छोटी उम्र की लेडी डॉक्टर बोली, 'इसे गहरा सदमा पहुँचा है।'

'मैं खून का इन्तज़ाम करके अभी लौटता हूँ।' लक्ष्मीधर लैब की तरफ़ झपटा।

मज़दूरों का खून टैस्ट किया जा रहा था, मगर किसी का भी खून ए-बी ग्रुप का न निकल रहा था। लक्ष्मीधर को विश्वास था कि उसका भी खून ए-बी ग्रुप का न होगा। उसने लगे हाथ अपना भी खून टैस्ट करा डालने का इरादा किया। उसे कम से कम यह तो पता रहना चाहिए कि उसका खून किस ग्रुप का है।

मालूम हुआ कि उसका खून ए-बी ग्रुप का ही है। मज़दूरों में उत्सुकता की लहर दौड़ गई कि लक्ष्मीधर क्या करता है। लक्ष्मीधर को लगा जैसे वह इम्तिहान में नकल करते हुए पकड़ा गया हो। लक्ष्मीधर का खयाल था कि सभी मजदूरों का एक ही ब्लड ग्रुप होता है, मगर अब यह जानकर उसे बहुत ताज्जुब हो रहा था कि प्रकृति मजदूर और मालिक को भी एक-सा ग्रुप दे सकती है। लक्ष्मीधर होठों पर जीभ फेर रहा था कि कम्पाउंडर ट्यूब और दूसरे उपकरण लेकर लक्ष्मीधर के सामने यमदूत-सा खड़ा हो गया :

'जल्दी कीजिए।' वह बोला और लक्ष्मीधर को पंजा बढ़ाने को कहा।

लक्ष्मीधर ने धीरे से कहा, 'इससे कोई नुकसान तो नहीं होता ?'

'न न !' कम्पाउंडर ने लापरवाही से कहा, 'दस दिन में नया खून बन जाएगा।'

उसने मशीनी ढंग से लक्ष्मीधर की कलाई प्रिक कर दी और ट्यूब से खून निकलने लगा। लक्ष्मीधर ने आँखें मूँद लीं। दाँतों से उसने दोनों होंठ दाब लिये थे। उसने आँखें खोलकर निकलते हुए खून को देखा तो दोबारा आँखें मूँद लीं। मज़दूर लोग दूर खड़े बड़े कौतुक से यह दृश्य देख रहे थे।

लक्ष्मीधर को अचानक बहुत कमजोरी महसूस हुई। लगा, वह वहीं गिर पड़ेगा।

'घर जाकर गर्म-गर्म दूध पीजिए और थोड़ा आराम कीजिए,' कम्पाउंडर ने कहा, 'एक बोतल का और इन्तज़ाम करना होगा।'

'देखो नीचे कुछ लोग हों तो उन्हें भी बुला लाओ। ड्राइवर आ गया हो तो उसे ऊपर भेजिए।'

लक्ष्मीधर पास रखे स्टूल पर बैठ गया और ड्राइवर का इन्तज़ार करने लगा। उसने जीवन में पहली बार खून दिया था। उसे अपनी नौकरी पर गुस्सा आ रहा था। वह मन ही मन अपनी स्थिति पर लानत भेजता रहा। उसे लग रहा था ये मालिक लोग उसका भी खून चूसे बिना न मानेंगे।

कई लोगों के जीना चढ़ने की आवाज़ आई तो लक्ष्मीधर को आशा बँधी कि ड्राइवर भी इन लोगों में ज़रूर होगा। उसका अनुमान ग़लत न निकला। पाँच-सात मज़दूरों के साथ उसका ड्राइवर भी था।

'आप लोग अब दूसरी बोतल का इन्तज़ाम कीजिए। मैं घर जा रहा हूँ। आप लोगों में से किसी का खून मेल न खाए तो कुछ दूसरे लोगों को बुला भेजिए।'

लक्ष्मीधर सीढ़ी से नीचे उतरा तो उसने देखा जगदीश माथुर भी सीढ़ी चढ़ रहा था।

'बहुत बुरा हुआ !' जगदीश माथुर बोला, 'भीड़ को काबू में करना मुश्किल हो गया था।'

'आप भी खून टैस्ट करवाएँगे ?' लक्ष्मीधर ने पूछा।

'क्यों नहीं, क्यों नहीं।' कहते-कहते जगदीश माथुर ऊपर चला आया।

'ईश्वर की भी कैसी लीला है !' एक मज़दूर बोला, 'खून मिला भी तो मालिकों के ही दलाल का।'

'साले पहले खून चूसते हैं, फिर देने भी चले आते हैं,' एक मज़दूर बोला, 'अब तक इतना खून चूस चुके हैं पर थोड़ा देना पड़ गया तो लगे कराहने।'

जगदीश माथुर बात को अनसुनी करते हुए चुपचाप कतार में लग गया।

लक्ष्मीधर में हिम्मत न रह गई थी कि वह अन्दर जाकर लतीफ़ या हसीना की खबर ले। वह गाड़ी में बैठा और ड्राइवर से बोला, 'कहीं फलों का ताज़ा रस मिल रहा हो तो रोकना।'

रास्ते में लक्ष्मीधर ने दो गिलास मुसम्मी का ताज़ा रस पिया और घर पहुँचकर कम्पोज़ की एक गोली निगलकर बिस्तर पर लेट गया। उसने यह भी न जानना चाहा कि उमा घर में है या नहीं। लेटे-लेटे ही उसने ड्राइवर से कहा कि वह दोनों बोतलें मीरा सक्सेना को लौटा आए और जितना पैसा मिले, उससे सब्र कर ले। यह कहने के बाद लक्ष्मीधर ने अपना शरीर ढीला छोड़ दिया। उसे लग रहा था, नामुराद कम्पाउंडर ने उसका समस्त रक्त निकाल लिया है, अब वह जिन्दगी में कुछ न कर पाएगा। यह असह्य कमज़ोरी उसके प्राण ले लेगी।

बेडरूम में किसी का आभास पाकर उमा दौड़ते हुए आई और अन्दर झाँककर देखा। औरतें बेडरूम के प्रति इतनी ही सतर्क रहती हैं। लक्ष्मीधर की आँखें बन्द थीं। उसकी चेतना की बहुत निचली पर्त ने महसूस किया कि कोई झाँक रहा है मगर वह बेसुध लेटा रहा। उमा के पीछे-पीछे श्याम बाबू भी आ गए थे।

'मिल को कोई नुकसान नहीं पहुँचा,' श्याम बाबू ने कहा, 'चलो उठकर खड़े हो जाओ।'

मगर लक्ष्मीधर उसी प्रकार अचेत लेटा रहा। श्याम बाबू की आवाज़ सुनकर उसे ज़्यादा कमज़ोरी आ गई। लक्ष्मीधर का ड्राइवर जो यह पूछने के लिए दरवाज़े तक लौट आया था कि मिसेज़ सक्सेना से कम से कम कितना पैसा स्वीकार कर ले, श्याम बाबू को देखकर ठिठक गया और श्याम बाबू को हक्का-बक्का पाकर सकुचाते हुए अन्दर आ गया, बोला, 'साहब ने लतीफ़ के लिए कई बोतल खून दिया है।'

यह सुनते ही उमा घबराहट में लक्ष्मीधर से लिपट-सी गई, 'सुनिए जी, आप ठीक तो हैं। आपने यह क्या कर डाला ?'

लक्ष्मीधर को ड्राइवर की बात ने बहुत बल दिया, वह तेज़-तेज़ साँस लेने लगा। लक्ष्मीधर की हालत देखकर श्याम बाबू फोन की तरफ़ लपके और अपने फैमिली डॉक्टर को फ़ोन मिलाने लगे।

'बहूजी जो कुर्बानी आज कम्पनी के लिए लक्ष्मीधर बाबू ने दी है, वह कौन देगा !' ड्राइवर ने भी मुसम्मी के ताज़ा रस का एक गिलास पिया था, बोला, 'न जाने डॉक्टरों ने कितना खून निकाल लिया।'

'यह तो बहुत बुरी बात है,' उमा ने श्याम बाबू के सिर पर जाकर चिल्लाना शुरू कर दिया, 'यह तो निहायत अफ़सोसनाक बात है। दिन-भर वे आपकी सेवा में लगे रहते हैं और उसका इनाम आपने यह दिया कि उनका खून मुफ़्त में बँटवा दिया। इस तरह तो ये समाप्त हो जाएँगे। जाने कितने दिनों से सोए नहीं। रात-भर कमरे में टहलते हैं।'

'डॉक्टर आ रहा है,' श्याम बाबू ने कहा, 'लक्ष्मीधर तो मज़दूरों के बीच हीरो हो गए होंगे।'

श्याम बाबू की बातें सुनकर भीतर ही भीतर लक्ष्मीधर की सारी कमज़ोरी दूर हो रही थी, मगर उन्होंने अपने को असहाय और निढाल बनाए रखना ही उचित समझा।

'यह आपकी ज़्यादती है श्याम बाबू, ये तो दिन-भर पागलों की तरह अपना सिर फोड़ें...' अचानक उमा की आवाज़ इतनी आर्द्र हो गई कि वह आगे न बोल सकी। साड़ी के पल्लू से आँसू पोंछने लगी।

'तुम भी निहायत पगली औरत हो। देश-भर के हज़ारों लोग रोज़ खून देते हैं। यह कोई बहुत घबराने की बात नहीं है। लक्ष्मीधर ने पहली बार खून दिया है इसलिए साइक्लोजिकली डर गया है। अभी डॉक्टर आता होगा। ताकत की सुई लगवा दूँगा, ढेर से टानिक ला दूँगा, इतनी ताकत उसमें भरवा दूँगा कि...'

ड्राइवर को देखकर श्याम बाबू चुप हो गए और ड्राइवर से कहा, 'ठीक है तुम जाओ।'

ड्राइवर चला गया, मगर उमा लक्ष्मीधर को देखकर बदस्तूर सिसकियाँ भरती रही। श्याम बाबू अब इस किस्से से बोर हो रहे थे। वे चाहते थे, डॉक्टर आएँ और वह इस माहौल से विदा ले। उन्होंने लक्ष्मीधर की नब्ज़ पकड़कर घड़ी से नाप ली थी, वह ठीक-ठाक थी। श्याम बाबू से यह नाटक और बर्दाश्त न हुआ तो दूसरे कमरे में जाकर बेगम अख्तर की ग़ज़ल सुनने लगे।

उमा कुछ ऐसी मुद्रा में लक्ष्मीधर के बिस्तर के पास बैठी थी कि डॉक्टर जल्दी न आया तो वह विधवा हो जाएगी। उसकी आँखों में एक दिव्य किस्म का सूनापन था। मालूम नहीं वह थकान की वजह से था अथवा लक्ष्मीधर की चिन्ता में। उसे देखकर लग रहा था, लक्ष्मीधर मर गया तो वह उसके साथ ही सती हो जाएगी।

वास्तव में लक्ष्मीधर एक बहुत मेहनती इंसान था। बीमार भी बहुत कम पड़ता था। मन से ज़रूर कमज़ोरी थी कि जुकाम भी हो जाए तो निढाल हो जाता। जैसे अब कभी ठीक न होगा। शुरू-शुरू में लक्ष्मीधर के पास स्कूटर था। अगर कहीं स्कूटर ओवरफ़्लो कर जाता और कई किक लगाने पर भी स्टार्ट न होता तो उसका दिल ज़ोर-ज़ोर से धड़कने लगता। उसे लगता, अगली किक के साथ ही उसे दिल का दौरा पड़नेवाला है। यही एक ऐसी कमज़ोरी थी जो उमा से आसानी से छिपाई जा सकती थी। उमा के सामने तो वह हमेशा एक बहादुर, चतुर और निडर आदमी की छवि पेश करता था। यही कारण था कि लक्ष्मीधर की तमाम कमज़ोरियों से वाकिफ़ होते हुए भी उमा मन ही मन कहीं उससे बहुत डरती थी। वह कई बार लक्ष्मीधर का गुस्सा देख चुकी थी। लक्ष्मीधर गुस्से में कुछ भी कर सकता था, स्टीरियो फेंक सकता था, फ्रिज को औंधा कर सकता था, डायनिंग सेट पलट सकता था, नौकरी से इस्तीफ़ा दे सकता था, उमा को छिनाल कह सकता था, बच्चे को झापड़ रसीद कर सकता था। उमा जानती है नाजुक क्षणों में किसी भी सीमा तक जा सकता था लक्ष्मीधर।

डॉक्टर की गाड़ी गेट में दाखिल हुई तो उमा ने राहत की साँस ली। श्याम बाबू का बेगम अख़्तर सुनने का एक ही मकसद था कि वे इस पूरे कांड को अत्यन्त साधारण नाटक सिद्ध कर रहे थे। उमा आदरपूर्वक डॉक्टर को अन्दर ले आई। डॉक्टर ने बहुत विस्तार से लक्ष्मीधर का मुआइना किया और बताया कि लक्ष्मीधर चुस्त-दुरुस्त है। ब्लडप्रेशर, नब्ज़, दिल, पेट, जिगर सब ठीक-ठाक काम कर रहे हैं।

'एगज़रशन है,' डॉक्टर बनर्जी ने कहा, 'लगता है इस बीच लक्ष्मीधर ने बहुत काम किया है।'

'यूनियनबाज़ी ने मेरे दोस्त को बीमार कर दिया,' कमरे में दाखिल होते हुए श्याम बाबू ने कहा, 'डॉक्टर साब कोई ऐसा टॉनिक दीजिए कि लक्ष्मीधर दौड़ में मिल्खासिंह को पीछे छोड़ दे।'

डॉक्टर अपने ब्रीफ़केस के ऊपर लेटरहेड रखकर लक्ष्मीधर के लिए टॉनिक ही लिख रहे थे।

उमा डॉक्टर को विदा करने गई हुई थी कि लक्ष्मीधर उठ बैठा और बोला, 'मुझे हसीना का बहुत अफ़सोस है। तुमने उसका ग़मग़ीन चेहरा देख लिया होता तो मिल उसके नाम कर देते। बेचारी।'

'उसके लिए कुछ करना चाहिए। लतीफ़ को अभी तक होश नहीं आया,' श्याम बाबू ने बताया कि उन्होंने अभी-अभी फोन से दरियाफ़्त किया है।

'उमा से कहो उसे यहीं ले आए। बल्कि उमा से कहो, वह अस्पताल जाए, हसीना और लतीफ़ दोनों की देख-भाल करे।'

उमा ने लक्ष्मीधर को बात करते देखा तो राहत की साँस ली। बोली, 'चलिए आज कहीं बाहर डिनर लें। आज का डिनर मैं फुट करूँगी।'

डॉक्टर के आने से लक्ष्मीधर अपने को काफ़ी स्वस्थ अनुभव कर रहा था। इससे पहले कि लक्ष्मीधर कुछ कहता श्याम बाबू ने कहा, 'देखो उमा भाभी, लतीफ़ अस्पताल में बेहोश पड़ा है। सुनते हैं शहर में उसका कोई रिश्तेदार नहीं। हसीना रो-रोकर बेहोश हो गई है। किसी को कुछ हो गया तो कितनी बदनामी होगी।'

'यह तो मेरी बात का जवाब नहीं।'

'यह आप ही की बात का जवाब है।'

'कैसे ?'

'मेरे कहने का मतलब है, आज का डिनर मैं फुट करूँगा।'

'आपकी ये उलटबाँसियाँ मेरी समझ में नहीं आतीं।'

'या रब वो समझे हैं न समझेंगे मेरी बात,' श्याम बाबू ने कहा, 'भाभी तुम्हें क्या हो गया है ?'

'मुझे देवर हो गया है,' उमा बोली, 'लक्ष्मीधर कहा करते हैं कि देवर भी एक रोग होता है।'

श्याम बाबू ने पूरा ज़ोर लगाकर एक फूहड़ किस्म का ठहाका लगाया।

'मेरी ही भाभी इतनी खूबसूरत और कमसिन बातें कर सकती है।'

उमा ने अपनी आँखों का सम्पूर्ण राग श्याम बाबू की आँखों में उँडेल दिया और बोली, 'मुझे खुद हसीना पर अफ़सोस हो रहा है।'

'अफ़सोस करने से क्या होगा ?' श्याम बाबू ने कहा, 'जिसके लिए महसूस करो उसके लिए कुछ करना भी चाहिए। सिर्फ़ जुबानी कलामी कुछ नहीं होता।'

उमा ने लक्ष्मीधर की तरफ़ देखा और बोली, 'भाई साहब आप तो ऐसा न कहें। लक्ष्मी तो अभी-अभी खून देकर आए हैं।'

'लक्ष्मी के खून से वह बच जाए तब तो,' श्याम बाबू ने कहा, 'बेहतर होगा आप दोनों मियाँ-बीवी हसीना को अपने संरक्षण में ले लें। वरना लक्ष्मी का खून बेकार जाएगा।'

'अगर लक्ष्मी की तबीयत ठीक हो तो उसे देख आएँ।' उमा ने अनुमति लेने की मुद्रा में लक्ष्मी की तरफ़ देखा।

'श्याम बाबू का जाना ठीक न होगा,' लक्ष्मीधर ने कहा, 'कहा नहीं जा सकता कब क्या हो जाए।'

'मैं अकेले जाऊँगी। अगर हसीना तैयार हुई तो साथ लेती आऊँगी।'

वह लतीफ़ को छोड़कर कैसे आ पाएगी। बेहतर होगा उसके लिए कुछ खाना ले जाओ,' लक्ष्मीधर ने कहा, 'वहाँ ज्यादा देर न रुकना।'

'अच्छा तो हम चल दिए।' उमा ने कहा और नौकर को आवाज़ दी कि वह खाने के लिए कुछ पैक कर दे।

उमा अस्पताल पहुँची तो उसने सर पर पल्ला ले लिया था। अन्दर घुसते ही ज्ञात हो गया कि लतीफ़ की तबीयत बेहतर है। हसीना उसी के पास बैठी है। उमा धड़धड़ाती हुई इमरजेंसी वार्ड में घुस गई। एक नर्स उसे लतीफ़ के बेड के पास छोड़ आई। पास ही स्टूल पर हसीना बैठी थी। चुपचाप। असमर्थ। असहाय। लाचार।

अभी तक खून चढ़ाया जा रहा था। बोतल में से एक-एक बूँद गिर रही थी। बोतल पर एक कपड़ा डाल दिया गया था। पूरे वार्ड में सन्नाटा था। थोड़ी-थोड़ी देर में नर्स नब्ज़ टटोल जाती थी।

'अभी होश आया कि नहीं ?'

'बीच में आँखें तो खोली थीं।' नर्स ने बताया। हसीना उसी प्रकार शून्य में ताकती रही। उमा के आने से उसमें कोई हरकत न हुई थी।

उमा ने हसीना का सर बहुत प्यार से थपथपाया और अपने सीने से सटा लिया, 'तुम घबराओ नहीं, लतीफ़ साहब ठीक हो जाएँगे।'

हसीना की आँखें गीली हो गईं।

'देखो मैं तुम्हारे लिए कुछ खाना लाई हूँ, खा लो, सुबह से भूखी होगी।'

'हमें भूख नहीं है।'

तभी लतीफ़ ने एक बार फिर आँखें खोलीं। हसीना को देखकर दो आसूँ दोनों आँखों से झर कर दो अलग-अलग दिशाओं में बह गए।

'ऐसे तो तुम भी बीमार पड़ जाओगी,' उमा बोली, 'देखो बाहर कितने लोग लतीफ़ के लिए खड़े हैं। तुम मेरे साथ चलो, कुछ देर आराम करके चली आना। मैं यहाँ किसी जिम्मेदार आदमी को तैनात कर जाऊँगी।'

'मैं न जाऊँगी,' हसीना बोली, 'मैं तो इन्हीं के दम से ज़िन्दा हूँ।'

उमा ने उसे पुचकारा, 'मैंने मालिकों से बात की है। वे अपनी तरफ़ से कोई कसर न छोड़ेंगे। दवा-दारू की चिन्ता न करना, सब मिलवाले मुहैया करेंगे,' उमा ने पर्स से सौ-सौ के दो नोट हसीना की झोली में रख दिए, 'किसी चीज़ की जरूरत हो तो फौरन मँगवा लेना।'

हसीना ने नोट वहीं पड़े रहने दिए और धीरे से बोली, 'शुक्रिया।'

'अभी मैं डॉक्टर से मिलकर जाऊँगी,' उमा ने चलते हुए कहा, 'ज़रूरत हुई तो मेडिकल कालिज़ में भरती करवा दूँगी।'

'खुदा हाफ़िज़ !' दो उदास आँखें पल भर के लिए उठीं।

'खुदा हाफ़िज़ !' उमा ने कहा, 'खाना ज़रूर खा लेना।'

उमा के जाते ही दो डॉक्टर एक साथ आए। लतीफ़ के तमाम कागज़ात देखे और आपस में अंग्रेजी में बात करते हुए लौट गए। डॉक्टरों को देखकर हसीना खड़ी हो गई थी। उनके जाने के बाद भी खड़ी रही। भूख-प्यास और चिन्ता ने उसे बेहद कमज़ोर कर दिया था। उसकी टाँगों ने इज़ाजत न दी तो वह दोबारा स्टूल पर बैठ गई।

इसी बीच तीन-चार बेड छोड़कर एक अधेड़ आदमी की मौत हो गई। दो-तीन मिनट पहले डॉक्टर और नर्स हाल में दौड़ी हुई आई थीं। एक स्ट्रेचर पर लादकर उस आदमी को फौरन वार्ड से बाहर कर दिया गया। उसके पीछे-पीछे दो औरतें रोती-चिल्लाती बाहर चली गईं।

हसीना का दिल ज़ोर से धड़कने लगा। उसने घबराहट में लतीफ़ की तरफ़ देखा, उसकी आँखें उसी तरह मुँदी थीं। खून की बोतल में ज़रा-सा खून बचा था !

●●

यूनियन का चुनाव स्थगित कर दिया गया। शायद मिल के माहौल को देखते हुए ऐसा करना ज़रूरी भी हो गया था। मजदूरों में अनुशासन बनाए रखने के लिए जगदीश माथुर को निलम्बित कर दिया गया। जगदीश माथुर खुशी-खुशी निलम्बित हो गए। दरअसल जगदीश माथुर को यहाँ से निलम्बित करके कम्पनी ने एक दूसरी मिल में पदोन्नति पर भेज दिया था। मिल के गेट पर पुलिस का पहरा बैठ गया था। मिल के वफ़ादार कर्मचारी लक्ष्मीधर के खून दिए जाने की चर्चा से अत्यन्त उत्साहित थे और हर विभाग में लक्ष्मीधर की चर्चा थी।

लक्ष्मीधर भी कम चतुर न थे। उस रोज वह बिना शेव बनाए और साधारण-से कपड़े पहनकर दफ़्तर आए। उसके पीछे-पीछे उनका ब्रीफ़केस उठाए उनका ड्राइवर चला आ रहा था। एक जगह मजदूरों का झुंड देखकर उसने ड्राइवर से ज़रा ऊँची आवाज़ में कहा, 'सामान रखने के बाद अस्पताल जाकर पता कर आओ कि और खून तो नहीं चाहिए।'

इस कांड से हीरालाल अत्यन्त क्षुब्ध था। वह लोगों में कहता घूम रहा था कि चुनाव टालने के लिए मालिकों ने ही दंगा कराया है। लक्ष्मीधर ने तुरन्त उसे बुलावा भेजा और बताया कि कम से कम हीरालाल तो ऐसा प्रचार न करे क्योंकि जिलाधीश तो हीरालाल को ही गिरफ़्तार करने जा रहे थे और लक्ष्मीधर की वजह से ही वह जेल के बाहर है। हीरालाल धाकड़ आदमी था, बोला, 'जिलाधीश में हिम्मत हो तो पकड़कर देख ले। कल ही उसका तबादला न करा दिया तो मिल से इस्तीफ़ा दे दूँगा। रात ही मेरी मन्त्रीजी से बात हुई थी।'

'आप मेरी बात का बुरा न मानिए, मगर ग़लती आपकी ही है। आपने साइकिलों और कम्बलों

का लालच देकर वोट खरीदने चाहे। मेरे पास पूरी रिपोर्ट है। इससे आपके विरोधी लोग भड़क गए और स्वार्थी तत्त्वों ने इसे दंगे का रूप दे दिया। आपमें जिलाधीश का ट्रांसफर करवाने की कुव्वत है तो ज़रूर करवाइए। मैं अपनी तरफ़ से आपको छोड़ दिए जाने का प्रयास वापस ले लेता हूँ।'

हीरालाल किसी झंझट में नहीं पड़ना चाहता था। दंगों से उसे वैसे ही घबराहट होती थी, बोला, 'बेहतर यही होगा कि न आप मुझ पर कोई अहसान जताएँ और न मैं। मगर यूनियन का चुनाव होकर रहेगा।'

'लतीफ़ के स्वस्थ हो जाने के बाद चुनाव होगा और ज़रूर होगा।'

हीरालाल को यह शर्त मंजूर न थी, वह जानता था कि अस्पताल से लौटकर लतीफ़ आसानी से जीत जाएगा। लोग रहम खाकर ही उसे जिता देंगे और एक बार लतीफ़ जीत गया तो हीरालाल के लिए यूनियन के दरवाज़े हमेशा के लिए बन्द हो जाएँगे।'

'इस समय चुनाव कराना आपके हित में न होगा।' लक्ष्मीधर ने कहा।

'यह आप किस आधार पर कह रहे हैं ?'

'मैं निराधार तो बात करता ही नहीं,' लक्ष्मीधर ने कहा, 'आप मेरी बात पर विश्वास कीजिए।'

हीरालाल को सचमुच विश्वास न हो रहा था। बोला, 'आप मेरे लिए काँटें बो रहे हैं।'

'मुझे आपसे कोई दुश्मनी नहीं है,' लक्ष्मीधर बोला, 'चुनाव हो भी जाते हैं तो लतीफ़ की जीत निश्चित है।'

'मगर मैं तो उसे खून देने भी गया था।'

'खून तो मैंने भी दिया है। मगर आप तो खून का व्यापार कर रहे हैं। मैंने निःस्वार्थ भाव से ऐसा किया है।'

'दरअसल आजकल उसकी रगों में आपका खून ही बह रहा है। इसलिए आप उसे जितवाना चाहते हैं।'

'उसे जिताना होता तो हम चुनाव स्थगित ही न करते।' लक्ष्मीधर ने कहा।

हीरालाल को भय था कि अगर चुनाव न हुए तो मन्त्रीजी उस पर विश्वास खो देंगे। मन्त्रीजी का ख़याल था कि चुनाव जीतकर ही हीरालाल उनकी ट्रेड यूनियन कांग्रेस से अपनी यूनियन सम्बद्ध करा सकता है और इस प्रकार मज़दूरों के बीच उनका प्रभाव बढ़ेगा। चुनाव टलने की स्थिति में उसे पैसा भी लौटाना पड़ सकता है। लक्ष्मीधर हीरालाल की विडम्बनापूर्ण स्थिति का मन ही मन मज़ा ले रहा था।

अगले रोज़ अचानक मैनेजमेंट की ओर से एक घोषणा की गई कि अगले माह से दस रुपए महँगाई-भत्ता प्रत्येक मज़दूर को मिलेगा। पिछले दस माह से यह आदेश लागू होगा। प्रत्येक कर्मचारी को सौ रुपए होली के अवसर पर दिए जाएँगे।

हीरालाल ने बहुत कोशिश की कि मज़दूर लोग इस निर्णय के विरोध में संघर्ष करें। इस महँगाई में दस रुपए का अर्थ ही क्या है, मगर हीरालाल की बात को व्यापक समर्थन न मिला। लतीफ़ के दल के लोगों ने 25 रुपए मँहगाई-भत्ता की माँग उठाई, मगर लतीफ़ की बीमारी के कारण यह आन्दोलन भी ठप्प हो गया। लतीफ़ का शुरू से ही मत था कि जब तक मजदूरों को अधिकारों के प्रति जागरूक नहीं किया जाएगा, वे इसी तरह पिसते रहेंगे। मज़दूरों ने दो-एक दिन गेट मीटिंग की, अनशन की धमकी दी, मगर यूनियन के निष्क्रिय हो जाने के कारण सारा मामला अपने आप शान्त हो गया।

•

लतीफ़ की हालत देखते हुए उसे सिविल अस्पताल से निकालकर एक प्राइवेट नर्सिंग होम में दाखिल

करा दिया गया। 'प्रीति नर्सिंग होम' डायरेक्टरों का प्रिय नर्सिंग होम था। लगभग तमाम डायरेक्टरों के बच्चे इसी नर्सिंग होम में पैदा हुए थे। 'वर्कर्ज वेलफेयर' के खाते से हजारों रुपए प्रत्येक माह डायरेक्टरों के खानदानी रोग मधुमेह, उनकी पत्नियों के खानदानी स्त्री रोग श्वेत प्रदर की मद में यहाँ खर्च होते थे। इस पर चूँकि आयकर विभाग से भी छूट मिलती थी, इसलिए कभी-कभार एकाध कर्मचारी को भी ये सुविधाएँ उपलब्ध करा दी जाती थीं।

'नर्सिंग होम' में लतीफ़ के बीसियों एक्सरे लिये गए। उसकी रीढ़ की हड्डी पर भी चोट आई थी। कई बार उसे साँस लेने में दिक्कत होती। सरकारी अस्पताल के इलाज़ का एक परिणाम तो यह निकला था कि जगह-जगह चोटों में मवाद पड़ गया था। वह दिन-भर बिस्तर पर पड़ा-पड़ा कराहता रहता। अस्पताल में मज़दूरों की जो भीड़ लगी रहती थी, नर्सिंग होम में छँट गई। यहाँ माहौल में एक ऐसा परायापन था कि लोग अन्दर घुसने में संकोच करते। अक्सर लोग लतीफ़ को देखने आते थे और हसीना की तरफ़ टकटकी लगाकर देखते रहते। ऐसे लोगों का प्रवेश अपने आप निषिद्ध हो गया। लतीफ़ के चन्द अत्यन्त आत्मीय मित्र ही उसकी देखभाल में तैनात थे।

हसीना लतीफ़ के बिस्तर के पास ही दिन-रात पड़ी रहती। एक दिन दोपहर में वह भूख-प्यास से दोबारा बेहोश हो गई तो उमा अनुरोधपूर्वक उसे अपने यहाँ ले गई। उमा ने उसे अपने हाथों से भोजन कराया, जैसे माताएँ छोटे बच्चों को खिलाती हैं। उसके स्नान की अपने निजी 'बाथरूम' में व्यवस्था कर दी। हसीना साड़ी बहुत कम पहनती थी, उमा ने अपनी वार्डरोब से कत्थई रंग की एक नई साड़ी हसीना को दे दी। वह साड़ी हसीना पर बहुत खिली, जैसे गुलदस्ते को किसी अत्यन्त कलात्मक फूलदान में सजा दिया हो। साड़ी के रंग की ही चूड़ियाँ भी उसने खरीदी थीं। उमा ने अपना 'बैंगल बाक्स' बटन दबाकर खोला और हसीना के हाथ में आठ-दस चूड़ियाँ भी पहना दीं।

हसीना को यह सब बिलकुल अच्छा न लग रहा था। उसकी इच्छा हो रही थी, साड़ी उतारकर अपने पुराने कपड़े पहन ले, चूड़ियाँ लौटा दे और इस दमघोटू माहौल से भागकर लतीफ़ के पास जा बैठे और मन ही मन उसकी तन्दुरुस्ती के लिए दुआ करती रहे।

'तुम्हें साड़ी अच्छी नहीं लगी ?' उमा ने बड़े रश्क से हसीना की तरफ़ देखते हुए कहा।

'बेहद अच्छी लगी। और ये चूड़ियाँ भी कितनी खूबसूरत हैं,' हसीना की आँखें भर आईं, 'मगर मेरा मन ठीक नहीं।' हसीना की आँखों से आँसू झरने लगे, 'जिसके लिए पहनकर खुश होती, वह बेहोश पड़ा है।'

उमा को अपनी गलती का अहसास हो गया। उसने हसीना से मुआफ़ी माँगी और बोली, 'मुझे मुआफ़ करोगी हसीना। तुमसे मिलकर इतना अच्छा लगता है कि सब कुछ भूल जाती हूँ। चलो, तुम्हें अस्पताल छोड़ आऊँ और सुनो, मेरी कसम खाकर कहो कि इस घर को अपना घर समझोगी और मुझे अपनी अच्छी आपा।'

'मैं कितनी खुशनसीब हूँ जो आप मुझे इतनी इज़्ज़त बख्श रही हैं। वरना इस जहान में तो मेरा कोई नहीं। एक भाई था, उसका भी कोई अता-पता नहीं।'

उमा ने अपनी दाईं बाँह से हसीना को भींच लिया, 'खुदा ने मुझे एक बहन दे दी।'

हसीना से प्यार का स्पर्श बर्दाश्त न हुआ। वह उमा के पहलू में सिसकने लगी। उमा ने अपने खुशबूदार रूमाल से उसके आँसू पोंछे और पेशानी पर हसीना को चूम लिया।

हसीना के व्यक्तित्व में इतनी सादगी थी कि उमा, वास्तव में, हसीना के लिए हमदर्दी महसूस करने लगी थी। वह हसीना की स्थिति में होती तो शायद कभी का धैर्य छोड़ चुकी होती, मगर हसीना में बेइन्तिहा धीरज था। वह दुखों के बीच ही पली थी। उमा ने वहीं बैठे-बैठे ड्राइवर को आवाज़ दी और डॉक्टर से फोन मिलाया। वह जानना चाहती थी लतीफ़ की प्रगति सन्तोषजनक है या नहीं।

'आपके इस सवाल का जवाब देना अभी मुश्किल है,' डॉक्टर बनर्जी ने बताया, 'बट आई थिंक

ही विल बी आउट आफ डेंजर, इफ आई सक्सीड इन टुडेज़ ऑपरेशन ?'

'इज़ ही गोइंग टु बी ऑपरेटेड अगेन।'

'आई थिंक दैट्स द ओनली आल्टरनेटिव लेफ़्ट विद! अस।'

उमा ने एक लम्बी साँस ली और चोंगा रख दिया। हसीना उमा के चेहरे से जान गई कि डॉक्टर ने कोई गम्भीर बात बताई है।

'आज रात मैं तुम्हारे साथ ही नर्सिंग होम में रुकूँगी।'

'खैरियत तो है ?'

'आज एक छोटा-सा ऑपरेशन होगा। तुम अकेले में घबराओगी।'

'मगर दीदी वहाँ आप कैसे सोएँगी।'

'तुम्हारे साथ जगूँगी,' उमा ने कहा, 'अगर तुम बुरा न मानो तो मैं थोड़ी देर एल.डी. का इन्तजार कर लूँ ?'

'किसका ?'

'एल.डी. का,' उमा बोली, 'मैं अपने पति को एल.डी. के नाम से पुकारती हूँ।'

हसीना चकित रह गई, यह भी कैसा नाम है। एल.डी.। यह किसी आदमी का नाम तो नहीं हो सकता। हसीना ने सोचा था कि यह उनके किसी पालतू का नाम है जो नौकर के साथ हवाखोरी के लिए गया होगा।

नर्सिंग होम पहुँचकर उसे एक शिला की भाँति जड़ हो जाना था, उसने कहा, 'दीदी, आप भी कैसी बातें करती हैं। हम लोग उनका इन्तज़ार करेंगे।'

हसीना ने काँच के पीछे सर टिका दिया। वह कई दिन की थकी थी, ऊँघाई लग गई। उमा ने देखा तो काँच पर तकिया लगाकर उसे धीरे से लिटा ही नहीं दिया एक चादर भी ओढ़ा दी, बत्ती भी बन्द कर दी और दूसरे कमरे में जाकर कपड़े बदलने लगी। उमा को लग रहा था, हसीना के सामने वह उसकी चाची लग रही है। उसने तय किया, आज वह गरारा पहनेगी। गरारा-कुर्ता उसने बहुत दिनों से नहीं पहना था। उसने बहुत चाव से गरारा-कुर्ता निकाला, उसे प्रेस करवाया मगर जब वह गरारा-कुर्ता पहनकर आईने के सामने गई तो उसे रुलाई आ गई। गरारा-कुर्ता पहनकर अब वह कमसिन नहीं लग रही थी। वह अपनी ही निगाहों में गिर गई। उसने अपने को देखकर आईने में मुँह बिचकाया और अपनी उम्र को एक भद्दी गाली दी। और जब उमा अपनी सूरत और अपनी उम्र को कोसा करती है तो लगे हाथ लक्ष्मीधर को भी शामिल कर लिया करती है। आईने में अपना चेहरा देखकर उसे लग रहा था कि वह किसी खलनायिका को देख रही है, या किसी बुढ़िया को। शोख रंग का कुर्ता-गरारा उसे और अधिक अकेला और दयनीय छोड़ गया था।

उमा कुर्ते-गरारे के बारे में कोई निर्णय लेती कि उसने देखा दरवाज़े पर श्यामजी खड़े हैं। श्यामबाबू ने सिगरेट की राख झाड़ते हुए कहा, 'बीऊटीफुल।'

उमा ने पलटकर देखा और बोली, 'यू आर ए परवर्ट। तुम किसकी इज़ाज़त से यहाँ तक चले आए ?'

'मैं अपनी रूह से इजाज़त माँगता हूँ और कहीं भी चला जाता हूँ,' श्यामजी ने पूछा, 'ड्राइंगरूम में कौन सो रहा है ?'

श्यामजी चादर उघाड़कर देख चुका था कि हसीना सो रही है। हसीना की एक टाँग चादर के बाहर थी और मुँह ढका था। श्यामजी ने ऐसी सुडौल और मांसल पिंडली पहले न देखी थी। वह आश्चर्यचकित-सा कितनी देर उसी तरफ देखता रहा था। फिर उसने चेहरा देखा, धीरे से चादर हटाकर बहुत होशियारी से और फिर पिंडली भी ढक दी और उमा को कमरों में खोजता हुआ चला आया था।

'तुम चलो, मैं अभी कपड़े तब्दील करके आती हूँ,' उमा को इन कपड़ों में सचमुच असुविधा हो

रही थी, बोली, 'लगता है इन कपड़ों के लायक मेरी उम्र नहीं रही।'

'ऐसा न कहो उमा,' श्यामजी ने कहा, 'तुम शीशे में अपना चेहरा न देखो मेरे आईने में देखो !' श्यामजी ने बुश्शर्ट के दो-तीन बटन खोल दिए।

उमा ने यह जानने के लिए श्यामजी की तरफ़ देखा कि वह कहीं झूठी तारीफ़ तो नहीं कर रहा है।

'कहो क्या प्रोग्राम है ?'

'मैं तो हसीना के साथ अस्पताल जाऊँगी। बेचारी रो-रोकर बेहाल हो रही है।'

'आज एक और ऑपरेशन होगा,' श्यामजी ने कहा, 'मगर वह लौंड़ा ठीक हो जाएगा। डॉक्टर से मेरी बात हुई थी।'

'लतीफ़ ठीक हो जाएगा तो मैं हनुमानजी को ग्यारह रुपए की मिठाई चढ़ाऊँगी।'

'चलो तुम लोगों को नर्सिंग होम तक छोड़ दूँ।'

'मगर मैं तो आज हसीना के साथ नर्सिंग होम में ही रहूँगी।'

'वहाँ ज़मीन पर सो लोगी ?'

'भाभी की इतनी ही चिन्ता है तो प्राइवेट वार्ड में कमरा क्यों नहीं ले लेते।'

'अभी इन्तजाम करता हूँ,' श्यामजी ने कहा, 'लेबर वेलफेयर के लिए मैंने हमेशा दरियादिली से खर्च किया है।'

उमा ने जाकर हसीना को अत्यन्त प्यार से उठाया। हसीना आँखें मलती हुई उठी। उमा ने देखा हसीना के पारदर्शी नाखूनों में मैल भर गई थी। उसकी इच्छा हुई अभी नेलकटर से नाखून काट दे, मगर श्यामजी की उपस्थिति में वह ऐसी गुस्ताखी न कर सकती थी। उमा ने श्यामजी से एक बार फिर हसीना का परिचय कराया। हसीना ने डरते-डरते श्यामजी की तरफ़ देखा और बुर्का ओढ़ लिया। अन्दर जाकर वह दूसरे कपड़े पहन आई।

'नर्सिंग होम' पहुँचकर श्यामजी सीधा दफ़्तर में घुस गया। हसीना और उसके पीछे-पीछे लगभग भागती हुई उमा वार्ड की तरफ चल दी। लतीफ़ को ऑपरेशन के लिए तैयार किया जा रहा था। तभी दो वार्ड ब्वाय स्ट्रेचर उठाए हुए चले आए। नर्स ने आकर एक पर्चा हसीना को दिया। दवाएँ, ग्लूकोज़ और ख़ून की माँग थी उसमें। हसीना ने पर्चा देखा, कुछ न समझ कर पर्चा उमा को थमा दिया। उमा भागती सी श्यामजी को खोजती हुई दफ़्तर में पहुँची। श्यामजी डॉक्टरों से घिरा खड़ा था। डॉक्टर बनर्जी भी थे, जिन्हें ऑपरेशन करना था। उमा ने बीच में ही पर्चा श्यामजी को थमा दिया। श्यामजी ने पर्चा डॉक्टर बनर्जी को थमा दिया और बोला, 'इसका इन्तजाम आप करेंगे। बाद में हिसाब हो जाएगा।'

डॉक्टर बनर्जी ने पर्चा जेब के हवाले किया और ऑपरेशन थियेटर की ओर लपके।

हस्बेमामूल बरामदे का माहौल गमगीन और उदास था। फिनाइल और डिटोल से ज़र्रा-ज़र्रा महक रहा था। बरामदे में एक स्त्री बेंच पर अत्यन्त चिन्ता और व्यग्रता में बैठी थी। पास से जो भी आदमी गुज़रता, उदासी, चिन्ता और घबराहट के साथ ही। श्यामजी भी बहुत ही बेमन से वार्ड की तरफ़ चल दिया। इस बीमार, उदास और मतली-भरे माहौल से वह पहली फुर्सत में निकल भागना चाहता था। उसने उमा से कहा, 'फ़र्स्ट फ्लोर पर तेईस नम्बर कमरे में इन्तज़ाम हो गया है। मगर तुम यहाँ कैसे रहोगी। मेरा तो दम घुट रहा है। रात को आकर एक बार देख जाना। डॉक्टर से मेरी बात हो गई है। देखभाल के लिए उसके दो साथी आ ही गए हैं।'

'मगर मैं हसीना को यों बेसहारा नहीं छोड़ सकती।'

'यह यकायक समाजसेवा में आपकी दिलचस्पी कैसे पैदा हो गई ?'

उमा भी चलते-चलते रुक गई। पास से मरीज़ों का खाना लिये एक ट्रॉली निकल रही थी। एप्रन पहने दो आदमी ट्राली खींच रहे थे।

'तुम जाओ,' उमा ने कहा, 'मैं ऑपरेशन तक तो रुकूँगी। सब ठीक-ठाक रहा तो घर पर खाना खाने आऊँगी एल.डी. से बोल देना।'

श्यामजी की जान छूटी। उसने जल्दी से 'बाय' कहा और गेट की तरफ़ बढ़ गया।

लतीफ़ का बेड खाली था। हसीना ज़रूर जड़वत बेंच पर बैठी थी। उमा ने देखा रो-रोकर उसकी आँखें सुर्ख हो रही थीं।

'उनको कहाँ ले गए हैं ?'

'ऑपरेशन थिएटर में,' उमा ने कहा, 'वहाँ डॉक्टरों के अलावा कोई नहीं जा सकता।'

'कितनी देर लगेगी ऑपरेशन में ?'

'एक-दो घंटे भी लग सकते हैं।'

हसीना अपने खुश्क होठों पर जीभ फेरने लगी।

उमा के लिए वहाँ बैठना मुहाल हो रहा था, उसने कहा, 'श्यामजी ने प्राइवेट वार्ड में कमरे का इन्तज़ाम कर दिया है। चलो चलकर देख आएँ।'

हसीना की हिलने-डुलने की भी इच्छा न हो रही थी। बुर्का ओढ़ने की भी नहीं। वह उठी और मृत कदमों से उमा के पीछे-पीछे चल दी। उमा जाकर लिफ़्ट के आगे खड़ी हो गई। लिफ़्ट में पहली मंज़िल पर जाने की इज़ाजत नहीं थी। लिफ़्ट नीचे आई तो वह अन्दर दाखिल हो गई। लिफ़्टमैन ने उमा को सलाम पेश किया और सवालिया निगाहों से उसकी तरफ़ देखा। उमा ने पर्स से एक का नोट निकालकर उसे थमा दिया और बोली, 'फर्स्ट।'

लिफ़्ट पहली मंज़िल पर पहुँचकर रुक गई। लिफ़्टमैन ने बाहर निकलकर उमा को एक और सलाम ठोंका और लिफ़्ट का दरवाज़ा खोल दिया। उमा और उसके पीछे-पीछे हसीना बरामदे में आ गए।

'तेईस नम्बर कमरा किधर होगा ?' उमा ने पूछा।

'बाईं तरफ़ आखिर में।'

वे दोनों उसी तरफ़ चल दीं। प्राइवेट वार्ड काफी साफ़-सुथरा नज़र आ रहा था। बरामदे का फ़र्श एकदम साफ़ था और छत पर भी जाले आदि नहीं लटक रहे थे। फ्लोरोसेंट लाइट से पूरा बरामदा जगमगा रहा था। तेईस नम्बर कमरा बरामदे के अन्त में था। दरवाज़ा बन्द था। उमा ने दरवाज़ा खुलवाया। वह शायद अस्पताल का सबसे बड़ा कमरा था। शायद वी.आई.पी. मरीज़ों के लिए। तीन तरफ़ खिड़कियाँ थीं। बीचोबीच एक बेड था, जिस पर सफेद चादर बिछी थी और बड़े सलीके से कम्बल तहाया गया था। बेड एडजेस्टेबल था। पास में दो-तीन कुर्सियाँ, मेज़ और तिपाई रखी थी। खिड़की के पास एक बेडनुमा काउच था। खिड़कियों, दरवाज़ों पर मोटे खूसबूरत परदे लटक रहे थे।

हसीना ने कमरा देखा तो चकित रह गई। उसने इतना अच्छा कमरा ज़िन्दगी में पहली बार देखा था। यहाँ तो थकान आने पर वह आराम कर सकती थी। कमरे में एक घंटी भी लगी थी, ज़रूरत पड़ने पर डॉक्टर अथवा नर्स को बुलाया जा सकता था। उसे लगा जैसे वह अस्पताल में नहीं किसी खूबसूरत होटल में आ गई हो।

'हाय यह कमरा देखकर बीमार पड़ने की इच्छा हो रही है।' उमा बोली।

'बीमार पड़ें आपके दुश्मन।' हसीना ने कहा।

उमा काउच पर बैठ गई और खिड़की से बाहर देखने लगी। दूर-दूर तक पेड़ ही पेड़ दिखाई दे रहे थे। हरियाली देखना उसे अच्छा लग रहा था। आसमान भी उसने बहुत दिनों बाद देखा था। नीले आसमान में चीलें मँडरा रही थीं। हसीना भी एक खिड़की के पास पर्दे के पीछे जा खड़ी हो गई। वह नीचे ज़मीन की तरफ़ देख रही थी। पेड़ के नीचे कुछ देहाती लोग अपनी गठरियों के मध्य बैठे थे। चुपचाप। कोई किसी से बात न कर रहा था। मालूम नहीं, इन लोगों को क्या तकलीफ़ है। जरूर कोई प्रियजन यहाँ लाया गया होगा। दूसरे पेड़ के नीचे एक आदमी टहलकदमी करते हुए सिगरेट फूँक रहा

था। हसीना जब से अस्पताल में थी, उसने किसी चेहरे पर मुस्कान न देखी थी। उसके वार्ड में एक नर्स ज़रूर हँसमुख थी। वह हर किसी को हँसाने की चेष्टा करती। मारिया उसका नाम था। जिस दिन उसकी छुट्टी होती, पूरे वार्ड में मुर्दनी-सी छा जाती।

उमा ने घड़ी देखी छह बज रहे थे।

'मालूम नहीं ऑपरेशन ख़त्म हुआ कि नहीं।' हसीना ने पूछा।

'ऑपरेशन के बाद लतीफ़ को यहीं लाया जाएगा,' उमा बोली, 'मुझे तो अस्पताल के नाम से घबराहट होती है।'

'अल्लाह आपकी मुरादें पूरी करें,' हसीना ने कहा, 'मुझे नहीं मालूम था कि इस ज़मीन पर आप जैसे फ़रिश्ते भी बसते हैं।'

'मैंने तो जिस दिन पहली बार तुम्हें देखा था, तुमसे बँध गई थी। क्या मालूम था कि ऐसा हादसा हम दोनों को और नज़दीक ले आएगा।'

'खुदा को यही मंजूर था। मैं उनसे रोज़ कहा करती थी कि यह यूनियन का चक्कर छोड़कर चुपचाप अपने काम से मतलब रखो।'

'हर आदमी का अपना नेचर, यानी स्वभाव होता है,' उमा बोली, 'एल.डी. एक मामूली-सी नौकरी पर इस मिल में आए थे, आज देख रही हो उनका रुतबा। अपनी मेहनत, लगन और ईमानदारी से यहाँ तक पहुँचे हैं।'

हसीना ने मन ही मन तय किया कि लतीफ़ के ठीक होने पर उसे दोबारा इस जंजाल में न पड़ने देगी। अपना नहीं तो कम से कम मेरा तो खयाल करना चाहिए।

'मालूम नहीं लतीफ़ के अब्बा हुज़ूर को खबर दी गई है या नहीं।' उमा ने पूछा।

'जब से शादी हुई है उन लोगों से बोलचाल बन्द है,' हसीना बोली, 'एक बार ये घर गए भी थे, मगर बहुत बेइज़्ज़त होकर लौटे थे। अब्बा हुज़ूर ने सीधे मुँह बात तक नहीं की। खबर लगी भी होगी तो वे लोग शायद न आएँ।'

'ऐसे भी माँ-बाप होते हैं ?' उमा ने पूछा, 'क्या तुम लोगों की शादी रज़ामन्दी से न हुई थी ?'

'वे लोग आज तक रज़ामन्द न हो पाए।'

तभी धड़ाक से दरवाज़ा खुला और लक्ष्मीधर अन्दर दाखिल हुआ।

'मैंने कोना-कोना छान मारा तुम लोगों को ढूँढ़ने में,' लक्ष्मीधर ने कमरे का मुआइना करते हुए कहा, 'डॉक्टरों का कहना है कि ऑपरेशन कामयाब हुआ है। ईश्वर ने चाहा तो लतीफ़ अब जल्दी ही ठीक हो जाएगा।'

'अल्लाह आपको बहुत लम्बी उमर अता फरमाए।' हसीना इस खबर से गद्‌गद हो गई। उसके सीने पर जो एक पत्थर पड़ा था वह जैसे किसी ने एकाएक हटा दिया हो। उसकी इच्छा हो रही थी लक्ष्मीधर के कदमों पर लेट जाए और रो-रोकर अपने जज़्बातों का इज़हार कर दे।

'आप कितने अच्छे लोग हैं !' हसीना ने कहा, 'उमाजी के बगैर तो मैं अब एक घंटा भी नहीं रह सकती।'

लक्ष्मीधर मुस्कुराया, 'दरअसल मालिक और मज़दूर का रिश्ता बदनाम हो चुका है कि लोग असलियत को समझ ही नहीं सकते। ईश्वर ने सबको एक समान पैदा किया है। यह भेदभाव तो हमीं लोग करते हैं। अब तुम ही बताओ हसीना, मालिक लोग इतने ही बुरे होते तो लतीफ़ के लिए पानी की तरह इतना रुपया क्यों बहाते ?'

हसीना चुप रही। लक्ष्मीधर उसी के मन की बात कर रहे थे। तभी लिफ़्ट का दरवाज़ा खुला और ट्रॉली पर स्ट्रेचर में किसी मरीज़ को लादे लोग इधर ही आते दिखाई दिए। लक्ष्मीधर दरवाज़ा खोलकर बाहर आ गया। उसी के पीछे-पीछे उमा और हसीना भी। लतीफ़ को ही लाया जा रहा था। लक्ष्मीधर

ने दरवाज़े खोल दिए। ट्रॉली बेड के पास जाकर रुकी। ग्लूकोज़ चढ़ाया जा रहा था। ग्लूकोज़ की बोतल थामे एक आदमी साथ-साथ चल रहा था। बड़ी एहतियात से लतीफ़ को बेड पर उतारा गया। ग्लूकोज़ की बोतल स्टैंड पर लटका दी गई।

लतीफ का सिर, मुँह पूरी तरह पट्टियों से बँधा था। केवल नाक और आँखें खुली थीं। एक क्लिपबोर्ड पर बहुत से कागज़ लगे हुए थे जो बिस्तर के पास ही लटका दिए गए। बरामदे में दस-बारह मजदूरों की भीड़ जमा हो गई थी। लक्ष्मीधर ने बाहर जाकर बताया कि ऑपरेशन कामयाब हुआ है, भगवान ने चाहा तो लतीफ़ जल्द ही ठीक हो जाएगा। मज़दूर लोग उसी प्रकार बरामदे में टँगे रहे। वे धीरे-धीरे फुसफुसा रहे थे। बीड़ी के धुएँ से बरामदा भर गया था। बरामदे से आती हुई एक नर्स ने डाँट पिलाई तो लोगों ने बीड़ियाँ खिड़की से बाहर फेंक दीं।

तमतमाती हुई नर्स अन्दर आई और बोली, 'इसका फ्रेंड लोग कइसा है, बीड़ी के धुएँ से मरीज़ को खाँसी आ सकता है। तुम लोग मना क्यों नहीं करता।'

'मरीज़ के दोस्त लोग हैं।' लक्ष्मीधर ने बताया।

'ये कैसे दोस्त लोग हैं। बाहर खड़े होकर बीड़ी फूँक रहे हैं, ठहाके लगा रहे हैं। इससे मरीज़ की क्या हेल्प होगा ?'

'इन लोगों को ज्यादा समझाइएगा तो ये नीचे अस्पताल के सामने भूख हड़ताल कर देंगे,' लक्ष्मीधर ने पूछा, 'लतीफ़ की तबीयत कैसी है ?'

'हम कू का मालूम। हमकू तो मैट्रन ने भेज दिया है कि पूरे वार्ड में धुआँ फैल रहा है।'

'हम अभी इन्तज़ाम करते हैं,' लक्ष्मीधर ने कहा, 'सिस्टर आप एक छोटा-सा काम कर दें। इन लोगों से कह दें कि मरीज़ को खून की ज़रूरत है। सबका खून टैस्ट होगा। तुरत मालूम हो जाएगा कि कौन दोस्त है और कौन तमाशबीन।'

सिस्टर ने बहुत शरारत से लक्ष्मीधर की तरफ़ देखा जैसे कह रही हो तुम तो बहुत खतरनाक आदमी हो। उमा को नर्स का इस अदा से लक्ष्मीधर की तरफ़ देखना बहुत खल गया। हसीना ने बुझे मन से भी लक्ष्मीधर की बात का मज़ा लिया। दरवाज़ा खोलने से पहले सिस्टर ने लक्ष्मीधर की तरफ़ देखकर आँख मारी, जिसका मतलब यही निकलता था कि अभी इन लोगों का इलाज करती हूँ, मगर उमा ने उसका दूसरा ही मतलब लगा लिया और खिड़की पर जाकर खड़ी हो गई और पर्दा अपने पीछे बालों की तरह गिरा लिया।

लक्ष्मीधर को उमा का रूठना बेहद अच्छा लगा। उमा इस तरह बरसों बाद उससे रूठी थी। लक्ष्मीधर लतीफ़ के बिस्तर की तरफ़ बढ़ गया। एक नर्स लतीफ़ की बाँह थाम रही थी। लतीफ़ बाँह झटकता तो वह 'ओ माई गॉड' कहकर दोबारा बाँह थाम लेती।

'इतनी कसकर इसकी बाँह न थामो सिस्टर।'

'हम तो परेशान हो गया। डॉक्टर लोग बोलता है कि यह बेहोश है। ज़रा बाँह थामकर देखिए, कैसे झटकता है। ओ माई गॉड।'

लक्ष्मीधर ने हसीना को इशारे से बताया कि वह आकर कुछ देर के लिए बाँह थाम ले। सिस्टर ने राहत की साँस ली और आँखों में लक्ष्मीधर का शुक्रिया अदा किया। यह संयोग ही था कि ठीक उसी समय उमा ने पर्दे में झाँककर देखा और उसे इस नतीज़े पर पहुँचने में एक क्षण भी न लगा कि लक्ष्मीधर नर्सों पर फिदा है। नर्स ने लतीफ़ की बाँह हसीना को सौंप दी और उठकर बेतकल्लुफ़ अँगड़ाई ली।

'छिनाल कहीं की !' उमा ने मन ही मन कहा, 'छिः, मर्दों के सामने कैसे ऐंठ रही है।'

'लगता है, सिस्टर बहुत थक गई हो।'

'उफ !' सिस्टर ने आँखें मूँदकर होंठ बिचकाए, 'बेहद।'

'चाय मँगवाऊँ ?'

'आपके मँगवाने पर चाय न आएगी। मैं ही मँगवाती हूँ।'

सिस्टर ने बटन दबाया और एक दाई तुरन्त ही चली आई। सिस्टर जब तक अपने वक्ष की भूलभुलैया में पर्स टटोलती लक्ष्मीधर ने दस का एक ताज़ा सरसराता नोट दाई के हाथ में थमा दिया। नोट देते हुए उमा ने लक्ष्मीधर को देख लिया। अब तो यह सब उमा की बर्दाश्त के बाहर हो गया। वह अपने अन्तःपुर से निकली, मेज़ पर से पर्स उठाया और दरवाज़ा खोलकर अपनी ऊँची एड़ी से ठक-ठक करते-करते बरामदे को पार कर गई। देर तक उमा की एड़ी की खट-खट सुनाई देती रही। लक्ष्मीधर ने सोचा, टायलेट तक गई होगी। जब उमा से पहले चाय चली आई तो उसे लगा, उमा कहीं और गई है।

'मेरी बीवी ?' उसने सिस्टर से पूछा।

'वो आपकी वाइफ़ थी ?' सिस्टर हँसते-हँसते स्टूल पर बैठ गई।

'इसमें हँसने की क्या बात है ?'

'वह तो खफ़ा होकर मैके चली गई है।' सिस्टर फिर हँसने लगी।

लक्ष्मीधर को बहुत अच्छा लगा कि उसकी पत्नी शादी के इतने वर्षों बाद उससे रूठी है। दरअसल उसने वर्षों से रूठना ही बन्द कर रखा था।

थोड़ी देर बाद बरामदे में सन्नाटा हो गया। अब केवल दो मजदूर बैठे कानाफूसी कर रहे थे। सिस्टर नब्ज़, टैम्परेचर, ब्लडप्रेशर लेकर कमरे से निकलती तो दोनों खड़े हो जाते। सिस्टर से पूछते, 'कैसी तबीयत है ?'

सिस्टर उत्तर न देकर नाक की सीध में चल देती।

हसीना उसी प्रकार लतीफ़ की सेवा में लगी रही। लक्ष्मीधर ने हाथ जोड़कर जाने की इज़ाजत माँगी तो हसीना ने आँखों ही आँखों में कृतज्ञता प्रकट की। हसीना को भी महसूस हो गया था कि उमा लक्ष्मीधर से रूठकर चली गई है। मगर वह इसमें उसकी कोई मदद नहीं कर सकती थी। उसे सचमुच नर्स पर बहुत क्रोध आ रहा था। कितनी बेशर्मी से मर्दों से बतियाती है। न शर्म, न हया, न पर्दा।

लक्ष्मीधर के जाते ही दोनों मजदूर अन्दर आ गए। एक ने लतीफ़ का हाथ थाम लिया। हसीना उठकर कॉट पर बैठ गई। उसका ध्यान उमा की तरफ़ ही लगा था। उसका इस तरह नाराज होकर लौट जाना हसीना को बहुत बुरा लग रहा था। जाने से पहले वह हसीना से भी बात करके नहीं गई थी।

उमा दरअसल सीधे लिफ़्ट में नीचे उतर गई थी। नीचे लक्ष्मीधर की गाड़ी खड़ी थी। वह जाकर गाड़ी में बैठ गई और ड्राइवर को घर चलने को कहा।

'साहब ?'

'मुझे छोड़ आओ। फिर उन्हें ले जाना।' उमा ने बैठते हुए कहा।

घर पहुँचकर उमा ने श्यामजी से फ़ोन मिलाया। वह घर पर नहीं था। दफ़्तर फ़ोन मिलाया, दफ़्तर में भी नहीं था। उसका पारा चढ़ता गया। वह इस नतीजे पर पहुँच गई थी कि तमाम मर्द लम्पट होते हैं। लक्ष्मीधर पर तो उसे बेहद क्रोध आ रहा था जो उसकी उपस्थिति में ही टके-टके की छोकरियों से 'फ्लर्ट' कर रहा था। उसने मन ही मन तय किया, वह लक्ष्मीधर को कभी अपने पास न फटकने देगी।

लक्ष्मीधर सीटी बजाता हुआ कमरे में दाखिल हुआ तो उमा ने पलक उठाकर भी उसकी तरफ़ न देखा। वह उस समय एक पत्रिका पलट रही थी, 'तुम बिना बताए कैसे चली आई ?' लक्ष्मीधर ने उमा के पास बैठते हुए कहा, 'हर लिबास में तुम ग़ज़ब ढाती हो।'

उमा वहाँ से उठी और दूसरे कमरे में जाकर पलंग पर बैठ गई। लक्ष्मीधर को बहुत मज़ा आ रहा था। वह भी उसके पीछे-पीछे चला आया। जूतों समेत पलंग पर बैठ गया और उमा की कमर में हाथ डाल दिया।

'मुझे मत छुओ।'

'तो किसको छुऊँ ?'

'मेरी बला से,' उमा ने कहा, 'मुझसे बात भी न करो।'

'तो किससे बात करूँ ?'

उमा पलंग से उतरकर खड़ी हो गई। वह लम्बी-लम्बी साँस भर रही थी।

'तो यह बात है,' अचानक श्यामजी ने दरवाज़े से घुसते हुए कहा, 'अच्छा तो हम चलते हैं।'

उमा उठी, दोबारा ड्राइंग रूम में आ बैठी। उसके पीछे-पीछे श्यामजी आ गया। लक्ष्मीधर ने संक्षेप में उमा की नाराजगी का कारण भी बता दिया।

'लक्ष्मीधर का तो बहुत पतन हो गया है,' श्यामजी ने तिपाई पर से एक सेब उठाया, दो-तीन बार हवा में उछाला और फिर काटते हुए बोला, 'दिन-भर नर्सों के चक्कर में रहता है। दफ़्तर में भी नर्सों के फ़ोन आते रहते हैं।'

'तुम क्या बताते हो, मैंने आज खुद अपनी आँखों से देख लिया है,' उमा बोली, 'जाओ तुम भी उसी से दोस्ती करो।'

'हम इस बुढ़ापे में अब कहाँ जाएँगे,' श्यामजी बोला, 'तुमने जल्दी से कोई लड़की न देखी तो तुम्हारा देवर कुआँरा ही रह जाएगा।'

'दिल्ली से कोई जवाब आया ?'

'हाँ आया है। लड़की देखने के लिए बुलाया है।' श्यामजी ने लिफ़ाफा उमा को थमा दिया। उमा ने लिफ़ाफे में से पत्र और तस्वीर दोनों निकाले।

'लड़की तो बहुत सुन्दर है,' उमा ने पूछा, 'तुमसे कितने बरस छोटी है ?'

'यही कोई दस-बारह बरस।' श्यामजी ने कहा।

'दस-बारह बरस का अन्तर तो कुछ नहीं होता !' उमा ने कहा, 'तस्वीर से तो लगता है लड़की बहुत सुन्दर होगी।'

'तुम्हें तो लखनऊवाली लड़की की तस्वीर भी बहुत भायी थी।'

'मगर उसकी आवाज़ मर्दों जैसी थी।'

'तो चलो इसकी भी आवाज़ सुन आएँ।'

'चलो !' उमा का मूड एकदम दुरुस्त हो गया। उसने दोनों हाथों से पेशानी पर आ गए बाल हटाए और खड़ी हो गई, 'चलो। एल.डी. को नर्सों से इश्क लड़ाने दो।'

'इस सप्ताह तो निकल पाना सम्भव नहीं। मिल की हालत देख रही हो। मेरी अपनी हालत भी काबिले-रहम है। भाई साहब बीमार पड़े हैं, उनका भी काम देखना पड़ता है।'

'तुम्हें एल.डी. को समझाना चाहिए।'

'क्या समझाना चाहिए।'

'यही कि उसे ये सब हरकतें शोभा नहीं देतीं।'

'एल.डी. को कौन समझा सकता है !' श्यामजी ने मुँह बिचकाया, 'वह तो गॉन केस है।'

'श्यामजी मज़ाक न करो, मुझे सच-सच बताओ, तुम एल.डी. के बारे में क्या जानते हो ?'

'जो कुछ भी जानता था, बता दिया,' श्यामजी बोला, 'एक दिन मैंने उसे गाड़ी पर नर्स के साथ लेक की तरफ़ जाते हुए भी देखा था।'

दरअसल श्यामजी ने दरवाज़े के पीछे लक्ष्मीधर की झलक देख ली थी। वह इतनी ऊँची आवाज़

में बोल रहा था कि लक्ष्मीधर अपनी तारीफ़ सुन ले। लक्ष्मीधर ने अपनी तारीफ़ सुनी तो सचमुच अन्दर चला आया, बोला, 'श्यामजी, आपने फैक्टरी का इतना काम मेरे ऊपर डाल रखा है कि अपनी बीवी को मनाने की भी फुर्सत नहीं मिलती। देख रहे हो न मूड अंगारों की तरह दहक रहा है।'

'सब देख रहा हूँ। तुम चाहते हो भाभी तुम्हारी काली करतूतों को चुपचाप देखती रहें। अब पकड़े गए हो तो लगे काम की दुहाई देने।'

'लगता है आप तय करके आए हैं कि घर से मेरा पत्ता कटवाकर ही दम लेंगे ?'

'तुम्हारा पत्ता काटकर मुझे कुछ न मिलेगा। दूसरे मैं कभी किसी का पत्ता नहीं काटता...'

'सिर्फ अपना पत्ता फेंकते रहते हो !' लक्ष्मीधर बोला।

'वाह भाई वाह !' श्यामजी ने कहा, 'तबीयत खुश हो गई। चलो इसी बात पर कुछ हो जाए।'

'क्या हो जाए ?'

'भोजन !' श्यामजी ने कहा, 'आज तुम लोगों को चाइनीज़ डिनर खिलाता हूँ।'

चाइनीज़ डिनर लक्ष्मीधर ने कभी पसन्द नहीं किया था। उमा को पसन्द था।

'हम लोग तो खा ही लेंगे। बेचारी हसीना के लिए भी कुछ व्यवस्था करनी चाहिए।'

'उसके लिए भी एक पैकेट भिजवा देंगे,' श्यामजी बोला, 'बोर मत करो।'

'मालूम नहीं लतीफ़ होश में आया कि नहीं।'

'आ जाएगा,' श्यामजी बोला, 'और न भी आया तो आप क्या कर लेंगी ?'

'तुम बहुत क्रूर आदमी हो।' उमा ने कहा।

'तुम बहुत क्रूर औरत हो।' श्यामजी ने उसी वज़न पर दोहरा दिया।

'तुम लोग हर वक्त नोंक-झोंक में लगे रहते हो,' लक्ष्मीधर ने कहा और खड़ा हो गया, 'चलो, चलते हुए नज़र आओ।'

'मगर हम तो ड्रेस तब्दील करेंगे।'

'ऐसा कभी मत करना,' श्यामजी बोला, 'तुम्हारे ऊपर यह लिबास बहुत फब रहा है।'

लक्ष्मीधर चुप रहा। जाने क्यों उसे उमा आज चुड़ैल-सी लग रही थी। वह अपनी राय बताकर एक नया बवाल नहीं खड़ा करना चाहता था।

उन लोगों ने चाइनीज़ रेस्तराँ में भोजन किया। श्यामजी ने हसीना के भोजन का भी खयाल रखा। खाना पैक कराके उसने उमा के हाथ में थमा दिया कि वह खाना दे आए और लतीफ़ को भी देख आए, मगर उमा ने तुरन्त पैकेट लौटा दिया, हम नहीं जाएँगे। हमारा मूड आज बहुत उखड़ रहा है।'

श्यामजी ने बहस में पड़ना उचित नहीं समझा और पैकेट ड्राइवर को सौंप दिया कि फुर्सत मिलते ही वह पैकेट तेईस नम्बर कमरे में पहुँचा आए। श्यामजी तो उन लोगों को घर पर ड्राप करके चला गया, मगर लक्ष्मीधर उमा के मूड को देखकर बहुत सहम गया। आज उसने कुछ ज्यादा ही स्वतन्त्रता ले ली थी। वह चाहता था किसी तरह से पूरी बात श्यामजी के स्वभाव के ऊपर डालकर चुपचाप सो रहे मगर उमा ने भी कुछ तय कर रखा था। वह दनदनाती हुई सीधी बाथरूम में घुस गई। उसने मेक-अप उतारा, मंजन किया, वार्डराब से बहुत दिनों के बाद अपनी झीनी नाइटी निकाली और जब वह इतराती हुई बेडरूम में दाखिल हुई तो देखा लक्ष्मीधर सोने के लिए 'रीडर्स डाइजेस्ट' में लतीफे पढ़ रहा था। खुशबू को अपनी तरफ़ मुखातिब देखकर वह अवाक् रह गया, उमा मान की मुद्रा में उसकी तरफ़ देख रही थी। उसकी आँखों में कई भाव थे, रूठने के, निमन्त्रण के, प्यार के, शिकायत के, शिकवे के। और न जाने क्या था कि लक्ष्मीधर ने हाथ बढ़ाकर लैम्प बुझा दिया।

उमा अगले रोज़ अस्पताल नहीं गई। आठ बजे तक सोती रही। बाद में यों ही लेटी रही। बाबा को

ड्राइवर स्कूल छोड़ आया और वह अभी तक बिस्तर पर ही पड़ी थी ! लक्ष्मीधर सुबह सैर पर जाया करता था, वह लौटते हुए जलेबियाँ ले आया। उमा ने बिस्तर पर ही जलेबियाँ खाईं, चाय पी और बोली, 'मैं फिर सो रही हूँ।'

'सो जाओ,' लक्ष्मीधर बोला, 'आलस लगे तो आराम करना, अस्पताल भी मत जाना।'

'तुम भी अस्पताल न जाना।'

लक्ष्मीधर मुस्कुराया, 'मगर मुझे तो दफ्तर जाना ही होगा।'

'बस दफ्तर ही जाना, अच्छे बच्चे की तरह। किसी चुड़ैल का फ़ोन आए तो काट देना।'

'मुझे तो चुड़ैल भी फ़ोन नहीं करती,' लक्ष्मीधर बोला, 'बस तुम्हारा फ़ोन ही कभी-कभार आया करता है।'

'अच्छा जाओ,' उमा ने कहा, 'हम तो अभी सोएँगे। हम तो सोते रहेंगे।'

लक्ष्मीधर चला गया। उमा ने चादर ओढ़ ली। आँखें मूँद लीं। दोपहर को मिसेज़ धर के साथ उसका मूवी जाने का प्रोग्राम था, उसने बिस्तर से ही फ़ोन मिलाया कि वह आज मूवी देखने न जा पाएगी।

'क्यों क्या हुआ ?'

'बहुत थकान आ रही है यार।' उमा बोली।

'क्या नौकर फिर भाग गया ?'

'नहीं दोनों हैं,' उमा बोली, 'पूरे बदन में दर्द हो रहा है।'

'अच्छा तो यह बात है,' मिसेज़ धर ने कहा। मिसेज़ धर के बदन में कहीं दर्द न हो रहा था, यह सोचकर मिसेज धर उदास हो गईं। बाद में उसने चिन्ता प्रकट करते हुए कहा, 'इस उम्र में तो दर्द न होना चाहिए।'

'आपकी उम्र तक पहुँचूँगी तो शायद यह शिकायत न रहे।' उमा ने तुरन्त हिसाब चुका दिया।

'मैं तुमसे छोटी ही हूँगी।'

'आपका डेट ऑफ बर्थ क्या है ?'

'पाँच दिसम्बर पैंसठ।'

'हाय-हाय,' उमा को गुदगुदी होने लगी, 'तुम्हें तो अभी सोलहवाँ भी नहीं लगा।'

'तुम भी अजीब बेवकूफ़ हो। इतना भी नहीं जानती कि औरत शादी के रोज ही पैदा होती है।'

उमा ने ठहाका लगाया। मिसेज़ धर की बात उसे बहुत पसन्द आई। इसलिए भी पसन्द आई कि इस लिहाज़ से भी उसकी उम्र मिसेज़ धर से कम ही बैठती थी, बोली, 'मुझे तो अभी दसवाँ लगा है।'

'चलो यार बोर मत करो। मैंने टिकटें मँगवा रखी हैं, तुम्हें चलना ही होगा।'

'आकर मेरी सूरत देख लो एक बार।'

'आऊँगी मगर तुम्हें चलना होगा।'

'आओ।' उसने कहा और चोंगा रख दिया। मिसेज़ धर के आने तक वह उसी तरह नाइटी में पड़ी रही।

मिसेज़ धर ने कमरे में घुसते ही पूछा, 'यह इंटीमेट कहाँ से मँगवाया।'

'तुम्हें चाहिए ?'

'हाँ।'

'तो तुम्हें भी दूँगी।' उमा उठी और उतरकर ड्रेसिंग टेबल तक गई। उसने एक छोटी-सी शीशी मिसेज़ धर के सामने खोलकर थोड़ा-सा सेंट उसकी कनपटी पर छिड़क दिया और शीशी भेंट कर दी। आज बरसों बाद उसने नाइटी पहनी थी। यह नाइटी लक्ष्मीधर उसके लिए पेरिस से लाया था। मिसेज़ धर ने भी कसम खा ली कि वह नाइटी की तारीफ़ में एक शब्द न बोलेगी। नाइटी के अन्दर से उमा का सुडौल बदन झाँक रहा था। मिसेज़ धर को धर साहब पर गुस्सा आने लगा। चार-चार बच्चे उसकी

जान को लगा दिए और एक तरफ़ उमा है कितनी बेफ़िक्र, जबकि जितना इसके पति कमाते होंगे उतना धर साहब घूस में पैदा कर लेते हैं।

उमा ने अँगड़ाई ली और बाथरूम में घुस गई। उसका दिन आज सार्थक हो गया था।

पिक्चर में उमा का खूब मन लगा। उसे हर दृश्य अच्छा लग रहा था। दरअसल उसने बहुत दिनों बाद मूवी देखी थी। लौटकर उसने श्यामजी को 'शाक' देने के लिए फ़ोन मिलाया कि वह पिक्चर देखकर लौटी है। मालूम हुआ श्यामजी दोपहर की उड़ान से दिल्ली चला गया है। फ़ोन पर श्यामजी की सेक्रेटरी बोल रही थी।

'कल तक तो उनका कोई प्रोग्राम नहीं था।' उमा ने आश्चर्य से पूछा।

'उनका टिकट तो परसों ही आ गया था।' सेक्रेटरी ने बताया।

उमा ने गुस्से से रिसीवर फेंक दिया। अब श्यामजी उसके साथ स्मार्ट हो रहा है। श्यामजी के बारे में सोचते-सोचते वह अचानक रोने लगी। यह वही श्यामजी था जो साँस भी उससे पूछकर लिया करता था। अब वह इतना बाग़ी हो गया है कि दिल्ली जाते हुए भी बताकर नहीं जाता। वह जरूर लड़की देखने गया है और उमा की राय को कोई महत्त्व नहीं देना चाहता। उसे एक-एक कर सब बातें याद आ रही थीं। ज़रूर श्यामजी को किसी ने बहका दिया है।

उमा से और अधिक बर्दाश्त न हुआ। उसने दोबारा फ़ोन मिलाया। इस बार भी सेक्रेटरी ने ही उठाया।

'श्यामजी कब लौट रहे हैं ?' उसने पूछा।

'परसों शाम की फ्लाइट से !'

उसने सेक्रेटरी से ज्यादा बात करना उचित न समझा। रिसीवर रख दिया और मन ही मन तय किया कि श्यामजी से सीधे मुँह बात न करेगी। बॉस होगा तो एल.डी. का। वह उसकी शादी में भी शामिल न होगी। उमा की खाना खाने की इच्छा भी न हो रही थी। वह यों ही कुर्सी में धँस गई। उसे अपने चारों ओर अजीब तरह की शून्यता महसूस हो रही थी। उसे लग रहा था, उसका बहुत अधिक अपमान हो गया है। बहुत देरं तक वह बदला लेने की योजनाएँ बनाती रही। बीच में तो उसने यहाँ तक भी सोचा कि वह श्यामजी की हत्या कर देगी। मछली में ज़हर मिला देगी। या श्यामजी से रिवॉल्वर देखने के लिए माँगेगी और उसी से उसका काम तमाम कर देगी।

अचानक उसे लगा, कोई उसके कन्धे पर झुक रहा है। वह दबाव पहचाना हुआ था। उसने पलटकर देखा, कोई नहीं था। छत पर पंखा घूम रहा था। बाहर माली किसी पर चिल्ला रहा था। दरवाज़े पर एक झटके से कार रुकने की आवाज़ आई। श्यामजी ही ऐसे झटके के साथ कार रोका करता है। ज़रूर सेक्रेटरी ने उसके साथ मज़ाक किया है। उमा ने उचककर बाहर देखा। पड़ोस के बँगले पर कार रुकी थी। फाटक के अन्दर गाय घुस आई थी और माली छड़ी लिये उसे भगा रहा था।

उमा ने आखिर लक्ष्मीधर को फ़ोन मिलाया। लक्ष्मीधर भी सीट पर नहीं था। सेक्रेटरी ने बताया कि अभी-अभी निकले हैं। अचानक उसे बाबा का ध्यान आया। क्यों न वह आज बाबा को स्कूल से ले आए ? उमा ने घड़ी की तरफ़ देखा, अभी समय था। उसने जल्दी से आँखों पर छींटे दिए और बाल ठीक किए। कार लक्ष्मीधर ले गया था। उसने एक रिक्शा रोका और स्कूल की तरफ़ चल दी। स्कूल के फाटक बन्द थे। अभी छुट्टी न हुई थी। उमा छोटे दरवाजे से अन्दर जाती कि घंटी बज गई। फाटक खुला और बच्चे बाढ़ की तरह बाहर निकले।

बाबा बस में लौटता था। गैरेज के सामने बसें फ़ायर ब्रिगेड की तरह तैयार खड़ी थीं। सब बसें एक ही तरह की लग रही थीं। सब पर अलग-अलग नम्बर थे। उसने आज तक यह जानने की ज़हमत न उठाई थी कि बाबा की बस का नम्बर क्या है।

चारों तरफ़ एक-से ड्रेस में एक-से बच्चे दिखाई दे रहे थे। बच्चों की उस भीड़ में वह बाबा को

चीन्हने की कोशिश कर रही थी। देखते ही देखते बस बच्चों से लद गईं, उमा बसों के अन्दर झाँककर देख रही थी, मगर बाबा कहीं न दिख रहा था। वह जब तक बाबा की बस के बारे में कुछ दरियाफ़्त करती कि एक के पीछे दूसरी बसें हार्न बजाती हुई गेट के बाहर निकलने लगीं। उमा रिक्शावाले को बाहर इन्तज़ार करने के लिए कह आई थी, बाहर जाकर देखा वह भी जा चुका था। आसपास कोई रिक्शा न था, केवल बच्चों के रिक्शे थे, जिनमें बच्चे लोग ठूँसे जा रहे थे।

उमा चौराहे की तरफ़ पैदल ही चल दी। कोई पन्द्रह-बीस मिनट चलने के बाद उसे घर के लिए रिक्शा मिला। वह घर पहुँची तो बाबा आया की गोद में बैठा आराम से खाना खा रहा था। बाबा ने उमा की तरफ़ कोई खास ध्यान न दिया। आया उसे कोई कहानी सुना रही थी और वह बहुत ध्यान से सुन रहा था।

'हम तुम्हारे स्कूल से आ रहे हैं।' उमा ने बाबा की तरफ़ बढ़ते हुए कहा।

'हाँ तो आगे क्या हुआ ?' बाबा ने आया का गाल अपनी तरफ़ मोड़ते हुए कहा।

आया उमा की बात सुनना चाहती थी, मगर बाबा ने तब तक कौर मुँह में न रखा, जब तक आया आगे कहानी सुनाने के लिए तैयार न हो गई।

उमा को बाबा पर बहुत लाड़ आ रहा था। वह उसे बताना चाहती थी कि बस न पाकर वह पीछे-पीछे चली आई है, बाबा की इस सब में कोई दिलचस्पी न थी।

बाबा ने आया को दूसरी तरफ़ देखते पाकर उसका गाल दोबारा अपनी ओर मोड़ लिया और पूछा, 'तो आगे क्या हुआ ?'

कमरे में आकर उसने लक्ष्मीधर को फोन मिलाया। इस बार लक्ष्मीधर लाइन पर मिल गया।

'दोपहर में कहाँ थे ?'

'मैं तो सुबह से सीट पर हूँ, बीच में लंच रूम गया था।'

'हमारा मन नहीं लग रहा।'

'किसी तरह से लगाओ। शाम को पिक्चर चलेंगे।'

'पिक्चर तो हम मिसेज़ धर के साथ देख आए। उमा ने पूछा, 'वह श्यामजी कहाँ है ?'

'वह तो दिल्ली गया। बोर्ड आव् डाइरेक्टर्स की मीटिंग है।'

'मगर उसने जिक्र तक न किया।'

'कई दिनों से तो गा रहा था कि उसे ज़ाना है।'

'यह सब बहानेबाज़ी है। दरअसल उसे लड़की देखने जाना था।'

'एक पन्थ दो काज,' लक्ष्मीधर ने कहा, 'लड़की देखना तो उसकी हॉबी है।'

'मगर दिल्ली में तो रिश्ता तय होने की बात थी।'

'होगी,' लक्ष्मीधर ने पूछा, 'अस्पताल गई थी ?'

'न ! वहाँ तो हम बेहद बोर होते हैं।'

'तुम कहो तो साथ-साथ चलें। तुम्हारा मन बहल जाएगा।'

'अस्पताल में तो तुम्हारा मन बहलता है,' उमा बोली, 'तुम्हारा साथ दे देंगे।'

'न, न मुझ पर अहसान न जताओ। मेरी कोई दिलचस्पी नहीं,' लक्ष्मीधर ने कहा, 'जाने का इरादा हो तो खादिम अभी हाज़िर हो जाएगा।'

उमा और लक्ष्मीधर अस्पताल पहुँचे तो लतीफ़ तकियों पर पीठ लगाए चाय पी रहा था। उमा उसको स्वस्थ देखकर किलकारी मारते हुए उसके पास जा पहुँची।

'बहुत अच्छा लग रहा है आपको इस तरह देखना।' उमा ने कहा।

'आपकी नज़रे-इनायत न होती तो जाने हम लोग कितनी तकलीफ़ पाते।' हसीना पास आकर खड़ी हो गई।

लक्ष्मीधर के आने से लतीफ़ के सब साथी खड़े हो गए थे। लक्ष्मीधर अपने साथ बाँस के कागज़ के बढ़िया लिफाफे में लतीफ़ के लिए सन्तरे, मुसम्मी और सेब लाया था। उसने लिफाफा लतीफ़ के सिरहाने के पास रख दिया। लतीफ़ ने मुस्कुराकर लक्ष्मीधर की तरफ़ देखा और लिफाफे में से फल निकालकर अपने साथियों में बाँटने लगा।

'कल रात इन्हें होश आया तो मैं खुशी से पागल हो गई,' हसीना उमा से पूरा किस्सा बयान कर रही थी, 'सच दीदी मुझे आपकी इतनी याद आई कि बता नहीं सकती।'

'मुझे भी लगातार लतीफ़ साहब का ध्यान आता रहा,' उमा ने झूठ बोलना शुरू किया, 'कल ये दफ्तर से लौटे तो बेपनाह सर-दर्द हो रहा था।'

'दफ़्तर सरदर्द ही होता है।' लक्ष्मीधर बोला।

'लतीफ़ साहब की तन्दुरुस्ती सेलिब्रेट की जानी चाहिए।' उमा बोली।

'जरूर की जाएगी,' लक्ष्मीधर बोला, 'कल पूरी फैक्टरी में लड्डू बँटवा दूँगा।'

लतीफ़ मन्द-मन्द मुस्कुरा रहा था। डॉक्टर ने उसे बोलने के लिए मना कर रखा था। आज दिन में दोस्तों से बातचीत कर रहा था कि अचानक सर में बहुत तेज दर्द उठा। इस वक्त भी हल्का-हल्का सर दर्द हो रहा था, उसने हसीना को बताना मुनासिब न समझा। लतीफ़ ने तय किया रात को डॉक्टर राउंड पर आएगा तो उसी को बताएगा।

एक-एक करके लतीफ़ के साथी लोग कमरे से बाहर चले गए थे। किसी के हाथ में सन्तरा, किसी के हाथ में मुसम्मी और किसी के हाथ में सेब। लक्ष्मीधर के सामने फल खाने में उन्हें संकोच हो रहा था। बाहर जाकर वे लोग सन्तरे छीलने लगे।

'तुम्हारे दोस्तों में कोई ऐसा नहीं जो रात को रुक जाए ?'

लतीफ़ ने सर हिलाया कि बहुत से हैं। सब हैं।

'तो आज हसीना मेरे साथ सोएगी,' उमा ने कहा, 'बेचारी कितनी थक गई होगी।'

लतीफ़ ने आँखों से ही बताया कि हसीना को मंजूर हो तो वह आपके साथ जा सकती है।

'तो चलो तैयार हो जाओ।'

'तैयार मैं क्या हो सकती हूँ। जब से ये जख्मी हुए हैं, मैं घर ही नहीं गई।'

'एल.डी.,' उमा ने एल.डी. से कहा कि जाकर डॉक्टर से पूछ आए कि लतीफ़ साहब को चिकन सूप दिया जा सकता है कि नहीं।

एल.डी. जैसे हुक्म की प्रतीक्षा में ही खड़ा था। तुरन्त लैफ़्टराइट करता कमरे से बाहर निकल गया। लतीफ़ के साथी लोग बेंच से उठकर खड़े हो गए। लक्ष्मीधर को लतीफ़ के महत्त्व का अहसास ये लोग पल-पल पर दे रहे थे।

'डॉक्टर ने बताया है कि चिकन सूप ही नहीं, आप चाहें तो चिकन भी दे सकते हैं।'

'कितनी अच्छी खबर है। मैं दोनों भिजवाऊँगी।'

'अब आप रुखसत दीजिए,' उमा ने दोनों हाथ जोड़ दिए और हसीना का कन्धा थाम लिया, 'तुम्हें चलना होगा। दीदी कहती हो तो दीदी का कहना भी तो मानना पड़ेगा।'

हसीना ने लतीफ़ के कान के पास जाकर लतीफ़ से कुछ कहा, लतीफ़ ने आँखों में ही इजाज़त दे दी।

'खुदा हाफ़िज़ !' वे लोग चलने लगे तो हसीना ने कहा।

जाने से पहले हसीना ने दफ्ती के तमाम डिब्बे उठा लिये जिनमें उसके लिए खाना आया करता था।

'ये कहाँ ले जा रही हो ?' उमा ने पूछा।

'घर में काम आएँगे।' वह बोली।

'मेरी स्वीट बिटिया,' उमा को हसीना पर बहुत लाड़ आ गया, पूछा, 'ये क्या काम आएँगे ?'

'ये बहुत खूबसरत हैं,' हसीना बोली, 'मेरी तो फेंकने की इच्छा ही नहीं हो रही।'

उमा और लक्ष्मीधर की आँखें मिलीं। लक्ष्मीधर ने बढ़कर तमाम डिब्बे थाम लिये और बोले, 'चलो।'

हसीना एक बार पुनः लतीफ़ के पास गई और इजाज़त लेकर बरामदे में उन लोगों के साथ हो ली। लतीफ़ के तमाम साथी इन लोगों के विदा होते ही कमरे में घुस गए। लतीफ़ ने लिफ़ाफे की तरफ़ इशारा किया कि अभी बहुत माल बचा है। सन्तरे छीले जाने लगे, मुसम्मियाँ और सेब कटने लगे।

लतीफ़ के सर का दर्द बरकरार था, मगर साथियों के बीच वह उसे आसानी से बर्दाश्त कर रहा था।

लतीफ़ पर हमले के बारे में तरह-तरह की बातें हो रही थीं, किसी का मत था कि यह सब जगदीश माथुर का षड्यन्त्र था, इस षड्यन्त्र में मालिक लोग भी शामिल हैं। कोई हीरालाल को दोषी ठहरा रहा था। यह भी सुनने में आया कि लतीफ़ की लोकप्रियता को देखते हुए ट्रेड यूनियन कांग्रेस के लोगों ने यह काम किया था। लतीफ़ सब बातें ध्यान से सुन रहा था। एक विचार बार-बार उसकी ज़ेहन में आ रहा था कि अगर मालिक लोग भी इस षड्यन्त्र में शामिल होते तो उन्होंने उस पर इतना खर्च क्यों किया, उसे कार में लादकर अस्पताल क्यों ले आए, रास्ते में ही क्यों न मर जाने दिया ? उसकी समझ में कुछ भी नहीं आ रहा था। सरदर्द के बीच वह इन तमाम बातों के बारे में ग़ौर करना नहीं चाहता था।

हसीना की स्थिति भिन्न थी, वह उमा के साथ बाहर निकली तो उसने महसूस किया, बाहर की दुनिया में धूप भी होती है, घास भी, आकाश और हवा भी। लगातार कमरे में बन्द रहने और पंखे की हवा में रहने से उसका दम घुट रहा था। इस वक्त उमा के साथ चलते-चलते वह झेंप ज़रूर रही थी। कई दिनों से वह कपड़े भी तब्दील नहीं कर पाई थी। कपड़ों की पूरी आब ख़त्म हो चुकी थी। दो-एक जगह हल्दी के दाग पड़ गए थे। एक दिन तो चाय का पूरा कुल्हड़ ही कपड़ों पर गिर गया था। वह झेंपती हुई उमा के पीछे-पीछे पालतू की तरह चल रही थी।

वे लोग गेट पर खड़े हो गए। ड्राइवर उन्हें देखते ही कार गेट तक ले आया। कार रोककर वह उतरा, उसने पहले पीछे का दरवाजा खोला। उमा और हसीना कार में बैठ गईं तो उसने लक्ष्मीधर के लिए अगला दरवाजा खोला और उनके बैठते ही न जाने कब स्टीयरिंग पर पहुँचकर गाड़ी स्टार्ट कर दी।

हसीना से मीठी, खमीरी और मादक गन्ध आ रही थी। उमा प्रत्येक झोंके के साथ महसूस करती। उसके शरीर की वह गन्ध उमा के 'इंटीमेट' को बेंधती हुई-सी नाक में समा जाती थी। इस खमीरी गन्ध को खुशबू और बदबू के बीच कहीं रखा जा सकता है। वह न तो शुद्ध खुशबू थी और न बदबू। रास्ते-भर उमा उसका रासायनिक विश्लेषण करती रही। मगर उस गन्ध में कहीं कोई आत्मीयता और आकर्षण भी था। कहीं अनात्मीयता और विकर्षण भी। उमा ने सोचा, हो सकता है तमाम तवायफों में से यही गन्ध फूटती हो। उमा ने मुड़कर हसीना की तरफ देखा। वह बेचारी सिमटी सकुचाई बैठी थी और खिड़की से बाहर देख रही थी।

घर पहुँचकर उमा ने सबसे पहले हसीना के नहाने का इन्तजाम किया। उसे अपना एक पुराना ब्लाउज और साड़ी देकर वह टेलीफोन पर जुट गई। उसने श्याम बाबू के यहाँ फोन करके जानना चाहा कि कहीं एल.डी. और श्यामजी मिलकर उसे बेवकूफ तो नहीं बना रहे। श्याम बाबू के यहाँ उमा ने

देर तक घंटी दी, जब किसी ने चोंगा न उठाया तो उसने रिसीवर रख दिया। रिसीवर रखकर वह सर थामकर बैठ गई। मगर तभी टेलीफोन की घंटी टनटनाई। हड़बड़ी में उसने फोन उठाया।

'उमा।' उसने कहा।

'हाय,' आवाज़ श्यामजी की थी, 'दिल्ली कब आ रही हो ?'

'कभी नहीं।'

'तो लड़की कौन पसन्द करेगा ?'

'लड़का,' उमा बोली, 'रस्में क्यों निभा रहे हो ?'

श्यामजी जोर से हँसने लगा। उमा चुप रही। बहुत देर तक चुप रही, श्यामजी उधर से 'हेलो हेलो' करता रहा।

'हाँ,' थोड़ी देर बाद उमा बोली।

'क्या कर रही हो ?'

'नहीं बताऊँगी।'

'बताओ यार बोर मत करो।'

'करेंगे।'

'उल्लू।'

'तुम उल्लू।'

'तुम।'

'तुम।'

'अच्छा हमीं उल्लू। बताओ दिल्ली कब आ रही हो।'

उमा का गुस्सा शान्त हो रहा था, बोली, 'तुम हमें बताकर क्यों नहीं गए। हम तब से परेशान हैं।'

श्यामजी जोर से हँसा, बोला, 'भाई साहब भी साथ में थे।'

'बता तो सकते थे।'

'चलते वक्त वे तैयार हो गए। आज वे लौट रहे हैं। एल.डी. से बोलो तुम्हें हर हालत में सुबह की फ़्लाइट में बैठा देगा।'

एल.डी. सर पर आ धमका था। उमा ने फोन उसे थमा दिया। वह 'ठीक है, ठीक है' कहता रहा और बोला, 'लतीफ़ को होश आ गया है।'

'हसीना को ?'

'वह आज हमारे यहाँ है।'

'तब तो तुम आज ही भाभी को रवाना कर दो।' हँसते-हँसते श्यामजी ने रिसीवर रख दिया।

फोन रखकर लक्ष्मीधर तुरन्त उमा की सीट रिजर्व कराने में जुट गया।

उमा के मूड में यकायक बहार आ गई थी। हसीना सर पर तौलिया लपेटे कमरे में आई तो बोली, 'आइए सरदारजी, हम तो सुबह हवाई जहाज से दिल्ली जा रहे हैं।'

'लतीफ़ ठीक होता तो हम भी आपके साथ चलते।'

'अगली बार चलना। दिल्ली से हम तुम्हारे लिए क्या लाएँ ?'

'बस अपनी मुहब्बत बनाए रखिए।'

उमा ने उसे खींचकर माथे पर चूम लिया। उसके सर से ग्लिसरीन साबुन की खुशबू आ रही थी। उमा ने सर पीट लिया। वह किसी को अपना साबुन इस्तेमाल न करने देती थी। इस बेवकूफ लड़की ने शैम्पू के बजाय पूरी टिकिया सर में रगड़ ली होगी। इस वक्त वह गुलाब-सी महक रही थी।

'आज हम तुम्हें सजाएँगे।' उमा बोली और हसीना को खींचते हुए अपने ड्रेसिंग टेबल तक ले गई।

उसके पास एक नया स्प्रे आया था। उसने हसीना के जिस्म पर खूब जमकर स्प्रे किया। अपना फाउंडेशन लगाया। एक शोख रंग की लिपस्टिक उसे भेंट कर दी और उसके होंठ रंग दिए। बालों को हेयर ड्रायर से सुखाकर तेल के बजाय वैसलीन हेयर टानिक की कुछ बूँदें डालकर अपने हाथों से मल दिया। बोली, 'अब तुम जाओ लतीफ़ के पास।'

'हमें शर्म आ रही है,' आईने में अपना चेहरा देखते हुए वह बोली, 'वे हमें डाँटेंगे।'

'मर्दों का काम ही है, डाँटना। तुमने एल.डी. का गुस्सा नहीं देखा।'

'दीदी हमें सचमुच शर्म आ रही है। उनके साथी लोग भी क्या सोचेंगे।'

'अच्छा हम तुम्हारे साथ चलेंगे, तुम्हें छोड़ने।'

'आप तो लौट आएँगी। मगर वे डाँटेंगे ज़रूर।'

'अच्छा हमारे लिए डाँट भी बर्दाश्त कर लेना।'

उमा ने दोनों का भोजन पैक करवाया और एल.डी. को बताकर कार में बैठ गई।

वे लोग बहुत खुशी-खुशी कमरे तक पहुँचे। मालूम हुआ, लतीफ़ दोबारा बेहोश हो गया है। डॉक्टरों ने बातचीत के लिए सख्त मनाही की थी और उपचार में लगे थे। हसीना को अपने ऊपर बहुत क्रोध आया। वह क्यों उमा के साथ चली गई। उमा तुरन्त डॉक्टर से मिलने चली गई। मालूम हुआ, थकान से चूर होकर दोबारा बीमार पड़ गया है। उमा ने हसीना को ताकीद कर दी कि होश में आने पर वह लतीफ़ को बिल्कुल न बोलने दे। घबराने की कोई बात नहीं।

उमा को दिल्ली जाने के लिए सामान खरीदना था। वह जल्दी ही वहाँ से रुख्सत हो ली। उमा को विदा करते ही हसीना टायलट में घुस गई और साबुन से अपने होंठ धोने लगी। होंठ साफ़ हो गए तो उसने मुँह धोना शुरू किया।

दिल्ली में उमा को हसीना का ध्यान भी न आया। लतीफ़ का भी नहीं। बाबा की याद आती तो वह फोन मिलाकर बाबा से बात कर लेती। बाबा के लिए उसने इस बार एक नए मॉडल की ट्रेन खरीद रखी थी और बाबा दिन-भर ट्रेन का ही इन्तजार करता रहता था।

'मामा कब आएगी ?' वह आया से पूछता।

'मामा कल आएगा।'

'आज, कल है क्या ?'

'नहीं, आज आज है।'

'कल भी तो कल था।'

'ओ हो,' आया झल्ला जाती, 'बाबा तू तो बहुत कान खाता है।'

बाबा ताली बजाने लगता, 'अरे हम तो बिस्किट खाते हैं। बिस्किट कान होता है ?'

शाम को उमा का फोन आया तो बाबा ने शिकायत कर दी, 'आया कहती है बिस्किट कान होता है।'

उमा दिल्ली में खूब बोर हो रही थी। लड़की की परीक्षाएँ चल रही थीं। और लक्ष्मीधर की कांफ्रेंस। वह होटल में पड़ी-पड़ी बोर होती रहती। ज़्यादा से ज़्यादा कनाट प्लेस तक घूम आती। मगर श्यामजी उसका बहुत ध्यान रखता। रोज़ अपनी बाँहों में कुछ न कुछ भर लाता। कभी साड़ी, कभी मैक्सी, कभी नाइटी, कभी मिडी।

'मैं तुम्हारा दहेज जुटा रहा हूँ।' वह कहता।

श्यामजी इधर कुछ खब्ती होता जा रहा था। बूढ़ों की तरह हर बात को समझाकर कहता। कई बार वाक्य अधूरा ही छोड़ देता और उमा को वाक्य पूरा करना पड़ता। वह वाक्य पूरा करती और

खिलखिलाए बिना न रहती।

'देखो आज शाम को कश्मीरी रोग़नजोश खाएँ और नान। बाद में होटल तक पैदल लौटेंगे।' श्यामजी बहुत लाड़ में पूछता, 'बाद में होटल तक...।' वह सहसा रुक जाता और उमा कुढ़ते हुए कहती 'पैदल लौटेंगे।'

'देखो लड़की की परीक्षाएँ चल रही हैं तो तुमने हमें क्यों बुलाया ?'

'तुम्हारी वार्डरोब एकदम कंडम हो गई थी,' श्यामजी बोला, 'तुम्हारी वार्डरोब एकदम...'

'कंडम हो गई थी।' उमा ने कहा और इस बार हँसी न रोक पाई। वह गर्दन उठाकर जोर से खिलखिलाई।

'तुम आजकल बहुत खिलखिलाने लगी हो,' 'श्यामजी ने प्यार से उमा की तरफ़ देखते हुए कहा, 'तुम आजकल बहुत...'

उमा से अब और अधिक बर्दाश्त न हुआ। वह पेट पकड़कर उठी और हँसते हुए लोटपोट हो गई। उसकी हँसी थी कि रुक ही नहीं रही थी। श्यामजी हक्का-बक्का उमा को हँसते हुए देख रहा था। अचानक लगा कि वह पागल हो गई है।

'पागल हो गई हो क्या ?' श्यामजी ने उसके पास आते हुए पूछा।

'रुको रुको,' उमा कुर्सी पर बैठ गई। उसके पेट में बल पड़ गए थे। बोली, 'तुम मेरे प्राण ले लोगे।'

'हा हा हा !' श्यामजी बोला, 'अच्छा बताओ घर पर तुम कभी इतना हँसी हो ?'

'घर में हम रोते हैं,' उमा बोली, 'हँसी के बाद हमें बहुत रोना आता है।'

'रोना भी एक ऐयाशी है। कितने लोगों को नसीब होती है ?' श्यामजी ने पूछा, 'कितने लोगों को...'

'नसीब होती है।' उमा को दोबारा हँसी का दौरा पड़ा।

श्यामजी की समझ में कुछ न आ रहा था, बोला, 'लगता है तुमने आज भाँग...'

हँसते-हँसते उमा कुर्सी पर गिर पड़ी। श्यामजी को पूरा विश्वास हो गया कि इसको कुछ हो गया है, उसने तुरन्त एयरपोर्ट फोन मिलवाया कि प्लेन राइट टाइम है या नहीं।

'चलो खाना खा आएँ। खाना खाकर होटल तक...' वह श्यामजी के ही अन्दाज़ में अन्तिम शब्द पर जोर देकर रुक गई।

'पैदल लौटेंगे।' श्यामजी बोला।

तभी टेलीफोन टनटनाया। उमा ने उठाया।

'हेलो श्यामजी हैं ?' आवाज़ ऑपरेटर की थी।

'हाँ हैं।' उमा ने कहा।

श्यामजी ने फोन ले लिया और बोला, 'ओह ! हम आज ही चल रहे हैं ठीक है। हाँ। नहीं। हा हा हा। जरूर। जरूर। अच्छा।'

उमा का चेहरा तमतमाने लगा। वह उठी और कमरे से बाहर निकल गई। श्यामजी यही चाहता था। उमा लिफ्ट से सीधे रिसेप्शन पर गई।

रिसेप्शनिस्ट का नाम भी उमा ही था। उमा थोड़ी खुशामद के बाद कमरे की लाइन पाने में सफल हो गई।

'तुम तो मार डालोगी।' श्यामजी कह रहा था।

'तुमने मार डाला,' उधर से शोख आवाज़ आई, अठखेलियाँ खाती हुई, 'तुम तो कह रहे हो अगले रोज़ लौट आएँगे। कितनी बार फ़ोन किया, कोई चुड़ैल उठाती थी।'

उमा पसीना पोंछने लगी। उसे लग रहा था कि वह चक्कर खाकर गिर जाएगी। तभी श्यामजी की आवाज़ सुनाई दी, 'कौन उठाता था फ़ोन ?'

'चुड़ैल।' उधर से और भी नफ़रत-बुझी आवाज़ आई।

'मेरी बहन के लिए ऐसा मत कहो।'

'सॉरी,' उधर से आवाज़ आई, 'तुमने कभी बताया नहीं।'

'देखो ऐसे न बोला करो,' श्यामजी बोला, 'मुझे गहरा सदमा पहुँचा है।'

उमा के हाथ में रिसीवर काँप रहा था। दूसरी उमा ने उसकी यह हालत देखी तो आँखों ही आँखों से माजरा पूछा। उमा ने अपने मातमी चेहरे पर फीकी-सी मुस्कुराहट लाने की कोशिश की और अपनी बाईं आँख दबा दी।

'सॉरी, मैंने पहले ही कह दिया था।'

'अगर तुम सुबह की फ्लाइट से न आए तो हम तुमसे कभी न बोलेंगे।'

'मैं आऊँगा और सुबह की फ्लाइट से ही आऊँगा।'

उमा ने तभी तय कर लिया कि वह किसी बहाने सुबह की फ्लाइट तो छुड़वा ही देगी।

उसने यही किया।

सुबह जब श्यामजी मुँह धोकर सामान पैक करके उसे जगाने आया तो वह भड़क गई, 'सारी रात सर-दर्द हुआ है। बीस बार तुम्हें आवाज़ें दीं, मगर तुमने हर बार करवट बदल ली।'

श्यामजी रात-भर लगभग जागता रहा था। फ्लाइट पकड़ने की उसे इतनी चिन्ता थी कि 'मॉर्निंग अलार्म' भी लगाकर सोया था। मॉर्निंग अलार्म जगाता इससे पहले ही वह जाग चुका था।

'मगर मुझे खुद रात को नींद न आ रही थी।'

उमा ने उत्तर देने के बजाय, कराहना अधिक उपयुक्त समझा। कराहते हुए ही उसने कहा, 'इतना भी न हुआ कि किसी डॉक्टर को बुला लेते।' वह हाय-हाय करने लगी।

श्यामजी ने रिसेप्शनिस्ट के सामने अपनी समस्या रखी। रिसेप्शनिस्ट ने कहा कि इस वक्त शायद ही कोई डॉक्टर आना पसन्द करे। श्यामजी ने रिसीवर रख दिया और उमा का सर दाबने लगा। श्यामजी के हाथों का स्पर्श उमा से बर्दाश्त न हो रहा था। रात-भर उसने करवट बदलते हुए गुजारी थी। उसके अन्दर नफ़रत, अपमान और प्रतिशोध का नाला बह रहा था। वह इस शख्स की सूरत तक देखना न चाहती थी। श्यामजी की मूँछें, श्यामजी की साँस, श्यामजी के बदन से उसे अरुचि हो गई थी। वह आँखें मूँदें धीरे-धीरे कराहती रही।

'कैसी तबीयत है।' श्यामजी ऊब गया था।

उमा ने करवट बदल ली और बोली, 'तुम चाहो तो अभी चले जाओ। मैं कल आ जाऊँगी।'

श्यामजी के लिए वह दरअसल संवादहीनता की स्थिति पैदा कर रही थी। मीना के बारे में उसने सुना ज़रूर था, मगर उसे आशा ही नहीं थी कि वह श्यामजी के साथ आप से तू पर आ चुकी है। उसका मन कर रहा था कुर्सी, स्टूल या पलंग उठाकर श्यामजी के मुँह पर दे मारे। मगर यह उसकी प्रकृति और हैसियत से बाहर था। वह सिर्फ़ कराह सकती थी, सिसक सकती थी, पछता सकती थी, उसे अचानक बाबा की भी याद आने लगी। गोया कि उसकी ज़िन्दगी में जितनी भुलाने लायक या याद करने लायक चीज़ें थीं, तमाम उसके सामने आती चली गईं।

अचानक वह रोने लगी। जितनी बार श्यामजी घड़ी की तरफ़ देखता उसे रुलाई आ जाती।

श्यामजी ने उमा का यह रूप नहीं देखा था। उसे उमा पर एक साथ लाड और क्रोध आ रहा था। उसने आखिर फ्लाइट छोड़ने का निर्णय ले लिया और डॉक्टर को बुला भेजा। जब तक डॉक्टर उमा के नाक, पेट, गले आदि का मुआइना करता श्यामजी रिसेप्शन पर जाकर फ़ोन कर आया। वह फ़ोन के बाद बहुत निश्चिन्त हो गया और बहुत अनौपचारिक तरीके से कमरे में घुसा, जैसे बाथरूम से निकला हो। उमा दो-एक गावतकियों के सहारे बिस्तर पर पड़ी थी, 'कहाँ गए थे ?'

'कहीं नहीं। बाहर खड़ा आसमान की तरफ़ देख रहा था।' श्यामजी ने डॉक्टर से पूछा, 'क्या

तकलीफ है ?'

'किसको फ़ोन करने गए थे ?' उमा ने पूछा।

'फ़ोन ?' श्यामजी चकरा गया, 'डॉक्टर साब लगता है इन्हें नाइट मेयर आते हैं।'

उमा ने आँखें मूँद लीं, शायद वह क्रोध से श्यामजी की तरफ़ देखने तक में असमर्थ थी। उसने हमेशा प्यार से ही उसकी तरफ़ देखा था।

'क्या तकलीफ़ है डॉक्टर ?' श्यामजी ने पूछा।

'लगता है दिमागी तौर पर परेशान हैं।'

उमा ने और ज़ोर से आँखें मूँद लीं। डॉक्टर उसके शब्दों को ही दोहरा रहा था, 'लगता है इन्हें कोई गहरा सदमा लगा है।'

श्यामजी पीठ पीछे दोनों हाथ लटकाए कमरे में घूमने लगा, 'मगर दोपहर तक तो ये ठीक-ठाक थीं।'

'लगता है किसी बात से उखड़ गई हैं,' डॉक्टर ने कहा, 'सुबह किसी साइक्येटरिस्ट को दिखा दीजिए। डॉक्टर मुखर्जी हैं पूसा रोड पर। फिलहाल मैं हल्का-सा सैडेटिव देना पसन्द करूँगा।'

डॉक्टर ने वेलियम-5 की एक टिकिया श्यामजी की हथेली पर रख दी और बोला, 'इन्हें आराम से सोने दें।'

श्यामजी ने माथा पीट लिया। उसने उमा का जबड़ा खोलकर बहुत बेरुखी से टिकिया उमा के मुँह में रख दी और उसकी तरफ़ पानी का गिलास बढ़ा दिया। उमा ने टिकिया निगल ली और श्यामजी की ओर पीठ करके लेट गई। श्यामजी से उसे इतना परहेज़ हो गया कि उसने अपनी पीठ भी साड़ी से अच्छी तरह ढक ली। श्यामजी ने सोचा कि उमा को जाड़ा लग रहा है। उसने एक हल्की-सी चादर उढ़ा दी।

'यह कफ़न क्यों उढ़ा रहे हो ?' उमा ने क्रोध में कहा।

श्यामजी ने चादर उठा ली और कुर्सी पर बैठकर धीरे-धीरे बीयर के घूँट लेने लगा।

दूसरे दिन की सुबह की उड़ान से वे लोग रवाना हुए। उमा के जैसे दाँत जुड़ गए थे। चौबीस घंटे से उसने मौन धारण कर रखा था। विमान में भी वह चुपचाप श्यामजी की बगल में बैठी रही। श्यामजी सोच रहा था, उमा की तबीयत सचमुच बहुत नासाज़ है। उसने दो-तीन बार सन्तरे छीले, मगर उमा को जैसे उसके नाखूनों से भी चिढ़ हो गई। प्यास लगने पर उसने खुद एक सन्तरा उठाया और छीलने लगी। श्यामजी की तरफ़ एक फ़ाँक भी न बढ़ाई।

हवाई अड्डे पर श्यामजी का ड्राइवर उपस्थित था। उसने उमा को घर पर छोड़ा और लक्ष्मीधर के सुपुर्द करके चुपचाप निकल गया। उमा की इस अप्रत्याशित बीमारी ने उसका पूरा उत्साह भंग कर दिया था। उमा के यहाँ से उसने अपने फैमिली डॉक्टर बनर्जी को फ़ोन किया और डॉक्टर के आने से पहले ही चाय का कप पीकर विदा हो गया।

'लड़की पसन्द आई श्यामजी को ?' लक्ष्मीधर ने पूछा।

'मेरे सामने श्यामजी का नाम भी न लो।' उमा ने कहा।

'क्या हुआ ? उसने कोई गुस्ताख़ी की ?'

'न,' उमा बोली, 'इतनी लिबर्टी मैं नहीं देती।'

'तो फ़िर नाराज़ क्यों हो ?'

'बाबा कितने बजे लौटेगा ?' उमा ने पूछा। उमा श्यामजी का जिक्र भी सुनना न चाहती थी।

'रोज़ के समय पर यानी ढाई बजे तक उसे लौटना चाहिए।'

उमा ने घड़ी देखी, अभी पौन घंटा बाकी था।

'बैनर्जी को फ़ोन कर दें, मैं अब ठीक हूँ।' उमा ने कहा।

एक आज्ञाकारी बच्चे की तरह लक्ष्मीधर ने डॉक्टर बनर्जी को सन्देश दिया कि उमा अब ठीक है।

'यह मीना कौन है ?' उमा ने सहसा लक्ष्मीधर से पूछा।

'मीना मीरचन्दानी ?' लक्ष्मीधर ने बात को समझने की कोशिश करते हुए, 'मीरचन्दानी की छोटी बिटिया। गोकुल मीरचन्दानी, जो हमारे यहाँ मार्केटिंग मैनेजर हैं।'

'श्यामजी आजकल उसी पर लट्टू है। दोनों चुपके-चुपके इश्क लड़ा रहे हैं।'

'हूँ,' लक्ष्मीधर ने कहा, 'अब समझा। मैंने उन्हें पहले भी कई बार साथ-साथ देखा है। उसकी सूरत देखोगी तो सर पीट लोगी। इस शहर में उसके कम से कम एक दर्जन आशिकों को तो मैं जानता हूँ। शी इज़ ए बिच। चार तो अबार्शन हो चुके हैं। शादी से पहले ही वह ढल गई है। दरअसल उसी के बल पर मीरचन्दानी मिल में प्रमोशन पाता है।'

'लगता है मीरचन्दानी बहुत गिरा हुआ इंसान है जो अपनी बिटिया से पेशा करवाता है।' उमा ने कहा।

'दरअसल मीना के आशिकों की फेहरिस्त बहुत दिलचस्प है। उसके आशिक लोग कम्पनी के बहुत काम आते हैं। इनकम टैक्स के असिस्टेंट कमिश्नर मिस्टर गांगुली को मीना का किंगलवर माना जाता है।'

'गांगुली अविवाहित है ?'

'नहीं, चार बच्चे हैं।'

'छी छी, आप किस कुलटा का जिक्र कर रहे हैं।'

'हाँ, मगर उसी ने कम्पनी के लाखों के टैक्स की बचत कराई थी और इसी तरह लेबर कमिश्नर भट्टाचार्य तो गर्मियों में मीना के साथ नैनीताल में छुट्टी मनाते हैं। यह अकारण नहीं कि इतनी बड़ी मिल में मालिकों को एक भी बार प्रासिक्यूट नहीं किया गया, जबकि बीसियों बार केस दर्ज़ हुए।'

'ऐसी क्या ख़ासियत है उस लड़की में कि बड़े-बड़े लोग उस पर फ़िदा हैं।'

लक्ष्मीधर ने ज़ोर से एक खोखला-सा ठहाका लगाया, 'एक पढ़ी-लिखी तवायफ़ है। मर्दों को पटाना जानती है। रिझाना जानती है। उसके बारे में तो इतनी अफ़वाहें हैं कि बताने लायक नहीं। वह एक गई-गुजरी औरत है।'

उमा की आत्मा को शान्ति मिली। उसके अन्दर जो चीज़ धू-धू सुलग रही थी, लक्ष्मीधर के एक ही छींटे से शान्त हो गई। लक्ष्मीधर इस कला में पारंगत था। वह एक अच्छा सेल्समैन था। लक्ष्मीधर ने अमृतधारा की तरह उमा को राहत पहुँचाई।

तभी बाबा स्कूल से लौट आया।

'हाय रे मेरा बेटुल।' उमा ने दौड़कर बाबा को गोद में उठा लिया। उमा ने उस पर अपना सम्पूर्ण प्रेम उँड़ेल दिया। चुम्बनों से बाबा के गाल सुर्ख हो गए, 'हम तुम्हारे लिए एक रेलगाड़ी लाए हैं। वह बैटरी से चलती है। एल.डी. जरा मेरा सूटकेस खोलकर बाबा की रेलगाड़ी निकाल दो।'

रेलगाड़ी का नाम सुनते ही बाबा की मम्मी में दिलचस्पी ख़त्म हो गई। वह कूदता हुआ लक्ष्मीधर के पीछे भागा छुक-छुक-छुक। लक्ष्मीधर ने बड़ी तत्परता से साड़ियों के नीचे से रेलगाड़ी का डिब्बा निकाला। बाप-बेटा दोनों वहीं फर्श पर बैठकर पटरियाँ जोड़ने लगे। रेलगाड़ी सचमुच छुक-छुक करती हुई पटरियों पर ठुमकने लगी। थोड़ी ही देर में रेलगाड़ी ने रफ़्तार पकड़ ली और बीच-बीच में व्हसल भी करने लगी।

'मामा हमें यह रेलगाड़ी बहुत अच्छी लगती है।' बाबा रेलगाड़ी के साथ-साथ पटरी के इर्द-गिर्द घूमने लगा।

'ऐसे चक्कर न लगाओ, सर घूम जाएगा,' उमा ने बताया, 'जानते हो इस रेलगाड़ी का नाम है फ्रंटियर मेल।'

बाबा की रेलगाड़ी पटरी से उतर गई तो उमा बोली, 'देखो बाबा, अपनी गाड़ी को कभी पटरी से मत उतरने देना।'

'थीक है।' बाबा बोला, 'हम गाड़ी को मालेगा अगल बदमाशी कलेगी।'

रेलगाड़ी पाकर बाबा तृप्त हो गया। वह बार-बार पटरी समेटता, बिठाता और रेलगाड़ी चालू कर देता।

'लतीफ़ का क्या हाल है ?' उमा ने पूछा।

'बेहतर है,' लक्ष्मीधर बोला, 'मगर उसकी मौत हो चुकी है।'

'क्या मतलब ?'

'वह खुद तो जिन्दा है, उसके ट्रेड यूनियन के कैरियर की मौत हो चुकी है।'

'हमें उसके ट्रेड यूनियन के कैरियर से क्या लेना था ?'

'मैनेजमेंट को तो लेना था,' लक्ष्मीधर डींग हाँकने लगा, 'डायरेक्टर लोग मुझसे बेहद प्रसन्न हैं कि मैंने उनकी मिल में उभरनेवाली एक चुनौती को हमेशा के लिए ख़त्म कर दिया। लतीफ़ कुछ भी समझे, तमाम लोग उसे मालिकों का पिट्ठू और दलाल ही कह रहे हैं। जब से हम लोगों ने उसे अस्पताल से निकालकर नर्सिंग होम में भरती करा दिया, उसके निकट के दोस्तों का भी उस पर से विश्वास उठ गया। यह एक गहरी चाल थी जिसका अहसास उसे तन्दुरुस्त होने के बाद होगा।'

'लोग तुम्हें भी तो मालिकों का दलाल ही कहते होंगे।'

लक्ष्मीधर हँसा, 'मैं एक कामयाब दलाल हूँ। एक महँगा दलाल।'

'यह दलाली तुम्हें भी महँगी पड़ रही है,' उमा ने लक्ष्मीधर के सर की तरफ़ देखते हुए कहा, 'इस उम्र में तुम्हारे आधे बाल पक गए हैं।'

उमा ने देखा लक्ष्मीधर के सर के नीचे एक कटोरी के आकार की चाँद निकल आई थी, जो धीरे-धीरे रेगिस्तान की तरह फैलती जा रही थी। चश्मे के कीमती फ्रेम के भीतर उसका निस्तेज चेहरा आज उसने मुद्दत के बाद गौर से देखा था।

'तुम अपने सर के ऊपर जितने काम लेते जाओगे, तुम्हारी चाँद बढ़ती जाएगी और मालिकों का मुनाफा। जैसे दूसरे अफ़सर काम करते हैं तुम भी वही करो। ये बहुत बेमुरव्वत लोग हैं।' उमा को श्यामजी का खयाल आया और वह तिलमिला उठी, 'कमीने। धोखेबाज। हृदयहीन।'

'मैं भी दूसरे अफ़सरों की तरह करने लगूँगा तो मेरा हश्र भी वही होगा। जहाँ पड़े हैं, पड़े रहेंगे।'

'तुम भी मालिक न हो जाओगे।'

'मालिक भी हो सकता हूँ,' लक्ष्मीधर बोला, 'अगली मिल में मेरा भी पाँच पैसे का हिस्सा होगा।'

'मैं तो बाकी उम्र अब समाज सेवा में बिताऊँगी,' उमा बोली, 'लतीफ़ की सेवा करके मुझे बहुत सन्तोष मिला है। मैं गरीबों में मुफ़्त दवाइयाँ बाटूँगी। अब यही मेरे जीवन का उद्देश्य है। श्यामजी से कहना हमारे घर न आया करें।'

'हम तो आया करेंगे,' श्यामजी न जाने कब से दरवाज़े पर खड़ा उन लोगों की बातें सुन रहा था। कमरे में दाखिल होते हुए बोला, 'मेरी मानो तो होम्योपैथी का कोर्स करके भंगी बस्ती में अपना क्लीनिक खोल लो।'

उमा ने श्यामजी को देखा तो आधा गुस्सा काफ़ूर हो गया, बोली, 'बस तुम्हारी यही अदाएँ मुझे धोखा देती हैं। वरना तुम जैसे बेवफ़ा की शक्ल न देखूँ।'

'ऐसा कभी मत करना भाभी,' श्यामजी बैठते हुए बोला, 'क्या कह रहा हूँ ? ऐसा कभी मत...।'

'करना भाभी,' लक्ष्मीधर बोला, 'देवर-भाभी के बीच में हम क्यों पड़ें। तुम्हारे लिए शाम तक होम्योपैथी की किताबें ज़रूर ला दूँगा।'

लक्ष्मीधर ने घड़ी देखी और उसे कोई ज़रूरी काम याद आ गया। उमा को लक्ष्मीधर की इस आदत से बेहद चिढ़ थी कि भूले से भी उससे कोई काम कह दो तो भूलता नहीं था। यहाँ तक कि जूते भी एक खास जगह उतारता था। घड़ी देखकर उठता था और घड़ी देखकर सोता था। उसका जीवन घड़ी का काँटा हो गया था। उमा बौखला जाती जब वह ठीक समय पर उसके लिए 'सैनेटरी टावेल्स' खरीद लाता।

'मैं तो लतीफ़ को देखने जाऊँगी।' उमा ने कहा।

'हम भी तुम्हारे साथ चलेंगे।' श्यामजी बोला।

'मगर हम अकेले जाएँगे।' उमा ने जिद की।

'हम आपके पीछे-पीछे चले आएँगे।'

'तुम मुझे निरुत्तर कर देते हो।'

श्यामजी ने अपने दाँतों की नुमायश लगा दी। जरा-सी तारीफ़ सुनकर पुलकित हो जाता था।

वे लोग नर्सिंग होम पहुँचे तो लतीफ़ तकियों के सहारे अधलेटा चाय पी रहा था। हसीना पास ही स्टूल पर बैठी थी। उमा उसे जिन कपड़ों में छोड़ गई थी, वह उन्हीं कपड़ों में थी। बालों के ऊपर धूल की हल्की-सी परत जम गई थी और होठों पर पपड़ियाँ। चेहरे से लगता था, नहाई भी नहीं। उमा को उसकी वही खमीरी गन्ध याद आ गई। वह जाकर उसके साथ ही स्टूल पर बैठ गई। ठीक वही गन्ध थी। खमीरी। मीठी। खट्टी। सुगन्ध। दुर्गन्ध।

'अब कैसी तबीयत है लतीफ़ भाई ?' उमा ने पूछा।

श्यामजी पास ही एक कुर्सी पर बैठ गया था और चाबियों के गुच्छे से खेल रहा था।

'अब ठीक हूँ। अस्पताल में जी ऊब रहा है।'

'ये हसीना ने क्या सूरत बना रखी है ?'

'इस पर बहुत मेहनत पड़ गई,' लतीफ़ बोला, 'दिन-भर चक्करघिन्नी की तरह दौड़ती रही है। कल रात शायद पहली बार सोई थी।'

'बहरहाल तुम लोगों को देखकर बहुत अच्छा लग रहा है,' उमा बोली, 'तीसरे दिन लौट आई हूँ मगर लगता है महीनों बाद लौटी हूँ।'

'आप इस बीच और खूबसूरत हो गई हैं।' हसीना ने कहा।

हसीना ने ठीक ही कहा था। उमा ने दिल्ली में पाँच घंटे ब्यूटी पारलर में बिताए थे।

'आज लतीफ़ के साथी नहीं दिखाई दे रहे ?'

'दीदी सब लोग इनके खिलाफ़ हो गए हैं,' हसीना ने बताया, 'इनका सबसे गहरा दोस्त हफ़ीज कह रहा था कि लतीफ़ तो मालिकों का ज़रखरीद गुलाम है।'

'बकने दो,' उमा ने श्यामजी को बताया, 'सुन रहे हो ?'

'सुन रहा हूँ,' श्यामजी बोला, 'वे लोग शायद लतीफ़ को जिन्दा नहीं देख पा रहे हैं। वे लोग लतीफ़ की शहादत चाहते थे।'

लतीफ़ चुपचाप छत की कड़ियाँ गिनता रहा। उसे भी लग रहा था कि कहीं जरूर कोई घपला हो रहा है जो दो-चार दिन से एक भी साथी 'नर्सिंग होम' नहीं आया।

श्यामजी से मिलने 'नर्सिंग होम' के कई वरिष्ठ डॉक्टर चले आए। अपने स्वर्गीय पिता की स्मृति में श्यामजी के परिवार ने 'नर्सिंग होम' को एक लाख रुपए का अनुदान दिया था। नर्सिंग होम की कार्यकारिणी का वह एक प्रभावशाली सदस्य था। वह कुर्सी पर बैठे-बैठे डॉक्टर लोगों से बातचीत करता रहा।

लतीफ़ का मन अब इस माहौल से उखड़ चुका था। वह एक पंछी की तरह पिंजरे से आज़ाद हो जाना चाहता था। अपने डॉक्टर को श्यामजी से बात करते देख उसने हसीना को पास बुलाया और

कहा कि डॉक्टर से पूछो कि कब तक छुट्टी पाएगा।

उमा ने बात सुन ली। वह जाकर अंग्रेजी में डॉक्टर से बतियानें लगी। मालूम हुआ कि लगभग एक सप्ताह उसे 'आब्ज़र्वेशन' में रखा जाएगा। उसके बाद चार सप्ताह घर पर आराम करना होगा।

●●

नई दिल्ली का रेलवे स्टेशन। टिकट लेनेवालों की लम्बी कतार। भीड़। अपरिचित चेहरों की भीड़। हर व्यक्ति अपने में मशगूल। तीसरे दर्जे के टिकट की खिड़की की कतार के सबसे पीछे खड़े थे सिद्दीकी साहब। दो-तीन रोज़ से शेव न करने से चेहरा बड़ा बेरौनक लग रहा था। उनका चेहरा देखकर ही बताया जा सकता था कि उन्हें टिकट नहीं मिला और उनकी जेब में टिकट लायक पैसे ही बचे हैं। वे कुछ देर कतार में लगे रहे और जब उन्होंने देखा कि कतार आगे सरक ही नहीं रही है तो वह बगल में रखा सूटकेस उठाकर प्लेटफार्म की खिड़की की तरफ़ चल दिए। भीड़ वहाँ भी कम न थी। सिद्दीकी साहब एक लावारिस आदमी की तरह भीड़ में भटकने लगे। वे लगातार सिगरेट फूँक रहे थे, खाँस रहे थे और बीच-बीच में एक नम्बर प्लेटफार्म पर खड़ी गाड़ी की तरफ़ देख लेते। वे जितनी बार गाड़ी की तरफ़ देखते, कोई न कोई परिचित चेहरा दिखाई दे जाता। तमाम सीटों का फैसला हो चुका था और सब लोग नामांकन पत्र दाखिल करने के लिए अपने ज़िलों के लिए रवाना हो रहे थे। सिद्दीकी साहब यह जानकर बहुत बदज़न हुए कि उनका नाम किसी ने विचारार्थ भी प्रस्तुत नहीं किया। स्टेशन पर कोई सफल टिकटार्थी दिख जाता तो वे बगलें झाँकने लगते। अब तक वे अपने को अत्यन्त महत्त्वपूर्ण उम्मीदवार मान रहे थे। उन्होंने वह गाड़ी केवल इसलिए छोड़ दी कि तमाम सफल टिकटार्थी दनादन उस पर सवार हो रहे थे। सिद्दीकी साहब को अपने जैसे किसी असफल टिकटार्थी की तलाश थी, जिससे मिलकर वह अपने दिल की भड़ास निकाल सकते। उन्हें विश्वास हो गया था कि योग्य आदमी की सियासत में कोई पूछ नहीं है। जिसका पौवा जितना भारी है, उतनी आसानी से वह टिकट पा जाता है। जाने क्या कारण था, जो भी टिकटार्थी दिखाई देता उसके भाल पर दूर से ही टिकट का लम्बा-सा तिलक नज़र आ जाता। वह मन ही मन ख़ुदा से उसकी हार के लिए दुआ करते और नज़रें हटा लेते।

सिद्दीकी साहब एक कोने में दुबके चाय पी रहे थे कि उनकी निगाह छोटेलाल पर पड़ी। छोटेलाल एक हाथ में अटैची थामे और दूसरे से केला खाते हुए बड़े बेमन और सुस्त रफ़्तार से एक कुली के पीछे चल रहे थे। छोटेलाल की सूरत से लग रहा था, वह भी एक पिटा हुआ टिकटार्थी है। सिद्दीकी साहब ने चाय का अन्तिम घूँट भरा और झपटकर छोटेलाल का बाजू पकड़ लिया, 'कहिए छोटेलालजी, क्या समाचार है ?'

छोटेलाल ने पलटकर सिद्दीकी साहब की तरफ़ देखा और खीसें निपोर दीं, 'देवी बगुलामुखी ने मेरी मुराद पूरी कर दी।' छोटेलाल ने केले का गूदा निकालकर हाथ में पकड़ लिया और छिलका प्लेटफॉर्म पर फेंक दिया। सिद्दीकी साहब ने केले का छिलका उठाकर पटरी पर फेंकते हुए गर्मजोशी से कहा, 'बधाई, बधाई !'

छोटेलाल से सिद्दीकी साहब का इधर कुछ दिन पहले ही परिचय हुआ था। छोटेलाल को उ.प्र. निवास में कहीं जगह न मिल रही थी। एक दिन सिद्दीकी साहब ने उसे बरामदे में बिस्तर बिछाकर सोते देखा तो अपने कमरे में उसकी व्यवस्था कर दी। सिद्दीकी साहब के साथ छोटेलाल तीन दिन रहा था। उन तीन दिनों में ही छोटेलाल ने चमत्कार कर दिखाया। सिद्दीकी साहब अभी सो ही रहे होते कि छोटेलाल सुबह-सुबह अपने अभियान पर निकल जाता और फिर आधी रात को ही उसका

चेहरा दिखाई देता। वह सदैव सम भाव में रहता। उसे देखने पर मालूम ही न पड़ता था कि वह प्रसन्न है अथवा अप्रसन्न। सिद्दीकी साहब ने सपने में भी कल्पना न की थी कि छोटेलाल टिकट पाने में सफल हो जाएगा। छोटेलाल के बारे में प्रसिद्ध हो गया था कि वह किसी भी नेता के पाँव पर लेटकर हास्यास्पद स्थिति उत्पन्न कर देता था। छोटेलाल से अगर विनोद में भी कोई कह देता कि मुख्यमन्त्रीजी का ड्राइवर टिकट दिला सकता है तो वह उसी की जी-हुजूरी में जुट जाता और पान लिये उसके आगे-पीछे दौड़ता। इस प्रकार नेताओं के ड्राइवर, धोबी और खानसामों के मध्य वह अत्यन्त लोकप्रिय हो गया। कई बार लोगों ने जब उसे कार से उतरते देखा तो छोटेलाल की प्रतिभा का लोहा मान गए।

छोटेलाल का लोहा सिद्दीकी साहब भी मान चुके थे। छोटेलाल अपने बारे में बहुत कम बात करता था, अक्सर दूसरों की बातें बड़े ध्यान से सुनता था। इन तीन दिनों में सिद्दीकी साहब उसके बारे में इतना ही जान पाए थे कि उसके तीन लड़के और एक लड़की हैं। लड़की की शादी वह कर चुका है। बड़ा लड़का पिछले एक साल से घर से लापता है और बाकी दोनों भी पढ़ाई की तरफ़ ध्यान नहीं देते। उसकी बातचीत से यह अर्थ निकलता था कि चूँकि उसके सब बच्चे आवारा निकल चुके हैं, उसके लिए विधायक होना बहुत आवश्यक है। छोटेलाल सुबह बहुत जल्दी स्नान कर लेता था। एक दिन सुबह पाँच बजे के करीब सिद्दीकी साहब की नींद खुली तो उन्होंने देखा, छोटेलाल नहा-धोकर एक कोने में लकड़ी के पीढ़े पर पीले वस्त्र का आसन बिछाकर उस पर देवी का चित्र व कुछ दूसरा सामान रखे, दाएँ हाथ में जल लिये आँखें बन्द किए मन्त्रोच्चारण कर रहा था। सिद्दीकी साहब अधमुंदी आँखों से उसे पूजा करते हुए देख रहे थे। छोटेलाल को यों तन्मयता से पूजा करते देख सिद्दीकी साहब को बहुत ग्लानि हुई कि वे दिन में नमाज तक नहीं पढ़ते। उन्होंने तय किया कि घर लौटते ही वे नियमित रूप से पाँचों वक्त की नमाज़ पढ़ा करेंगे। सिद्दीकी साहब के देखते-देखते छोटेलाल ने विधिवत पूजा की और सामान समेटकर कुर्सी पर आ बैठे। कुर्सी पर बैठते ही छोटेलाल ने सिगरेट सुलगा ली और हवा में धुएँ के छल्ले छोड़ने लगा। सिद्दीकी साहब की धुएँ की छल्ले देखने में कोई दिलचस्पी न थी, उन्होंने करवट बदल ली। कुछ देर बाद कॉलबेल सुनाई दी। छोटेलाल ने तत्परता से दरवाज़ा खोला। शायद अखबारवाला था। छोटेलाल की अखबार में कोई दिलचस्पी न थी, वह एक रंगीन पत्रिका लेकर लौटा। छोटेलाल देर तक लोई ओढ़े मनोयोग से पत्रिका पढ़ता रहा। सिद्दीकी साहब उठे तो छोटेलाल ने पत्रिका बन्द करके लापरवाही से कूल्हे के नीचे छिपा ली।

'कोई ख़ास कहानी छपी है क्या ?' सिद्दीकी साहब ने पूछा।

'क्या ख़ास बात होगी।'

'क्या पढ़ रहे थे, जो चौंक गए ? ज़रूर कोई दिलचस्प खबर छपी है।' सिद्दीकी साहब ने कहा।

'कुछ खास नहीं।' छोटेलाल ने सिद्दीकी साहब को सिगरेट पेश की। सिद्दीकी साहब ने भी सिगरेट सुलगा ली। उन्हें सुबह-सुबह समाचार पत्र पढ़ने का शौक था। वे किसी बगल के कमरे में अखबार पढ़ने जाते कि घंटी फिर बजी। छोटेलाल उठा और अलगनी पर सूख रही अपनी खादी की बनियान पत्रिका के ऊपर डाल दी और बाहर जाकर किसी से बतियाने लगा। सिद्दीकी साहब ने उत्सुकता से पत्रिका उठाई। उन्होंने उड़ती निगाह से कई पन्ने देखे। पत्रिका में केवल स्त्रियों के नग्न चित्र थे। सिद्दीकी साहब ने 'सेंटर स्प्रैड' खोलकर देखा और पत्रिका यथास्थान रख दी। उसके ऊपर बनियान भी डाल दी। उनकी रगों में खून की गर्दिश तेज़ हो गई थी। उन्होंने तय किया कि छोटेलाल पत्रिका को कमरे में छिपा गया तो वह दरवाज़ा बन्द करके इत्मीनान से उसका मुतालया करेंगे, वे देर तक छोटेलाल के जाने का इन्तज़ार कर रहे थे। छोटेलाल इस प्रतीक्षा में था कि सिद्दीकी साहब बाथरूम में घुसें तो वह चुपचाप खिसक जाए। आखिर छोटेलाल की ही विजय हुई, सिद्दीकी साहब बाथरूम में घुसे तो वह कुर्ते के भीतर पत्रिका छिपाकर कमरे से निकल गए। छोटेलाल के जाने के बाद सिद्दीकी साहब ने कमरे का एक-एक कोना छान मारा मगर निराशा ही उनके हाथ लगी थी।

इस समय छोटेलाल एक बदला हुआ इंसान लग रहा था। जबकि उसका चेहरा हमेशा की तरह भाव-शून्य था। सिद्दीकी साहब ने प्लेटफार्म से गाड़ी को सरकते देखा तो राहत की साँस ली। गाड़ी में नवाब अख्तर भी चल रहा था, जिसने सिद्दीकी के स्थान पर टिकट पाया था। वह किसी भी हालत में उस गाड़ी में जाना नहीं चाहते थे।

'किस गाड़ी से चलने का इरादा है ?' गाड़ी ने प्लेटफार्म छोड़ दिया तो सिद्दीकी ने छोटेलाल से पूछा।

'जाना तो फौरन चाहता था। एक गाड़ी दस बजे भी है। सोचता हूँ उसी से निकल जाऊँ।' छोटे ने पूछा, 'आपका क्या कार्यक्रम है ?'

'मेरा कोई कार्यक्रम नहीं। हवा के झोंके जिधर ले जाएँगे, चल दूँगा।'

'तो आप हमारे साथ चलिए। हमें तो आप से भी दूर जाना है। रास्ता कट जाएगा।' छोटेलाल ने पूछा, 'आपको एतराज़ न हो तो आज कहीं अच्छी जगह खाना खाते हुए कैबरे देखा जाए। एक गाड़ी दस बजे जाती है, उससे जाएँगे।'

'क्या ?'

'कैबरे !' छोटे ने मुस्कुराते हुए कहा।

'कैबरे क्या होता है ?' सिद्दीकी साहब ने आश्चर्य से पूछा। उन्होंने आज तक 'कौबरा' तो सुन रखा था मगर कैबरे नहीं। मगर छोटेलाल इस समय कौबरा क्यों देखना चाहता है। सिद्दीकी साहब ने सोचा हो सकता है हिन्दू लोग किसी काम में सफलता प्राप्त करने के बाद नागदेवता के दर्शन करते हों।

'आपने अभी तक कैबरे नहीं देखा ?'

'कौबरा तो देखा है,' सिद्दीकी साहब ने कहा, 'आप देखना चाहते हैं तो मैं भी देख लूँगा।'

'कौबरा नहीं।' छोटेलाल हँसते हुए लोटपोट होने लगा, 'कैबरे। आप चलिए, आपकी उम्र में और अच्छा लगता है। दरअसल पिछले दिनों इतना मसरूफ़ रहे और इतनी भागदौड़ रही कि किसी चीज़ का ध्यान ही न आया। अब जाकर फिर वही हाल होगा। दिन-रात मेहनत कर लूँगा तो शायद जीत जाऊँ।'

'आप ज़रूर जीतेंगे।' सिद्दीकी साहब के भोजन का प्रबन्ध हो गया था, उन्हें विश्वास था टिकट का भी हो जाएगा, उन्होंने कहा, 'मैं आपके चुनाव में डटकर काम करूँगा।'

'जिन्दगी में तफ़रीह भी ज़रूरी है, वरना आदमी जानवर से भी बदतर है।'

'आप ठीक फरमा रहे हैं।' सिद्दीकी साहब ने कहा, 'मैं तो जब से सियासत में आया हूँ तफ़रीह नाम के लफ़्ज का मतलब भूल गया हूँ।'

सिद्दीकी साहब ज़रा-सी बात से उत्साहित हो गए थे। आरामदेह रेल यात्रा, लज़ीज़ भोजन और मुफ़्त की तफ़रीह की उन्हें सख्त ज़रूरत थी।

दोनों ने अपना सामान क्लोक रूम में जमा कराया और टैक्सी में बैठकर आनन्द पर्वत की तरफ़ रवाना हो गए।

टैक्सी ड्राइवर आनन्द पर्वत से परिचित नहीं था। सिद्दीकी साहब को आश्चर्य हुआ कि छोटेलाल दाएँ-बाएँ कहता हुआ उसे ठीक जगह पर ले गया। छोटेलाल सड़कें ही नहीं, रेस्तराँ भी पहचानता था। टैक्सी का भाड़ा तक उसे याद था। उसने टैक्सी रुकने के पहले ही ड्राइवर को देने के लिए पैसे मुट्ठी में बाँध रखे थे और टैक्सी ठहरते ही ऐसे उतरा जैसे गाड़ी छूट रही हो। जब तक सिद्दीकी साहब ख़रामा-ख़रामा टैक्सी से उतरते, वह भुगतान करके सामने की खिड़की से पैंतीस-पैंतीस रुपए के दो टिकट खरीद लाया था।

ज़ीना चढ़ते हुए बैंड की धुन सुनाई दी। शायद कोई दरवाज़ा खोलकर बाहर आया था। दरवाज़ा बन्द होते ही बाहर की चिल्ल-पों सुनाई दी जिसके प्रति दोनों लोग अब तक उदासीन थे। छोटेलाल को

देखकर दरबान ने दरवाज़ा खोला। कानों को भेदनेवाली बैंड की पागल धुन। उन लोगों के भीतर जाते ही दरवाज़ा बन्द हो गया। दोनों दरवाज़े के नज़दीक खड़े हो गए। एक लड़की बैंड की धुन पर नाच रही थी। उसके शरीर पर कभी लाल, कभी पीली और कभी नीली रोशनी पड़ती। सिद्दीकी साहब दीवार से सटकर खड़े थे और लड़की के करतब देख रहे थे। उसके बदन पर एक महीन झीनी चोली और चोली से भी महीन अंडरवियर था। कसा बदन। सुडौल टाँगें। सिद्दीकी साहब ने अब तक बुर्कों से ढकी लड़कियाँ ही देखी थीं, यह उनके जीवन का प्रथम अवसर था कि उन्होंने किसी युवती के बदन को इतना नज़दीक से देखा था। वे अपलक लड़की की तरफ़ देख रहे थे, उन्हें छोटेलाल की उपस्थिति का अहसास भी न रहा। लड़की ने अपनी चोली का बटन खोलने की तीन-चार बार कोशिश की, न खुल पाया तो नीचे उतरकर एक दर्शक के सामने पीठ कर दी। चोली उतारते हुए वह दोबारा मंच पर आकर नाचने लगी। सिद्दीकी साहब की घिग्घी बँध गई। टाँगे काँपने लगीं। होंठ खुश्क हो गए। साँस उखड़ने लगी। लड़की ने नाचते-नाचते चड्ढी भी उतारकर उछाल दी तो सिद्दीकी साहब को लगा, उनके दिल की धड़कन रुक जाएगी। वे दीवार का सहारा लेकर खड़े हो गए। बैरे ने आकर खाली मेज की ओर संकेत किया तो दोनों लड़की की तरफ़ देखते हुए महज उँगली के इशारे के सहारे कुर्सी तक पहुँच गए। सिद्दीकी साहब ने जेब से रूमाल निकाला और पसीना पोंछने लगे। तब तक लड़की मंच से नीचे उतर आई थी और लोगों के बीच घूम रही थी। सिद्दीकी साहब को पाला मार गया जब लड़की ने सिद्दीकी साहब की सिगरेट उनके मुँह से निकालकर एक लम्बा कश खींचा। धुआँ छोड़ते हुए उसने वह सिगरेट छोटेलाल के मुँह में खोंस दी। छोटेलाल ने लड़की की कमर पर हाथ रख दिया और दूसरे हाथ से हवा में एक चुम्बन दिया। छोटेलाल हाथ ऊपर या नीचे ले जाता, उससे पहले ही वह लड़की दूसरी मेज़ पर जा चुकी थी।

सिद्दीकी साहब का बदन उत्तेजना से बुरी तरह झनझना उठा था। उन्होंने कभी नहीं सोचा था, दिल्ली में यह सब भी होता है। वास्तव में छोटेलाल उन्हें एक नई दुनिया में ले आया था। सिद्दीकी साहब का पूरा जीवन थाने कोतवाल की दलाली में ही बीता था। उन्हें यकायक जिन्दगी हसीन लगने लगी और जीने लायक। उन्हें इस जीवन की हल्की-सी झलक मिली होती, तो वे भी टिकट पाने के लिए जी-जान एक कर देते। वे अपने को कोसने लगे कि कैसे उन्होंने दिल्ली में केवल सोकर अपना मूल्यवान समय गँवा दिया और छोटेलाल जैसे अनपढ़ लोग टिकट पाने में कामयाब हो गए। अब पाँच बरस का लम्बा इन्तज़ार था। न जाने तब तक पार्टी की क्या स्थिति हो जाए।

इतने में धुन बदली। मंच रंग-बिरंगी रोशनियों के बिल्लौर की तरह चमक रहा था। धुन के साथ लड़की भी बदल गई। देखते-देखते वह भी उन्माद में आने लगी ! उसने भी एक-एक कर बदन के कपड़े उतारने शुरू किए। अब उसके बदन पर मात्र एक लम्बा-सा चोंगा था। वह भी सामने से खुला। झीना। आखिर उसे वह भी स्वीकार न हुआ। उसने अत्यन्त अलसाते हुए वह चोंगा भी उतार फेंका। चोंगा उतारकर वह औंधी लेट गई और उत्तेजक संगीत के मध्य सिसकारियाँ भरते हुए अत्यन्त अभद्र भंगिमाओं के मध्य अपनी कमर फ़र्श पर पटकने लगी। बीच-बीच में वह फूहड़ तरह से हाय उई चिल्लाती। सिद्दीकी साहब टाँग पर टाँग रखे सिगरेट फूँक रहे थे। छोटेलाल अलबत्ता शान्त था। वह बगैर किसी प्रकार की उत्तेजना के टकटकी लगाकर मंच की तरफ़ देख रहा था। इस बीच मेज़ पर भोजन लग गया था। मगर सिद्दीकी साहब की भूख मर चुकी थी। बटर चिकन ठंडा हो रहा था। नान अकड़ गए थे।

'वाह-वाह सिद्दीकी साहब,' छोटेलाल ने अचानक भोजन पर धावा बोल दिया। मुर्गे की टाँग चबाते हुए उसने सिद्दीकी साहब को भी खाने का आमन्त्रण दिया, 'लीजिए अब खाना खाइए और चलने की तैयारी कीजिए।'

'बहुत वाहियात औरतें हैं।' सिद्दीकी साहब ने पानी का गिलास खाली किया और बोले, 'दिन-भर सिगरेट फूँकते-फूँकते भूख खत्म हो गई।'

'रास्ते में कुछ न मिलेगा। भरपेट भोजन कर लीजिए।' छोटेलाल ने कहा और पूछा, 'कहिए कैसा रहा ?'

'छोटेलाल जी, हमारे समाज में इतनी गन्दगी है, इसका मुझे अहसास नहीं था। उन बेशर्म औरतों को देखकर मुझे उबकाई आ रही थी।'

'मैं भी देख रहा था, आपको उबकाई आ रही थी,' छोटेलाल ने कहा, 'नौजवान मन लगाकर खाना खाओ।'

मगर सिद्दीकी साहब बेमन से खाना खा रहे थे। ड्रम की धमक उनके कानों में अभी तक गूँज रही थी। अचानक उन्हें लड़कियों पर दया आ गई, 'न जाने किस मजबूरी में ये बेचारी अपनी अस्मत बेचती हैं।'

'खाना खाओ नौजवान,' छोटेलाल ने कहा, 'कल तक मैं भी नेताओं के बीच अस्मत बेच रहा था। देवी बगुलामुखी की कृपा हो गई कि मेरी अस्मत बिक गई। वरना बहुत से लोग अस्मत लिये घूम रहे थे, गाहक नहीं मिल रहा था।'

सिद्दीकी साहब छोटेलाल की बात से बेहद प्रभावित हुए। उन्हें खरीदार मिल जाता तो वह भी अपना स्वाभिमान टके सरे के भाव बेचकर टिकट पा लिये होते। उन्हें खरीदार ही नहीं मिला, बहुत दल-बदलकर देख लिए। अब छोटेलाल के विधायक होने की सम्भावना थी, सिद्दीकी साहब ने कहा, 'छोटेलालजी आपका कोई जवाब नहीं। लगता है आप सचमुच तफ़रीह के लिए निकले हैं। कभी-कभी आप ऐसी बात कर देते हैं कि प्याज़ के छिलके की तरह खुलती चली जाती है।'

छोटेलाल मुस्कुराया। छोटेलाल मुस्कुराता है तो उसकी मूँछें दूज के चाँद की तरह धनुष के आकार की हो जाती हैं। बोला, 'सुबह तक मैं गीदड़ था, अब शेर हूँ। मगर मुझे मालूम हो चुका है कि कब गीदड़ होना चाहिए और कब शेर। जो लोग कल तक मुझे लेकर लतीफ़े बना रहे थे, आज खुद लतीफ़ा बन गए हैं। मगर मैं उन पर लतीफ़े बनाकर अपना समय नष्ट नहीं करूँगा। ज़िन्दगी एक तराजू की तरह ऊपर-नीचे होती रहती है। इस समय, देवी बगुलीमुखी की कृपा से मेरा पलड़ा भारी है।'

सिद्दीकी साहब को लगा, वे छोटेलाल को जितना मूर्ख समझ रहे थे वह उसका शतांश भी मूर्ख नहीं है। सिद्दीकी साहब बात जरूर छोटेलाल से कर रहे थे, मगर उनका ध्यान उन लड़कियों की तरफ़ था, जो कुछ देर पहले तक मंच पर उछल-कूद मचा रही थीं। उनके मन में लड़कियों को लेकर अनेक जिज्ञासाएँ उठ रही थीं। इन लड़कियों के माता-पिता ने न जाने इन्हें कैबरे करने की किन परिस्थितियों में इज़ाज़त दी होगी। इन लड़कियों से कौन शादी करेगा ?

'इन लड़कियों से कौन शादी करेगा ?' अचानक सिद्दीकी साहब ने जिज्ञासा प्रकट की।

'नौजवान, हो सकता है, ये लड़कियाँ शादीशुदा हों, 'छोटेलाल ने कहा, 'जिस समाज में आदमी अपनी औरत को कैरोसीन से जला सकता है, अपनी औरत को नंगा नचाकर दहेज की क्षतिपूर्ति करने में क्यों संकोच करेगा ?'

'यह भी एक तरह से औरत को ज़िन्दा जलाना है।' सिद्दीकी साहब ने कहा।

'जरूरी नहीं। समाज में छिनालों की भी कमी नहीं। आजकल फैशन हो गया है हर बात के लिए मर्द को कुसूरवार ठहरा देना। मगर ट्रेजेडी यही है कि छिनालें ज़िन्दा रह जाती हैं और मासूम औरतों को जला दिया जाता है।'

'इन युवतियों को शर्म नहीं आती अपना बदन उघाड़ते ?'

'शायद नहीं,' छोटेलाल बोला, 'औरत कोई अजूबा नहीं। एक बार तन उघाड़ लेती है तो फिर हमेशा के लिए बेफ़िक्र हो जाती है। उसे नज़रों के वस्त्र पसन्द आने लगते हैं।'

'आप अपने तजुर्बे से कह रहे हैं ?'

'आपके तजुर्बे से तो कतई नहीं,' छोटेलाल बोला, 'लगता है आपके जीवन में कोई छिपान नहीं

आई। सब्र रखिए आती ही होगी। मैं तो ऐसी-ऐसी छिनालों को जानता हूँ जो अब तक सैकड़ों बलात्कार कर चुकी हैं।'

सिद्दीकी साहब अपनी किस्मत को कोसने लगे। उन्हें लग रहा था, हर क्षेत्र में वे फिसड्डी रह गए हैं। उनके जीवन में छिनाल भी नहीं आई। आज छोटेलाल का दिन था, वह प्रसन्न था और सन्तुष्ट। उसने देवी से जो माँगा था, उसे मिल गया था। सिद्दीकी साहब ने ज़िन्दगी से अगर कभी कोई फर्माइश की भी थी तो कभी पूरी न हुई थी। छोटेलाल ने गिलास के भीतर अँगुलियाँ डालकर हाथ धोए और ज़रा-सा झुककर मेज़पोश से मुँह भी पोंछ लिया। सिद्दीकी साहब छोटेलाल के सलीके और किस्मत से लगातार रश्क कर रहे थे।

'जाकर नामांकन पत्र दाखिल करूँगा और काम में जुट जाऊँगा। आप आएँगे तो मेरे हाथ बँधे हुए ही पाएँगे। एक वक्त में मैं एक ही काम करता हूँ और जो काम करता हूँ उसे सर अंजाम देकर ही दम लेता हूँ।'

'वह तो मैं देख ही रहा हूँ।' सिद्दीकी साहब ने कहा और हो हो कर हँस पड़े।

बैरा बिल ले आया था। छोटेलाल ने निहायत लापरवाही से सौ का एक चमचमाता नोट बैरे की तश्तरी में रख दिया और जब तक बैरा बाकी पैसे लेकर लौटता वह टूथपिक से दाँतों के बीच फँसी चर्बी कुरेदते रहे।

'चुनाव लड़ना भी एक सरदर्द है,' छोटेलाल ने कहा, 'मगर मैं यह सरदर्द दूसरी बार मोल ले रहा हूँ।'

'यहाँ तो पूरी ज़िन्दगी सरदर्द हो गई है।' सिद्दीकी साहब इस समय दिल की भड़ास नहीं निकालना चाहते थे, मगर वह अनायास निकल गई।

'अभी आपकी उम्र क्या है ? आपकी उम्र में तो मैं नेताओं का झोला उठाए उनके पीछे-पीछे घूमा करता था।'

'लाइए, आपका झोला कहाँ है ?' सिद्दीकी साहब ने ठहाका लगाते हुए कहा और छोटेलाल को उठते देख ख़ुद भी उठ गए; छोटेलाल की ही तरह दाँत कुरेदते हुए। बाहर आकर लगा, वे वापस दुनिया में लौट आए हैं। सड़कों पर गाड़ियों की वही रेल-पेल थी। छोटेलाल ने बाएँ हाथ से सिगरेट का कश खींचा और दाहिने हाथ से टैक्सी को रुकने का आदेश दिया। टैक्सी रुकी, दोनों उस पर सवार हो गए। टैक्सी नई दिल्ली स्टेशन की तरफ़ दौड़ने लगी।

सिद्दीकी साहब छोटेलाल के बल पर प्रथम श्रेणी में यात्रा करते हुए इकबाल गंज जरूर पहुँच गए, मगर कैबरे ने उनकी मानसिकता तहस-नहस कर दी थी। घर पहुँचकर उनकी आत्मा अत्यन्त सन्तप्त हो गई। उन्होंने वे सब कर्म कर डाले जिनकी तरफ़ वे बहुत बुरी निगाह से देखा करते थे। ताज्जुब तो इस बात से हो रहा था कि उन्हें टिकट न मिलने का इतना दुःख नहीं था, जितना वह शादी को लेकर परेशान रहने लगे थे। गत वर्ष उनकी फूफी एक रिश्ता लाई थीं जिसे सिद्दीकी साहब ने फौरन अस्वीकार कर दिया था। उन्होंने सिर्फ़ एक बार सलमा को देखा था। जब सिद्दीकी साहब ने सलमा को देखा था, सलमा बाल खोले पीढ़े पर बैठी थी, शायद बाल सुखा रही थी। उसके लम्बे बाल पीढ़े से नीचे ज़मीन पर मूँगफली के छिलकों की तरह बिखरे थे। असावधानी से उस सँकरे कमरे में कुर्सी तक पहुँचने की छोटी से यात्रा में सिद्दीकी साहब के पाँव उसके बालों पर पड़ गए थे। सलमा ने पलटकर उनकी तरफ़ देखा था। सलमा की निगाहों में क्या भाव था। यह वह आज तक जान नहीं पाए थे। उन्हें लग रहा था, सलमा की आँखों में गुस्सा था, गुस्ताखी थी, प्यार था, घृणा थी, याचना थी या तिरस्कार था, सिद्दीकी साहब दिल्ली से लौटकर अपना पूरा समय यह जानने में लगा रहे थे कि सलमा की आँखों

में क्या भाव था। उस एक क्षण की चमक को वह अपनी याददाश्त में ताज़ा नहीं कर पा रहे थे। इस कोशिश में नाकामयाब होकर एक दिन उन्होंने अकबर को भेजकर एक अन्तर्देशीय मँगवाया और फूफी को ख़त लिखने बैठ गए। ख़त उन्होंने संक्षिप्त सा लिखा था, मगर उस दौरान घर के हर फ़र्द को डाँट दिया। दरअसल नई दिल्ली से गाड़ी छूटते ही, सलमा उनकी चेतना पर सवार हो गई थी। छोटेलाल कूपे में इत्मीनान से सो रहा था और एक सिद्दीकी साहब थे, कभी टहलने लगते, कभी खिड़की का शीशा गिरा देते और कभी उठा देते। उन्हें बेतरह सलमा की याद आ रही थी। गाड़ी शाहजहाँपुर पहुँची तो वे उतरकर प्लेटफार्म पर टहलने लगे। यही था सलमा का नगर। फूफी ने ही बताया था कि सलमा अपने मामू के साथ शाहजहाँपुर रहती है। सिद्दीकी साहब उस समय अपनी सियासत में कुछ इस कदर डूबे हुए थे कि सलमा के मामू का पता जानने की ज़हमत तक न उठाई थी। आज वही सिद्दीकी साहब शाहजहाँपुर के स्टेशन पर टहलते हुए पछता रहे थे। जब तक गाड़ी का सिग्नल न हुआ, वे दीवानों की तरह प्लेटफार्म पर टहलते रहे। सिद्दीकी साहब कूपे में आए तो देखा छोटेलाल टिकट और कैबरे के नशे में मदहोश बेफ़िक्र सो रहा था। उसके नथुने बज रहे थे। सोते समय उसका चेहरा बहुत विकृत लग रहा था। आदमी की सही शख्सियत को जानना हो तो उसे सोते में देखना चाहिए, सिद्दीकी साहब ने सोचा और उसकी तरफ़ देखते हुए मूक गालियाँ बकने लगे। छोटेलाल अब सिद्दीकी साहब की तारीफ़ का मुहताज न रहा था। वह जिस काम के लिए घर से निकला था, पूरा करके लौट रहा था।

सिद्दीकी साहब सकुशल अपने घर पहुँच गए। घर पहुँचकर भी उनकी मानसिकता में कोई परिवर्तन न आया बल्कि स्थिति गम्भीर होती चली। शाम होते ही वे छत पर टहलने लगते। उनकी निगाहें पास पड़ोस के घरों का जायज़ा लेती रहतीं। बगल के मकान में एक दिन उन्होंने एक स्त्री को नल के नीचे नहाते देख लिया तो वे झरोखे के पास छिपकर बैठ गए। उन्होंने ज़िन्दगी में पहली बार, बल्कि यों कहना चाहिए, कैबरे देखने के बाद, दूसरी बार किसी निर्वसन स्त्री को देखा था। यह स्त्री नहीं थी, उनके गहरे दोस्त आदिल की अम्माँ थी। वे उसे तब तक देखते रहे, ठीक कैबरे की तरह, जब तक उसने कपड़े नहीं पहन लिये। बाद में देर तक सिद्दीकी साहब अपनी इस हरकत पर शर्मसार होते रहे। अपनी चोरी उन्होंने खुद पकड़ ली थी। आखिर अपने अकेलेपन से ऊबकर उन्होंने अपनी फूफी को ख़त लिखा कि जल्द ही उन्हें मिलने के लिए आ रहे हैं। ख़त में उन्होंने सलमा का भी हल्का-सा उल्लेख किया था। फूफी अनुभवी महिला थीं, उन्होंने लौटती डाक से खबर दी कि सलमा की शादी हो चुकी है और अब वह एक बच्चे की माँ है। सलमा की एक चचेरी बहन शकीला है, वह चाहे तो उससे बात चलाई जा सकती है। शकीला सलमा से कहीं ज्यादा खूबसूरत है, मगर उसके बदन पर कहीं-कहीं सफ़ेद दाग़ हैं।

सिद्दीकी साहब आजकल हर किसी से नाराज़ रहते थे। फूफी का खत पाकर उन्हें बहुत सदमा लगा। उन्होंने फूफी का ख़त फाड़कर फेंक दिया और तय किया वे इसका कोई जवाब न देंगे। इधर उनमें कुछ और परिवर्तन आ रहे थे। सड़क चलते कोई जान-पहचान की लड़की को देखते तो उसके कान उमेठ देते, और कुछ न बन पड़े तो गाल पर हल्की-सी चपत लगा देते। बच्चों में उन्होंने इतनी टाफ़ियाँ तकसीम कर डालीं कि वे टॉफ़ीवाले नेताजी के रूप में विख्यात हो गए।

एक दिन सुबह-सुबह चायवाले ने खबर दी कि उनका चाय-बिस्किट का बिल दो सौ से ऊपर जा चुका है तो वे सतर्क हुए। बिल की रकम सुनकर ही जैसे उनकी तन्द्रा टूट गई।

'ठीक है, ठीक है,' सिद्दीकी साहब ने कहा, 'जल्द ही इन्तज़ाम होगा।' सिद्दीकी साहब अपनी नई शेरवानी और टोपी पहनकर ख्वाज़ा अल बख़्श के बँगले की तरफ़ रवाना हो गए।

ख्वाज़ा अ़ली बख़्श शहर के बीड़ी किंग थे। उनकी बीड़ी न केवल उत्तर प्रदेश, बल्कि मध्य प्रदेश, बिहार और राजस्थान तक में मकबूल थी। यही नहीं, सिद्दीकी साहब ने सुना था वे अपनी बीड़ी का निर्यात

मध्य पूर्वी देशों में भी करते हैं। चुनाव के दिनों में वे ख्वाज़ा अली बख्श से हज़ार दो हज़ार झटक लाते थे। चुनाव सर पर आ गए थे और सिद्दीकी साहब ने एक भी बार ख्वाज़ा अली बख्श के यहाँ दस्तक नहीं दी थी। ख्वाज़ा एक सादालौह और ख़ुदातर्स इंसान थे। एक आदर्श मुसलमान बनना उनके जीवन का प्रमुख उद्देश्य था। सिद्दीकी साहब ने अनेक बार एक्साइज़, आयकर और बिक्रीकर के मामलों में उनकी मदद की थी। ऐसा कभी नहीं हुआ था कि सिद्दीकी साहब ख्वाज़ा से मिलने जाएँ और ख्वाज़ा ने उनकी जेब में दो-चार सौ रुपए न डाल दिए हों। सिद्दीकी साहब इस सम्बन्ध का महत्त्व समझे थे और तब तक ख्वाज़ा साहब के यहाँ न जाते थे, जब तक उनके दरबार में हाज़िर होना निहायत ज़रूरी न हो जाता।

सिद्दीकी साहब को देखकर बाहर स्टूल पर बैठे असलम ने सलाम अर्ज़ की। सिद्दीकी साहब ने जेब का एकमात्र दो रुपए का नोट उसकी नज़र कर दिया। वह तुरत ही इत्तिला देकर दौड़ता हुआ आया और नेताजी को ख्वाज़ा साहब के पास लिवा ले गया।

ख्वाज़ा, सिद्दीकी को मन ही मन बहुत मानते थे। उनकी दिली ख्वाहिश थी कि सिद्दीकी साहब सियासत में ऊपर जाएँ, कम से कम विधायक हो जाएँ, जिससे ख्वाज़ा का एक आदमी लखनऊ में स्थापित हो जाए। ख्वाज़ा ने तो कई बार यह प्रस्ताव भी रखा था कि सिद्दीकी साहब ख्वाज़ा के यहाँ जन सम्पर्क अधिकारी के रूप में चले आएँ, मगर सिद्दीकी साहब ने हमेशा अपनी मसरूफ़ियत का बहाना बनाकर ख्वाज़ा का प्रस्ताव ठुकरा दिया था। आज सिद्दीकी साहब नहा-धोकर घर से निकले थे। बदन पर शेरवानी और टोपी खूब जम रही थी, मगर इधर चेहरे पर एक लाचारगी और मायूसी के जो भाव आ गए थे, वे साबुन से भी न धुल पा रहे थे।

'क्या बात है म्याँ, आज बहुत सुस्त दिखाई दे रहे हो ?' ख्वाज़ा ने छूटते ही पूछा।

सिद्दीकी साहब आशा कर रहे थे कि ख्वाज़ा उनकी शेरवानी की तारीफ़ में दो लफ़्ज कहेंगे, मगर ख्वाज़ा की निगाहें गहरी थीं। उनकी पहली निगाह ने ही सिद्दीकी साहब की कलई खोलकर रख दी थी। सिद्दीकी साहब ने एक गहरी साँस भरी और बोले, 'दिल्ली से बहुत मायूस होकर लौटा हूँ ख्वाज़ा। ऐन मौके पर श्यामसुन्दर बेन्याज़ी पर उतर आया। मेरी महीनों की मेहनत बेकार चली गई।'

'इसमें जी छोटा करने की क्या बात है ? श्यामसुन्दर तो शुरू से ही मुसलमानों का दुश्मन रहा है। आप तो सियासी आदमी हैं, आपको इन तमाम बातों का इल्म होना चाहिए। किसी भी मुसलमान को उससे कोई उम्मीद न रखनी चाहिए।'

'मैं उसकी चालबाजी का शिकार हो गया। पिछले छह महीनों से उनके साथ था। मुझसे पूछे बग़ैर वह किसी से मुलाकात नहीं करते थे।' सिद्दीकी साहब ने ख्वाज़ा को दिलचस्पी लेते देखा तो लगे हाँकने, 'हालत तो यह थी कि लोग श्यामसुन्दर की सिफ़ारिश के लिए मेरे दरवाज़े पर खड़े रहते थे। मैंने अनेक लोगों के तबादले करा डाले, कइयों को नौकरियाँ दिलवा दीं, मगर इधर एक माह से, जब चुनाव का दौर शुरू हुआ, श्यामसुन्दर ने मुझे काटना शुरू कर दिया। ज़ाहिरा तौर पर वह आखिर तक मेरे साथ रहे। पी.एम. से मिलवाया। अपनी लिस्ट दिखाई, उसमें मेरा तीसरा नम्बर था।'

'नाटक करने में तो वह उस्ताद है,' ख्वाज़ा बोले, 'मैं उसे खूब अच्छी तरह जानता हूँ। दिन-भर ज्योतिषियों और तान्त्रिकों के पीछे दौड़ता है। हो सकता है किसी तान्त्रिक ने ही उसे ऐसा मशविरा दे दिया हो कि मुसलमानों से दूर रहो।'

'मुमकिन है। बहुत मुमकिन है,' सिद्दीकी साहब बोले, 'जाने से पहले मुझे भी एक फ़कीर से मिलने का मौका मिला था। वह भी बहुत पहुँचा हुआ फ़कीर था। मैं उसे किसी भी तान्त्रिक से ऊँचा दर्जा दूँगा। गर्मी हो, सर्दी या बरसात, वह फ़कीर जंगल में एक पेड़ के नीचे ही रहता है। मैं अभी दूर ही था, वह बोला, आइए मन्त्रीजी। मैं उसकी बात सुनकर हँसा तो उसने डाँट दिया, तुम मन्त्री हो जाओगे बेटा और तब मैं हँसूँगा। इसी तरह तुम्हारा मज़ाक उड़ाऊँगा। हा हा हा, वह देर तक हँसता रहा। बोला,

ला अपना हाथ इधर कर। मैंने हाथ फैलाया तो उसने उस पर गर्म-गर्म कलाकन्द रख दिया।'

ख्वाज़ा खुद पीरों और फ़कीरों के बहुत मुरीद थे। उनकी माँ ने बतलाया था कि वे एक फ़कीर की दुआ के बाद ही पैदा हुए थे, शादी के चौदह बरस बाद। अचानक ख्वाज़ा की दिलचस्पी सिद्दीकी से हटकर फ़कीर पर आ गई। पूछा, 'कहाँ रहता है ऐसा फ़कीर, जो सर्दी, गर्मी और बारिश में पेड़ के तले ही रहता है ? कोई तावीज़ नहीं दिया उसने ?'

'दिया था,' सिद्दीकी साहब ने कहा, 'एक तावीज़ दिया था। मगर श्यामसुन्दर का रुख देखकर मैंने वह तावीज़ फेंक दिया।'

'बस आप यहीं चूक गए। अब चलो किसी दिन मेरे साथ फ़कीर के पास और अपनी गुस्ताखी के लिए माफ़ी माँग लो। किसी भी छुट्टी के दिन प्रोग्राम बनाओ।'

'चलिए।' सिद्दीकी साहब ने कहा। उन्हें सचमुच अफ़सोस हो रहा था कि उन्होंने ज़ज़्बात की रौ में तावीज़ क्यों फेंक दिया।

'यहाँ से कितनी दूर होगा ?'

'यही कोई चालीस-पचास किलोमीटर।'

'ठीक है। इतवार की सुबह मैं गाड़ी भेज दूँगा। आप तैयार रहिए।'

'ठीक है, तैयार रहूँगा।' सिद्दीकी साहब ने कहा। दीवार पर ख्वाज़ा की मशहूर कछुआ छाप बीड़ी का नए साल का कैलेंडर लटक रहा था, वे टकटकी लगाकर कैलेंडर की तरफ़ देखने लगे।

'आप यों मायूस न होइए। हर शख्स की ज़िन्दगी में मायूसी के लम्हात आते हैं। आपने पहले बताया होता तो मैं खुद आपके साथ दिल्ली चलता। बड़े लड़के के साढू आपकी पार्टी के जनरल सेक्रेटरी हैं। उन पर ज़ोर डालकर टिकट दिलवा देता। असेम्बली के बाद इसी बरस कौंसिल के इन्तिखाब होंगे, मैं पूरी कोशिश करूँगा कि आपको कौंसिल का टिकट मिल जाए।'

'आप हाशिम भाई का जिक्र कर रहे हैं ?'

'हाँ, हाशिम अरशद का साढू है।'

'अरशद भाई चाह लेंगे तो टिकट ज़रूर मिल जाएगा।' सिद्दीकी ने कहा।

'अभी पिछले माह वे आए थे और हमारे यहाँ ही ठहरे थे। आप इत्मीनान रखिए, मैं आपका काम करवाऊँगा।'

ख्वाज़ा से बात करके सिद्दीकी साहब के चेहरे पर मायूसी के बादल छँटने लगे। उन्होंने सिगरेट सुलगाया और बोले, 'यह आपने बहुत उम्दा खबर दी, वरना मैं तो हमेशा के लिए शिकस्त कुबूल कर चुका था और आजकल अपने ख़ालाज़ाद भाई रसूल के पास कुवैत जाने के बारे में बड़ी शिद्दत से सोच रहा था। ख्वाज़ा, आप ही बताइए, आखिर कब तक कोई शख्स गर्दिश में रह सकता है। गुज़श्ता बीस बरसों से मैं सियासत की धूल फाँक रहा हूँ। आप तो जानते हैं, मेरी सियासी शख्सीयत एकदम बेदाग़ है। मुखालिफ़ पार्टियों के लोग भी मेरी तरफ़ अँगुली नहीं उठा सकते।'

'आप यह सब मुझे बता रहे हैं ? मैं आपके बारे में सब कुछ जानता हूँ,' ख्वाज़ा ने मेज़ पर लगी घंटी दबा दी, 'इस वक्त आप क्या लेना पसन्द करेंगे ? आज कबाब बहुत उम्दा बने हैं।'

'ख्वाज़ा आप तकल्लुफ़ मत कीजिए। मैं तो यों ही चला आया था, एक ज़माने से आपसे मुलाकात न हुई थी। सोचा, आज आपका नियाज़ हासिल कर लूँ।'

ख्वाज़ा ने असलम से कबाब और काफ़ी लाने के लिए कहा और दोबारा फ़कीर के बारे में पूछ-ताछ करने लगे।

'वह ज़रूर कोई अज़ीम फ़कीर होगा, वरना उस जंगल में उसकी हथेली पर ताज़ा कलाकन्द कहाँ से चला आता ?' ख्वाज़ा ने हैरत ज़ाहिर की, 'आपको उसके दिए तावीज़ के साथ बदसलूकी नहीं करनी चाहिए थी।' ख्वाज़ा ने अपनी शेरवानी का ऊपर का बटन खोलकर अपने गले में बँधे कई गंडे-तावीज़

सिद्दीकी साहब को दिखाए, 'इन खुदाई तावीज़ों की वजह से ज़िन्दा हूँ वरना कब का इस दुनिया से कूच कर गया होता। दो-दो हार्ट अटैक बर्दाश्त करने के बाद आदमी दस-दस बारह-बारह घंटे किसी की दुआ से ही काम कर सकता है।'

'इस उम्र में आप कितना काम कर लेते हैं,' सिद्दीकी साहब ने कबाब और काफ़ी का इन्तज़ार करते हुए ख्वाज़ा के कारोबार के बारे में दरियाफ़्त करने की रस्म भी निभा दी, 'आपका कारोबार कैसा चल रहा है।'

'कुछ न पूछो म्याँ। कारोबार आजकल ठंडा है। यही वजह है कि मैं आपके फ़कीर से पहली फुर्सत में मिल लेना चाहता हूँ,' ख्वाज़ा ने बात आगे बढ़ाई, 'जब से सेठ भैरवलाल बीड़ी के धन्धे में कूदा है, मेरी परेशानियाँ बढ़ गई हैं। उसने मुझे जबर्दस्त नुकसान पहुँचाया है। सबसे पहले उसने मेरे मैनेजर को फोड़ लिया। मार्केट में आते ही उसने बीड़ी के दाम गिरा दिए और मज़बूरी बढ़ा दी।'

'क्या मुश्ताक साहब अब आपके यहाँ नहीं हैं ?'

'उसे छोड़े तो छह माह हो गए। मैं जानता हूँ वही सब करवा रहा है। मेरा प्रोडक्शन आधा रह गया है। मैंने सब अल्लाह मियाँ के भरोसे छोड़ रखा है। आप तो जानते हैं मुश्ताक को मैंने लड़कों की तरह पाला था।'

'ख्वाज़ा यह तो आप बड़ी अजीब बात बता रहे हैं। मुश्ताक भाई आपको बुढ़ापे में यों दग़ा दे देंगे, मेरे लिए यह एक नाकाबिले बर्दाश्त खबर है। यह तो मुश्ताक भाई की सरासर ज़्यादती है।'

'ऊपरवाले की ऐसी ही मर्ज़ी थी,' ख्वाज़ा ने कहा, 'ताज्जुब है आपको अभी तक इसकी इत्तिला नहीं थी।'

'इधर कई बार मुश्ताक भाई से मुलाकात हुई, मगर उन्होंने कभी ज़िक्र न किया। मैंने जब-जब आपके बारे में दरियाफ़्त किया यही बोले ख्वाज़ा मज़े में है।'

'बहरहाल, बिल्ली कछुए पर हावी हो रही है। हर सिनेमा हाल में बिल्ली छाप बीड़ी की रंगीन स्लाइडें दिखाई जा रही हैं। अखबारों और रिसालों में बड़े-बड़े इश्तिहार छप रहे हैं। अगर हालात इसी रफ़्तार से बिगड़ते चले गए तो मुझे यह धन्धा छोड़कर अपने फार्म पर लौट जाना पड़ेगा।' अब ख्वाज़ा पर मायूसी का दौरा पड़ा था। उनका नीचे का होंठ एक तरफ़ से ऊपर उठता जा रहा था।

सिद्दीकी साहब कबाब और कॉफ़ी दिखाई देते ही उन पर पिल पड़े। सुबह से पेट खाली था। उन्हें उम्मीद न रही थी कि आज ख्वाजा से कुछ प्राप्त होगा। वे कबाब और कॉफ़ी से ही सब्र कर लेने के मूड में आ रहे थे। कबाब सचमुच बहुत लज़ीज़ बने थे। वे तारीफ़ भी करना चाहते थे, मगर बातचीत ऐसे नाजुक मरहले पर पहुँच चुकी थी कि यकायक कबाब की तारीफ़ करना मुनासिब न था। सिद्दीकी साहब ने चुपचाप जैसे मातमपुर्सी करते हुए कबाब खाए। पेट भरते ही गर्म-गर्म कॉफ़ी पीने को मिल गई। उनका दिन सार्थक हो गया था। इस समय उनकी पूरी सहानुभूति ख्वाज़ा के साथ थी। वे ख्वाज़ा के लिए कुछ भी करने को तैयार हो गए थे। ख्वाज़ा पहले ही दिल के दो धक्के खा चुके थे। ऐसी तनावपूर्ण स्थिति का उनके दिल पर बहुत बुरा असर पड़ सकता था। सिद्दीकी साहब की सियासी ज़िन्दगी के लिए ख्वाज़ा का तन्दुरुस्त रहना ज़रूरी था। सिद्दीकी साहब पूरा किस्सा सुनकर परेशान नज़र आ रहे थे।

'मगर ख्वाज़ा,' सिद्दीकी साहब ने अचानक जिज्ञासा प्रकट की, 'बीड़ी मज़दूरों में सत्तर फ़ीसदी तो मुसलमान हैं।'

'सत्तर नहीं, नब्बे फ़ीसदी,' ख्वाज़ा ने आगे झुकते हुए बहुत राज़-दराना अन्दाज़ से कहा, 'इसके पीछे ज़रूरी कोई गहरी साज़िश है। चुनाव नजदीक आ रहे हैं, मुसलमानों को खरीदने के लिए यह साज़िश तैयार की गई है। दरअसल, इस मुल्क का मुसलमान बेचारगी की हद तक हिन्दुओं के रहमोकरम पर ज़िन्दा है। उसे कोई रास्ता नहीं दिखाई दे रहा। कभी वह उम्मीद-भरी नज़रों से पाकिस्तान की तरफ

देखता है और कभी सैकुलरिज़्म की तरफ़। उसके दोनों तरफ़ यही दो खाइयाँ हैं।'

'वाह, क्या खूब खुलासा पेश किया है आपने,' सिद्दीकी साहब बोले, 'मैं नहीं जानता था आप चीज़ों को इतनी गहराई से महसूस करते हैं। यह बताइए, भैरूलाल यकायक बीड़ी के धन्धे में क्यों कूद पड़ा ?'

'यह सोचने की बात है। मैंने इस पर खूब ग़ौर किया है। जिस शख़्स के हौज़री से लेकर दवाइयों तक के बड़े-बड़े कारखाने हों, वह बीड़ी के धन्धे में बग़ैर किसी प्लान के न कूदेगा।'

'क्या प्लान हो सकता है ?'

'जब से मैंने थियेटर बनवाया है, हिन्दू सरमाएदारों की निगाह में चढ़ गया हूँ। मुझमें एक ऐब है। मैं पहले मुसलमान हूँ, बाद में कुछ और। मेरे थिएटर में गेटकीपर से लेकर ऑपरेटर तक मुसलमान हैं। हिन्दू नहीं चाहता मुसलमानों को कोई रोजगार मुहैया करे। वे चाहते हैं, मुसलमान सड़कों पर मारा-मारा फिरता रहे।'

'यह तो ख्वाज़ा आप ज़्यादती कर रहे हैं,' सिद्दीकी साहब को दवा का यह घूँट बहुत कड़वा महसूस हुआ, 'आप देखिए, हमारे ही सूबे में कितने मुस्लिम विधायक हैं। मन्त्री हैं, आई.ए.एस. अफ़सर हैं।'

'यह एक छलावा है, धोखा है। दस मुसलमानों को खुश करके करोड़ों मुसलमानों के साथ जुल्म किया जा रहा है। बहरहाल इस वक्त आपकी समझ में यह बात नहीं आ रही, वक्त के साथ-साथ अपने आप आ जाएगी। आप ही बताइए आपको टिकट क्यों नहीं मिला ?'

'मगर अनेक मुसलमानों को टिकट मिला है।'

'मैं आपकी बात कर रहा हूँ। आपको शायद मालूम नहीं कि श्यामसुन्दर भैरूलाल का आदमी है।'

'श्यामसुन्दर भैरूलाल का आदमी है या भैरूलाल श्यामसुन्दर का आदमी है ?'

'श्यामसुन्दर भैरूलाल का आदमी है। उसके चुनाव का पूरा खर्च वही उठाता है। श्यामसुन्दर की बिटिया की शादी भैरूलाल ने ही की थी। भैरूलाल का बस चले तो उसे मुख्यमन्त्री बना दे। भैरूलाल के लिए सरकार से परमिट लाइसेंस वही बटोरा करता है।'

'अब समझा। लगता है, भैरूलाल ने ही श्यामसुन्दर को भड़काया होगा। मैं आज तक भैरूलाल के यहाँ सलाम बजाने नहीं गया,' सिद्दीकी साहब ने अपनी सेवाएँ पेश कीं :

'आप बेफ़िक्र रहिए। मैं बीड़ी मजदूरों को एकजुट करता हूँ और उनकी एक यूनियन बनाता हूँ।'

'यूनियन से कुछ न होगा,' ख्वाज़ा अली बख़्श ने बताया, 'यूनियन-उनियन से कुछ न होगा। बीड़ी मज़दूरों की दो यूनियन तो पहले से मेरी जेब में मौजूद हैं। सवाल मज़दूरी की नई दर का है। भैरूलाल अपनी काली कमाई बीड़ी में फूँक सकता है। मेरे पास फूँकने के लिए क्या है ? भैरूलाल दस-बीस लाख रुपए फूँककर मुझे चौपट कर सकता है। जब उसकी मनोपली हो जाएगी, पूरी रकम सूद समेत बटोर लेगा। कोई मुकाबिल न होगा तो फिर वह कितनी भी बेईमानी करे, कोई पूछनेवाला नहीं। असल सवाल है उसके नापाक इरादों का पर्दाफ़ाश करने का। मुसलमान एक जज़्बाती कौम है, गरीब कौम है। पहले अंग्रेजों ने उसका खून चूसा और अब हिन्दू सरमाएदारी उसका इस्तेमाल करना चाहती है।'

'अगर भैरूलाल के एंटी मुस्लिम इरादों को बेनकाब किया जाए तो हो सकता है मुसलमान उसके लिए बीड़ी रोल करने से इनकार कर दें।' सिद्दीकी साहब ने सुझाव रखा।

'ग़रीबी ने मुसलमानों की कमर तोड़ दी है। ज़रा-से लालच में आकर वह कोई भी काम कर सकते हैं। आपके मुसलमान मन्त्री यही सब कर रहे हैं। एक अदना मज़दूर की क्या हैसियत है कि वह छोटे-छोटे फायदों के सामने घुटने न टेक दे।'

'वे शायद नहीं जानते कि उनके पेट को सहलाकर इस्लाम पर चोट की जा रही है।' सिद्दीकी साहब ने समस्या का हल खोजते हुए ख्वाज़ा को राय दी कि ख्वाज़ा को बीड़ी मज़दूरों की एक विशाल रैली को सम्बोधित करते हुए उन्हें हिन्दू सरमायादारी के खतरों से आगाह करना चाहिए।

'ऐसा मैं नहीं कर सकता। लोग मुझे फ़िरकापरस्त करार दे देंगे। यह दूसरी बात है कि लोगों की नज़र में हर मुसलमान फ़िरकापरस्त है। इस काम को तो बाकायदा एक गुमनाम तहरीक खड़ी करके ही सरंजाम दिया जा सकता है। आप जैसे नौजवान साथ दें तो क्या नहीं किया जा सकता।'

ख्वाज़ा को उम्मीद थी कि उनकी बात सुनकर सिद्दीकी भड़क जाएँगे, मगर सिद्दीकी साहब शान्त रहे, ख्वाज़ा से भी एक कदम आगे बढ़कर बोले, 'श्यामसुन्दर मुसलमानों की हमदर्दी पाकर यकीनन इन्तिखाब में जीत जाएगा, मगर उसके बाद जब मुसलमानों को जी भरकर लतियाएगा तब उन्हें अक़्ल आएगी। मुसलमानों के लिए यह एक शर्मनाक बात है कि वे हिन्दू सरमायादारों के हाथ बिककर मुसलमानों का कारोबार चौपट कर दें, क्यों मैं ग़लत कह रहा हूँ क्या ?' सिद्दीकी साहब ने अपनी बात की ताईद पाने के लिए ख्वाज़ा की तरफ़ देखा। श्यामसुन्दर की बेरुखी से वह बेहद चोट खा चुके थे और आज ख्वाजा से बात करके उन्हें अपने सामने एक नया क्षितिज दिखाई दे रहा था। आज तक उन्होंने कभी हिन्दू-मुसलमान की जुबान में नहीं सोचा था, बल्कि टिकट की आशा में हिन्दुओं का पक्ष ही लेते रहे थे। इसका उन्हें लाभ भी मिला था कि अपनी पार्टी के क्षेत्रों में वे एक धर्मनिरपेक्ष नेता के रूप में ही जाने जाते थे। मगर आज उन्हें अचानक लगा कि उन्होंने अपना अब तक का वक्त हिन्दुओं की जी-हजूरी में ही बर्बाद कर दिया।

'आज दिन बहुत चढ़ आया है। मुसलमान इस्लाम को भूलता जा रहा है। वह धीरे-धीरे हिन्दुओं की नकल करने पर अपनी ताकत ज़ाया कर रहा है। मेरा सर तो शर्म से झुक जाता है जब किसी मुसलमान औरत को बेनकाब घूमते देखता हूँ। हम अपने मज़हब की खुद कद्र नहीं करेंगे तो हमारा क्या हश्र होगा, इसका अन्दाज़ा आप लगा सकते हैं।'

ख्वाज़ा से बात करते हुए सिद्दीकी साहब को लगातार झटके मिल रहे थे। वे एक आज़ाद खयाल आदमी थे। अब तक अपने घर में भी उन्होंने यही कोशिश की थी कि उनकी माँ और बहनें परदे के दमघोंटू माहौल से बरी रहें। मगर आज वे ऐसी परिस्थिति में आ गए थे कि पर्दानशीनी की ताईद करना उनके लिए ज़रूरी हो गया था। वे एक तालिबइल्म की तरह ध्यान लगाकर ख्वाज़ा के खयालात सुन रहे थे। ख्वाज़ा को भी कई दिन बाद एक मनपसन्द श्रोता मिला था। ख्वाज़ा कह रहे थे, 'मगर यह एक बहुत ही नाजुक मसला है। यह काम बहुत होशियारी से करने का है। मैंने एक तहरीक चलाई है, उसकी बाज़गश्त आप तक भी पहुँची होगी। आपने किसी न किसी दीवार पर ज़रूर पढ़ा होगा; 'मुसलमानो, नमाज़ पढ़ो।' 'मुसलमानो, मस्जिद तुम्हें पुकार रही है।' रमज़ान के महीने में तो मैंने सैकड़ों दीवारों पर लिखवा दिया था कि 'मुसलमानो, रमज़ान के महीने में रोज़ा रखो।' 'बुतपरस्ती का डटकर मुकाबला करो।' आपने किसी न किसी दीवार पर यह ज़रूर पढ़ा होगा।'

'मेरी अपनी दीवार पर कोई लिख गया था : औरतें पर्दा करें।' सिद्दीकी साहब ने बताया।

'मेरे कई आदमी दिन-रात इस काम में मशगूल हैं। अब तक दो-चार हज़ार रुपए इस मद में खर्च भी कर चुका हूँ। इस काम के लिए मैं उन्हीं मुसलमानों को चुन रहा हूँ जो गरीब हैं, ज़रूरतमन्द हैं और एक-एक रोटी को मुहताज हैं। सिद्दीकी साहब, मैं अपना पैसा रंगीन स्लाइडों पर खर्च न करूँगा। अपने मज़हब के लिए, इस्लाम के लिए, मैं एक-एक पाई खर्च कर दूँगा।'

दो हजार रुपए की बात सुनकर सिद्दीकी साहब थोड़ा उत्साहित हुए। उन्हें लगा इन तिलों में अभी तेल है। उन्होंने कहा, 'आप बजा फरमा रहे हैं। इसका असर स्लाइडों से कहीं ज़्यादा पड़ेगा। इस बहाने मज़हब की खिदमत भी हो जाएगी।'

जबकि सचाई यह थी कि सिद्दीकी साहब ने अपनी दीवार पर 'औरतें पर्दा करें' लिखा देखा था तो बेहद बिगड़ गए थे। उन्होंने लिखनेवाले को गली में खड़े होकर गालियाँ दी थीं और उसी वक्त इस इबारत के ऊपर पुताई करवा दी थी।

'मैं छोटे-छोटे पैम्फ़लेट भी छपवा रहा हूँ। एक तो छपकर आ भी गया है, आप देखिए।' ख्वाजा

ने ड्राअर खोला और छोटी सी किताब सिद्दीकी साहब के हाथ में थमा दी। किताब का नाम था : 'बुतपरस्ती के खतरे।' सिद्दीकी साहब पढ़ने लगे : जाअ-लू हक्क, व जहक़ल्वातिलु, इन्नल्बातिलु कान जहूक़। वाह सच्चाई आई, झूठ भाग गया, बेशक झूठ भगोड़ा है। काबा की मूर्तियों के तोड़े जाते वक्त हज़रत मुहम्मद यही कहते थे।...' सिद्दीकी साहब ने पैम्फलेट जेब के हवाले किया और बोले, 'आप बहुत उम्दा काम कर रहे हैं। इस बहाने मुसलमानों को तालीम भी मिलेगी। ख्वाज़ा आप एक काम करें। पैम्फलेट के नीचे एक लाइन डलवा दें : 'कछुआ छाप बीड़ी बनानेवालों की तरफ़ से।'

'आप तो सियासत करना ही नहीं जानते। कोई भी सियासी आदमी इस तरह की राय न देगा। कोई भी सियासी आदमी कहेगा कि ख्वाज़ा किसी को कानोकान खबर न लगनी चाहिए कि इस तहरीक से आप भी वाबस्ता हैं।'

'मैं दूसरी तरह से सोचता हूँ। इससे आपकी बीड़ी मकबूल होगी।'

'आप शायद यह सोच रहे हैं कि कछुआ छाप बीड़ी सिर्फ़ मुसलमान पीते हैं। आपको यह भी नहीं मालूम कि इस मुल्क में सबसे बड़ी गाली है : फ़िरकापरस्त। आप अगर अपने मज़हब के लिए कोई काम करना चाहते हैं तो सैकुलरिज़्म का लबादा ओढ़कर कीजिए। आप भेस नहीं बदलेंगे तो लोग कहेंगे मैं इस्लाम के हक में नहीं हिन्दुओं के खिलाफ़ काम कर रहा हूँ। यह अचानक नहीं है कि हर साल कछुआ छाप बीड़ी बनानेवालों की तरफ से शहर के स्कूलों में कौमी यकजहती पर एक डिबेट कराई जाती है और अव्वल आनेवाले तालिबइल्म को एक शील्ड दी जाती है।'

'वाह-वाह ख्वाज़ा, मैं तो आपका गुलाम हो गया। मैं अब तक सियासत नहीं कर रहा था, घास छील रहा था।' सिद्दीकी साहब ख्वाज़ा की प्रतिभा से सचमुच आक्रान्त होते जा रहे थे।

'सैकुलर स्टेट में हर फ़र्द को अपने मज़हब की तबलीग करने का हक हासिल है। आप बग़ैर सोचे-समझे इस हक का इस्तेमाल करेंगे तो लोग आपको फ़िरकापरस्त करार दे देंगे। आप अभी सियासत में नए-नए आए हैं, सियासत के दाँव-पेंच की समझ आप में नहीं है। मैंने ज़िन्दगी को बहुत नज़दीक से देखा है। बँटवारे के बार मैं खुद पाकिस्तान जा रहा था। मगर जब मैंने देखा कि गाड़ियों की गाड़ियाँ, जिन पर मुसलमान सवार थे, बेरहमी से काटी जा रही हैं, तो मैं दिल्ली से लौट आया। हज़ारों लाखों मुसलमान, मासूम मुसलमान बेवजह कटकर शहीद हो गए। म्यां मेरे ज़ख्म अभी ताज़ा हैं। ये ज़ख्म भरते, इससे पहले ही भैरूलाल ने ज़ख़्म फिर से हरे कर दिए।'

बात बीच में छोड़ ख्वाज़ा ने जेब से सहसा चाबी निकालकर दूसरा ड्राअर खोला और सौ-सौ के पाँच नोट सिद्दीकी साहब की नज़र कर दिए और कहा, 'फिलहाल आप ये पाँच सौ रखिए। कोई ग़रीब और ईमानदार मुसलमान दिखाई दे जाए तो उसे दीवारों पर इस्लाम की तबलीग़ करने का काम दीजिए। अपने मुलाकातियों से मज़हब के 'मसायल' पर बात कीजिए। एक बात हमेशा याद रखिए कि आप जब तक अपने फिरके में मकबूल न होंगे, आपको सियासत में कोई नहीं पूछेगा। आपकी सियासत धरी रह जाएगी। एक बार आपने अपने फिरक़े में एक मकबूल लीडर की हैसियत कायम कर ली, फिर भी आपको कोई न उखाड़ पाएगा। श्यामसुन्दर आपके घर आकर आपको टिकट दे जाएगा।'

सिद्दीकी साहब को ख्वाज़ा की बात जम गई। पैसा पाकर वैसे भी वह भी वह तन्दुरुस्त महसूस कर रहे थे। ख्वाजा कह रहे थे 'आप यकीन मानिए म्यां, आज इस्लाम खतरे में है। बुतपरस्तों ने एक बार फिर फन उठाया है। मगर हम उनके नापाक इरादे नाकामयाब किए बगैर चैन न लेंगे।'

सिद्दीकी साहब इन पाँच सौ रुपयों का हिसाब फौरन चुकता करना चाहते थे। यह तभी मुमकिन था, अगर ख्वाज़ा उनकी कोई योजना स्वीकार कर लें। सिद्दीकी साहब ने डरते-डरते प्रस्ताव रखा, 'ख्वाज़ा, क्यों नहीं आप कछुआ छाप बीड़ी बनानेवालों की तरफ़ से हर साल कम से कम पाँच बीड़ी मज़दूरों को हज करवाने का ऐलान कर देते ?'

सिद्दीकी साहब का यह पहला सुझाव था, जो ख्वाज़ा को पसन्द आ गया। वे जैसे कुर्सी पर से

उछल पड़े, 'वाह ! वाह !! सिद्दीकी साहब, आपने एक लाख रुपए का मशविरा दिया है। आपके ख़यालात की मैं कद्र करता हूँ। खुदा के करम से आज तक मैंने शहर की आधी से ज्यादा मुस्लिम आबादी को रोज़गार दिया है। उस आबादी की जानिब मेरी भी कुछ ज़िम्मेदारियाँ हैं। कम से कम पाँच बीड़ी मज़दूरों को हज़ का सफर कराना मेरा फ़र्ज़ है। न जाने अब तक मैं क्यों गाफ़िल रहा।'

'एक बात मैं और कहना चाहता हूँ,' सिद्दीकी साहब ने ख्वाज़ा की बात से उत्साहित होकर कहा, 'मुश्ताक भाई से आप समझौता कर लें। वह आपकी तिजारत के तमाम दाँव-पेंच जानता है। आपके दिए हुए तजुर्बे का इस्तेमाल वह आपके ही खिलाफ़ करेगा। उसे तेंदू पत्ते से लेकर तम्बाकू तक की मुकम्मल जानकारी है। अव्वल तो आपको ऐसा आदमी अपने हाथ से छोड़ना ही नहीं चाहिए था, अब छूट चुका है तो कोई ऐसी तरकीब निकालिए कि वह वापस चला आए। आप इज़ाज़त देंगे तो मैं काम में जुट जाऊँगा और मुश्ताक भाई को लेकर ही लौटूँगा।'

'वह आदमी अब मेरे लिए बेकार है। रखने लायक भी नहीं रहा। सुनने में आ रहा है, मुझे ज़लील करने के लिए भैरूलाल ने उसे अपनी फर्म में पार्टनर की हैसियत दी है। मगर वहाँ भी वह डटकर बेईमानी कर रहा है। भैरूलाल को इसकी परवाह नहीं। उसके मकसद दूसरे हैं। वह मेरे कारोबार को चौपट करना चाहता है।' ख्वाज़ा ने मेज़ पर रखे पानी के गिलास से दवा की तरह एक कड़वा घूँट भरा और बोला, 'मगर यह तय है, उसने अब तक हर जगह अपना कमीशन तय कर रखा है। भैरूलाल को इसकी भनक भी नहीं। फिर उसका मकसद दूसरा है, सिर्फ़ मेरा कारोबार चौपट करना। आप देखिएगा, मेरा कारोबार चौपट करने के बाद वह मुसलमानों को चौपट करेगा। इस शहर से अपना कारखाना ही उठा लेगा और किसी दूसरे शहर में ले जाएगा। अभी तो इब्तिदा है, आप देखते रहिए आगे क्या होता है। मुश्ताक बेवकूफ़ है, वह आखिर तक न जान पाएगा, भैरूलाल उसे गुमराह कर रहा है। जान-बूझकर उसे तरजीह दे रहा है ताकि यह ग़लतियाँ करता चला जाए और एक दिन जब भैरूलाल चाहेगा, वह सीखचों के पीछे बन्द हो जाएगा। मुश्ताक हिन्दुओं के किरदार से वाकिफ़ नहीं। अल्लाह उसे खुद सज़ा देगा। वह मुसलमानों के पेट के साथ खिलवाड़ कर रहा है। उसकी खुदगर्ज़ी उसे ले डूबेगी।

नेताजी ख्वाज़ा की बातों से बेतरह मुतअस्सिर हो रहे थे। उन्हें यकीन हो गया था कि हिन्दुओं की वजह से ही वे टिकट नहीं पा सके।

'ख्वाज़ा आप दुरुस्त फ़रमा रहे हैं। खुदा न खास्ता भैरूलाल अपना कारखाना किसी दूसरे शहर में उठाकर ले गया तो यहाँ के मुसलमान भूखों मरने लगेंगे। बीड़ी ही औसत मुसलमानों का ज़रियामाश है। उन्हें अपने हाथ के हुनर पर भरोसा है,' सिद्दीकी साहब बोले, 'मुसलमान हिन्दुओं के लिए बीड़ी रोल करेगा तो अपनी कब्र खोदेगा। शहर में हिन्दुओं के इतने कारखाने हैं, बड़ी-बड़ी फैक्टरियाँ हैं, उनमें मुसलमानों के लिए कोई काम नहीं। भैरूलाल को मुसलमानों की इतनी ही फ़िक्र है तो क्यों नहीं मुसलमानों को हौज़री में, कोल्ड स्टोरेज में, दवाओं के कारखानों में काम देता ? सिर्फ़ इसलिए कि इससे उसके मंसूबे पूरे नहीं होते, इससे किसी मुसलमान बिज़नेसमैन को चोट नहीं पहुँचती। ख्वाज़ा, मैं उसकी साज़िश की तह तक पहुँच गया हूँ। बीड़ी ही एक ऐसा मैदान बचा था, जहाँ अब तक हिन्दुओं की घुसपैठ नहीं थी। अभी तो ये लोग घुसपैठ कर रहे हैं, कामयाब होते ही ऐसी दुलत्ती मारेंगे कि मुसलमान ज़िन्दगी-भर याद रखेंगे कि ख्वाज़ा को क्योंकर धोखा दिया।'

'म्याँ खुलासा बहुत अच्छा करने लगे हो।' ख्वाज़ा को खुशी हो रही थी कि सिद्दीकी उतना बेवकूफ़ नहीं है, जितना वह समझ रहे थे।

'ख्वाज़ा मुसलमानों के लिए बहुत ज़रूरी हो गया है कि इकट्ठा होकर इस जुल्म के खिलाफ़ जेहाद छेड़ दें।'

'अब आए आप सही रास्ते पर। अब आप टिकट पाने के भी हक़दार हो गए हैं। मेरी यह बात हमेशा-हमेशा के लिए समझ लें कि जब तक आप अपनी कौम के मसायल नहीं समझेंगे, आप अपनी

क़ौम की कोई मदद न कर पाएँगे। जो शख़्स अपनी क़ौम के लिए बेमानी है वह अपने मुल्क के लिए भी बेमानी है।'

'ख्वाज़ा, मैं आपका बहुत मश्कूर हूँ कि आपसे मिलकर मेरे दिमाग़ पर से कोहरा हट गया है। अब मैं सैकुलरिज़्म का मतलब भी समझ सकता हूँ और फ़िरकापरस्ती का भी। आज़ादी से पहले पुलिस में हिन्दुओं से कहीं ज़्यादा तादाद में मुसलमान थे, आज क्या है, मुसलमान ढूँढ़ने पर भी नहीं मिलता। हिन्दुओं ने चालाकी से यह काम किया है। क्यों ख्वाज़ा ?' ख्वाज़ा को अपनी बात दिलचस्पी से सुनते देख सिद्दीकी साहब अपनी बात बीच में ही भूल गए। ख्वाज़ा सहमति में धीरे-धीरे अपनी गर्दन हिला रहे थे।

सिद्दीकी साहब दरअसल अपनी तकरीर तैयार कर रहे थे। ख्वाज़ा की दिलचस्पी से प्रोत्साहित होकर वे दोबारा श्यामसुन्दर पर उतर आए, 'ख्वाज़ा मैं कसम खाकर कह रहा हूँ, श्यामसुन्दर के अगर भैरूलाल से नज़दीकी ताल्लुकात हैं तो मैं उसकी सियासी ज़िन्दगी चौपट कर दूँगा। कौन नहीं जानता भैरूलाल दाएँ बाज़ू की पार्टियों को जी खोलकर चन्दा देता है।'

'ज़रूर देता होगा, मगर इसमें बुराई क्या है ? म्याँ अगला सबक भी ले लो, यह दाएँ बाज़ू की पार्टियाँ ही हैं जो मज़हब को ज़िन्दा रखे हैं, वरना सब मटियामेट हो जाता। तुमने कभी बाएँ बाज़ू की पार्टियों को इस्लाम की तरफ़दारी करते देखा है ? नहीं देखा होगा, यकीनन नहीं देखा होगा। क्या यह अचानक है ?'

सिद्दीकी साहब का सिर घूमने लगा। बहुत दबाव डालने पर भी वह ख्वाज़ा की बात नहीं काट पाए। मगर ख्वाज़ा की बात सिद्दीकी साहब के हलक के नीचे न उतर रही थी। कुछ देर चुपचाप बैठे रहने के बाद सिद्दीकी साहब ने सिगरेट का लम्बा कश खींचा और धुआँ छोड़ते हुए अपनी पार्टी की ही भाषा में बोले, 'ख्वाज़ा, मैं अक्सर महसूस करता हूँ, महसूस ही नहीं करता, इसमें यकीन भी करने लगा हूँ कि हिन्दू और मुसलमान एक ही नदी के दो साहिल हैं और सदियों से साथ-साथ रहते चले आ रहे हैं। मैंने बारहा कोशिश की है यह जानने की कि क्या वजह है, मुल्क में अंग्रेजों के आने से पहले फ़िरकादाराना फसाद नहीं होते थे। बहुत-से सवाल उठा करते हैं मेरे ज़ेहन में कि हिन्दुस्तान में आज भी मुसलमानों को औरंगज़ेब के पैरोकार की शकल में ही देखा जाता है। क्यों नहीं लोग मुसलमान को अकबर, निज़ामुद्दीन औलिया और ख्वाज़ा सलीम चिश्ती से जोड़कर देखते ?'

सिद्दीकी साहब ने अपनी तरफ़ से बहुत ऊँची बात कह दी थी, मगर ख्वाज़ा पर उनकी बात का कोई असर नहीं दिखाई दे रहा था। सिद्दीकी ने ख्वाज़ा को प्रभावित करने के लिए आखिरी लटका भी छोड़ दिया, जिसे जलसों में सुनकर अक्सर लोग तालियाँ पीटा करते थे, 'दोनों कौमें हिन्दुस्तान की मुकद्दस धरती पर सदियों से साथ-साथ रह रही हैं और जिस तरह प्रयाग में दोनों नदियाँ मिलकर एक हो जाती हैं, एक दिन दोनों कौमें एक दूसरे को गले लगाएँगी।'

सिद्दीकी साहब की बात सुनकर ख्वाज़ा का चेहरा कठोर होता चला गया। ख्वाज़ा ने सोचा, उनकी दिन-भर की मेहनत बेकार चली गई। उन्होंने बहुत बेन्याज़ी से सिद्दीकी की तरफ़ देखा, जैसे अफ़सोस ज़ाहिर कर रहे हों। सिद्दीकी ने उनका चेहरा देखा तो फ़ौरन बात पलट दी, उन्हें लगा, उनकी बात से खफ़ा होकर ख्वाज़ा कहीं पैसा वापस न माँग लें। सिद्दीकी ने पहलू बदलते हुए कहा, 'पार्टी का कोई भी वफ़ादार सिपाही इसी जुबान में बोलेगा और आप जानते ही हैं कि मैं अपनी पार्टी का एक वफ़ादार सिपाही रहा हूँ। उसी की जुबान में बोलने की आदत हो गई है। अभी पार्टी की जुबान में बोलते हुए मैं महसूस कर रहा था कि वह जुबान कितनी झूठी है। इस जुबान का इस्तेमाल आज तक सिर्फ़ सियासी फ़ायदे उठाने के लिए ही किया जाता रहा है। मुसलमानों को गुमराह करने के लिए आज भी किया जाता है। आज़ादी से पहले जो काम अंग्रेज़ कर रहे थे, आज़ादी के बाद वही काम आज हमारे हुक्मरान कर रहे हैं।' ख्वाज़ा के चेहरे पर सन्तोष की हल्की-सी मुस्कुराहट देखकर सिद्दीकी ने पूछा,

'क्यों ख्वाज़ा, मैं ग़लत कह रहा हूँ क्या ?'

'दुरुस्त फर्मा रहे हो अज़ीज़। यह दूसरी बात है कि बीच में भटक गए थे,' ख्वाज़ा राज़दाराना अन्दाज़ में हँसे, 'वैसे तुम एक ज़हीन आदमी हो। अपनी तकरीर फ़ौरन तैयार कर सकते हो। मौके के मुताबिक फेरबदल भी कर सकते हो। तुम यकीनन तरक्की करोगे।'

'मैंने आपको अपना सियासी उस्ताद मान लिया है,' सिद्दीकी साहब ने ख्वाज़ा की तरफ़ झेंपते हुए देखा और बोले, 'आज आपसे पहला सबक लिया।'

'दूसरा सबक भी लेते जाओ। चीज़ें उतनी आसान नहीं होतीं, जितनी सतह से नज़र आती हैं। आपको जानना होगा, भैरूलाल और श्यामसुन्दर की दोस्ती का राज़ क्या है, मेरे खिलाफ़ भैरूलाल को कौन लोग भड़का रहे हैं। उनके मकसद क्या हैं ?'

'क्या मकसद हो सकते हैं ?'

'धीरे-धीरे सब जान जाओगे।' ख्वाज़ा ने कहा, 'नौजवान ! तुम्हें जानकर ताज्जुब होगा कि इज़राइल के दोस्त भैरूलाल को मेरे खिलाफ़ खड़ा कर रहे हैं।'

'इस्माइल के दोस्त ?' सिद्दीकी साहब ने पूछा। इज़राइल नाम के वे किसी आदमी को न जानते थे।

'इस्माइल नहीं, इज़राइल।' ख्वाज़ा ने हँसी रोकते हुए कहा, 'इजराइल एक मुल्क है और उस मुल्क के दोस्त मुमालिक भैरूलाल की हौज़री का पूरा सामान खरीद लेते हैं। भैरूलाल उन्हीं मुमालिक के इशारे पर नाचता है। मेरी बीड़ी चूँकि मध्यपूर्व और मध्यएशिया में मकबूल हो चुकी है, उन्हें यह फूटी आँख नहीं सुहा रहा।'

सिद्दीकी साहब ने यह तो अनेक लोगों से सुना था कि ख्वाज़ा को दूसरे मुल्कों से पैसा मिलता है, उन्हें यह नहीं मालूम था, कि यह पैसा बीड़ी का निर्यात करके मिलता है। खैरात में नहीं मिलता। कुछ लोग ख्वाजा को विदेशों का एजेंट भी बताते थे। अब सिद्दीकी साहब के सामने सारी स्थिति स्पष्ट हो गई। उन्होंने कहा, 'बड़ा अच्छा हुआ, आपने यह सब बता दिया, वरना लोग आपके बारे में गलत किस्म की अफ़वाहें उड़ाया करते हैं। जैसे विदेशों से आपको बीड़ी का दाम नहीं, एजेंटी का मुआवज़ा मिलता हो।'

'लोग तो यह भी कहते हैं, मुझे पाकिस्तान से रुपया आता है। मैं पाकिस्तान का एजेंट हूँ। उनकी नज़र में हर मुसलमान पाकिस्तान का एजेंट है। जिस किसी के घर में दो वक्त चूल्हा जलता है, वह पाकिस्तान का एजेंट है। आज हिन्दुस्तान में मुसलमान दो पाटों के बीच पिस रहा है। एक तरफ़ ऐसी ताकतें हैं जो सिर्फ़ मुसलमानों के बल पर ताकत में आती हैं और ताकत में आकर अगले पाँच बरसों के लिए मुसलमानों को भूल जाती हैं, उर्दू को भूल जाती हैं, अपने उन तमाम वादों को भूल जाती हैं जो इन्तिखाब के दिनों में किए जाते हैं। दूसरी तरफ़ वे ताकतें हैं, जिन्होंने आज तक सही मायने में मुसलमानों को इस मुल्क का बाशिन्दा नहीं माना और मुसलमानों की मुख़ालफत करके सिर्फ सियासी फायदे उठाए हैं।'

'यहाँ तक काबिले बर्दाश्त था, ख्वाज़ा, मगर आपने जो दूसरे मुल्कों के बारे में बताया कि वे भी इस जंग में कूद पड़े हैं, इससे मुझे बहुत ताज्जुब हो रहा है।'

दरअसल अब तक सिद्दीकी साहब का स्थानीय समस्याओं से ही पाला पड़ा था। आज अपने देश के सन्दर्भ में दूसरे देशों की दिलचस्पी के बारे में सुनकर वे हत्प्रभ रह गए। अब तक सिद्दीकी साहब यह सोचकर सन्तुष्ट थे कि वे मुश्ताक भाई को पटाकर चुटकियों में ख़्वाजा की समस्या हल कर देंगे, मगर अब उन्हें यह मसला उलझा हुआ लग रहा था। उन्हें ताज्जुब हो रहा था एक छोटे से शहर के

छोटे से बीड़ी के कारखाने में इज़राइल कूद पड़ा था, मध्य एशिया और मध्य पूर्वी देश राजनीति कर रहे थे। सिद्दीकी साहब को लगा जल्द ही बड़ी शक्तियाँ भी इस युद्ध में कूद पड़ेंगी और ख्वाज़ा का बीड़ी का कारखाना हिरोशिमा बन जाएगा। सच तो यह है कि इज़राइल का नाम आज उन्होंने ज़िन्दगी में पहली बार ख्वाज़ा के मुँह से सुना था, मध्य एशिया और मध्य पूर्व एशिया के बारे में भी उनकी जानकारी नगण्य थी। सिद्दीकी साहब की नन्ही सी दुनिया में खलबली मच गई। उन्होंने तय किया, ख्वाज़ा के यहाँ से लौटते हुए वे एक एटलस और कुछ पत्र-पत्रिकाएँ लेते जाएँगे। उन्हें लग रहा था, उनका अब तक का राजनीतिक जीवन केवल नेताओं और दारोगाओं की चाटुकारी में बीत गया। अखबार भी वे उसी स्थिति में पढ़ते थे, अगर शहर में कोई हादसा हो जाता या उनके किसी प्रिय नेता की तस्वीर या वक्तव्य शाया हो जाता था। दूसरी तरफ़ ख्वाज़ा थे, जो मुल्क की हर पत्रिका पढ़ते थे, बहुत-से विदेशी रिसाले भी उनकी मेज़ पर नज़र आ रहे थे। दरअसल ख्वाज़ा के पास देश-विदेश की अधिसंख्य पत्रिकाएँ आती थीं, कुछ विज्ञापन की फरियाद के साथ और बाकी ख्वाज़ा की दिलचस्पी की वजह से। ख्वाज़ा से बातचीत करने के बाद सिद्दीकी साहब महसूस कर रहे थे कि अब तक उन्हें सियासत के अलिफ़ बे पे का भी इल्म नहीं था। सिद्दीकी साहब को ख्वाज़ा आज एक तिलिस्म की तरह लग रहे थे। सामने मेज़ पर टूटे-फूटे कॉफ़ी के बदरंग प्याले पड़े थे। अल्युम्यूमीनियम की टेढ़ी-मेढ़ी ट्रे भी पड़ी थी। किसी दूसरे आदमी का इतना बड़ा व्यापार होता तो दफ्तर का रूप दूसरा ही होता। सिद्दीकी साहब ने अनेक मित्रों के आलीशान दफ़्तर देखे थे और उनके सुरुचिपूर्ण घर का रखाव देखा था, जो आर्थिक रूप से ख्वाज़ा के मैनेजर से भी कम कमाते थे। एक ख्वाज़ा थे कि आज भी दफ़्तर में लोहे की पुरानी कुर्सियों से काम चला रहे थे। दीवार पर से प्लास्तर गिर रहा था। छत पर लगा पंखा चलने पर इतनी आवाज़ करता था जैसे सड़क पर म्युनिसिपैलिटी का कचरा ढोनेवाला ठेला चल रहा हो। सिद्दीकी साहब ने ख्वाज़ा का घर भी देखा था, वहाँ भी लोहे की ऐसी ही बूढ़ी कुर्सियाँ थीं। एक बार सिद्दीकी साहब ख्वाज़ा की मिजाजपुर्सी करने उनके घर गए थे, ख्वाज़ा मैली चीकट रजाई ओढ़े लेटे हुए थे। दीवारों पर पुराने पर्दे लटक रहे थे। यही शख्स जो ऊपर से देखने पर एक फ़कीर लगता था, कुरआन के नाम पर लाखों खर्च करने को तत्पर था। चाय के बदरंग प्यालों में कॉफ़ी की चुस्कियाँ लेते हुए राष्ट्रीय और अन्तर्राष्ट्रीय समस्याओं पर अधिकारपूर्वक चर्चा कर सकता है। यह सोचकर वह बहुत अपमानित महसूस कर रहे थे कि उन्हें इज़राइल का नाम तक नहीं मालूम था, ख्वाज़ा उनके बारे में क्या सोच रहे होंगे। उन्होंने मन ही मन तय कर रखा था, जब तक वे अन्तर्राष्ट्रीय राजनीति पर अपनी काबलियत नहीं दिखा देंगे, यहाँ से नहीं हिलेंगे। बहुत सोच-विचार के बाद उन्होंने सिगरेट का एक लम्बा कश खींचा और धुआँ छोड़ते हुए बोले, 'ख्वाज़ा, अगर इज़राइल को अपने दोस्तों पर नाज़ है तो मिडल ईस्ट के दोस्तों की तादाद भी दुनिया में कम नहीं।'

ख्वाज़ा, सिद्दीकी से सियासी समझ की ज्यादा उम्मीद न रखते थे। सिद्दीकी का जिस मोर्चे पर इस्तेमाल किया जा सकता था, उस पर ख्वाज़ा ने उसे पाँच सौ रुपए में ही तैनात कर दिया था। ख्वाज़ा को हैरानी हो रही थी कि रुपए पाकर भी सिद्दीकी को जाने की जल्दी नहीं हो रही थी। ख्वाज़ा को शक हुआ कि उत्साह में सिद्दीकी ने निर्णय ले लिया है कि वह पैसे का सही इस्तेमाल करेगा। सिद्दीकी के खर्चे के लिए ख्वाज़ा ने उसे तीन सौ रुपए और दे दिए और उसकी तरफ़ पान की तश्तरी बढ़ाते हुए बोले, 'जाने से पहले मेरी एक बात सुनते जाइए। मैं जानता हूँ आप एक नेक आदमी हैं और आपकी ज़हनियत एक सियासी आदमी की नहीं है। अगर आप यह सोचते हैं कि समाज की, मुल्क की, मज़लूमों की ख़िदमत करने से टिकट मिलता है तो मुआफ़ कीजिए आप निहायत सादालौह आदमी हैं। टिकट इस तरह से न मिलता है, न मिलेगा। टिकट मिलता है आदमी की हैसियत से। टिकट देने से पहले कोई भी पार्टी यह देखना चाहेगी आपके फिरके के कितने लोग आपके साथ हैं। मुझे यहाँ बैठे-बैठे मालूम हो गया था कि आपकी जगह अख्तर भाई को टिकट मिलेगा। अब आप ही बताइए, इतने बदनाम

आदमी को टिकट कैसे मिल गया। कौन नहीं जानता अख़्तर भाई की गाड़ी रात दो-दो बजे तक इनामुल्ला बिल्डिंग के बाहर किसके लिए खड़ी रहती है। क्या आपकी पार्टी के लोग यह नहीं जानते ?'

सिद्दीकी साहब अख़्तर भाई से जले-भुने बैठे थे। कुर्सी पर उछलते हुए बोले, 'कौन नहीं जानता वह बड़े-बड़े नेताओं को लड़कियाँ सप्लाई करता है। इस बार तो वह अपनी ही लड़की को ले गया था।'

'मैं कह रहा था कि तुम गैर-सियासी आदमी हो। अफ़वाहों के पीछे सिर्फ गैर-सियासी आदमी दौड़ते हैं। तुम यह कभी नहीं सोचोगे कि अख़्तर भाई ने कितनी मस्जिदों का कायाकल्प कराया, अख़्तर भाई ने कितनी बेवाओं को पेंशन दिलवाई, अख़्तर भाई ने कितने मुसलमानों को हाउसिंग बोर्ड से मकान दिलवाए। मुझे मालूम था तुम जान-बूझकर अख़्तर भाई की शख्सियत के इस पहलू पर कुछ नहीं कहोगे। अख़्तर भाई अपनी तमाम दुनियावी कमज़ोरियों के बावजूद अपनी कौम के मसायल को समझते हैं। तुम्हें यह सुनकर भी बहुत तकलीफ़ होगी कि अख़्तर भाई कभी टिकट न पाते अगर मैंने उनकी मदद न की होती। मेरा मक़सद है कौम की भलाई। कौम की भलाई के लिए आप कोई टोपी पहन लीजिए, गांधी टोपी पहन लीजिए या अलीगढ़ी। एक टोपी मैंने अख़्तर भाई को पहना दी है, एक, आज, तुम्हें पहना रहा हूँ। अगर तुम सचमुच सियासत करना चाहते हो तो एक दिन पाओगे तुम्हारी ही पार्टी के लोग तुम्हारे घर आकर तुम्हें टिकट दे जाएँगे।'

'वाह-वाह ! ख्वाज़ा, लगता है अब तक मैं भाड़ झोंक रहा था,' सिद्दीकी साहब ने ख्वाज़ा की तरह ही ऊपर का होंठ नाक की तरफ़ धकेलना शुरू किया, 'मैं अब तक भटक रहा था ख्वाज़ा; आपने एक राह दिखा दी। खुदा ने चाहा तो आपके पैमाने पर सही उतरूँगा। आज आपका बहुत वक्त लिया मगर मेरा बहुत भला हो गया। मैं एक बदले हुए इंसान की तरह यहाँ से रुख्सत हो रहा हूँ।'

ख्वाज़ा उठ गए, बोले, 'पहला सबक यही है कि अपने सामने एक ही मक़सद रखो—'इस्लाम।'

'अब मैं अपनी ज़िन्दगी का मक़सद इस्लाम में ही ढूँढूँगा।' सिद्दीकी साहब ख्वाज़ा से विदा लेकर निकल आए।

सिद्दीकी साहब अपने इरादे के मुताबिक सीधे किताबों और रिसालों की दुकान पर गए। उन्होंने एक एटलस खरीदी और कुछ रिसाले; दो दर्जन सन्तरे, एक किलो सेब, डबलरोटी, मक्खन, पनीर, ब्रॉयलर चिकन वगैरह-वगैरह। तमाम चीज़ें थामे वे अपने घर की तरफ़ इस तरह बढ़ रहे थे जैसे मुसलमानों का भविष्य अब उन्हीं के कन्धों पर टिका है। एक बदले हुए इंसान ही की तरह सिद्दीकी साहब ने गली में प्रवेश किया।

गली की नाली कई दिनों से रुकी हुई थी। पानी सड़क पर बह रहा था। गुलाबदेई की चक्की के बाहर पानी का छोटा-सा तालाब बन गया था। उसने नेताजी को रोककर अपनी तकलीफ़ बतानी चाही मगर नेताजी 'देखेंगे, देखेंगे' कहते हुए बेहद बेनियाज़ी से उसके पास से गुजर गए, जैसे आज उन्होंने तय कर लिया हो कि वे नाली की राजनीति नहीं करेंगे। दूर से ही उन्होंने देखा कि उनकी छोटी बहन अज़रा नंगे सिर, नंगे पैर, बाहर चौतरे पर एक पतंगबाज से हुज्जत कर रही थी, जो छत पर से पतंग उतारने की ज़िद कर रहा था। सिद्दीकी साहब ने अपना सामान ज़हीर को थमा दिया और बढ़कर पतंगबाज़ के चेहरे पर ऐसा ज़ोरदार तमाचा रसीद किया कि वह तड़पकर पीछे हट गया। यही नहीं, उन्होंने अपनी बहन की चोटी पकड़कर उसे कुछ ऐसी बेरहमी से कमरे की तरफ़ धकेल दिया कि पूरी गली में सन्नाटा खिंच गया। सिद्दीकी साहब बहुत गुस्से में कमरे की तरफ़ बढ़े और उसी गुस्से में कमरे से बाहर आ गए। घंटी बजाते हुए एक खाली रिक्शा चौक की तरफ़ जा रहा था। सिद्दीकी साहब कूदकर उसमें सवार हो गए और अपनी माँ और बहनों के लिए बुर्का खरीदने के इरादे से चौक की तरफ़ बढ़ गए।

सूरज ढल चुका था। जगह-जगह ढिबरियाँ जल गई थीं, बीच सड़क में इस्माइल का एक कारीगर पेट्रोमेक्स जलाने के लिए जोर से पम्प कर रहा था। इस्माइल भी आजकल फुर्सत में था। मुश्किल से चार-छह घंटे काम चलता था, बाकी समय में कारीगर लोग बाकी चार-छह घंटा जमकर कैरम खेलते थे। कैरम उसकी दुकान में ऐसे खेला जाता, जैसे शिफ़्टों में कोई फैक्टरी काम कर रही हो। सुबह जब कुछ लोग डिब्बे बनाते, शेष कैरम खेलते। कुछ देर बाद खिलाड़ी डिब्बे बनाने लगते और कारीगर कैरम पर जुट जाते। कहने का अभिप्राय यह है कि काम चल रहा हो या बन्द हो, कैरम बन्द नहीं होता था।

आज नसीर और जावेद भी कैरम खेल रहे थे। नसीर रेलवे में कोई छोटी-मोटी नौकरी करता था और जावेद एम्ब्रायडरी का काम करता था। वे लोग देर से कैरम खेल रहे थे। बीच-बीच में उसमान भाई उन लोगों को सिगरेट और पान लाकर देता और दुकान के बाहर दोनों पैरों पर उकड़ूँ बैठकर गली की तरफ देखता। वह एक घंटे से इसी काम में लगा था। बीच में वह दो-तीन बार अनवर के यहाँ जाकर चाय पी भी आया था। वह अत्यन्त उत्तेजित नज़र आ रहा था, कभी उठकर नाक सिनकता कभी बलग़म थूकने की कोशिश करता। इस दरम्यान उसने नवाब साहब की दीवार से सटकर दो-तीन बार पेशाब करने की भी कोशिश की, मगर नाकामयाब रहा।

नसीर और जावेद का आज पिक्चर देखने का इरादा था। वे बीच-बीच में घड़ी देखते तो उस्मान उठकर गली के मुहाने तक हो आता। इसी चक्कर में वह आज बीसियों पान खा चुका था। मगर उसके अन्दर इन्तिकाम की लपटें उठ रही थीं। आखिर वह अनवर के होटल की तरफ़ चल दिया। उसे भूख महसूस हो रही थी। उसने अनवर के यहाँ पहुँचकर दो अंडों के आमलेट का ऑर्डर दिया और छोकरे से नसीर और जावेद के लिए भी दो कप चाय भिजवा दी।

उस्मान भाई के सामने अंडे का नाश्ता आया ही था कि उन्होंने गली के तमाम लोगों को इस्माइल की दुकान की तरफ़ लपकते देखा। उस्मान भाई तुरन्त तय न कर पाए कि उन्हें नाश्ता खत्म करना चाहिए या जाकर मौके का जायज़ा लेना चाहिए। उन्होंने गर्म-गर्म आमलेट के दो-चार कौर ज़ुबान पर रखकर निगल लिये और एक बड़ा-सा कौर मुँह में डालकर जीभ के ऊपर उछालते हुए इस्माइल की दुकान की तरफ़ लपके। जाते-जाते उन्होंने मूड़ी हिलाते हुए अनवर को दस का एक नोट थमा दिया कि हिसाब होता रहेगा। उस्मान भाई ने दुकान से उतरते ही तहमद खोलकर बाँधा और लगभग दौड़ते हुए भीड़ की तरफ़ लपके।

लड़कों ने उम्दा काम किया था। मल्लू के ठेले की साग-सब्ज़ी बीच सड़क में फैली हुई थी और ठेला तड़प रहे मेढक की तरह पीठ के बल औंधा पड़ा था। पास ही निर्वसन मल्लू अपनी जाँघों पर दोनों हाथ रखे बड़ी बेचारगी से भीड़ की सहानुभूति पाने के लिए याचना भरी नज़रों से देख रहा था। उसका चश्मा उसके पाँव के पास किर्च-किर्च पड़ा था। छोटे बच्चे तमाशाइयों की टाँगों के बीच में बैठकर घुसते हुए सड़क पर पहुँचते और कोई प्याज़ से झोली भरकर और कोई आलू समेटते हुए भाग जाता। कुछ बच्चे हजरी बी को बुलाने दौड़े और उसके यहाँ खबर दे आए। हजरी आलू छील रही थी, जब उसे खबर मिली, वह उत्तेजना में चाकू घुमाती हुई भीड़ में शामिल हो गई।

'मर जाओ हरामियों शर्म से। एक बेबस आदमी को परेशान कर रहे हो। तुम यजीद की औलाद हो। क्या देखना चाहते हो तुम उसे नंगा करके। लो मैं दिखाती हूँ।' हजरी बी ने अपना पेटीकोट उतार दिया, 'लो हरामज़ादो देख लो ! देख लो !!' उसने देखते- देखते बदन के तमाम कपड़े उतारकर फेंक दिए। हजरी छाती पीट रही थी और कपड़े नोच रही थी। हजरी का रुख देखकर किसी ने मल्लू के ऊपर उसकी लुंगी फेंक दी। मल्लू ने लुंगी पहनी और बग़ैर अपने ठेले और बिखरी सब्ज़ियों की तरफ़ देखे गली से बाहर हो गया।

'साला क़ाफिर निकला।' किसी ने कहा।

'उसने कब कहा था, वह क़ाफिर नहीं है ? क्या क़ाफिरों पर मुसीबत नहीं आती ? हरामियो, मुसीबत ज़ात देखकर नहीं आती। उसने कुछ कर लिया तो मैं एक-एक को दोज़ख में डाले बगैर चैन न लूँगी।'

'कपड़े पहन लो माँ,' उस्मान भाई ने हाथ जोड़ दिए, 'मेरी बस यही एक बात मान लो।'

'मान जाओ हजरी, मान जाओ।' चारों तरफ़ से इसरार होने लगा।

हजरी कपड़े पहनकर सब्जी बीनने लगी। फुसफुसाहट सुनते ही किसी के मुँह पर आलू और किसी के मुँह पर प्याज फेंक देती।

उस्मान भाई का काम हो गया था। उसे अचानक अपने आमलेट की याद आई और वह लोगों से आँख बचाता हुआ अनवर के यहाँ पहुँच गया। उसकी मेज़ पर से प्लेट ग़ायब थी।

'मेरा आमलेट रखा था यहाँ।'

'तुम्हारा आमलेट मैंने बाहर फेंक दिया,' नवाब साहब ने कहा, 'तुम मुहल्ले में फिरकादाराना फ़साद करवाने पर आमादा हो। तुमने आज जो काम किया, सब तुम्हारी मुज़म्मत कर रहे हैं। तुम्हारे इरादे बहुत नापाक हैं। पुलिस जब मुहल्ले के शरीफ़ लोगों को भी बन्द कर देगी तुम्हारा सपना तब पूरा होगा।'

नवाब साहब को फिरकादाराना फसादों से बेहद ख़ौफ़ आता था। उस्मान भाई यह सोचकर होटल में आए थे कि तमाम लोग उन्हें कन्धों पर उठा लेंगे। मुहल्ले में उनकी वाह- वाह हो जाएगी। नवाब साहब का तेवर देखकर उनका माथा ठनका। सुबह से इस काम में तीस-चालीस रुपए भी खर्च हो चुके थे।

'आप भी कहर ढाते हैं नवाब साहब,' उस्मान ने कहा, 'मैं तो यहाँ अनवर म्याँ के यहाँ बैठा आमलेट खा रहा था, जब लौंडों ने बवाल कर दिया।'

'यही तरीका होता है बवाल कराने का। तुम्हारे जैसे लोग दंगा कराने से पहले किसी न किसी जुर्म में जेल चले जाते हैं और पीछे से दंगा कराते हैं ताकि कह सकें कि वह तो जेल में थे।'

'आप भी कमाल करते हैं नवाब साहब। मुझे अभी तक मालूम नहीं कि आखिर हुआ क्या। क्योंकर हुआ ?' उस्मान भीतर से बेहद डर गया। उसे लगा, अब उसे कोई जेल जाने से न बचा पाएगा। उसकी किस्मत अच्छी थी कि तभी सिद्‌दीकी साहब अन्दर चले आए और हँसते हुए बोले, 'यह आज क्या बवाल हो गया मुहल्ले में ?'

'सब उस्मान की करामात है।'

'आपका यही दस्तूर है नवाब साहब। हर बुराई के लिए ग़रीब आदमी ज़िम्मेदार होता है। जिस शख़्स को दो जून का खाना भी आसानी से नसीब न होगा, वह क्या खाकर बवाल करेगा या कराएगा। मुझे अपने काम से ही फुर्सत नहीं। जब से कैंटूनमेंट में ठीका लिया है, ज़हर खाने की फुरसत नहीं मिल रही।'

'क्या हुआ उस्मान भाई ?'

'मुझे का मालूम का भवा ?' उस्मान भाई ने सिद्‌दीकी साहब की सहानुभूति पाकर कहा, 'इस मुल्क में हर बवाल के लिए, हर झंझट के लिए, हर दंगे के लिए मुसलमान ही ज़िम्मेदार है !'

'वाह-वाह !' सिद्‌दीकी साहब ने सिगरेट सुलगाया, 'हिन्दुओं का पूरा पालिटिक्स ही यही है। दंगे करवाओ और ज़िम्मेदार मुसलमानों को ठहराओ।'

'मगर इसमें तो साफ़-साफ़ उस्मान का हाथ है।' नवाब साहब ने कहा। नवाब साहब को मालूम था, सिद्‌दीकी साहब के यहाँ बड़े-बड़े पुलिस अधिकारी आया करते हैं। वे स्थिति को स्पष्ट कर देना चाहते थे।

'हुजूर मैं तो खाना खा रहा था, जब दंगा हुआ।' उस्मान ने इस बार दो आमलेट का ऑर्डर दिया।

उसने सिद्दीकी साहब को भी आमलेट खिलाने का निर्णय ले लिया था। सिद्दीकी साहब को समझते देर न लगी कि दूसरा आमलेट उन्हीं के लिए आ रहा है। सिद्दीकी साहब ने सिगरेट का भरपूर कश खींचा और बोले, 'नवाब साहब, मुझे उसी शख्स पर शुबह है कि वह दंगा कराने के इरादे से ही हमारे मुहल्ले में आया था। उसे अपनी रिहाइश के लिए मुसलमानों की बस्ती ही मिली। वह किसी साज़िश के तहत ही यहाँ आया था। मैं तो उन लौंडों का मश्कूर हूँ, जिन्होंने आज उसकी शख्सीयत के पोशीदा हिस्से को नुमायाँ कर दिया। क्यों आया था वह इकबाल गंज ?'

नवाब साहब ने फौरन चाय का पैसा अदा किया और वहाँ से हट जाना ही बेहतर समझा। सिद्दीकी साहब भी यही चाहते थे कि नवाब जैसा आदमी दृश्य से हट जाए। ये कायर लोग फायर ब्रिगेड की भूमिका निभाते हैं।

'आज हर सिम्त से मुसलमानों पर हमला हो रहा है। मुसलमान फ़िरकापरस्त है, पाकिस्तानी है, देशद्रोही है और हिन्दू फिरकापरस्त नहीं है, देशप्रेमी है। यह देश जैसे उसी का है, हमारा नहीं।' सिद्दीकी साहब ने आमलेट खत्म किया और भीड़ को देखकर बिल का भुगतान भी कर दिया। बाहर तमाम लोग जमा हो गए थे। भीड़ में नसीर और जावेद भी नज़र आ रहे थे। दोनों को उस्मान भाई से अपना मेहनताना लेना था, मगर सिद्दीकी साहब और अन्य लोगों की उपस्थिति में माँग न पा रहे थे।

गली में हजरी की आवाज़ गूँज रही थी, 'मुसलमानो डूब मरो। तुम लोगों ने एक शरीफ इंसान के साथ नाइंसाफ़ी की है। तुम मुसलमान नहीं हो, ज़ालिम हो, कातिल हो। काफिर से भी गए-गुजरे हो।'

हजरी बी ने पलटकर ठेला सीधा किया। ठेले के ऊपर बैठ गई और मातम शुरू कर दिया। ताहिर ने ठेला ठेलना शुरू किया। ताहिर ठेल रहा था और हजरी उस पर बैठी मातम कर रही थी। ताहिर हजरी को गुलाबदेई की चक्की के पास छोड़ आया। लग रहा था, लोगों की हज़री में दिलचस्पी नहीं थी, वे लोग नसीर और जावेद में ज्यादा दिलचस्पी ले रहे थे।

अनवर के यहाँ सिद्दीकी साहब ने माहौल गर्म कर दिया था। सिद्दीकी साहब कह रहे थे, 'यह पुलिस का नहीं भैरूलाल का एजेंट था।'

'कौन भैरूलाल, भैया।' उस्मान ने पूछा। वह सिद्दीकी साहब से अनुमोदन पाकर बेहद खुश था।

'भैरूलाल को नहीं जानते ? शहर में हिन्दुओं का सरगना। जिसने मुसलमानों को चौपट करने के लिए अभी बिल्ली छाप बीड़ी निकाली है।'

'कछुआ छाप बीड़ी मुसलमानों को क्योंकर चौपट कर देगी। हम समझ नहीं पा रहे भैया।' उस्मान ने सिद्दीकी साहब से तुरत रिश्ता स्थापित कर लिया और कुर्सी पर चौकड़ी मारकर बैठ गया।

'भैरूलाल जानता है कि शहर की औसत मुस्लिम आबादी को ख्वाज़ा अली बख्श रोज़गार देते हैं। वह उन्हें ही चौपट करने पर आमादा हो गया है। एक दिन जब वह देख लेगा ख्वाज़ा साहब ने शिकस्त कुबूल कर ली है, और अपना बोरी-बिस्तर उठाकर शहर से निकल भागे हैं तो वह भी चुपचाप अपना कारखाना उठाकर दूसरी जगह ले जाएगा। इकबालगंज का मुसलमान बेमौत मारा जाएगा। रोटी के लाले पड़ जाएँगे।' सिद्दीकी साहब ने लोगों को अपनी बात बहुत गौर से सुनते देखा तो एक रद्दा और लजमाया, 'सुनने में आया है कि भैरूलाल ने एक आदमी जर्मनी भेजा है, बीड़ी बनाने की मशीन खरीदने। वह मशीन से बीड़ी बनाएगा और मुसलमानों के हाथ से बीड़ी का धन्धा भी निकल जाएगा, जिसकी बदौलत वह किसी तरह दो जून रोटी खा रहा है। सरकारी नौकरी उसे मिली है न मिलेगी।'

'ठीक फरमा रहे हो भैया,' उस्मान बोला, 'आपने खूब समझा इन काफ़िरों के इरादे को।'

नसीर और जावेद बेचैन हो रहे थे। उनकी पिक्चर का वक्त हो रहा था। वे कभी खाँसते और कभी ठहाका लगाते, जिससे उस्मान का ध्यान उनकी तरफ़ खिंचे। उस्मान का ध्यान भी इन्हीं लौंडों में लगा हुआ था, उसे लड़कों का काम पसन्द आया था। वह पेशाब करने के बहाने उठा और तहमद की गाँठ को खोलकर लड़कों को एक-एक नोट थमा दिया। सिद्दीकी साहब से यह छुपा न रहा। उन्हें लग रहा था कि उस्मान काम का आदमी है। उन्होंने तय किया जाते समय वह ख्वाज़ा के पैसों में से पचीस-तीस रुपए उसे ज़रूर देंगे। उसका काम सिद्दीकी साहब को पसन्द आया था। सिद्दीकी साहब देर तक उस्मान के बेटे का नाम याद करते रहे, जिसके लिए उस्मान ने कई दफ़ा उनसे प्रार्थना की थी कि उसे टी.बी. अस्पताल में दाखिला दिला दें, सिद्दीकी साहब ने कभी इस तरफ़ ध्यान नहीं दिया था। आज अचानक उन्हें उस्मान के बेटे की बीमारी की याद आ गई। उस्मान के प्रति अपनी आत्मीयता प्रकट करने के लिए यह जरूरी था कि वह उस्मान के लड़के का हाल उसका नाम लेकर पूछें। दिमाग़ पर बहुत दबाव देने पर 'असरार' ही उनके दिमाग में कौंध रहा था।

'असरार कैसा है ? उसे अस्पताल में दाखिला मिला या घर पर ही है ? आपने तो मियाँ कभी खबर ही न दी थी।'

'क्या करता सिद्दीकी साहब। हर अस्पताल में धक्के खाए, मगर मुसलमानों की कहीं पूछ नहीं, पहुँच नहीं। अल्लाह के भरोसे छोड़ रखा है। रात-भर खाँसता है तो कलेजा मुँह को आ जाता है।' उस्मान की आँखें भर आईं, 'मालूम नहीं अल्लाह-ताला कौन-सा इम्तिहान लेने पर आमादा है।'

'तुम परेशान न हो। मैं कल ही असरार के लिए टी.बी. अस्पताल में पूछताछ करूँगा। दो-एक डॉक्टरों का तबादला मैंने रुकवाया था, वे मेरी सिफ़ारिश पर ध्यान देंगे।'

उस्मान ने राहत की साँस ली। उसे लग रहा था, असरार घर में पड़ा रहा तो टी.बी. के जरासीम उसके पूरे परिवार को चाट जाएँगे। वह सिद्दीकी साहब के पैरों पर गिर पड़ा, 'हुज़ूर मेरे बच्चे को बचा लीजिए। वह रात-रात-भर खाँसता है। चेहरा देखेंगे तो उसे पहचान न पाएँगे। मेरे पास छोटे-छोटे बच्चे हैं हुज़ूर। कहीं का न रहूँगा।'

सिद्दीकी साहब देर से जेब से दस रुपए का नोट टटोल रहे थे। मगर हर बार बीस अथवा पचास का नोट ही हाथ लगता। अब उस्मान का कष्ट देखकर उन्होंने तय किया कि जो भी नोट हाथ में आ जाएगा, उस्मान की नज़र कर देंगे। आखिर पचास के नोट ने रोशनी देखी ! सिद्दीकी साहब ने पचास का नोट उस्मान की हथेली में रखकर मुट्ठी बन्द कर दी, 'फिलहाल यह रखो। असरार का काम मैं कल ज़रूर करूँगा।'

पचास का नोट पाकर उस्मान अभी-अभी लौंडों को दिए रुपए का दर्द भूल गया। उसका कलेजा यही सोचकर बैठ रहा था कि उन पैसों से वह घर के लिए जरूरी अख़राज़ात कर सकता था। मगर उसने यह सोचकर सब्र कर लिया था कि आखिर उसने पैसे का सही इस्तेमाल किया। एक काफ़िर की पोल-पट्टी खोल दी। एक नापाक इंसान को मुहल्ले से निकाल फेंका। अब उसकी मुट्ठी में पचास रुपए थे। उस्मान ने सिद्दीकी साहब के हाथ थाम लिये 'आप आज हमारे यहाँ खाना खाएँगे। आपको मालूम नहीं, सुल्ताना बहुत अच्छे कबाब बनाती है।'

सुल्ताना को सिद्दीकी साहब ने कई बार बीड़ी के ठेकेदार के यहाँ पत्ते और तम्बाकू लेते देखा था। उनके नज़दीक सुल्ताना एक ऐसा फूल था, जो वक्त से पहले मुर्झा रहा था। उसके झीने कपड़े हमेशा उन कपड़ों के भीतर झाँकने की प्रेरणा देते थे। सिद्दीकी साहब को दिल्ली में देखा कैबरे याद आ गया। वे यही चाहते थे, उस्मान भाई इसरार करके सिद्दीकी साहब को अपने घर ले चलें। वे सुल्ताना को अभी, इसी वक्त देख लेना चाहते थे। सिद्दीकी साहब ने जेब से सब रुपए निकाल लिए। उनमें से दस का नोट अच्छन को दिया कि वह कहीं से अच्छा कीमा लाकर उस्मान भाई के यहाँ छोड़ आए।

घर जाकर सिद्दीकी साहब ने शेव बनाई। शेव बनाते समय उन्होंने सोचा कि अब समय आ गया

है, वे दाढ़ी बढ़ा लें। अपने सम्प्रदाय का प्रतिनिधित्व वे बग़ैर दाढ़ी के नहीं कर पाएँगे। सिद्दीकी साहब ने तय किया कि शादी तक वह इस ख़याल को स्थगित रखेंगे। उन्होंने ग्लीसरीन साबुन की नई पारदर्शी टिकिया निकाली और कन्धे पर तौलिया डालकर गुसलखाने में घुस गए। देर तक पानी गिरने की आवाज आती रही। सिद्दीकी साहब ने खूब विस्तारपूर्वक स्नान किया। इससे पहले वे दस-पाँच लोटे पानी उँडेलकर बाहर निकल आया करते थे। आज उन्होंने झाँवें से रगड़कर एड़ियाँ साफ़ कीं। अवांछित बाल साफ़ किए। शिकाकाई से सिर के बाल शैम्पू किए। बाद में जब उन्होंने सिर पर तेल लगाया तो बीसियों बाल हथेली पर चिपक गए। सिद्दीकी साहब अपने गिरते हुए बालों से चिन्तित हो गए। क्या वह तब शादी करेंगे जब सर पर चाँद निकल आएगी, उन्होंने मन ही मन एक सवाल किया। इस सवाल के जवाब में उन्होंने कन्नौज के इत्र की एक छोटी शीशी खोली और अपनी कलाई, बगलों और कानों में इत्र लगाने लगे। नया धोबी-धुला कुर्ता पाजामा पहन वह नीचे बैठक में चले आए और सिगरेट फूँकते हुए उस्मान भाई के बुलौए का इन्तज़ार करने लगे। दरवाज़ा खुलते ही पुलिस, तहसील और इंस्पेक्टरों से पीड़ित लोगों का मजमा लग गया। सिद्दीकी साहब फ़िलास-फ़राना अन्दाज़ में तमाम लोगों की शिकायतें, तकलीफ़ें सुनते रहे। वे देश में मुसलमानों के प्रति हो रहे भेदभाव पर अपना बयान दे रहे थे कि अचानक पसीने से लथपथ उस्मान भाई प्रकट हुए।

'आपको याद दिलाने चला आया। बस गोश्त पक रहा है।'

सिद्दीकी साहब सजे-सँवरे बैठे थे। अचानक झेंप गए, बोले, 'आज डी.एम. साहब के यहाँ भी दावत है। आपका इसरार है तो चला आऊँगा, मगर जल्दी रुख्सत कर दीजिएगा।'

'आप फिक्र न कीजिए, आपका ज़्यादा वक्त न लूँगा।' उस्मान भाई फौरन बाज़ार की तरफ बढ़ गए। दरअसल घर में ईंधन भी खत्म था। यहाँ तक कि नमक जैसी चीज भी नहीं थी। सच तो यह है उस्मान भाई को घर पहुँचते ही बेग़म से खूब डाँट पड़ी थी कि गोश्त लाते समय यह क्यों नहीं सोचा कि गोश्त पकाने के लिए चिकनाई है या नहीं। उस्मान भाई ने जेब से बीस का नोट निकालकर बेग़म को दिया तो बेग़म शान्त हुई। अब नोन तेल लकड़ी का इन्तज़ाम करते हुए उस्मान भाई की समझ में आया कि उन्होंने ज़ज़्बात की रौ में बहकर फ़िज़ूल में दावत दे डाली। घर में किसी के पास ऐसे कपड़े न थे कि सिद्दीकी साहब के सामने आ सके। उस्मान भाई ने माथा पीट लिया, मगर कोई चारा न था। साफ़ ज़ाहिर था, दस-ग्यारह से पहले खाना तैयार नहीं हो सकता था और सिद्दीकी साहब को डी.एम. साहब के यहाँ जाने की जल्दी थी। सामान खरीदकर उस्मान भाई एक कप चाय पीने के इरादे से अनवर के यहाँ रुके। उन्हें लग रहा था सिद्दीकी साहब को दावत देकर उन्होंने अपने लिए बवाल खड़ा कर दिया है। उस्मान ने चाय का पहला घूँट भरा था कि किसी ने इत्तिला दी कि सिद्दीकी साहब उसके यहाँ पहुँच चुके हैं। उस्मान ने चाय की दो-चार चुस्कियाँ लीं और थैला उठाए घर की तरफ़ लपके।

लालटेन के उजाले में उस्मान ने देखा, सिद्दीकी साहब आँगन में बैठे बेगम से बतिया रहे थे। सुल्ताना भी पास ही मोढ़े पर बैठी थी। उसकी कमीज़ बगलों से फटी थी। कमर पर से भी फटी थी। मगर सुल्ताना अपने कपड़ों से बेनियाज़ सिद्दीकी साहब से बतिया रही थी। उस्मान को देखते ही सिद्दीकी साहब ने उसे डाँटना शुरू कर दिया, 'म्याँ, यह भी क्या तरीका है जीने का कि घर में किसी के पास पहनने लायक कपड़े भी नहीं। यह तो अच्छा हुआ, मैं चला आया। बेगम को तुमने बच्चे पैदा करने की मशीन बना रखा है। सुल्ताना को देखो, यही एक जोड़ी कपड़ा उसके पास है। यह लो सौ का नोट, अभी जाओ और चौक से भाभी-जान और सुल्ताना के लिए एक-एक जोड़ी कपड़ा खरीद लाओ। मैं तो बेहद शर्मिन्दगी महसूस कर रहा हूँ कि मेरे रहते आप लोगों की यह हालत है। अब मुँह क्या ताक रहे हो, चलते हुए नज़र आओ। अल्लाह !' सिद्दीकी साहब ने सिर थाम लिया। उस्मान ने झोला बेग़म के हवाले किया और चौक की तरफ़ रवाना हो गया।

'आप चाय लीजिएगा या कबाब बनाए जाएँ ?' बेग़म ने पूछा।

'आप भी कैसी बात करती हैं भाभी।' सिद्दीकी साहब ने देखा, बेगम ने अपने को एक फटी धोती में लपेट रखा था। पल्लू हटते ही बेगम के शरीर की भरपूर जानकारी उन्हें हो गई। सिद्दीकी साहब बेकाबू हो रहे थे। उनके सामने एक जिस्म बेनकाब था। उनका मन हो रहा था, ज़ोर से चिल्लाएँ, 'हिन्दुओं, जुल्म खत्म करो।' मगर जब बेगम ने चाय के लिए अनुरोध किया तो वे खड़े हो गए। बेग़म को दोनों कन्धों से पकड़ लिया।

'फिर किसी रोज आऊँगा, मुआफ़ करें।'

सुल्ताना चूल्हा फूँकने चली गई थी। बेगम ने इस बार पल्लू गिरा रहने दिया। सिद्दीकी साहब ने जेब से एक और नोट निकाला और बेगम के हाथ में दबा दिया, 'सुल्ताना जवान हो रही है। उसे एक जोड़ी कपड़ा और बनवा देना। आज के बाद वह खुले मुँह न दिखाई देनी चाहिए। कल मैं एक बुर्का भी भिजवा दूँगा।'

बेगम फौरन सौ का नोट सन्दूक में रखने चली गईं। सिद्दीकी साहब चूल्हे की तरफ़ बढ़ गए जहाँ सुल्ताना चूल्हा फूँक रही थी। उसका कुर्ता पीठ के बीचोबीच कुछ इस अन्दाज़ से फटा था कि सुल्ताना की पीठ पर लालटेन की मद्धिम रोशनी में एक नन्हा-सा चाँद उग आया था। सिद्दीकी साहब की इच्छा हुई, आगे बढ़कर एक नन्हे बच्चे की तरह चाँद को थाम लें।

'परेशान न हो सुल्ताना, हम जा रहे हैं।' सिद्दीकी साहब ने कहा।

अब सुल्ताना उनके सामने खड़ी थी। उसकी आँखें नम थीं। पैरों की अँगुलियाँ ज़मीन कुरेद रही थीं।

'मुझे नहीं मालूम था, उस्मान भाई इस कदर गर्दिश में हैं।' सिद्दीकी साहब ने कहा और सुल्ताना को अपनी आगोश में ले लिया। सिद्दीकी साहब की आगोश में जैसे किसी ने अलाव जला दिया।

सुल्ताना सिर झुकाए उनकी आगोश में सिसक रही थी। सिद्दीकी साहब की जेब खाली थी। वह अपनी जेबें और दिल उँडेल देना चाहते थे, सुल्ताना के कदमों पर। उनका दिल उतना खाली नहीं था, जितना उनकी जेबें खाली हो गई थीं। बेगम के कदमों की आहट सुनकर उन्होंने एक सिगरेट सुलगाया और लम्बे-लम्बे कश भरते हुए वहाँ से रुख्सत हो गए।

●●

जितेन्द्र मोहन शर्मा ने अपने घर अनेक पत्र लिखे, मगर उसके किसी भी पत्र का उत्तर न आया। यहाँ तक कि उसकी बहन ने भी उसके खत का जवाब न दिया। उसे संवादहीनता की इस स्थिति से बहुत कोफ़्त हो रही थी। मगर उसके पास अब कोई दूसरा विकल्प न था। इस बीच विश्वविद्यालय में उसका प्रेम-प्रसंग कुछ इस गति से प्रचारित हुआ जैसे जंगल में आग लग गई हो। हर लब पर उसके और गुल के अफ़साने थे। वह जिधर भी निकलता लोगों की निगाहें, अँगुलियाँ और फब्तियाँ उसका पीछा करतीं। तंग आकर उसने दो माह की छुट्टी ले ली और प्रकाश को तार दिया कि वह फ़ौरन चला आए। शर्मा प्रकाश से बातचीत करके शादी की तिथि तय कर लेना चाहता था ताकि इस बीच किसी दूसरे विश्वविद्यालय में नौकरी प्राप्त करके इत्मीनान से शिमला चला जाए। बहुत दिनों से उसकी इच्छा चंडीगढ़ में कुछ वर्ष बिताने की थी। वहाँ के अध्यक्ष से उसके अच्छे सम्बन्ध थे, मगर कहा नहीं जा सकता था कि वे इस विवाह को कैसे लेंगे।

छुट्टी की पहली शाम उसने अज़ीज़न के यहाँ बिताने का ही फैसला किया और शाम होते-होते चौक की तरफ़ रवाना हो गया। विश्वविद्यालय के अनेक छात्र नेता शर्मा को बहुत मानते थे। उसे पूर्ण

विश्वास था कि इस विवाह को लेकर वे कोई बवाल नहीं करेंगे। छात्र संघ का अध्यक्ष रामधनी उसी के जिले का था और शर्मा ने उसे अपने विश्वास में ले रखा था। रामधनी शर्मा के इस निर्णय से प्रसन्न नहीं था, मगर उसने विरोध भी न किया और शाम को जब प्रोफ़ेसर चौक के लिए जा रहा था तो रामधनी उसके साथ हो लिया।

'आओ आज तुम्हें अपनी ससुराल में चाय पिलाएँ।'

'बाद में पिऊँगा,' रामधनी ने कहा, 'भूमिहारों की लॉबी आपके विवाह को स्कैंडलाइज़ करना चाहती है। वे लोग उर्दू विभाग के कुछ मुस्लिम छात्रों को भड़काने में सक्रिय हैं, मगर सफ़ल न होंगे।'

'मेरा तो उन लोगों से परिचय तक नहीं।' शर्मा बोला।

'दरअसल वे लोग वी.सी. को इस विवाह में 'इन्वाल्व' करना चाहते हैं। वी.सी. आपकी जाति के हैं और उन्हें वी.सी. के खिलाफ़ माहौल बनाने से मतलब है।'

वी.सी. से शर्मा के पुराने सम्बन्ध थे। वह उनकी जाति का ही नहीं था, उनका छात्र भी रहा था। वी.सी. ने स्वयं अन्तर्जातीय विवाह किया था, इसलिए वह इस विवाह के ख़िलाफ़ नहीं थे। शर्मा को याद है, जब वह छात्र था, वह कक्षा में प्रायः कहा करते थे कि यदि सजातीय विवाहों पर प्रतिबन्ध लगा दिया जाए तो दहेज की समस्या, जातीय एकता की समस्या तथा अन्य अनेक सामाजिक समस्याएँ अपने आप हल हो जाएँगी।

'आप फिक्र न कीजिए,' रामधनी ने कहा, 'मैं तमाम लोगों से निपट लूँगा। विश्वविद्यालय का पत्ता-पत्ता मेरे साथ है।'

शर्मा इस बात को लेकर सचमुच चिन्तित नहीं था। उसके पास चार प्रथम श्रेणी थीं, उसे नौकरी की उतनी चिन्ता नहीं थी। अब उसके पास अनुभव भी था। उसने रास्ते में एक जगह रामधनी को मसाला-दोसा खिलाया और उससे बिदा लेकर गली में घुस गया। इस गली में, जाने क्यों, उसका दम घुटता था। यह शायद शहर की सबसे ग़लीज़ गली थी। जगह-जगह कचरे के ढेर, खिड़कियों पर फटे-पुराने टाट के बोसीदा पर्दे, नंग-धड़ंग बच्चे, आवारा लड़के, बीड़ी फूँकते बूढ़े साज़ींदे। अँधेरा। घुटन। हर शख्स के चेहरे पर लाचारी, बेबसी और मनहूसियत। यह मृतप्राय जीवन उसे भीतर तक झँझोड़ जाता। मगर गुल के यहाँ दूसरा माहौल था, हासोन्मुखी सामन्ती माहौल मगर उसमें भी सड़ाँध थी। वह जल्द से जल्द गुल को इस गन्दगी से मुक्ति दिला देना चाहता था। सबसे पहले गुल पर ही प्रोफ़ेसर की निगाह पड़ी। हस्बेमामूल गुल बाल सुखा रही थी।

'क्या बाल रोज़ शैम्पू करती हो ?' प्रोफ़ेसर के मुँह से बेसाख्ता निकल गया।

'जिस रोज़ आपको आना होता है, ज़रूर करती हूँ !' गुल ने कहा।

प्रोफ़ेसर निरुत्तर। उसे लगता है, गुल से निरुत्तर होना।

'अम्मा कहाँ हैं ?'

'नमाज पढ़ रही होंगी। मैं उन्हें जब देखती हूँ, वह नमाज़ पढ़ रही होती हैं।'

'इसका मतलब है, दिन में कम से कम पाँच बार उन्हें जरूर देखती हो।'

'चलिए आपको नमाज़ की कुछ जानकारी तो हुई,' गुल बोली, 'चाय पीजिएगा या कुछ ठंडा।'

'ठंडा ही पिलाओ। ज़िगर जल रहा है।' प्रोफ़ेसर ने कहा।

गुल उठती, उससे पहले ही अज़ीज़न हाथ में ट्रे लिये चली आई। शर्मा खड़ा हो गया।

'बैठो-बैठो,' अज़ीज़न ने कहा, 'आज आपके लिए बहुत नायाब चाय मँगवाई है।'

'ये प्याले कितने खूबसूरत हैं।' शर्मा बोला।

'जापानी हैं,' अज़ीज़न ने कहा, 'ये गुल के लिए सँभालकर रखे हैं। गुल के लिए मैंने बहुत-सी चीज़ें रखी हुई हैं। आप देखेंगे तो मेरी अक्ल पर तरस खाएँगे।'

अज़ीज़न उठी और बगल के कमरे में चली गई। लौटी तो उसके हाथ में एक पाजेब थी। हीरों

से जड़ी पाजेब।

'यह पाज़ेब कैसी है ?'

शर्मा ने पाजेब हाथ में ली और दाम पूछने की इच्छा हुई। उसके मुँह से बेसाख्ता निकल गया, 'इसका दाम पचास हज़ार से कम न होगा।'

'मुझे इसका कुछ ज्ञान नहीं है।' अज़ीज़न ने कहा। शर्मा अज़ीज़न के आर्थिक पक्ष से अपरिचित था। अचानक वह अपने को बहुत दीन-हीन महसूस करने लगा।

'मेरे पास तो आपकी बिटिया को देने के लिए कुछ भी नहीं है। एक छोटा-सा 700-1600 का स्केल है।'

अज़ीज़न हँसी, 'हम लोग अगर डरती हैं तो असुरक्षा से। इसीलिए इतना जुड़ गया। सरकार तो पेंशन देती नहीं।'

पाज़ेब देखकर शर्मा बहुत सिमट गया था। उसकी कल्पना में भी न था कि बुढ़िया के पास इतनी सम्पत्ति है। उसे अन्दर ही अन्दर गुदगुदी भी हुई। उसे लगा कि वह अपने बाबू को अगर बातों-बातों में भी बता देगा कि उनकी समधिन इतनी रईस है तो वे शायद अनुमति दे दें, मगर वह जानता था कि ऊपर से वह यही उत्तर देंगे कि इस हराम की कमाई पर वह थूकते भी नहीं।

'बेटा आप सोच रहे होंगे, यह बुढ़िया अपनी कमाई की धौंस जमा रही है,' अज़ीज़न बोली, 'सच पूछो तो मुझे अगर कोई गुमान है तो अपने गले पर और गले में कितनी शक्ति है, ध्वनि में कितनी शक्ति है, इसका अनुमान आप एक घटना से लगा सकते हैं।'

'अम्मा अब रहिमन बाई का लम्बा बोर किस्सा सुनाने न बैठ जाना।' गुल ने कहा।

शर्मा की अभी उठने की इच्छा न थी। गुल थी और चाय। अम्माँ भी खूब मूड में थीं।

'आप सुनाइए, मुझे बड़ी अच्छी लग रही हैं आपकी बातें।'

'रहिमन बाई का नाम तो आपने सुना होगा ?'

'मैंने आज तक किसी बाई का नाम नहीं सुना था।'

गुल खिलखिलाकर हँस पड़ी।

'बहरहाल रहीमवाली बाई का नाम कौन नहीं जानता।'

'अम्माँ यह बताना तो भूल ही गईं कि रहिमन बाई आज से लगभग दो सौ साल पहले हुई थीं...।' गुल बोली।

'चुप रहो।' अज़ीज़न ने बाल झटके और आँखें मूँद लीं, मानो रहिमन बाई के सौन्दर्य का मन ही मन पान कर रही हो, 'तीर्थराज प्रयाग में रहिमन बाई की भेंट एक खत्री साहूकार मोनीशाह से हुई। मोनीशाह भी संगीत-प्रेमी साहूकार थे। देश के कोने-कोने से नरेश लोग रहिमन बाई की ठुमरी सुनने बाबू साब की कोठी पर आया करते थे।'

'अचानक सेठजी भयंकर रूप से बीमार पड़ गए। वे ऐसा बीमार पड़े कि वैद्य, हकीम सब हार मानकर रह गए। यहाँ तक कि बाबूजी को जमीन पर लिटा दिया गया। हर सिम्त मातम का माहौल तारी हो गया।'

'अचानक लोगों ने देखा कि मक्खन-से सफ़ेद कपड़ों में हाथ में तानपूरा लिये एक देवी प्रकट हुई। उसके बाल बिखरे हुए थे। तानपूरे के स्वर के बीच अचानक उस देवी ने अलाप शुरू किया। ज्योंही स्वर पंचम पर पहुँचा अचेत बाबू साब की अँगुलियाँ थिरकने लगीं। थोड़ी देर में बाबू साब की आँखें भी खुल गईं। वहाँ उपस्थित सभी नाते-रिश्तेदारों और हकीम-वैद्यों ने देवी को प्रणाम किया और बाबू साब की सेवा में जुट गए।...'

'इस घटना के बाद बाबू साब छः वर्ष और जीवित रहे।' गुल ने कथा का समापन करते हुए राहत की साँस ली।

'चुप रह मालज़ादी,' अज़ीज़न बोली, 'मैं तो इस लड़की से बेहद परेशान हूँ। इसकी शादी हो तो मैं छुट्टी पाऊँ। मेरी तो जान साँसत में रहती है। पन्द्रह मिनट भी इसे कहीं देर हो जाती है तो मेरी जान निकलने लगती है।'

'शादी हो जाएगी तो आप इसके बिना कैसे रहेंगी ?' शर्मा खुशामद पर उतर आया था।

'इसको एक मोटर ले दूँगी ताकि दिन में एक बार अपनी माँ को सूरत दिखा जाया करे।' अज़ीज़न बोली।

'अम्मा मैं तुमसे एक कौड़ी न लूँगी।'

'मैं अपने बेटे को दे दूँगी।' अज़ीज़न शर्मा के सर पर हाथ फेरने लगी। शर्मा को अपनी माँ की बहुत तेज़ याद आई। बरसों से उसने माँ का प्यार नहीं पाया था। उसकी आँखें गीली हो गईं।

'अम्माँ मुझे सिर्फ बिटिया दे दो। और कुछ नहीं चाहिए। मैंने तो बहुत पहले तय कर लिया था कि दहेज में कुछ न लूँगा।'

'हम डेरेवालियाँ हैं, अपनी इज़्ज़त के लिए मर-पिटती हैं,' अम्माँ बोलीं, 'आपके लिए एक और किस्सा आ रहा है, जब वायसराय हुजूर ने अम्माँ की बुआ का नाच देखा था।' कहकर गुल खिलखिलाकर हँस पड़ी।

'यह लड़की तो मुझे बोलने ही नहीं देती,' अचानक अज़ीज़न को गुस्सा आ गया, 'चल, जाकर पढ़ो-लिखो। पढ़ने की इच्छा न हो तो मास्टरजी को बुलवाकर रियाज करो।'

'अब हम न बोलेंगे।' गुल ने कहा और चाय के बर्तन उठाकर चली गई। शर्मा ने सोचा अब सन्तोष करके उसे भी लौट जाना चाहिए।

अज़ीज़न ने प्रोफ़ेसर को उखड़ते देखा तो वहीं से आवाज़ दी, 'ऐ गुलिया, एक गर्म-गर्म चाय तो लाना।'

प्रोफ़ेसर के दम में दम आया। वह छत पर लटकते काँच के फानूस देखने लगा। फिर खिड़की के बाहर। गली में कोई फ़कीर दुआएँ लुटाता हुआ गुज़र रहा था : ये फ़कीर दुआ करते हैं कि खुदा आपको रोज़गार दे।

'गुल तो अभी नादान लड़की है, चीजों को समझने की कोशिश ही नहीं करती। उसे समझना चाहिए हमारे खानदान की क्या इज्जत है और संगीत में हमारे खानदान का कितना नाम है। उसे समझना चाहिए या नहीं ?'

'ज़रूर समझना चाहिए,' शर्मा ने कहा, 'मगर अब उसकी दुनिया बदल जाएगी।'

'तुम भी लाला उसी की तरह सोचते हो। मगर अपने खानदान को कभी कोई भुला सकता है ?'

'अम्माँ आप भूल कर रही हैं। अभी इनका और हमारा खानदान अलग-अलग है।' गुल चाय ले आई थी।

अम्माँ ने घूरकर गुल की तरफ़ देखा। गुल कन्धे उचकाकर और जुबान बाहर निकालकर चाय बनाने लगी। गुल की ज़ुबान गोश्त की बोटी की तरह लाल थी। शर्मा ने सोचा, कितना अच्छा है, इसे कब्ज़ नहीं है। गैस की शिकायत भी न होगी। उसकी अपनी माँ को हर चीज़ से गैस हो जाती थी और वह घर में चारों तरफ़ बहुत परेशान मुद्रा में घूमा करती थीं। इस समय वह गुल के साथ बालू पर होता तो कहता, 'गुल यह तुम्हारी ज़ुबान है या लालीपॉप।' मगर उसने कहा, 'अम्माँ आपकी दुनिया के बारे में मेरी कोई जानकारी नहीं, हर बात मुझे बहुत नई-नई लग रही है।'

'अच्छा सुनो। एक बार हुज़ूर वाइसराय साहब एक ऐसी महफ़िल में शरीक हुए, जिनमें हमारी बुआ भी हाजिर थीं। हुज़ूर वाइसराय साहब ने उनका गाना सुना और नाच देखा। अगले ही रोज मद्रास की हिन्दू सोशल रिफार्म एसोसिएशन ने बीसियों मुअज़्ज़ज़ नागरिकों से दस्तख़त करवा के एक मेमोरेंडम वाइसराय और गवर्नर जनरल ऑफ इंडिया के पास भेजा, जिनमें बहुत-सी फिजूल बातों के बाद अन्त

में दरख्वास्त की गई थी कि वह ऐसे किसी भी जलसे में शामिल न हों जिनमें तवायफें भी मौजूद हों। आप जानते हैं हुज़ूर वाइसराय साहब ने क्या उत्तर दिया ?'

'अब अम्मा आलमारी की चाबी ढूँढ़ेंगी, फिर आलमारी खोलेंगी और कम से कम बीस मिनट में हुज़ूर वाइसराय साहब के जवाब का उर्दू तर्जुमा निकालकर लाएँगी जिसकी वसीयत उनकी इन्दौरवाली बुआ ज़मीन के साथ अम्माँ के नाम कर गई थीं।'

इस बार अम्माँ नाराज़ न हुईं। अपनी कमर से चाबी निकालकर झट से हुज़ूर वाइसराय साहब का ख़त, अपनी बुआ की तस्वीर और उनकी 'विल' की मूल प्रति उठा लाईं।

'तुम उर्दू तो जानते नहीं। मैं ही तर्जुमा करके तुम्हें सुनाती हूँ। जाओ गुल बिना हुज्जत किए मेरा चश्मा उठा लाओ।'

गुल ने मुस्कुराते हुए शर्मा की तरफ़ देखा और अपनी गोद से चश्मा उठाकर अम्माँ को थमा दिया, 'हमें मालूम था, आज आपको चश्मे की ज़रूरत पड़ेगी।'

शर्मा ने तारीफ़ की निगाहों से गुल की तरफ़ देखा। अम्माँ ने लाड़ से। अम्माँ ने अभी चश्मा पहना भी नहीं था कि हुज़ूर वाइसराय साहब का ख़त पढ़ना शुरू किया :

वाइसराय लॉज, शिमला,
सेप्टेम्बर 23, 1883

श्रीमानजी !

मुझे हुज़ूर वाइसराय की आज्ञा हुई है कि मैं आपके उस पत्र की आपको पहुँच दूँ जिसमें आप तथा आपके दूसरे सहयोगियों ने हुज़ूर वाइसराय से यह प्रार्थना की है कि वह उन सब जलसों में सम्मिलित होने से इनकार कर दिया करें, जिसमें कि वेश्याओं के नाच का भी प्रोग्राम हो। आप अपनी प्रार्थना का आधार यह बतलाते हैं कि यह सब नाचनेवाली स्त्रियाँ एकदम बाज़ारू वेश्याएँ हैं, जिनको किसी भी प्रकार से सहायता तथा प्रोत्साहन नहीं मिलना चाहिए। हुज़ूर वाइसराय ने अपनी ओर से मुझे यह उत्तर देने की आज्ञा दी है कि वह आपके इस पुरुषार्थ को प्रशंसा की दृष्टि से देखते हैं, पर जिस प्रकार की घोषणा करने की आप हुज़ूर वाइसराय से इच्छा रखते हैं, उस प्रकार की घोषणा करने में हुज़ूर वाइसराय की सम्मत्ति में कोई लाभ नहीं होगा। भारतवर्ष का भ्रमण करते हुए हुज़ूर वायसराय को ऐसे जलसों में शामिल होना पड़ा है, जहाँ कि वेश्याओं का नृत्य भी प्रोग्राम में था। वहाँ वेश्याओं का नाच हुज़ूर वाइसराय ने देखा है। हुज़ूर वाइसराय को उस नाच में कोई ऐसी बात दिखाई नहीं दी जिससे कि सर्वसाधारण के चरित्र पर बुरा प्रभाव पड़ता हो। इस कारण हुज़ूर वाइसराय आपकी प्रार्थना स्वीकार करने में असमर्थ हैं।...

'हुज़ूर वाइसराय साहब का यह पत्र आपको कहाँ से मिला ? शर्मा ने आश्चर्य से पूछा।

'लीजिए, एक और कहानी।' गुल ने कहा।

अम्माँ हँसते-हँसते लोट-पोट हो गईं।

'बुआजी को यह पत्र एसोसिएशन का एक सरगरम सदस्य ही दे गया था !' अम्माँ बोलीं, 'वह खुद बुआ जी की कला का बहुत प्रशंसक था, मगर नगर का सभासद होने के नाते उसे एसोसिएशन में शामिल किया गया था।'

'बहुत खूब, बहुत खूब !' शर्मा बोला, 'आपके पास तो प्रशंसकों का इतना बड़ा ख़ज़ाना है कि आप एक बहुत सुन्दर पुस्तक लिख सकती हैं।'

'न, यह काम मैं कभी न करूँगी। अपने घर आनेवाले शख्स के बारे में हम कोई भी बात दूसरों से नहीं कहतीं, लिखना तो दूर की बात है। हम क्या-क्या नहीं जानतीं, मगर मजाल है हमारी जुबान

पर कोई बात आ जाए।'

'आप ठीक फरमा रही हैं। हर व्यवसाय की अपनी एक आचार-संहिता होती है।' शर्मा बोला, 'मगर आप बिना किसी का नाम लिये भी तो लिख सकती हैं।'

'न न, हम अपने उसूलों से कभी नहीं डगमगातीं। रेडियो स्टेशन से कई बार गाने के लिए बुलौआ आता है, मगर हम एक बार भी नहीं गए। हमारा उसूल है, जिसकी संगीत में दिलचस्पी है, हमारे यहाँ खुद आए। आपने देखा होगा बहुत अच्छी गानेवालियाँ कभी रेडियो स्टेशन की तरफ़ मुँह नहीं करतीं।'

'ऐसी बात तो नहीं,' शर्मा बोला, 'कई अच्छी गानेवालियाँ रेडियो पर ग़ज़लें-भजन सुनाती हैं।'

'मगर अम्माँ, मैं रेडियो पर गाऊँगी।'

'अगर तुम्हारे खाविन्द इज़ाज़त देंगे।' अम्माँ ने पूछा, 'क्यों ठीक बात है न ?'

'मैं खुद एक-दो बार रेडियो गया हूँ, तुम्हें क्यों रोकूँगा।' शर्मा बोला।

'यहाँ तक कि हमारे साज़िन्दे भी वहाँ जाना पसन्द नहीं करते। वही लोग गए हैं, जिनकी भूखों मरने की नौबत आ गई थी।' अज़ीज़न बोली, 'मगर ऐसे भी थे जो भूखों मर गए, पर आखिर तक अपनी ज़िद पर डटे रहे।'

शर्मा खड़ा हो गया, 'आपसे बात करना बहुत अच्छा लगा।'

'हम तो बातों की ही कमाई खाते हैं,' अज़ीज़न बोली, 'आज मैं कुछ ज्यादा बोल गई। मगर एक बात बताऊँ, बोलने में मेरी बिटिया बीस ही होगी, उन्नीस नहीं। अभी आपके सामने ही गुमसुम बैठी है।'

गुल से शर्मा की आँखें चार हुईं। गुल की आँखें झुक गईं। गुल की लम्बी पलकों के नीचे जैसे पारा बन्द था। शर्मा से बात करके अज़ीज़न के दिल पर जैसे पत्थर की भारी सिल हट गई।

उसने इच्छा प्रकट की कि शर्मा खाना खाकर ही लौटे। खाना खाने में इतनी देर हो गई कि अज़ीज़न ने उसे रुक जाने को कहा। शर्मा तैयार हो गया। वह यही चाहता था।

बगल के कमरे में शर्मा का बिस्तर लग गया। बिस्तर एकदम कोरा था। नए कपड़ों की एक अपनी महक होती है। हर नई चीज़ की निजी महक होती है। शर्मा ने देखा पलंग पर चार इंच का फ़ोम था। महफ़िलों की तस्वीरें इस कमरे की दीवारों पर भी लटक रही थीं। उसने उठकर तस्वीरें नहीं देखीं। बत्ती बुझा दी और गुल के ख़यालों की चादर तानकर आँखें मूँद लीं।

अगले दिन शर्मा जब घर पहुँचा, प्रकाश उसका इन्तज़ार कर रहा था।

'बेटे तुम्हारा तार मिल गया था। मैं उसी समय चल पड़ा।' प्रकाश ने उसकी पीठ पर धौल जमाते हुए कहा, 'कहो देवदास, रात कहाँ गायब थे, पार्वती बहुत दुख दे रही है ?'

'साले तुम दो सौ किलोमीटर चलकर आ रहे हो। तुम्हें चाहिए थोड़ा सुस्ता लो उसके बाद हमला बोलो। रात मैं पार्वती के पास ही रह गया था।'

'मेरी तो इच्छा हो रही थी कार से उतरते ही माशूका का नाम इतनी ज़ोर से लूँ कि तुम्हारे पड़ोसी बाहर निकल आए।'

'तुम साले कलेक्टरी कैसे करते हो ?'

'कुर्सी पर एक दूसरा प्रकाश होता है।' वह बोला, 'दोस्तों के बीच जो मज़ा है वह सचिवालय में नहीं ?'

शर्मा ने जल्दी से चाय बनवाई और कुर्सी पर पसर गया, प्रकाश भी दीवार के सहारे पीठ टिकाकर वहीं उसके पास बैठ गया।

'क्या हुआ भूतनी के !' प्रकाश बोला, 'ताऊजी कुछ नर्म पड़े या वैसे ही ऐठें हैं ?'

'बेहद तनाव है !' शर्मा बोला, 'अब तो वे लोग मेरे ख़तों का भी जवाब नहीं देते !'

प्रकाश ने वहीं ताक पर रखा गाज़ियाबाद की श्रीमती गोपी देवी पुत्री ला. नत्थूमल (स्वर्गवासी) सरकारी वकील का लेख उठा लिया। वह लेख का पाठ कर रहा था और दाद दे रहा था। प्रकाश को मनोरंजन की अच्छी सामग्री मिल गई थी। बीच-बीच में वह लेख गोद में रखकर हँसते-हँसते लोटपोट हो जाता।

'वाह-वाह तबीयत खुश कर दी श्रीमती गोपी देवी ने।' प्रकाश ने लेख जहाँ से उठाया था, वहीं रख दिया।

'मैं अपने माता-पिता के व्यवहार से बेहद दुःखी हूँ,' शर्मा बोला, 'मुझे बेहद तकलीफ़ हो रही है। इस उम्र में मैं उन्हें इस तरह का धक्का भी नहीं देना चाहता था। जाने वे लोग किस धातु के बने हैं कि टस से मस नहीं हो रहे।'

'बूढ़े लोग अक्सर लालची हो जाते हैं और अपने लालच को किसी न किसी आदर्श में छिपा दिया करते हैं।'

'जैसे ?'

'जैसे जब मेरी शादी हो रही थी, मेरे पिता लड़कीवालों पर ऐसी दोधारी तलवार भाँजते थे कि मैं देखता रह जाता था।'

'प्रकाश अब तुम्हीं बताओ मैं क्या करूँ ?'

'तुम आत्महत्या कर लो,' प्रकाश बोला, 'मगर वह घटिया काम है।' वह अपने पूरे दाँत और मसूढ़ों को बेनकाब करता हुआ खूब हँसा और फिर ज़रा गम्भीर होकर बोला, 'अगर वाकई उस लड़की को चाहते हो तो शादी कर लो।'

'तुम साले मेरी समस्या को समझने की कभी कोशिश नहीं करोगे। मेरे प्रति तुम्हारा यही रवैया था तो मेरे बुलाने पर चले क्यों आए ?'

'पहले मुझे लड़की दिखाओ। उसके बाद उसकी माँ से मिलवाओ। उसके बाद यार मुझे खुला छोड़ दो। मैं एक फटा-सा कुर्ता पहनकर, नज़दीक से वेश्याओं की ज़िन्दगी देखना चाहता हूँ। यार हमारी पीढ़ी के साथ सरकार ने बहुत ज़्यादती की। जब तक हम लोग जवान हुए, बाज़ार उठ गए। लड़की का दाम इतना बढ़ गया कि तुम्हारे जैसे लोग प्यासे ही रह गए।'

'तुम अपने पद के नशे में चूर हो। तुम अभी वापस लौट जाओ। तुम्हें मुझसे हमदर्दी होती तो इस तरह फूहड़पन से पेश न आते।'

प्रकाश ने शर्मा के गले में बाँह डाल दी और बोला, 'तुम निहायत बेवकूफ़ आदमी हो और चाहते हो तुम्हारी बेवकूफ़ी का मैं भी भागीदार बनूँ। यही न। देखा पुत्तर, हिन्दुस्तान में शादी एक बार होती है। कुछ खुशनसीब लोगों की बीवियाँ पहले ही प्रसव में मर जाती हैं, मगर बेटे यह भी तो हो सकता है कि तुम भावुकता में शादी कर लो और बाद ज़िन्दगी भर गले में ज़ंजीर डालकर पछताते रहो।'

'मुझे लग रहा है मैं तुम्हारी कोई भी बात समझने के काबिल नहीं रहा,' शर्मा बोला, 'मैंने अमृत को तार दिया होता तो वह मुझे समझने की ज़्यादा कोशिश करता।'

'अमृत कहाँ है ?' प्रकाश ने बिना आहत हुए पूछा।

'वह दिल्ली में टीचर है।' शर्मा ने बेदिली से बता दिया।

'तुम उसी के लायक हो। जो आदमी ज़िन्दगी में टीचर होकर रह जाता है, उसकी क्षमताओं का मैं अन्दाज़ लगा सकता हूँ। वह क्लास का सबसे तेज़ लड़का था, जाकर मास्टरी के कुएँ में गिरा। देखा जाए तो तुम दोनों का एक ही गोत्र है। तुम्हारी हालत देखकर मुझे लगता है उसने भी तुम्हारी तरह आदर्शवाद में किसी विधवा का ही कल्याण किया होगा।'

'उसकी शादी भी एक टीचर से ही हुई है। दोनों मज़े में हैं।'

'अब तक उसके पाँच बच्चे हो चुके होंगे,' प्रकाश बोला, 'उसने जमुनापार एक मकान भी बना लिया होगा और सोच रहा होगा वह बहुत सफल आदमी है।'

शर्मा दो-तीन वर्ष पहले अमृत से मिला था। तब तक उसकी पत्नी चार बच्चों को सफलतापूर्वक जन्म दे चुकी थी, पाँचवाँ गिर चुका था, जिसे लेकर मियाँ-बीवी अक्सर उदास रहते थे। शायद इसी ग़म में उन लोगों ने ज़मीन ख़रीद ली थी जमुनापार ही। मकान के लिए ऋण लेने के लिए वह बीमा कम्पनियों के दफ़्तरों की धूल फाँक रहा था।

'औसत हिन्दुस्तानी, हिन्दुस्तान में एक ठो मकान बनाने या दो ठो लड़कियाँ ब्याहने के लिए ही पैदा होता है,' प्रकाश चिल्लाकर बोला, 'सालो। लड़कियों की शादी करो और मकान बनवाओ।'

शर्मा को प्रकाश की बातें अच्छी लग रही थीं, मगर वह विरोध का रवैया अपना चुका था। उसने प्रकाश को चोट पहुँचाने के इरादे से कहा, 'अच्छा, सच बताओ। तुम्हारे घर में फ्रिज़, स्टीरियो, कुकिंग रेंज और ऐयाशी का दूसरा सामान कहाँ से आया ? यह सब चीज़ें तुम्हारी तनख्वाह से तो नहीं खरीदी जा सकतीं।'

'ये सब चीज़ें मैंने दहेज में ले ली थीं।' प्रकाश ने ताली बजाई और काठ के घोड़े की तरह तीन-चार कदम चलकर कुर्सी पर लौट आया।

'तुम्हें शर्म नहीं आई दहेज लेते ?' शर्मा ने पूछा।

'मेरे बाप को आई होगी।' प्रकाश ने एक बार फिर ताली बजाई और कुर्सी से उठकर हँसते हुए नीचे फ़र्श पर बिछी दरी पर लेट गया और वहीं लेटे-लेटे उसने ड्राइवर को इतनी ज़ोर से आवाज़ दी कि वह दरवाज़ा खोलकर तुरन्त हाज़िर हो गया।

'देखो बेटे,' उसने संयत होते हुए कहा, 'दो बियर निकाल लाओ।'

प्रकाश ने शर्मा के बिस्तर से एक तकिया निकाला और वहीं फर्श पर बिस्तर जमा लिया।

ड्राइवर होशियार था। बोतल तो लाया ही, दो मग भी उठा लाया। प्रकाश ने उसे हिदायत दी कि होशियारी से दोनों गिलास भर दे। उसके गिलास भरते-भरते शर्मा भी तकिया उठाकर प्रकाश के पास चला आया।

'साले, तुम मुझको निहायत गैर-जिम्मेदार इंसान समझ रहे होगे, मगर मैं रास्ते-भर सिर्फ़ तुम्हारे बारे में सोचता हुआ आया हूँ। मेरी सिर्फ़ यह ख्वाहिश है कि तुम किसी मास्टरनी से शादी करो या रंडी की औलाद से, मगर खुश रहो।'

'देखो प्रकाश, मैं ऐसी भाषा सुनने का आदी नहीं हूँ। अगर मैं गुल से शादी करता हूँ तो क्या तुम उसे सिर्फ़ रंडी की औलाद ही मानते रहोगे ?'

'तो क्या किसी राजे-महाराजे की औलाद मान लूँगा ?'

'ऐसी रियायत मत करो,' शर्मा बोला, 'मगर बात करने का शऊर आना चाहिए। किसी को उसकी माँ के खसम का बेटा कहने से क्या बात ज्यादा बाअसर हो जाती है ?'

प्रकाश फिर हँसने लगा, उसने तकिया अपनी छाती के नीचे दबा लिया और बियर का एक लम्बा घूँट भरा कि गिलास आधे से भी ज्यादा खाली हो गया। उसने थोड़ी देर के लिए आँखें मिचमिचाई और बोला, 'एक बार फिर यही बात कहो। हमने तो सरकारी नौकरी में यही सीखा है कि अगर तथ्य ठीक हों तो सब ठीक है। मेरी माँ ज़रूर मेरे बाप की पत्नी है, इसमें शक की क्या गुंजाइश। मगर यह सिर्फ बात कहने का अन्दाज़ है। इससे ज़्यादा मैं तुम्हारी बात को कोई अहमियत नहीं देता, मगर तुम यार भावुक आदमी हो और मुझे भावुकता से एलर्जी है। एलर्जी।' प्रकाश सहसा वहशियाना तरीके से अपनी ठुड्डी खुजलाने लगा जैसे ठुड्डी पर एलर्जी आ गई हो, 'मेरी ठुड्डी पर अक्सर खुजली हो जाती है। मेरी बीवी का ख़याल है कि मुझे बियर से एलर्जी है, जबकि मेरा ख़याल है कि मुझे उसी से एलर्जी है।'

वह फिर हो-होकर हँसने लगा। शर्मा को मालूम है कि वह शख़्स मन का बुरा नहीं। ज़रा-सा पटाने पर राह पर आ जाएगा। उसने कहा, 'बाबू साब। यह बताइए कि बन्दा क्या करे ? तुम्हारी ठुड्डी खुजलाने से तो मेरी समस्या हल न होगी।'

'पहले अपना गिलास ख़त्म करो।'

शर्मा ने एक ही घूँट में गिलास ख़त्म कर दिया।

'सुनो, मेरी जान ! वही करो जो तुम्हारा मन कहता है,' प्रकाश उसकी जाँघ पर हाथ जमाते हुए बोला, 'सुनो, बाकी सब बकवास है। दुनिया फ़ानी है।'

'वही करूँगा। मगर तुम्हें साथ देना होगा।' शर्मा ने कहा।

'अच्छा यह बताओ, गुल की अम्माँ की जायदाद कितनी है। मैं ऐसी-ऐसी डेरेदार तवायफों को जानता हूँ, जिनके पास लाखों की सम्पत्ति है,' प्रकाश बोला, 'मगर उनकी सम्पत्ति के पीछे बहुत से लोग दाँव लगाए बैठे रहते हैं।'

'जायदाद वगैरह के मामले में मैं कुछ नहीं जानता। इतना जरूर है कि पिछली बार बाईजी ने एक पाज़ेब दिखाई थी, जिसमें हीरे-जवाहरात जड़े थे। उस एक पाज़ेब का दाम चालीस-पचास हज़ार से कम न होगा।'

'वाह-वाह,' प्रकाश उछल पड़ा, 'तब तो बेटे तुम्हारी किस्मत फिर जाएगी। गुल का कोई और भाई-बहन है क्या ?'

'मेरी समझ में वह इकलौती बेटी है।' शर्मा बोला।

'बहुत खूब कल दिन में बाईजी से मुलाकात करेंगे,' प्रकाश बोला, 'कल ही यह रिश्ता तय कराता हूँ। अच्छा होता कनक को भी साथ लाता।'

'उसकी अम्माँ अपने ही घर से शादी करने को कह रही थी।'

'इसमें क्या बुराई है। पूरी बारात ले जाएँगे। शिवजी की बारात। शहर के विधायक और सांसद ऐसे मौकों की प्रतीक्षा में रहते हैं। डी.एम., प्रशासक, डी.आई.जी. को मैं अपनी तरफ से दावत दे दूँगा। इससे तुम्हारी जान को भी खतरा न रहेगा। तमाम अफ़सरों की बीवियों को यह बाज़ार भी देखने को मिल जाएगा।'

'मगर मेरे माँ-बाप।'

'देखो शादी करनी है तो माँ-बाप को भूल जाओ। मैं उन लोगों को जितना जानता हूँ, उसके आधार पर कह सकता हूँ कि वे शामिल न होंगे,' प्रकाश बोला, 'बाद में, अब बाद में ही उनसे निपटा जाएगा।'

शर्मा को यह सब सोचना बहुत बुरा लग रहा था। बग़ैर माँ-बाप भाई-बहन के शादी की बात सोचना उसे बहुत अश्लील लग रहा था। मगर यह भी तय था कि उसके सामने दो ही रास्ते थे—अपने माँ-बाप की मान ले या अपनी पसन्द की लड़की से शादी कर ले। दोनों की खुशियाँ आपस में टकरा रही थीं।

अगले रोज़ सुबह उठते ही प्रकाश ने शेव बनाई और कपड़े वहीं ड्राइंगरूम में उतारकर तौलिया लपेट गुसलखाने में घुस गया।

'नाश्ता बाईजी के यहाँ ही लेंगे।' प्रकाश बाथरूम से चिल्लाया। शर्मा ने भी जल्दी से हाथ-मुँह धो लिया और तुरन्त ही वे लोग अज़ीज़न बाई के यहाँ जाने के लिए गाड़ी पर सवार हो गए।

'कार ठीक बाईजी के कोठे के सामने रुकेगी।' प्रकाश बोला।

'गली इतनी सँकरी है कि कार का वहाँ तक जाना मुमकिन नहीं,' शर्मा बोला, 'अगर खुदा न खास्ता चली भी गई तो बैक करना मुश्किल होगा।'

'चिन्ता मत करो यह ड्राइवर का सरदर्द है।' प्रकाश ने कहा।

कार बाईजी के घर के ठीक सामने जाकर रुक गई। प्रकाश ने ड्राइवर को दो बार हार्न बजाने के लिए कहा। सँकरी गली में कार आ जाने से आगे का और पीछे का रास्ता रुक गया। गली के अनेक बच्चे कार के इर्द-गिर्द इकट्ठे हो गए। दोनों तरफ रिक्शा, स्कूटर और साइकिलों की भीड़ जमा हो गई।

ड्राइवर ने उतरकर दरवाज़ा खोला। कार का दरवाज़ा बाईजी की दीवार से टकराया और प्रकाश सिकुड़कर कार के बाहर निकला, उसके पीछे-पीछे शर्मा। ऊपर से किसी ने चिलमन उठाकर देखा। एक गोरी कलाई देखकर ही प्रकाश की तबीयत बाग-बाग हो गई। उसने आँख के इशारे से अपनी खुशी का इज़हार किया और शर्मा के साथ-साथ ज़ीना चढ़ने लगा।

ऊपर पहुँचते ही प्रकाश ने तोता देखा तो बोला, 'कहिए गंगारामजी खैरियत तो है।' तभी उसकी नज़र नफ़ीस पर पड़ी।

'आदाब अर्ज़ हैं मियाँ !' प्रकाश बोला, 'अन्दर बाईजी से बोलो कि डी.एम. साहब आए हैं।'

नफ़ीस दोनों मेहमानों को अन्दर बैठक तक ले गया। प्रकाश कमरे में लगी बाईजी की तस्वीरों को ग़ौर से देखने लगा।

'खंडहर बता रहे हैं इमारत हसीन थी।' प्रकाश शर्मा के कान में धीरे से फुसफुसाया। अन्दर से अज़ीज़न नमूदार हुई तो वह आदाब के लिए झुकते हुए बोला, 'आदाब अर्ज़। ख़ाकसार शर्मा का जिगरी दोस्त है और इसे प्रकाश कहते हैं।'

'तशरीफ़ रखिए,' अज़ीज़न ने सामने बैठने के लिए इशारा करते हुए कहा, 'खुश- आमदीद।'

प्रकाश कुर्सी पर पसर गया, 'कल इसका तार मिला तो चला आया।'

'ये बहराइच में डी.एम. रहे हैं,' शर्मा ने परिचय देते हुए कहा, 'हम दोनों एम.एस-सी. तक साथ पढ़े हैं।'

'बहुत खुशी हुई आपसे मिलकर,' अज़ीज़न ने कहा, 'आप दोनों की मुहब्बत बरकरार रहे।'

'मुआफ़ कीजिए,' प्रकाश ने बाएँ कूल्हे पर बल देकर बैठते हुए कहा, 'इस वक्त मैं शर्माजी का बड़ा भाई या पिता बनकर ही हाज़िर हुआ हूँ। शर्माजी ने मुझे आपके बारे में सब कुछ बता रखा है। उसकी तफ़सील में जाने का कोई मौका नहीं है। अगर आपकी इच्छा है कि बारात इसी गली में आए तो मुझे जाती तौर पर कोई ऐतराज नहीं। बारात में विधायकों, सांसदों, कलाकारों, मित्रों के अतिरिक्त नगर के जिलाधीश, डी.आई.जी.,एस.पी., एस.एस.पी. सपरिवार सम्मिलित होंगे। आप लोग तारीख तय कर लें। मैं और मेरी बीवी इन्तज़ाम करने के लिए एक हफ़्ता पहले आ जाएँगे और सारा इन्तज़ाम कर देंगे।'

'आपने बहुत मुख्तसर तरीके से सारी बात समझ ली। मुझे दुख रहेगा कि शर्माजी के परिवार के लोग शादी में शिरकत नहीं करेंगे।' अज़ीज़न ने एक लम्बी साँस ली।

'शादी किस रीति से होगी ?'

'मिली-जुली रीति से,' अज़ीज़न बोली, 'इसको लेकर मेरे मन में कोई आग्रह नहीं है।'

'वाह वाह ! आप तो बहुत ही तरक्कीपसन्द खयालात की औरत निकलीं। आसपास टँगी तस्वीरों से भी आपके फ़न की एक झलक मिल जाती है।'

'आपकी ज़र्रानवाज़ी का शुक्रिया।' अज़ीज़न ने कहा।

अन्दर से बहुत ही खूबसूरत टी-सेट में चाय चली आई। केतली के ऊपर एक खूबसूरत टी-कोज़ी थी।

प्रकाश हे-हे कर हँसा, 'तौर-तरीके तो कोई आपके यहाँ सीखे। बताइए, मुझे दस बरस नौकरी करते हो गया, मगर आज तक ऐसी क्रॉकरी नहीं देखी। हम लोग तो आज भी गिलास में चाय पीते हैं। कई बार काँच का गिलास नहीं मिलता तो स्टील के गिलास से ही होंठ जला लेते हैं।

'आप शर्मिन्दा कर रहे हैं। इस नाचीज़ की क्या हैसियत है ?' अज़ीज़न बोली, 'अपनी जवानी के दिनों में मैं हिन्दुस्तान की हर रियासत में गई हूँ। ये प्याले जिनमें आप चाय नोश फरमा रहे हैं, नवाब रामपुर ने एक ग़ज़ल सुनकर नज़र किए थे। वहीं हमारी मुलाकात फैयाज खाँ साहब से भी हुई थी।'

'आपकी मुलाकात कभी गौहरजान से हुई है ?' प्रकाश ने पूछा।

'आप उन्हें कैसे जानते हैं ?'

'मेरे पिता उनकी बहुत तारीफ़ किया करते थे।' प्रकाश ने कहा। शर्मा सावधान हो गया कि यह कमबख्त फिर से गुस्ताखी के मूड में न आ जाए।

'मुझे याद है दसियों बरस पहले प्रयाग में एक नुमाइश लगी थी। देश के हर कोने से अनूठी वस्तुएँ उस नुमाइश में रखी गई थीं। गौहरजान का गायन भी उन अनूठी वस्तुओं में शामिल था। गौहरजान संसार की अनेक भाषाओं में गायन कर सकती थीं। मेरे पिता अक्सर एक शेर गुनगुनाया करते थे।

'अकबर इलाहाबादी का शेर ?' अज़ीज़न ने पूछा।

'हाँ।' प्रकाश बोला :

आज अकबर कौन है दुनिया में गौहर के सिवा।
सब खुदा ने दे रखा है एक शौहर के सिवा॥

'आप खूब मज़ेदार आदमी हैं,' अज़ीज़न बोली, 'और किसी गानेवाली का नाम सुना है ?'

'क्यों नहीं।' प्रकाश बोला, 'जोहराबाई, रखकुँवर बाई, रामकुँवर बाई, मुन्नीजान, इलाहीजान, ज़ैबुन्निसा, हुस्नाबाई, बेनीबाई, अज़ीज़न बाई।'

'बस बस।' अपना नाम सुनकर अज़ीज़न के चेहरे पर रौनक आ गई।

'मगर बाईजी, एक बात बताइए, क्या यह सच है कि अब डेरेदार तवायफ़ों के यहाँ भी पेशा होने लगा है ?'

'दरअसल खानदान का बहुत असर पड़ता है,' अज़ीज़न ने बताया, 'हम तो नानी, परनानी की पुश्तों से डेरेदार हैं। पूरी उम्र गुल के पिता की सरपरस्ती में बिता दी। हमारे यहाँ ऐसी ही परम्परा थी। और दूसरे आप ही बताइए, क्या आपके समाज में पेशा नहीं होता। आप जिस कॉलोनी में रहते होंगे वहाँ पर भी अंडर-ग्राउंड कुछ-कुछ जरूर चलता होगा।'

'आप दुरुस्त फर्मा रही हैं,' प्रकाश बोला, 'अब गली-गली में पेशा होने लगा है। एक ज़माना था, गाने पर आप लोगों का एकमात्र अधिकार था, अब तो पूरे समाज ने उसे स्वीकार कर लिया है।'

'यह तो खैर एक अच्छी बात है। मैं इसकी दाद देती हूँ।'

'आप क्या गाती रही हैं ?'

'मैं क्या नहीं गाती रही हूँ ?' अज़ीज़न ने बताया, 'चारों पट की गायकी गा लेती हूँ। होरी और धमार में तो मेरा कोई सानी न था। इसके अलावा ठुमरी, टप्पे, ग़ज़लें, भजन। अब तो दाँत गिरने की उम्र आ गई है।'

'मुझे तो साबुत नजर आ रहे हैं।' प्रकाश बोला।

'आप अभी बच्चे हैं, क्या समझेंगे एक ज़माना था, हम पूरा-पूरा दिन रियाज़ में बिताते थे।'

'आपकी आवाज से लगता है,' प्रकाश बोला, 'मगर हम लोगों को अब चलना चाहिए। मैं चाहता था, हम लोग शादी क़ी तारीख तय कर लें, जिससे मैं भी छुट्टी वगैरह ले सकूँ। अगले महीने की बीस तारीख को इतवार है। मैं घर से पंचांग देखकर चला था, यह तारीख अगर आपको मंजूर हो तो तैयारियाँ शुरू की जाएँ।'

'आप बहुत कम वक्त दे रहे हैं। मैं चाहती थी, गुल के इम्तिहान हो जाएँ और फिर मुझे रिश्तेदारों को बुलाने के लिए भी वक्त चाहिए। हमारे परिवार में दसियों बरसों बाद यह पहली शादी होगी। गुल

के मामा, मौसी सब आएँगे।'

'शर्मा ने अभी से छुट्टी ले ली है। बेचारे की हालत काबिले रहम है। पूरा कैम्पस मज़ा ले रहा है। हमें जल्द से जल्द शादी करके इन लोगों को हनीमून पर रवाना कर देना होगा।'

अज़ीज़न की आँखें भीग आईं। जब से गुल पैदा हुई थी कभी दो दिन के लिए उससे अलग न हुई थी। अज़ीज़न के पेट में एक हौल-सा उठा और रूमाल से आँखें पोंछने लगी।

'तो बीस तारीख तय है,' प्रकाश ने कहा और खड़ा हो गया, 'हम लोगों को अब इजाज़त दीजिए। मैं आज लौट जाऊँगा और दस-बारह तारीख तक पहुँच जाऊँगा। सारे इन्तज़ामात मुझे ही करने हैं।'

अज़ीज़न ज़ीने तक उन लोगों को छोड़ने आई। बाद में नफ़ीस उन्हें कार तक छोड़ आया।

●●

मिल का काम हस्बेमामूल चल रहा था। चुनाव स्थगित होते ही लोगों ने रात-भर में कपड़े के बैनर उतार लिये। 'अपना कीमती वोट हीरालाल को देकर उन्हें विजयी बनायें' के मज़दूरों ने जाँघिए बनवा लिये थे। 'आपका सेवक हीरालाल' की बनियानें सिल गई थीं। रात को ऐसी लूट मची कि जिसके हाथ कपड़े का जितना टुकड़ा आया, लेकर वह चलता बना। मिल का गेट जो बैनरों से अँटा पड़ा था, एकदम सामान्य हो गया। अगले रोज़ सेक्योरिटी अफ़सर ने दो-चार मज़दूरों की मदद से दीवारों पर चिपके तमाम इश्तिहार उखाड़ फेंके और देखते-देखते दीवारों की पुताई भी हो गई।

हमेशा की तरह किसी कारण से चुनाव टल गया था। हीरालाल ने स्कूटर खरीद लिया, मगर वह काम पर अपने पुराने साइकिल पर ही आता था। उसके घर के दालान में नया स्कूटर गाय की तरह बँधा था। मिल से लौटकर वह कपड़े से एकाध घंटा उसे जमकर चमकाता। सुरेश भाई और जगदीश बाबू दोनों की आर्थिक स्थिति में भी सुधार हुआ था। दोनों ने अपने बच्चे बेहतर स्कूलों में भरती करवा दिए। इस बीच जगदीश बाबू की लड़की का रिश्ता भी तय हो गया था।

बाकी मज़दूरों की हालत जस की तस थी। वे ग़रीबी, कर्जे और लाचारी का वैसा ही जीवन बिता रहे थे। उनके मनोरंजन के लिए लतीफ़ और हसीना के किस्से न जाने कौन उछाल रहा था।

मँगरू ने मिल के जमादार से पिछले वर्ष अपनी औरत की बीमारी के सिलसिले में सौ रुपए उधार लिये थे। वह पिछले एक वर्ष से दस रुपए प्रति माह उसे दे रहा था, मगर जमादार का कहना था कि उसके दो सौ रुपए बकाया है। मँगरू को उसकी चिन्ता न थी। वह ज़िन्दगी-भर दस रुपए प्रतिमाह देने की मानसिक तैयारी कर चुका था, उसे उसकी चिन्ता ही न थी। उसकी चिन्ता का विषय विचित्र था :

'सुनते हैं हसीना पेशा करती है,' उसने जमादार की झोली पर दस रुपए का नोट रखते हुए कहा, 'मगर बाबू वह हम-तुम को क्यों पूछेगी। आजकल श्यामजी का बिस्तर गर्म करती है। लतीफ़ पर यों ही हज़ारों खर्च नहीं हो रहे।'

जमादार भी एक दिन हस्पताल जाकर हसीना का दीदार कर आया था। वह भी रसिक तबीयत का आदमी था। तनख्वाह से ज़्यादा उसे सूद की आमदनी थी। बोला, 'मँगरू यार उसे पटाओ। हम तुम्हारा पूरा पैसा मुआफ़ कर देंगें। बोलो, है दम ?'

मंगरू ने अपने गुलाबी दाँतों को कुरेदते हुए शंका प्रकट की, 'हमार पहुँच वहाँ नाही बा। हमई त ऊ आपन नौकर रख लेई। हम झाड़ू लगाइ देब, कपड़ा धोइ देब, मालिस कर देइब। जमादार हमार कौनो जुगात बैठाइ द। हम तुम्हारा सूद देत रहब। जिन्नगी-भर सूद देत रहब। बोला मंजूर बा ?'

'चूतिया,' जमादार बोला, 'अपनी हैसियत देखौ। घर में खाने को नहीं और सपने लेता है हसीना

के। चूतिया !' जमादार ने कहा और झाडू उठाकर दूसरी ओर चल दिया।

मशीनरूम में भी हसीना की चर्चा ज़ोरों पर थी। वह साधूराम को हमेशा बहुत आदर से देखता था। जाने आज साधूराम को क्या हो गया था कि हसीना को लेकर आफ़त मचाए था। उसने दस-बीस लोग आसपास इकट्ठे कर रखे थे और नाटक कर रहा था :

'हम आज अपने प्राणों की बाजी लगा देंगे। हम आज सूली पर चढ़ जाएँगे, रेल की पटरी के नीचे अपना सर रख देंगे।'

'रेल की पटरी यानी हसीना,' जमादार को देखकर सैकूलाल ने व्याख्या की, 'कह रहा है आमरण अनशन कर देगा।'

'कर लिए देगा, कर चुका है बे,' साधूराम बोला, 'जमादार यह लो मेरी पूरी पगार और जाकर हसीना के कदमों पर रख आओ। कहना, एक दीवाना इस महीने भूखों मर जाएगा। अपनी बीवी को भूखों मार देगा। अपने बच्चों को भूखों मार देगा। जमादार मेरी मदद करो। मैं हसीना के बिना एक मिनट भी नहीं रह सकता।'

साधूराम शायद पिए था। बकते-बकते अचानक गिर पड़ा या गिरने का अभिनय करने लगा।

तभी असिस्टेंट मैनेजर रस्तोगी वहाँ से गुज़रे। सब लोग तितर-बितर हो गए। साधूराम उठकर भागा। जमादार झाडू लगाने लगा।

'यह सब क्या हो रहा था ?' रस्तोगी साहब ने जमादार से पूछा।

'साले नौटंकी करते हैं,' जमादार बोला, 'दूसरों की लुगाई पर जान छिड़क रहे हैं।'

रस्तोगी साहब मूँछों ही मूँछों में मुस्कुराए। बात समझने में देर न लगी। उनके अपने विभाग की हालत भी बेहतर न थी। बड़े बाबू दुबे श्यामजी को आज नर्सिंग होम में देख आए थे और लौटकर खूब रंग जमाया था। दरअसल आज सबको वेतन मिला था और हर कोई बिना पैसा खर्च किए अपना मनोरंजन कर रहा था। दुबे ने आते ही घोषणा कर दी, 'श्यामबाबू लतीफ़ को इलाज के लिए लन्दन भेज रहे हैं। कोई बता सकता है कि श्याम बाबू लतीफ़ की इलाज़ के लिए लन्दन क्यों भेज रहे हैं ?'

चरनदास अपनी फ़ाइल पर से कभी-कभार ही सर उठाया करता था। उसके चश्मे के भीतर इतने मोटे काँच लगे हुए थे कि वह सर उठाता तो लगता फ्रेम काँच के वजन से नीचे गिर पड़ेगा। चरनदास ने सर उठाया, दुबे की तरफ़ देखा और बोला, 'भाइयो ! मैं यह कहना चाहता हूँ कि छोटे साब की नज़र हसीना पर है।'

'हाय हसीना, हाय हसीना !' शंकर बाबू छाती पीटने लगा, 'मैनेजमेंट से दरख्वास्त करो मिल के कोने-कोने में हसीना की तस्वीरें लटका दी जाएँ।'

रस्तोगी साहब के कैबिन तक सारे वार्तालाप पहुँच रहे थे। उन्होंने अपना टेपरिकॉर्डर खोल दिया। अपने मातहत कर्मचारियों की बातचीत वे अक्सर टेप करते रहते थे। पूरे माहौल पर हसीना तारी हो चुकी थी। रस्तोगी ने तय किया कि वह भी जल्दी ही लतीफ़ को देखने नर्सिंग होम जाएँगे।

शाम को रस्तोगी नर्सिंग होम गए भी, मगर हसीना वहाँ नहीं थी। उसे उमा अपने साथ ले गई थी। वे बहुत निराश होकर 'नर्सिंग होम' से लौटे। दूसरे दिन जब उन्होंने दफ़्तर में सुना कि रात को हसीना और श्यामबाबू रात-भर एक होटल में रंगरेलियाँ मनाते रहे तो उन्हें सहज ही विश्वास हो गया।

टेपरिकॉर्डर में दुबे बता रहा था, होटल के बैरे ने बताया है कि हसीना ने इतनी शराब पी ली कि रात देर तक घुँघरू बाँधकर नाचती रही। आधी रात को अचानक सन्नाटा खिंच गया और श्यामबाबू हसीना को लेकर पलंग पर गिर पड़े, सुबह जब लोग उठे तो कमरा खाली था।

रस्तोगी ने अपना नन्हा-सा टेपरिकॉर्डर उठाया और ऊपर लक्ष्मीधर के कमरे में जाकर खोल दिया। लक्ष्मीधर ने टेप सुना तो बोला, 'यह बहुत बुरी बात है रस्तोगीजी। श्यामबाबू से तो कल रात ग्यारह बजे मेरी मुलाकात हुई थी। ये बेबुनियाद अफ़वाहें कौन फैला रहा है ?'

रस्तोगी ने मज़दूरों की बातचीत का टेप भी सुना दिया।

लक्ष्मीधर ने तय किया यह श्यामबाबू को इन अफ़वाहों के बारे में आगाह कर देगा। उन्होंने रस्तोगी से कैसेट लेकर अपने ब्रीफकेस में रख लिया। रस्तोगी के जाने के बाद लक्ष्मीधर ने 'इयर फोन' लगाकर पूरा कैसेट सुना। रस्तोगी एक होशियार अफसर था। इस कैसेट पर केवल हसीना से सम्बन्धित वार्तालाप टेपित थे, लक्ष्मीधर कई आवाजों को पहचानता था, कई आवाज़ें अपरिचित थीं।

शाम को घर पहुँचकर एक आज्ञाकारी पति की तरह लक्ष्मीधर ने उमा को टेप सुनाया। टेप सुनकर उमा बेहद नाराज़ हो गई, 'किन जानवरों के बीच तुम लोग काम करते हो।'

'यही जानवर कम्पनी को लाखों का मुनाफ़ा देते हैं।'

'तौबा !' उमा ने कान पकड़ लिये, 'मैं तो ऐसे माहौल में एक दिन काम न कर सकूँ। न जाने हम लोगों के बारे में ये लोग क्या बकते होंगे।'

'रस्तोगी के पास उसका भी टेप होगा,' लक्ष्मीधर हँसा, 'कम्पनी ने रस्तोगी को यह काम भी सौंप रखा है।'

उमा ने तुरन्त श्यामजी से फ़ोन मिलाया।

'तुरन्त आओ।'

'मीटिंग में हूँ।'

'मीटिंग होती रहेगी, तुम आओ।'

'घंटे-भर बाद आ सकता हूँ।'

'नहीं, अभी आओ। ज़रूरी काम है।' उमा ने कहा और रिसीवर पटक दिया। उसे हसीना पर बहुत तरस आ रहा था। न मालूम इस मंज़िल तक पहुँचने के लिए उसे कितना संघर्ष करना पड़ा होगा। बेबुनियाद अफ़वाहें फैलानेवालों को कड़ा दंड दिया जाना चाहिए।

'कहिए हुज़ूर।' श्यामजी आते ही हाथ जोड़कर खड़ा हो गया।

उमा ने टेपरिकॉर्डर एम्प्लीफायर से जोड़ रखा था। बटन दबाते हुए बोली, 'लो सुन लो।'

श्यामजी सुन रहा था और ठहाके लगा रहा था।

'तुम तो बिल्कुल बेशर्म हो गए हो।' उमा बोली।

'मैंने बीसियों बार कहा है, मेरी शादी करा दो वरना अफ़वाहें उड़ती रहेंगी।'

'तुम्हें यह सब सुनकर बुरा नहीं लगा ?'

'न।' श्यामजी बोला, 'बेहद अच्छा लग रहा है। दरअसल महँगाई इतनी बढ़ गई है कि लोगों के पास मनोरंजन का कोई दूसरा साधन ही नहीं बचा। खाकसार मज़दूरों के किसी काम आ रहा है तो इसमें बुरा मानने की क्या बात है।'

'ज़रा हसीना के ऐंगल से सोचो। उसे मालूम होगा तो कितना परेशान होगी।'

'मैंने दूसरों की परेशानी दूर करने का ठेका नहीं ले रखा।' श्यामजी बोला, 'दूसरे, कौन नहीं जानता हसीना एक तवायफ की बिटिया है। उसकी टाँग के नीचे से अब तक जाने कितने लतीफ़ निकल चुके होंगे !'

'छिः छिः,' उमा ने भड़कते हुए कहा, 'तुमसे तो बात करना ही बेकार है।'

टेप में एक रोचक कार्यक्रम चल रहा था। बाँसुरी की धुन के बीच एक मजदूर बड़ी तन्मयता से गा रहा था :

तेरे बिना मेरी, मेरे बिना तेरी
यह ज़िन्दगी ज़िन्दगी न

तभी बीसियों लोग उसी धुन में सामूहिक गान करने लगे :

सुन लो यह मेरी हसीना
तेरे बिना भी क्या जीना

श्यामजी जैसे भीड़ में घुस गया। वह भी गाने लगा : *तेरे बिना भी क्या जीना।*

उमा ने टेपरिकॉर्डर बन्द कर दिया, 'अजीब पागल आदमी हो। मुझे तो ताज्जुब होता है इतना बड़ा कारोबार कैसे सँभाल रहे हो।'

'कारोबार सँभालने के लिए लक्ष्मीधर और रस्तोगी काफ़ी हैं।' श्यामजी ने टेपरिकॉर्डर खोल दिया और लोगों के साथ-साथ गाने लगा :

तू मुझसे रूठे न
साथ यह छूटे कभी न
तेरे बिना भी क्या जीना
सुन लो यह मेरी हसीना

उमा उठकर चली गई। श्यामजी देर तक टेप सुनता रहा। उमा लौटकर आई तो उसने देखा श्यामजी फ़ोन पर डॉ. बैनर्जी से कह रहा था, 'बराय मेहरबानी लतीफ़ को रेडक्रॉस की गाड़ी में डालकर उसके घर पहुँचा दीजिए। अब वह ठीक है। उसे अपनी लड़ाई खुद लड़नी चाहिए। हमारा जो फ़र्ज़ था हमने निभा दिया। क्यों डॉक्टर ? एक महीने की नहीं, आप चाहें तो उसे दो महीने की छुट्टी दे दीजिए, मगर आज अस्पताल से डिस्चार्ज जरूर कर दीजिए।'

उमा पीछे खड़ी श्यामजी का वार्तालाप सुन रही थी। श्यामजी अत्यन्त हृदयहीनता से लतीफ़ को खारिज करा रहा था। उससे रहा न गया तो बोली, 'तुम्हारे नजदीक इस्तेमाल के बाद हर आदमी छिलका रह जाता है। आम खाने के बाद तुम्हारे लिए छिलके का कोई अर्थ नहीं रहता।'

'कुछ लोगों के लिए ज़रूर रहता है,' वह हो-हो कर हँसा, 'जैसे कुछ लोग छिलकों से आम-पापड़ बनाने में जुट जाते हैं। वे लोग छिलके के व्यापारी हैं। मैं गूदे का व्यापारी हूँ !'

'आम पापड़ छिलकों से नहीं बनता।' उमा ने बताया।

'छिलकों से कोई चीज़ ज़रूर बनती होगी। जैसे ईसबगोल का छिलका कितने काम की चीज़ है।'

'तुम क्या सोच रहे हो, मिल में लतीफ़ का रहना अब मुहाल न हो जाएगा।'

'यही तो मैं चाहता था,' श्यामजी बोला, 'जो मैं चाहता हूँ, वही होता है। लेकिन भाभी एक तमन्ना रह गई। हसीना का मुजरा नहीं देखा।'

'उसके लिए आप लोगों ने जो माहौल तैयार कर दिया है, उसमें अब वह मुजरे के अलावा कुछ और कर पाएगी, मुझे शक है।'

'हम लोगों ने माहौल को क्या कर दिया। हमने तो उसे कोठे पर से नहीं उतारा था। जिसने उतारा था, वह भुगते। लाओ टेप फिर से सुना जाए।'

'तुम सैडिस्ट हो,' उमा बोली, 'तुम्हारा कोई ईमान-धर्म नहीं रहा।'

'मैं तुम्हारा धर्म हूँ, तुम मेरा ईमान हो।'

'मैंने देख लिया तुम्हारा ईमान-धर्म। जाओ और जाकर मीना से रास रचाओ। किसी दिन कोई इन्फेक्शन हो गया तो मक्खियाँ उड़ाने के लिए भाभी को बुला लेना। छिः, मैंने कभी नहीं सोचा था तुम्हारा इस सीमा तक पतन हो चुका है।'

श्यामजी इस हमले के लिए तैयार बैठा था, बोला, 'तुम और भड़कोगी जब तुम्हें मालूम होगा कि मिल की तरफ़ से मीना को हज़ार रुपए महीना दिया जाता है। मीना हमारी 'लायज़न अफ़सर' है। वह एक सफ़ल अफ़सर है। जो काम जी.एम., लक्ष्मीधर और रस्तोगी नहीं करा पाते हैं, मीना वे काम चुटकियों में करा डालती है।'

'तुम्हारे लिए प्यार भी व्यापार है।'

'थोड़ी तरमीम कर लो अपने वाक्य में। तुम्हारे लिए व्यापार ही प्यार है।'

'तो हम दोनों अलग-अलग रास्ते के मुसाफिर हैं।'

श्यामजी बहुत ज़ोर से हँसा, 'बुरा न मानो तो एक बात कहूँ ?'

'कहो।' उमा ने होंठों पर जीभ फेरते हुए इजाज़त दी।

'हम दोनों एक ही रास्ते के मुसाफ़िर हैं।'

श्यामजी ने बात ऐसे नाजुक मरहले पर ला पटकी थी कि अब उमा आगे नहीं बढ़ना चाहती थी। आगे खाई थी। एक गहरी खाई। जिसमें कूदकर वह केवल आहत हो सकती थी। उसने संक्षेप में सिर्फ़ इतना कहा, 'तुमने ठीक कहा था, तुम्हारे लिए व्यापार ही प्यार है।'

'और तुम्हारे लिए ?' श्यामजी ने अपने लिए एक पैग तैयार किया। उसे 'नीट' गटक गया। बाद में दो पैग और तैयार किए। एक में सोडा मिलाया और दूसरा नीट पड़ा रहने दिया। उसने उमा के बगैर पूछे, सोडेवाला पैग उसके हाथों में थमा दिया और गिलास टकराकर बोला, 'चिअर्स।'

'चिअर्स,' उमा ने सिप लिया और बोली, 'मेरी ट्रेजेडी यह है कि मैं तुम्हें एक आसान शख्स समझती थी।'

'तुम्हारी ट्रेजेडी मेरी कामेडी है।'

उमा ने एक ही घूँट में गिलास खाली कर दिया, बोली, 'कामेडी है न ट्रेजेडी। सिर्फ फ़ार्स है। सिर्फ़ फ़ार्स।'

श्यामजी को आनन्द आने लगा। वह झट से दो पैग और बना लाया, बोला, 'आज हम लोग तीन पैग पिएँगे। एक ट्रेजेडी के लिए, जो हम लोग पी चुके। कामेडी के लिए एक मैं पी चुका और तुम पिओगी। तीसरा व अन्तिम फ़ार्स के लिए।'

'तुम तीनों पैग फ़ार्स के लिए पिओ,' उमा ने दूसरा पैग भी एक ही घूँट में यानी दो-तीन-चार घूँट में खाली कर दिया और बोली, 'मैं तीनों पैग ट्रेजेडी के लिए पिऊँगी। उस ट्रेजेडी के लिए जिसकी शिकार मैं हूँ। यह भी तो हो सकता है कि, मेरी ट्रेजेडी तुम्हारे लिए फ़ार्स से अधिक अहमियत न रखती हो।'

श्यामजी यकायक दूसरे जगत में पलायन कर गया, बोला, 'माया महाठगिनि हम जानी।'

'तुम अपनी उम्र से बड़े हो।' उमा ने हथियार डाल दिए।

'तुम अपनी उम्र से छोटी हो।' श्यामजी बोला, 'लतीफ़ का बोरिया-बिस्तर अब तक उठ चुका होगा। इस समय वह मच्छरों, छिपकलियों, तिलचट्टों की दुनिया में लौट चुका होगा। टेप गवाह है अब मच्छर और तिलचट्टे उसका जीना मुहाल कर देंगे।'

'यह सोचकर तुम बहुत प्रसन्न हो ?'

'हाँ हूँ !' श्यामजी बोला, 'मैं तो श्रीमद्भगवद्गीता का अन्धभक्त हूँ। गीता और शराब मुझे एक ही सन्देश देती हैं :

समः शत्रौ च मित्रे च तथा मानापमानयोः
शीतोष्णसुखदुःखेषु समः संगविवर्जितः।

उमा के सर में शराब घुस गई थी, बोली, 'साले ! मजदूरों के लिए गीता शराब है और तुम्हारे लिए शराब गीता।'

'वाह खूब कहा भाभी।' श्यामजी फड़क उठा, 'यह पैग न ट्रेजेडी के लिए, न कामेडी के लिए न फ़ार्स के लिए। यह उमा के लिए।' उसने उमा के घुटने से गिलास टकराकर चिअर्स कहा और गटागट पी गया :

मयिसर्वाणिकर्माणि संन्यस्याध्यात्मचेतसा।
निराशीर्निर्ममो भूत्वा युध्यस्वविगतज्वरः॥

तीसरे पैग के बाद उमा बदल जाया करती है। उसकी भाषा बदल जाया करती है। श्यामजी उसे उसी तरफ़ ला रहा था। वैसे दोनों में एक मूलभूत अन्तर था। एक स्थिति के बाद हर अगला घूँट श्यामजी को अध्यात्म की तरफ़ घसीटने लगता था और उमा को जिस्म की तरफ़। उमा बाजारू भाषा पर उतर आती और श्याम जी संस्कृत पर।

भाषा की यह दूरी अन्तिम छोरों पर पहुँच चुकी थी जब लक्ष्मीधर लतीफ़ और हसीना को उनके घर तक पहुँचाकर लौट आया।

'बहुत बढ़िया स्टेप लिया आपने,' लक्ष्मीधर ने श्यामजी से कहा, 'लग रहा है मैं नाटक देखकर आ रहा हूँ। घर का दरवाज़ा खुलते ही खून के प्यासे मच्छर कुछ इस रफ़्तार से रिहा हुए जैसे उम्रकैद के बाद रिहा हो रहे हों। बहरहाल, मैंने लतीफ़ के लिए मच्छरदानी का इन्तज़ाम कर दिया है।'

'मच्छर लोग उसकी मच्छरदानी में छेद कर देंगे, लक्ष्मीधर !' श्यामजी बोला, 'तुम इस शहर के मच्छरों को नहीं जानते।'

'एल.डी., मच्छर ही मच्छर के स्वभाव को समझता है। तुम श्यामजी की बातों पर न जाओ। यह नशे में है। यह दूसरी बात है कि जब श्यामजी नशे में होता है तो मच्छर से भी ज़्यादा कष्ट देता है।'

'लेकिन काटती तो मादा मच्छर है। नर मच्छर मेरी तरह निरीह होता है।'

लक्ष्मीधर ने दोनों के पैग गिन लिये। बोला, 'यह है फ्राइड चिकन और यह रोहू।'

दोनों चिकन को नोचने लगे। लक्ष्मीधर चटनी और प्याज के इन्तज़ाम में जुट गया।

'लक्ष्मीधर।' श्यामजी ने आवाज़ दी, 'स्कॉच के तीन पैग बचे हैं। आज तुम भी एक ले लो। एक-एक हम दोनों के लिए छोड़कर तुम सो जाओ।'

'लक्ष्मीधर की तुम चिन्ता न करो। अच्छे बच्चे की तरह वह वक्त पर सो जाएगा। वक्त पर उठ भी जाएगा। मगर श्यामजी, तुम बहुत खतरनाक इंसान हो। तुम्हारी वैल्यूज़ नष्ट हो चुकी है। तुम अपने को तीसमार खाँ समझते हो जबकि तुम मक्खी हो, भुनगा हो, चींटा हो, उल्लू हो। मगर जो भी हो, बहुत प्यारी चीज़ हो।' उमा बोली, 'एल.डी. श्यामजी ज़्यादा पी गया है। इसे घर तक पहुँचा आना।'

श्यामजी पर इस बात की कोई प्रतिक्रिया न हुई। उसने मुर्गमुसल्लम की टाँग उखाड़ ली और चबाने लगा।

'एल.डी. और रस्तोगीवाला टेप ऑन कर दो।' श्यामजी गाने लगा :

तेरे बिना भी क्या जीना
सुन लो यह मेरी हसीना।

रेडक्रास की सफ़ेद गाड़ी लतीफ़ के घर के सामने रुकी तो खिड़कियों से कुछ उत्सुक चेहरे झाँकने लगे। लक्ष्मीधर के ड्राइवर ने आगे बढ़कर ताला खोला था। हसीना ने जल्दी से बिस्तर ठीक किया। मोटर से बिस्तर तक का रास्ता लतीफ़ ने बड़ी मुश्किल से तय किया। लक्ष्मीधर ने हसीना को लतीफ़ की पगार का पैकेट, दवाइयों का डिब्बा, मच्छरदानी और दो-एक फलों के लिफाफे बिना भेंट किए ही वहाँ से रुख्सत ले ली।

अब कमरे में एक पीला बीमार बल्ब टिमटिमा रहा था। छत और दीवारों पर जाले लटक रहे थे। कमरे में मच्छरों ने जॉर्ज संगीत छेड़ दिया था। लतीफ़ के मिल के बहुत से लोग कालोनी में थे, मगर उस दिन किसी ने आकर उसका हालचाल भी न पूछा। हसीना ने तुरत कमर कस ली और घर की सफाई में जुट गई। नल में बहुत कम पानी आ रहा था। वह बड़े उत्साह से काम कर रही थी। नर्सिंग

होम के माहौल से उसे दहशत होती थी। घर लौटकर उसने सन्तोष की साँस ली।

लतीफ़ के सर में हल्का दर्द हो रहा था। अस्पताल से ही उसने यूसुफ़ से अपने अब्बा को खत लिखवाया, मगर अब्बा ने कोई जवाब न दिया। उसने अब्बा को हमेशा इज़्ज़त दी थी, अपने अनजाने भी कभी उनके सामने जुबान न लड़ाई थी, उसे लेकर उनकी यह बेफिक्री उसे अन्दर तक अकेला छोड़ गई थी। उसे ताज्जुब हो रहा था कि उसकी मदद भी उन लोगों ने की, जिन्हें वह आज भी 'समाज के शत्रु' समझता है। वह इतना भोला भी नहीं था कि यह न समझ सके कि अपनी इस मदद से उन्होंने लतीफ़ को पूरे समाज में और अधिक अकेला कर दिया है। सच पूछा जाए तो उसमें अब वह नैतिक बल ही नहीं रह गया कि वह मालिकों से संघर्ष कर सके।

दरवाजे पर हल्की-सी दस्तक सुनाई दी। लतीफ़ को कई दोस्तों का ख़याल आया। वह खुद जाकर दरवाज़ा खोल देता, मगर हिम्मत न हुई। उसने हसीना को आवाज़ दी। हसीना ने कमर में दुपट्टा बाँध रखा था। उसने कमर से दुपट्टा खोलकर सर पर ओढ़ लिया। दरवाज़ा खोलकर देखा तो कुछ बच्चे भागते हुए दिखाई दिए।

'कोई नहीं।' उसने कहा और सर पर से दुपट्टा उतारकर दोबारा कमर कस ली।

लतीफ़ की आँखें नम हो गईं। हसीना उससे भी अधिक अकेली थी। कितने चाव से घर सँवारने में लगी हुई है।

डॉक्टर ने लतीफ़ को हरी सब्जी, सूप, जूस आदि खाने की सलाह दी थी। हसीना अस्पताल से चलने से पहले बगल के मार्केट से कुछ ज़रूरी सामान ले आई थी। वह लौकी काट रही थी कि उसे पिछवाड़े की तरफ़ खुलनेवाली खिड़की के पास कोई आकृति दिखाई दी। बाहर अँधेरा हो चुका था, वह दोबारा काम में जुट गई। वह लौकी काट रही थी कि खिड़की के पास आकर कोई फुसफुसाया :

'सुन लो यह मेरी हसीना।'

हसीना ने लतीफ़ को आगाह करना मुनासिब न समझा। उसने झट से खिड़की बन्द कर दी। रसोई में पहले ही बहुत घुटन थी। वह पसीने से तर-बतर हो रही थी। खिड़की बन्द करने से उमस बढ़ गई, मगर वह अपने काम में जुटी रही।

हसीना स्टोव जला रही थी कि खिड़की पर हल्की-सी दस्तक सुनाई दी। उसे समझते देर न लगी, वही दुष्ट आदमी होगा। वह अपने काम में लगी रही। खिड़की पर देर तक दस्तक होती रही। उसने उसकी तरफ़ ध्यान न दिया। अन्दर गर्मी का यह आलम था कि साँस लेना मुश्किल हो रहा था। स्टोव के जलते ही उसका सर जैसे फटने लगा। स्टोव पर तरकारी चढ़ाकर वह लतीफ़ के पास जा बैठी।

'बहुत गर्मी है,' लतीफ़ बोला, 'दरवाज़ा खोल दो तो ज़रा हवा आए।'

हसीना ने उठकर दरवाज़ा खोल दिया। थोड़ी ही देर बाद वह आकृति दरवाज़े के आसपास मँडराने लगी।

'तेरे बिना भी क्या जीना।' लतीफ़ बोला, 'कौन गा रहा है ?'

'अगली लाइन सुनोगे तो बहुत बुरा लगेगा। अभी मैं रसोई में तरकारी काट रही थी तो कोई कह रहा था :

'सुन लो यह मेरी हसीना।'

लतीफ़ चिन्तित हो गया, बोला, 'तुम मानोगी नहीं, ये तमाम लोग मालिकों के गुर्गे हैं। हमें परेशान करने के लिए छोड़े गए हैं।'

'वे लोग ऐसा क्यों करेंगे ?'

लतीफ़ ने जवाब में हसीना का हाथ चूम लिया, 'तुम अभी बच्ची हो, न समझ पाओगी। जाने

क्यों मुझे लग रहा है, हमारे तमाम दोस्त बैरी हो गए हैं। या कर दिए गए हैं। ये लोग हमारा जीना मुहाल कर देंगे।'

'मैं उमाजी से कहूँगी।' हसीना को उमाजी पर बेहद भरोसा था। उसे लगता था उनके पास कोई जादू की छड़ी है जिससे सब तकलीफ़ें दूर हो सकती हैं।

उमा का जिक्र हो रहा था और अचानक दरवाज़े पर एक कार रुकी। उमा, महकती हुई उमा, हाथ में एक जापानी पंखा लिये हुए कमरे में दाखिल हुई।

'आपकी बहुत लम्बी उम्र है,' हसीना बोली, 'मैं आपकी ही बात कर रही थी।'

घर में बैठने के लिए खटिया के अलावा और कोई जगह न थी। लतीफ़ भी बैठ गया। उमा उसके सिरहाने बैठ गई और लतीफ़ को छूकर बोली, 'कैसी तबीयत है भाई।'

'आपकी इनायत है,' लतीफ़ बोला, 'वरना अब दुनिया में मेरे लिए कुछ नहीं रखा।'

'आप ऐसा न सोचें,' उमा ने कहा, 'जब भी मुझे याद करोगे, मैं हाज़िर हो जाऊँगी।'

लतीफ़ का सर-दर्द बढ़ रहा था। उसने इशारे से हसीना को बताया कि अभी हाल की घटना बयान कर दे। हसीना ने लगभग रोते हुए बताया कि कैसे उसने खिड़की बन्द करके लौकी स्टोव पर चढ़ाई और कैसे कोई खिड़की पर दस्तक देता रहा।

उमा ने एक लम्बी साँस ली और बोली, 'सुनो, तुम लोग यहाँ नहीं रहोगे।'

'कहाँ रहेंगे ?' हसीना की आँखें नम हो गईं, 'ये कौन लोग हैं जो हमारे पीछे पड़ गए हैं। हमने इनका क्या बिगाड़ा है ?' कहते-कहते हसीना फूट पड़ी और उमा की गोद में लुढ़क गई, 'अब आप ही हमारी रक्षा कर सकती हैं।'

'रक्षा तो ऊपरवाला करता है,' उमा ने कहा, 'पारसाल एल.डी. ने जमुना किनारे एक बँगला खरीदा था। उसका इरादा है बुढ़ापा वहीं काटेंगे। बँगले में नौकर के अलावा कोई नहीं रहता। तुम लोग वहाँ शिफ़्ट कर जाओ। टेलीफ़ोन भी है। तुम लोगों को कोई तकलीफ़ न होगी। मैं आज ही एल.डी. से बात करूँगी। मगर एक बात का ध्यान रखना, किसी को कानो-कान खबर न हो, तुम लोग वहाँ रह रहे हो। मैं राशन, पानी, नर्स, धोबी सबका इन्तज़ाम कर दूँगी।' उमा ने हसीना के गाल थपथपाते हुए कहा, 'लगता है तुमसे मेरा पिछले जनम का कोई सम्बन्ध है।'

उमा के नथुनों में हसीना को वही बासी, खमीरी, भीनी गन्ध छा गई थी। इस गन्ध में जाने क्या था कि वह उसके आगे लाचार हो जाती।

'किसी दिन मैं तुम्हारे पसीने का इतर बनाऊँगी,' उमा बोली, 'मुझे तो तुम्हारे पसीने तक से इश्क हो गया है।'

लतीफ़ मुस्कुराया। उसे भी यह गन्ध बेहद प्रिय थी। मगर उमा की बातें सुनकर वह मन ही मन और अधिक विचलित हो गया। उमा इतना प्यार क्यों उँडेल रही है ? कहीं इसमें भी तो मालिकों की कोई चाल नहीं। वह यहाँ तक सोच गया कि कहीं उसका काम तमाम करके मालिक लोग हसीना को तो नहीं हथियाना चाहते ?

'मेरी समझ में कुछ भी नहीं आ रहा है,' लतीफ़ बोला, 'मैंने मैनेजमेंट को हमेशा गाली ही दी है। आप लोग मुझे मेरे हाल पर क्यों नहीं छोड़ देते ?'

'आप जब इस काबिल हो जाएँगे तो छोड़ देंगे।' उमा ने कहा।

'बहुत शातिर औरत है।' लतीफ़ ने मन ही मन कहा और उमा को गौर से देखने लगा।

'आप सोच रहे होंगे मैं एक बहुत चालाक औरत हूँ,' उमा ने लतीफ़ को अपनी तरफ़ इतने ध्यान से देखते हुए पाया तो बोली, 'मैं लक्ष्मीधर की पत्नी हूँ, उसकी एजेंट नहीं। श्यामजी मेरा देवर है तो हसीना मेरी बहन।'

प्रतिक्रिया के लिए हसीना ने लतीफ़ की तरफ़ देखा, वह लेटा-लेटा खुद ही अपना सर दबा रहा

था। हसीना उठकर उसके सर के पीछे खड़ी हो गई और सर दबाने लगी।

'सर में स्टिचेज़ है, मत दबाओ।' उमा ने कहा और पैर खुजाने लगी। अब तक मच्छर लोग उसे अपनी अहमियत का अहसास दिला चुके थे। उमा इन लोगों के बीच और समय बिताना चाहती थी, मगर ये मच्छर। वह उठी और बोली, 'मैं एल.डी. से बात करूँगी। मेरी पूरी कोशिश होगी, आप लोग आज ही शिफ़्ट कर जाएँ।'

अपने दाहिने पैर के जूते से बायाँ पैर खुजाते हुए उमा खड़ी हो गई, 'अगर सम्भव हुआ तो मैं रात को ही निज़ाम को भेजूँगी। आप लोगों को छोड़ आएगा।' उमा ने लतीफ़ के सामने दोनों हाथ जोड़ दिए, 'लतीफ़ साहब यह ज़रूरी नहीं कि एक्सप्लायटर की पत्नी भी एक्सप्लायटर हो। आपकी किताब में क्या लिखा है ? मैं आजकल होम्योपैथी का कोर्स कर रही हूँ। अब आप ही बताइए, होम्योपैथी का कोर्स करके मैं किसी को एक्सप्लायट करना चाहती हूँ या समाज की सेवा करना चाहती हूँ।'

'आपको राजनीति में जाना चाहिए,' लतीफ़ बोला, 'आप मन्त्री हो जाएँगी।'

उमा ने जोर का ठहाका लगाया, बोली, 'खुदा हाफ़िज़।'

खुदा हाफ़िज़ ! लतीफ़ और हसीना साथ-साथ बोले। हसीना उसे गाड़ी तक छोड़ आई। नंगे पाँव। स्लीपर की स्ट्रैप को भी आज ही टूटना था। जब तक कार की पिछली बत्तियाँ नज़रों से ओझल न हो गईं, हसीना अपने घर के सामने खड़ी रही।

हसीना लौटकर कमरे में आई तो लतीफ़ खटिया पर तकिए के सहारे बैठा छत की तरफ़ एकटक देख रहा था।

'तुम परेशान क्यों नज़र आ रहे हो।'

'मुझे अपने भीतर बहुत घबराहट लग रही है,' लतीफ़ बोला, 'तुम्हें लेकर मैं बहुत चिन्तित हूँ।'

'क्यों ?'

'एक तरफ़ कुछ जाहिल लोग और दूसरी तरफ़ ये तुम्हारी उमाजी। मुझे जाने क्यों दोनों के इरादे नेक नज़र नहीं आते।'

'उमाजी ने तुम्हारी जान बचाई है और तुम उनके बारे में यों सोच रहे हो।'

'वह एक अच्छी औरत नहीं है।'

'तुम्हारे कहने से तो बुरी न हो जाएँगी।'

'मिल में किसी से पूछ लो। श्यामजी की रखैल है।'

'छिः,' हसीना बोली, 'तुम मर्द लोग एक ही जुबान में सोचते हो। कल कोई तुमसे कहे मैं श्यामजी की रखैल हूँ, तो तुम सच मान लोगे ?'

'लोग अक्सर ठीक ही कहा करते हैं।'

'तुम बीमारी से उठे हो, इसलिए ऐसा सोच रहे हो।'

'तुम्हें अगर कोई कुछ कहेगा तो मैं उसका खून कर दूँगा,' लतीफ़ बोला, 'सोचता हूँ किसी दूसरे शहर चला जाऊँ कोई दूसरी नौकरी तलाश लूँ। यहाँ परदेस में जी घबराता है।'

'तुम जहाँ रहोगे; मैं तुम्हारे साथ जाऊँगी,' हसीना बोली, 'फिलहाल बँगले में जाना कैसा होगा ?'

'ठीक रहेगा !' लतीफ़ बोला, 'अगर किसी दिन रात को श्यामजी या उसका कुत्ता शराब पीकर आ गया तो तुम अपनी रक्षा कर लोगी ?'

'वहाँ दरबान है।'

'वह उसी का दरबान है।'

'तुम फिक्र न करो। उन लोगों के मन में मोह-ममता न होती तो तुम्हारे लिए यों पैसा न बहाते। तुम्हें उन लोगों ने नई जिन्दगी दी है।'

'यहाँ से तो अच्छा ही रहेगा। खुली हवा में साँस लेंगे। नदी के किनारे बैठकर तुमसे 'दमादम मस्त

कलन्दर' सुना करूँगा।'

'मैं रोज़ सुनाया करूँगी।'

'जो सामान ले जाना हो तैयार कर लो।'

हसीना ने तुरन्त एक गठरी तैयार कर ली। कुछ कपड़े, जरूरी बर्तन, दवाइयाँ आदि। फिर वे दोनों देर तक मोटर का इन्तज़ार करते रहे, मगर मोटर नहीं आई। अगले रोज़ भी यही हुआ। सुबह, दोपहर, शाम इन्तज़ार में बीत गई।

'जरूर श्यामजी ने मना किया होगा।'

'मगर उमाजी वायदा करके गई हैं।'

हसीना को पूरा भरोसा था, वे आएँगी। मगर वह नहीं आई। रात ग्यारह बजे के करीब मिल की एक स्टेशन वैगन घर के सामने आकर रुकी और किसी ने दरवाज़ा खटखटाया। निज़ाम था। हसीना उसे पहचानती थी।

'उमाजी ने यह रुक्का भेजा है।' उमा ने वक्त पर गाड़ी न भेज पाने के लिए अफ़सोस जाहिर किया था और लिखा था कि आज निज़ाम के पास वक्त है, वह अभी बँगले तक छोड़ आएगा। वहाँ कोई तकलीफ़ न होगी। उन्होंने अपना फोन नम्बर भी दिया था कि बँगले पर पहुँचकर फ़ोन से बात कर ले।

निज़ाम ने बहुत एहतियात से लतीफ़ को उठाया और गाड़ी तक ले गया। गाड़ी इतनी बड़ी थी कि लतीफ़ आराम से लेटते हुए जा सकता था।

गाड़ी एक बँगले में घुसती ही चली गई। दो-चार फर्लांग के बाद इमारत नज़र आई। बाहर दरबान तैनात था। उसने निज़ाम को बताया कि साहब लोगों के लिए कोठी के पीछे बनी कॉटेज में रहने का इन्तज़ाम है। गाड़ी वहाँ तक चली गई।

दो कमरे थे, फ्लश बाथरूम एकदम साफ़। कमरों पर जालीदार दरवाज़े थे। बिस्तर बिछा था। लतीफ़ ने पंखा खोला और लेट गया। शायद दो-एक दिन पहले ही पुताई हुई थी। हसीना की आँखें पीले बीमार बल्ब की रोशनी की आदी थीं, मगर यहाँ ट्यूब जगमगा रहे थे। वह एक तितली की तरह कमरे में उड़ने लगी।

'कुछ भी हो जगह लाजवाब है,' लतीफ़ बोला, 'देखो, किस्मत कहाँ से कहाँ ले जा रही है।'

तभी दरबान ने बताया कि मेमसाहब का फोन आया है। हसीना ने आज तक फोन पर बात न की थी। फिर भी उसने विश्वासपूर्वक चोंगा उठाया और बोली, 'हम लोग ठीक से पहुँच गए हैं। आदाब़। शुक्रिया।'

'फोन पर तुम्हारी आवाज़ कितनी सुरीली आती है।'

'आप से कम,' हसीना बोली, 'यहाँ तो सब कुछ जन्नत जैसा लग रहा है।'

'लतीफ़ कैसे हैं ?'

'ठीक हैं, मगर उदास।' हसीना ने बताया।

'मेरा प्यार देना। हम लोग किसी छुट्टी के रोज़ आएँगे।'

'जरूर आइएगा और बाबा को भी लाइएगा। यहाँ हम उसके साथ लुकाछिपी खेलेंगे।'

'अच्छा, जब मन उदास हो, फोन कर लेना।'

'ज़रूर।'

फोन पर उमा की आवाज़ सुनकर वह चमत्कृत हो रही थी। इतनी दूर से कितनी साफ़ आवाज़ आ रही थी।

लौटकर उसने बहुत विस्तार से फोन के करिश्मे के बारे में लतीफ़ को बताया। यहाँ इतनी दूर शान्त वातावरण में पहुँचकर लतीफ़ सुकून महसूस कर रहा था, जैसे भेड़ियों के बीच से सही सलामत

निकल आया हो।

सुबह चिड़ियों की चहचहाहट से दोनों की नींद खुल गई। पास ही नदी के बहने की आवाज़ आ रही थी। बीच में शायद बालू का कोई टीला कट गया था, पानी 'फाल' की तरह गिर रहा था। दोनों जैसे सपने से उठे। दूर-दूर तक हरियाली दिखाई दे रही थी। ठीक पेड़ों के झुरमुट के नीचे यह काटेज बनी थी। पीछे नीबू के घने पेड़ थे। सामने एक आलीशान इमारत खड़ी थी, जिसके ठीक सामने बीचोबीच एक पक्का रास्ता दूर तक चला गया था।

'वह बहुत खूबसूरत जगह है।' हसीना ने जिन्दगी में पहली बार एक साथ इतने पक्षियों की आवाज़ सुनी थी। उसका बचपन और जवानी अँधेरी सँकरी गलियों में ही गुज़रा था। उस दमघोंटू वातावरण के अलावा भी दुनिया में कोई जगह है, उसे इसका पहली बार अहसास हुआ।

'पहाड़ ऐसे ही होते होंगे।' हसीना ने लतीफ़ से पूछा।

'लगता है किसी दिन तुम्हारी उमाजी पहाड़ भी दिखा देंगी।'

'मेरे रोएँ-रोएँ से उनके लिए दुआएँ निकल रही हैं,' हसीना ने कहा, 'मैं अभी नदी देखकर आती हूँ।'

काटेज के बाईं ओर से नदी की आवाज़ आ रही थी। वह पेड़ों में झूमती हुई-सी उधर बढ़ गई। छोटी-सी चारदीवारी थी और उसके पार नीचे नदी बह रही थी। पानी, बहता हुआ पानी, नीला गहरा पानी, सूरज की रोशनी में चमकता पानी। उसकी इच्छा हुई भागकर नदी को छू ले और किनारे बैठकर पानी में पाँव लटका दे।

पानी में कोई मरा हुआ जानवर बहकर आ रहा था। उसके ऊपर दो कौवे बैठे थे। जानवर शव के साथ-साथ नौका विहार कर रहे थे। हसीना लतीफ़ को यह सब दिखाने के लिए बेताब हो उठी और भागती हुई लतीफ़ तक पहुँची। तब तक खानसामा चाय ले आया था। लतीफ़ उसी से बतिया रहा था। बतिया क्या रहा था, एक पुलिस ऑफीसर की तरह तफ़तीश कर रहा था, 'यहाँ कौन रहता है, क्यों रहता है। मालिक लोग कभी आते हैं तो किसके साथ आते हैं।'

हसीना को ये सवाल बहुत अटपटे लगे, बोली, 'हमें इन सब बातों से कोई मतलब नहीं। नदी का बहुत अच्छा किनारा है। थोड़ी देर में चलेंगे।'

'आप लोग गोश्त खा लेते हैं ?' खानसामा ने पूछा।

'खा लेते हैं मगर नसीब नहीं होता,' लतीफ़ बोला, 'शहर से सामान कैसे आता है ?'

लतीफ़ की यही एक आदत थी कि पूछताछ बहुत करता था, 'वेतन तो मिल से मिलता होगा ?' वह पूछ रहा था।

खानसामा चला गया तो हसीना लतीफ़ पर बिगड़ गई, 'यह क्या पूछताछ करने लगते हो ?'

'इसमें क्या बुराई है ?'

'वह सब बातें बताएगा।'

'बताने दो, मैंने कोई गलत बात तो की नहीं। लतीफ़ बोला, 'मालूम नहीं ये लोग कब तक मुझे दामाद की तरह रखेंगे।'

'मेरा तो मन है जिन्दगी-भर यहीं रहें।'

लतीफ़ ने एक लम्बी साँस ली। वह जिन्दगी की तल्खियाँ देख चुका था, बोला, 'अगर यह सोचकर यहाँ रहोगी कि दोबारा उसी जहन्नुम में लौटना है तो सुखी रहोगी।'

'जन्नत में हम जहन्नुम के बारे में नहीं सोचेंगे,' हसीना ने दोनों बाँहें लतीफ़ के इर्द-गिर्द फैला दीं, 'तुम्हारा साथ मुझे कितना अच्छा लगता है।'

सचमुच यह एक नई जिन्दगी थी। वक्त पर नाश्ता, चाय, भोजन। हसीना रोगनजोश खाते हुए पूछती, 'बोलो अब मिल में हड़ताल करवाओगे ?'

'अगर तमाम मजदूरों को ये सहूलियतें मिलें तो हड़ताल क्यों हो। मज़दूरों का मेहनताना काटकर ही ये तमाम चीज़ें मालिक लोग जुटाते हैं।'

'तुम्हारे यही मजदूर दोस्त जब मुझ पर आवाज कसते हैं तो तुम्हें कैसा लगता है ?'

'ज़ाहिर है, अच्छा नहीं लगता,' लतीफ़ बोला, 'उन्हें तालीम भी तो नहीं मिलती। उनके पास तफ़रीह के लिए सिर्फ एक चीज़ है—औरत।'

'तो तुम तालीम क्यों नहीं देते ?'

'ट्रेड यूनियन से हम तालीम ही तो देते हैं, अपने श्रम का मूल्य समझो, शोषण का विरोध करो।'

'और दुनिया-भर के मज़दूरो एक हो जाओ।' हसीना ने वाक्य पूरा किया। उसे यह वाक्य बहुत पसन्द था।

इस बीच उमा का कई बार फोन आया कि दो-एक दिन में वे लोग आएँगे, मगर हर बार कार्यक्रम टलता रहा।

रविवार को सुबह कुछ देर के लिए वे लोग आए थे। उमा ने स्विमिंग कास्ट्यूम पहना और नदी में कूद गई। नदी में लक्ष्मीधर उसकी तस्वीर उतारता रहा। बाद में अपनी लम्बी-सी गाड़ी में श्यामजी भी आया। उसके आते ही वे लोग मोटरबोट में बैठकर नदी में दूर निकल गए। हसीना और लतीफ़ देखते रह गए। थोड़ी देर में कार भी चली गई। जाने कहाँ वे नाव से उतरकर कार में सवार हो गए होंगे। श्यामजी अपने साथ बन्दूक भी लाया था। देखते ही देखते उसने कई पक्षी गिरा दिए थे। खानसामा 'शिकार' उठा लाया और उस दिन दोनों वक्त 'शिकार' ही बना।

लतीफ़ अब स्वस्थ था। टानिक की कई शीशियाँ खाली करने के बाद वह देखते-देखते पहले से भी स्वस्थ हो गया। उसने कई बार घर लौटने की ख्वाहिश ज़ाहिर की, हसीना से फोन भी कराया, मगर वहाँ से एक ही जवाब मिलता, 'छुट्टियाँ यहीं बिताओ।'

छुट्टियाँ ख़त्म होने को आईं तो इस बार लतीफ़ ने खुद फ़ोन किया। लक्ष्मीधर बोल रहे थे। उन्होंने कहा, 'यह तुम्हारी भाभी का महकमा है। लो उसी से बात करो।'

'कैसे हो, लतीफ़ भाई ?'

'पहले से भी मोटा-ताजा हो गया हूँ,' लतीफ़ बोला, 'मैं आप लोगों का एहसानमन्द हूँ।'

'आप कहिए तो छुट्टी बढ़वा दूँ।'

'बहुत हो गया। मैंने शायद ज़िन्दगी में पहली बार छुट्टी मनाई है।'

'तो ऐसा करो,' उमा उधर से चहकी, 'अब हनीमून मनाओ।'

लतीफ़ बेहद झेंप गया। चुप रहा।

'लगता है आपको सुझाव पसन्द नहीं आया।' उमा बोली।

लतीफ़ थोड़ा खुला, बोला, 'आजकल वही मना रहा हूँ।'

उमा फ़ोन पर लोट-पोट हो गई, बोली, 'ज़रा हसीना को फ़ोन दो।'

लतीफ़ ने चोंगा हसीना को थमा दिया, 'जी ?'

'मुबारक।' उमा बोली।

'शुक्रिया।' हसीना ने कहा।

'यह तो पूछो यह मुबारकबाद क्यों ?'

'बताइए।'

'उमा हँसते-हँसते बेहाल हो गई, 'कैसी गुज़र रही है।'

'बहुत अच्छी। जैसे जन्नत मिल गई।'

'मुबारक।' उमा ने फिर कहा।

'शुक्रिया,' हसीना ने दोहराया, 'आप जब हँसती हैं तो बहुत खूबसूरत लगती हैं।'

'मगर मैं दूसरी बात कहना चाहती हूँ।'
'कहिए।'
'तो सुनो,' उमा बोली, 'तुम बहुत दबे पाँव आई थीं। आई थीं कि नहीं ?'
'आप पहेलियाँ बुझा रही हैं।'
'अच्छा मेरी पहेली को समझने की कोशिश करो। तुम बहुत दबे पाँव, सकुचाती सहमी आई थीं।'
'आप दुरुस्त फरमा रही हैं।'
'तो मेरी एक बात मानो।'
'कहिए।'
'अब भारी पाँव से लौटना,' उमा ने अपनी बात और स्पष्ट कर दी, 'मेरा कहने का मतलब यह है कि गुड़िया रानी कि जब तक पाँव भारी न हो जाएँ, लौटना मत।'
हसीना खामोश।
'बोलो मंजूर है ?'
हसीना खामोश।
'बोलो भाई।'
'आप ज्योतिषी तो नहीं हैं ?' हसीना ने सकुचाते हुए कहा, 'आपको कैसे मालूम ?'
'लतीफ़ साहब बता रहे थे,' उमा ने कहा, 'बधाई।'
'शुक्रिया,' हसीना बोली, 'अब हम घर लौटेंगे। घर की हालत बहुत खराब होगी।'
'कल सुबह चौकीदार को घर की चाबी दे देना। हम सफ़ाई करवा देंगे।'
'आप इतनी अच्छी क्यों हैं ?' हसीना ने पूछा, 'मुझे रोना आ जाता है। ऐसा लगता है आपके अलावा हर कोई मेरा दुश्मन है।'
'तो सुनो। कल चाबी भिजवा देना। सफ़ाई हो जाए तो फिल्ट करवा दूँगी। ठीक ?'
'बहुत ठीक।'
'इतवार को हम लोग आएँगे। हमारे साथ ही लौट आना।'
'शुक्रिया।'
उमा ने रिसीवर रख दिया।
'बहुत लम्बी बात की ?' लतीफ़ ने पूछा।
'हम नहीं बोलेंगे,' हसीना बोली, 'तुमने क्यों बताया ?'
'मैंने क्या बताया ?'
'बहुत बनते हो।' हसीना बोली, 'तुम्हीं ने कोई इशारा किया होगा।'
'देखो मालिक लोगों की बीवियों से मैं इशारेबाज़ी नहीं करता।'
'तो इन्हें किसने बताया ?'
'उन्हें किसी ने क्या बता दिया ?'
'कि मेरे पाँव भारी हैं।'
'यह तो कुदरत का खेल है,' लतीफ़ बोला, 'हम लोगों ने कोई तीर नहीं मारा। कुदरत तो तीर चलाती ही रहती है।'
हसीना दुनिया के शिखर पर थी।
'मैंने कभी न सोचा था कि इतनी खुशनसीब हूँ।'
'मैंने सोचा था, जिस रोज तुमसे निकाह किया था।' टहलते-टहलते वे दोनों नदी की तरफ़ चल दिए।
'अगर लड़का हुआ तो हम उसका नाम नसीब रखेंगे।' लतीफ़ बोला।

'अगर लड़की हुई ?'

'तो उसका नाम नसीबन रख देंगे।'

'वाह !' लतीफ़ बोला, 'देखो नदी में चाँद तैर रहा है।'

'मुझे लग रहा है, हम लोग तैर रहे हैं।'

लतीफ़ ने हसीना के कन्धों के गिर्द बाँहें फैला दीं और उसे अपने नज़दीक सरका लिया।

'तुम्हारे होठों में बहुत रस है।' वह बोला।

'छोड़ो,' हसीना ने होंठों पर जीभ फेरते हुए कहा, 'लगता है पूरा रस आज ही चूस लोगे।'

पास ही किसी पेड़ से एक पक्षी बोला।

'कस्तूरी है,' लतीफ़ ने बताया, 'सुबह दिखाऊँगा।'

'हम अभी देखेंगे।'

'तो अभी दिखा देंगे,' लतीफ़ बोला, 'जल्दी चलो, मेज़ पर खाना लग चुका होगा।'

वे लोग एक दूसरे से सटकर चल लिए।

'चाँद अच्छा तैराक नहीं,' हसीना बोली, 'देखो कब से तैर रहा है और कितनी कम मंज़िल तय की है।'

इतवार के रोज़ सुबह उठते ही लतीफ़ ने शेव बना ली। स्नान कर लिया। हसीना ने पूरा सामान समेट लिया। खानसामा सुबह-सुबह दरिया से मछली पकड़कर लाया था। वर्षों बाद उसके जाल में मछली फँसी थी। वह भी इन लोगों की तरह ही उत्साहित था। उमा आती है तो दस-बीस बख्शीश ज़रूर दे जाती है। मछली के पकौड़े पसन्द आ गए तो ज्यादा मिलने की भी उम्मीद थी। श्यामबाबू का आना इतना उत्साहवर्धक नहीं होता। जाने वह जेब में पैसा क्यों नहीं रखते। बस ड्राइवर से बोल देंगे और ये ड्राइवर लोग अव्वल दर्जे के उस्ताद होते हैं। दस कहेंगे तो बड़ी मुश्किल से दो निकालेंगे जैसे अपनी टेंट से जा रहा हो।

उम्मीद की जा रही थी कि वे लोग नाश्ते पर आएँगे, मगर वे इतने बेमुरव्वत कि लंच के बाद आए। मछली के पकौड़े और मछली की कढ़ी दोनों का लुत्फ़ न उठा सके।

उमा ने आते ही हसीना की ढूँढ़ मचवा दी। हसीना उस समय गुस्ल में कै कर रही थी। निकलते-निकलते जितना वक्त लगा, उमा को वह भी मंजूर न था। हसीना गुस्ल से निकली तो आँखों से पानी बह रहा था, बाल बिखर रहे थे, कदम डगमगा रहे थे। बाहर आई तो दरवाज़े के पास उमा खड़ी थी, 'आदाब अर्ज़ है।'

हसीना सकपका गई, 'हम लोग कई रोज़ से सिर्फ़ आपका इन्तज़ार कर रहे थे।'

'हम हाज़िर हैं,' उमा ने कहा, 'मगर तुमसे इतना खूबसूरत होने को किसने कहा था ?'

'कुदरत ने।' हसीना ने लतीफ़ की बात दुहरा दी।

उमा ने हसीना को बाँहों में ले लिया, 'देखो तुम्हारे लिए कौन आया है ?'

'मेरे लिए।'

'हाँ, तुम्हारे लिए ही।'

कमरे में जाकर हसीना ने देखा, लक्ष्मीधर, श्यामजी और एक वृद्ध महिला बैठी थी।

'यह हैं तुम्हारी डॉक्टर। डॉक्टर सिंह। आज मुआइना करेंगी। हर महीने मुआइना करेंगी। अब आप डॉक्टर साहब के साथ अन्दर चली जाइए।'

हसीना की समझ में कुछ न आया। मगर वह डॉक्टर के पीछे-पीछे चल दी। श्यामजी ने उमा के कान में धीरे से कहा, 'मुझे लड़की पसन्द है।'

श्यामजी ने लक्ष्मीधर की तरफ़ ऐसे देखा जैसे उसके बारे में कुछ कह रहा हो। लतीफ़ चुपचाप एक आज्ञाकारी बच्चे की तरह बैठा था।

'मुझे भी।' उमा ने धीरे से कहा, 'मुझे लतीफ़ बना दो।'

श्यामजी फिर उमा के कान पर झुक गया, 'मैं बच्चे को भी गोद ले लूँगा।'

'शट-अप,' उमा ने कहा, 'तुम्हारी शादी जहाँ भी होगी, दहेज में सिर्फ़ बच्चे ही मिलेंगे।'

श्यामजी इस बात से बहुत खुश हुआ, बोला, 'मैं तो लोगों के लिए दहेज जुटाते-जुटाते आज़िज़ आ गया हूँ।'

'बेहद बदमाश हो,' उमा ने कहा, 'अब तुम्हारी शादी कर देनी चाहिए।'

डॉक्टर सिंह ने लौटकर एक पर्चा उमा को थमा दिया। उमा ने पर्चा पढ़ा। केवल कैल्शियम की टिकिया दरकार थीं। उमा ने पर्चा लक्ष्मीधर को थमा दिया।

श्यामजी खड़ा हो गया, घड़ी की ओर देखा और बोला, 'अब चला जाए।'

'बस एक मिनट।' हसीना ने कहा और अपनी गठरी उठा लाई।

'यह यहीं छोड़ जाओ,' उमा ने कहा, 'ऐसे ही चल दो। फिर कभी तो आओगी।'

हसीना ने गठरी अलमारी में रख दी। लतीफ़ और हसीना सबके पीछे-पीछे चल दिए।

आज बहुत बड़ी गाड़ी थी। सब उसमें समा गए। गाड़ी ने सबसे पहले श्यामजी को उतारा, उसके बाद डॉक्टर को। उमा और लक्ष्मीधर को उतारते हुए गाड़ी लतीफ़ के घर के आगे जा खड़ी हुई। पति-पत्नी दोनों खाली हाथ उतर गए। ड्राइवर ने बढ़कर ताला खोला और चाबी लतीफ़ को थमाकर चलता बना।

लतीफ़ ने बत्ती जलाई। यह एक बदला हुआ घर था। पुताई हो चुकी थी, जाले छूट चुके थे और कमरे में चार कुर्सियाँ एक मेज़ जाने कौन रख गया था। छत पर एक पंखा सूली पर लटक रहा था। हसीना ने पंखा खोल दिया और ठीक उसके नीचे आरामकुर्सी पर पाँव फैलाकर बैठ गई, 'देख रहे हो। यह सब दीदी का कमाल है।'

'कितना अच्छा होता, सब मज़दूरों को ऐसी सहूलियत मिल जाती।'

'उन्हीं में कोई खामी होगी।'

'तुम निहायत खूबसूरत, निहायत बेवकूफ़ और निहायत नादान लड़की हो,' लतीफ़ बोला, 'मेरा मतलब निहायत नादान औरत हो। तुम्हें शायद मालूम नहीं, तुम अब लड़की नहीं रहीं।'

'लड़की से औरत होना कितना लाजवाब होता है।' हसीना बोली।

घर पहले से बहुत आरामदेह हो गया था। स्टोव की जगह कुकिंग गैस ने ले ली थी। खिड़कियों पर मोटे पर्दे लटक रहे थे, छत पर पंखा चल रहा था, बैठने के लिए सादी मगर खूबसूरत कुर्सियाँ थीं।

'मालिक लोगों ने मुझे जिन्स की तरह खरीद लिया,' लतीफ़ पंखे की ठंडी हवा लेते हुए बोला, 'मगर मैं बिकाऊ नहीं था, न हूँ, न बिकाऊ रहूँगा।'

'तुम ज़िन्दगी से क्या चाहते हो ?' हसीना ने गुस्से से कहा, 'तुम सब चौपट कर दोगे। तुम एहसानफरामोश हो। तुम आखिर ज़िन्दगी से क्या चाहते हो ?'

'इश्तिराक़ीयत।'

'यानी।'

'समानता।'

'क्या सब मज़दूर एक से कुशल होते हैं।'

'हो सकते हैं।'

'कैसे हो सकते हैं ?'

'समान वेतन से। समान सुविधाओं से।'

'तुम्हारा दिमाग़ चलने लगता है,' हसीना बोली, 'ज़िन्दगी में कभी एहसानफरामोश नहीं होना चाहिए। तुम सड़क पर कराहते रहते, शायद खत्म हो जाते अगर लक्ष्मीधर उधर से न गुज़रते। तुम जिन्हें अपना दुश्मन मान रहे हो मेरे लिए वे देवता हैं।'

'तुम एक हामिला औरत हो,' लतीफ़ बोला, 'तुमसे बहस भी तो नहीं की जा सकती।'

'तुम मर्दों की तरह बात करते हो या मज़दूरों की तरह।'

'मैं मर्द हूँ और मज़दूर भी। क्या मजदूर मर्द नहीं होता ?'

'अगर तुम मज़दूर हो तो मैं कहूँगी, मज़दूर ही मर्द होता है।'

'और मैनेजर क्या होता है ?' लतीफ़ हँसा, 'नामर्द होता है।'

'तुम लक्ष्मीधर का मज़ाक उड़ा रहे हो न ?' हसीना आहत हो गई, 'तुम ज़िन्दगी से आखिर चाहते क्या हो ?'

'इश्तिराक़ीयत।'

'यानी ?'

'समानता।'

हसीना का जी मितलाने लगा। वह नाली की तरफ़ लपकी। लतीफ़ ने उसे थाम लिया और वह कै करने लगी। सुबह की मछली कै में तब्दील हो गई थी।

लतीफ़ को सोमवार से काम पर जाना था। शनिवार तक वे लोग इतना ऊब गए कि लतीफ़ ने रात को खाना खाने के बाद हसीना से पूछा, 'चलो आज सिनेमा चलें। मुग़ले आज़म एक बार फिर देख आएँ।'

हसीना की तबीयत बहुत अच्छी न थी, फिर भी वह एकदम उछल पड़ी, 'हाय तुम कितने अच्छे हो।'

दोनों खाना खाकर तुरत घर से निकल दिए। हसीना को शक था कि टिकट न मिलेगा, मगर बहुत आसानी से टिकट मिल गया। वे लोग यह मानकर घर से निकले थे कि देर हो चुकी है, हाल में पहुँचे तो प्रादेशिक समाचारों पर आधारित न्यूज़रील चल रही थी। उसके बाद फ़िल्म्स डिवीजन ने भी जी भरकर समय लिया। कबड्डी से लेकर वालीबॉल तक के मुर्दा चित्र पेश किए। फिल्म शुरू हुई तो दोनों ने राहत की साँस ली।

दोनों दूसरी बार फ़िल्म देख रहे थे। फ़िल्म समाप्त हुई तो दोनों के गालों पर आँसू तैर रहे थे।

भीड़ के साथ-साथ दोनों हॉल से बाहर निकले। अभी वे लोग बाहर गेट तक नहीं पहुँचे थे कि एक नौजवान ने हसीना की बाँह थाम ली। हसीना ने अपनी बाँह झटकनी चाही, मगर नौजवान की गिरफ़्त इस्पात की तरह मज़बूत थी। लतीफ़ ने यह देखा तो गुस्से से तमतमा उठा। उसने एक ज़ोरदार तमाचा नौजवान के चेहरे पर जड़ दिया। नौजवान ने हसीना को छोड़ दिया और नेफे से चाकू निकाल लिया। चाकू देखकर हसीना चिल्लाई—'बचाओ ! बचाओ !!'

लतीफ़ ने भी मदद के लिए इधर-उधर देखा। लोग जैसे इस कांड से बचना चाहते थे। उनकी रफ़्तार तेज हो गई। स्त्री-पुरुष तमाम लोग उन लोगों से हटकर चलने लगे। नौजवान ने देखते ही देखते चाकू लतीफ़ के पेट में घोंप दिया। हसीना ने बहुत कारुणिक चीत्कार किया। पुलिस का एक सिपाही नज़र आया, मगर वह फौरन दृश्य से अदृश्य हो गया।

सब लोगों के सामने, सब लोगों के बीच लतीफ़ एक कटे पेड़ की तरह गिर गया। हसीना दोनों

हाथों से सर पीटने लगी। मगर गुंडे की तसल्ली न हुई। उसने गिरे हुए लतीफ़ को पैर से पलट दिया। खून से जमीन लाल हो गई। देखते-देखते वहाँ सन्नाटा खिंच गया।

गुंडे ने हसीना को बाँह से उसी जगह पकड़ा और लगभग घसीटते हुए हॉल के अन्दर ले गया। हसीना को चक्कर आ गया। इसके बाद क्या हुआ, उसे नहीं मालूम। अस्पताल में उसे होश आया तो देखा उसकी शलवार खून से तर थी।

'लतीफ़ कहाँ है ?' उसने पास खड़े लोगों से पूछा।

सब चुप थे। पोस्टमार्टम के बाद लतीफ़ की लाश 'मॉर्च्यूरी' की तरफ़ जा रही थी।

अगले रोज अख़बारों के मुखपृष्ठ पर कत्ल और बलात्कार की ख़बर मोटे अक्षरों में छपी हुई थी। श्यामजी ने अख़बार देखा तो विश्वास न किया। स्वस्तिक कॉटन मिल के फोरमैन की दर्दनाक मौत। गर्भवती पत्नी के साथ अमानवीय बलात्कार !

उसने लक्ष्मीधर को फ़ोन मिलाया, 'अखबार देखा ?'

'अभी नहीं।'

'लतीफ़ का कत्ल हो गया है,' वह बोला, 'हसीना भी अस्पताल में है। फौरन सिविल अस्पताल पहुँचो।'

अस्पताल के सामने मज़दूरों का हुजूम इकट्ठा हो गया था। वे लोग बेहद तैश में थे। श्यामजी और लक्ष्मीधर भागे हुए अन्दर गए। खेल खत्म हो चुका था। हसीना को नींद का इंजेक्शन दिया गया था। वह बिस्तर पर बेसुध और निश्चेष्ट पड़ी थी।

●●

ज़रूरत से ज्यादा पी लेने से प्रेम जौनपुरी की आँखों में लाल डोरे तैर रहे थे। कदम डगमगा रहे थे। बाल बिखरे थे और होंठों के छोरों पर सफ़ेद झाग के बुलबुले जम गए थे। वह जीने पर बँधे रस्से के सहारे झूमता हुआ अज़ीज़न का जीना चढ़ रहा था।

इधर बेग़म अख़्तर ने प्रेम जौनपुरी की लिखी एक ग़ज़ल गाई थी और उसका रिकॉर्ड भी छप गया था, जिससे शहर में प्रेम जौनपुरी की मकबूलियत आसमान छू रही थी। उसकी ग़ज़ल इतनी लोकप्रिय हुई कि गलियों-बाज़ारों में अक्सर सुनाई देती। प्रेम जौनपुरी अपनी इस सफलता से प्रभावित हो बम्बई जाकर फिल्मों में अपना भाग्य आज़माने का फैसला कर चुका था। यह उसकी लोकप्रियता का ही कारनामा था कि नफ़ीस उसे बाअदब अज़ीज़न के पास ले गया।

'अख़्तरीबी ने मेरी ग़ज़ल गाकर मेरे ऊपर बहुत अहसान किया है अज़ीज़न बी।' प्रेम जौनपुरी अपनी लड़खड़ाती आवाज़ में बोला, 'मगर आपने मेरी चन्द ग़ज़लें जिस खूबसूरती से गाई थीं, उनको मैं ताज़िन्दगी नहीं भूल सकता। मुझे वे आज भी हाँट करती हैं। सोते में जगा देती हैं।'

'अख़्तरी के लिए ऐसे न कहो। उसने ग़ज़ल की बारीकियों को पकड़ा है और उसकी अदायगी की मैं हमेशा से मद्दाह रही हूँ। कभी मिलेंगी तो बधाई दूँगी।'

'मैं अब उन्हीं के पास जा रहा हूँ। आजकल वे बम्बई में हैं। सोचता हूँ मरने से पहले बम्बई में भी किस्मत आज़माकर देख लूँ।' जौनपुरी की जुबान लड़खड़ा रही थी, 'मगर आपके यहाँ आज मैं दूसरे काम से आया हूँ। एक निहायत ज़रूरी काम से। हो सकता है मेरी आपसे यह आखिरी मुलाकात हो। गुल की शादी की खबर सुनकर मुबारकबाद देने चला आया।' जौनपुरी ने जेब से पौवा निकाला और मुँह से लगा लिया।

'इस तरह पिओगे तो बहुत जल्द खुदा को प्यारे हो जाओगे,' अज़ीज़न ने कहा, 'यह क्या सलीका है।'

'साक़ी नहीं है ! अब दुनिया में साक़ी नहीं है,' जौनपुरी बोला, 'ज़्यादा जीना भी नहीं चाहता। मरने से पहले एक बार बम्बई में अपनी किस्मत ज़रूर आज़मा लेना चाहता हूँ। आपके यहाँ आज आखिरी बार पी रहा हूँ, नमकीन हो तो दीजिए।'

अज़ीज़न ने पास खड़े नफ़ीस को इशारे से बताया कि कुछ कबाब पड़े हों तो ले आए।

'मगर आज मैं दूसरे काम से आया हूँ। दो काम से आया था। बधाईवाला काम हो गया। बधाई मुबारक, कांग्रेचुलेशंस। दूसरा काम भी बहुत ज़रूरी है।' जौनपुरी ने जेब से दोबारा पौवा निकाला और मुँह की कड़वाहट को काटने के लिए साबुत कबाब जीभ पर लिया, 'यह काम नहीं, गुज़ारिश है, इल्तिजा है, दरख्वास्त है। मगर इससे पहले मैं शर्मा की तारीफ़ में चन्द लफ़्ज पेश करना चाहूँगा। शर्मा भी मेरा शागिर्द है। मेरा बेटा है। निहायत शरीफ़ और काबिल इंसान है। जिम्मेदार आदमी है।' जौनपुरी ने पौवे का आखिरी घूँट लिया और खाली पौवा जेब में रखते हुए बोला, 'मेरी इल्तिजा यह है कि यह शादी फिलहाल मुल्तवी कर दीजिए। आपने शादी मुल्तवी न की तो शहर में दंगा हो जाएगा। यह दूसरी बात है कि शहर में दंगा तब भी होगा, अगर आप शादी मुल्तवी कर देंगी। बस आगाह करने चला आया। अब चलता हूँ।'

प्रेम जौनपुरी ने उठने की कोशिश की मगर धम्म से कुर्सी पर गिर पड़ा, 'बस आगाह करने चला आया। शादी मुल्तवी कर दीजिए।'

जौनपुरी की आवाज़ में इतनी आत्मीयता थी, साथ ही साथ उसकी नशीली आँखों में इतनी माज़िरत कि अज़ीज़न चिन्तित हो उठी। ऐसा नहीं लग रहा था कि वह महज़ अड़ंगा लगाने की ग़र्ज़ से यह सब कह रहा है।

'मुझे एक पौवा मँगवा दें। आखिरी बार। मुझे यकीन है, बम्बई से मैं ज़िन्दा नहीं लौटूँगा यानी कि लौटूँगा ही नहीं। इसलिए मुझे एक पौवा मँगवा दीजिए।'

'तुम्हारी हालत देखकर तो लगता है कि तुम बम्बई तक पहुँच ही न पाओगे,' अज़ीज़न बोली, 'यह क्या तमाशा बना लिया है तुमने अपनी शख्सीयत का।'

'बस आप एक पौवा मँगवा दीजिए और शादी मुल्तवी कर दीजिए।'

'क्यों मुल्तवी कर दूँ ? जुबान से दोबारा ये लफ़्ज निकालना भी नहीं। यह शादी होगी और तयशुदा तारीखों में ही होगी।'

जौनपुरी ने पैर मेज़ पर रख दिए। पैरों पर मैल की पपड़ियाँ जम गई थीं और बू आ रही थी।

'कितने दिन हुए हैं तुम्हें नहाए ?'

'मैं नहाने में यकीन नहीं रखता। मैं खुदा में यकीन नहीं रखता। बस आप मेरी एक बात मान लीजिए और शादी मुल्तवी कर दीजिए।'

'मैंने कहा न कि यह शादी मुल्तवी नहीं होगी ?'

'बाईजान, मैं आपकी इज़्ज़त करता हूँ। आगाह करने चला आया कि शादी मुल्तवी कर दीजिए। वरना मैं भी तमाशाई बना रह सकता था।'

अज़ीज़न बी बेहद घबरा गई। तलुए गीले हो गए और हाथ ठंडे। शादी के कार्ड छप चुके थे, गनीमत यही थी कि सबके सब अभी डाक में नहीं छोड़े थे। वह सिर थामकर बैठ गई। शहर अफ़वाहों से गूँज रहा था। यह कोई नई बात न थी। शहर के लोग अफ़वाहों के बीच जीना सीख चुके थे।

'आपने शादी के लिए बीस तारीख मुकर्रिर की है। यही तारीख दंगे के लिए मुकर्रिर हुई है।'

'दंगे की तारीख क्या तुमसे पूछकर मुकर्रिर की जाती है ?'

'एक बढ़िया सिगरेट पिलवा दो। बाईजान सुलगाकर मेरे हाथ में दे दो। मेरा सिगरेट निहायत घटिया है। एक उम्दा सिगरेट सुलगा दो। अपने लबों में लेकर मुझे दे दो।'

अज़ीज़न ने मेज़ पर से पैकेट उठाया। पहला सिगरेट सुलगाकर प्रेम जौनपुरी को दे दिया और दूसरा स्वयं पीने लगी। अचानक उसे लगा कि जौनपुरी शराब के नशे में अनाप-शनाप बोले जा रहा है। उसने कहा, 'तुम्हारा कार्ड रखा है। शादी के बाद ही बम्बई जाना।'

'इसका मतलब यही निकलता है कि आप शादी मुल्तवी नहीं करेंगी।'

'नहीं,' अज़ीज़न बोली, 'यह तो मैं पहली बार सुन रही हूँ कि दंगों की तारीख पहले से तय होती है।'

'यह ज़रूरी तो नहीं, जो बात आप पहली बार सुन रही हों, वह ग़लत ही हो। यह ज़रूरी तो नहीं।' जौनपुरी बुदबुदाया, 'यह ज़रूरी तो नहीं।'

'तुम कैसे जानते हो ? क्या तुम्हीं दंगा कराना चाहते हो ?'

'अज़ीम शायर कभी दंगा नहीं कराते। मगर दंगे के तौर-तरीकों को समझते हैं। दंगे का भी एक तौर-तरीका होता है।'

'यह तौर तरीके तुम कैसे जानते हो।'

'जानता हूँ। अच्छी तरह से जानता हूँ।'

'अगर तुम्हारे दिल में मेरे लिए कोई इज़्ज़त है तो तुम्हें बताना होगा, तुम कैसे जानते हो।'

'मेरे दिल में आपके अलावा कुछ नहीं। एक सुनसान घाटी है मेरा दिल आपके बग़ैर। आपके साथ एक समुन्दर है मेरा दिल। इस समुन्दर की तह पे मैं ही जा सकता हूँ। आप शादी मुल्तवी कर दीजिए।'

'अजीब अहमक शायर हो,' अज़ीज़न बोली, 'इसके पीछे ज़रूर तुम्हारी ही कोई साज़िश होगी।'

'यह कहकर मेरा दिल न तोड़िए बाईजी। मैं तो जल्द ही बम्बई के लिए रवाना हो जाऊँगा और मुझे यकीन है वहाँ से ज़िन्दा या मुर्दा किसी भी सूरत में नहीं लौटूँगा। मैं क्योंकर आपसे झूठ बोलूँगा। आप अगर मुझे अपना दोस्त मानती हैं तो मेरी बात पर यकीन कर लीजिए। मेरी बात पर क्यों नहीं यकीन कर लेतीं आप ?'

'मेरी ज़िद।'

'यह तो दीवाने की ज़िद हो गई।'

अज़ीज़न का चेहरा उतर गया था। वह खिड़की के रास्ते आकाश की ओर देखने लगी। आकाश पर बादल छाए थे। लग रहा था, आँधी आने को है।

'आप परेशान नज़र आ रही हैं। बताए देता हूँ। आप जानती हैं शहर के बीड़ी किंग का बेटा काज़िम मेरा शागिर्द है।'

'जानती हूँ।'

'दंगा बीड़ी मज़दूरों की मज़दूरी को लेकर होगा। जब से एक हिन्दू उद्योगपति बीड़ी के धन्धे में कूदा है, दोनों फिरकों में तनाव बढ़ रहा है। दोनों बीड़ी उद्योगपति मज़दूरों को अपने-अपने तरीके से अपनी तरफ़ खींच रहे हैं।'

'क्या बक रहे हो प्रेमजी,' अज़ीज़न को सारी बात बेसिर-पैर की लग रही थी, 'तुम सही बात पर क्यों नहीं आते कि दंगा क्यों होगा।'

'सही बात यही है कि बीड़ी मजदूरों को जीतने की जंग चल रही है। एक पैसे से खरीदना चाहता है दूसरा मज़हब में। दंगे के लिए इससे बेहतर माहौल नहीं मिल सकता। मुझे कपिल ने भी बताया है कि फ़िरकापरस्त पार्टियाँ इस सिचुएशन का फायदा उठाना चाहती हैं। चुनाव सर पर हैं। रूलिंग पार्टी को शिकस्त देने के लिए दंगा कराना जरूरी है। इन लोगों ने दंगे के लिए बीस तारीख मुकर्रिर की है। शहर में असलाह और गुंडे भरे जा रहे हैं।'

'यह तारीख किसने तय की है ?'

'तारीख यहाँ तय नहीं होती। पूना में तय होती है या हैदराबाद में,' जौनपुरी बोला, 'कभी-कभी दिल्ली में भी दोनों फिरके मिल-बैठकर तारीखें तय कर लेते हैं।'

'मेरा सर घूम रहा है प्रेमजी। मुझे अकेला छोड़ दो।'

'मेरा सर आपसे ज़्यादा घूम रहा है। आप शादी मुल्तवी कर दीजिए, ताकि दंगाई इसका फायदा न उठा पाएँ।'

'क्या वे इस शादी को भी मुद्दा बना सकते हैं ?'

'दंगा हो गया तो मुद्दा अपने आप बन जाएगा।' प्रेम जौनपुरी ने आँखें मूँद लीं।

'चुनाव के बाद कीजिए शादी। मुझे दावतनामा भेजेंगी तो मैं बम्बई से दौड़ा आऊँगा। मैं आऊँगा। ज़रूर आऊँगा।'

प्रेम जौनपुरी कुर्सी पर ही खुर्राटे भरने लगा। अज़ीज़न जाकर खाट पर लेट गई। देश-भर की कई डेरेदारनियों को चिट्ठियाँ जा चुकी थीं। वह इस शादी को अपने जीवन की सबसे बड़ी उपलब्धि मान रही थी। शादी के स्थगन की बात सुनकर सब उसका मज़ाक उड़ाएँगी। हर कोई यही सोचेगा कि ऐन मौके पर लड़का भाग निकला।

अज़ीज़न को गहरी चिन्ता में डाल प्रेम जौनपुरी कुर्सी पर सो गया। उसकी दाढ़ी बढ़ी थी, पैरों पर मैल की पर्तें चमक रही थीं। आँखों में कीच चिपक चुकी थी। अज़ीज़न कमरे में से उठ गई। वह जानती थी, प्रेम जौनपुरी अब देर तक सोएगा। उसने कमरे में जाकर नफ़ीस को बुलवाया और सिद्दीकी साहब के यहाँ रुक्का भिजवा दिया। वह इस विषय पर सिद्दीकी साहब से मशविरा कर लेना चाहती थी। मालूम हुआ, सिद्दीकी साहब घर में नहीं हैं। अज़ीज़न पलंग पर लेट गई। उसे लग रहा था, छत घूम रही है, दीवारें घूम रही हैं, पूरी कायनात घूम रही है। उसने आँखें मूँद लीं। वह बार-बार करवटें बदल रही थी।

●●

सिद्दीकी साहब ख्वाज़ा अली बख्श के फार्म पर गए हुए थे। ख्वाज़ा का फार्म शहर से पन्द्रह-बीस किलोमीटर दूर था। सिद्दीकी साहब के लिए गाड़ी आई थी और उन्हें लिवाकर चली गई। ख्वाज़ा ईद अथवा कोई दूसरा मुबारक मौका निकालकर अपने मुलाकातियों को साल में दो-तीन बार डिनर दिया करते थे।

बाहर खुले लॉन पर खाने का इन्तज़ाम था। फार्म के ठाठ निराले थे। नए फैशन की अल्युमीनियम की कुर्सियाँ थीं। दूर एक 'गार्डन अम्बरेला' लगा था। तरह-तरह के कुत्ते ख्वाज़ा ने पाल रखे थे। सिद्दीकी साहब ने यहाँ ख्वाज़ा का एक दूसरा ही रूप देखा। बावर्ची थे, खानसामा थे और गोश्त के इतने पकवान थे कि सिद्दीकी साहब ने किसी रेस्तराँ में न देखे होंगे। एक स्टील की लम्बी तश्तरी थी, जिसमें बकरे की पूरी की पूरी टाँग पड़ी थी। बीसियों तरह के हलुवे थे, लाल, पीले, हरे, एकदम स्याह। मगर ख्वाज़ा वही के वही थे, अपनी पुरानी शेरवानी में। वे हाथ में छड़ी लिये मेहमानों का इस्तकबाल करते घूम रहे थे। सिद्दीकी साहब को देखते ही प्रसन्न हो गए, 'कहो बरखुरदार, खैरियत तो है। बड़ा अच्छा काम कर रहे हो। फार्म से मिले बग़ैर मत जाना, निहायत ज़रूरी काम है और इनसे

मिलो, ये हैं हमारे अज़ीज़ कमाल साहब। फिरोज़ाबाद में एस.पी. हैं। ए.डी.एम. शकील से तो तुम्हारा पुराना तुआरुफ है, मैं जानता हूँ।' ख्वाज़ा ने शकील साहब से सिद्दीकी साहब को हाथ मिलाते देखा तो बोले, 'अबकी सिद्दीकी साहब को असेम्बली में भेजना है।'

उस भीड़ में सिद्दीकी साहब को अपने कई मुलाकाती मिल गए। इन्कम-टैक्स, सेल्स-टैक्स, चकबन्दी, पुलिस, आबकारी के अफ़सरान के अलावा सार्वजनिक निर्माण विभाग, विद्युत विभाग के अनेक अभियन्ताओं से उनका परिचय हो गया। ख्वाज़ा तमाम अफ़सरान से सिद्दीकी साहब का बहुत अच्छा तआरुफ़ करवा रहे थे। सिद्दीकी साहब को और क्या चाहिए था। इन अफ़सरान की बदौलत ही उनकी गाड़ी खिंच रही थी। वह बार-बार जेब से डायरी निकालते और टेलीफ़ोन नम्बर वगैरह दर्ज करके दोबारा जेब में रख लेते।

तभी जीप से दो नौजवान उतरे। दोनों ने टीशर्ट पहन रखी थी और बेल्ट में चश्मा खोंस रखा था। देखकर लग रहा था, दोनों ने अभी-अभी कंघी से बाल सँवारे हैं। एक भी बाल बेतरतीब नहीं था। उन्हें देखते ही ख्वाज़ा उनकी तरफ लपके, 'आओ-आओ बरखुरदार, मैं तुम लोगों की ही राह देख रहा था।' ख्वाज़ा छड़ी टेकते हुए नौजवानों की तरफ बढ़े। दोनों ने ख्वाज़ा को आते देख सिगरेट जूतों के नीचे मसल दिए।

'आओ आओ।' कहते हुए ख्वाज़ा उनके साथ ही एक तरफ बढ़ गए। वे लोग देर तक गुफ़्तगू करते रहे, फिर सिद्दीकी साहब को बुलवा भेजा।

'आइए, इन नौजवानों से भी आपका तआरुफ़ करवा दूँ। ये हैं सिद्दीकी साहब। उभरते हुए नौजवान नेता। आजकल दिन-भर अपनी कौम के मसलों को लेकर परेशान रहते हैं। क्यों न रहेंगे भाई, चुनाव यों ही तो न जीत जाएँगे। सिद्दीकी साहब, इन लोगों से मिलिए। चुनाव में ये लोग ही मदद करेंगे, रुपए-पैसे से भी और जीपों का इन्तज़ाम भी करेंगे। यह नौजवान बम्बई में हैं। एक्सपोर्ट-इम्पोर्ट के धन्धे में हैं। मसऊद साहब का बचपन यहीं इकबाल गंज में बीता है और खुदा के फज़ल से इस वक्त दो-दो ट्रक हैं, धारवी में शराब का ठीका है। पारसाल एक दुकान इकबालगंज में भी ली, मगर आपने सुना होगा कि बड़ी मछली छोटी मछली पर घात लगाए रहती है। मैं तफ़सील से जिक्र करूँगा। दोनों काम के आदमी हैं। इनसे तो मैं मिलाना ही भूल गया, यह हैं साहिल साहब।'

सिद्दीकी साहब ने साहिल की तरफ गौर से देखा, कहीं यह चमेली का साहिल तो नहीं। सिद्दीकी साहब को असमंजस में देखकर साहिल मुस्कुरा दिया और मुस्कुराते ही सिद्दीकी साहब की पहचान में आ गया।

'इसका तआरुफ आप क्या देंगे ?' सिद्दीकी साहब साहिल से बग़लगीर हो गए, 'यह तो मेरा बच्चा है, क्यों बेटा ?'

'वल्लाह !' ख्वाज़ा ने राहत की लम्बी साँस ली, 'अब आप लोग बतियाइए, मैं ज़रा दूसरे मेहमानों की ख़बर लूँ। ज़हीर, देखो ए.डी.एम. साहब की प्लेट खाली है। लीजिए चिकन लीजिए। कबाब लीजिए। आप तो बहुत तकल्लुफ कर रहे हैं। मियाँ यह सब सामान आप लोगों को ही खत्म करना है।' ख्वाज़ा अली बख्श मेहमानों में मशगूल होते चले गए।

'साहिल के बच्चे। तुम्हारी अम्माँ का इन्तकाल हो गया, तुम नहीं आए।'

'मैं आया था नेताजी। माँ की कब्र पर फातिहा पढ़कर फौरन वापस हो गया। मैंने तय किया था अब इकबाल गंज तभी आऊँगा, जब अपने पैरों पर खड़ा हो जाऊँगा। मैंने बहुत मुसीबतें झेलीं और आज अल्लाह का फ़ज़ल है कि यह डीज़ल की जो जीप आप देख रहे हैं, इसी खाकसर की है। मसऊद मियाँ ने अपना इधर का कारोबार मेरे ऊपर छोड़ रखा है। मगर इधर कुछ ऐसे अनासर उभर रहे हैं, जो हमें पनपते हुए नहीं देखना चाहते।'

मसऊद ने जेब से विदेशी सिगरेट का पैकेट निकाला और सिद्दीकी साहब को सिगरेट पेश किया।

अपने खूबसूरत जापानी लाइटर से सुलगा भी दिया।

'बेहद खूबसूरत लाइटर है।'

'आपको पसन्द है तो आप रखिए।'

'अरे, मैं लाइटर लेने के लिए तारीफ नहीं कर रहा था।'

'मेरी तरफ से एक नाचीज़ तोहफ़ा समझकर कुबूल कर लीजिए।'

सिद्दीकी साहब घुमा-फिराकर लाइटर देखते रहे। मसऊद ने उनके मना करते-करते सिगरेट का पैकेट भी उनकी नज़र कर दिया।

'हसीना कैसी है ?'

'सच पूछिए, नेताजी, मैं अपने जद्दोजहद में इतना मशगूल रहा कि उसकी भी खबर न ले पाया। अक्सर उसका ख़याल आता है। अब जाऊँगा, उसके यहाँ। लतीफ़ से भी बरसों से मुलाकात नहीं है।'

'और क्या रंग-ढंग हैं ?'

'आपकी इनायत है,' साहिल ने नेताजी के कन्धे पर हाथ रखा और उन्हें जीप की तरफ ले गया, 'ख्वाज़ा ने आपका जिक्र किया था। बात दरअसल यह है कि कुछ लोग हमें परेशान करने पर आमादा हैं। अभी गोरखपुर के पास एक गाड़ी पकड़ी गई, जिसमें स्मगल किया हुआ बहुत-सा सामान था। जाने किसकी गाड़ी थी और किसका सामान था, मगर ड्राइवर ने बयान दिया कि वह मसऊद साहब का आदमी है। अब एक्साइज़ के अफ़सर मसऊद साहब को परेशान कर रहे हैं, जबकि मसऊद साहब जानते हैं कि सामान व गाड़ी भैरूलाल की थी।'

'क्या भैरूलाल स्मगलिंग भी कराता है ?'

'कौन नहीं जानता ? स्मगलिंग का पैसा सफेद करने के लिए उसने बीड़ी का धन्धा शुरू किया है। श्यामसुन्दर से उसकी दोस्ती है, कोई अफसर उसे छूने की हिम्मत नहीं कर सकता।'

'हूँ, तो यह बात है।' सिद्दीकी साहब ने पूछा, 'क्या ख्वाज़ा को यह किस्सा मालूम है ?'

'ख्वाज़ा बखूबी जानते हैं उसके किरदार को,' साहिल ने कहा, 'ख्वाज़ा ने ही बताया था कि सेंट्रल एक्साइज़ में आपकी कुछ जान-पहचान है।'

'गोरखपुर जाना पड़ेगा इस काम के लिए,' नेताजी ने बताया, 'मगर इधर मेरी इक्तसादी हालत ठीक नहीं। अब्बा की बीमारी ने मुझे चौपट कर दिया।'

'उसकी आप फ़िक्र न करें।' साहिल की बात सुनकर मसऊद ने जेब से सौ-सौ के दसेक नोट निकालकर साहिल को थमा दिए। साहिल ने नेताजी की जेब में रख दिए। नेताजी ने इस तरफ ध्यान ही न दिया, वे कहे जा रहे थे, 'यह हिन्दू सरमायादारी की साज़िश है। इस मुल्क में मुसलमान का जीना हराम हो गया है। ख्वाज़ा जैसे दो-चार लोग न हों तो मुसलमान भूखों मरने लगें।'

'यही वजह है कि मसऊद साहब ने अपने इतने बड़े कारोबार में एक भी हिन्दू को नहीं रखा। मसऊद साहब के पास ऐसे-ऐसे लोग हैं कि मसऊद साहब के इशारे से भैरूलाल का काम तमाम कर दें। शहर में आग लगा दें, मगर मसऊद साहब एक शरीफ इंसान की तरह जीना चाहते हैं।'

'मैं गोरखपुर जाऊँगा। गाँगुली साहब वहीं हैं। मेरे मुलाकाती हैं। मैं बात करूँगा।'

'आपके लिए गाड़ी का इन्तज़ाम हो जाएगा। आप जब कहें गाड़ी आपके यहाँ भिजवा दें।'

'जुम्मे को रखो। गोरखपुर जाएँगे तो बगल में नेपाल है। वहाँ भी घूम आएँगे।'

'जुम्मे को गाड़ी आपके यहाँ पहुँच जाएगी,' मसऊद ने कहा, 'भैरूलाल को इस गुस्ताखी की भारी कीमत चुकानी पड़ेगी।'

तभी ख्वाज़ा छड़ी टेकते हुए नमूदार हो गए, 'क्यों बरखुरदार, ठीक आदमी से मुलाकात कराने का शुक्रिया भी अदा नहीं करोगे।'

'ख्वाज़ा आप शर्मिन्दा करने में उस्ताद हैं,' मसऊद ने कहा, 'सिद्दीकी साहब से मिलकर बहुत

मुसर्रत हुई।'

'मसऊद हमारा चेला है। वक्त ने साथ दिया तो एक दिन शहर के तमाम ठेके हथिया लेगा। यह सच है कि ट्रक ड्राइवर सिर्फ इसलिए मसऊद को फँसा रहा है कि यह शराब के धन्धे से भाग निकले।' ख्वाज़ा ने ज़ोरदार ठहाका लगाया, 'जो काम भैरूलाल मेरे लिए कर रहा है, वही काम मसऊद के लिए कर रहा है। मसऊद सेल्फमेड आदमी है। आज इसकी जो हैसियत है, इसने अपनी मेहनत से कमाई है। यह किसी का मुहताज रहा है, न रहेगा।'

'आपकी ज़र्रानवाज़ी है ख्वाज़ा, वरना हम किस खेत की मूली हैं।'

'आओ-आओ, अब आप लोग खाना खाइए।' ख्वाज़ा छड़ी टेकते हुए मेज़ की तरफ बढ़ गए। पीछे-पीछे ख्वाज़ा के तीनों शागिर्द। ख्वाज़ा खुद इन लोगों के लिए खाना परोसने लगे तो सिद्दीकी साहब ने आगे बढ़कर उनके हाथ से तश्तरी ले ली और मसऊद के लिए अपने हाथ से प्लेट सजाने लगे। सिद्दीकी साहब ने मसऊद के हाथ में प्लेट थमाई तो ख्वाज़ा मसऊद की तरफ देखकर मुस्कुराए, 'यह शख्स इलेक्शन में जीतेगा, यकीनन जीतेगा।'

'इसमें कोई शुबह नहीं,' मसऊद बोला और उन्हें साहिल के लिए प्लेट तैयार करते देख बोला, 'साहिल तुम नेताजी के लिए प्लेट तैयार करो। क्या मुँह बाए खड़े हो।'

साहिल ने नेताजी को प्लेट दी और खुद भी खाने में जुट गया।

'हसीना से कब से नहीं मिले ?'

'जब से हसीना गई है, नहीं मिला। अब जल्द ही उसकी खोज-खबर लूँगा।'

'अपना मकान क्यों नहीं ठीक करवाते ?'

'उस मकान में नहीं रह सकता। वहाँ ज़र्रे-ज़र्रे में अम्माँ है। वहाँ रहकर मैं सिर्फ रो सकता हूँ। और फिर शहर में आता ही कितने दिन के लिए हूँ। यहाँ मसऊद साहब का गेस्ट हाउस है।'

'मैं इससे मुत्तफिक नहीं। अपना घर कोई नहीं छोड़ता। यह तो मैं मुहल्ले में हूँ कि किसी ने अभी तक कब्ज़ा नहीं किया, वरन कोई न कोई काबिज़ हो गया होता।'

खाना खत्म होते ही लोग रवाना होने लगे। हर दूसरे क्षण कार, जीप अथवा मोटरसाइकिल चालू होने की आवाज़ आ रही थी।

सन्नाटा होते ही ख्वाज़ा नेताजी के पास चले आए, 'बरखुरदार, कैसा रहा आज का डिनर।'

'सुबान अल्लाह। बहुत बढ़िया। मैं तो आपका मदाह हो गया हूँ।'

'जिन्दगी में रखा ही क्या है, अपने दोस्तों और अपने मज़हब के अलावा।'

'आप दुरुस्त फरमा रहे हैं। मेरे काम की रिपोर्ट आपको मिली होगी।'

'बहुत अच्छा काम कर रहे हो भाई। मैंने तय किया है, इस्माइलगंज में सरकार जो प्लाट नीलाम कर रही है, एक आपके नाम पर भी ले लूँ। मसऊद और साहिल भी दस-पाँच प्लाट खरीदेंगे। इस्माइलगंज तो आपने देखा होगा, पूरी रिंग रोड जैसा है। मैंने तय किया है, कुछ ज़रूरतमन्द मुसलमानों को भी प्लाट के लिए बगैर सूद के रुपया उधार दूँ। ताकि मुसलमान शहर के घुटन-भरे माहौल से निकलकर ताज़ी हवा में साँस ले सकें।'

'बड़ी अच्छी प्लानिंग है।'

'मगर इसकी खबर कानोकान किसी को न हो। वरना काफ़िर बोली इतनी बढ़ा देंगे कि हम लोगों के हाथ से ये प्लाट निकल जाएँगे। इस तरह की बोलियों में गुंडई भी होती है। बन्दूक की नोक पर बोली होती है।'

'कई गद्दी लोग मेरे शागिर्द हैं। बुलवा लूँगा।'

'मैंने मसऊद से ज़िक्र किया था, उसके पास बहुत अच्छे-अच्छे लठैत हैं। बीसियों लाइसेंसधारी हैं। कोई प्राब्लम न होगी। मैं चाहता हूँ, मुसलमान ज़्यादा से ज़्यादा तादाद में प्लाट खरीदें। आप ऐसे कुछ

लोगों को ज़रूर जानते होंगे, जिनके बच्चे गल्फ़ देशों में हैं। उनके पास रकम होगी, उन्हें भी यह प्लानिंग बताई जा सकती है।'

'वाह-वाह क्या प्लानिंग है। आज तक हिन्दुओं ने मुसलमान को घेर रखा था, इस्माइलगंज बस गया तो हिन्दू छटपटाएँगे,' सिद्दीकी साहब ने पूछा, 'आजकल भैरूलाल के क्या समाचार हैं ?'

'भैरूलाल कोशिश कर रहा था कि इस्माइलगंज इंडस्ट्रीयल एरिया घोषित हो जाए। मगर सरकार में मेरी भी पैठ है, मैंने उसके इरादे ज़मीन दोश कर दिए हैं। सुनते हैं आजकल वह अपनी फैक्टरी-मजदूरों के लिए कॉलोनी बनाने के लिए ज़मीन खरीदने की योजना बना रहा है। मैं उसकी यह प्लानिंग भी मिट्टी में मिला दूँगा।'

'ख्वाज़ा आपको तो पॉलिटिक्स में आ जाना चाहिए।'

'मैं हूँ, मैं पालिटिक्स में हूँ।'

'तो राजसभा-लोकसभा में जाइए।'

'वहाँ तो मैं अपने आदमी भेजता हूँ। इस बार आपको असेम्बली में भेजना है।'

सिद्दीकी साहब बाग-बाग हो गए। उन्हें लग रहा था, ख्वाज़ा से पहले परिचय हो गया होता तो वे अब तक एम.एल.ए. हो गए होते। वे यह सोचकर सन्तोष कर रहे थे कि 'देर आइद दुरुस्त आइद।'

'आप नेपाल कब जा रहे हैं ?'

'इसी जुम्मे को जाने का इरादा है।'

'ज़रूर जाओ।' ख्वाज़ा ने कहा और दस-दस के नए नोटों की एक गड्डी सिद्दीकी साहब की नज़र कर दी, 'नेपाल जा रहे हो तो क्या खाली हाथ लौटोगे ? घरवालों के लिए कुछ सामान लेते आना।'

'शुक्रिया।' नेताजी ने गड्डी जेब के हवाले की और सिगरेट निकाल लिया। मगर ख्वाज़ा की उपस्थिति में उनकी सिगरेट सुलगाने की हिम्मत न पड़ रही थी।

'सिगरेट पीना चाहो तो पिओ। मैं एतराज नहीं करता,' नेताजी ने सिगरेट नहीं सुलगाया, वापस पैकेट में रख लिया।

'गाड़ी में पी लेना !' ख्वाज़ा ने ठहाका लगाया।

ख्वाज़ा की गाड़ी सिद्दीकी साहब के लिए तैयार खड़ी थी। सिद्दीकी साहब गाड़ी में सवार हो गए। दरअसल उन्हें घर पहुँचने की जल्दी नहीं रह गई थी। वे जानते थे, बाज़ार अब तक बन्द हो चुके होंगे। वे नेपाल में की जानेवाली शॉपिंग हिन्दुस्तान में ही कर लेना चाहते थे। चना, गेहूँ, चावल, सब्जी और हरा पुदीना कोई नेपाल से क्यों लाएगा। वे कल दोपहर से रोगन जोश, पुदीने की चटनी और हरी मिर्च खाना चाहते थे, मगर दूकानें बन्द हो चुकी थीं। आखिर उन्हें एक सिनेमा हॉल के बाहर सन्तरे का ताजा रस पीकर ही सन्तोष कर लेना पड़ा।

सुबह उठते ही सिद्दीकी साहब के पास अज़ीज़न का बुलौआ आया। वे फौरन गुसल में घुस गए। कपड़े पहनकर बाहर आए तो अचानक नज़रें कुर्ते की आस्तीन पर गईं। आस्तीन पर से कुर्ता तार-तार हो रहा था, चप्पलें भी बेकार हो चुकी थीं। उन्होंने तय किया, एक जोड़ी चप्पल और तीन जोड़ी कुर्ता पाइजामा आज ही खरीदेंगे। बहरहाल, नेताजी ने कंघी की, बाल सँवारे और तेज़ी से सफेद हो रहे बालों को कोसते हुए अज़ीज़न बी का ज़ीना चढ़ गए।

अज़ीज़न भी बहुत परेशान नज़र आ रही थीं। सिद्दीकी साहब ने आज पहली बार उसे बगैर किसी साज-सिंगार के देखा था। वह बहुत बूढ़ी नज़र आ रही थी।

'खैरियत तो है अज़ीज़न बी ?' सिद्दीकी साहब ने बैठते हुए पूछा, 'आप इस कदर परेशान क्यों नज़र आ रही हैं ? बन्दा आपकी क्या ख़िदमत कर सकता है ?'

'आपसे क्या छिपाना नेताजी। बिटिया की शादी तय हुई है।'

'किस खुशनसीब से ?' सिद्दीकी साहब ने एक गहरी साँस ली। गुल का ताज़ा शफ़्फ़ाफ चेहरा और साँचे में ढला बदन उनके दिल पर बैठ गया था।

'आपने प्रोफ़ेसर जितेन्द्र मोहन का नाम सुना होगा ?'

'तो क्या आप एक हिन्दू काफिर से अपनी बिटिया की शादी करेंगी ?'

'खुदा को यही मंजूर था, सिद्दीकी साहब,' अज़ीज़न ने कहा, 'बिटिया की भी यही राय थी।'

'यह तो बहुत बुरी खबर दी आपने,' नेताजी के चेहरे पर तनाव के तअस्सुरा दिखाई दिए। उन्होंने सिगरेट सुलगाया और बोले, 'किसी तरकीब से यह शादी रुक नहीं सकती ?'

अज़ीज़न ने सिर हिलाया, जिसका मतलब था नहीं।

'नतीजा अच्छा न निकलेगा। शहर पहले ही सुलग रहा है। यह शादी आग में घी का काम करेगी। मुसलमान अपनी इज़्ज़त की हिफाज़त के लिए कट मरेंगे। कहाँ है गुल बिटिया, मैं समझाता हूँ उसे।'

'अब आप क्या समझाइएगा। खानदानी मुसलमान बहुत परहेज़ कर रहे थे एक तवायफ़ की बिटिया से शादी करने में।'

'यह सरासर ग़लत है। आप झूठ बोल रही हैं। मैं यह शादी नहीं होने दूँगा। मुसलमान उस हिन्दू प्रोफ़ेसर की खाल नोच लेंगे, जिसने मुसलमानों की इज़्ज़त पर हाथ उठाया है। यह बेहद नाज़ुक मामला है।'

अज़ीज़न ने कुर्सी का हत्था मज़बूती से थाम लिया था। उसके दिल की धड़कनें तेज़ हो गई थीं। अज़ीज़न को उम्मीद थी कि सिद्दीकी उसका ज़रूर साथ देगा, मगर सिद्दीकी के भीतर एक कट्टर फ़िरकापरस्त बैठ चुका था। अज़ीज़न ने कहा, 'मुझे आपसे बहुत उम्मीद थी।'

'मुझे आपसे कत्अन ऐसी उम्मीद न थी कि आप मुझे अपनी ही कौम से गद्दारी करने को कहेंगी।'

'क्या शहर में दंगे की फ़िज़ा है ?'

'किसी भी रोज़ हो सकता है दंगा। अब मुसलमान हिन्दुओं के जुल्मो-सितम नहीं सहेगा। हर जगह मुसलमानों को ज़लील किया जा रहा है। मुसलमानों का धन्धा चौपट करने की साजिशें तैयार हो रही हैं। आप बैठी किस दुनिया में हैं, बाईजी ?'

'आप एक बार प्रोफ़ेसर से मिल तो लीजिए। बेहद शरीफ और नेक इंसान है।'

'उसकी शराफत का नमूना आप पेश कर चुकी हैं,' सिद्दीकी साहब ने गुस्से में कहा, 'मैं किसी साले नेक इंसान से नहीं मिलूँगा।'

अज़ीज़न को भी गुस्सा आ गया, गाली सुनकर वह तमतमाकर खड़ी हो गई, 'तो आप चले जाइए यहाँ से।'

'आपके बुलाने पर ही आया था। आप कहती हैं तो चला जाता हूँ, वरना मैं आपको इस्माइलगंज में एक प्लॉट दिलाना चाहता था।'

'मुझे नहीं चाहिए कोई प्लॉट-व्लॉट, आप चलते नज़र आइए।'

'खुदा हाफिज़।' सिद्दीकी साहब ने कहा और ज़ीना उतर गए। कुछ अरसा पहले अज़ीज़न ने मदद माँगी होती तो सिद्दीकी साहब इस शादी के लिए ज़मीन आसमान एक कर देते। मगर अब वह एक बदले हुए इंसान थे। उन्हें खुद ताज्जुब हो रहा था, वे इतनी जल्दी कैसे बदल गए। उनके चेहरे पर से पसीना चू रहा था। अन्दर ही अन्दर उन्हें ग्लानि भी हो रही थी कि उन्होंने तैश में कुछ अशोभनीय बातें कह दीं। वे घर से तो यह सोचकर निकले थे कि अज़ीज़न के यहाँ बढ़िया नाश्ता नोश फरमाएँगे, मगर वहाँ चाय तक नसीब न हुई। वे सीधा अनवर के यहाँ चले आए।

अनवर के यहाँ उस्मान भाई ने पहले ही मोर्चा ले रखा था, 'नई बस्ती की दो लड़कियों को हिन्दुओं ने अग़वा कर लिया है। मैं अभी वहीं से आ रहा हूँ। सुनते हैं कल नाइट शो में एक खातून का रेप हुआ। पुलिस सामने खड़ी देखती रही।'

'क्या बकवास कर रहे हो,' नवाब साहब ने कहा, 'तुम्हारे इरादे क्या हैं ?'

'आपके इरादे क्या हैं नवाब साहब ?' सिद्दीकी साहब ने आते ही मोर्चा सँभाल लिया, 'आप अपनी क़ौम के दुश्मन हैं। मुसलमानों की लड़कियाँ अग़वा की जा रही हैं, उनके साथ रेप हो रहा है, उनकी लड़कियों को हिन्दू ब्याह कर लिये जा रहे हैं, आप कैसे मुसलमान हैं कि आपकी रूह फना नहीं हो रही !'

'किस मुसलमान लड़की की हिन्दू से शादी हो गई ?'

'आप ही के मुहल्ले में हो रही है।'

'हमारे मुहल्ले में ?'

'जी हाँ, आपके पड़ोस में ! गुल हिन्दू से शादी कर रही है।'

'अज़ीज़न बी की बिटिया ?'

'जी हाँ !' सिद्दीकी साहब ने कहा, 'ज़रा जल्दी से दो अंडों का आमलेट तो बना दो अनवर भाई। आप बैठे किस दुनिया में हैं नवाब साहब ?'

नवाब साहब को कँपकँपी छिड़ गई। गुल की देखादेखी उन्होंने भी अपनी बिटिया को यूनिवर्सिटी में दाखिला दिला दिया था। उन्हें लगा, उनकी बिटिया का भी यही हश्र होगा। कोई हिन्दू, उनकी बिटिया को भी भगा ले जाएगा। उनकी आँखें मुँदने और टाँगें काँपने लगीं। सिद्दीकी साहब ने देखा तो उठकर उनकी आँखों में पानी के छींटे दिए। देखते-देखते नवाब साहब के दाँत जुड़ गए। पड़ोस से हकीम साहब को बुलाया गया। उन्होंने किसी तरह नवाब साहब की बेहोशी दूर की। कुछ लोग नवाब साहब को खटिया पर डालकर उनके घर पहुँचा आए। नवाब साहब ने तय कर लिया था, वे फ़ौरन बिटिया का यूनिवर्सिटी जाना बन्द करा देंगे।

●●

जितेन्द्र मोहन शर्मा विश्वविद्यालय से छुट्टी पर था। वह दिन-भर ऊँघता और कल्पना में गुल की गोद में सिर रखकर सो जाता। बीच-बीच में इच्छा होती तो तलत महमूद का रिकॉर्ड सुनता : बल्यू मूड। शादी से पहले बहुत कम लोगों का मूड 'बल्यू' होता होगा, वह अक्सर सोचता और मजाज़ की गज़ल सुनता।

ऐ ग़मे दिल क्या करूँ,
ऐ वहशते दिल क्या करूँ ?

आज दोपहर को उसने दो बोतल बीयर मँगवाई और देर तक सपने बुनता रहा। उसने दिन में प्रकाश को एक ख़त लिखा, एक ख़त गुल के नाम लिखा। प्रकाश का ख़त उसने पोस्ट करवा दिया और गुल के नाम लिखा ख़त तहाकर रख लिया। शादी के बाद घर आने पर गुल को पढ़वाएगा।

ख़त लिखकर वह सो गया। बड़ी अच्छी नींद आई। नींद में उसने देखा, वह चुपचाप गुल के साथ मसनद का सहारा लिये बैठा है। लाल कपड़े से दोनों का सर बँधा था। गुल उठती है और उसके गले में जयमाला पहना देती है। शर्मा गुल का नर्म और गुदाज़ हाथ अपने हाथ में ले लेता है और उसे निकाह

की अँगूठी पहना देता है। प्रकाश को सचमुच पिता की भूमिका निभानी पड़ रही है। वह और उसकी पत्नी बेहद व्यस्त हैं। प्रकाश के प्रयत्न से ही ऐसी बारात का गठन हो सकता था। नगर में कम ही ऐसी बारातें देखी गई होंगी। इस बारात में तीन सांसद, दो केन्द्रीय मन्त्री, हिन्दू-उर्दू के दो महत्त्वपूर्ण कवि, डी.एम., प्रशासक, डी.आई.जी., एस.पी., एस.एस.पी., न्यायाधीश, विश्वविद्यालय के उपकुलपति, अध्यक्ष, रीडर, लेक्चरर कौन नहीं है।

'बारात देख रही हो !' वह कुहनी से गुल को छूते हुए कहता है। गुल नजरें उठाती है और झुका लेती है।

बारात गली में घुसती है तो शर्मा की आँखें खुली की खुली रह जाती हैं। लगभग एक फर्लांग लम्बी सड़क के ऊपर काग़ज़ के फूलों की बेहद मोहक छत है। दिन-भर गन्दगी से सड़ाँध छोड़नेवाली गली आज इत्र-फुलेल से इस तरह महक रही है जैसे गली में इत्र-फुलेल का कारखाना लगा हो। छोटे-छोटे बच्चे नए-नए कपड़े और टोपियाँ पहने इतने उत्साह से घूम रहे हैं कि शर्मा को उन पर अनायास लाड़ आ जाता है। मन्त्रीजी ने तो ऐसे ही एक गोल-मटोल बच्चे को गोद में उठा लिया, जो उनके कुर्ते पर इत्र लगा रहा था।

'कोई नहीं जानता ये किसके बच्चे हैं। इनकी माताओं को भी शायद न पता हो।' प्रकाश सहसा हें-हें करते हुए मन्त्रीजी के बगल में आते हुए कहता है।

'बच्चे भगवान का रूप होते हैं। इनके लिए कुछ करना चाहिए। सरकार इतने लोगों को वज़ीफा देती है, सुविधाएँ देती है, अभागों के लिए अभी तक इस देश में कुछ नहीं हुआ।'

एक प्रेस रिपोर्टर न जाने कहाँ से घुस आया और चलते-चलते ही मन्त्रीजी का इंटरव्यू करने लगा।

पुलिस के बैंड की तेज़ आवाज़ के बीच मन्त्रीजी अत्यन्त क्रान्तिकारी इंटरव्यू देने लगे। मन्त्रीजी के हटते ही जब वह पत्रकार लौट रहा था तो शर्मा ने देखा, प्रकाश ने उसकी बाँह थाम ली है और कह रहा है, 'कहो गुरु, ऐसा नहीं लगता कि मन्त्रीजी भी इस मुहल्ले में कुछ सन्तान छोड़ चुके हैं ?'

पत्रकार जल्दी में था और 'क्यों नहीं, क्यों नहीं', कहता हुआ भीड़ में समा गया। शर्मा ने करवट बदली और एक नया दृश्य देखता है, आज बाज़ार बन्द है। हर कोठरी में अँधेरा है। मगर हर कोठरी के बाहर होंठ रँगे और अपनी औकात के मुताबिक अच्छे से अच्छे कपड़े पहने कोई न कोई तवायफ़ खड़ी है। निश्चल। पत्थर की मूर्ति की तरह। जैसे ड्यूटी दे रही हो। हर आँख में एक चमक है, ऐसी चमक जो किसी मोटे गाहक को पाकर भी नहीं आ सकती। सब स्त्रियाँ बड़े कौतूहल और अविश्वास से बारात की तरफ़ देख रही हैं और उनकी सन्तानें गारे उत्साह के एक-एक बाराती को दो-दो बार इतर से मुजैयन कर रही हैं।

'इन स्त्रियों को देखकर मेरा कलेजा फट रहा है।' प्रदेश का एक मन्त्री जड़वत् खड़ी तवायफ़ों की तरफ़ गौर से देखते हुए बोला, 'सचमुच आज से पहले मैंने इस समस्या को जाना ही नहीं था।'

मन्त्रीजी के कई चमचे एक साथ मन्त्रीजी की बात तोते की तरह दोहराने लगते हैं 'सचमुच मन्त्रीजी ने सचमुच।'

पूरी बारात ताक-झाँक में व्यस्त हो गई और तवायफ़ों के नारकीय जीवन के प्रति बहुत आर्द्र हो आई।

कोठरियों के बाहर सज-धजकर खड़ी लड़कियों को देखकर शर्मा को नींद में ही बहुत उलझन हो रही थी। उसे लग रहा था बारात के तमाम लोग यही सोच रहे होंगे कि वह ऐसी ही किसी लौंडिया से शादी करने जा रहा है। उसकी इच्छा हो रही थी कि सजी-सँवरी सड़क के बीच खड़ा हो जाए और डेरेदार वेश्याओं के जीवन, चरित्र और इतिहास पर एक संक्षिप्त भाषण दे डाले, मगर मौके का तकाज़ा ऐसा नहीं था। शर्मा के कानों और कलाइयों में बच्चे लोग इतना इतर पोत गए थे कि उसे अब उबकाई आने लगी। वह चुपचाप यह सब बर्दाश्त करता रहा और मन ही मन में उसे यह सोचकर बहुत ग्लानि

हो रही थी कि बारात में प्रकाश की पत्नी के साथ कुछ और महिलाएँ भी हैं। उसे खेद हो रहा था कि वह उन महिलाओं को क्यों ले आया। यह सब प्रकाश का ही अतिरिक्त उत्साह था कि सबसे सपत्नीक आने का अनुरोध करता रहा। अब महिलाएँ थीं कि हर कोठरी के बाहर सज-धज कर खड़ी वेश्याओं को बड़े कौतुक से देख रही थीं, जैसे चिड़ियाघर में घूम रही हों। बीच-बीच में एक दूसरे को कुहनियाँ मारकर कुछ बता रही थीं। औरतों को इस प्रकार दिलचस्पी लेते देख उनके प्रति तवायफ़ों की भी दिलचस्पी बढ़ी। वे भी उनके पहनावे और फूहड़ चाल पर अपनी-अपनी पड़ोसिनों से बात करने लगीं।

'उस मोटी को देख रही हो,' नवाबन ने बगल की कोठरी की तरफ़ झाँकते हुए नोननी से कहा, 'पेटीकोट लम्बा है और साड़ी छोटी।'

नोननी आज बाज़ार बन्द किए जाने से बहुत परेशान थी, बोली, 'ये सब डेरेदारनियों के चोंचले हैं। शादी रचाने चली हैं, यह नहीं जानतीं कि चार-छह महीनों में ही चूतड़ पर लात मारकर निकाल दी जाएगी।'

पूर्व की कोठरी में शकीला थककर बैठ गई थी, बोली, 'कलमुहियो, सदियों बाद इस गली में बारात आई है, कुछ तो अल्लाह परवर का शुक्रिया अदा करो।'

'तू सोच रही होगी वह दरजी भी बारात लेकर आएगा,' नवाबन ने कहा, 'मगर यह मत भूल, काम निकलते ही वह चुटिया पकड़कर यहीं छोड़ जाएगा।'

'तेरे कीड़े पड़ें, तू भूखों मरे।' दरजी के नाम से शकीला बहुत आहत हो गई और जाकर चुपचाप कोठरी में लेट गई।

बातचीत कटु लगी तो शर्मा ने करवट बदल ली। दृश्य बदल गया।

बारात के आगे-आगे शहनाई बज रही थी। चारों ओर छुहारे और पैसे लुटाए जा रहे थे। नोननी का बच्चा कुछ पैसे और छुहारे बटोर लाया तो उसका गुस्सा कुछ शान्त हुआ।

बारात अज़ीज़न के दरवाज़े तक पहुँची तो पटाखे छुड़ाए जाने लगे। मुहल्ले के लौंडे आतिशबाजी छोड़ रहे थे। धूम-धड़ाका सुनकर गन्दे पेशेवालियाँ भी झुंड बनाकर जमा होने लगीं। नफ़ीस एक डंडा लिये सिर्फ उन औरतों को ही खदेड़ने का काम कर रहा था। जहाँ भी दो-चार इकट्ठी हो जातीं वह डंडे का इशारा करता। उससे सब डरती थीं, इधर-उधर खिसक जातीं। शर्मा नफ़ीस से मन ही मन बहुत प्रसन्न हो रहा था।

'यह हमारे मुल्क की पुलिस का भी कोई जवाब नहीं,' नसीबन कह रही थी, 'कभी हम लोगों को सताने के लिए छापे मारती है और कभी हमारी गलियों में दूल्हा लेकर चली आती है।'

'धीरे बोल खसमखानी !' शकीला बोली, 'एस.पी. से भी बड़े अफ़सर आए हैं। अज़ीज़न ने पुलिस पर जाने क्या जादू फेरा है।'

'पैसा खिलाया होगा,' नसीबन बोली, 'पैसे से कुछ भी खरीद लो। पुलिस, नेता, दूल्हा।'

'बकवास बन्द करो।' शर्मा के होंठ बुदबुदाए।

शकीला ने पूछा, 'कितने में खरीदा होगा, अज़ीज़न ने यह दूल्हा ?'

'एक लाख का तो लगता है,' नसीबन बोली, 'साले की किस्मत खुल गई। अज़ीज़न की पूरी जायदाद डकारने के बाद यह भी वही करेगा, जो लोग तवायफों के साथ करते हैं। इस लौंडिया को रहने के लिए कोठरी भी नसीब न होगी। मुझे तो लगता है चूसकर गुठली की तरह दरवाजे के बाहर फेंक देगा।'

शकीला की आत्मा को बहुत शान्ति मिली। बोली, 'सामनेवाली कह रही थी कि आज सबको खाना मिलेगा।'

'ज़रूर मिलेगा,' नसीबन ने कहा, 'डेरेदारनी नहीं चाहती होंगी कि उसका दामाद हम लोगों को जाँघ खुजाते हुए देखे।'

'हाय अल्लाह, कब तो बारात खाना खाएगी और कब हम लोगों को नसीब होगा,' शकीला ने लम्बी आह भरते हुए कहा और बगल में तली जा रही पूड़ियों की खुशबू लेने लगी।

शर्मा कुढ़ते हुए बारात के साथ-साथ ज़ीना चढ़ जाता है। कमरे में एक शायर स्टूल पर खड़ा होकर सेहरा पढ़ रहा है। शर्मा को देखते ही अज़ीज़न की बहनें और इन्दौर, भोपाल, उज्जैन आदि से आई दूसरी रिश्तेदारनियाँ उसे घेर लेती हैं और आशीर्वाद देने लगती हैं। अचानक शर्मा को लगा, वह कमरे में नहीं, नीचे खड़ा है। बारात घर के सामने लगी कुर्सियों पर बैठ गई। मन्त्रीजी को बैठने की आदत नहीं थी। उनकी कोशिश थी कि वह किसी तरह भाषण देकर विदा ले लें, मगर वहाँ उनको पूछनेवाला कोई नहीं था। प्रकाश था, वह बारात के साथ आई औरतों को लतीफ़े सुना रहा था, जिससे तमाम औरतें हँसते हुए झुकती जा रही थीं।

ऊपर छत पर से दूसरी डेरेदारनियों की जवान लड़कियाँ और गुल की सहेलियाँ गा रही थीं :

कोठे से बड़ा लम्बा हमारा बन्ना
दुलहन की बहनें रेल की लाइनें
बहनोई है रेल डिब्बा
कोठे से बड़ा लम्बा हमारा बन्ना।

कुछ देर बाद शर्मा को लगा, लड़कियाँ नहीं, लता मंगेशकर बन्ना गा रही है।

गुल बहुत ही कीमती कुर्ता और गरारा पहने, फूलों और गहनों से लदी वेदी के नीचे शर्मा के साथ मसनद पर बैठी है। मसनद पर शर्मा के लिए भी जगह है। गुल की मौसियों, सहेलियों ने उसे घर रखा है, मगर गुल गठरी बनती जा रही है। बीच-बीच में उसके कानों में अम्माँ की आवाज पड़ती तो उसे रुलाई-सी आ जाती। अम्मा को अकेले छोड़कर चले जाने के विचार मात्र से वह सिहर उठती है। पुरानी सहेलियों से लगातार बतियाते अम्मा की आवाज़ बैठ गई थी। जब प्रकाश ने आकर बताया कि मन्त्रीजी ने कन्यादान करने का निर्णय किया है तो वह मन्त्रीजी की तरफ लपकी और बोली, 'मुझे तो इतने वर्षों बाद मन्त्री जी आज पहली बार अहसास हुआ है कि हिन्दुस्तान आज़ाद हुआ है।'

शादी की रस्में अदा हो रही हैं। एक तरफ़ फेरे हो रहे हैं, दूसरी तरफ़ निकाहनामा भी पढ़ा जा रहा है। लग रहा है जैसे दो संस्कृतियाँ मिल रही हैं। दुल्हन के मुँह में पीड़ी और मिसरी दी जा रही थी। स्त्रियाँ सदका उतार रही हैं और अज़ीजन ने उसके पास जाकर उसके सिर पर हाथ फेरा और बोली, 'बेटी, अब हम तुम्हारे फर्ज़ से अदा हुए।' मगर तभी मंच पर मन्त्रीजी उपस्थित हो गए। उन्होंने विधिवत् कन्यादान किया और एक मुख्तसर-सा भाषण, जिसका अभिप्राय था कि यह शादी कई मानों में एक शुरुआत है। गंगा और यमुना के संगम की तरह पवित्र है और आनेवाले वक्त की एक हल्की-सी झलक भी दे रही है। अब जात-पाँत और संकीर्णताओं से ऊपर उठकर हमारा समाज राष्ट्रीय एकता की ज़िन्दा तस्वीर में बदल जाएगा।

मन्त्रीजी का भाषण खत्म होते ही तालियाँ बजीं और कारों का काफ़िला लौटने लगा। वी.आई. पी. लोगों के जाते ही बारात आधी रह गई। मगर अभी कुछ विधायक बैठे हैं। भूख से व्याकुल तवायफों ने कारों को विदा होते देख सोचा कि अब खाना परोसा ही जाता होगा, मगर खाने में अभी देर थी। बारात के शेष लोग वेदी के इर्द-गिर्द कुर्सियाँ डालकर बैठ गए थे।

शर्मा ने देखा, प्रकाश की बगल में एक मोटी तन्दुरुस्त महिला आकर बैठ गई। वह इत्र से नहीं, किसी विदेशी सेंट से महक रही है।

'यह शादी किस रीति से हो रही है ?' उसने प्रकाश के कन्धे बेतकल्लुफी से थपथपाते हुए पूछा।

प्रकाश ने पलटकर उस महिला की तरफ देखा और पूछा, 'आपका तआरुफ़ ?'

'हे हे हे ! आप बाहर से आए हैं, ऐसा लगता है,' वह स्त्री बोली, 'हमारे वो यहाँ के एम.पी. हैं।'

'एम.पी. ? वी.सी. तिवारी ?' प्रकाश ने अपने को सन्तुलित करते हुए कहा, 'मुझे लगता है शादी दोनों रीतियों से हो रही है और इसी में से एक तीसरी रीति निकलेगी। वैसे मुझे ज्यादा फ़र्क नहीं लग रहा है। जयमाल और अँगूठी एक ही चीज़ है। वेदी का सामान भी एक-सा है। एक तरफ नथ है दूसरी तरफ़ तिलक। बरी में सुहाग, चोया, कलावा सब कुछ है। मिलनी है तो सलामकराई भी। आप दुलहिन को इमामबाड़े ले जाते हैं, हम मन्दिर।' एकाएक प्रकाश को लगा कि वह मिसेज तिवारी को अपनी जाति के बाहर मानकर बात कर रहा है। उसने इतने अरसे में जो देखा था, सब उगल दिया।

प्रकाश से दूर, गुल की बगल में बैठा शर्मा तमाम बातें सुन रहा है।

'आप किस जगह काम करते हैं ?' मिसेज़ तिवारी पूछती हैं।

'इससे पहले एक छोटे से जिले का कलक्टर था, आजकल आपकी इनायत से होम में ज्वाइंट सेक्रेटरी हूँ।'

'आप दूल्हे की तरफ़ से आए होंगे।'

'जी हाँ, उसके बाप की भूमिका निभा रहा हूँ। वैसे उसका बचपन का दोस्त हूँ।'

यह बात मिसेज़ तिवारी को अच्छी नहीं लगी, बोलीं, 'जाने क्या जमाना आ गया है। हर कोई हर किसी का बाप बनने पर आमादा है।'

'आप ग़लत समझ रही हैं। दरअसल शर्मा के पिता इस शादी के लिए राज़ी न थे, आखिर मुझे ही यह फ़र्ज सरअंजाम देना पड़ा।'

'आप तो यह फर्ज बखूबी निभा रहे हैं। मगर एक हमारे तिवारीजी हैं, ठीक मौके पर चूक जाते हैं। इसी गुल को हम लोगों ने अपनी बिटिया की तरह पाल-पोसकर बड़ा किया और कन्यादान मन्त्रीजी कर गए।'

'मगर मन्त्रीजी का नाम तो तिवारीजी ही ने पेश किया था।'

'तिवारीजी की मति मारी गई है,' मिसेज तिवारी गुस्से में बोलीं, 'तिवारीजी का ऐसा स्वभाव न होता तो आज खुद मन्त्री होते।'

'गुल को आप बचपन से ही जानती हैं ?'

'पाँचवीं-छठी में थी, जब से हमारी बिटिया कमलेश के साथ पढ़ी है। एक हमारा ही घर था, जहाँ इसकी अम्माँ बेखटके जाने देती थी,' मिसेज तिवारी ने प्रकाश के कान के पास झुकते हुए कहा, 'तिवारीजी को तो लड़की इतनी पसन्द थी कि वीरेन्द्र से शादी कर देते, मगर आप तो समझदार आदमी हैं, जानते ही होंगे, कल रिश्तेदार उँगली उठाते कि तिवारीजी ने लालच में आकर तवायफ़ के यहाँ लड़का बेच दिया।'

'गुल को शर्मा जैसे ही लड़के की ज़रूरत थी,' प्रकाश बोला, 'उसे तो यह भी नहीं मालूम कि उसकी माँ की क्या हैसियत है।'

'शाबाश, बेटा।' शर्मा सपने में बुदबुदाया।

'नहीं मालूम ?' मिसेज़ तिवारी प्रकाश के और पास झुक आईं, 'छह तो मकान ही हैं। ज़ेवरात की गिनती नहीं। भोपाल में जो ज़मीन है वह अलग। लड़का तो रातोरात लखपती हो गया।'

'मगर उसने तो एक भी पैसा दहेज में न लेने का फैसला किया है।' प्रकाश बोला। अन्दर ही अन्दर प्रकाश को भी शर्मा से ईर्ष्या होने लगी थी, जो पग्गड़ बाँधे मसनद पर बैठा था।

'अरे तुम भी भोली बातें करते हो !' मिसेज तिवारी एकाएक तुम पर उतर आईं और प्रकाश की रान पर धौल जमाते हुए बोलीं, 'बुढ़िया अपने साथ तो ले नहीं जाएगी।'

'देखने में इतनी बुढ़िया भी नहीं लगती,' प्रकाश बोला, 'औसत औरत तो इस उम्र में चलने- फिरने लायक नहीं रहती।'

मिसेज तिवारी ने गहनों से लदी-फँदी गुल को देखा तो बरबस बोल उठीं, 'बड़ी किस्मतवाली लड़की

है। हमारे यहाँ तो लड़का ढूँढ़ना जी का जंजाल है।'

शर्मा देख रहा था, बारात ऊपर भोजन के लिए सीढ़ियाँ चढ़ रही है। प्रकाश उठने लगा तो उसके दूसरी ओर बैठी एक महिला ने बहुत संकोच से कहा, 'एक बात बताएँगे भाई।'

प्रकाश पलटकर देखता है। महिला काफी अच्छी साड़ी पहने बैठी है। कोई भी उस महिला को देखकर कह सकता है, ऐसे कपड़े शायद उसने आज ही पहने हैं। गौर से देखने पर प्रकाश महसूस करता है, महिला शायद नेत्रहीन है। प्रकाश कुछ पूछता इससे पहले ही मिसेज तिवारी ने कहा, 'यह गुल की मौसी है। बेचारी बिल्कुल बेसहारा औरत है। इसके तो प्राण ही गुल में बसते हैं।'

प्रकाश ने हाथ जोड़ दिए। बाद में शायद महसूस किया, यह तो उसने देखा न होगा, बोला, 'मैं हाथ जोड़कर प्रणाम करता हूँ। मैं दूल्हे का मित्र हूँ।'

'इधर आओ ज़रा।' उस महिला ने कहा और प्रकाश के सर पर हाथ फेरने लगी। प्रकाश को वे हाथ बहुत ममतामय लगे। उसने सर उठाया तो एक गर्म आँसू उसके गाल पर टपक पड़ा।

'अरे आप रो रही हैं। आज तो बहुत खुशी का दिन है।' प्रकाश बोला।

मौसी ने अपनी उँगली से अपना गीला गाल तुरन्त पोंछ लिया। जैसे उससे भीषण ग़लती हो गई हो। प्रकाश ने अपनी जेब से रूमाल निकाला और मौसी के गाल पोंछ दिए।

'नाटककार।' शर्मा सपने में बुदबुदाया।

'ये तुम्हारा दोस्त है, बड़ी अच्छी बात है,' मौसी कहती है, 'तुम लोग खुश रहो। आँखों से ज़िन्दगी-भर देखो।'

'बेचारी !' मिसेज तिवारी उठती हुई बोलीं, 'यह हमेशा यही आशीष देती है।'

'बहुत अच्छी आशीष है यह,' प्रकाश कहता है, 'इनके हाथों में जो ममता है वह एक माँ के ही हाथों में हो सकती है।'

मौसी की पलकें भीग गईं। टपू-टपू आँसू झरने लगते हैं।

प्रकाश पर उन आँसुओं की तीव्र प्रतिक्रिया हुई। उसे लगा, इस पूरे माहौल में सब मौसी की ओर से उदासीन हैं। उसे एकाएक लगा, उसे मौसी के लिए कुछ करना चाहिए।

'मैं आपके लिए क्या कर सकता हूँ ?' प्रकाश पूछता है।

'आप यह बताइए दूल्हा कैसा दिखता है।'

'बहुत सुन्दर है।' प्रकाश कहता है। शर्मा दाद देता है, वाह बेटे।

'उसका क़द कितना है ?'

'पौने छह फीट।'

'रंग ?'

'गन्दमी।'

'बाल ?'

'काले और लम्बे।'

'चश्मा पहनता है ?'

'न,' प्रकाश बोला, 'अंडा भी नहीं खाता।'

'प्रोफ़ेसर है ? पढ़ाता है ?'

'हाँ।'

'कितना कमाता है ?'

'नौ सौ।'

'उसके माँ-बाप क्यों नहीं आए ?'

'उन्हें नहीं आना था। जो मैं आ गया हूँ उसका बाप बनकर।'

मौसी हँसी। बोली, 'आप बहुत अच्छे दोस्त हैं।'

'बेशक।'

'एक काम करेंगे आप ?'

'ज़रूर करूँगा।'

'मैं दूल्हे को देखूँगी।'

प्रकाश को बहुत आश्चर्य हुआ कि यह अन्धी औरत कैसे देखेगी शर्मा को। उसने पूछा, 'उसे बुलवाऊँ ?'

'हूँ।'

प्रकाश उठा और शर्मा को गोद में उठा लिया। सब लोग स्तम्भित रह गए कि प्रकाश क्या करने जा रहा है, मगर उसने शर्मा को गठरी की तरह उसी कुर्सी पर रख दिया जहाँ वह स्वयं बैठा था।

'मौसी दूल्हे को उठा लाया हूँ।'

'दूल्हा खूब महक रहा है,' मौसी बोली, 'ज़रा मेरे पास आओ बेटा।'

शर्मा मौसी की तरफ़ झुकता है। मौसी ने अपना दाहिना हाथ शर्मा के सर के पीछे टिका दिया और बाएँ हाथ से शर्मा के मुँह पर हाथ फेरने लगी। मौसी ने शर्मा का माथा, नाक, कान, होंठ, गाल, गर्दन सब धीरे-धीरे सहलाए, शर्मा को कँपकँपी-सी होने लगी।

प्रकाश देख रहा था शर्मा को टोहते हुए मौसी का चेहरा एक फूल की तरह खिलता जा रहा था। धीरे-धीरे। उसने कभी इस तरह किसी फूल को खिलते नहीं देखा था।

आखिर मौसी ने शर्मा के माथे को चूम लिया और उसके बाल सहलाने लगीं। सहलाते- सहलाते वह मासूमियत से उसके बाल नोचने लगी तो प्रकाश ताली बजाते हुए लोट-पोट हो गया, 'असली हैं, मौसी, असली हैं।'

मौसी का चेहरा और खिल गया। अन्धी आँखोंवाले चेहरे पर प्रसन्नता का एक ऐसा भाव आ गया कि प्रकाश देखता ही रह गया। प्रकाश शर्मा को लेकर ज़ीना चढ़ गया। ज़ीना तंग था। शायद भोजन की व्यवस्था ऊपर ही रखी गई थी। यह ज़ीना प्रकाश का पहचाना हुआ था, मगर आज रोशनी से जगमगा रहा था। ज़ीने पर कारपेट बिछा दिया गया था। ऊपर एक फानूस लटक रहा था। बाईं ओर गुल के कमरे पर चाक से 'प्रवेश निषिध' लिखा हुआ था। दाईं ओर वाले कमरे में उम्दा कालीन बिछे थे और कुछ बूढ़े बड़ी दिलचस्पी से कमरे में टँगी अज़ीज़न की तस्वीरें देख रहे थे। उनमें एक सांसद, एक विधायक, एक उर्दू के मशहूर शायर और एक हिन्दी के व्यंग्य लेखक थे।

शर्मा उनके पीछे जाकर खड़ा हो जाता है।

'एक ज़माने में बाईजी का ऐसा रुतबा था, बिना विजिटिंग कार्ड भेजे अन्दर घुसना मुश्किल था,' सांसद ने कोई पुरानी याद कुरेदते हुए कहा, 'मगर साहब हमारे ज़माने में जो रुतबा अज़ीज़न बाई ने पैदा किया वह और किसी तवायफ़ को नसीब न हुआ।'

'आपने अज़ीज़न से जयदेव का गीत गोविन्द सुना होगा तो भूले न होंगे।' शायर साहब ने कहा।

'अरे साहब, हम आपकी ग़ज़लें भी बाईजी से सुन चुके हैं, ग्वालियर में,' हिन्दी के सुप्रसिद्ध व्यंग्य लेखक पीछे से बोले, 'सन् 50 के आसपास मैं एक यूनिवर्सिटी के अध्यक्ष जी को बाईजी के यहाँ ले गया था। वे एक-दो पैग लगाए थे, वहीं पसर गए, मैं तो बाईजी से शादी करूँगा।'

हल्का-सा ठहाका उठा। प्रकाश अपने आसपास देखता है और शर्मा का हाथ दबाता है। छत पर बेशकीमती झाड़फानूस जरूर लटक रहे हैं, मगर पुताई कराते समय भी धूल साफ़ नहीं की गई। तिपाई पर इत्रदान और पान की तश्तरी रखी है। तस्वीरों के फ्रेम बहुत पुराने स्टाइल के हैं। लोगबाग तस्वीरों में अपना अतीत ढूँढ़ रहे हैं।

'मगर बड़ी खुशी की बात है अब ये तवायफें अपनी लड़कियों से गवाती नहीं, उनकी शादी कर

देती हैं,' सांसद महोदय ने कहा, 'मगर गुल तो पढ़ने में भी बहुत तेज़ है। मैंने इतनी ज़हीनी और वेल बिहेव्ड लड़की नहीं देखी। मैं तो अपने लड़के की शादी करने को तैयार था, मगर पड़ाइन को मंजूर न हुआ।'

'आपके एक चुनाव का पूरा खर्चा आपकी समधिन ही उठा लेती।' व्यंग्य लेखक महोदय बोले।

'मगर मुझे एक चीज़ से बहुत कोफ़्त होती है। अब यही देख लीजिए। बाईजी बारात को यहाँ तक लाने के लिए अन्त तक अड़ी रहीं और खाने का इन्तज़ाम भी बाहर का न करने दिया। अब ये तवायफ़ें खाना क्या पकाएँगी। मगर बाईजी ज़िद पकड़े हुए हैं।'

'तो क्या भोजन भी तवायफ़ें ही बना रही हैं ?' उर्दू के शायर महोदय ने अद्धा निकाला और मुँह पर लगाकर पीने लगे। फिर उन्होंने इलायची का एक टुकड़ा उठाया और कुर्सी पर पसरकर शेर गुनगुनाने लगे :

मेरे चेहरे से गम आशकारा नहीं
यह न समझो कि मैं गम का मारा नहीं।

प्रकाश की अचानक खाने में दिलचस्पी जगी। वह तुरत छत की सीढ़ियाँ चढ़ गया। शर्मा उसके पीछे सीढ़ी चढ़ जाता है। कोई उसे पहचान नहीं रहा कि वह दूल्हा है। छत पर अलग-अलग साइज की दस-पन्द्रह मेज-कुर्सी लगी हैं। उनके ऊपर तरह-तरह के मेज़पोश बिछे हैं। मेज़ों पर तरह-तरह की क्राकरी सजी है। शायद क्राकरी भी बाहर से नहीं मँगवाई गई। अचानक शर्मा को अज़ीज़न बी पर बहुत क्रोध और बहुत प्यार एक साथ आ गया।

छत खुली थी मगर इसके बावजूद धुएँ के मारे बुरा हाल है। चूल्हे-चौके में लगी बूढ़ी तवायफ़ें आग फूँक-फूँककर बेहाल हो रही हैं। अचानक इतनी मशक्कत उठाने से उनके बाल बिखर गए हैं, आँखों में पानी भर आया है। एक स्त्री ने तलने के लिए ज्यों ही पूड़ी कड़ाही में फेंकी तेल के छींटे उसके हाथ पर पड़ गए और वह वहीं जमीन पर लेटकर छटपटाने लगी। दूसरी स्त्रियाँ मदद के लिए आगे बढ़ीं कि पता चला सब्जी में नमक दोबारा पड़ गया है। शर्मा एक कोने में खड़ा यह सब देखकर मज़ा ले रहा है। अचानक प्रकाश को एक तरकीब सूझी और उसने चार सौ रुपए देकर नफ़ीस को 'क्वालिटी' से कुछ बँधवा लाने ड्राइवर के साथ भेज दिया। उसे समझते देर न लगी कि यह भोजन आधी रात के पहले तैयार न होगा। दूसरे, बूढ़े लोग अगर पूड़ी खाने का प्रयत्न भी करेंगे तो एकाध दाँत खो बैठेंगे।

तभी धड़धड़ाती हुई अज़ीज़न चली आई। ऊपर फैला हुआ काम देखकर आगबबूला हो गई, 'तुम लोगों ने कबाड़ा ही कर दिया। हजरी बी, मैं कब से कह रही थी कि हलवाई बुला लो।'

'घबराओ नहीं,' हजरी बी ने दाँत निपोरते हुए कहा, 'चाव भी तो कोई चीज़ होती है बेगम साहिबा। इन बेचारियों को खाना पकाने का इस ज़िन्दगी में मौका मिलेगा या नहीं, अल्लाह को ही मालूम होगा।'

'यह अच्छी रही,' अज़ीज़न बिगड़ गई, 'यह तजुर्बा मेरे साथ ही करना था। ये पूड़ियाँ हैं या चमड़ा।' उसने एक पूड़ी को हाथ से तोड़ने की कोशिश की, 'इसमें लेई मिला दी गई है या सीमेंट। बताओ इस वक्त मैं क्या इन्तज़ाम करूँ ?'

'घबराइए नहीं, हो जाएगा सब इन्तज़ाम,' प्रकाश आगे बढ़ते हुए बोला, 'ये सब जितने चाव से काम कर रही हैं, उसके सामने बाकी सब चीज़ें झूठी हैं।'

अज़ीज़न ने प्रकाश को दोनों हाथों से सर पर से थाम लिया और उसके सर पर हाथ फेरते हुए बोली, 'आज वे होते तो यहाँ का माहौल ही दूसरा होता। यह कहीं औरतों के करने का काम है ?'

'सब ठीक हो जाएगा,' प्रकाश बोला, 'मुझे यह सब बहुत अच्छा लग रहा है।'

अज़ीज़न औरतों को कुछ समझाकर नीचे उतर गई। प्रकाश ने दो गिलास मँगवाए और एक अँधेरे कोने में खड़ा होकर शर्मा के साथ व्हिस्की पीने लगा। ऊपर से पूरा बाज़ार दूर-दूर तक दिखाई दे रहा है। पूरी गली जगमगा रही है। गर्दन पर रूमाल बाँधे बहुत से नौजवान नीचे बारात के लिए रखी हुई कुर्सियों पर पसर गए हैं। भूले-भटके गाहक लोगों की आमदरफ़्त भी शुरू हो गई है। कोई-कोई तवायफ़ धीरे से दरवाज़ा खोलती है और ग्राहक के साथ कमरे में चली जाती है। क्षण-भर के लिए ढिबरी की रोशनी उभरती फिर दरवाज़ा बन्द हो जाता। आसपास बैठी दूसरी औरतें आवाज़ें कसने लगतीं।

यह एक ऐसी सड़क है जहाँ कोई भी सवारी आती-जाती दिखाई न दे रही है, न कार, न स्कूटर, न टैक्सी। एक रिक्शा काफी देर बाद दिखाई देता है, उसमें एक आदमी गठरी बना बैठा है। शायद ज्यादा पी गया है। रिक्शावाले की समझ में नहीं आ रहा था, इस सवारी के साथ क्या सुलूक करे।

नफ़ीस लौट आया तो प्रकाश ने पूरा सामान मेज़ पर लगा दिया। तवायफ़ों का मन रखने के लिए उसने थोड़ी सब्जियाँ, रायता, दाल, दहीबड़े वगैरह भी मेज़ पर सजा दिए और होटल के सामान के सब डिब्बे पिछवाड़े से सड़क पर फेंक दिए। इत्मीनान से अपना गिलास ख़त्म कर वह नीचे जाकर मुअज़िज़ मेहमानों को बुला लाया। शायर साहब प्रकाश का बाजू पकड़कर बोले, एक शेर इरशाद है :

यों दिखाता है आँखें हमें बाग़बान
जैसे गुलशन पर कुछ हक़ हमारा नहीं।

सब लोग बैठ गए तो एक सोलह-सत्रह साल की लड़की न जाने कहाँ से नमूदार हो गई और आदाब अर्ज़ करने के बाद अचानक कमर मटकाते हुए सस्ते फिल्मी गाने गाने लगी। तमाम लोग अब तक काफी ऊब चुके हैं। लड़की को देखकर विशेषकर बूढ़े लोग काफी सक्रिय हो जाते हैं। लड़की सुन्दर है, जवान है और आवाज़ में भी कशिश है। अपने से बड़े साइज का पिशवाज पहने है। गाते हुए वह ज्योंही कमर मटकाती है बूढ़े लोग कुछ ज्यादा ही आनन्दित हो जाते हैं।

शायर साहब तो खाना भूल गए। बोले, 'इधर आओ बिटिया।' उत्तर में लड़की ने आँख मारकर कमर मटका दी।

'इधर आओ बिटिया,' शायर साहब बोले, 'एक ग़ज़ल भी सुना दो।'

'आप प्रेम जौनपुरी साहब हैं न,' वह बोली, 'मैं आपकी ही ग़ज़ल सुनाती हूँ।' और उसने शुरू किया :

नीची नज़रों के वार ने मारा
जीत बन-बन के हार ने मारा।

प्रेम जौनपुरी साहब ने दिमाग़ पर बहुत दबाव डाला कि उसने यह ग़ज़ल कब लिखी थी, लिखी भी थी या नहीं। मगर पहला ही शेर इतना जम गया और विधायकजी ने प्रेम जौनपुरी की रान पर हाथ मारा तो प्रेम जौनपुरी ने मान लिया कि ज़रूर उसने बचपन में ऐसा कुछ लिखा होगा :

उनके इनकार से जिया लेकिन
उनके क़ौलो करार ने मारा

प्रेम जौनपुरी पर इस शेर का कुछ ऐसा असर हुआ कि उसने अपने कुर्ते के तमाम बटन खोल दिए। दरअसल दारू भी ज़रूरत से ज्यादा अन्दर जा चुकी थी और जब लड़की ने अन्तिम शेर पढ़ा

तो उसे विश्वास हो गया कि ग़ज़ल उसी की है। अन्तिम शेर था :

उनका वादा न था मगर जौनपुरी
फिर भी आज इन्तज़ार ने मारा

देखते-देखते प्रेम जौनपुरी साहब ने अपना कुर्ता तार-तार कर दिया। गिरेबान से पकड़कर खुद ही चीर दिया। जितना आसानी से कुर्ता फटता चला गया, उससे यह भी लग रहा था, कपड़ा बहुत बोसीदा हो चुका है। कुछ इस बात का भी प्रेम जौनपुरी साहब ने फ़ायदा उठाया। आस्तीन भी फाड़ दी। इस सबके बाद वे एक बहुत मैली बनियान पहने आलू-मटर खाने लगे।

प्रेम जौनपुरी साहब की कुर्बानी से महफ़िल में उत्तेजना आ गई। ग़ज़ल का असर देखकर लड़की प्रेम जौनपुरी की दूसरी ग़ज़ल गाने लगी। मगर प्रेम जौनपुरी ग़ज़ल से बेनियाज़ चुपचाप खाने पर पिल गए थे। फाल्गुन के दिन थे। प्रेम जौनपुरी की बाँहों और छाती के सफेद बाल रोगटों की तरह खड़े हो रहे थे। सांसदजी ने अपना शाल उनके कन्धों पर डाल दिया और बहुत ही मधुर मुस्कुराहट फेंककर विदा हो गए। उनके जाते ही उनके चमचे तथा उनकी गाड़ी में लिफ़्ट पानेवाले दूसरे लोग जल्दी-जल्दी हाथ धोने लगे।

प्रेम जौनपुरी खाना खाकर उठा और नीम के चौतरे की तरफ़ चल दिया। चकैया नीम के चौतरे पर एक आदमी लगातार कै कर रहा है। वह और कोई नहीं प्रेम जौनपुरी का शागिर्द कपिल ही है। कपिल के पिता बारात में आए हैं। वह खुद बारात के स्वागत के लिए नहीं आया था और चौतरे पर बैठा देर से अपने उस्ताद का इन्तज़ार करता रहा था। जुनूने इश्क में वह बार-बार, रह-रहकर मिर्ज़ा गालिब का शेर पढ़ रहा था :

ज़िन्दगी यों ही गुज़र ही जाती
फिर तेरा, फिर तेरा, फिर तेरा
रहगुज़र याद आया। रहगुज़र...

'दरवाज़े पर दस्तक हुई तो शर्मा हड़बड़ाकर नींद से उठ बैठा। उसे समझते देर न लगी कि उसने एक खूबसूरत सपना देखा है। शर्मा ने उठकर दरवाज़ा खोला तो सामने एक छात्र खड़ा था। उसने खबर दी कि यूनिवर्सिटी में बहुत उत्तेजना फैली हुई है कि कल रात एक लड़की का रेप हो गया। नव दम्पति सिनेमा देखकर लौट रहे थे कि कुछ मुसलमानों ने औरत को रिक्शा से जबरन उतार लिया। बलात्कार के बाद लड़की का शव सरस्वती घाट पर फेंक आए। शर्मा बहुत अच्छा सपना देखकर उठा था। सपना क्या था, शादी का वीडियो कैसेट था। उसका मन खिन्न हो गया। शहर की फ़िज़ा लगातार बिगड़ती जा रही थी। उसने अखबार देखा, उसमें ऐसी कोई खबर न थी।

शर्मा का अखबार में मन न लगा तो वह चाय पीने के इरादे से ढाबे पर चला गया। ढाबे में एक नई खबर सुनने को मिली कि कल कोट किशनचन्द के तीन बच्चे स्कूल से घर नहीं पहुँचे। शर्मा का माथा ठनका। उसने कहा, 'अखबार में तो ऐसी खबर नहीं छपी।'

ढाबे पर लोई ओढ़े एक आदमी बैठा चाय पी रहा था। वह भाषण की मुद्रा में कह रहा था, 'मुल्क में नए औरंगजेब पैदा हो गए हैं। अलाउद्दीन खिलजी का ज़माना आ गया है। अब हमारे बच्चे, हमारी बहू-बेटियाँ सुरक्षित नहीं। कल सरेआम सड़क पर रेप हो गया। रेप के बाद मियाँ लोगों ने शव फेंक दिया सरस्वती घाट पर और पुलिस कह रही है लड़की को उसके ससुरालवालों ने मारकर फेंक दिया।'

शर्मा एक कोने में बैठ गया। वह सिगरेट का आदी नहीं था, मगर उसने महज़ समय काटने के लिए एक पैकेट सिगरेट भी खरीद लिया।

'देश के दो टुकड़े भी हो गए, मगर फिरकापरस्ती की समस्या जस की तस है। इस कौम की दाद देनी पड़ेगी, अपना अलग मुल्क भी बना लिया और हिन्दुस्तान में पहले से भी अधिक संख्या में हो गए।'

'हिन्दुओं को भी चार शादियों का मौका दीजिए तो देखिए हिन्दू किस रफ़्तार से बढ़ते हैं।' शालवाले व्यक्ति की बगल में ही एक मसखरा किस्म का लड़का चाय पी रहा था, आँखें मिचमिचाते हुए बोला, 'अपने यहाँ तो एक शादी भी दुश्वार होती जा रही है।'

'यही हाल है भैयाजी,' लोईवाला बोला, 'हिन्दू को नसबन्दी का शौक चर्राया है और इधर मुसलमान चार-चार औरतों से बच्चे पैदा कर रहा है। अगर यही हाल रहा तो वह दिन दूर नहीं, जब हिन्दू अपने ही देश में अपने ही गौरवमय देश में अल्पसंख्यक हो जाएगा।'

'आप सुबह-सुबह फ़िज़ा में ज़हर घोल रहे हैं,' शर्मा झुँझलाकर बोला, 'आपका जेहन सड़ गया है। आप जिस देश के गौरव की बात कर रहे थे, उसने आपको यही सिखाया है कि औरतों का, सम्पूर्ण नारी जाति का अपमान करो। आपके लिए औरत सिर्फ एक मादा है।'

'ग्यारह-ग्यारह बच्चे पैदा करें और हम उन्हें महान कहें ?' लोईवाला व्यक्ति तैश में आ गया, 'एक औरत से ग्यारह, चार औरतों से चवालीस। पैंतालीस, छियालीस, जितना आपमें दम हो।'

'छिः,' शर्मा ने मुँह बिचकाया, 'मुझे बहुत अफसोस है, आप कितनी गन्दी भाषा में बोलते हैं। पहले यह बताइए कि क्या मुसलमान औरतों की संख्या मुसलमान मर्दों से चार गुना है ? मुआफ़ कीजिए, मुसलमान औरतों की संख्या मुसलमान मर्दों से कम है। अगर एक मुसलमान चार शादी करेगा तो बताइए कितने मुसलमान अविवाहित रह जाएँगे ? अगर गणित के तर्क से भी देखा जाए तो प्रत्येक मुसलमान की एक भी शादी नहीं हो सकती।'

'इसीलिए तलाक के बहाने रोटेशन चलता रहता है।' लोईवाले आदमी ने ज़ोरदार ठहाका लगाया।

इस बहस को सुनने के लिए ढाबे में बैठे दूसरे लोग, जिनमें अधिकांश छात्र थे, पास सरकने लगे। जितेन्द्र मोहन की बात से माहौल बदला। प्रोफ़ेसर ने कहा, 'हमारी संस्कृति में कहीं घृणा को स्थान नहीं मिला। आप ऐसी बातें करके सिर्फ अपनी संस्कृति का उपहास उड़ा रहे हैं।'

लोईधारी सज्जन जो इत्मीनान से चाय पीते हुए लोगों पर अपनी मान्यताएँ आरोपित कर रहे थे, सहसा तनकर खड़े हो गए, 'मुआफ़ कीजिए आपके कितने बच्चे हैं ?'

'मैं अभी अविवाहित हूँ।' शर्मा ने कहा।

'आपकी उम्र का मुसलमान अब तक आधा दर्जन बच्चे पैदा कर चुका होता,' लोईधारी सज्जन ने एक और चाय का आदेश दिया और जितेन्द्र मोहन के सामने बैठ गया, 'आप रह किस दुनिया में रहे हैं ?'

'आप ही की दुनिया में रहने को मजबूर हूँ,' प्रोफ़ेसर ने कहा, 'आप कभी गए हैं किसी मुस्लिम बस्ती में ? कभी देखा है वे लोग किन हालात में रह रहे हैं ?'

'गया हूँ न जाऊँगा। इतना ज़रूर जानता हूँ कि हर मुसलमान क्रिकेट टीम पैदा करता है, उससे कम नहीं। आप लोग शतरंज की टीम पैदा करते हैं। मुसलमान को अपनी कौम की चिन्ता है और आपको अपने रहन-सहन की। आपके यहाँ तो औरतों ने अपने बच्चों को स्तन का दूध पिलाना छोड़ दिया, कहीं फिगर न बिगड़ जाए।'

लोईधारी ने अपने आसपास बैठे लोगों की तरफ एक विजेता की तरह देखा, 'आप लोग 'फिगर' का सौन्दर्य देखते रह जाएँगे। ट्रेजिडी यही है कि हिन्दू आज बहुत स्वार्थी हो गया है, बीवी की फिगर की चिन्ता में अधमुआ होता जा रहा है या परिवार की सुख-सुविधाओं की चिन्ता में डूबा हुआ है। मैं मुसलमानों की दाद दूँगा कि प्रत्येक मुसलमान अपनी कौम के बारे में पहले सोचता है, परिवार के बारे में। यही फर्क है एक हिन्दू और एक मुसलमान में। हिन्दू निरोधवादी हैं, मुसलमान विरोधवादी। विस्तारवादी। आपके एक बच्चे के जवाब में वह देश को एक दर्जन बच्चे दे रहा है। आप रह किस

दुनिया में रह रहे हैं श्रीमान ?'

'मैं आप ही की दुनिया में रहने को अभिशप्त हूँ,' शर्मा ने कहा, 'यह शिक्षा का अभाव है और कुछ नहीं। यह जहालत की देन है और कुछ नहीं। आप लोग एक औसत मुसलमान बच्चे को शिक्षा का अवसर देते ही कहाँ हैं ? ज़रा एक मदरसे से एक कान्वेंट की तुलना कीजिए। मैंने तमाम संस्कृति प्रेमियों को गिड़गिड़ाते देखा है पादरियों के सामने अपने बच्चों के एडमिशन के लिए। बच्चों को कान्वेंट में पढ़ाकर आप लोग अपनी संस्कृति और सभ्यता को कायम रखना चाहते हैं। जितने विरोधाभास आपके समाज में हैं, उतने किसी दूसरे समाज में न होंगे। ईसाइयत का विरोध करेंगे और बच्चों को उनसे तालीम दिलाएँगे।' शर्मा ने कहा।

'यह झूठा आरोप लगा रहे हैं आप। हर हिन्दू आज अपने बच्चों को 'शिक्षा भारती' में पढ़ाना चाहता है !' लोईधारी बोला, 'हम लोग इन ईसाइयों को भी उखाड़ फेंकेंगे।'

'मैं नहीं जानता यह आपकी शिक्षा भारती क्या चीज़ है। इसे आपने शिक्षा का वैज्ञानिक मंच बनाया है या घृणा के बीज बोने का। मुझसे पहले भी किसी ने इसका जिक्र किया था। जो बच्चे कान्वेंट में दाखिला प्राप्त न कर पाएँगे, वे कहाँ जाएँगे, आप ही की शिक्षा भारती में, मुझे विश्वास है। वहाँ आप उन्हें यही शिक्षा देंगे। शुरू से ही घृणा के बीज बोएँगे। सुनते हैं आपकी शिक्षा भारती में भारत का मध्यकाल नहीं पढ़ाया जाता। पूरा मुगलकाल पाठ्यक्रम से गायब है। मगर एक औसत मुस्लिम बच्चे का हाल देखिए। वह जिस माहौल में तालीम हासिल करने को मजबूर है, ज़रा उसके बारे में सोचिए। उसे शुरू से ही नई रोशनी से काट दिया जाता है। अव्वल तो उसके मदरसे में रोशनी की व्यवस्था ही नहीं, हो भी तो वह आज भी टाट-पट्टी पर बैठकर अलिफ-बे पढ़ता है। उनके यहाँ कोई नई रिसर्च नहीं। बीसियों बरसों से वही दकियानूसी पाठ्यक्रम पढ़ने को वह मजबूर है। इन मदरसों से क्या आप सैकुलरिज्म की तवक्को रखते हैं ? आप ही बताइए, कितने प्रतिशत मुसलमान बच्चे कान्वेंट में पढ़ते हैं। बताइए चुप क्यों हो गए ?' शर्मा उत्तेजित हो रहा था, 'आप चीज़ों को जब तक सही ज़ाविए से नहीं देखेंगे, इसी तरह की गलतियाँ करते रहेंगे।'

'गलती आप कर रहे हैं। आप असली नुक़्ते पर आना नहीं चाहते कि आनेवाले बरसों में मुसलमान आपसे ज़्यादा होंगे। वे आप पर शासन करेंगे। आपको ज़लील करेंगे। सब कुछ आपको ही मालूम है। आप जैसे लोग ही भारतमाता के शत्रु हैं। अपनी संस्कृति और सभ्यता के शत्रु हैं।' वह व्यक्ति मेज़ ठोंकते हुए बोला, 'आप अपने ही देश में पराए हो जाएँगे। छोटी-सी नौकरी के लिए मुहताज हो जाएँगे। सरकार उनकी होगी, आप उनकी प्रजा होकर रह जाएँगे। जिस रफ़्तार से वे बढ़ रहे हैं, उसी रफ़्तार से आप कम हो रहे हैं।'

'आपका सोचने का दायरा बहुत संकुचित है।' शर्मा बोला, 'इतने वर्षों में मुस्लिम जनसंख्या में एक प्रतिशत भी सानुपातिक वृद्धि नहीं हुई। क्या लाभ हुआ चार शादियों का और ग्यारह बच्चे पैदा करने का ? ग्यारह से आधा दर्जन तो पाँच की उम्र तक नहीं पहुँच पाते। जो किसी तरह मौत को चकमा दे जाते हैं, टी.बी., पोलियो और दूसरी बीमारियों के शिकार हो जाते हैं।'

'जाइए उनका इलाज कीजिए,' लोईधारी सज्जन बोला, 'वे भी खुदा के प्यारे हो गए तो आपको वोट कौन देगा ?'

'मुझे उनका वोट नहीं चाहिए। वे भी देश के उसी प्रकार नागरिक हैं जैसे आप। आपके संविधान ने उन्हें वे तमाम अधिकार दिए हैं, जो आपको दिए हैं। अशिक्षा ने उन्हें दबोच रखा है। मुस्लिम बस्तियों का एक चक्कर लगाइए तो आपको मालूम होगा, वे 'सब-ह्यूमन' स्तर पर जी रहे हैं। अनेक घरों के दालान में आपको पोलियो से ग्रस्त मासूम बच्चे दिखाई देंगे, और तपेदिक से छटपटाते नौजवान।'

जनपक्ष शर्मा की तरफ हो रहा था। लोईधारी सज्जन परेशान हो उठे। वे बार-बार मेज़ पटकते, पैर पटकते। आखिर उसने तरकश से अन्तिम तीर निकाल लिया, 'लगता है आप कम्युनिस्ट हैं। मेरी

नज़र में यह एक गद्दार कौम है। सन् बयालीस में उनकी क्या भूमिका थी, मालूम होगा आपको।'

प्रोफ़ेसर हँसा, 'जाइए किसी दूसरे ढाबे पर और समाज में ज़हर फैलाइए। यहाँ आपकी दाल न गलेगी। यह विश्वविद्यालय का क्षेत्र है। आप जैसे बीसियों भाड़े के ट्‍टटू यहाँ से पिटकर निकले हैं। जाइए अपना रास्ता नापिए, वरना पछताइएगा। समाज में विष फैलाने के लिए आप जैसे देशद्रोही बहुत सस्ते में मिल जाते हैं। किसकी दलाली करने आए हैं आप ?'

लोईधारी आपे से बाहर हो गया। उसने प्रोफ़ेसर का गिरेबान थाम लिया, 'साले, हरामजादे, मुसलमानों के दलाल।' उसने देखते-देखते प्रोफ़ेसर के मुँह पर एक मुक्का जड़ दिया। प्रोफ़ेसर सँभलता इससे पहले ही एक दूसरे आदमी ने उठकर शर्मा की छाती पर घूँसों की बौछार कर दी। शर्मा का होंठ कट गया। नाक से खून बहने लगा।

छात्रावास के कुछ लड़के ढाबे की तरफ आ रहे थे। उन्होंने अनजबी लोगों से शर्मा को पिटते देखा तो शर्मा के बचाव के लिए भागे। लड़कों को देखकर लोईधारी और उसके साथी भाग लिए। लड़के उनके पीछे भागे, मगर वे कट्‌टा दिखाते हुए भागने में सफल हो गए।

विश्वविद्यालय में यह खबर फैलते देर न लगी कि कुछ गुंडे शर्मा को पीटकर भाग निकले। फैलते-फैलते इस खबर में यह भी जुड़ गया कि शर्मा के ऊपर गोली भी चली, मगर वह बच गया। शाम तक इस खबर का अन्तिम मसौदा भी तैयार हो गया कि मुसलमानों ने प्रोफ़ेसर पर कातिलाना हमला किया।

प्रोफ़ेसर अस्पताल से पट्‌टी करवा के लौटा तो उसके घर पर पत्रकारों, मित्रों और छात्रों की भीड़ लगी थी। उसे ज्यादा चोट नहीं आई थी। होंठ कट जाने से और नाक में चोट आने से चेहरे पर पट्टियाँ बाँधी थीं। वह एक छात्र के साथ रिक्शा से उतरा तो घर पर इतनी भीड़ देखकर घबरा गया।

'जितेन्द्र मोहन शर्मा !' एक छात्र ने आवाज़ उठाई।

'जिन्दाबाद ! ज़िन्दाबाद !'

'पेट्रो डालर।'

'हाय हाय।'

'भारत माता।'

'ज़िन्दाबाद !'

शर्मा ने ये नारे सुने तो चकित रह गया। उसे लगा, जो लोग उसे पीटकर भाग गए थे, वे दोबारा उसके घर पर चले आए हैं। इस भीड़ में कई अजनबी चेहरे थे, मगर उसके छात्र भी थे। वह सीधा घर में घुस गया और साथी प्रोफ़ेसरों के साथ अन्दर चला आया। बाहर नए-नए नारों की टकसाल खुल गई थी।

प्रोफ़ेसर के सर में हल्का दर्द था। उसने साथियों से मुक्त होते ही नींद की गोली ली और सो गया।

सुबह दरवाजे भड़भड़ाए जाने की आवाज़ से उसकी नींद खुली। कोई आदमी बेसब्री से घंटी बजा रहा था और दरवाज़ा पीट रहा था। शर्मा हड़बड़ाकर उठा, देखा सामने शुक्ला दम्पति खड़े थे। उनके हाथ में ताज़ा समाचार पत्र था।

'बधाई शर्माजी,' मिसेज शुक्ला ने प्रोफ़ेसर के सामने अखबार फैलाते हुए कहा, 'आपकी तस्वीर छपी है।

शर्मा ने देखा मुख पृष्ठ पर उसकी तस्वीर थी। चेहरे पर पट्टियाँ बँधी थीं। नीचे शीर्षक था, विश्वविद्यालय में दो सम्प्रदायों के बीच झगड़ा। प्रोफ़ेसर शर्मा पर गुंडों का कातिलाना हमला।

प्रोफ़ेसर मुस्कुराया, 'मगर यह झगड़ा तो एक ही सम्प्रदाय के लोगों के बीच हुआ था।'

शुक्ला दम्पति एक दूसरे की तरफ़ देखकर मुस्कुराए और शर्मा को अपने यहाँ नाश्ता करने का

निमन्त्रण दिया, 'आप अकेले नहीं हैं। सारा अध्यापक समुदाय आपके साथ है। आप घबराइए नहीं।' शुक्लाजी ने शर्मा के कन्धे थपथपाते हुए कहा, 'यहाँ डर लगता हो तो हमारे यहाँ शिफ़्ट कर जाइए।'

'मैं तो एकदम नार्मल हूँ,' शर्मा ने कहा, 'यह जो पट्टियाँ बँधी हैं, यह तो कम्पनी की मशहूरी के लिए हैं।'

अगल-बगल से दूसरे अध्यापक भी आ गए। सब लोग तफ़सील से जानना चाह रहे थे कि झगड़ा कैसे हुआ। कोई भी शख्स यह मानने को तैयार नहीं था कि प्रोफ़ेसर के समुदाय के लोगों ने ही उसकी पिटाई की थी।

'हिन्दू भला आप पर क्यों हमला करेंगे ?' श्रीवास्तवजी ने शंका प्रकट की।

'दरअसल यह हमला भी नहीं था। बहस करते-करते कुछ लोग उत्तेजित हो गए और मारामारी हो गई।'

'आप कुछ छिपा रहे हैं,' श्रीवास्तवजी ने कहा, 'जब सारा शहर साम्प्रदायिकता से सुलग रहा है, हिन्दू भाई आप से क्यों उलझेंगे ?'

प्रोफ़ेसर तफ़सील में नहीं जाना चाहता था। वह समझ रहा था, तमाम लोग गुल का मसला उठाना चाहते हैं, वह गुल के बारे में कुछ भी कहने की मनःस्थिति में नहीं था।

शुक्लाजी के यहाँ भी यही माहौल रहा। मिसेज शुक्ला, ने जो स्वयं प्राध्यापिका थीं, बहुत परिश्रम से नाश्ता तैयार किया था। इस बीच वे लोग नहा-धोकर तैयार हो गए थे, जबकि शर्मा वैसे ही मुँह धोकर चला आया था। शर्मा ने सुना था, इन लोगों ने भी प्रेम विवाह किया था। मगर दोनों एक ही जाति के थे, इसलिए कोई बवाल न हुआ। दोनों ने कुछ ही वर्षों में घर बना लिया था। सुख सुविधा के तमाम सामान जुटा लिए थे। बातचीत में श्रीमती शुक्ला बहुत उन्मुक्त थीं, बोलीं, 'शुक्लाजी तो आपकी उमर में साँड की तरह व्यवहार किया करते थे।'

शुक्लाजी जो गैया की तरह शान्त और सन्तुष्ट भाव से टोस्ट खा रहे थे, अचानक वाचाल हो गए, 'जैसा व्यवहार मैं शादी से पहले किया करता था, शुक्लाइन शादी के बाद करती हैं।'

शुक्लाइन ने लज्जा का अभिनय करते हुए मुँह फेर लिया, 'यह ऊपर से सीधे लगते हैं। हा हा हा।'

'दरअसल आपसे आज एक ज़रूरी बात करनी है,' शुक्लाजी ने शर्मा के लिए चाय उंडेलते हुए कहा, 'मिसेज शुक्ला की छोटी बहन है सुनीता। इसी वर्ष दिल्ली से अंग्रेजी में एम.ए. किया है।'

'मगर मैं केमिटेड हूँ,' शर्मा बोला, 'आपने कैम्पस में सुना ही होगा।'

'मगर मैंने यह भी सुना है, मुसलमान यह शादी नहीं होने देंगे। आप नाहक बवाल में पड़ रहे हैं। एक दोस्त के नाते मैं यह राय आपको न दूँगा। अभी तो मामूली चोटें आई हैं, कल कुछ गम्भीर वारदात भी हो सकती है।'

शर्मा ने ऊपर के होंठ पर जमा हो गया पसीना पोंछा और बोला, 'मैं पहले ही अर्ज़ कर चुका हूँ, ये चोटें तो अपनी बिरादरी की वजह से आई हैं।'

'आप जैसा सोचते हों। मैं दूसरी तरह से सोचती हूँ। सुनीता ने फर्स्ट क्लास में एम.ए. किया है। देखने में, व्यवहार में, सुरुचि में वह बीस ही बैठेगी। इस्माइलगंज में हम लोग एक बढ़िया प्लाट ले रहे हैं, बगल में आप भी ले लीजिए। मकान न भी बना, साल, दो साल में प्लाट का दाम दोगुना हो जाएगा।'

'मगर मैं तो शादी के बाद यह शहर छोड़ दूँगा।'

'क्यों छोड़ देंगे। इससे बेहतर यूनिवर्सिटी कौन-सी है ? आपके माता-पिता भी प्रसन्न रहेंगे,' श्रीमती शुक्ला कह रही थीं। वह कुर्सी पर झुककर बैठी थीं, उनका वक्ष डाइनिंग टेबल पर गिलास की तरह पड़ा था और ब्लाउज में से दोनों गोलाइयों के बीच की खाई भरी हुई नज़र आ रही थी। शर्मा छत की तरफ़ देखने लगा !

'आप इस प्रस्ताव पर विचार कर लीजिए। विचार करने में क्या बुराई है।' शुक्ला जी ने कहा।

'कोई बुराई नहीं है। मैं विचार करूँगा।' शर्मा ने पीछा छुड़ाते हुए कहा।

'शर्माजी, एक बात पूछना चाहती हूँ, अगर आप बुरा न मानें।' श्रीमती शुक्ला ने पूछा, 'इतनी लड़कियाँ हैं हिन्दुओं की, आपको एक भी पसन्द न आई। यह अपनी कौम के साथ धोखा नहीं है क्या ? अगर तमाम पढ़े-लिखे लोग यही सब करने लगे तो हिन्दुओं की लड़कियाँ कहाँ जाएँगी ?'

'आपने बड़ा अच्छा सवाल किया है। पहली बात तो यह है कि मुझे अपनी जात की अनेक लड़कियाँ पसन्द हैं। वे योग्य भी हैं सुन्दर भी। मगर इसे संयोग ही कह लीजिए कि मुझे एक विजातीय लड़की से प्रेम हो गया।'

'विजातीय नहीं मुसलमान कहिए। मुसलमानों ने हिन्दुस्तान को जितना लूटा है आप उसे नज़रअन्दाज नहीं कर सकते। महमूद गज़नवी ने जिस क्रूरता के साथ सोमनाथ के मन्दिर को लूटा उसे कोई भी हिन्दू कैसे भूल सकता है। उसने हमारे धर्म, हमारी संस्कृति और सभ्यता को कुचल डाला।'

'मुआफ़ कीजिए, मैं इतिहास का छात्र नहीं रहा, मगर इतना विश्वासपूर्वक कह सकता हूँ कि महमूद गज़नवी की रुचि हमारे धर्म को नष्ट करने में नहीं थी। उसकी दिलचस्पी सोमनाथ मन्दिर के हीरे-जवाहरात में थी। वह दौलत का भूखा था। कोई भी बादशाह दौलत का भूखा होता है। आप अकबर का ज़िक्र क्यों नहीं करते, जिसने साम्प्रदायिक सद्भाव स्थापित करने के लिए एड़ी-चोटी का जोर लगाया ?'

'तो आपका हीरो अकबर है, अशोक नहीं।' शुक्लाइन बोली।

'सचाई तो यह है, मैं न अकबर के बारे में ज़्यादा जानता हूँ, न अशोक के बारे में। इतना कह सकता हूँ कि हम लोग जिस साम्प्रदायिक एकता की बात करते हैं वह धर्म और जाति की किलेबन्दी समाप्त करके ही कायम की जा सकती है।'

'हम दोनों में थोड़ा ही फर्क है। आपको राष्ट्रीय एकता की चिन्ता है और हमें राष्ट्र की।'

शर्मा मुस्कुराया। उसकी नाश्ते में दिलचस्पी न रह गई थी। शुक्ला लोगों की गृहस्थी जो उसे कुछ समय पहले एक आदर्श गृहस्थी लग रही थी, अचानक खोखली लगने लगी। उसे लगा ये लोग अत्यन्त छोटी और संकुचित दुनिया में जी रहे हैं।

'आप नए ज़माने के आदमी ठहरे,' शुक्लाजी ने कहा, 'हम लोगों ने आपके लिए एक दूसरी दुनिया की कल्पना की थी। यूनिवर्सिटी के अनेक अध्यापक इस्माइलगंज में प्लॉट ले रहे हैं। हमें खुशी होती आप भी लेते। पढ़े-लिखे लोगों की एक अलग कालोनी बननेवाली है। दूसरे, इससे मुसलमानों के इरादे ढह जाते कि वे इस्माइलगंज में मकान बनवाकर हिन्दुओं की बस्तियों को इस बार बाहर से घेर लेंगे।'

शर्मा खड़ा हो गया। उसका सर दर्द करने लगा था। उसने निहायत सादगी के साथ हाथ जोड़ दिए, 'आप लोगों ने बहुत अच्छा नाश्ता करवाया।'

'फिर आइएगा।'

'ज़रूर, ज़रूर आऊँगा,' शर्मा ने कहा और 'कभी नहीं आऊँगा, कभी नहीं आऊँगा' बुदबुदाते हुए फाटक से बाहर हो गया।

●●

'रोने से अब वह वापस न आएगा।' उमा ने हसीना के बालों पर हाथ फेरते हुए कहा।

हसीना थी कि सिर्फ़ रो रही थी, न खा रही थी, न पी रही थी। दुनिया में उसका कोई नहीं रह

गया था। माँ पहले ही चल बसी थी, भाई गायब था। पूरा शहर जैसे उसे काटने को दौड़ रहा था।

'मैं ज़िन्दा नहीं रह सकती। मैं लतीफ़ के बगैर ज़िन्दा न रहूँगी।' वह कहती।

हसीना अस्पताल से निकली तो उमा उसे अपने घर ले आई थी।

'तुम इसे अपना घर समझो और यहीं रहो,' उमा कहती, 'तुम चाहोगी तो मिल की तरफ़ से वज़ीफ़ा भी दिलवा दूँगी।'

हसीना कोई जवाब न देती। टुकुर-टुकुर देखती रहती।

'मैं वापस घर जाऊँगी,' हसीना कहते हुए फफककर रो पड़ी, 'वहाँ भी कुछ नहीं बचा।'

उमा ने बहुत प्यार से उसके बाल सहलाए, 'जी छोटा न करो। कभी-कभी ज़िन्दगी बहुत क्रूर हो जाती है। कितनी मुश्किल से तो ठीक हुआ था। ठीक हुआ तो यों एक झटके में चल बसा।'

'मैं पिक्चर न जाती, मेरा बिल्कुल मन नहीं था,' हसीना बोली, 'उनकी एक निशानी थी, वह भी ख़त्म हो गई।'

हसीना की आँखें भर आईं।

'श्याम बाबू से कहूँगी, तुम्हें ट्रस्ट की तरफ़ से दो सौ रुपए माहवार दिलवा दें।'

वह चुप रही। उसके दिमाग़ में लतीफ़ ने बसेरा बना लिया था। हर चीज़ उसे लतीफ़ की याद दिलाती थी। हर खूबसूरत याद लतीफ़ से वाबस्ता थी।

'मैं अब किसके लिए ज़िन्दा हूँ ?' वह सोचती और चुपके से नींद की गोली खा लेती। उस रात की घटना याद आ जाती तो उसके रोंगटे खड़े हो जाते। लाचारी, अपमान और असुरक्षा की भावना उसके भीतर तूफ़ान खड़ा कर देती। ज़रा-सी आवाज़ से वह चौंक उठती।

'इन लोगों ने बहुत किया, बहुत कर रहे हैं,' हसीना सोचती, 'ये लोग कब तक करेंगे। मैंने जाने क्या गुनाह किया था जो इस तरह इतनी बड़ी सज़ा मिल रही है।'

उमा का किसी शिष्टमंडल में विदेश जाने का कार्यक्रम बन रहा था। वह उसी में व्यस्त हो गई तो एक दिन हसीना ने सकुचाते हुए कहा, 'मुझे वापस इकबालगंज पहुँचा दीजिए। जितने रुपए मिल की तरफ़ से मिले हैं, रहने लायक कोठरी बन जाएगी। बाद में मुझे ज़िन्दा रखने के लिए दो सौ रुपए बहुत हैं।'

उमा ने अन्ततः यह सुझाव स्वीकार कर लिया। लक्ष्मीधर ने बताया, मिल में बहुत अफ़वाहें उड़ रही हैं कि हसीना लक्ष्मीधर के साथ बैठ गई है। उमा को अफ़वाहों की इतनी चिन्ता न थी, मगर हसीना की उदासी, परेशानी और मासूमियत उसके दिमाग पर बहुत भारी पड़ रही थी।

वीसा के लिए दिल्ली रवाना होने से पहले उमा ने रोते हुए हसीना को विदा कर दिया। साथ में राधू को कर दिया। राधू घर का बहुत विश्वसनीय खानसामा था। इधर अशक्त हो गया था, मगर घर में उसकी राय के बगैर कुछ न हो सकता था। तमाम नौकर लोग उससे बेहद चिढ़ते थे। हसीना को पिछले कई रोज़ से वही सँभाल रहा था। उसकी पत्नी की बहुत पहले मृत्यु हो गई थी। वह भी हसीना की तरह तनहा था।

'हसीना को कोई तकलीफ़ न हो। जब यह इज़ाजत दे, तभी लौटना,' उमा बोली, 'कोई भी परेशानी हो तो फौरन फ़ोन करना।'

हसीना उमा से लिपटकर बहुत रोई। लक्ष्मीधर की आँखें भी नम हो गईं। उमा तो हसीना से भी ज्यादा बेहाल हो रही थी। यों ही बिसूरते हुए हसीना कार की पिछली सीट पर बैठ गई।

हसीना को कुछ पता नहीं चला कि कार कब चली, कहाँ के लिए चली। वह एक सामान की तरह कार में पड़ी थी। निःशब्द। निश्चेष्ट। राधू ने दो-एक बार बात करने की कोशिश की मगर हसीना ने

सुना ही नहीं कि राधू क्या कह रहा है। वह खिड़की के बाहर शून्य में देख रही थी। पेड़ों, सड़कों, लोगों और बाहर की दुनिया से उसका कोई सरोकार नहीं था।

ज्यों-ज्यों घर पास आ रहा था, उसकी घबराहट बढ़ रही थी। सड़कें जैसे हमला करने के लिए उसकी तरफ़ लपक रही थीं। हर आनेवाले ट्रक को देखकर उसे लगता कि वह भिड़न्त के लिए ही बढ़ता आ रहा है।

पेड़ों के साए लम्बे होने लगे तो उसे पहचानने में देर न लगी कि उसकी मंज़िल बहुत नज़दीक आ रही है। सड़कों पर उसी दिन की तरह भीड़-भाड़ थी, जिस दिन वह लुकते-छिपते पहली बार लतीफ़ के साथ बाहर निकली थी। ज़िन्दगी के अठारह वर्ष उसने एक ही गली में बिताए थे। उस दिन भी यह भीड़ अजनबी लग रही थी। उस दिन भी लोग भागे जा रहे थे, पैदल, साइकिल पर, रिक्शा में। जाने कहाँ जाना चाहते हैं ये लोग, वह सोचती, इतनी जल्दी में क्यों हैं ? भीड़ में अचानक कोई गैया आ गई थी, उसके बाद भैंसों का हुजूम। यह सब कुछ उसे बहुत पहचाना हुआ लगा। उसके शहर की यही पहचान है। यहाँ पशु भी ट्रैफ़िक का हिस्सा हैं।

'अम्माँ !' वह एकाएक ज़ोर से चिल्लाई।

'शान्त रहो बिटिया।' राधू बोला।

हसीना अब शान्त नहीं रह सकती थी। वह फफककर रो पड़ी। ड्राइवर ने रास्ता पूछा तो उसने दुपट्टे से आँखें पोंछते हुए बायाँ हाथ हिला दिया। यह अन्तिम मोड़ था।

वह सब कुछ पहचान रही थी। यह मलाईवाली है, यह रुईवाली, यह चक्की, यह चकैया नीम और यह है वह खंडहर जहाँ उसे डालकर ये लोग भी लौट जाएँगे।

हसीना रोते हुए गाड़ी से उतरी और घर की तरफ़ चल दी। घर क्या था, मलबे का ढेर था। इस बीच एक कमरा और ढह गया था। एक दरवाज़ा मलबे के बीच में सिर उठाए सही सलामत खड़ा था।

हसीना को देखते ही ताहिर भागा।

लतीफ़ के इन्तकाल की ख़बर ने सबको हिला दिया। ताहिर ने गठरी सँभाल ली। इस्माइल की दुकान के सामने उसी तरह लेई पक रही थी। चड्ढी-बनियान में तमाम लोग बाहर निकले।

'बीच में साहिल आया था,' इस्माइल ने बताया, 'मगर लतीफ़ का सुनकर बेहद सदमा लगा।'

अनवर मियाँ भी तहमद सँभालते अपने ढाबे से ग्राहकों समेत बाहर निकल आए। देखते-देखते चालीस-पचास की भीड़ इकट्ठी हो गई। कार रुकने से रास्ता रुक गया था। साइकिल-रिक्शा का लम्बा काफ़िला कार के बढ़ने की इन्तज़ार में था। ऐसे में अक्सर लड़ाई-झगड़े हो जाया करते थे। नज़मा और अजरा दूर से हसीना को देखकर आँसू पोंछ रही थीं। हजरी बी ने सुना तो पागलों की तरह बदहवास भागती हुई आई। अज़ीज़न ने नफ़ीस को भेजा कि वह हसीना को फौरन ऊपर ले आए।

रोती-चिल्लाती हसीना अज़ीज़न का ज़ीना चढ़ने लगी। उसके पीछे राधू आ रहा था। कार में से सामान उतारकर इस्माइल की दुकान के पास रखा जा रहा था। ज़रूरी सामान हसीना के साथ कर दिया गया था। बाकी सामान बाद में आने की बात थी।

अज़ीज़न बी का ज़ीना हुजूम से नीचे तक भर गया था। कमरे में भी घुटन हो गई थी।

'थोड़ी देर बिटिया को आराम करने दीजिए। ऐसे तो वह मर जाएगी।'

लोगों के मन में बहुत जिज्ञासाएँ थीं। वह अपनी जगह से थोड़ा-सा हिले और फिर वहीं जमकर खड़े हो गए। अज़ीज़न ने बारादरी का दरवाज़ा खोलकर हसीना को अन्दर किया और भीतर से सिटकनी लगा दी।

'अज़ीज़न बी।' हसीना ने कहा और उनसे लिपट गई।

अज़ीज़न बहुत स्नेह से उसकी पीठ थपथपा रही थी, 'लो एक गिलास पानी पीओ।'

नवाबन ने सुना कि हसीना लौट आई है तो शकीला से बोली, 'कलमुँही नोननी ठीक ही कहती है, चार-छह महीने में लड़कियाँ लौट आती हैं।'

'उसकी जुबान बहुत काली है।' शकीला ने कहा।

'उस दिन साहिल की शान देख रही थी कोट-पतलून में ? किसी से बात नहीं कर रहा था,' जाने नोननी कहाँ से चली आई, 'स्मगलिंग करता है, स्मगलिंग ! सुनते हैं रात अज़रा के यहाँ रुका था।'

'अब उसकी बहन लौट आई है, वही कुछ समझा सकती है। मसऊद का साथ साहिल के लिए अच्छा नहीं,' शकीला ने कहा, 'अभी धन्धे का वक्त नहीं हुआ, चलो जाकर अफ़सोस कर आएँ।'

नोननी, शकीला, नवाबन, नसीबन सब अज़ीज़न के घर की तरफ़ चल दीं। नफ़ीस डंडा लिये ज़ीने के पास खड़ा था। वह ज़मीन पर डंडा पटकते हुए ऐसे गुर्राया कि सब वापस लौट आईं।

गली में गहमागहमी बढ़ गई थी।

घंटे-भर में साहिल को खबर हो गई कि लतीफ़ नहीं रहा और हसीना लौट आई है। वह तुरन्त जीप में मसऊद के साथ अज़ीज़न के यहाँ पहुँच गया। हसीना अज़ीज़न की गोद में सिर रखे अपनी दास्तान सुना रही थी। पास ही ज़मीन पर हजरी बी बैठी थी।

'अस्सलाम अलेकुम अज़ीज़न बी,' साहिल ने कमरे में घुसते ही आदाब अर्ज़ की। उसके पीछे मसऊद और नफ़ीस खड़े थे। साहिल की आवाज़ पहचानने में हसीना को एक क्षण न लगा, वह अज़ीज़न की गोद से सर उठाकर साहिल से लिपट गई और बिलखकर रोने लगी। साहिल ने देखा, हसीना अब मासूम लड़की नहीं रह गई थी, बल्कि एक भरी-पूरी खातून लग रही थी। जिस्म भर गया था। मसऊद ने आगे बढ़कर हसीना की पीठ थपथपाई, 'अल्लाहताला को यही मंजूर था। अब रोने से लतीफ़ वापस न आएगा।'

'देखो हसीना, यह हैं मेरे दोस्त मसऊद। बहुत बड़े आदमी हैं। तुम परेशान न हो, मैं अभी ज़िन्दा हूँ।'

हजरी ने उठकर साहिल के कान उमेठ दिए, 'शैतान की औलाद, तू कहाँ भाग गया था। तुम्हारी अम्माँ तुम्हें खोजते-खोजते अल्लाह को प्यारी हो गई।'

'आदाब हजरी बी,' साहिल ने कहा, 'घर से भाग न गया होता तो आज यहीं गली में डिब्बे बनाते या कपड़ों पर इस्त्री फेरते दिखाई देता। मैं रहता तो अम्माँ को मरने न देता। फरिश्तों से उलझ जाता। अब मैं एक दूसरा साहिल हूँ।'

न जाने साहिल को क्या सूझा कि उसने कमीज़ के अन्दर से पिस्तौल निकालकर छत की तरफ़ तान दी, 'मैं अब एक दूसरा इंसान हूँ हजरी बी। कहाँ हैं तुम्हारे ज़ैदी साहब ?'

अज़ीजन एक नाटक की तरह यह सब देख रही थी। साहिल के पास पिस्तौल देखकर उसे तसल्ली हुई। वह भीतर से बहुत असुरक्षित महसूस कर रही थी। वह साहिल और मसऊद से इतना प्रभावित हो रही थी कि तुरन्त गुल की शादी की बात करना चाहती थी, मगर यह सोचकर शान्त हो गई कि कहीं ये लोग भी सिद्दीकी साहब की तरह न भड़क जाएँ। उसने दोनों को बैठने के लिए कहा और शर्बत लाने का आदेश दिया। मसऊद जेब से आयातित सिगरेट निकालकर पी रहा था। वह बीच-बीच में हसीना की तरफ़ देखता और मुँह उठाकर हवा में धुएँ का एक छल्ला छोड़ देता।

'मसऊद साहब का तआरुफ़ नहीं दोगे ?' अज़ीज़न ने आखिर सन्नाटा तोड़ा।

'मसऊद के तआरुफ़ में यह कहना कि यह हैदरी बी का बेटा है, मसऊद को समझाने में मदद न देगा। मसऊद का बम्बई में एक्सपोर्ट का कारोबार है। दसियों लोग इनकी खिदमत में रहते हैं, चार-छह गाड़ियाँ हैं और लगभग इतने ही बँगले। आजकल अम्माँ से मिलने आए हुए हैं। इनका इधर का बिज़नेस मैं देखता हूँ। दिल्ली से गोरखपुर तक।'

'वाह !' अज़ीज़न के मुँह से बेसाख्ता निकल गया, 'बहुत खुशी हुई आपसे मिलकर।'

अज़ीज़न मसऊद से इतना प्रभावित हुई कि उसने गुल को बुलवा भेजा। गुल आकर हसीना से लिपट गई। उसने अम्माँ के उस तारीफ़ के पुल को भी मसऊद की तरफ़ एक उड़ती नज़र डालकर नज़रअन्दाज़ कर दिया जो अम्माँ देर तक बाँधती रही। वह हसीना को अपने कमरे में ले गई, 'लगता है तुम्हारा भाई अच्छी कम्पनी में नहीं।'

'मुझे कुछ मालूम नहीं,' हसीना बोली, 'मुझे भी स्कूल में दाखिल करवा दीजिए।'

'मैं तुम्हें पढ़ाऊँगी।' गुल ने कहा और देखा कमर पर दोनों हाथ धरे सामने साहिल खड़ा था।

'हसीना मेरे साथ रहेगी !'

'कहाँ ?'

'खुदा के फ़ज़ल से मेरे पास अच्छा-खासा बँगला है।

हसीना ने हैरत से साहिल की तरफ़ देखा। हसीना के सामने वह पहले का दब्बू, कमज़ोर और बेसहारा साहिल नहीं, बल्कि आत्मविश्वास से भरपूर एक नौजवान खड़ा था। उसने मन ही मन परवरदिगार का शुक्रिया अदा किया।

'कब चलोगे ?'

'अभी चलो। कल फिर आ जाना। चलकर अपना कमरा ठीक-ठाक कर लो।'

'ठीक है हसीना, तुम कल ज़रूर आना।' गुल ने एक बार फिर हसीना को आगोश में भर लिया। गुल को विश्वास ही न हो रहा था, यह लड़की इसी गली की पैदावार है।

हसीना ने बैठक में जाकर अज़ीज़न बी को आदाब किया। अज़ीज़न बी दंगे की सम्भावनाओं पर मसऊद साहब के ख़यालात बड़ी एकाग्रता से सुन रही थीं। उसके चेहरे से स्पष्ट झलक रहा था कि अज़ीज़न बी बेहद घबराई हुई हैं। साहिल ने फसाद का जिक्र सुना तो एक बार दोबारा पिस्तौल छत की तरफ़ तान दी, 'जब तक हम लोग हैं अज़ीज़न बी, आपको किसी तरह की फिक्र न करना चाहिए।'

अज़ीज़न ने फीकी-सी मुस्कुराहट से साहिल की तरफ़ देखा। अपने मन की बात न कह पाने का उसे बेहद अफ़सोस हो रहा था, मगर वह बग़ैर इन लोगों को परखे, मुँह से कोई भी बात न निकालना चाहती थी। उन लोगों को विदा करके उसने गुल को आवाज़ दी।

'इसे कहते हैं क़िस्मत,' अज़ीज़न बी ने कहा, 'कल तक यही लड़का यतीमों की तरह गली में घूमा करता था।'

'मुझे तो आज भी यतीम ही लगा। यतीम नहीं गुंडा। जाने किस जरायम पेशे में है।'

'तुम्हें तो हर शख़्स गुंडा नज़र आता है।'

'ऐसी बात नहीं। उसके साथ जो दूसरा आदमी था, वह तो एकदम छँटा हुआ बदमाश लग रहा था। सच पूछो तो मुझे हसीना का उन लोगों के साथ जाना ठीक नहीं लगा।'

अज़ीज़न सोच में पड़ गई। बिटिया शायद ठीक ही कह रही थी। कोई जरायमपेशा आदमी ही इतनी जल्दी दौलत बटोर सकता है। हसीना स्वयं साहिल के इस कायाकल्प से चकित थी। लतीफ़ के साथ रहने से जीवन के प्रति उसका दृष्टिकोण बदल चुका था ! हसीना ने हराम की कमाई को हमेशा घृणा और वितृष्णा से देखा था।

'यह जीप किसकी है ?' हसीना ने पूछा।

'अपनी ही है।'

'अपनी कैसे हो गई ? कहीं से उठा लाए हो क्या ?'

मसऊद ने ज़ोरदार ठहाका लगाया। हसीना साहिल और मसऊद के बीच बैठी थी और साहिल ड्राइव कर रहा था। हसीना ने महसूस किया मसऊद उससे सटता जा रहा है। वह साहिल की तरफ़ खिसक गई। मसऊद भी। हसीना से और बर्दाश्त न हुआ तो मसऊद की तरफ़ देखकर बोली, 'मैं पीछे चली जाती हूँ, जगह कम है।' साहिल ने जीप ड्राइव करते हुए हसीना की तरफ़ देखा और बोला, 'तुम

मोटी हो गई हो।'

मसऊद ने ठहाक़ा लगाया, 'यह हसीना के साथ सरासर अन्याय है। हसीना मोटी है न दुबली। लगता है अल्लाह मियाँ ने खुद अपने हाथ से इसका जिस्म तराशा है।'

'आप लोग कैसी बेहूदा बातें करते हैं ?' हसीना ने कहा, 'मुझे इकबालगंज छोड़ दो।'

'वहाँ अब साँप रहते हैं और चमगादड़।' साहिल बोला, 'मेरा बँगला देखोगी तो कभी जाने का नाम नहीं लोगी।'

कुछ ही देर में जीप एक फाटक में घुस गई। साहिल बड़ी लापरवाही से उतरा। उसके साथ मसऊद। मसऊद ने उतरते ही चौकीदार को डाँट पिलाई कि पोर्च में बल्ब क्यों नहीं जल रहा है। फिर वह ड्राइंगरूम का दरवाज़ा खोलकर खड़ा हो गया, 'तशरीफ़ लाइए।'

हसीना अन्दर चली आई। अच्छा-खासा कमरा था। सोफ़ासेट, कालीन और खूबसूरत पर्दे। किसी भी सूरत में कमरा लक्ष्मीधर के बँगले से कम नहीं था। वह एक काउच पर सिमटकर बैठ गई।

'चलो हाथ-मुँह धो लो। बगल में तुम्हारा कमरा है। बाथरूम अटैच्ड। मन ऊबे तो यह रहा वीडियो।' साहिल ने वीडियो ऑन कर दिया।

'मुझे यकीन नहीं हो रहा, यह तुम्हारा घर है।'

'मसऊद साहब के पास हर बड़े शहर में ऐसे बंगले हैं। इनका बम्बई का फ़्लैट देखो तो मस्त हो जाओ।'

हसीना अपने कमरे में गई। पंखा चलाकर वह बिस्तर पर औंधी लेट गई। उसे लग रहा था, यह घर उसका नहीं है। साहिल का भी नहीं है। उसे अपनी अम्माँ के घर की याद आई, जहाँ लालटेन के प्रकाश में वह अम्माँ के साथ रात-भर बीड़ी बनाया करती थी। अम्माँ के ख़यालात में वह ऐसी डूब गई कि दुनिया-जहाँ को भूल गई।

•

कुछ ही देर में शहर के सबसे बढ़िया रेस्तराँ से हसीना के लिए खाना चला आया। हसीना महसूस कर रही थी, साहिल को अपनी बहन के बेवा होने का ख़ास दुख नहीं था, उसने लतीफ़ के कत्ल की बात सुनकर सिगरेट सुलगाया था और मुँह से धुएँ का गहरा खंजर छोड़ते हुए बोला था, 'एक हफ़्ते के भीतर लतीफ़ का क़ातिल लतीफ़ के पास पहुँच जाएगा।'

हसीना ने अविश्वास से अपने भाई की तरफ देखा।

'दुनिया फ़ानी है,' साहिल बोला, 'वक्त ने मुझे हाथ पर कलेजा लेकर चलना सिखा दिया है। मैं अब खुदा के अलावा किसी से नहीं डरता।'

'तुम बहुत बदल गए हो।'

'हालात ने बदल दिया है। मैंने गर्दिश के जो दिन देखे हैं, अल्लाहताला किसी को न दिखाए। हफ़्तों भूखों सोया हूँ। मैंने जाड़े की लम्बी रातें बग़ैर चादर के काटी हैं, लोगों का फेंका हुआ दोना उठाकर चाटा है। मगर ज़िन्दगी उसी की है जो मरते दम तक शिकस्त कुबूल नहीं करता, बल्कि बैल की तरह जूझता रहता है।'

हसीना की आँखें भर आईं, अपने भाई की तकलीफ़ें सुनकर।

'मैं जानता हूँ ज़िन्दगी ने तुम्हारे साथ भी खिलवाड़ किया है। तुम्हें गहरा धक्का लगा है, मगर ज़िन्दगी का दस्तूर यही है कि ज़िन्दगी के आगे हार मानने के बजाय, नए सिरे से ज़िन्दगी शुरू कर दो। अभी तुम्हारा घाव हरा है, मैं तुम्हें कोई राय न दूँगा, मगर बेहतर यही होगा कि तुम नए सिरे से ज़िन्दगी का नक्शा बनाओ। अभी तुम्हारी उम्र ही क्या है ? पढ़ाई करना चाहो तो मैं कल से किसी टीचर का इन्तज़ाम कर दूँगा जो दो घंटा तुम्हें रोज़ पढ़ाए। तुम चाहोगी तो साल-भर में हाई स्कूल पास

कर लोगी, मैं जानता हूँ तुम ज़हीन लड़की हो। बग़ैर पढ़े-लिखे सर्टिफिकेट लेना चाहो तो उसका भी इन्तज़ाम हो जाएगा। मगर मेरी दिली तमन्ना है, तुम पढ़-लिखकर इतनी दूर निकल जाओ कि मुझे तुम्हारे ऊपर नाज़ हो। बोलो तुम क्या चाहती हो ?'

'फ़िलहाल मैं यों ही पड़े रहना चाहती हूँ। मैं लतीफ़ की याद से उबर नहीं पा रही। वह मेरी हर साँस में जिन्दा है।'

'ठीक है, तुम आराम करो। तुम्हें यहाँ किसी चीज़ की कमी महसूस न होगी। रेकॉर्ड हैं, जी-भर कर सुनो। फ़िल्म देखना चाहो तो घर में वीडियो है। किसी सहेली से मिलना चाहो तो जीप हाजिर है।'

'भाई,' हसीना ने कहा और उसकी हिचकियाँ बँध गईं, 'मुझे कुछ रोज़ के लिए अज़ीज़न बी के यहाँ छोड़ आओ। मैं उनके यहाँ रहूँगी, मुझे गुल के साथ रहना अच्छा लगेगा।'

'कल छोड़ आऊँगा। आज तुम आराम करो। गाड़ी और राधू को वापस भेज दो। अब उनकी ज़रूरत नहीं है।'

अगले रोज दोपहर को साहिल हसीना को अज़ीज़न बी के यहाँ छोड़ आया। अज़ीज़न साहिल की राह ही देख रही थी। उसके सीने पर हसीना की शादी का एक वजनी पत्थर रखा था, वह चाहती थी साहिल उसे उठाने की ज़िम्मेदारी ले ले।

साहिल दुआ-सलाम के बाद जाने लगा तो अज़ीज़न ने उसे रोका और बोली, 'कुछ हमारी मुश्कलात को भी हल करोगे या नहीं।'

'आप हुक्म करें ! मैं हरचन्द कोशिश करूँगा। आपको भी मुश्कलात पेश आएँगी, इसका तसव्वुर ही नहीं कर सकता।'

'ऐसी ही कुछ उलझनें हैं,' अज़ीज़न ने कहा, 'तुम्हारे पास वक़्त हो तो बात करूँ।'

'वक़्त ही वक़्त है। वक़्त का समुन्दर है अज़ीज़न बी ! मेरे पास और किसी चीज़ की कमी हो सकती है, वक़्त की कमी नहीं।'

'तो आओ दूसरे कमरे में।' अज़ीज़न खड़ी हो गई और उसी झटके में साहिल। हसीना गुल के कमरे की तरफ बढ़ गई तो वे लोग वहीं बैठ गए।

'फरमाइए।'

'मैं गुल की शादी करना चाहती हूँ।'

'मुबारकबाद।'

'हो सकता है तुम्हें भी अच्छा न लगे यह सुनना कि गुल एक हिन्दू से शादी करना चाहती है।'

'सचमुच अच्छा नहीं लग रहा।'

'मगर यह एक मजबूरी है। कोई रास्ता नहीं इससे निकलने का। वैसे लड़का मुझे पसन्द है। यहीं यूनिवर्सिटी में लेक्चरार है।'

'क्या मुसलमान लड़के यूनिवर्सिटी में लेक्चरार नहीं हैं ?'

'होंगे। ज़रूर होंगे। बेहतर होगा हम लोग इसकी तफ़सील में न जाएँ और हालात में से कोई रास्ता निकालने की तजवीज़ करें।'

'रास्ता तो गुल ने निकाल ही लिया है।'

'सुनते हैं शहर में बहुत तनाव चल रहा है।'

'क्या आप बहुत जल्दी में शादी बनाने की सोच रही हैं ?'

साहिल ने सोचा, गुल हामला है, अज़ीज़न बी को शादी के अलावा और कोई दूसरा रास्ता नहीं मिल रहा। मगर उसने कोई भ्रष्ट और नादान सवाल नहीं किया। उसने सादगी से पूछा, 'मैं आपकी क्या मदद कर सकता हूँ ?'

'मुझे तुम्हारी सलाह चाहिए।'

'बहरहाल मैं इस पर ग़ौर करूँगा। अपने दोस्त से मशविरा करूँगा। मगर इस वक़्त यह सवाल न उठाएँ। कुछ अरसे के लिए शादी मुल्तवी कर दें।'

'मुझे इसी लफ़्ज़ की इन्तज़ार थी। मुल्तवी कर दें। हर शख़्स यही कह रहा है। शादी मुल्तवी कर दो। और अगर अज़ीज़न बी यह शादी मुल्तवी नहीं करती तो क्या होगा ?'

'दंगे में नई जान आ जाएगी,' साहिल मुस्कुराया, 'दंगा शहर के दरवाज़े खटखटा रहा है। तेरह को इस्माइलगंज के प्लॉटों की नीलामी होगी, दंगा उसी रोज़ हो जाएगा। आज क्या तारीख है।'

'आज दो तारीख है।

'बहरहाल मैं तो यही राय दूँगा कि फिलहाल शादी मुल्तवी कर दीजिए।'

'मैंने जो कार्ड भेज दिए हैं। सब क्या सोचेंगे ?'

'जान है तो जहान है,' साहिल बोला, 'दोनों फिरकों में तैयारियाँ चल रही हैं। हिन्दू लोग तो बम-असलाह के लिए चन्दा कर रहे हैं। मेरा एक दोस्त एल आई यू में है, उसने इस ख़बर की ताईद की है।'

अज़ीज़न बी सर थामकर बैठ गईं। कुछ देर बाद सिसकियाँ उठने लगीं। साहिल सिगरेट के कश खींचता रहा, फिर बोला, 'आप चलिए बम्बई। वहीं जाकर शादी कर देते हैं।'

'शादी इसी गली से होगी। यह मेरी बहुत पुरानी तमन्ना है।'

'यह एक टेढ़ी तमन्ना है। गली में खून-ख़राबा हो जाएगा। यह गली तबाह हो जाएगी।'

अज़ीज़न बी साड़ी के पल्लू से आँसू पोंछने लगीं तो साहिल को रहम आ गया, बोला, 'आप इस बीच और किसी को शादी की इत्तिला न दीजिए। मैं कोशिश करूँगा, कोई रास्ता निकल सके।'

अज़ीज़न बी ने जवाब नहीं दिया। साहिल देर तक इस इन्तज़ार में बैठा रहा कि अज़ीज़न बी मुखातिब हों तो वह इज़ाज़त लेकर रुख़्सत हो। उसकी हिम्मत नहीं पड़ रही थी कि अन्दर जाकर हसीना का हालचाल ले आए।

अज़ीज़न बी ने सिर ऊपर उठाया तो आँखों में लाल डोरे तैर रहे थे। साहिल को अपने सामने बैठा देख उन्हें ताज्जुब हुआ।

'मैं अब इजाज़त लूँगा अज़ीज़न बी।' साहिल बगैर एक भी पल खोए खड़ा हो गया।

'हसीना कुछ रोज़ गुल के साथ रहेगी। गुल के उस्ताद आते हैं उसे कत्थक सिखाने। हसीना का जी सँभल जाए तो उसे भी सिखाने के लिए कहूँगी। खुदा हाफ़िज़।' अज़ीज़न ने कहा।

'खुदा हाफ़िज़।' कहते-कहते साहिल ज़ीना उतर गया।

हसीना गुल को लतीफ़ के साथ बिताया एक-एक क्षण बयान कर रही थी। बयान कर रही थी या याद कर रही थी, यह कहना मुश्किल है। उसे लग रहा था, वह जैसे किसी स्वप्न-लोक से लौटकर आई है। नीचे गली से 'लइया दाल पट्टी' बेचनेवाले की आवाज़ सुनाई दे रही थी। यह आवाज़ वह बचपन से सुनती आ रही थी। उसे याद है वह अम्मा से दस नया माँग कर चड्ढी पहने ही लइया खरीद लाती थी। सब कुछ तो वही था। सिर्फ़ अम्मा नहीं रही थीं। अज़ीज़न बी के यहाँ हर कमरे में पुराने ज़माने की घड़ियाँ टँगी थीं। हर कमरे में घड़ी की नई तरह की टिकटिक थी। ये घड़ियाँ ज़रूरत से ज़्यादा मुखर थीं और हर घड़ी अलग-अलग समय बता रही थी। किसी न किसी कमरे से घंटे की आवाज़ उठती ही रहती थी।

'तुम्हारे पास प्रोफ़ेसर साहब का कोई चित्र है ?' हसीना ने पूछा।

'ऊँ हूँ,' गुल ने एक लम्बी साँस भरी और दुपट्टा उठाकर सीने की तरफ़ देखा, 'बस यहीं है। मेरे अलावा कोई नहीं देख सकता।'

दोनों सहेलियाँ घंटों से एक ही बिस्तर पर लेटी बतिया रही थीं। पलंग इतना बड़ा था कि दो-चार सहेलियों के लेटने की जगह थी। कुछ देर बाद चाय के लिए कहकर अज़ीज़न भी वहीं चली आई, 'तुम लोग लेटी ही रहोगी या कोई काम-धाम भी करोगी।'

'अम्माँ जाओ हमें बात करने दो।'

'दर्जी के आने का वक्त हो रहा है। जाने कितने कपड़े लेकर ससुराल जाएगी।'

'मुझे नहीं चाहिए तुम्हारे कपड़े। मैं तो ऐसे ही उठकर चली जाऊँगी।'

नीचे चाटवाले ने आवाज़ दी तो अज़ीज़न ने पूछा, 'लड़कियों चाट खाओगी ?'

'खूब मिर्चीवाली चाट खाऊँगी,' गुल ने कहा, 'गोलगप्पे, आलू की टिकिया, दहीबड़ा, सब खाऊँगी।'

अज़ीज़न ने बारज़े पर खड़े नफ़ीस को आवाज़ दी।

तीसरे दिन शाम को साहिल अचानक नमूदार हुआ। शहर के हालात नाजुक होते जा रहे थे। सुबह-शाम शहर में नई-नई अफ़वाहें सुनने में आ रही थीं। साहिल चाहता था, हसीना को इस इलाके में न रखे। यह शहर का सबसे तनावपूर्ण इलाका था। चारों तरफ़ हिन्दुओं की बस्तियाँ थीं। उसने अज़ीज़न से भी आग्रह किया कि वे लोग कुछ दिनों के लिए उसके यहाँ चली आएँ, मगर अज़ीज़न न मानी। सच तो यह है बरसों से वह कहीं नहीं गई थी और अब कहीं और रहना उसके तसव्वुर में ही नहीं आ सकता था।

'अगर मरना ही है तो मैं यहीं अपने घर में मरना चाहूँगी। तुम नाहक घबरा रहे हो। कुछ नहीं होगा,' वह बुदबुदाई, 'तुम लोग सिर्फ़ मेरी बिटिया की शादी मुल्तवी कराना चाहते हो।'

'हवा का रुख देख लीजिए। आज नहीं तो कल गुल का निकाह ज़रूर होगा।'

'साहिल तुम हसीना को क्यों लिये जा रहे हो ?' गुल ने पूछा।

'तुम भी चलो, हसीना के साथ लौट आना।'

'अम्मी हम जाएँ ?' हसीना ने पूछा।

'अभी कैसे जा सकती हो। बीच में प्रोफ़ेसर साहब आ गए तो...'

'हसीना अपना कमरा ठीक कर ले, उसके बाद छोड़ जाऊँगा।' साहिल बोला और ज़ीना उतर गया। हसीना अज़ीज़न बी और गुल से गले मिलकर पीछे-पीछे चल दी।

साहिल और हसीना पहुँचे तो सिद्दीकी साहब बरामदे में आरामकुर्सी पर बैठे मसऊद से बाचतीत कर रहे थे। हसीना को देखते ही सिद्दीकी साहब खड़े हो गए और लतीफ़ की मौत के बारे में तफ़सील से पूछने लगे।

'गुंडों का पता चला ?'

'वह तो मैं चला लूँगा,' मसऊद ने बैठे-बैठे सिगरेट के धुएँ का एक शहतीर सिद्दीकी साहब और हसीना के बीच में स्थापित कर दिया, 'जिसने भी लतीफ़ का कत्ल किया है, वह चन्द रोज़ का मेहमान है।'

सिद्दीकी साहब ने मसऊद का आत्मविश्वास देखकर हामी भरी, 'गुंडों को सज़ा मिलनी ही चाहिए।'

'उन्हें मुनासिब सजा दी जाएगी,' मसऊद ने पैर से सिगरेट कुचलते हुए सिद्दीकी साहब से कहा कि वे पहली फुर्सत में गोरखपुरवाला काम निपटा आएँ।

'मैं तो आजकल फुर्सत में हूँ,' सिद्दीकी साहब ने कहा, 'मैं इसी सिलसिले में बात करने आया हूँ।'

'बात क्या करनी है। मेरी तरफ़ से अभी रवाना हो जाओ, साहिल आपके साथ रहेगा, किसी चीज़

की तकलीफ़ न होगी।'

'मैं तैयार हूँ, जब कहेंगे चल दूँगा।'

'तुम्हें जाना था, तो मुझे क्यों यहाँ ले आए ?'

'यह तुम्हारा घर है,' मसऊद बोला, 'तुम्हें यहाँ कोई कष्ट न होगा।'

'मगर तनहाई में जी घबराता है।'

'शुरू-शुरू में किसी भी नई जगह पर ऐसा ही लगता है, मगर वक्त के साथ-साथ सब ठीक हो जाता है। मेरी माँ इसी शहर में रहती है, घर जाता हूँ तो ज़्यादा तनहा हो जाता हूँ,' मसऊद बोला, 'वक्त आने पर यह इन्तज़ाम भी किया जाएगा कि तुम तनहाई से निकल सको।'

मसऊद की शख्सीयत में एक ऐसा तेवर था जो हसीना से अधिक समय तक बर्दाश्त न होता था। यह आत्मविश्वास तो उसे श्याम बाबू और लक्ष्मीधर के स्वर में भी नज़र न आता था। वह उठकर अपने कमरे की तरफ़ बढ़ गई। उसकी अनुपस्थिति में कमरा सजा दिया गया था। नए काउच आ गए थे और बेडरूम के बीचोबीच नया डबलबेड पड़ा था, हसीना ने गद्‌दों पर बैठकर देखा तो धँसती चली गई। रेशम के बेडकवर पर रंग-बिरंगे फूलों की क्यारी खिली हुई थी।

हसीना मन ही मन भाई की लम्बी उम्र की दुआ की और वार्डरोब खोलकर देखा। उसकी साड़ियाँ करीने से टँगी थीं। वार्डरोब में दो-एक नई साड़ियाँ भी नज़र आईं। हसीना के मन में नई साड़ियाँ देखकर कोई उत्साह नहीं जगा। उसने छूकर भी न देखीं। वह कुछ देर कुर्सी पर चुपचाप बैठी अपनी अम्माँ, अपने बचपन और लतीफ़ की याद करती रही। सहसा वह उठकर खड़ी हो गई। इस बँगले में जहाँ चिरई का पूत भी नज़र नहीं आ रहा, वह अपना समय कैसे काटेगी। साहिल ने बताया था कि वह भी हफ़्ते में दो-एक दिन ही इकबालगंज में रहता है।

'कैसा लगा तुम्हें अपना कमरा ?'

'बेहद खूबसूरत है। मैं कुछ दिनों बाद उमाजी को यहाँ बुलाऊँगी। वे बहुत खुश होंगी।'

'ज़रूर बुलाना, उन लोगों ने तुम्हारा इतना खयाल किया।'

हसीना उमा लोगों के एहसानात के बारे में एक-एक तफ़सील बताने लगी।

'आज रात मैं सिद्‌दीकी साहब के साथ गोरखपुर के लिए रवाना हो जाऊँगा। वहाँ का काम हो गया तो मसऊद साहब मेरी तरक्की कर देंगे।'

'मसऊद साहब हैं कौन ?'

'सब पता चल जाएगा तुम्हें। बड़े-बड़े अफ़सरान और नेता मसऊद साहब के मुलाकाती हैं।'

हसीना की समझ में कुछ भी न आ रहा था। वह साहिल का रुतबा देखकर स्तम्भित थी। उसे एक ही अफ़सोस था, अम्माँ ये सब देखे बग़ैर अल्लाहताला को प्यारी हो गई।

शाम को एक चमचमाती हुई गाड़ी बँगले में घुसी। ड्राइवर ने पुलिस जैसी वर्दी पहनी हुई थी। उसने उतरकर साहिल के लिए दरवाज़ा खोला। साहिल के साथ-साथ सिद्‌दीकी साहब पिछली सीटों पर बैठ गए। हसीना अपने कमरे की खिड़की से देख रही थी। कार की डिक्की में बक्से भरे जा रहे थे। मालूम नहीं ये खूबसूरत पेटियाँ किसके लिए रखी जा रही थीं। मसऊद ने झुककर साहिल से दो-एक मिनट बात की और ड्राइवर ने मसऊद को सेल्यूट मारा और गाड़ी एक झटके के साथ आँखों से ओझल हो गई।

हसीना अपने कमरे से बाहर निकल आई। वह जिस जीप में आई थी, वह अभी तक खड़ी थी।

'मसऊद भाई, हमें अज़ीज़न बी के यहाँ पहुँचा दीजिए।'

'अज़ीज़न बी को यहाँ बुलवा दें ?'

'वह न आएँगी।'

'हम चाह लेंगे तो दौड़ी हुई आएँगी।' मसऊद की आवाज़ में अतिरिक्त आत्मविश्वास देखकर

हसीना फिर भीतर तक हिल गई।

'उन्हें क्यों तकलीफ़ दीजिएगा।' हसीना ने कहा।

'यही हम सोच रहे थे,' मसऊद पृथ्वीराज कपूर के अन्दाज़ में बोला, 'आप अन्दर जाकर आराम कीजिए। किसी चीज़ की ज़रूरत हो तो कमरे में लगी घंटी बजा दीजिए, खानसामा फ़ौरन हाज़िर होगा।'

'कहाँ लगी हैं घंटी ?'

'आपके बिस्तर के पास। आइए दिखाता हूँ।' मसऊद ने हसीना के कन्धे पर हाथ रखा और हसीना के साथ-साथ चल दिया।

कमरे में घुसते ही मसऊद ने घंटी बजाई ! शाकिर अली तुरत आ पहुँचा।

'आप कुछ ठंडा लेंगी या चाय ?'

हसीना को भूख लग आई थी, उसने बहुत संकोच से कहा, 'मुझे तो भूख लग रही है।'

'शाकिर अली, जीप ले जाओ और कबाब लाओ। जितनी तरह के कबाब मिलें।'

'मुझे सिर्फ़ एक कबाब की भूख है।'

'हमें भी भूख लगी है।' मसऊद बोला और शाकिर अली के साथ ही निकल गया। चन्द कदम चलकर ही लौट आया, 'आप इस बीच फिल्म क्यों नहीं देखतीं ?'

'कौन-सी फिल्म ?'

'मेरे पास हर तरह की फिल्में हैं। ये आलमारी में सब वीडियो कैसेट ही नज़र आ रहे हैं। आप मुगलेआज़म देख सकती हैं, जहाँआरा है, पाकीज़ा है। अगर मन बहलाने की तबीयत हो तो कुछ वैसी तस्वीरें भी हैं।'

'वैसी ?'

'हाँ-हाँ, क्यों नहीं। अमरीकी, जापानी, जो आप देखना चाहें, नीचे ड्राअर में उनके कैसेट हैं। मैं आपको कैसेट लगाना और वीडियो चलाना सिखा देता हूँ।'

मसऊद उठा और उसने एक बिलकुल नई फिल्म लगा दी। फिल्म में दिलीप कुमार और सायरा बानो थे। हसीना कुर्सी पर बैठकर फिल्म देखने लगी। जाने से पहले मसऊद एक बार फिर कैसेट बन्द करना और नया कैसेट लगाना सिखा गया।

फिल्म में हसीना का मन नहीं लग रहा था, मगर फिल्म देखने के अलावा उसके पास कोई विकल्प नहीं था। वह यन्त्रवत पिक्चर देखती रही। इसी बीच शाकिर अली एक खूबसूरत ट्रे में बड़ी तश्तरी पर हसीना के लिए तरह-तरह के कबाब रख गया। कबाब बेहद लज़ीज़ थे। हसीना ने सामने मेज़ पर टाँगें फैला लीं और फिल्म देखते हुए बीच-बीच में कबाब खाती रही।

फिल्म में हसीना का मन नहीं लगा तो उसने नीचे ड्राअर से कैसेट निकालकर नया कैसेट लगाया। वह अभी कुर्सी पर जाकर बैठी भी न थी कि स्क्रीन पर एक निर्वसन पुरुष नमूदार हुआ, दूसरी ओर से निर्वसन स्त्री। हसीना ने जल्दी से वीडियो बन्द कर दिया और कैसेट यथास्थान रख दिया। वह कपड़े तब्दील कर अपने बिस्तर पर जा लेटी।

नौ बजे के करीब किवाड़ पर दस्तक हुई। हसीना ने उठकर दरवाज़ा खोला। सामने मसऊद खड़ा था।

'खाना नहीं खाओगी ?'

'कबाब से ही पेट भर गया।'

'कबाब आए तो मुद्दत हो चुकी है।'

'मैं अभी तक खा रही थी।'

हसीना ने देखा, मसऊद की आँखें चढ़ी हुई थीं। वह शायद दही खाकर आया था, ओठों के कोरों पर दही लगी थी।

'मैं अन्दर आ सकता हूँ ?'

'तशरीफ़ लाइए।'

हसीना एक तरफ़ सिमटकर बैठ गई। उसने नाइटी पहनी हुई थी, न जाने किस बेवकूफ़ी में नाइटी पहन ली थी। शायद गुल को देखकर। गुल दिन-भर मैक्सी पहनकर घूमती थी।

'बहुत हसीन लग रही हो।'

'शुक्रिया।'

'मैं एक खास मकसद से तुम्हारे पास आया हूँ।'

'फरमाइए।'

'मैं तुमसे निकाह करना चाहता हूँ।'

हसीना ने सिर झुका लिया। उसे पीड़ा हुई कि उसका जख्म अभी इतना हरा है और इस शख्स को उसकी भावनाओं की कोई कद्र नहीं।

'मैंने साहिल से भी अपनी ख्वाहिश ज़ाहिर की थी। वह तुमसे बात करेगा।' मसऊद ने हाथ बढ़ाकर हसीना को अपनी आगोश में भींच लिया। हसीना छिटककर दूर जा खड़ी हुई और रोने लगी।

'तुम्हारी इन्हीं अदाओं पर मैं फिदा हूँ,' मसऊद बोला, 'वरना मेरे लिए औरत कभी कोई मसला नहीं रही।'

हसीना ने आस्तीन में मुँह छिपा लिया और सिसकियाँ भरने लगी।

रहम करना मसऊद के स्वभाव में नहीं था, मगर उस वक्त वह अचानक मुआफ़ी माँगने लगा। हसीना के पैरों पर गिर पड़ा, 'मुझे मुआफ़ कर दो हसीना। मैंने तुम्हारा दिल दुखाया है। मैं एक कमीना आदमी हूँ। मैं अपनी ही नज़रों में गिर चुका हूँ और आज तुम्हारी नज़रों से भी गिर गया, जबकि मैं तुम्हारी नज़रों में ऊँचा उठना चाहता था।

धीरे-धीरे मसऊद की आवाज़ धीमी होती गई, वह देर तक बुदबुदाता रहा और कुछ ही देर बाद गलीचे पर खुर्राटे भरने लगा। हसीना हतप्रभ रह गई। मसऊद को उठाकर बिस्तर तक ले जाना उसके लिए नामुमकिन था, उसने उसके सिर के नीचे तकिया लगा दिया और चादर ओढ़ा दी।

हसीना बाहर आँगन में आकर कुर्सी पर बैठ गई और अँधेरे में मूक खड़े पेड़ों की तरफ़ देखने लगी। बगल के बँगले से स्टीरियो पर कोई अंग्रेजी का रेकॉर्ड बज रहा था। बीच-बीच में किसी कार का हार्न सुनाई पड़ता और दूसरी तरफ पड़ोस से कहकहे उठ रहे थे। तश्तरियों की खनक सुनाई दे रही थी, शायद वे लोग खाना खा रहे थे। हसीना को मसऊद की शख्सियत से जो डर लग रहा था, वह अचानक गायब हो गया। उसकी समझ में नहीं आ रहा था, वह उस पर क्रोध करे या लाड़। उसे लगा, बाहर से खूँखार दिखनेवाला यह आदमी भीतर से उतना खूँखार नहीं है। उसे हल्की-सी खुशी हो रही थी कि उसने अपने व्यक्तित्व की रक्षा कर ली।

तभी किसी ने बरामदे की बत्ती जला दी। हसीना ने देखा, शाकिर अली आया था।

'साहब कहाँ हैं ? और आप यहाँ क्यों बैठी हैं ?'

'वे अन्दर कालीन पर सो रहे हैं।'

'क्या बताएँ इनका रोज़ का यही हाल रहता है। आज तो ग़नीमत है कि कालीन पर सो रहे हैं, वरना बरामदे में भी सो सकते हैं। खुदा ने सब नियामतें अता की हैं, मगर मैं देख रहा हूँ सूरज ढलते ही इनकी हालत बिड़ने लगती है। आज तीसरा दिन है बगैर खाए ही सो गए हैं। मुझे सिविल लाइंस भेजकर बटर चिकेन मँगवाया। सुबह यही चिकेन कुत्तों को खिला देंगे।'

हसीना को साहिल की चिन्ता हुई, 'क्या साहिल भी इसी अन्दाज़ में जी रहा है ?'

'नहीं बेगम साहिबा ! साहिल भाई ही सारा कारोबार सँभाले हुए हैं।'

'क्या कारोबार कर रहे हैं ये लोग ?'

शाकिर अली ने हाथ जोड़ दिए, 'मैं ठहरा अनपढ़ गँवार, मैं क्या जानूँ ये लोग काहे का कारोबार करते हैं। आपका खाना परोस दूँ ?'

'हमें भूख नहीं है। अभी तुम्हारे कबाब ही हज़्म नहीं हुए हैं।'

'आप चाहे एक फुलका खा लीजिए, वरना मेरी सारी मेहनत बेकार चली जाएगी।'

'ऐसी बात है तो दो कौर खा लूँगी,' हसीना ने पूछा, 'साहिल कब तक लौटेंगे ?'

'उनका कुछ ठीक नहीं रहता। कल भी लौट सकते हैं और हफ़्ते-भर बाद भी। अभी साहब को बिस्तर पर लेटाकर हाज़िर होता हूँ।'

शाकिर अली अपनी बीवी को बुलवा लाया। दोनों ने मिलकर मसऊद को उसके कमरे में लिटा दिया। शाकिर अली की बीवी ने मसऊद की दोनों टाँगें इस बेरहमी से पकड़ी हुई थीं कि लग रहा था, वह किसी आदमी को नहीं स्ट्रेचर को पकड़े हुए है। हसीना ने आगे बढ़कर कमर पर सहारा दिया और मसऊद को उसके बेडरूम तक पहुँचा दिया। बेडरूम में एयर कंडीशनर चल रहा था मगर दीवार पर चारों तरफ़ औरतों की नंगी तस्वीरें लगी थीं। हसीना फौरन कमरे से बाहर निकल आई। उसे लगा, मसऊद कहीं एक बीमार इंसान है !

●●

प्रोफ़ेसर जितेन्द्र मोहन सुबह बाहर धूप में अखबार पढ़ा करता था। यह उसकी पुरानी आदत थी। सुबह-सुबह अपने पड़ोसी शुक्लाजी से उसकी दुआ-सलाम हो जाया करती थी। शुक्लाजी घर के बाहर टहलते हुए देर तक दातौन किया करते थे और अक्सर फेंस के दूसरी तरफ़ से किसी न किसी मसले पर अपने विचार प्रकट किया करते थे।

'सुबह मैं दो काम करता हूँ, दातौन और चिन्तन। कुछ लोग सिगरेट पीते हुए सोचते हैं, मैं दातौन करते हुए।' शुक्लाजी अक्सर कहा करते।

आज शुक्लाजी बहुत तेज़ी से दातौन चबा रहे थे, जैसे कुत्ता हड्डी चबाता है। वे दो-तीन बार फेंस के पास आए और लौट गए। शर्मा से बात नहीं की। आखिर शर्मा ने ही पूछा, 'खैरियत तो है शुक्लाजी ? लगता है आज चिन्तन की प्रक्रिया तेज़ है।'

शुक्लाजी ने खाँसते हुए गला साफ़ किया, ढेर-सा बलगम थूका, 'इस देश में अब हिन्दुओं का कोई भविष्य नहीं। मुसलमानों ने इस बीच कितना पैसा कमाया है, यह कल की नीलामी से स्पष्ट हो गया। ऐन मौके पर नीलामी रद्द न कर दी जाती तो अस्सी प्रतिशत प्लाट मुसलमानों के पास चले गए थे।

'मुसलमानों के पास पैसा कहाँ से आएगा, नौकरियों में उनका प्रतिशत नगण्य है। प्रशासनिक सेवाओं में कितने मुसलमान हैं ? अपने जिले को ही देख लीजिए, कमिश्नर, डी.एम., एस.एस.पी, तमाम हिन्दू हैं। मुस्लिम दारोगा भी आपने ज़्यादा न देखे होंगे।'

'मुसलमान इन सेवाओं में जाना ही नहीं चाहते। वे खाड़ी देशों में जाते हैं और वहाँ से प्रतिवर्ष लाखों रुपए भेजते हैं।'

इससे तो देश में विदेशी मुद्रा ही बढ़ रही है। इस मुद्रा से आप तेल आयात कर सकते हैं, नई औद्योगिक तकनीक का देश में विकास कर सकते हैं, प्रतिरक्षा के लिए अत्याधुनिक साज-सामान खरीद सकते हैं।'

'एक मुस्लिम लौंडिया ने आपका दिमाग विषाक्त कर दिया है। आपको इस बात का कोई अफ़सोस नहीं कि इस्माइलगंज हिन्दू बस्तियों के लिए एक स्थायी खतरा बन जाएगा।'

'शहर में बीस प्रतिशत भी मुसलमान नहीं हैं। न मालूम सुबह-सुबह आपको खतरे का आभास क्यों हो रहा है ?'

'बीस प्रतिशत जनसंख्या अस्सी प्रतिशत पर हावी हो रही है। कौन नहीं जानता, ख्वाज़ा अली बख्श ने प्लाट खरीदने के लिए मुसलमानों के बीच लाखों के ऋण बाँटे हैं। हिन्दू पूँजीपतियों ने हिन्दुओं के लिए क्या किया ?'

'वाह ! बहुत काम किया है। बड़े-बड़े मन्दिर बनवाए हैं, धर्मशालाएँ बनवाई हैं, धर्मार्थ दवाखाने खोले, गरीब छात्रों को छात्रवृत्तियाँ दीं, आपकी विचारधारावाली पार्टियों को चन्दे दिए। आखिर आप उनसे और क्या चाहते हैं ?'

शुक्लाजी लम्बे-लम्बे डग भरते हुए अपने लॉन की लम्बाई-चौड़ाई नापते रहे। कुछ देर बाद फेंस के ऊपर से गर्दन निकालते हुए बोले, 'शर्माजी, मुसलमानों की ये हरकतें शहर में दंगा करा देंगी।

शुक्लाजी मुँह में च्युंगम की तरह दातौन चला रहे थे। शुक्लाजी से बात करके शर्मा को भी दंगा बहुत नज़दीक दिखाई दे रहा था।

शाम को शर्मा घर से निकला तो बग़ल से प्रोफ़ेसर सारस्वत निकल आए, 'आज आप चौक की तरफ़ न जाइएगा। सुनते हैं, चौक में बहुत तनाव है। अभी-अभी मेरी बीवी लौटी है, कह रही थी कि अचानक इतनी भगदड़ मची कि दुकानों के शटर गिर गए हैं। सुनते हैं मुसलमानों ने हिन्दुओं की दूकानें लूट लीं और वे लोग आज रात हिन्दू बस्तियों पर हमला करेंगे।'

प्रोफ़ेसर शर्मा के कदम थम गए, 'लगता है, दंगा होनेवाला है।'

'दंगा अब तक हो चुका होगा,' सारस्वत ने कहा, 'मेरी बीवी बहादुर औरत है, किसी तरह लौट आई। मैंने बीसियों बार समझाया है कि कटरा से ही शॉपिंग किया करे, मगर वह कहती है चौक में सामान सस्ता मिलता है।'

शर्मा अपने कमरे में जाकर बैठ गया। उसकी हिम्मत जवाब दे रही थी। कोई ऐसा दोस्त भी न था जो साथ चलने को तैयार हो जाता। ले-देकर कुलश्रेष्ठ था, वह शर्मा से भी अधिक डरपोक था। कुलश्रेष्ठ शर्मा के प्रेम-प्रसंग से आदि से अन्त तक अवगत था। कुलश्रेष्ठ की पत्नी को पता चला कि शर्मा उसे चौक की तरफ़ ले जाना चाहता है तो वह हाहाकार मचा देगी। शर्मा ने तय किया, वह अकेला ही जाएगा। वह दिल कड़ा करके घर से निकला और रिक्शा स्टैंड की तरफ़ चल दिया।

स्टैंड पर दो-चार रिक्शे खड़े थे। वह एक रिक्शे में बैठ गया और बोला, 'चौक !'

'चौक न चलब।'

'क्यों चौक में क्या है ?'

'हम गांधी चौक जाब।' उसने कहा।

शर्मा उतरकर दूसरे रिक्शे में बैठ गया। एक अन्य रिक्शावाला पास बैठा बीड़ी फूँक रहा था, बोला, 'साहब रिक्शा खाली नहीं है।'

शर्मा ने दो-एक अन्य रिक्शावालों से पूछताछ की। कोई भी चौक की तरफ़ जाने को राज़ी न हुआ। शर्मा ने तय किया वह पैदल ही जाएगा। चौक में उसके विभाग के एक अध्यापक मनमोहन सरन रहते थे, कोई गड़बड़ हुई तो रात उन्हीं के यहाँ रुक जाएगा।

सड़कों पर सन्नाटा था। खूबसूरत चाँदनी रात थी। आसमान पर चाँद तैरते हुए पेड़ों के भीतर से आँखमिचौनी कर रहा था। सड़कों पर दूधिया चाँदनी फैली थी। चौराहे पर पुलिस की एक टुकड़ी बैठी थी। शर्मा आश्वस्त हुआ, उन लोगों के बग़ल से गुज़रते हुए बोला, 'आज चौक के लिए कोई रिक्शा ही नहीं मिल रहा।'

'सब ठीक है। आप चलते जाइए। दोपहर में कुछ बदमाशों ने भगदड़ मचाई थी। कोई दुर्घटना नहीं हुई।'

शर्मा आश्वस्त हुआ। मगर आगे एक फर्लांग का रास्ता सुनसान था। सामान्य दिनों में भी यहाँ 'चेन स्नैचिंग' और लूट की घटनाएँ होती थीं। यह सोचकर कि कुछ ही फासले पर पुलिस की टुकड़ी तैनात है, वह आसमान की तरफ़ देखते हुए आगे बढ़ता गया। दोनों तरफ़ घने पेड़ थे। पेड़ों में कुछ सरसराहट हुई तो शर्मा दौड़ने लगा। पुलिस की सीटी शान्त वातावरण में गूँज गई। शर्मा सड़क के बीचोबीच खड़ा हो गया। न जाने एक पुलिस का सिपाही कहाँ से नमूदार हुआ और उसे कलाई से पकड़ लिया, 'कौन हो तुम ?'

'विश्वविद्यालय में अध्यापक हूँ। ज़रूरी काम से चौक जा रहा था। कोई रिक्शा नहीं मिला।'

सिपाही को विश्वास न हुआ, बोला, 'मेरे साथ थाने चलिए। आप दौड़ क्यों रहे थे ?'

'पेड़ों में सरसराहट हुई तो डर गया।'

सिपाही ने टॉर्च की रोशनी चारों तरफ़ घुमा दी। पेड़ शान्त थे। पत्तियाँ शान्त थीं। कहीं कोई हलचल न थी। पूरा वातावरण एक नवविवाहिता की तरह जैसे आत्मसमर्पण की चिर प्रतीक्षा की घड़ियाँ गिन रहा था।

'आपको थाने तक चलना होगा।'

'चलिए, कौन से थाने चलिएगा ?'

'कैन्टूनमेंट।' सिपाही ने कहा और उसकी कलाई पकड़ ली।

शर्मा कलाई पर से सिपाही का हाथ झटक देता कि सिपाही ने खुद ही कलाई छोड़ दी। उसके कन्धे पर बन्दूक लटक रही थी। शायद बन्दूक थामने से चलने में दिक्कत हो रही थी।

शर्मा चुपचाप उसके साथ चलता रहा। उसे अनायास ही पुलिस का संरक्षण प्राप्त हो गया था। वह चाहता था, सिपाही इसी प्रकार उसके साथ चलता रहे।

'आज सड़कें इतनी सुनसान क्यों हैं ?' शर्मा ने पूछा।

'थाने पहुँचकर बताऊँगा।' सिपाही बोला।

'अभी बताने से क्या हो जाएगा ?' शर्मा ने लापरवाही से पूछा। उसकी आवाज़ में लापरवाही के भाव देखकर सिपाही को शक हुआ कि हो न हो इस आदमी के पास ज़रूर कोई हथियार है।

'रुकिए। पहले तलाशी लूँगा।' सिपाही ने कहा।

शर्मा ने दोनों हाथ ऊपर उठा दिए। सिपाही उसकी कमर वगैरह टटोलकर आश्वस्त हो गया तो बोला, 'चौक आप क्या करने जा रहे हैं ?'

'एक ज़रूरी काम से जा रहा हूँ। कितना अच्छा हो आप छोड़ आएँ या अपने प्रभाव से एक रिक्शा ठीक कर दें।'

सिपाही ने शर्मा की बात का जवाब नहीं दिया। कुछ दूर तक चुपचाप उसके साथ चलता रहा, पूछा, 'आपके पास सिगरेट है ?'

'आप सिगरेट पिएँगे ?' शर्मा ने पैकेट और माचिस उसे थमा दी, 'मैं सिगरेट नहीं पीता। आज रास्ता काटने के लिए ले लिये थे।'

सिपाही ने सिगरेट सुलगाया। मन्दिर के पास दो रिक्शे खड़े थे। उसने वहीं से सीटी बजाई। दोनों रिक्शावाले सहमकर खड़े हो गए।

'साहब को चौक तक छोड़ जाओ,' सिपाही ने कहा और प्रोफ़ेसर की पीठ थपथपा दी, 'गुस्ताखी मुआफ़ कीजिएगा। मगर हमारी ड्यूटी ही ऐसी है।'

रिक्शा चौक की तरफ़ चल पड़ा तो शर्मा ने राहत की साँस ली। ज्यों-ज्यों चौक निकट आ रहा था, जीवन सामान्य होता जा रहा था। ठीक चौक में तो जैसे कोई तनाव ही नहीं था। शर्मा ने रिक्शा अज़ीज़न के घर तक ले जाना उचित समझा। सड़क पर हार-गजरे और खजूर बिक रहे थे। लोगबाग हलवाइयों के पटरों पर बैठे इत्मीनान से मलाई खा रहे थे। पुलिस बन्दोबस्त कुछ अधिक था, मगर लोग सामान्य रूप से टहल रहे थे। रोज़ की तरह घंटियाँ टनटनाते रिक्शे आ-जा रहे थे।

गली के बाहर ही उसे नफ़ीस दिख गया। नफ़ीस रिक्शा के साथ-साथ तेज़ कदम बढ़ाता हुआ चलने लगा। शर्मा ने रिक्शा वहीं छोड़ दिया।

दो साए चिलमन से सड़क की तरफ़ झाँक रहे थे। शर्मा की इच्छा हुई, बच्चों की तरह भागकर ज़ीना चढ़ जाए और गुल को अपने कलेजे से सटा ले। चाँदनी रात में चिकों के साए सामने की इमारत पर एक सुन्दर कलाकृति-से चित्रित हो गए थे।

प्रोफ़ेसर को देखते ही अज़ीज़न ने उसे आगोश में ले लिया, 'मैं तब से आपकी इन्तज़ार में छज्जे पर खड़ी हूँ। नफ़ीस को बहुत डाँटा कि वह साथ लेकर क्यों नहीं आया।'

'पैदल आ रहा हूँ। आज कोई रिक्शा ही चौक की तरफ़ आने को तैयार न था।'

'इसी से मुझे चिन्ता हो रही थी,' अज़ीज़न ने पूछा, 'शहर में क्या सचमुच तनाव है ?'

'शहर में तो उतना तनाव नज़र न आया, मगर शहर के बाहर बेहद तनाव है। जगह-जगह पुलिस तैनात है। बीच में तो एक सिपाही मुझे थाने ले जा रहा था।'

'हालत ठीक नहीं है।'

'अफ़वाहों का बाजार गरम है। जगह-जगह अजनबी लोग ढाबों पर लोगों को उत्तेजित कर रहे हैं।'

'यहाँ भी यही हाल है। अभी कुछ देर पहले उस्मान भाई ने उड़ा दिया कि रात बारह बजे हिन्दू हमला करेंगे। अभी मुहल्लेवालों की मीटिंग हो रही है कि कौन लोग रात-भर पहरा देंगे। हफ़्ते-भर की ड्यूटियाँ आज तय हो जाएँगी। हर आदमी चाहता है नफ़ीस के साथ ड्यूटी करना। वह भी आखिर इंसान है। एक दिन दो दिन पहरा दे देगा। रोज़ तो मुमकिन नहीं।'

गुल चाय बना लाई। शर्मा ने नज़र उठाकर उसकी तरफ़ देखा। अज़ीज़न बी 'अभी आती हूँ।' कहते हुए दूसरे कमरे में चली गई।

'आपके बिखरे-बिखरे बाल बेहद अच्छे लग रहे हैं,' वह बोली, 'आपको देखकर जान में जान आई। आप न आते तो अम्माँ का तो हार्ट फ़ेल हो जाता।'

'और तुम्हारा ?'

'मेरा तो फेल हो चुका है।' गुल ने कहा।

शर्मा को अपने माँ-बाप के व्यवहार से क्षोभ हो रहा था। कम से कम देख तो लेते लड़की कितनी प्यारी है।

'अगर रास्ते में मेरा कत्ल हो जाता ?'

'नहीं हो सकता था। कभी नहीं हो सकता। जिस शख्स को कोई इतनी शिद्दत से चाहे, उसका कत्ल नहीं हो सकता।'

शर्मा को गुल पर लाड़ आ गया। उसने जल्दी से एक हवाई चुम्बन लिया। वह रास्ते का पूरा तनाव भूल गया। उसकी शिराओं में रक्त की गति तेज़ होने लगी।

'मेरे लिए एक-एक दिन भारी पड़ रहा है।'

'मेरे लिए एक-एक घड़ी,' गुल ने कहा, 'मगर लग रहा है शादी मुल्तवी होगी।'

शर्मा ने एक लम्बी आह भरी। उसने ऊपर से नीचे तक गुल की तरफ़ देखा। ऊपर से नीचे तक, दाएँ से बाएँ तक, जहाँ तक भी गुल का वजूद था, शर्मा का वजूद उतने हिस्से में सिमट गया। उसे लग रहा था, उसी के बदन का एक हिस्सा उससे कटकर अलग खड़ा है।

तभी अज़ीज़न पान चबाते हुए कमरे में दाखिल हुई। इस बीच वह साड़ी तब्दील कर आई थी। हल्का-सा मेकअप भी नज़र आ रहा था। शर्मा ने अज़ीज़न की तरफ़ देखा तो झेंप गया। गुल ने कहा, 'अम्माँ यह होंठ क्यों रँग लिये हैं ?'

'हम अपने बेटे को बताएँगे। बरसों से इसी तरह तैयार होती आई हूँ। शाम घिरते ही नहाने की इच्छा होती है। नहा लेती हूँ तो गाने की।'

'अच्छा, बहुत हुआ अम्मा। मुझे तो सजने से इतनी नफ़रत है कि कभी लिपस्टिक न लगाऊँगी।'

'तुम्हारे होंठों की रंगत देखकर कम्पनियाँ लिपस्टिक बनाएँगी।' अज़ीज़न ने कहा।

गुल को यह बात भी नागवार गुज़री। उसने कहा, 'अम्माँ सोचती है, दुनिया में उनकी बिटिया से सुन्दर कुछ नहीं।'

'अम्माँ ठीक सोचती है,' शर्मा कहना चाहता था, मगर उसने कहा, 'तुम जैसी हो। मैं तुम्हें इसी शक्ल में देखना चाहता हूँ।'

'लोग तो शादी मुल्तवी करने को कह रहे हैं।' अज़ीज़न ने कहा।

'शादी मुल्तवी नहीं होगी ज़्यादा से ज़्यादा यह हो सकता है कि हम लोग कचहरी में जाकर शादी कर लें या मैरिज आफ़िसर को बुलाकर शादी कर लें।'

'कोर्ट-कचहरी मैं नहीं जाऊँगी। न ही कोई अफ़सर आएगा। गुल मेरी बिटिया है। मेरी मर्ज़ी से शादी होगी।' अज़ीज़न ने कहा। शर्मा निरुत्तर हो गया। उसके पिता ने यह बात कही होती तो फौरन प्रतिवाद कर देता। गुल की अम्माँ बोल रही थी। वह चुप रहा। कुछ देर बाद बोला, 'मुझे डर लग रहा है कि कहीं आप शादी मुल्तवी करने तो नहीं जा रहीं ?'

'गुल तुम जाओ। हम तन्हाई में बात करेंगे,' गुल वहाँ से अप्रकट हो गई तो अज़ीज़न ने कहा, 'शादी तो मुल्तवी होगी ही। हालात ऐसे हैं।'

शर्मा निढाल हो गया। अज़ीज़न परेशान।

'मगर मैं कोर्ट कचहरी न जाऊँगी। यह तय है। मेरी आखिरी तमन्ना है कि इस गली में एक दिन बारात आए। इस गली में सदियों से बारात नहीं आई। ऐन मौके पर हालात संगीन हो गए। दिन-भर यही सब सोचती रहती हूँ। अब इस नतीजे पर पहुँची हूँ कि शादी मुल्तवी करना ही बेहतर है।'

'अच्छा मैं जाता हूँ। हो सकता है, बाद में रिक्शा न मिले।' शर्मा बेहद निढाल हो रहा था। अब उसे कई रोज़ तक तनाव में जीना होगा।

'आज आप यहीं रह जाइए। मैं जाने भी न दूँगी। रात को हमला हुआ तो आप बचा ही लेंगे।'

'मुझे जाना होगा। हालात ठीक हो जाएँ तो दोबारा आऊँगा।' शर्मा ने कहा। उसका मन उखड़ रहा था। सामने गुल खड़ी थी। काले गरारे में वह एक परी लग रही थी। शर्मा अपलक उसकी तरफ़ देख रहा था।

शर्मा ने हाथ हिलाया और 'खुदा हाफ़िज़' कहकर ज़ीने की तरफ़ बढ़ गया। मगर तभी गली में लोगों के भागने की आवाज़ आई ! गुल और अज़ीज़न बारज़े की तरफ़ दौड़ीं। शर्मा ने सुना कि चौक में भयंकर आग लगी है तो बजाए नीचे उतरने के जायज़ा लेने ऊपर छत पर चढ़ गया। कुछ देर बाद सुनने में आया कि हौली में कोई वारदात हो गई है।

दरअसल हौली में ऐसी घटनाएँ रोज़ ही होती थीं। गाली-गलौज, मार-पीट और कभी-कभार छुरेबाजी भी। दो-चार लोग आपस में लड़ते-झगड़ते रहते और हौली के अन्दर का माहौल जस का तस बना रहता।

'साले ज्यादा पी गए हैं।' कोई कहता और अंडा छीलने लगता।

'कोई नया मुसलमान है।' सुनाई देता और शराबी गिलास के अन्दर गिरा मच्छर निकालकर फेंक

देता।

मगर आज की घटना विचित्र थी। दो अजनबी बहुत देर से साथ-साथ पी रहे थे। लगता था, वे लोग इस हौली में नए थे, क्योंकि किसी बैरे का नाम या किसी पैग का दाम उन्हें मालूम नहीं था। उन्हें किसी चीज़ की ज़रूरत महसूस होती तो वे मेज़ थपथपाते या उठकर खुद ही बाहर से सिगरेट खरीद लाते। दोनों के हुलिए से यह भी नहीं जाना जा सकता था कि वे किस सम्प्रदाय के हैं।

एक आदमी सिगरेट लेने बाहर गया तो उसने हौली के बाहर एक सन्तरी को ऊँघते हुए देखा।

'दारोगाजी सिगरेट नोश फरमाइए,' उसने कहा, 'आपकी भी ड्यूटी कैसी-कैसी जगह लग जाती है।'

दारोगा को ऊँघाई आ रही थी। उसने सिगरेट लिया। उसी आदमी ने तत्परता से सुलगा भी दिया।

अन्दर आकर कुछ देर बाद उसने अपने साथी के कान में कुछ कहा और अचानक उसका गिरेबान पकड़ लिया। दूसरे हाथ से उसकी गर्दन पर दो-चार झापड़ रसीद कर दिए।

'कुछ मज़ा नहीं आया।' पास की मेज़ से एक आवाज़ आई।

अब पिटनेवाले ने दूसरे आदमी के बाल पकड़ लिये और तड़-तड़ पीटने लगा। हौली में शराबियों की दिलचस्पी और बढ़ी।

'हैं तो बराबर के, मगर दूसरा कुछ दब रहा है।'

'उसकी शराब पिए होगा।'

'तेरी माँ की...' दूसरे को भी जोश आ गया। उसने अधभरा गिलास उठाया और पिलानेवाले के ऊपर फैला दिया।

हौली में अब भी विशेष उत्साह न आया था। दारोगाजी ने बाहर से अन्दर झाँककर देखा मगर दखल देने लायक उन्हें वहाँ कुछ न लगा और वे सर पर हाथ फेरते हुए दोबारा स्टूल पर जा बैठे।

हौली के प्रबन्धक लोग भी ज्यादा चिन्तित न हुए थे। हौली की अधिकांश कुर्सियाँ और मेज़ ऐसे बहुत से हादसात में लँगड़े हो चुके थे।

इतने में दो छुरे हौली के नीम अँधेरे में चमके और घुप्प। दोनों अजनबियों ने रामपुरी छुरे निकाल लिये थे। लगभग एक ही समय घुप्प से दोनों के पेट में छुरे घुस गए। 'हाय अल्लाह', 'हाय ईश्वर' ये दोनों आवाजें साथ-साथ उठीं और दोनों शराबी लँगड़ाते हुए दो अलग-अलग दिशाओं में दौड़ गए।

एक हिन्दू आबादी की तरफ़ भाग रहा था। दूसरा मुस्लिम आबादी की तरफ़। दोनों आबादियों के ठीक बीच यह हौली थी। दोनों लोगों को अपने-अपने गन्तव्य तक पहुँचने में लगभग एक-सा समय लगा होगा।

देखते-देखते दोनों आबादियों में भगदड़ मच गई। दुकानें बन्द होने का ही समय था। मगर जब लोगों ने 'हाय अल्लाह' और 'हाय ईश्वर' की आवाज़ें सुनीं तो दुकानों के शटर जल्दी-जल्दी गिरा गिए। उसी समय एक तरफ़ से 'अल्लाह हो अकबर' और दूसरी तरफ़ से 'हर हर महादेव' की आवाज़ें बुलन्द होने लगीं जैसे रिहर्सल के बाद यकायक नाटक शुरू हो गया हो। यह सब कुछ इतनी जल्दी हुआ था कि लोगों की समझ में कुछ नहीं आ रहा था। लोग अपने-अपने घरों की तरफ़ भाग रहे थे। भीड़ में स्कूटर, रिक्शा, साइकिल एक दूसरे को रौंदते-टकराते भागने लगे। बाज़ार बन्द हो जाने से एकाएक अँधेरा हो गया। थोड़ी देर में सड़क की बत्ती भी किसी ने काट दी। अँधेरे में पुलिस की सीटियाँ बजने लगीं। मगर अँधेरा ज़्यादा देर तक नहीं रहा। थोड़ी देर में दो अलग-अलग दिशाओं में दो ऊँची इमारतें जलने लगीं।

मगर हौली शान्त थी। दारोगाजी इत्मीनान से बैठे पान की जुगाली कर रहे थे। सब लोगों का यही ख़याल था कि दो बदमाश शराब का पैसा मारने की नीयत से झगड़ने का नाटक करके चम्पत हो गए हैं।

'मगर यहाँ तो खून भी बहा है।'

'कोई नहीं जानता, यह बकरे का खून है या इंसान का।'

'मगर मैंने तो खुद दोनों को खून से लथपथ देखा।'

'हो सकता है, सालों ने गुब्बारों में खून भरके पेट पर बाँध रखा हो,' एक शराबी ने कहा, 'छुरेबाज़ी हुई होती तो दोनों इस तरह गायब न हो जाते।'

हौली के सामने से लोगों को इस तरह भागते देखकर दारोगाजी ने एक आदमी को रोका और पूछा, 'भाई क्या हो गया है। यह भगदड़ क्यों मची है ?'

'दंगा हो गया है सन्तरीजी,' एक रिक्शावाला बोला, 'उधर चौक की तरफ़ कर्फ्यू लग गया है।'

सन्तरीजी की समझ में कुछ न आया। दो अलग-अलग बस्तियों की ऊँची इमारतों से आग की गहरी सुर्ख़ लपटें देखकर बाजार खाली हो गए थे। लोगबाग अपने-अपने घरों की छतों पर चढ़ गए थे और दहशत के बीच शहर को दो तरफ़ से घेरनेवाली आग की तरफ़ लाचारी से देख रहे थे। जिन लोगों के घर के सदस्य अभी तक नहीं लौटे थे, वे खौफज़दा-से दूर सुनसान सड़कों की तरफ़ टकटकी लगाकर देख रहे थे। दूर से चारों तरफ़ मुनादी की आवाज़ गूँज रही थी, जो थोड़ी देर बाद इकबालगंज में स्पष्ट सुनाई देने लगी : साहेबान ! शहर में दंगा होने के कारण सुबह सात बजे तक कर्फ्यू लगा दिया गया है। अगर किसी फ़र्द को किसी ज़रूरी काम से निकलना हो तो उसे पहले कोतवाली जाकर पास बनवाना होगा। इस आज्ञा का उल्लंघन करनेवाले को गिरफ्तार कर लिया जाएगा।

शहर को जैसे पाला मार गया। चारों तरफ़ पुलिस के जवान थे, पी.ए.सी. के जवान थे, बी.एस.एफ. के जवान थे। ये जवान हर गली और बाजार में टिड्डियों की तरह छा गए थे। शहर में सिर्फ़ पुलिस की जीपें दौड़ रही थीं, पुलिस के घुड़सवार जवान दौड़ रहे थे, फायर बिग्रेड की घंटियाँ और पुलिस की सीटी सुनाई दे रही थी। लोगों ने जल्दी-जल्दी अपने-अपने रेडियो खोल दिए थे। खबरें आने में अभी देर थी। लता मंगेशकर हर मुहल्ले में गा रही थी :

बिन्दिया चमकेगी।

शर्मा ने देखा, पूरा शहर छतों पर नज़र आ रहा था। शहर की कई इमारतों से आग की लपलपाती लपटें उठ रही थीं। कहीं गोली चल रही थी कहीं बम फट रहे थे।

चारों तरफ़ खुशनुमा चाँदनी फैली थी। ऐसी खूबसूरत रात में चारों तरफ़ सन्नाटा खिंचा था। 'हर हर महादेव' और 'अल्लाह हो अकबर' के स्वर हवा के झोंकों के साथ शहर के मुँडेरों के ऊपर उन्हें चूमते हुए निकल जाते।

छत पर जाकर शर्मा की सिगरेट पीने की इच्छा हुई। ज्यों ही उसने सिगरेट मुँह में दबाकर माचिस जलाई, एक गोली उसके सीने के आरपार निकल गई। दूसरी गोली कील की तरह ठीक उसके माथे पर ठुक गई। प्रोफ़ेसर शर्मा लड़खड़ाकर वहीं गिर गया।

किसी ने झुककर प्रोफ़ेसर के हाथ से सिगरेट उठाया, सुलगाया और धीरे से छत का दरवाज़ा बन्द करके नीचे उतर गया।

गोली की आवाज सुनकर अज़ीज़न और हसीना छत की तरफ़ लपकीं मगर सामने नफ़ीस को इत्मीनान से सिगरेट फूँकते देखकर आश्वस्त हो गईं।

'प्रोफ़ेसर साहब कहाँ हैं ?'

नफ़ीस ने गली की तरफ़ उतरनेवाले ज़ीने की ओर इशारा किया और नृत्य की मुद्रा में बताया, शायद भाग खड़े हुए।

'नहीं नहीं, यह नहीं हो सकता !' गुल बोली।

नफ़ीस ने ग़र्दन हिलाई और संकेत से बताया कि-पुलिस की जीप में गए हैं। माँ-बेटी ने राहत की साँस ली। हो सकता है कोई परिचित अफ़सर मिल गया हो।

कर्फ़्यू की रात बहुत डरावनी रात होती है। अमावस्या की रात से भी अधिक काली, जिसमें साम्प्रदायिकता के सियार रात-भर रोते हैं। इस अँधेरी रात में कहीं बम फटता है, कहीं गोलियों की तड़तड़ सुनाई देती है, कहीं 'हर हर महादेव' और 'अल्लाह हो अकबर' के नारों के बीच अचानक किसी इमारत से आग की लपटें आसमान छूने लगती हैं। शहर सहम जाता है। बन्द दरवाज़ों के अन्दर से देखा और सुना जा सकता है, सड़क पर घुड़सवार पुलिस गश्त लगा रही है।

इस गली का माहौल भी भिन्न नहीं था। लोग डरे हुए कबूतरों की तरह अपने-अपने घर में दुबके थे। लग रहा था, 'हर हर महादेव' के नारे प्रतिक्षण नज़दीक आ रहे हैं, मगर पास ही कहीं से उठता 'अल्लाह हो अकबर' का नारा आश्वस्त कर जाता।

इस दहशत और सन्नाटे के बीच हजरी बी की निर्भीक गालियाँ दूर-दूर तक पूरे मुहल्ले में सुनाई दे रही थीं ! वह पंडित की कोठरी में अड्डा जमाए थी। क्र्फ़्यू लगने के घंटे-आध घंटे के बीच गली के तमाम लोग लौट आए थे, मगर पंडित शिवनारायण नहीं लौटा था। अब तक आधी से ज्यादा रात बीत चुकी थी।

आज सुबह ही पंडित अपने किसी यजमान के यहाँ से अँगोछे में जरूरत से ज़्यादा मिठाई बटोर लाया था। पंडिताइन ने एक सेठाइन की तरह बड़े बड़प्पन से हजरी को इतना सामान दे दिया था कि वह दिन-भर केले, अमरूद, बताशे और लइया बाँटती रही थी। इमामबाड़े जाकर उसने फ़कीरों के बीच खूब सामान बाँटा था।

पंडिताइन बच्ची को चिपकाए, बिस्तर पर लेटी थी कि मालूम हुआ, शहर में दंगा हो गया। वह भागी-भागी हजरी बी के यहाँ पहुँची। यह जानकर कि पंडित अभी नहीं लौटा, हजरी का माथा ठनका।

'सुनते हैं हौली में दो शराबियों में छुरेबाजी हो गई और अब दोनों फिरके एक दूसरे को ललकार रहे हैं। मैं तो कल से सुन रही थी कि शहर में अजनबी लोग घूम रहे हैं। अजनबी लोग शहर में दिखाई दें तो समझ लेना चाहिए कोई आफ़त आनेवाली है।'

ताहिर ने कर्फ़्यू के कारण अहाते में अपना ठेला खड़ा किया था। वह मूँगफली चबाते हुए बोला, 'हजरी बी, बाहर से गुंडों का एक ट्रक आया है और सुना जा रहा है, एक-एक मुसलमान को खत्म कर डालेंगे। एक लौंडा मुझे चाकू दिखा रहा था, मैं ठेला लेकर भाग निकला।'

'पंडितजी की खबर लो भैया। वह जाने किस मुसीबत में हैं।'

'अपनी कोठरी में लेटा होगा। उसकी ड्यूटी तो शहर के बाहर है। वहाँ दंगे का कोई आसार नहीं।'

'मुसलमान भी तो कम बकवास नहीं करते' हजरी बी बोली, 'वह उस्मान की औलाद कई दिनों से चिल्ला रहा है कि एक-एक हिन्दू को काट डालेंगे। पंडिताइन तुम घबराओ नहीं। मैं सब सँभाल लूँगी। अल्लाह मियाँ ऊपर से सब देखा करते हैं। पंडित तो मेरा बेटा है। जाड़े में कह रहा था, एक बार पलामेंट हो जाऊँ तो तुम्हें गर्म मोजे लाकर दूँगा।'

पंडिताइन भूख से पहले ही निढाल हो रही थी। वह पंडित का इन्तज़ार करते-करते लेट गई थी, पंडित कुछ लाए तो खाना पकाए। हजरी की बात सुनकर उसका सर घूमने लगा।

'इन उल्लू के पट्ठों को कैसे समझाऊँ गरीबों की एक ही बिरादरी होती है। पिछली बार कर्फ़्यू लगा था कि चार ही दिन में नानी याद आ गई थी। गुलाब देई का खोमचा नहीं लगा, बच्चे के साथ भूखी-प्यासी पड़ी रही और वह गुब्बारे बेचनेवाला गफ़ूर तो ऐसा खटिया पर पड़ा कि फिर कभी नहीं उठा।'

पंडिताइन दीवार के सहारे बैठी थी, देखते-देखते उसकी गर्दन वहीं एक ओर लुढ़क गई। हजरी बी अपनी धुन में बोले जा रही थी, 'मरता गरीब ही है, वह हिन्दू हो या मुसलमान ! आज तो मुसलमान इतना तैश दिखा रहे हैं, कल दीवाली आने पर यही पटाखे बेचेंगे और होली आने पर पिचकारियाँ बनाएँगे और रंग बेचेंगे। भला पूछो इनसे, अल्लाह मियाँ की आँखों में भी कहीं धूल झोंकी जा सकती है। बहू, वे लोग इसे फसाद कहते हैं, मैं कहती हूँ यह गरीबों को गरीबों से लड़ाने की साजिश है। हाय अल्लाह, इस जहाँ में मेरी कोई नहीं सुनता। लोग कहते हैं, हजरी बी का दिमाग फिर गया है।'

हजरी बड़े प्यार से पंडिताइन को सहलाने लगी, 'तुम घबराओ नहीं, बेटी ! ये लौंडे कभी-कभी मुझे चिढ़ाने की गर्ज से भी झूठ बका करते हैं। पंडितजी सुबह तक ज़रूर लौट आएँगे।'

पंडिताइन को छूते ही हजरी बी की चीख निकल गई। पंडिताइन नीचे लुढ़क गई थी और उसके मुँह से फेन बह रहा था।

हजरी बी वहीं बैठे-बैठे स्यापा करने लगी। देखते ही देखते हाते-भर की स्त्रियों की भीड़ इकट्ठी हो गई।

'मेरी जुबान हींच लो ! मुझे मार डालो ! अल्लाह मियाँ, मेरी आखिरी फरियाद सुन लो ! मुझे जिन्दा निगल जाओ ! मेरी जुबान ने मुझे कहीं का न छोड़ा ! मैं आज नमाज़ पढ़ना भूल गई थी ! मुझे और सख्त सज़ा दो...'

बहुत पास से पुलिस की सीटी की आवाज़ सुनाई देती तो वातावरण में और दहशत फैल जाती। हजरी बी की कोठरी में औरतों का जमघट लग गया था। कोई पंडिताइन के पैरों की मालिश कर रही थी, तो कोई पंडिताइन के मुँह पर पानी के छींटे मार रही थी। गली में कभी कर्फ्यू की मुनादी करनेवाली जीप दौड़ रही थी और कभी आग बुझानेवाला इंजन घंटी बजाते हुए इधर से उधर धड़धड़ाता हुआ भाग रहा था।

पंडिताइन की आँखें खुलीं, तो बुर्के पहने बहुत सी औरतें उसे घेरे थीं। एक औरत ने बच्ची को अपने सीने से चिपका रखा था। हजरी बी एक कोने में तीनों नमाजें एक साथ पढ़ने लगी।

'यहाँ शोर क्यों हो रहा है ?' एक दारोगा और तीन-चार सिपाही कन्धों पर बन्दूकें लटकाए अहाते में घुस आए। ताहिर अपने ठेले के नीचे छिप गया।

हजरी बी ने नमाज से उठते ही दारोगा को ललकारा, 'कौन हो जी तुम ?'

'देख नहीं रही बुढ़िया। सारा मुहल्ला तुम्हीं ने सर पर उठा रखा है।'

'हाँ-हाँ, मैंने ही उठा रखा है। तुम कैसे दारोगा हो जी, जो तुम्हारे रहते शहर में आग लग जाए, दंगा हो जाए।'

'ऐ बदतमीज़ बुढ़िया, जुबान सँभालकर बोल।' दारोगाजी ने धमकी दी।

'जा जा, बड़ा आया मेरी ज़ुबान रोकनेवाला। जा, खैरियत चाहता है तो यहाँ से चला जा।'

'चुप करती है कि लगाऊँ दो झापड़।'

'पंडित को ला दो, चुपकर जाऊँगी,' हजरी ने कहा, 'देख रहे हो पंडिताइन की हालत ? सुबह से पंडित की इन्तज़ार में भूखी पड़ी है। तुम लोग तो बेरहम हो। जाओ, यहाँ की फ़िज़ा खराब न करो। चलते नज़र आओ, वरना मुझसे बुरा कोई न होगा। जाओ जाकर पंडितजी की खोज-खबर लो।'

'बहुत सिर कटे हैं आज। सुबह शिनाख्त कर लेना।' दारोगा बोला।

'हरामज़ादे ! ज़ुबान सँभालकर लफ़्ज निकाल,' हजरी बी ने पत्थर उठा लिया, 'अभी सिर फोड़ दूँगी अगर बुरी बात मुँह से निकाली।'

दारोगाजी आहत हो गए ! उन्होंने बन्दूक में कारतूस भरा और हजरी बी के सीने पर बन्दूक तान दी।

'ज़्यादा बकवास की तो अभी उड़ा दूँगा।'

'हिम्मत हो तो उड़ा दे। उड़ा दे अगर हिम्मत है।'

दो सिपाही आगे बढ़े और हजरी बी की कलाइयाँ थाम लीं, 'उठो, चलो थाने, वहीं जाकर तुम्हारा इलाज होगा।'

हजरी बी ने कलाइयाँ छुड़ाने के लिए बहुत संघर्ष किया, मगर कलाइयाँ बूढ़ी हो चुकी थीं। वह ज़मीन पर लेट गई और सिपाहियों पर गालियों की बौछार करती रही। वे लोग उसे मरे हुए कुत्ते की तरह घसीटते हुए थाने की तरफ़ ले चले। पूरा मुहल्ला हजरी की आवाज सुन रहा था, मगर दहशत के मारे उसके लिए कोई खिड़की, कोई दरवाज़ा न खुला।

दरअसल पिछले दंगे में गश्त करती पुलिस की टुकड़ी पर किसी ने ढेला फेंक दिया था, जवाब में पुलिस ने गोली चला दी। ढेला फेंकनेवाला तो छतें फलाँगता हुआ भाग निकला मगर पुलिस की गोली से घर के एक नौजवान लड़के को जान से हाथ धोना पड़ा, जो आँगन में बैठा बीड़ी बना रहा था। महीने-भर के भीतर उस घर के तमाम सदस्य झूठे मुकदमों में फँस गए।

'सालो ! ये शैतान तुम्हारी हजरी बी को घसीटते हुए ले जा रहे हैं। न करो मदद, मगर अपनी हजरी को देख-भर लो।'

हजरी का पक्ष लेने कोई बाहर नहीं निकला। लोग झिरी में से हजरी की दुर्दशा देख रहे थे।

हजरी सिद्दीकी साहब के चबूतरे तक पहुँची तो सिद्दीकी साहब को गाली बकने लगी, 'लानत है तुम्हारी नेतागिरी पर। कहाँ दुबके पड़े हो नेता की औलाद ! बाहर आ, तेरे चेहरे पर थोड़ी-सी कालिख पोत दूँ। नेता है तो दरवाज़े क्यों बन्द कर रखे हैं। ऐ नेता ! बाहर निकल, तेरी मैया को देखूँ।'

सिपाहियों ने हजरी की कलाइयों पर गिरफ़्त ढीली कर दी थी। हजरी बी नेताओं को धुआँधार गालियाँ दे रही थी। पुलिसकर्मियों को आनन्द आ रहा था। सिगरेट पीने के बहाने उन्होंने हजरी को कुछ क्षण खुला छोड़ दिया।

'साले डूब मरो चुल्लू-भर पानी में। नेता बनता है। तुमसे बाहर आके माँ को कुत्तों की चंगुल से नहीं छुड़ाए बन रहा। अब तूने कभी शकल दिखाई तो नोच डालूँगी। तुम्हारी नेतागिरी तुम्हारी ही डाँग में घुसेड़ दूँगी। तुमने हजरी बी का कमाल नहीं देखा। थू है तुम पर। थू है। थू है।'

एक गुस्ताख़ सिपाही ने यह सोचकर हजरी बी की कमर पर डंडा जड़ दिया कि कहीं नेताजी सुन न रहे हों। वे लोग हजरी बी को घसीटते हुए गली के बाहर ले गए। हजरी बी घिसटते हुए जिस किसी के घर के सामने से गुज़रती उसी का नाम लेकर पुकारती, मगर किसी भी किवाड़ में कम्पन न हुआ। हजरी बी की कुहनियाँ, उसके घुटने बुरी तरह से छिल गए थे। उसके पीछे-पीछे उसी के खून की लकीर चल रही थी, जैसे कह रही हो, अपना खून ही मुसीबत में साथ देता है। हजरी बी की धोती जगह-जगह से फट गई थी, मगर पुलिसवालों पर जैसे जुनून सवार हो गया था। वे कुछ इस मुद्रा में हजरी को थाने की तरफ़ घसीटे लिये जा रहे थे, जैसे दंगे का असली मुलज़िम अनायास ही उनके हाथ आ गया हो। चौराहे तक पहुँचते-पहुँचते हजरी की आवाज़ बन्द हो गई। पुलिसवालों को शायद मालूम नहीं था, हजरी की जान उसकी जुबान में ही बसती है। वे उसी निर्दयता से उसे सुनसान सड़क पर घसीटते हुए थाने तक ले गए। उन्हें मालूम पड़ता कि हजरी की जुबान रुकने का मतलब है कि हजरी अब नहीं रही तो शायद उसे बीच सड़क पर लावारिस छोड़कर चम्पत हो जाते। उन्हें इस बात का अहसास थाने पहुँचकर ही हुआ।

शफ़ी कबाड़ी का एकालाप

अलस्सुबह मास्टरजी मुनादी सुनकर अपने घर से बाहर निकल आए। कर्फ़्यू की अवधि छत्तीस घंटे बढ़ा दी गई थी। आशंका और भय से वे सिहर रहे थे। मास्टरजी ने देखा एक बुड्ढा भागते हुए आया और उन्हें देखकर चौतरे पर चढ़ आया। वह बेतरह काँप रहा था। ड्योढ़ी में एक खटिया पड़ी थी, वह दिल पर हाथ रख उस पर लेट गया। मास्टरजी के प्राण ही निकल जाते, अगर वह बुड्ढा न होता। बुड्ढे ने कहना शुरू किया :

मुझे देखकर घबराइए नहीं। दो घड़ी के लिए पनाह माँग रहा हूँ, दे दीजिए। मैं ज़िन्दगी भर आपका एहसान न भूलूँगा। मैं कोई चोर-डकैत या लुटेरा नहीं हूँ। आप ही की तरह इस मुल्क का बाशिन्दा हूँ। इस वक्त तकलीफ़ में हूँ। मेरी साँस फूल रही है, टाँगें काँप रही हैं। लगता है, बदन से पूरी ताकत निकल गई है। यह देखिए मेरा रूमाल; पसीने से लथपथ हो रहा है और यह देखिए मेरी टोपी; कैसे चारों तरफ से भीग गई है। आप तो बहुत रहमदिल इंसान मालूम होते हैं। मैं आपके इस पुरखुलूस बर्ताव को कभी नहीं भूल पाऊँगा कि आपने एक मुसीबतजदः आदमी को पनाह ही नहीं दी, उसे ठंडे पानी का एक गिलास भी पिलाएँगे। मैं आपका ज़्यादा वक़्त नहीं लूँगा, बस जरा दम सँभलते ही आपसे रुख़सत ले लूँगा। यह तो आपका फाटक खुला नज़र आ गया, वरना मैं भागते-भागते सड़क पर ही गिर जाता। बीमार हूँ, अस्पताल की दवा हो रही है। गिर जाता तो लावारिसों की तरह न जाने कब तक पड़ा रहता। दुनिया इतनी बेमुरव्वत हो गई है कि मरते के मुँह में पानी की एक बूँद डालने में भी झिझकती है। बहरहाल, अब मैं तन्दुरुस्त महसूस कर रहा हूँ, यह दूसरी बात है कि भागते-भागते बवासीर का एकाध मस्सा फट गया है। आप सूरत से रहमदिल इंसान नज़र आते हैं। हमारे वालिद साहब रहमदिल इंसानों के बहुत किस्से सुनाया करते थे। अपनी जवानी के दिनों में वे एक बार लाहौर गए थे और उनकी बाकी तमाम ज़िन्दगी लाहौर का बयान करते ही बीत गई। उनका इरादा था कि लाहौर में भी एक मकान बनवा लें मगर कुदरत को यह मंजूर नहीं था। वालिद साहब को यह भी नहीं मालूम था कि उनके वफात पाते ही उनकी औलाद यके-बाद-दीगरे उनके तमाम मकान बरस-भर में ही बेच खाएगी। आपको यकीन नहीं आएगा हुजूर, मगर यह सच है कि मैंने बम्बई में ग्रांटरोड वाला मकान महज़ नौ हजार रुपए में बेच डाला। आज इस बुढ़ापे में उनमें से एक आदमी की भी सूरत दिखाई नहीं देती, जिनके साथ मिलकर मैंने वे नौ हजार रुपए महीने-भर में फूँक डाले थे। आप मुस्कुरा रहे हैं, आपका मुस्कुराना जायज़ है। आप मेरी कहानी सुन लेंगे तो ताज्जुब करेंगे कि यह वही इंसान है जिसने पूरी जवानी तो नादानी और ऐयाशी में बिताई और अब बुढ़ापे में एक-एक पैसे के लिए मुहताज है, जिसकी दो-दो बेटियाँ तपेदिक से चल बसीं, जिसका इकलौता बेटा आज जेल की हवा खा रहा है। बेगुनाह ही जेल की हवा खा रहा है। उसकी अम्माँ ने उस दिन से अनाज नहीं छुआ। वह जानती है कि उसका लड़का बेगुनाह है और वह उसके लिए कुछ नहीं कर सकती। उसकी ज़मानत तक करवाने की हमारी हैसियत नहीं है। पड़ोसियों

से बहुत मिन्नत-समाजत की मगर कोई ज़मानत लेने के लिए तैयार न हुआ। आप पूछेंगे उसका गुनाह क्या था ? दरअसल उसे मालूम तक नहीं था कि शहर में दंगे की फ़िज़ा है। वह इत्मीनान से घर के बाहर नाली में पेशाब कर रहा था कि उसे कुछ लोग भागते हुए नज़र आए। वह भी नाड़ा बाँधते हुए भागा। उससे यही गलती हो गई। उसे पी.ए.सी. को देखकर भागना नहीं चाहिए था। उसे चाहिए था, वहीं नाली पर चुपचाप बैठा रहता। पेशाब उतरता या न उतरता। लगता है वह पी.ए.सी. को देखकर घबरा गया। पुलिस को देखकर मेरी भी सिट्टी-पिट्टी गुम हो जाती है, जबकि मैं अपने को बीसियों बार समझा चुका हूँ कि पुलिस तो हमारी हिफ़ाजत के लिए होती है। अंग्रेज चले गए, पुलिस को छोड़ गए। कितना अच्छा होता अपने साथ ही विलायत ले जाते ! मेरा बेटा ज़रूर घबरा गया होगा। आखिर बेटा तो मेरा ही है। मैं भी तो आज बेतहाशा भाग निकला। मगर मैं पुलिस को देखकर नहीं भागा था। दरअसल शहर का माहौल देखकर ही मेरे अन्दर दहशत भर गई थी। मुझे लग रहा था आसमाँ पर गिद्ध ही गिद्ध मँडरा रहे हैं। पेड़ों की हर शाख पर उल्लू और शहर के हर चौराहे पर पी.ए.सी. के जवान डट गए हैं। हर इमारत के बाहर चमगादड़ लटक रहे हैं और या अल्लाह ! पुलिस से लदी ये जीपें। भागती हुई जीप के अन्दर से पुलिस की सीटी की आवाज़ कितनी ख़ौफनाक और डरावनी होती है। और फिर ये जगह-जगह खड़े दमकल। मैं चुपचाप अल्लाह मियाँ की याद में सिर झुकाए धीरे-धीरे चल रहा था कि फिर वही आवाज़ें। लड़ो ! लड़ो !! किससे लड़ें भाई ? डाँटो ! डाँटो !! किसको डाँटे ? फँसाओ ! फँसाओ !! किसे फँसाएँ ?' मैं एकदम होशोहवास खो बैठा। कर्फ्यू की रात एक ठेले के नीचे बिताकर आ रहा हूँ। मैं तो कभी ऐसे माहौल में घर की दहलीज के बाहर कदम भी न रखता था, मगर बिटिया को पेचिश की शिकायत थी। सोचा, मस्जिद में जाकर नमाज़ पढ़ आऊँगा और लौटते हुए बिटिया के लिए बेल का मुरब्बा भी लेता आऊँगा। भागने में दस आने का बेल का मुरब्बा भी हाथ से गिर गया। लगता है, उनसे यह भी नहीं देखा गया कि मैं बिटिया के लिए बेल का मुरब्बा ले जा रहा हूँ। वे चाहते हैं कि हमारे सामने आकर गिड़गिड़ाओ। नाक रगड़ो। हम घर का खर्चा ही पूरा नहीं कर सकते हैं। क्या तुम्हारे पास आएँ ? अपने ही ख़यालात में मशगूल था कि अचानक एक झटके से दमकल हिला और पागलों की तरह घंटियाँ बजाते हुए, शैतान की तरह अपने नथुने फैलाए मेरी बगल से एक तूफान की तरह निकल गया। देखते ही देखते टिड्डियों की तरह पी.ए.सी. न जाने कहाँ से नमूदार हो गई। जवानों के कन्धे पर बन्दूकें लैस थीं। मुझे बन्दूक से हमेशा डर लगता है। दरअसल मुझे हर खूनी चीज से डर लगता है। खूनी चीज से नहीं, खून देखकर ही मैं सहम जाता हूँ। सच पूछिए मुझसे खून देखा ही नहीं जाता। खून हिन्दू का हो या मुसलमान का। खून बदन में चुपचाप बहता रहे, इससे बड़ी नियामत क्या हो सकती है। सड़क पर जब कोई ट्रक या कार किसी इंसान को कुचल जाती है तो सड़क पर ईंटों की चारदीवारी के अन्दर खून का वह धब्बा मुझे अन्दर तक हिला जाता है। आपके चेहरे पर सवालिया निशान बन रहे हैं। मगर बकरे के खून से मुझे रश्क होता है। इसलिए रश्क होता है कि बकरे का खून कुर्बानी से जुड़ जाता है। वह अल्लाह के नाम पर कुरबान किया जाता है। यह एक तरह से अल्लाह को अपनी जान नज़र करने का मुज़ाहिरा है। वरना, इतना तो मैं भी जानता हूँ कि न तो उसका मांस अल्लाह तक पहुँचता है और न उसका खून। इतना तय है कि आपका तकवा उस तक ज़रूर पहुँच जाता है। इससे कुर्बानी का ज़ज्बा ज़रूर पैदा होता है। अब आपका वक्त ले ही रहा हूँ तो एक और दिलचस्प वाकया बयान कर दूँ। अब मेरा रूमाल भी सूख चुका है और टोपी भी। अब दिल की धड़कनें भी मुझे परेशाँ नहीं कर रहीं। ईद का वाकया है। उस बरस धन्धा अच्छा हो गया था। घर-भर के कपड़े सिलाने लायक पैसे मैंने जमा कर लिये थे। यह जो टोपी आप देख रहे हैं, उसी बरस रामपुर से लाया था। उस रोज़ मैं बेहद खुश था। अल्लाह मियाँ ने उस बरस कमाई में बहुत बरक्कत पैदा कर दी थी। मगर वे मेरा पीछा नहीं छोड़ रहे थे। आप ही की तरह सब पूछते हैं कि कौन हैं वे जो तुम्हारे पीछे पड़े हैं ? हम क्या बतावें ? कोई सामने आवे तो बतावें। बस छिप-छिपकर इशारे

करते हैं और जीना मुहाल किए हैं। किसी ने किसी का कान भरा हो तो वही जाने। मेरी ज़िन्दगी का तो फलसफा है कि इंसान बन के जिओ और दूसरों को जीने दो। चन्दरोज़ा ज़िन्दगी को यों ही बर्बाद न होने दो। मुनि-दरवेश और फकीर की कीमत कोई ही समझ सकता है। जाहिल इंसान यह सब नहीं जानता। मैं इसे उनकी जहालत ही कहूँगा जो बेसबब अपना वक्त जाया कर रहे हैं। मुझ जैसे मुफ़लिस से उन्हें क्या हासिल होगा ? कोई उनको सामने लाकर खड़ा कर दे तो हम बता दें कि हर इंसान का एक मय्यार होता है। गलती भी न बताओ, उसके पीछे पड़े रहो, यह कहाँ का दस्तूर है ? दिन-भर इन्हीं खयालात में डूबा रहता हूँ कि उनका मकसद क्या है ? क्या उनका मकसद है कि मैं तरक्की न करूँ ? अब आप ही बताइए, इस उम्र में मैं चाहूँ भी तो क्या तरक्की कर सकता हूँ। क्या वे चाहते हैं कि मैं अपने बच्चों को भूखा मार दूँ या अपने बड़े भाई की तरह पाकिस्तान चला जाऊँ ? वे शायद यही चाहते हैं। अगर यही चाहते हैं तो सामने क्यों नहीं आते, छिप-छिपकर पीछा क्यों करते हैं ? मगर यह तय है कि मैं पाकिस्तान नहीं जाऊँगा। मुझे अपने वतन से बेपनाह मुहब्बत है। और फिर हिन्दुस्तान में पैदा होकर मैं पाकिस्तान क्यों जाऊँ ? मरने के लिए ? मैं हिन्दुस्तान में ही दम तोड़ूँगा। अब बाकी रह ही कितनी गई है ? अभी उस दिन रसूल मिस्त्री के यहाँ बैठा था कि दो आदमी मिर्जापुर से मोटर का रेडिएटर बनवाने आए। इत्तिफाक की बात, उसी वक्त शहर में कहीं हिन्दू-मुस्लिम दंगा हो गया। मैंने पास बैठे लोगों की आँखों में खून उतरते देखा तो सहम गया। हाँ, खाली वक्त में मैं रसूल मिस्त्री के यहाँ ही बैठ जाया करता हूँ। दो-तीन दिन से दंगे की अफवाहें उड़ रही थीं। दोनों तरफ मंसूबे बाँधे जा रहे थे। हमने उन कारीगरों से कहा—घबराओ नहीं। उन्हें उठाकर घर ले आया। उनकी मौत यकीनी थी। मगर मैंने पुलिस को इत्तिला करके उन्हें बचा लिया। हमने कहा, इनका क्या कसूर ? ये बेचारे काम कराने आए हैं। वे तो बचकर अपने घर लौट गए, मगर अब आपस के आदमी ही कान भर रहे हैं। यह नहीं समझते दुनिया आगे जा चुकी है। कुछ टुकड़ों के लिए इंसान को मार डालते हो। सालो, मेहनत करो। दूसरों को मारने के चक्कर में क्यों रहते हो ? अब आज नई धमकी सुनाई दी कि ले जाएँगे। कहाँ ले जाओगे भाई। खुदा के पास तो सभी को जाना है। मगर सामने कोई नहीं आता। और कुछ नहीं तो स्कूटर पर जाते हुए कुछ बक जाएँगे। दरअसल, अल्लाहताला ज़ालिम को ढील देता जाता है, ढील देता जाता है और मज़लूम को खबर कर देता है कि तुम खामोश रहो। आखिर एक दिन अल्लाहताला ज़ालिम को फँसा ही देता है। और कुछ नहीं तो एक्सीडेंट ही करा देता है। कहता है, अब चलो। बहुत सता लिया तुमने। अब जाओ। दोज़ख़ में तुम्हारा इन्तजार हो रहा है। इसीलिए कहा गया है कि डरो उस मालिक से, जिसने पैदा किया है। अगर ज़ालिम ताकतवर है और तुम भी तो डटकर उसका मुकाबला करो। अगर तुम कमज़ोर पड़ते हो तो सब्र कर लो। मगर सब्र की भी इन्तिहा होती है। ज़िन्दगी की राह में आप जैसे भलेमानुस मिल जाते हैं तो जीने की तमन्ना पैदा होती है। मैं आपको ईद का किस्सा सुना रहा था। उस बरस आप जैसे ही कुछ मेहरबान मुझे मिले थे। मैं बेहद खुश था और हर जान-पहचान के आदमी से गले मिल रहा था। लोगबाग मिल रहे थे और जा रहे थे। नीचे सड़क पर आया तो देखा पी.ए.सी. के दो जवान सड़क पर से गुजर रहे थे। मुझे देखकर ठिठक गए। अल्लाह कसम मेरे अन्दर से आवाज आई, क्यों नहीं इनसे गले मिलते ? मैं उसी धुन में उनकी तरफ बढ़ा। वे बहुत प्यार से मिले। अब आप ही बताइए, पी.ए.सी. के जवानों से मिलकर हमारा क्या बिगड़ गया ? सबसे मिल रहा था, उनसे भी मिल लिया। नमाज पढ़कर मैं इतना पाक-साफ हो गया था कि यह भी महसूस न हुआ कि वे हिन्दू हैं या मुसलमान। उनके पास बन्दूक है या नहीं। गलत नहीं बोल रहा। साफ तबीयत का आदमी हूँ। हमारी खुशी में आप शामिल होना चाहते हैं, जरूर होइए। छुआछूत का मामला न होता तो मैं उन्हें ले जाकर सिवैयाँ भी खिलाता। मेरी जमीर साफ है, उसमें खोट नहीं। हम न तो हुकूमत के बागी हैं और न किसी से कोई अदावत है। कोई तो वजह समझ में आनी चाहिए। अल्लाह कसम, कभी हुकूमत का टैक्स नहीं रोका। एक ही मकान बचा है। उसका छब्बीस रुपए सालाना

टैक्स है। मैं खुद नगर महापालिका जाकर हर साल वह टैक्स जमा कर आता हूँ। टैक्स की एक-एक रसीद मेरे बक्से में महफूज है। एक पुराना रेडियो है, हमेशा उसका टैक्स वक्त पर जमा किया है। एक टुटही साइकिल है, उसके टैक्स का टोकन मैंने साइकिल में ही कसवा दिया है। अब सरकार मुझसे क्या चाहती है ? हुजूर आप ही बताइए, जो शख्स बिना हुज्जत के सरकार का पूरा टैक्स अदा कर देता है, जिसकी किसी से कोई अदावत नहीं, जो सिर्फ अपने काम से काम रखता है और गर्दन झुकाए उसी अल्लाह मियाँ को याद करके चुपचाप चलता रहता है, वह क्यों इतना परेशाँ है ? जिधर निकलता हूँ, वही आवाज़ें आने लगती हैं—मारो ! मारो !! क्यों मारोगे भाई ? मैंने क्या गुनाह किया है, किस जुर्म की सजा मुझे देना चाहते हो। इस घर से आवाज आ रही है, उस घर से भी यही आवाज आ रही है। बाज़ वक्त कान लगाकर सुनता हूँ तो यकीन हो जाता है कि किसी इंसान की ही आवाज़ है। आप तो पढ़े-लिखे आदमी हैं हुजूर, क्या मुझे बता सकते हैं कि हुकूमत क्यों खामोश है ? लगता है आप हुकूमत की बात से ऊब रहे हैं। दरअसल मैं शुरू से ही बहुत बातूनी हूँ। कोई दूसरी बात की जा सकती थी मगर मैं अब आपको ज्यादा परेशान नहीं करूँगा। आपका खाने का वक्त हो रहा होगा, आप जाइए। मैं भी दो मिनट के लिए सुस्ता लूँगा और कर्फ्यू की नज़रों से बचते हुए खरामा-खरामा चल दूँगा। एक छोटी-सी गुज़ारिश है। एक शेर सुनते जाइए। शायर के जज़्बात से लगता है कि वह भी मेरी ही तरह कोई सिरफिरा है :

मैं ज़माने से बुरा हूँ तो बुरा रहने दो
यानी जिस हाल में हूँ, मुझको पड़ा रहने दो !
तुम तो अब अपनी नज़र से न गिराओ अल्लाह !
सबकी नज़र से गिरा हूँ, तो गिरा रहने दो !

●●●